Friebel/Rick/Schoor/Siegle

Fallsammlung
Einkommensteuer

 **Online-Version inklusive!**

Stellen Sie dieses Buch jetzt in Ihre „digitale Bibliothek" in der NWB Datenbank und nutzen Sie Ihre Vorteile:

► Ob am Arbeitsplatz, zu Hause oder unterwegs: Die Online-Version dieses Buches können Sie jederzeit und überall da nutzen, wo Sie Zugang zu einem mit dem Internet verbundenen PC haben.

► Die praktischen Recherchefunktionen der NWB Datenbank erleichtern Ihnen die gezielte Suche nach bestimmten Inhalten und Fragestellungen.

► Die Anlage Ihrer persönlichen „digitalen Bibliothek" und deren Nutzung in der NWB Datenbank online ist kostenlos. Sie müssen dazu nicht Abonnent der Datenbank sein.

Ihr Freischaltcode: CAZYHCQYBNSAZYLFVPRKST

Friebel u.a., Fallsammlung Einkommensteuer

So einfach geht's:

(1.) Rufen Sie im Internet die Seite **www.nwb.de/go/online-buch** auf.

(2.) Geben Sie Ihren Freischaltcode in Großbuchstaben ein und folgen Sie dem Anmeldedialog.

(3.) Fertig!

Alternativ können Sie auch den Barcode direkt mit der **NWB Mobile** App einscannen und so Ihr Produkt freischalten! Die NWB Mobile App gibt es für iOS, Android und Windows Phone!

Die NWB Datenbank – alle digitalen Inhalte aus unserem Verlagsprogramm in einem System.

www.nwb.de

Steuerfachkurs · Training

Fallsammlung Einkommensteuer

Von
Diplom-Finanzwirtin (FH) Melita Friebel
Professor Eberhard Rick
Steuerberater Hans Walter Schoor
Steuerberater Werner Siegle

17., überarbeitete Auflage

▶ **nwb** AUSBILDUNG

Bearbeitervermerk

Friebel:
Kapitel 8, 11 (Fälle 145–162, 221–225, 233–244), 12

Rick:
Kapitel 13–15

Schoor:
Kapitel 1–5, 9, 10, 11 (Fälle 163–220, 226–232, 245–277)

Siegle:
Kapitel 6, 7

ISBN 978-3-482-**54437**-8

17., überarbeitete Auflage 2014

© NWB Verlag GmbH & Co. KG, Herne 1977
 www.nwb.de

Satz: Griebsch & Rochol Druck GmbH & Co. KG, Hamm

Druck: Stückle Druck und Verlag, Ettenheim

VORWORT

In diesem Übungsbuch wird die Anwendung des Einkommensteuerrechts anhand von 298 praxisnahen Fällen dargestellt und erläutert. Das Bilanzsteuerrecht ist zwar ein wichtiger Bestandteil des EStG, dennoch wurde auf seine Darstellung in diesem Band verzichtet, da dem Bilanzsteuerrecht aufgrund seines großen Umfangs eine eigene Fallsammlung gewidmet ist.

Seit 16 Vorauflagen in der gehobenen steuerlichen Ausbildung erprobt, haben die Fälle zur Einkommensteuer große Zustimmung gefunden. Dennoch sind Autoren und Verlag stets um Verbesserung bemüht. Der angehende Steuerberater oder Steuerinspektor/Diplom-Finanzwirt findet alle wichtigen Fragen behandelt und praxisnah aufbereitet und erfährt dadurch eine optimale Unterstützung beim Vertiefen und Üben des prüfungsrelevanten Stoffes.

Die 17. Auflage wurde gründlich überarbeitet und um aktuelle Fälle erweitert. Neue Rechtsprechung, zahlreiche Verwaltungsanweisungen und Gesetzesänderungen bis einschließlich Dezember 2013 wurden eingearbeitet. Rechtsstand ist der 1. 1. 2014. Gleichwohl wurde, wo es Autoren und Verlag opportun erschien, in einigen Fällen, in denen sie noch prüfungsrelevant ist, auch die frühere Rechtslage zugrunde gelegt.

Hinweis: Mitunter wurde auf konkrete Jahresangaben verzichtet. In diesen Fällen bezeichnen „01", „02" usw. fiktive Jahre. Hier ist, sofern in der Fragestellung nichts anderes gefordert wird, der aktuelle Rechtsstand anzuwenden.

Wir wünschen allen Benutzern gute Lernerfolge.

Neustadt/Weinstraße, Heilbronn,

Kemmenau, Urbach,

im Juni 2014

Melita Friebel, Eberhard Rick,

Hans Walter Schoor, Werner Siegle

Kein Produkt ist so gut, dass es nicht noch verbessert werden könnte. Ihre Meinung ist uns wichtig! Was gefällt Ihnen gut? Was können wir in Ihren Augen noch verbessern? Bitte verwenden Sie für Ihr Feedback einfach unser Online-Formular auf:

www.nwb.de/go/feedback_lb

Als kleines Dankeschön verlosen wir unter allen Teilnehmern einmal pro Quartal ein Buchgeschenk.

INHALTSVERZEICHNIS

LITERATURHINWEISE

Blödtner/Bilke/Heining, Lehrbuch Buchführung und Bilanzsteuerrecht, 10. Auflage, Herne 2013

Blümich/Falk, Einkommensteuergesetz, Loseblatt, München

Deutsche Steuerrichtlinien, 6. Auflage, Herne 2014

Frotscher, Kommentar zum Einkommensteuergesetz, Loseblatt, Freiburg i. Br.

Herrmann/Heuer/Raupach, Einkommensteuergesetz und Körperschaftsteuergesetz mit Nebengesetzen, Loseblatt, Köln

Kirchhof/Söhn, Einkommensteuergesetz, Loseblatt, Köln

Koltermann, Fallsammlung Bilanzsteuerrecht, 16. Auflage, Herne 2013

Lademann/Söffing/Brockhoff, Kommentar zum Einkommensteuergesetz, Loseblatt, Stuttgart/München/Hannover

Rick/Gierschmann/Gunsenheimer/Martin/Schneider, Lehrbuch der Einkommensteuer, 20. Auflage, Herne 2014

Schmidt, Einkommensteuergesetz, 33. Auflage, München 2014

Wilke, Lehrbuch Internationales Steuerrecht, 12. Auflage, Herne 2014

Wilke (Hrsg.)/Karl/Lammsfuß/Mielke/Tietz/Weber, Fallsammlung Internationales Steuerrecht, 10. Auflage, Herne 2013

ABKÜRZUNGSVERZEICHNIS

A

a. A.	anderer Ansicht
a. a. O.	am angegebenen Ort
a. o.	außerordentlich(er)
Abs.	Absatz
Abschn.	Abschnitt
a. E.	am Ende
a. F.	alte(r) Fassung
AfA	Absetzungen für Abnutzung
AfS	Absetzungen für Substanzverringerung
AG	Aktiengesellschaft
AIG	Auslandsinvestitionsgesetz
AK	Anschaffungskosten
AktG	Aktiengesetz
AN	Arbeitnehmer
AO	Abgabenordnung
Art.	Artikel
AStG	Außensteuergesetz

B

BA	Betriebsausgabe
BewG	Bewertungsgesetz
Bf	Buchführung
BFH	Bundesfinanzhof
BFH/NV	Sammlung amtlich nicht veröffentlichter Entscheidungen des BFH
BGB	Bürgerliches Gesetzbuch
BGBl	Bundesgesetzblatt
BGH	Bundesgerichtshof
BiRiLiG	Bilanzrichtlinien-Gesetz
BKGG	Bundeskindergeldgesetz
BMF	Bundesminister(ium) der Finanzen
BMG	Bemessungsgrundlage
BStBl	Bundessteuerblatt
Buchst.	Buchstabe
BV	Betriebsvermögensvergleich
BVerfG	Bundesverfassungsgericht
BW	Buchwert
bzgl.	bezüglich

D

DBA	Doppelbesteuerungsabkommen
dgl.	dergleichen
d. h.	das heißt

E

EFG	Entscheidungen der Finanzgerichte (Zeitschrift)
EFH	Einfamilienhaus
EigZulG	Eigenheimzulagengesetz
einschl.	einschließlich
ESt	Einkommensteuer
EStDV	Einkommensteuer-Durchführungsverordnung
EStG	Einkommensteuergesetz
EStH	Einkommensteuer-Hinweise
EStR	Einkommensteuer-Richtlinien
EW	Einheitswert

F

f., ff.	folgend(e), fortfolgende
FA	Finanzamt
FG	Finanzgericht
FinVerw	Finanzverwaltung
FR	Finanzrundschau (Zeitschrift)

G

GdE	Gesamtbetrag der Einkünfte
gem.	gemäß
GG	Grundgesetz
ggf.	gegebenenfalls
GmbH	Gesellschaft mit beschränkter Haftung
grds.	grundsätzlich
GrS	Großer Senat

H

H	Hinweis
HB	Handelsbilanz
HBeglG	Haushaltsbegleitgesetz
HFR	Höchstrichterliche Finanzrechtsprechung (Zeitschrift)
HGB	Handelsgesetzbuch
HK	Herstellungskosten

I

i. d. F.	in der Fassung
i. d. R.	in der Regel
i. S.	im Sinne
i. V. m.	in Verbindung mit

K

KapESt	Kapitalertragsteuer
KapGes	Kapitalgesellschaft
Kfz	Kraftfahrzeug
KG	Kommanditgesellschaft
KiSt	Kirchensteuer
Kj.	Kalenderjahr
KSt	Körperschaftsteuer
KStDV	Körperschaftsteuer-Durchführungsverordnung
KStG	Körperschaftsteuergesetz

L

LSt	Lohnsteuer
LStDV	Lohnsteuer-Durchführungsverordnung
LStH	Lohnsteuer-Hinweise
LStR	Lohnsteuer-Richtlinien
LuF	Land- und Forstwirtschaft

M

m. w. N.	mit weiteren Nachweisen
Mio.	Million
mtl.	monatlich
MU	Mitunternehmer

N

NBE	Nießbraucherlass
ND	Nutzungsdauer
Nr.	Nummer
n. v.	nicht veröffentlicht
NWB	Neue Wirtschafts-Briefe (Zeitschrift)

O

OFD	Oberfinanzdirektion

P

p. a.	per annum (jährlich)

PB	Pauschbetrag
PersGes	Personengesellschaft
p. r. t.	pro rata temporis (zeitanteilig)

R

R	Richtlinie (Zitierweise der EStR ab 1993)
Rdn.	Randnummer(n)
rkr.	rechtskräftig

S

S.	Seite
SA	Sonderausgaben
SBV	Sonderbetriebsvermögen
sog.	so genannte(r)
SolZG	Solidaritätszuschlaggesetz
StÄndG	Steueränderungsgesetz
StB	Steuerbilanz
StEK	Steuererlasse in Karteiform (Zeitschrift)
StEntlG	Steuerentlastungsgesetz
SteuerStud	Steuer und Studium (Zeitschrift)
StMBG	Missbrauchsbekämpfungs- und Steuerbereinigungsgesetz
Stpfl.	Steuerpflichtige(r)
StPO	Strafprozessordnung
StSenkG	Steuersenkungsgesetz

T

TW	Teilwert
Tz.	Textziffer

U

u. E.	unseres Erachtens
UmwStG	Umwandlungssteuergesetz
u. U.	unter Umständen

V

vGA	verdeckte Gewinnausschüttung
vgl.	vergleiche
v. H.	vom Hundert
VO	Verordnung
VuV	Vermietung und Verpachtung
VZ	Veranlagungszeitraum

W

WG	Wirtschaftsgut bzw. -güter
Wj.	Wirtschaftsjahr
WK	Werbungskosten

Z

z. B.	zum Beispiel
zzgl.	zuzüglich
zzt.	zurzeit

Kapitel 1: Einleitung

(Einstweilen unbesetzt)

Kapitel 2: Steuerpflicht

Vorbemerkungen

Die Einkommensteuer ist eine Personensteuer. Das EStG unterscheidet zwischen persönlicher und sachlicher Steuerpflicht. Die persönliche Steuerpflicht betrifft die Frage, welcher Personenkreis unter das EStG fällt, also der deutschen Einkommensbesteuerung als Steuerschuldner unterliegt. Die sachliche Steuerpflicht betrifft die Frage, ob ein Tatbestand verwirklicht ist, der eine Einkommensteuerschuld entstehen lässt.

Der persönlichen Steuerpflicht unterliegen nur natürliche Personen (§ 1 BGB), unabhängig von Staatsangehörigkeit, Alter und ähnlichen Merkmalen. Dabei wird zwischen der unbeschränkten und der beschränkten Einkommensteuerpflicht unterschieden. Ohne Bedeutung für die Steuerpflicht ist grundsätzlich die bürgerlich-rechtliche Geschäftsfähigkeit oder Volljährigkeit.

Die unbeschränkte Einkommensteuerpflicht (§ 1 Abs. 1 Satz 1 EStG) setzt einen Wohnsitz i. S. von § 8 AO oder einen gewöhnlichen Aufenthalt i. S. von § 9 AO im Inland voraus. Sie erstreckt sich im Prinzip auf sämtliche Einkünfte i. S. des § 2 Abs. 1 EStG, die im Inland und Ausland erzielt werden (sog. Welteinkommen), soweit nicht für bestimmte Einkünfte abweichende Regelungen bestehen, z. B. in Doppelbesteuerungsabkommen.

Die unbeschränkte Steuerpflicht erfährt durch § 1 Abs. 2 EStG eine personelle Erweiterung. Danach erstreckt sich die unbeschränkte Einkommensteuerpflicht unter bestimmten Voraussetzungen auch auf deutsche Staatsangehörige, die zwar keinen Wohnsitz oder gewöhnlichen Aufenthalt im Inland haben, die jedoch zu einer inländischen juristischen Person des öffentlichen Rechts in einem Dienstverhältnis stehen und dafür Arbeitslohn aus einer inländischen öffentlichen Kasse beziehen, z. B. deutsche Diplomaten im Ausland (BFH I R 38/91, BStBl 1992 II 548).

Beschränkt steuerpflichtig sind – vorbehaltlich des § 1 Abs. 2 und 3 und des § 1a EStG – natürliche Personen, die im Inland weder einen Wohnsitz noch ihren gewöhnlichen Aufenthalt haben (§ 1 Abs. 4 EStG). Voraussetzung ist, dass die natürliche Person inländische Einkünfte i. S. des § 49 EStG hat und das Besteuerungsrecht für diese Einkünfte der Bundesrepublik Deutschland zusteht (BFH I R 219/82, BStBl 1990 II 701). Die beschränkte Steuerpflicht erstreckt sich nur auf inländische Einkünfte i. S. des § 49 EStG. Beschränkt Steuerpflichtige, also Personen, die keinen Wohnsitz oder gewöhnlichen Aufenthalt im Inland haben, aber inländische Einkünfte i. S. des § 49 EStG beziehen, können allerdings unter den Voraussetzungen des § 1 Abs. 3 EStG die Behandlung als unbeschränkt Steuerpflichtige beantragen.

Die beschränkte Steuerpflicht erfährt durch § 2 Abs. 1 Satz 1 AStG eine sachliche Erweiterung. Danach unterliegt eine natürliche Person, die unbeschränkt einkommensteuerpflichtig war und in ein Niedrigsteuerland – eine „Steueroase" – verzogen ist, unter bestimmten Voraussetzungen der sog. erweiterten beschränkten Steuerpflicht.

FALL 1

Beibehaltung des Hauptwohnsitzes im Ausland

Sachverhalt: A ist in Aachen als selbständiger Zahnarzt tätig. Er bewohnt dort in gehobener Wohnlage ein ihm gehörendes Einfamilienhaus. Anlässlich eines Urlaubs lernt er die in den Niederlanden wohnende und dort ebenfalls eine Zahnarztpraxis betreibende B kennen. A und B beschließen zu heiraten. Die Heirat findet am 1.9.01 in Aachen statt. Ab diesem Zeitpunkt wohnen die Eheleute zusammen in dem A gehörenden Einfamilienhaus. B behält ihren Hauptwohnsitz in den Niederlanden zunächst bei. In der Wohnung in Aachen hält sie sich regelmäßig an den Wochenenden, zuweilen auch während der Woche auf.

Aufgabe: Ab welchem Zeitpunkt ist B unbeschränkt einkommensteuerpflichtig?

LÖSUNG

Natürliche Personen sind unbeschränkt einkommensteuerpflichtig, wenn sie im Inland ihren Wohnsitz oder gewöhnlichen Aufenthalt haben (§ 1 Abs. 1 Satz 1 EStG). Was „Wohnsitz" i. S. dieser Regelung ist, bestimmt sich nach § 8 AO (BFH I R 15/01, BFH/NV 2002, 1411). Hiernach hat jemand einen Wohnsitz dort, wo er eine Wohnung unter Umständen innehat, die darauf schließen lassen, dass er die Wohnung beibehalten und benutzen wird (§ 8 AO). Neben dem Innehaben einer Wohnung, also der Möglichkeit, über sie tatsächlich verfügen zu können, ist also zusätzlich erforderlich, dass sie dadurch als Bleibe dient, dass sie ständig oder doch mit einer gewissen Regelmäßigkeit und Gewohnheit genutzt wird (BFH VI R 89/00, BFH/NV 2001, 1018).

Ehegatten, die nicht dauernd getrennt leben, können verschiedene Wohnungen und damit verschiedene Wohnsitze haben. Die Eheschließung allein führt also nicht ohne Weiteres dazu, dass die Wohnung des einen Ehegatten auch dem anderen Ehegatten als Wohnung zuzurechnen ist. Im vorliegenden Fall haben A und B jedoch eine gemeinsame Familienwohnung begründet; diese befindet sich in Aachen. B hat somit ab 1.9.01 „eine" Wohnung im Inland inne.

Dem Wortlaut des § 1 EStG ist nicht zu entnehmen, dass nur derjenige Wohnsitz zur unbeschränkten Steuerpflicht führt, der zugleich den Mittelpunkt der Lebensinteressen der Person darstellt. Im Gegenteil geht die Vorschrift, indem sie ohne weitere Unterscheidung nur das Vorliegen „eines" Wohnsitzes verlangt, erkennbar von der Gleichwertigkeit aller Wohnsitze einer bestimmten Person aus. Insbesondere enthält sie keinen Anknüpfungspunkt für eine Differenzierung zwischen „Hauptwohnsitz" und „Nebenwohnsitz". Dasselbe gilt im Hinblick auf § 8 AO, der keine Unterscheidung zwischen Haupt- und Nebenwohnsitz (Erst- und Zweitwohnsitz) vorsieht; alle Einrichtungen, die die einschlägigen Voraussetzungen erfüllen, sind daher gleichwertige Wohnsitze.

Vor diesem Hintergrund verbietet sich die Annahme, dass nur ein – in welcher Weise auch immer – „qualifizierter" Wohnsitz zur unbeschränkten Einkommensteuerpflicht führt. In welchem zeitlichen Umfang B die Wohnung in Aachen im Jahr 01 genutzt hat, ist unerheblich. Durch die Rechtsprechung ist geklärt, dass auch unregelmäßige Aufenthalte in einer Wohnung zur Aufrechterhaltung des dortigen Wohnsitzes führen können (BFH I B 83/98, BFH/NV 2000, 673).

B ist daher ab 1. 9. 01 unbeschränkt einkommensteuerpflichtig. Dass sie ihre bisherige Wohnung in den Niederlanden beibehält, ist für diese Beurteilung ohne Bedeutung. Ein inländischer Wohnsitz führt auch dann zur unbeschränkten Einkommensteuerpflicht, wenn der Mittelpunkt der Lebensinteressen sich im Ausland befindet. § 1 EStG setzt für die unbeschränkte Steuerpflicht das Bestehen „eines" Wohnsitzes im Inland voraus. Hieraus folgt, dass es ausreicht, wenn eine natürliche Person mehrere Wohnsitze hat und sich nur ein einziger von ihnen im Inland befindet (BFH I R 56/02, BFH/NV 2004, 917).

FALL 2

Wohnsitz eines Kindes während des Auslandsstudiums

Sachverhalt: Die Eheleute A betreiben in München eine ärztliche Gemeinschaftspraxis. Ihr lediger (volljähriger) Sohn B ist am Wohnsitz seiner Eltern – in München – polizeilich gemeldet, wo ihm im Haus der Eltern ein Zimmer zur Verfügung steht. B studiert an der Universität Innsbruck in Österreich Medizin. Dort bewohnt er ein möbliertes Zimmer. B hat die Universitätsstadt als Zweitwohnsitz gemeldet. Die Wochenenden verbringt er – soweit möglich – ebenso wie die Semesterferien in München, im Jahr ca. fünf Monate. Die Studienkosten bestreitet B zum einen aus regelmäßigen monatlichen Barzuwendungen seiner Eltern, zum anderen aus Einnahmen aus Aushilfstätigkeiten, die er in den Semesterferien im Inland ausübt.

Aufgabe: Ist B unbeschränkt einkommensteuerpflichtig?

LÖSUNG

Ein (minderjähriges) Kind teilt nicht automatisch den Wohnsitz seiner Eltern (BFH v. 7. 4. 2011 III R77/09, NWB DokID: LAAAD-86467, BFH/NV 2011, 1351; BFH v. 23. 5. 2012 III B 209/11, NWB DokID: XAAAE-12963, BFH/NV 2012, 1477). Begibt sich ein Kind zum Zwecke des Studiums für mehrere Jahre ins Ausland, behält es seinen Wohnsitz in der Wohnung der Eltern im Inland nur dann bei, wenn es diese Wohnung zum zwischenzeitlichen Wohnen in ausbildungsfreien Zeiten nutzt (BFH v. 23. 11. 2000 VI R 165/99, BStBl 2001 II 279; BFH v. 28. 4. 2010 III R 52/09, BStBl 2010 II 1013; BFH v. 26. 6. 2013 III B 5/13, BFH/NV 2013, 1386).

Für die Frage, ob das Kind seinen Wohnsitz im Inland beibehalten hat, kommt es maßgeblich auf die Dauer des Auslandsaufenthalts sowie bei lang andauernden Auslandsaufenthalten darauf an, für welche Zeiträume sich die Kinder jeweils im Jahr im Inland aufhalten. Auch bei lang andauernden Auslandsaufenthalten kann ein Wohnsitz des Kindes im Inland weiter bestehen, wenn sich das Kind – wie vorliegend B – ca. fünf Monate bei den Eltern im Inland aufhält; wobei anzumerken ist, dass ein Aufenthalt von fünf Monaten im Jahr in der Wohnung der Eltern nicht stets erforderlich ist (BFH VI R 165/99, BStBl 2001 II 279; BFH VI R 107/99, BStBl 2001 II 294; BFH III R 52/09, BStBl 2010 II 1013). B ist danach unbeschränkt einkommensteuerpflichtig.

Hinzuweisen ist darauf, dass für den Wohnsitz des Kindes im Inland z. B. die Eltern die Feststellungslast tragen, wenn sie für das Kind Kindergeld oder den Kinderfreibetrag erhalten wollen (vgl. die Urteilsanmerkung von *Pust*, HFR 2001, 464).

FALL 3

Gewöhnlicher Aufenthalt im Inland

Sachverhalt: Anlässlich eines Besuchs einer in Freiburg wohnenden Freundin hat die Französin Nicole Roussel (R) den Bankkaufmann Anton Aumann (A) kennengelernt. Nach mehreren gegenseitigen Besuchen beschließen R und A zu heiraten. Die Heirat findet am 12.10.01 in Freiburg statt.

Bis Anfang Oktober 01 hat R in Paris gewohnt und dort als Sekretärin gearbeitet. Seit dem 5.10.01 befindet sie sich in Deutschland. Nach ihrer Hochzeit arbeitet sie als Schreibkraft im elterlichen Betrieb ihrer Freundin, bei der sie auch übernachtet, weil die Wohnung ihres Ehemannes bzw. ihrer Schwiegereltern wegen der geringen Größe die Unterbringung einer weiteren Person nicht zulässt.

A und R beginnen noch im Oktober 01 mit dem Bau eines Einfamilienhauses, das Anfang April 02 fertiggestellt wird. Die Eheleute ziehen am 10.4.02 in ihr neues Haus ein und begründen dort eine gemeinsame Familienwohnung. R überrascht ihren Ehemann beim Einzug mit einem Perserteppich, den sie von ihren Eltern geschenkt erhielt, als sie diese zu Weihnachten besucht hat, und zwar in der Zeit vom 20. bis 30.12.01.

Aufgabe: Ist R im Veranlagungszeitraum 01 unbeschränkt einkommensteuerpflichtig?

LÖSUNG

R unterliegt vom 1.1. bis 4.10.01 nicht der deutschen Einkommensbesteuerung. Sie hat während dieser Zeit weder ihren Wohnsitz oder gewöhnlichen Aufenthalt im Inland noch bezieht sie inländische Einkünfte i.S. des § 49 EStG.

Ab dem 5.10.01 ist sie unbeschränkt einkommensteuerpflichtig, so dass sie für das Jahr 01 mit ihrem Ehemann zusammen veranlagt werden kann (§ 26 Abs. 1 EStG). R begründet im Jahr 01 im Inland zwar keinen Wohnsitz; denn die Übernachtungsmöglichkeit bei ihrer Freundin stellt keine Wohnung i.S. des § 8 AO dar. Es liegt jedoch ein die unbeschränkte Steuerpflicht begründender gewöhnlicher Aufenthalt i.S. des § 9 AO vor. Den gewöhnlichen Aufenthalt hat jemand dort, wo er sich unter Umständen aufhält, die erkennen lassen, dass er an diesem Ort bzw. in diesem Gebiet nicht nur vorübergehend verweilt (§ 9 Satz 1 AO). Ein zeitlich zusammenhängender Aufenthalt im Inland von mehr als sechs Monaten ist unwiderlegbar als gewöhnlicher Aufenthalt anzusehen (§ 9 Satz 2 AO), wenn es sich nicht um einen Aufenthalt für private Zwecke handelt (§ 9 Satz 3 AO).

Die Frist ist unabhängig vom Veranlagungszeitraum zu berechnen; es ist also nicht Voraussetzung, dass sie in einem Veranlagungszeitraum vorgelegen hat (BFH I R 51/78, BStBl 1982 II 452; BFH I R 26/10, BFH/NV 2011, 2001). Entscheidend ist der zusammenhängende Zeitraum von mehr als sechs Monaten. Die Sechsmonatsfrist beginnt nach dem Tag der Einreise in das Inland, hier also am 6.10.01 (§ 187 Abs. 1 BGB i.V.m. § 108 AO). Kurzfristige Unterbrechungen bleiben unberücksichtigt (§ 9 Satz 2 Halbsatz 2 AO), d.h., sie werden bei Berechnung der Frist mitgerechnet (BFH I R 26/10, BFH/NV 2011, 2001). Durch den vorübergehenden Auslandsaufenthalt der R zu Weihnachten 01 wird also die Sechsmonatsfrist nicht gehemmt. Die Frist endet mit dem Ablauf des Tages des sechsten Monats, der durch seine Zahl dem Tag der Aufenthaltsbegründung entspricht (§ 188 Abs. 2 BGB).

Beträgt der gewöhnliche Aufenthalt – wie hier – mehr als sechs Monate, erstreckt sich die Steuerpflicht auch auf die ersten sechs Monate. R ist daher bereits seit Begründung des gewöhnlichen Aufenthalts im Jahr 01 unbeschränkt einkommensteuerpflichtig.

HINWEIS:

Soweit in tatsächlicher Hinsicht Zweifel am Vorliegen bestimmter, einen gewöhnlichen Aufenthalt begründender Umstände bestehen, trifft die objektive Feststellungslast denjenigen, der sich auf das Vorhandensein eines gewöhnlichen Aufenthalts beruft (*Buciek* in: Beermann/Gosch, AO/FGO, § 9 AO Rn. 8, m. w. N.).

FALL 4

Ende der persönlichen Steuerpflicht im Todesfall

Sachverhalt: S ist Alleinerbe seines am 30. 9. 02 verstorbenen Vaters V. Der Vater hat in Mainz ein Reisebüro betrieben, das S, der ebenfalls in Mainz wohnt, ab dem Todestag fortführt.

Der Gewinn wird nach einem abweichenden Wirtschaftsjahr ermittelt, das jeweils vom 1. 3. bis 28. bzw. 29. 2. des folgenden Jahres läuft. Der Gewinn

▶ für das Wirtschaftsjahr vom 1. 3. 01 bis 28. 2. 02 beläuft sich auf 90 000 € und

▶ der des Wirtschaftsjahres vom 1. 3. 02 bis 28. 2. 03 auf 120 000 €.

Eine Zwischenbilanz ist zum Todestag nicht erstellt worden. S hat im Jahr 02 keine (weiteren) Einkünfte bezogen.

Aufgabe:

1. Wann endet die persönliche Steuerpflicht des Erblassers V?

2. In welcher Höhe ist der Gewinn bei der Veranlagung 02 dem Erblasser V zuzurechnen?

3. Ist S im Veranlagungszeitraum 02 unbeschränkt steuerpflichtig?

LÖSUNG

Zu 1.:

Der unbeschränkten Einkommensteuerpflicht unterliegen nur natürliche Personen (§ 1 Abs. 1 Satz 1 EStG). Die Rechtsfähigkeit natürlicher Personen und damit deren persönliche Steuerpflicht beginnt mit Vollendung der Geburt und endet mit dem Tod. Erblasser V ist folglich bis zu seinem Todestag unbeschränkt einkommensteuerpflichtig, mit seinem Tode endet die persönliche Steuerpflicht (BFH I R 100/71, BStBl 1973 II 544).

Zu 2.:

Da die persönliche Steuerpflicht des V am 30.9.02 endet, muss er mit den bis zum Todeszeitpunkt angefallenen Einkünften aus Gewerbebetrieb zur Einkommensteuer veranlagt werden (BFH I R 100/71, BStBl 1973 II 544). Hat die Steuerpflicht nicht während des vollen Veranlagungszeitraums bestanden, wird nur das während der Steuerpflicht bezogene Einkommen zugrunde gelegt (abgekürzter Ermittlungszeitraum). Der Erblasser V hat demnach im Veranlagungszeitraum 02 außer dem Gewinn des Wirtschaftsjahres 01/02 von 90 000 € auch den vom Beginn des Wirtschaftsjahres 02/03 (1.3.02) bis zum 30.9.02 angefallenen Gewinn zu versteuern.

Da zum Todestag keine Zwischenbilanz aufgestellt worden ist, muss der Gewinn des Wirtschaftsjahres 02/03 im Schätzungswege auf V und S aufgeteilt werden. Eine zeitanteilige Aufteilung ist zulässig und in der Praxis üblich. Auf V entfällt danach ein Gewinn von (7/12 von 120 000 € =) 70 000 €. Bei der Einkommensteuerveranlagung des V für das Jahr 02 sind daher die Einkünfte aus Gewerbebetrieb mit (90 000 € + 70 000 € =) 160 000 € anzusetzen. Eine Umrechnung dieser während der persönlichen Steuerpflicht bezogenen Einkünfte auf einen Jahresbetrag findet nicht statt.

HINWEIS:

Tritt aufgrund des Todes eines Steuerpflichtigen Gesamtrechtsnachfolge ein, gehen nach § 45 Abs. 1 Satz 1 AO die Forderungen und Schulden aus dem Steuerschuldverhältnis auf den Rechtsnachfolger (Erben) über. S schuldet als Erbe die angefallene Einkommensteuer (§ 1967 BGB, § 45 AO).

Zu 3.:

Da S seinen Wohnsitz in Mainz, also im Inland, hat, ist er im Veranlagungszeitraum 02 unbeschränkt einkommensteuerpflichtig (§ 1 Abs. 1 Satz 1 EStG). Er hat zwar im Veranlagungszeitraum 02 keine Einkünfte erzielt; denn der auf ihn entfallende Gewinn des Wirtschaftsjahres 02/03 von 5/12 von 120 000 € = 50 000 € (zeitanteiliger Gewinn vom 1.10.02 bis 28.2.03) gilt erst in dem Kalenderjahr als bezogen, in dem das Wirtschaftsjahr endet, also im Jahr 03 (§ 4a Abs. 2 Nr. 2 EStG). Dass S im Jahr 02 keine Einkünfte bezogen hat, spielt für die Frage, ob er unbeschränkt einkommensteuerpflichtig ist, keine Rolle. Denn die unbeschränkte Einkommensteuerpflicht setzt nicht das Vorliegen von Einkünften voraus. Dies ist bereits eine Frage der sachlichen Steuerpflicht.

Kapitel 3: Einkommensteuerliche Grundbegriffe

Einkünfte und Gesamtbetrag der Einkünfte

Sachverhalt: Die Eheleute Max Moritz (MM) und Rita, geb. May, (RM) sind seit vielen Jahren verheiratet. Sie wohnen im eigenen Einfamilienhaus in Bremen. Beide sind nichtselbständig tätig: MM als städtischer Beamter, RM als Lehrerin. MM hat im Jahr 2013 einen Bruttoarbeitslohn von 35 000 €, RM von 30 000 € bezogen.

Aus den ihrem Steuerberater anlässlich der Erstellung der Einkommensteuererklärung 2013 gemachten Angaben ergibt sich Folgendes:

1. MM hat Anfang Januar 2013 von seiner Mutter ein Mietwohngrundstück geerbt, das einen Verkehrswert von 350 000 € hat. Die Mieteinnahmen belaufen sich auf 24 000 €; die mit dem Grundstück zusammenhängenden Kosten (einschl. AfA) betragen 14 000 €.

2. MM hat 2013 auf einer Privatfahrt mit seinem Pkw einen Unfall verursacht. Der Kraftwagen wurde total beschädigt. Die Vollkaskoversicherung hat eine Entschädigung von 30 000 € geleistet.

3. MM sind im Jahr 2013 Dividenden aus Aktienanlagen von 2 800 € zugeflossen.

4. MM hat im April 2013 einen vor elf Jahren für 40 000 € erworbenen Bauplatz für 60 000 € verkauft.

5. MM ist Briefmarkensammler. Im Jahr 2013 hat er Briefmarken für 800 € gekauft und für 300 € verkauft.

6. RM hat im Juni 2013 50 000 € im Lotto gewonnen. Von dem Gewinn hat sie einen Teilbetrag von 30 000 € auf ein Tagesgeldkonto eingezahlt. Die Bank hat ihr dafür am Jahresende 2013 Zinsen i. H. v. 150 € gutgeschrieben.

7. Weitere 10 000 € ihres Lottogewinns hat RM in Aktienkäufe investiert. Der Kurswert der im Juni 2013 erworbenen Aktien ist bis zum 31. 12. 2013 auf 12 000 € gestiegen.

8. Den Restbetrag ihres Lottogewinns von 10 000 € hat RM ihrem Bruder am 1. 7. 2013 als Darlehen gewährt. Im Hinblick auf das Verwandtschaftsverhältnis verzichtete RM auf Zinsen. Bei einer Bank hätte der Bruder 6 % Zinsen zahlen müssen.

Aufgabe: Wie hoch sind die Einkünfte und der Gesamtbetrag der Einkünfte für das Jahr 2013?

Der Einkommensteuer unterliegen nur die in § 2 Abs. 1 EStG aufgeführten Einkünfte aus den sieben Einkunftsarten. Die Aufzählung des § 2 Abs. 1 EStG ist abschließend. Die Zuordnung von Einkünften zu einer der sieben Einkunftsarten begründet die Steuerbarkeit dieser Einkünfte. Einkünfte, die sich keiner der aufgezählten Einkunftsarten zuordnen lassen, sind nicht steuerbar.

Die Summe der Einkünfte i. S. d. § 2 Abs. 3 EStG ist die Summe der steuerbaren Einkünfte des betreffenden Kalenderjahres. Der Gesamtbetrag der Einkünfte i. S. d. § 2 Abs. 3 und 4 EStG ist die Summe der steuerbaren Einkünfte, vermindert um den Altersentlastungsbetrag (§ 24a EStG), den Entlastungsbetrag für Alleinerziehende (§ 24b EStG) und den Freibetrag für Land- und Forstwirte (§ 13 Abs. 3 EStG). Beide Tatbestände, d. h. die Summe der Einkünfte und der Gesamtbetrag der Einkünfte, sind Entstehungselemente des zu versteuernden Einkommens.

Prüfung der Steuerbarkeit

1. Die Vermögensmehrung von 350 000 € infolge des Erbfalls stellt keine Einnahme aus einer der sieben Einkunftsarten dar.

    Die Einkünfte des MM aus der Vermietung des Mietwohngrundstücks fallen unter die Einkunftsart „Vermietung und Verpachtung" (§ 21 EStG); die Nutzung des eigenen Einfamilienhauses hingegen nicht.

2. Der Ersatz für den durch den Unfall eingetretenen Vermögensschaden steht in keinem Einkunftszusammenhang und unterliegt daher nicht der Einkommensteuer.

3. Die Dividenden aus den Aktienanlagen von 2 800 € (MM) gehören zu den Einnahmen aus Kapitalvermögen (§ 20 EStG).

4. Die Veräußerung des zum Privatvermögen gehörenden Grundstücks unterliegt nicht der Einkommensteuer. Es liegt kein privates Veräußerungsgeschäft i. S. d. § 22 Nr. 2 i. V. m. § 23 Abs. 1 Nr. 1 EStG vor, da der Zeitraum zwischen Anschaffung und Veräußerung mehr als zehn Jahre beträgt.

5. Die Tätigkeit des MM als Briefmarkensammler ist als sog. Liebhabereitätigkeit anzusehen, d. h., sie ist steuerlich ohne Bedeutung.

6. Der Lottogewinn der RM fällt unter keine Einkunftsart. Die gutgeschriebenen Zinsen von 150 € gehören dagegen zu den Einnahmen aus Kapitalvermögen (§ 20 EStG).

7. Der nicht realisierte Kursgewinn ist nicht steuerbar.

8. Das dem Bruder der RM gewährte Darlehen ist unverzinslich. Der Zinsverzicht ist privat veranlasst; einkommensteuerrechtlich kann er nicht als fiktive Einnahme besteuert werden. Anmerkung: Unverzinsliche Darlehensgewährungen können jedoch in Höhe des Zinsverzichts Schenkungen sein (BFH v. 20. 9. 2010 II B 7/10, BFH/NV 2010, 2280).

Ermittlung der Summe und des Gesamtbetrags der Einkünfte

	MM	RM	
Einkünfte aus nichtselbständiger Arbeit			
Bruttoarbeitslohn	35 000 €	30 000 €	
./. Arbeitnehmer-Pauschbetrag (§ 9a Nr. 1 Buchst. a EStG)	1 000 €	1 000 €	
	34 000 €	29 000 €	63 000 €
Einkünfte aus Kapitalvermögen			
Einnahmen	2 800 €	150 €	

Mit der Einführung der Abgeltungsteuer ab 2009 gibt es den bisherigen Vorrang des Veranlagungsverfahrens vor dem Abzugsverfahren nicht mehr. Der Steueranspruch bei den Einkünften aus Kapitalvermögen wird jetzt grundsätzlich durch Erhebung der Abgeltungsteuer „abgegolten". Für Einkünfte aus Kapitalvermögen wurde ein gesonderter Steuertarif von 25 % eingeführt (§ 32d Abs. 1 Satz 1 EStG). Die so versteuerten Kapitalerträge werden prinzipiell nicht mehr in der jährlichen Einkommensteuererklärung erfasst. Die Steuerpflichtigen können aber die Einbeziehung ihrer gesamten Kapitalerträge in die Einkommensteuerveranlagung beantragen (Günstigerprüfung nach § 32d Abs. 6 EStG). Dies kann z. B. einen Sinn haben, wenn der Steuersatz für die übrigen Einkünfte unter 25 % liegt.

Einkünfte aus Vermietung und Verpachtung		
Einnahmen	24 000 €	
./. Werbungskosten	14 000 €	10 000 €
Summe der Einkünfte = Gesamtbetrag der Einkünfte		73 000 €

FALL 6

Verlustausgleich bei Ermittlung des Gesamtbetrags der Einkünfte

Sachverhalt: Der ledige Steuerpflichtige A erzielte in 2013 folgende Einkünfte:

Einkünfte aus Gewerbebetrieb	./. 150 000 €
Einkünfte aus selbständiger Arbeit	200 000 €
Einkünfte aus Vermietung und Verpachtung	./. 20 000 €
Verlust aus einem privaten Veräußerungsgeschäft (Verkauf eines Grundstücks)	./. 5 000 €

Aufgabe: Wie hoch ist der Gesamtbetrag der Einkünfte für 2013?

LÖSUNG

Gesamtbetrag der Einkünfte ist die Summe der Einkünfte, vermindert um den Altersentlastungsbetrag, den Entlastungsbetrag für Alleinerziehende und den Abzug nach § 13 Abs. 3 EStG (§ 2 Abs. 3 Satz 1 EStG). Verluste aus privaten Veräußerungsgeschäften dürfen nur bis zur Höhe des Gewinns, den der Steuerpflichtige im gleichen Kalenderjahr aus privaten Veräußerungsgeschäften erzielt hat, ausgeglichen werden (§ 23 Abs. 3 Satz 7 EStG). Der Gesamtbetrag der Einkünfte des A für 2013 beträgt somit (./. 150 000 € + 200 000 € ./. 20 000 € =) 30 000 €.

FALL 7

Ermittlung des zu versteuernden Einkommens und der festzusetzenden Einkommensteuer, des Solidaritätszuschlags und der Kirchensteuer

Sachverhalt: Der freiberuflich tätige Rechtsanwalt Dr. Heinz Recht (HR), geb. am 25. 4. 1957, und seine Ehefrau Lisa Recht (LR), geb. am 20. 9. 1957, wohnen seit Jahren in Koblenz. Die Eheleute sind seit 1990 verheiratet, sie wählen für das Jahr 2013 die Zusammenveranlagung (§ 26 Abs. 2 Satz 2 i. V. m. § 26b EStG). Sie sind beide kirchensteuerpflichtig (katholisch).

Die Eheleute haben dem Finanzamt im Rahmen ihrer Einkommensteuererklärung 2013 folgende Angaben gemacht:

►   Anlage G: Einkünfte aus Gewerbebetrieb

     –   Gewinnanteil LR an der X-OHG   105 000 €

            Anteiliger Gewerbesteuer-Messbetrag   1 000 €

            Tatsächlich zu zahlende Gewerbesteuer,
            die auf diesen Messbetrag entfällt   4 000 €

     –   Verlustanteil LR an der Y-KG   ./. 20 000 €

►   Anlage S: Einkünfte aus selbständiger Arbeit

     Gewinn HR aus freiberuflicher Tätigkeit   120 000 €

►   Anlage V: Einkünfte aus Vermietung und Verpachtung

     Überschuss aus der Vermietung einer Eigentumswohnung LR   7 000 €

     Verlust aus der Vermietung einer Eigentumswohnung LR   ./. 6 000 €

►   Anlage Vorsorgeaufwand (Seite 2)

     –   Vorsorgeaufwendungen: freiwillige Basiskrankenversicherungsbeiträge und Pflegeversicherungsbeiträge: Ehemann 3 500 € + Ehefrau 3 500 €   7 000 €

     –   Lebensversicherungsbeiträge Ehemann – mit Kapitalwahlrecht (Laufzeitbeginn und erste Beitragszahlung vor dem 1. 1. 2005)   6 818 €

            Haftpflichtversicherungsbeiträge Ehemann   500 €

     –   Sonderausgaben, die nicht Vorsorgeaufwendungen sind:

            Kirchensteuer (beide Eheleute)   2 000 €

            Spenden an DRK (Ehemann)   1 000 €

Aufgabe: Wie hoch ist das zu versteuernde Einkommen der Eheleute HR und LR für 2013 sowie die festzusetzende Einkommensteuer, der Solidaritätszuschlag und die Kirchensteuer?

LÖSUNG

Gesamtbetrag der Einkünfte ist die Summe der Einkünfte, vermindert um den Altersentlastungsbetrag, den Entlastungsbetrag für Alleinerziehende und den Abzug nach § 13 Abs. 3 EStG (§ 2 Abs. 3 Satz 1 EStG). Bei Ehegatten, die nach §§ 26 und 26b EStG zusammen veranlagt werden, werden die Einkünfte der einzelnen Einkunftsarten jeweils getrennt ermittelt und dann zusammengerechnet.

Es ist wie folgt zu rechnen:

	Ehemann €	Ehefrau €	insgesamt €
Einkünfte aus Gewerbebetrieb:			
Gewinnanteil X-OHG 105 000 € ./. Verlustanteil Y-KG 20 000 €		85 000	85 000
Einkünfte aus selbständiger Arbeit	120 000		120 000
Einkünfte aus Vermietung und Verpachtung: 7 000 € ./. 6 000 €		1 000	1 000
Summe der Einkünfte = Gesamtbetrag der Einkünfte			206 000
Unbeschränkt abziehbare Sonderausgaben: Kirchensteuer			./. 2 000
Spenden: DRK			./. 1 000
Vorsorgeaufwendungen:			
Sonstige Vorsorgeaufwendungen: Kranken- und Pflegeversicherung 7 000 € + (88 % der Lebensversicherungsbeiträge von 6 818 € =) 6 000 € = 13 000 €	13.000		
Begrenzung auf den Höchstbetrag 3 800 €			
mindestens abzugsfähig Basiskrankenversicherung und Pflegeversicherung 7 000 €			
Haftpflichtversicherungsbeiträge HR	500 €		
Berechnung nach Rechtslage 2004 (Günstigerprüfung):			
Summe der Versicherungsbeiträge	13 500		
Vorwegabzug	./. 4 200	4 200	
Restbetrag	9 300		

Höchstbetrag	2 668	2 668
Restbetrag	6 632	
Hälfte davon	3 316	
höchstens abziehbar: hälftiger Höchstbetrag	1 334	1 334
abziehbare Vorsorgeaufwendungen nach altem Recht		8 202 ./. 8 202
Einkommen = zu versteuerndes Einkommen (§ 2 Abs. 4 und 5 EStG)		**194 798**
festzusetzende ESt nach der Splittingtabelle		65 422
./. Steuerermäßigung nach § 35 EStG: 3,8-Fache des festgesetzten anteiligen Messbetrags		./. 3 800
festzusetzende Einkommensteuer		61 622
festzusetzender SolZ: 5,5 % von 61 622 €		3 389,21
festzusetzende KiSt (KiSt-Satz Rheinland-Pfalz 9 %):		
Bemessungsgrundlage ist die festzusetzende ESt ohne Steuerermäßigung nach § 35 EStG von 3 800 €	65 422	
hiervon 9 %		5 887,98

Vereinnahmung und Verausgabung (§ 11 EStG)

FALL 8

Zufluss- und Abflusszeitpunkt

Sachverhalt: Dr. Wächter (W) ist als Facharzt für Allgemeinmedizin in Wiesbaden selbständig tätig. Er ermittelt seinen Gewinn durch Einnahmen-Überschussrechnung (§ 4 Abs. 3 EStG).

1. W ist einer privatärztlichen Verrechnungsstelle angeschlossen, die die Privatliquidation für ihn vornimmt. Mitte Januar 02 erhält W von der privatärztlichen Verrechnungsstelle einen Kontoauszug, aus dem sein Guthaben zum 31.12.01, d. h. die bis zu diesem Zeitpunkt bei der Verrechnungsstelle eingegangenen, aber noch nicht an ihn überwiesenen Honorare, ersichtlich sind. Die privatärztliche Verrechnungsstelle zahlt das Guthaben von 5 000 € Ende Januar 02 an W aus.

2. W hat im Jahr 01 ein Ultraschallgerät für 20 000 € angeschafft, das er mit einem Kredit seiner Hausbank finanziert hat. Die für das Jahr 01 angefallenen Zinsen von 1 200 € sind laut Kontoauszug vom 2.2.02 dem laufenden Konto des W (mit Wertstellung zum 30.12.01) belastet worden. Vor dieser Belastung wies das laufende Konto des W ein Guthaben von 500 € auf, die Bank hat W auf dem Kontokorrentkonto einen Kreditrahmen von 40 000 € eingeräumt.

Aufgaben:

1. Welchem Jahr sind die Zahlungen der privatärztlichen Verrechnungsstelle zuzurechnen?

2. Welchem Jahr ist die Zinszahlung von 1 200 € zuzuordnen?

LÖSUNG

Die Einkommensteuer ist eine Jahressteuer. Ihre Bemessungsgrundlagen müssen für diesen Zeitraum ermittelt und gegenüber anderen Jahren abgegrenzt werden. Das EStG enthält daher Regelungen über die zeitliche Zuordnung der Besteuerungsgrundlagen. § 11 EStG, der unter der Überschrift „Vereinnahmung und Verausgabung" steht, sieht vor, dass sich die zeitliche Zuordnung der Besteuerungsgrundlagen nach dem tatsächlichen Zufluss oder Abfluss richtet. Die Vorschrift gilt in erster Linie

► für die Gewinneinkünfte nach § 2 Abs. 2 Nr. 1 EStG, wenn der Gewinn durch Einnahmen-Überschussrechnung ermittelt wird,

► für die Überschusseinkünfte nach § 2 Abs. 2 Nr. 2 EStG,

► für die Sonderausgaben nach §§ 10 und 10b EStG und

► für die außergewöhnlichen Belastungen.

Zu 1.:

Privatärztliche Verrechnungsstellen werden als Einziehungsbevollmächtigte der Ärzte tätig. Sie nehmen die Honorarzahlungen der Privatpatienten im Auftrag der Ärzte in Empfang. Werden von einem Dritten als Bevollmächtigten des Stpfl. Zahlungen entgegengenommen, tritt damit grds. ein Zufluss beim Vollmachtgeber ein (BFH VIII R 15/83, BStBl 1986 II 342 f.). W muss daher das Guthaben von 5 000 €, das ihm Ende Januar 02 von privatärztlichen Verrechnungsstelle überwiesen worden ist, bereits im Jahr 01 als Betriebseinnahme erfassen.

Zu 2.:

Der Begriff der Leistung in § 11 Abs. 2 EStG korrespondiert mit dem des Zufließens in § 11 Abs. 1 EStG. Entscheidend dafür, in welchem Veranlagungszeitraum Ausgaben abzusetzen sind, ist demnach der Verlust der wirtschaftlichen Verfügungsmacht über ein Wirtschaftsgut. Im Zusammenhang mit Überweisungen vom laufenden Konto des Stpfl. wird die Leistung spätestens mit der Lastschrift erbracht. Weist das Konto die nötige Deckung auf, genügt sogar die Erteilung des Überweisungsauftrags. Als Deckung gilt nicht nur ein ausreichendes Guthaben, sondern auch ein entsprechender Kreditrahmen. Ein am 30.12.01 von der Bank dem Konto des Stpfl. belasteter, wirtschaftlich zum Jahr 01 gehörender Zinsbetrag für ein Darlehen ist im Jahr 01 gezahlt (BFH IV R 47/95, BStBl 1997 II 509). W kann daher die Zinsen von 1 200 € im Jahr 01 als Betriebsausgaben absetzen.

FALL 9

Zufluss bei Annahme eines Wechsels

Sachverhalt: Architekt A ermittelt seinen Gewinn durch Einnahmen-Überschussrechnung (§ 4 Abs. 3 EStG). Zu seinem Betriebsvermögen gehört ein voll abgeschriebener Pkw VW Golf. A verkauft den Pkw im November 01 an B. Als Kaufpreis wird ein Betrag von 10 000 € vereinbart. B stellt über diesen Betrag einen Wechsel aus, der im Februar 02 fällig wird. A übergibt den Wechsel im November 01 seiner Bank zur Diskontierung. B löst den Wechsel bei Fälligkeit ein.

Aufgabe: Wann muss A den Verkaufserlös von 10 000 € als Betriebseinnahmen erfassen?

LÖSUNG

Wird ein Wechsel zahlungshalber – was die Regel ist – hingegeben und angenommen, so ist die Wechselsumme dem Empfänger zugeflossen, wenn er den Wechsel selbst am Fälligkeitstag vorlegt und die Zahlung erhält oder wenn er sich den Betrag durch Diskontierung des Wechsels beschafft (BFH XI R 81/90, BStBl 1994 II 338).

Der von A angenommene Wechsel ist zwar erst im Jahr 02 fällig. Die Fälligkeit des Wechsels ist aber unbeachtlich, wenn dieser diskontiert wird. Denn im Falle der Wechseldiskontierung führt die Zahlung der diskontierenden Bank zu einem Zufluss der Leistung aus dem Grundgeschäft. A muss daher den Verkaufserlös von 10 000 € bereits im Jahr 01 als Betriebseinnahme erfassen.

FALL 10

Zufluss von Forderungen eines beherrschenden Gesellschafters einer GmbH

Sachverhalt: Klaus Kiefer (K) ist Alleingesellschafter der X-GmbH, die in Karlsruhe ein zahntechnisches Labor betreibt. K hat der X-GmbH ein Darlehen von 100 000 € gewährt, das nach dem zugrunde liegenden Darlehensvertrag mit 6 % jährlich zu verzinsen ist. Die X-GmbH schreibt die am 31.12.01 fälligen Darlehenszinsen für das Jahr 01 i.H.v. 6 000 € am Fälligkeitstag dem Verrechnungskonto des K gut (Buchungssatz: Schuldzinsen an Verrechnungskonto K 6 000 €). Die Auszahlung der Zinsen erfolgt im Februar 02.

Aufgabe: Wann sind die Zinsen K zugeflossen?

LÖSUNG

Nach § 11 Abs. 1 Satz 1 EStG gelten Einnahmen als zugeflossen, wenn der Empfänger über die ihm zustehenden Beträge wirtschaftlich verfügen kann. Zufluss liegt demnach z.B. vor, wenn der Auszahlungsbetrag auf einem Bankkonto des Stpfl. gutgeschrieben wird. Auch in der Gutschrift durch den Zahlungsschuldner kann im Einzelfall ein Zufluss gesehen werden. Ob die Schuld fällig ist, spielt für die Frage des Zuflusses im Allgemeinen keine Rolle. Dennoch ist die Fälligkeit der Schuld als Beweisanzeichen für den Übergang der wirtschaftlichen Verfügungsmacht von Bedeutung. Dem beherrschenden Gesellschafter oder Alleingesellschafter einer Kapitalgesellschaft fließen Beträge, die ihm die Gesellschaft schuldet, i. d. R. bereits im Zeitpunkt der Fälligkeit zu (BFH VIII R 221/80, BStBl 1984 II 480; XI B 78/06, BFH/NV 2007, 1305). Denn beherrschende Gesellschafter oder Alleingesellschafter haben es in der Hand, sich die Beträge von der Gesellschaft auszahlen oder in deren Betrieb stehen zu lassen.

K ist Alleingesellschafter der X-GmbH. Wendet man die vorstehenden Grundsätze hier an, ist davon auszugehen, dass die Zinsen von 6 000 € dem K mit der Gutschrift, d. h. am 31. 12. 01, zugeflossen sind. Der gesonderte Steuertarif findet für diese Einkünfte aus Kapitalvermögen keine Anwendung (§ 32d Abs. 2 Nr. 1 Buchst. b EStG).

FALL 11

Zufluss bei Abtretung von Forderungen

Sachverhalt: Darlehensgeber A hat

1. gegen Darlehensnehmer B eine private Zinsforderung i. H. v. 2 000 €, die am 1. 12. 01 fällig ist. Da sich B vorübergehend in einer angespannten finanziellen Lage befindet, tritt er zahlungshalber seine Forderung an X i. H. v. 2 000 € an A ab. Die Forderung des B gegenüber X ist erst am 1. 2. 02 fällig; der Betrag von 2 000 € wird am 4. 2. 02 dem Konto des A gutgeschrieben;

2. gegen Darlehensnehmer C eine private Zinsforderung i. H. v. 3 000 €, die am 1. 12. 01 fällig ist. Da C zahlungsunfähig ist, tritt er seine Forderung i. H. v. 3 000 €, die er gegenüber Y hat, an A ab, und zwar an Zahlungs statt. Die Forderung des C an Y wird erst am 1. 2. 02 fällig; der Betrag von 3 000 € geht am 4. 2. 02 auf dem Konto des A ein.

Aufgabe: Wann sind die Darlehenszinsen von 2 000 € bzw. 3 000 € dem A zugeflossen?

LÖSUNG

Bei der Abtretung von Forderungen ist zu unterscheiden zwischen der Leistung erfüllungshalber und an Erfüllungs statt.

Zu 1.:

In der Regel werden Forderungen – wie hier – nicht an Zahlungs statt, sondern nur zahlungshalber abgetreten. Dann empfängt der Abtretungsempfänger Zahlungen, die ihm aufgrund der abgetretenen Forderung zufließen, für Rechnung des Abtretenden. Ein Zufluss i. S. d. § 11 Abs. 1 EStG liegt beim Abtretungsempfänger nicht bereits im Zeitpunkt der Forderungsabtretung vor, sondern erst dann, wenn die Einnahme aus der neuen Forderung tatsächlich bei ihm eingeht (BFH IV R 97/78, BStBl 1981 II 305 f.). Da hier die Abtretung zahlungshalber erfolgt und das Geld dem A erst am 4. 2. 02 zugeflossen ist, ist dieser Zeitpunkt auch steuerrechtlich maßgebend. A muss daher die Darlehenszinsen von 2 000 € erst im Jahr 02 bei seinen Einnahmen aus Kapitalvermögen erfassen.

Zu 2.:

Bei der Abtretung einer Forderung an Zahlungs statt übernimmt der Abtretungsempfänger das Gläubigerrisiko und gibt seine Ansprüche gegen den Abtretenden auf. Eine derartige Abtretung kommt daher nur ausnahmsweise in Betracht, z. B. wenn der Schuldner – wie hier – zahlungsunfähig ist. Bei der Abtretung der Forderung schuldet C die 3 000 € dem A nicht mehr; er hat die Schuld durch Hingabe seiner Forderung an Y getilgt. Damit ist das Geld dem A bereits zu diesem Zeitpunkt (1. 12. 01) zugeflossen (BFH VI 137/65, BStBl 1966 III, 394). A hat die 3 000 € bereits im Jahr 01 bei seinen Einnahmen aus Kapitalvermögen zu erfassen.

FALL 12

Zufluss bei Erlass einer Schuld

Sachverhalt: Steuerberater A, der seinen Gewinn durch Einnahmen-Überschussrechnung (§ 4 Abs. 3 EStG) ermittelt, hat

1. dem langjährigen Mieter einer ihm gehörenden Eigentumswohnung die Miete für den Monat Dezember 01 von 800 € erlassen. In einem Schreiben an den Mieter begründet A seinen Mietverzicht damit, dass der Mieter seit 10 Jahren die Wohnung bewohne und es während dieser langen Zeit keinen Anlass zu Beanstandungen gegeben habe;

2. seiner Schwester und deren Ehemann für die Erstellung der Einkommensteuererklärung 01 am 15. 5. 02 nach der Steuerberatervergütungsverordnung 714 € einschließlich 114 € Umsatzsteuer berechnet. Der Schwager des A wird im Juni 02 überraschend arbeitslos. A verzichtet daraufhin im Hinblick auf die familiären Beziehungen auf die Geltendmachung seines Honoraranspruchs;

3. einer angestellten Mitarbeiterin am 30. 7. 01 einen gebrauchten – voll abgeschriebenen – PC für 357 € einschließlich 57 € Umsatzsteuer verkauft. Um die Angestellte an seinen Betrieb zu binden, verzichtet A nachträglich auf die Geltendmachung der Kaufpreisforderung.

Aufgabe: Stellt der Verzicht auf die Geltendmachung der Forderungen einen Zuflusstatbestand dar?

LÖSUNG:

Zu 1.:

Verzichtet ein Gläubiger auf die Geltendmachung einer Forderung, die mit dem Tatbestand der Einkünfteerzielung zusammenhängt, dann stellt der Verzicht keinen Einnahmetatbestand dar; denn niemand ist verpflichtet, seine Einnahmemöglichkeiten voll auszuschöpfen. Der freiwillige Verzicht des A auf die Mietforderung führt daher nicht zu einem Zufluss, so dass A die Miete für den Monat Dezember von 800 € nicht zu versteuern braucht.

Zu 2.:

Hier gilt etwas anderes. A erlässt aus privaten Gründen die Honorarforderung von 714 €. Erlässt ein Stpfl., der seinen Gewinn nach § 4 Abs. 3 EStG ermittelt, einem Schuldner aus privaten Gründen eine Honorarforderung, sind dem Stpfl. zwar keine Betriebseinnahmen zugeflossen. Gleichwohl ist der Gewinn des Stpfl. um den Wert der aus privaten Gründen erlassenen Honorarforderung zu erhöhen, weil der Vorgang als Entnahme der Forderung anzusehen ist und bei der Gewinnermittlung durch Einnahmen-Überschussrechnung Entnahmen – jedenfalls soweit diese nicht in Geld bestehen – hinzuzurechnen sind (BFH IV R 180/71, BStBl 1975 II 526). Die mit der erlassenen Forderung zusammenhängende Umsatzsteuer i. H. v. 114 € ist im Zeitpunkt ihrer Bezahlung als Betriebsausgabe abzugsfähig. Im Ergebnis erhöht sich also der Gewinn des A um 600 €.

Zu 3.:

A verzichtet aus betrieblichen Gründen auf die Geltendmachung seiner Kaufpreisforderung. Bei einem Erlass aus betrieblichen Gründen sind dem Stpfl. ebenso wie bei einem Erlass aus privaten Gründen keine Betriebseinnahmen zugeflossen. Eine Gewinnerhöhung kommt bei einem Erlass aus betrieblichen Gründen allerdings nicht in Betracht. Da A die angefallene Umsatzsteuer von (19 % von 300 € =) 57 € im Zeitpunkt ihrer Bezahlung als Betriebsausgaben abziehen kann, ergibt sich eine Gewinnminderung von 57 €. Auf der Seite der Arbeitnehmerin stellt der Erlass der gegen sie gerichteten Kaufpreisforderung einen Zuflusstatbestand dar. Denn in dem Verzicht des A auf die Geltendmachung der Geldforderung aus dem Kaufvertrag liegt ein geldwerter Vorteil, der der Lohnbesteuerung unterliegt (BFH VI R 173/80, BStBl 1985 II 437). Die Angestellte des A muss den erlassenen Betrag i. H. v. 357 € als Arbeitslohn versteuern, und zwar in dem Zeitpunkt, in dem A die Forderung erlassen hat.

FALL 13

Zufluss bei Novation

Sachverhalt: A ist am Stammkapital der X-GmbH i. H. v. 60 000 € zu einem Drittel beteiligt. Sein Stimmrecht entspricht seiner Kapitalbeteiligung. A hat der X-GmbH Anfang 01 ein zu seinem Privatvermögen gehörendes Darlehen i. H. v. 100 000 € gewährt, das mit 6 % jährlich verzinst wird.

A erklärt sich gegenüber der X-GmbH bereit, dieser den geschuldeten und am 31. 12. 01 fälligen Zinsbetrag i. H. v. 6 000 € als verzinsliches Darlehen zur Verfügung zu stellen. Die GmbH schreibt daher die Zinsen von 6 000 € dem Darlehen von 100 000 € zu, so dass das Darlehen am Bilanzstichtag (31. 12. 01) einen Betrag i. H. v. 106 000 € ausweist.

Die Schuldumwandlung erfolgt im Interesse des A, weil dieser eine Anlage im Betrieb sucht, um mehr Einfluss auf das Unternehmen zu gewinnen. Aufgrund ihrer guten wirtschaftlichen Verhältnisse wäre die GmbH ohne Weiteres in der Lage gewesen, die Zinsen am Fälligkeitstag auszuzahlen.

Aufgabe: Sind die Zinsen i. H. v. 6 000 € dem A im Jahr 01 zugeflossen?

LÖSUNG

Die dem Darlehen zugeschriebenen Zinsen sind dem A im Jahr 01 zugeflossen. Sie wurden ihm zwar nicht ausgezahlt. Ein Zufluss ist aber bei den Überschusseinkünften i. S. d. § 2 Abs. 2 Nr. 2 EStG gegeben, wenn der Stpfl. in der Weise über eine Forderung auf eine Leistung verfügt, dass sie erlischt und eine andere Forderung an ihre Stelle tritt (Schuldumwandlung = Novation), sofern die Novation in seinem Interesse und nicht in dem des Schuldners vereinbart wird (BFH VIII R 211/82, BFH/NV 1988, 224; VIII R 15/01, BStBl 2002 II 138). In dieser Schuldumwandlung kann eine Verfügung des Gläubigers liegen, die einkommensteuerlich so zu werten ist, als ob der Schuldner die Altschuld durch tatsächliche Zahlung beglichen hätte (= Zufluss beim Gläubiger) und der Gläubiger den vereinnahmten Betrag infolge des neu geschaffenen Verpflichtungsgrundes dem Schuldner sofort wieder zur Verfügung gestellt hätte (Wiederabfluss des Geldbetrags beim Gläubiger). Der beschriebene lange Leistungsweg wird durch die Novationsvereinbarung lediglich verkürzt, indem auf den überflüssigen Umweg der Aus- und Rückzahlung des Geldbetrags verzichtet wird.

Im vorliegenden Fall erfolgt die Zuschreibung und Wiederanlage der Zinsen ausschließlich im Interesse des A. Anhaltspunkte dafür, dass A das Geld im Interesse der GmbH stehen ließ, etwa, weil diese nicht in der Lage gewesen wäre, es ihm auszuzahlen, liegen nicht vor. Liegt die Novation im alleinigen oder überwiegenden Interesse des Gläubigers, indiziert dies dessen Verfügungsmacht über den Gegenstand der Altforderung (BFH VIII R 57/95, BStBl 1997 II 755; VIII R 15/01, BStBl 2002 II 138, 141). Bei der Verfügung des A über die Zinsforderung handelt es sich um einen der Zahlung vergleichbaren Vorgang; sie muss daher als Zufluss gewertet werden. A muss die Zinsen i. H. v. 6 000 € noch im Jahr 01 bei seinen Einnahmen aus Kapitalvermögen erfassen.

FALL 14

Zufluss von Arbeitslohn

Sachverhalt: A ist Minderheitsgesellschafter und zugleich Geschäftsführer der X-GmbH, die ein Straßenbauunternehmen betreibt. Nach dem Arbeitsvertrag hat A Anspruch auf monatliche Gehaltszahlung. Der Arbeitslohn für den Monat Dezember 01 i. H. v. 6 000 € wird aufgrund einer Erkrankung des Lohnbuchhalters erst am 7. 1. 02 von der GmbH auf das Bankkonto des A überwiesen; dort geht er am 12. 1. 02 ein.

Über sein monatliches Bruttogehalt hinaus steht A eine gewinnabhängige Tantieme zu. Die Tantieme für das Jahr 01 i. H. v. 20 000 € wird A im März 02 ausgezahlt.

Aufgabe: Wann sind A das Gehalt für den Monat Dezember 01 und die Tantieme für das Jahr 01 steuerlich zugeflossen?

LÖSUNG

Für Zwecke des Lohnsteuerabzugs vom Arbeitslohn bestimmt § 38a Abs. 1 Satz 2 i. V. m. § 11 Abs. 1 Satz 4 EStG, dass laufender Arbeitslohn in dem Kalenderjahr als bezogen gilt, in dem der Lohnzahlungszeitraum endet (R 38.2 Abs. 2 LStR 2011). Laufender Arbeitslohn ist der Arbeitslohn, der dem Arbeitnehmer regelmäßig zufließt, wie z. B. Monatsgehalt, Wochen- oder Tagelohn (R 39b.2 Abs. 1 LStR 2011).

Um ein Auseinanderfallen der Zuflussbesteuerung aus der Sicht des Arbeitgebers für Zwecke des Lohnsteuerabzugs und beim Arbeitnehmer für Zwecke der Einkommensbesteuerung zu verhindern, nimmt § 11 Abs. 1 Satz 4 EStG auf diese Regelung Bezug, d. h., die Zuflussfiktion des § 38a Abs. 1 Satz 2 EStG gilt auch für den Zufluss beim Arbeitnehmer. Das bedeutet, dass der Arbeitslohn für den Monat Dezember 01, der am 12. 1. 02 auf dem Bankkonto des A eingegangen ist, noch im Jahr 01 als bezogen gilt und demgemäß in diesem Jahr zu versteuern ist. Eine andere Beurteilung ergibt sich für sonstige Bezüge (= Arbeitslohn, der nicht als laufender Arbeitslohn gezahlt wird). Sonstige Bezüge – dazu rechnen auch Tantiemen, die nicht fortlaufend gezahlt werden (R 39b.2 Abs. 2 LStR 2011) – werden in dem Kalenderjahr bezogen, in dem sie dem Arbeitnehmer zufließen (§§ 38a Abs. 1 Satz 3, 11 Abs. 1 Satz 4 EStG). Die Tantieme i. H. v. 20 000 € ist von A daher erst im Jahr 02 zu versteuern.

FALL 15

Größerer Erhaltungsaufwand bei Wohngebäuden

Sachverhalt: A ist Eigentümer eines vermieteten Wohnhauses. In der Anlage V 2013 hat er die gesamten Aufwendungen für die Dachreparatur von 30 000 € als Werbungskosten bei seinen Einkünften aus Vermietung und Verpachtung geltend gemacht. Der Einkommensteuerbescheid 2013 ist bestandskräftig.

Aufgaben:

1. Sind die gesamten Erhaltungsaufwendungen von 30 000 € im Jahr 2013 als Werbungskosten zu berücksichtigen?

2. Wie ist die Rechtslage, wenn A die Erhaltungsaufwendungen im Jahr 2013 versehentlich nicht als Werbungskosten abgezogen und auch keine anderweitige Verteilung nach § 82b EStDV gewählt hat, den betreffenden Einkommensteuerbescheid aber bestandskräftig hat werden lassen?

LÖSUNG

Zu 1.:

Erhaltungsaufwendungen für vermietete Immobilien sind prinzipiell im Jahr der Zahlung als Werbungskosten bei den Einkünften aus Vermietung und Verpachtung abziehbar (§ 11 Abs. 2 EStG). Oft ist eine Verteilung des Erhaltungsaufwands auf mehrere Jahre steuerlich günstiger als die vollständige Absetzung im Jahr der Bezahlung (§ 11 Abs. 2 EStG), weil die Steuererstattungen der einzelnen Jahre insgesamt höher sind als die einmalige Erstattung für den Gesamtbetrag. Daher gibt es eine spezielle steuergesetzliche Regelung, die eine Verteilung ermöglicht. Nach § 82b EStDV ist bei Häusern, die zum Privatvermögen gehören und überwiegend zu Wohnzwecken vermietet werden, eine gleichmäßige Verteilung von größerem Erhaltungsaufwand auf zwei bis fünf Jahre zulässig.

Hat der Steuerpflichtige die Erhaltungsaufwendungen im Jahr des Entstehens der Aufwendungen in vollem Umfang geltend gemacht und den betreffenden Steuerbescheid bestandskräftig werden lassen, hat er sein Wahlrecht ausgeübt. Das Wahlrecht kann nicht mehr ausgeübt werden, wenn die Erhaltungsaufwendungen im Jahr ihrer Entstehung bestandskräftig und in vollem Umfang nach der Grundregel des § 11 Abs. 2 EStG abgezogen worden sind (BFH v. 7. 12. 2006 IX B 50/06, BFH/NV 2007, 1135). Da A sich für einen Vollabzug der Aufwendungen in 2013 entschieden und die Steuerfestsetzung für 2013 bestandskräftig geworden ist, kommt eine Verteilung der 2013 angefallenen Erhaltungsaufwendungen nicht mehr in Betracht.

Zu 2.:

Anders ist die Rechtslage nach der Rechtsprechung des BFH, wenn der Steuerpflichtige größere Erhaltungsaufwendungen im Jahr ihrer Entstehung nicht als Werbungskosten abgezogen und auch keine anderweitige Verteilung nach § 82b EStDV gewählt hat, den betreffenden Einkommensteuerbescheid aber bestandskräftig hat werden lassen (BFH IX R 152/80, BStBl 1993 II 589; v. 27. 10. 1992 IX R 66/91, BStBl 1993 II 591; v. 24. 11. 1992 IX R 99/89, BStBl 1993 II 593). In diesem Fall kann der Steuerpflichtige die Aufwendungen – unter Ausschluss des auf das Entstehungsjahr entfallenden Anteils – anteilig gleichmäßig auf die folgenden Jahre des Verteilungszeitraums verteilen. A kann daher von dem 2013 entstandenen Erhaltungsaufwand von 30 000 € einen Teilbetrag i. H. von 24 000 € gleichmäßig auf die Jahre 2014 bis einschließlich 2017 verteilen. In den Jahren 2014 bis 2017 sind dann jährlich 24 000 € : 4 = 6 000 € Erhaltungsaufwand als Werbungskosten bei den Einkünften aus Vermietung und Verpachtung abziehbar. Der auf 2013 entfallende Teilbetrag ist steuerlich verloren.

FALL 16

Abfluss und Zufluss bei Zahlung durch Banküberweisung

Sachverhalt:

1. Am 30. 12. 01 – kurz vor Schalterschluss – geht bei der Deutschen Bank AG auf dem banküblichen Formular der Auftrag des A vom selben Tag ein, 5 000 € an den Handwerksmeister B zu überweisen, der am vermieteten Wohnhaus des A eine Reparatur durchgeführt hat. Als Zahlungsweg wurde das Konto des Handwerksmeisters bei der Commerzbank AG angegeben. Die Reparaturrechnung datiert vom 15. 12. 01.

Die Deutsche Bank AG hat A ein Kreditlimit i. H. v. 15 000 € eingeräumt. A hat sein Konto am 30. 12. 01 mit 8 000 € überzogen. Laut Kontoauszug der Bank vom 3. 1. 02 wurde das Konto des A am 2. 1. 02 mit den 5 000 € belastet.

2. Am 31. 12. 01 überweist A mittels Online-Banking von seinem Konto bei der Sparkasse X einen Betrag von 200 € für die Reparatur seiner privaten Waschmaschine an den Handwerker C. Es handelt sich um reine Arbeitskosten. Die Rechnung datiert vom 27. 12. 01.

Der Betrag wird am 2. 1. 02 dem Konto des A belastet (Wertstellung also: 2. 1. 02).

Aufgabe:

1. Wann ist der Rechnungsbetrag bei A abgeflossen und bei B zugeflossen?

2. In welchem Jahr kann A die Rechnung für die Reparatur der Waschmaschine nach § 35a EStG steuerlich geltend machen?

LÖSUNG

Zu 1:

Eine Ausgabe, die mittels Überweisungsauftrages von einem Bankkonto geleistet wird, ist bei dem Kontoinhaber in dem Zeitpunkt abgeflossen, in dem der Überweisungsauftrag der Bank zugegangen ist (BFH IX R 28/02, BFH/NV 2005, 49) und der Stpfl. im Übrigen alles in seiner Macht Stehende getan hat, um eine unverzügliche Ausführung zu gewährleisten. Hierzu gehört insbesondere, dass der Stpfl. im Zeitpunkt der Erteilung des Überweisungsauftrages für eine genügende Deckung auf seinem Girokonto gesorgt hat (BFH IX R 163/83, BStBl 1997 II 509). Dabei kann die Deckung darin bestehen, dass der Kontoinhaber bei der Überweisungsbank ein Guthaben unterhält oder dass ihm ein entsprechender Kreditrahmen zur Verfügung steht.

Da der Überweisungsauftrag des A noch im Jahr 01 bei der Bank eingegangen ist und A im Zeitpunkt der Erteilung des Überweisungsauftrages für eine genügende Deckung auf seinem Girokonto gesorgt hat, ist die Reparaturrechnung bereits im Jahr 01 und nicht erst im Zeitpunkt der Belastungsbuchung durch die Bank am 2. 1. 02 i. S. d. § 11 Abs. 2 Satz 1 EStG geleistet worden. A kann den bezahlten Betrag im Jahr 01 als Werbungskosten bei seinen Einkünften aus Vermietung und Verpachtung abziehen. Zugeflossen ist der Betrag bei B allerdings erst im Jahr 02 mit Gutschrift auf seinem Konto (BFH IX R 28/02, BFH/NV 2005, 49).

HINWEIS:

Bei einer Zahlung mittels Kreditkarte soll bereits die Unterschrift auf dem Belastungsbeleg zu einem Abfluss i. S. d. § 11 Abs. 2 EStG führen (FG Rheinland-Pfalz v. 18. 3. 2013 5 K 1875/10, EFG 2013, 1029).

Zu 2:

Nach § 35a Abs. 3 EStG ermäßigt sich die tarifliche Einkommensteuer, vermindert um die sonstigen Steuerermäßigungen, für die Inanspruchnahme von Handwerkerleistungen für Renovierungs-, Erhaltungs- und Modernisierungsmaßnahmen auf Antrag um 20 %, höchstens 1 200 €, der Aufwendungen des Steuerpflichtigen. Die begünstigten Kosten betragen daher maximal 6 000 €. Steuerbegünstigt sind nur die Arbeitskosten einschließlich der Mehrwertsteuer, nicht die Materialkosten (§ 35a Abs. 5 Satz 2 EStG). Weitere Voraussetzung für die Inanspruchnahme der Steuerermäßigung ist, dass der Steuerpflichtige für die Aufwendungen eine Rechnung erhalten hat und die Zahlung auf das Konto des Erbringers der Leistung erfolgt ist (§ 35a Abs. 5 Satz 3 EStG). Barzahlungen werden nicht anerkannt.

Die Steuerermäßigung kann im Veranlagungszeitraum der Zahlung (§ 11 Abs. 2 EStG) in Anspruch genommen werden (BMF, BStBl 2010 I 140, Rz. 40). Beträge, die im Wege des Online-Bankings überwiesen wurden, können in Verbindung mit dem Kontoauszug, der die Abbuchung ausweist, anerkannt werden (BMF, BStBl 2010 I 140, Rn. 46). Bei einem Überweisungsauftrag, der am 31. 12. 01 per Online-Banking erteilt wurde, ist m. E. Abflusszeitpunkt der 31. 12. 01, auch wenn die Belastung des Kontos erst mit Wertstellung 2. 1. 02 vorgenommen wird. Voraussetzung ist, dass das Konto genügend Deckung hatte und die Überweisung auch tatsächlich durchgeführt wurde. A kann die Steuerermäßigung nach § 35a Abs. 3 EStG von 20 % von 400 € = 40 € bereits im Jahr 01 geltend machen.

Zahlung durch Scheckhingabe

Sachverhalt: A bezieht als Vermieter eines Einfamilienhauses Einkünfte aus Vermietung und Verpachtung. Im November und Dezember 01 lässt er die Fassade seines Hauses durch den Maler M anstreichen. Der Rechnungsbetrag beläuft sich auf 9 000 €. A stellt einen Verrechnungsscheck über 9 000 € aus und gibt diesen am 31.12.01 per Einschreiben zur Post. Der Scheck geht am 2.1.02 bei dem M ein, der ihn am selben Tag seiner Bank zur Gutschrift vorlegt. Das Konto des A wird am 5.1.02 mit den 9 000 € belastet.

Aufgabe: In welchem Jahr kann A die Instandhaltungsaufwendungen von 9 000 € bei seinen Einkünften aus Vermietung und Verpachtung als Werbungskosten abziehen?

Für den Zeitpunkt der Leistung bei Zahlung mittels eines Schecks kommt es in Übereinstimmung mit den zum bürgerlichen Recht entwickelten Grundsätzen zur Frage der Rechtzeitigkeit der Leistung auf die Leistungshandlung an. Dementsprechend ist mit der Hingabe eines Schecks die Leistung erbracht, vorausgesetzt, der Scheck wird später eingelöst und nicht mangels ausreichender Deckung von der Bank zurückgewiesen (BFH X R 97/97, BStBl 2001 II 482).

Wird der Scheck – wie hier – übermittelt, so ist die Leistungshandlung dann bewirkt, wenn sich der Übermittelnde seiner uneingeschränkten Verfügungsgewalt über die Scheckurkunde begeben hat. Das ist im vorliegenden Fall durch die Übergabe der Urkunde an die Postanstalt zur Übermittlung an den Gläubiger geschehen (BFH IX R 2/80, BStBl 1986 II 284 f.). A kann daher die Instandhaltungsaufwendungen i.H.v. 9 000 € bereits im Jahr 01 als Werbungskosten bei seinen Einkünften aus Vermietung und Verpachtung abziehen.

§ 224 Abs. 2 Nr. 1 AO sieht vor, dass bei Hingabe/Übersendung von Schecks an das Finanzamt die Zahlung erst drei Tage nach Eingang als entrichtet gilt. Wird dem Finanzamt z. B. für eine am 10.1.02 fällige Umsatzsteuer-Vorauszahlung am 8.1.02 ein Scheck übergeben, der auf dem Konto des Finanzamts am 10.1.02 – also am Fälligkeitstag gutgeschrieben wird -, soll dennoch ein Säumniszuschlag erhoben werden können (BFH v. 28.8.2012 VII R 71/11, NWB DokID: MAAAE-22652, BStBl 2013 II 103). Begründung des BFH: Eine durch Scheckeinreichung bewirkte Zahlung gelte erst am dritten Tag nach der Einreichung als entrichtet, und zwar auch, wenn die tatsächliche Buchung früher erfolgt sei. Ein merkwürdiges und unbefriedigendes Ergebnis.

FALL 18

Vorauszahlung von Sonderausgaben und Werbungskosten

Sachverhalt: A ist als Rechtsanwalt tätig. Neben seinen Einkünften aus selbständiger Arbeit bezieht er aufgrund der Vermietung von mehreren Mietwohngrundstücken Einkünfte aus Vermietung und Verpachtung.

A leistet am 18.12.01 folgende Zahlungen:

1. Kirchensteuervorauszahlungen für das Jahr 02 i. H. v. 5 000 €, obwohl das Finanzamt keine Vorauszahlungen festgesetzt hat. Die für das Jahr 02 zu entrichtende Kirchensteuer beläuft sich bei vernünftiger Schätzung auf 2 000 €. Im Rahmen der Veranlagung für das Jahr 02 wird die Kirchensteuer auf 1 800 € festgesetzt.

2. Vorauszahlung an den Dachdeckermeister D von 3 000 € für im Januar 02 an einem vermieteten Wohnhaus durchgeführte Dachrenovierungsarbeiten.

Aufgabe: Kann A die beiden Zahlungen im Jahr 01 als Sonderausgaben bzw. Werbungskosten abziehen?

LÖSUNG

Durch die Zuordnung von Ausgaben zum Kalenderjahr der Leistung in § 11 Abs. 2 Satz 1 EStG sind Ausgaben grds. im Zeitpunkt des Abflusses als Sonderausgaben bzw. Werbungskosten abziehbar, auch wenn sie wirtschaftlich ein anderes Kalenderjahr betreffen (BFH IX R 2/80, BStBl 1986 II 284 f.; VI R 108/85, BFH/NV 1988, 499 f.). Durch diese Regelung hat der Stpfl. es oftmals in der Hand, Sonderausgaben oder Werbungskosten je nach dem Zeitpunkt, in dem er sie leistet, in das Jahr zu verlagern, das für ihn steuerlich günstiger ist. Die Gestaltungsfreiheit des Stpfl. bei der Wahl der Verausgabung findet aber ihre Grenze in § 42 AO. Danach kann das Steuergesetz nicht durch Missbrauch von Gestaltungsmöglichkeiten umgangen werden.

Zu 1.:

Grundsätzlich ist für den Sonderausgabenabzug von Kirchensteuerzahlungen gem. § 11 Abs. 2 Satz 1 EStG nur die Tatsache der Zahlung im Veranlagungszeitraum maßgebend. Etwas anderes soll jedoch für den Fall gelten, dass es sich um willkürliche, die voraussichtliche Steuerschuld weit übersteigende Zahlungen handelt. Derartige, ohne rechtliche Verpflichtung und ohne vernünftigen Grund geleistete Zahlungen sind vom Sonderausgabenabzug ausgeschlossen (BFH VI 69/61 U, BStBl 1963 III, 141; XI R 24/01, BStBl 2002 II 351). Soweit die Kirchensteuervorauszahlung des A das voraussichtliche Kirchensteuersoll 02 übersteigt, kommt daher ein Sonderausgabenabzug nicht in Betracht. A kann im Jahr 01 von der Kirchensteuervorauszahlung i. H. v. 5 000 € nur 2 000 € als Sonderausgaben geltend machen.

Zu 2.:

In welcher Steuererklärung Werbungskosten bei den Einkünften aus Vermietung und Verpachtung abgesetzt werden dürfen, wird bestimmt durch den Zeitpunkt, in dem der Stpfl. sie bezahlt. Wann die Werbungskosten entstanden sind, welchen Zeitraum sie betreffen oder wann der Stpfl. die Rechnung erhält, spielt keine Rolle. Allein der Zahlungszeitpunkt zählt. Die Voraus-zahlung von 3 000 € zählt daher zu den Werbungskosten des Jahres 01.

FALL 19

Zahlung eines Disagios

Sachverhalt: Die Eheleute A und B errichteten im Jahr 2013 ein zur Vermietung bestimmtes Mehrfamilienhaus Die Herstellungskosten wurden u. a. mit einem Darlehen von 200 000 € mit 10 Jahren Zinsfestschreibung finanziert. Es wurde ein Disagio von 5 % vereinbart. Das Disagio von 10 000 € wurde am 27. 12. 2013 belastet. Das Darlehen wird

► Ende Januar 2014 ausgezahlt (Fall 1),

► im Juni 2014 ausgezahlt (Fall 2).

Aufgabe: In welchem Veranlagungszeitraum ist das Disagio als Werbungskosten bei den Ein-künften aus Vermietung und Verpachtung abziehbar?

LÖSUNG

Wer bei einer Bank, Sparkasse, Bausparkasse oder Versicherungsgesellschaft ein Darlehen auf-nimmt, z. B. für den Bau oder Kauf einer Immobilie, erhält die Darlehenssumme oft nicht zu 100 %, sondern z. B. nur zu 95 % ausgezahlt. Einen solchen Abzugsbetrag bezeichnet man als Damnum oder Disagio. Er gehört zu den Finanzierungskosten. Je höher das Disagio ist, desto niedriger ist der Nominalzins und umgekehrt. Die Effektivverzinsung ändert sich durch ein Dis-agio i. d. R. nicht.

Die Voraussetzungen, unter denen ein Disagio als Werbungskosten abgezogen werden darf, hat die Finanzverwaltung im „Bauherrenerlass" für Darlehensverträge, die ab 1. 1. 2004 geschlossen wurden, geregelt (BMF, BStBl 2003 I 546). Danach gilt Folgendes:

► Das Disagio ist im Jahr der Darlehensauszahlung als Werbungskosten abziehbar, wenn es marktüblich ist. Der über die marktüblichen Beträge hinausgehende Teil ist auf den Zinsfest-schreibungszeitraum oder bei dessen Fehlen auf die Laufzeit des Darlehens zu verteilen. Als marktüblich gelten 5 % der Darlehenssumme, wenn der Zinssatz für mindestens fünf Jahre festgeschrieben ist.

► Wird das Darlehen erst im nächsten Jahr für eine vermietete Immobilie eingesetzt, kann das im Voraus gezahlte Disagio nur als Werbungskosten abgezogen werden, wenn innerhalb von drei Monaten, nachdem das Disagio entrichtet worden ist, mindestens 30 % des Darle-hens ausgezahlt werden. In den 30 % ist das Disagio enthalten. Das bedeutet, dass es bei einem Disagio von 5 % für den Werbungskostenabzug ausreicht, wenn 25 % der Darlehens-summe ausgezahlt werden.

► Vorauszahlungen für einen Nutzungszeitraum von mehr als fünf Jahren sind über den ge-samten Zeitraum gleichmäßig zu verteilen, für den sie geleistet werden (§ 11 Abs. 2 Satz 3 EStG). § 11 Abs. 2 Satz 3 EStG ist jedoch auf ein Damnum oder Disagio nicht anzuwenden, soweit dieses marktüblich ist (§ 11 Abs. 2 Satz 4 EStG).

Zu Fall 1: Da das Darlehen bereits Ende Januar 2014 ausgezahlt worden ist, kann das marktübliche Disagio im Jahr 2013 in voller Höhe als Werbungskosten bei den Einkünften aus Vermietung und Verpachtung abgesetzt werden.

Zu Fall 2: Bei der Zahlung eines Disagios vor der Auszahlung des Darlehenskapitals liegt nach Auffassung der Finanzverwaltung eine rechtsmissbräuchliche Gestaltung i. S. d. § 42 AO bereits dann vor, wenn die Auszahlung des Darlehens später als drei Monate nach Zahlung (= Belastung auf dem Konto des Stpfl.) des Disagios erfolgt und für die Bezahlung des Disagios lange vor der Darlehensauszahlung oder einer ins Gewicht fallenden Teilauszahlung des Darlehens (mindestens 30 % der Darlehensvaluta einschließlich Disagio) keine wirtschaftlich vernünftigen Gründe vorliegen (BMF v. 20. 10. 2008, BStBl 2003 I 546, 548 unter Hinweis auf BFH X R 85/85, BStBl 1987 II 492).

Diese Beurteilung hat hier zur Folge, dass es hinsichtlich des im Jahr 2013 ohne wirtschaftlich vernünftigen Grund vorausgezahlten Disagios im Zahlungszeitpunkt steuerrechtlich an einem Abfluss des Betrages i. S. d. § 11 Abs. 2 Satz 1 EStG fehlt. A kann daher die 10 000 € im Jahr 2013 nicht als Werbungskosten abziehen.

Das bedeutet aber nicht, dass die Zahlung steuerlich unberücksichtigt bleibt. Sie ist vielmehr im Jahr 2014, d. h. im Jahre der Darlehensauszahlung, abzugsfähig. Denn der Gestaltungsmissbrauch nimmt den Aufwendungen nicht den Werbungskostencharakter (vgl. *Drenseck*, FR 1987, 119).

FALL 20

Zahlung von Beiträgen zur Instandhaltungsrücklage

Sachverhalt: A ist Eigentümer einer von ihm vermieteten Eigentumswohnung. Er entrichtet im Jahr 01 im Rahmen seiner Wohngeldzahlung an den Verwalter des gemeinschaftlichen Eigentums einen nach seinem Anteil bemessenen Betrag i. H. v. 2 000 € für die Ansammlung einer angemessenen Instandhaltungsrücklage. Der Verwalter verausgabt die Zahlung des A sowie der übrigen der Wohnungseigentümergemeinschaft angehörenden Personen im Jahr 02 für eine Dachreparatur.

Aufgabe: Führt die Zahlung an den Verwalter im Jahr 01 zu einer Ausgabe i. S. d. § 11 Abs. 2 EStG mit der Folge, dass bereits im Jahr 01 ein Werbungskostenabzug in Betracht kommt?

LÖSUNG

Die Zahlung an den Verwalter bewirkt lediglich, dass das Alleineigentum des A an dem überwiesenen Geldbetrag sich in einen Miteigentumsanteil an dem durch die Überweisung entstandenen Verwaltungsvermögen umwandelt. Dieser Anteil ist ein Wirtschaftsgut, das A genauso zugerechnet werden muss wie zuvor das Bargeld. Im Jahr 01 fehlt es daher an einer Ausgabe i. S. d. § 11 Abs. 2 EStG. Der Abfluss tritt erst im Jahr 02 ein, in dem der Verwalter das Verwaltungsvermögen für die Dachreparatur verwendet. A kann die Zahlung der 2 000 € daher erst im Jahr 02 als Werbungskosten bei seinen Einkünften aus Vermietung und Verpachtung abziehen (BFH IX

R 119/83, BStBl 1988 II 577; IX B 124/08, BFH/NV 2009, 571; IX B 131/12, BFH/NV 2013, 32; ablehnend *Sauren*, DStR 2006, 2161).

FALL 21

Abflusszeitpunkt von kreditfinanzierten außergewöhnlichen Belastungen

Sachverhalt: A und seine Ehefrau B sind in der gesetzlichen Krankenversicherung versichert. Anlässlich eines längeren Krankenhausaufenthalts ist B in einem Einbettzimmer untergebracht. Der Zuschlag für das Einbettzimmer beträgt 6 000 €. A nimmt zur Bezahlung des Zuschlags bei seiner Bank im Oktober 01 ein Darlehen i. H. v. 6 000 € auf, das er ab Januar 02 in zwölf monatlichen Raten zu je 500 € zurückzahlt.

Aufgabe: Kann A die Aufwendungen i. H. v. 6 000 € im Jahr 01 oder im Jahr 02 als außergewöhnliche Belastung abziehen?

LÖSUNG

Die Vorschrift des § 11 Abs. 2 EStG gilt auch für die Bestimmung des Abflusszeitpunkts von außergewöhnlichen Belastungen, und zwar unabhängig davon, ob sie aus eigenen oder fremden Mitteln geleistet worden sind. Das bedeutet, dass für die steuerliche Berücksichtigung von kreditfinanzierten Aufwendungen auf den Zeitpunkt abzustellen ist, in dem die Aufwendungen tatsächlich geleistet worden sind (BFH III R 248/83, BStBl 1988 II 814; III B 155/96, BFH/NV 1998, 850). A kann daher die Krankenhauskosten bereits im Jahr ihrer Verausgabung (d. h. im Jahr 01) und nicht erst im Zeitpunkt der Schuldentilgung im Jahr 02 als außergewöhnliche Belastung abziehen.

FALL 22

Regelmäßig wiederkehrende Einnahmen

Sachverhalt: Dr. Klaus Meier (M) betreibt in Düsseldorf als Chirurg eine eigene Praxis. Er ermittelt seinen Gewinn durch Einnahmen-Überschussrechnung (§ 4 Abs. 3 EStG). Auf seinem Bankkonto gehen folgende Zahlungen ein:

1. Am 8.1.02 die Abschlagszahlung der Kassenärztlichen Vereinigung für den Monat Dezember 01 i. H. v. 15 000 €. Die monatlichen Abschlagszahlungen der Kassenärztlichen Vereinigung sind nach dem Honorarverteilungsmaßstab in den ersten zehn Tagen nach Ablauf des jeweiligen Monats zahlbar.

2. Am 15.1.02 das Honorar i. H. v. 500 € für den Dezember-Beitrag in einer ärztlichen Fachzeitschrift. M erhält für seine regelmäßig wiederkehrenden Beiträge in der Monatszeitschrift sein Honorar regelmäßig am 15. des darauf folgenden Monats.

3. Am 28.12.01 ein Honorarvorschuss i. H. v. 3 000 € für einen Vortrag, den M am 10.1.02 anlässlich eines Ärztekongresses hält.

Aufgabe: Welchem Jahr sind die Einnahmen zuzurechnen?

LÖSUNG

Für regelmäßig wiederkehrende Einnahmen enthält § 11 Abs. 1 Satz 2 EStG eine Spezialvorschrift für eine periodengerechte Berücksichtigung. Danach gelten regelmäßig wiederkehrende Einnahmen, die dem Stpfl. kurze Zeit vor oder kurze Zeit nach Beendigung des Kalenderjahres zugeflossen sind, als in dem Kalenderjahr bezogen, zu dem sie wirtschaftlich gehören. Als „kurze Zeit" i. S. d. § 11 Abs. 1 Satz 2 EStG ist nach ständiger Rechtsprechung ein Zeitraum von bis zu zehn Tagen anzusehen (BFH VIII R 15/83, BStBl 1986 II 342). Der Zeitpunkt der Fälligkeit spielt keine Rolle (BFH IV R 1/99, BStBl 2000 II 121; strittig). Der in § 11 Abs. 1 Satz 2 EStG verwendete Begriff „kurze Zeit" ist in der Variante „vor Beginn des Kalenderjahres" ebenso auszulegen wie in der Variante „nach Beendigung des Kalenderjahres" (BFH X B 30/02, BFH/NV 2003, 169).

HINWEIS:

Das Niedersächsische FG hat entschieden, dass eine Verlängerung des Zehn-Tageszeitraums auch bei Vorliegen besonderer Verhältnisse im Einzelfall nicht in Betracht kommt und die Vorschrift des § 193 BGB, wonach sich bei einem Fristende an einem Sonntag, Feiertag oder Sonnabend die Frist auf den nächsten Werktag verlängert, nicht für § 11 Abs. 1 Satz 2 und Abs. 2 Satz 2 EStG gilt (FG Niedersachsen v. 24. 2. 2012 3 K 468/11, EFG 2012, 2113; Rev. eingelegt, Az. des BFH: VIII R 34/12).

1. Die monatlichen Abschlagszahlungen der Kassenärztlichen Vereinigung sind – ebenso wie die vierteljährlichen Quartalsabschlusszahlungen – regelmäßig wiederkehrende Betriebseinnahmen, weil es sich um in bestimmten Zeitabständen zahlbare Leistungen handelt. Da die Zahlung für den Monat Dezember 01 innerhalb kurzer Zeit nach dem Jahreswechsel fällig und zugeflossen ist, muss sie gem. § 11 Abs. 1 Satz 2 EStG als Betriebseinnahme des Jahres 01 behandelt werden (BFH IV R 309/84, BStBl 1987 II 16; IV R 72/94, BStBl 1996 II 266).

2. Die monatlichen Honorarzahlungen sind zwar ebenfalls regelmäßig wiederkehrende Einnahmen. Das Honorar für den Dezember-Beitrag fällt jedoch nicht unter die Regelung des § 11 Abs. 1 Satz 2 EStG, da es nicht innerhalb kurzer Zeit nach dem Jahreswechsel zugeflossen ist. Die Zahlung ist daher im Jahr des tatsächlichen Zuflusses, also im Jahr 02, zu berücksichtigen.

3. Regelmäßig wiederkehrende Einnahmen sind nur solche Zahlungen, die aufgrund des ihnen zugrunde liegenden Rechtsverhältnisses wiederkehren, d. h. nach bestimmten Zeitabschnitten und in bestimmten Zeitabständen zu zahlen sind. Bei dem Honorarvorschuss handelt es sich um eine einmalige Zahlung und damit um keine regelmäßig wiederkehrende Einnahme. Der Betrag i. H. v. 3 000 € ist im Jahr 01 zu erfassen.

FALL 23

Regelmäßig wiederkehrende Ausgaben

Sachverhalt: A betreibt als selbständiger Versicherungsmittler eine Versicherungsagentur. Seinen Gewinn ermittelt er nach § 4 Abs. 3 EStG. A zahlt

1. seine Büromiete für den Monat Dezember 01, die am 1.12.01 fällig ist,

   a) am 5.1.02,

   b) am 15.1.02;

2. die am 1.1.02 fällige Kfz-Versicherung für das Jahr 02 am 22.12.01;

3. seinen am 1.1.02 fälligen Krankenversicherungsbeitrag für den Monat Januar 02

   a) am 28.12.01,

   b) am 20.12.01;

4. am 8.1.02 die Lohnsteuer, den Solidaritätszuschlag und die Kirchensteuer seiner Arbeitnehmer für den Monat Dezember 01.

Aufgabe: Welchem Jahr sind die Ausgaben zuzuordnen?

LÖSUNG

Für regelmäßig wiederkehrende Ausgaben gilt § 11 Abs. 1 Satz 2 EStG entsprechend (§ 11 Abs. 2 Satz 2 EStG). Das bedeutet, dass regelmäßig wiederkehrende Ausgaben, die dem Stpfl. kurze Zeit (zehn Tage) vor Beginn oder kurze Zeit (zehn Tage) nach Beendigung des Kalenderjahres, zu dem sie wirtschaftlich gehören, abgeflossen sind, diesem Kalenderjahr zugerechnet werden müssen.

Zu 1.:

Im Fall a) ist die Miete nicht dem tatsächlichen Zahlungsjahr, sondern dem Kalenderjahr der wirtschaftlichen Zugehörigkeit, also dem Jahr 01, zuzurechnen (strittig – siehe nachstehenden Hinweis).

HINWEIS:

Bei der Gewinnermittlung nach § 4 Abs. 3 EStG sind laufend wiederkehrende, kurz vor Beginn oder nach Ende des Jahres abfließende Ausgaben nach § 11 Abs. 2 Satz 2 EStG unabhängig von der Fälligkeit dem Jahr zuzurechnen, zu dem sie wirtschaftlich gehören (so jedenfalls BFH v. 23.9.1999, IV R 1/99, BStBl 2000 II 121). Bei der Miete handelt es zweifelsfrei um eine regelmäßig wiederkehrende Ausgabe i.S.d. § 11 Abs. 2 EStG. Da diese innerhalb des 10-Tages-Zeitraums entrichtet worden ist und auf die Frage der Fälligkeit wohl nicht mehr abgestellt wird (vgl. auch FG Münster v. 17.8.2010, 1 K 1821/07 E, EFG 2010, 2080), ist die Miete m.E. im Jahr der wirtschaftlichen Zugehörigkeit, d.h. im Jahr 01, als Betriebsausgabe zu erfassen (so auch *Oho* in ERNST & YOUNG KStG, § 20 EStG Rz. 42: „die Fälligkeit der Zahlungen ist unerheblich" und wohl auch *Ramb*, SteuerStud 2000, 417, 418 in einer Anmerkung zu dem genannten Urteil). Trotz allem erscheint die Rechtslage nicht eindeutig. Die Frage, ob die Zahlungen zum Jahreswechsel bzw. kurz vorher oder danach fällig sein müssen (10-Tages-Zeitraum), wird im Fachschrifttum kontrovers diskutiert.

Im Fall b) ist die Zahlung nicht kurze Zeit (zehn Tage) nach Ende des Kalenderjahres 01 erfolgt. Die Ausnahmeregelung des § 11 Abs. 2 Satz 2 EStG ist daher nicht anwendbar. Die Mietzahlung ist eine Betriebsausgabe des Jahres 02.

Zu 2.:

Hier liegt eine Ausgabe des Jahres 02 vor, da die Ausgabe wirtschaftlich zum Jahr 02 gehört und die Zahlung weniger als zehn Tage vor Beginn des Jahres 02 erfolgte.

Zu 3.:

Im Fall a) ist die Zahlung des Versicherungsbeitrags für Januar 02 dem Jahr ihrer wirtschaftlichen Zugehörigkeit, also dem Jahr 02, zuzuordnen.

Im Fall b) ist die Zahlung des Versicherungsbeitrags für Januar 02 außerhalb des 10-Tage-Zeitraums erfolgt, so dass sie im Jahr der tatsächlichen Zahlung, also im Jahr 01, berücksichtigt werden muss.

Zu 4.:

Der BFH hat entschieden, dass eine für das vorangegangene Kalenderjahr geschuldete und zu Beginn des Folgejahres entrichtete Umsatzsteuer-Vorauszahlung als regelmäßig wiederkehrende Ausgabe i. S. d. § 11 Abs. 2 Satz 2 EStG im vorangegangenen Veranlagungszeitraum abziehbar ist (BFH XI R 48/05, BStBl 2008 II 282).

Entsprechendes muss für die Lohnsteuervorauszahlungen usw. gelten. Auch sie sind in dem Kalenderjahr als Betriebsausgaben zu erfassen, in dem sie entstanden sind, sofern sie innerhalb von zehn Tagen nach Beendigung des betreffenden Kalenderjahrs geleistet werden. Die am 8. 1. 02 geleisteten Vorauszahlungen für Dezember 01 sind daher im Jahr 01 als Betriebsausgabe zu erfassen.

FALL 24

Abzug von Vorauszahlungen bei langfristiger Nutzungsüberlassung

Sachverhalt: Rechtsanwalt R ermittelt seinen Gewinn durch eine Einnahmen-Überschussrechnung (§ 4 Abs. 3 EStG). Er hat seine Praxisräume ab 1. 1. 2013 für die Dauer von zehn Jahren von V gemietet, der aus der Vermietung des Grundstücks Einkünfte aus Vermietung und Verpachtung erzielt. Der Mietzins beträgt monatlich 750 € = jährlich 9 000 €, der Mietzins für die gesamte Mietdauer also 10 x 9 000 € = 90 000 €. Der Mietzins entspricht der ortsüblichen Miete für vergleichbare Räume. R und V vereinbaren, dass R die Miete für den gesamten Zeitraum von 90 000 € im Voraus entrichtet. Er erhält dafür einen Mietnachlass von 20 % = 18 000 €. R hat Anfang 2013 an V einen Betrag von 72 000 € überwiesen.

Aufgaben:

1. Kann R die Miete von 72 000 € im Jahr 2013 in voller Höhe als Betriebsausgaben abziehen?

2. Muss V die Miete von 72 000 € im Jahr 2013 als Einnahmen bei seinen Einkünften aus Vermietung und Verpachtung versteuern?

LÖSUNG

Zu 1.:

Der Gesetzgeber hat in § 11 EStG für Einnahmen-Überschussrechner prinzipiell das Zu- und Abflussprinzip normiert. Durch die Zuordnung von Ausgaben zum Kalenderjahr der Leistung in § 11 Abs. 2 Satz 1 EStG sind Ausgaben grundsätzlich im Zeitpunkt des Abflusses als Betriebsausgaben abziehbar, auch wenn sie wirtschaftlich ein anderes Kalenderjahr betreffen (BFH IX R 2/80, BStBl 1986 II 284). Diese Abweichung gegenüber der Behandlung von Betriebsausgaben bei bilanzierenden Gewerbetreibenden ist durch die Systematik des EStG begründet. Dementsprechend hat der BFH entschieden, dass Erbbauzinsen auch dann als Werbungskosten bei den Einkünften aus Vermietung und Verpachtung im Kalenderjahr ihrer Leistung sofort abziehbar sind, wenn sie in einem Einmalbetrag vorausgezahlt werden (BFH IX R 65/02, BStBl 2005 II 159). Das zuletzt genannte Urteil hat der Gesetzgeber zum Anlass genommen, § 11 EStG zu ändern. Durch das Richtlinien-Umsetzungsgesetz ist nach § 11 Abs. 2 Satz 2 EStG folgender Satz eingefügt worden: „Werden Ausgaben für eine Nutzungsüberlassung von mehr als fünf Jahren im Voraus geleistet, sind sie insgesamt auf den Zeitraum gleichmäßig zu verteilen, für den die Vorauszahlung geleistet wird; § 42 der Abgabenordnung bleibt unberührt."

Diese Vorschrift bedeutet für den vorliegenden Fall, dass R seine Mietvorauszahlung für zehn Jahre von 72 000 € nicht im Jahr 2013 in voller Höhe als Betriebsausgaben abziehen kann, sondern nur i. H. v. 1/10 von 72 000 € = 7 200 €. Ebenso kann er in den Jahren 2014 bis einschließlich 2022 je 7 200 € als Betriebsausgaben abziehen. R wird also hinsichtlich seiner Mietvorauszahlung steuerlich behandelt wie ein Bilanzierender, der dafür einen aktiven Rechnungsabgrenzungsposten bilden müsste.

Nach der Gesetzesbegründung sind von der dieser Regelung aus Vereinfachungsgründen Nutzungsüberlassungen bis zu fünf Jahren nicht betroffen, wenn wirtschaftlich vernünftige Gründe für eine Vorausleistung/Einmalzahlung sprechen (§ 42 AO). Ein Mietnachlass von 20 % ist zwar ein wirtschaftlich vernünftiger Grund, hier beträgt die Laufzeit des Mietvertrages aber mehr als fünf Jahre.

Zu 2.:

Vorauszahlungen sind prinzipiell in voller Höhe im Jahr des Zuflusses zu versteuern (§ 11 Abs. 1 Satz 1 EStG; BFH III R 30/85; III R 31/85, BStBl 1990 II 287; FG München, EFG 1992, 344). § 11 Abs. 1 Satz 3 EStG sieht jedoch Folgendes vor: „Der Steuerpflichtige kann Einnahmen, die auf einer Nutzungsüberlassung im Sinne des Absatzes 2 Satz 3 beruhen, insgesamt auf den Zeitraum gleichmäßig verteilen, für den die Vorauszahlung geleistet wird." V wird mit dieser Vorschrift ein Wahlrecht eingeräumt, die entsprechenden Einnahmen von 72 000 € sofort bei Zufluss oder gleichmäßig verteilt auf den Zeitraum, für den die Vorauszahlung vereinbart ist, zu versteuern. V muss also die vereinnahmte Miete von 72 000 € im Jahr 2013 nicht in voller Höhe als Einnahmen aus Vermietung und Verpachtung versteuern, sondern nur i. H. v. 7 200 €.

Kapitel 4: Allgemeine Fragen der Veranlagung

FALL 25

Form und Inhalt der Einkommensteuererklärung

Sachverhalt: Zahnarzt A hat einen achtjährigen Sohn, der von seinem am 20.1.01 verstorbenen Großvater ein Mietwohnhaus geerbt hat. Das für die Einkommensbesteuerung des Kindes zuständige Wohnsitzfinanzamt hat aufgrund einer Kontrollmitteilung der Erbschaftsteuerstelle von der Erbschaft erfahren und im Jahr 02 zur Abgabe einer Einkommensteuererklärung für das Jahr 01 aufgefordert.

A teilt dem zuständigen Sachbearbeiter des Finanzamts zunächst fernmündlich, anschließend in einem Schreiben, mit, sein Sohn habe im Jahr 01 einen Überschuss der Mieteinnahmen über die Werbungskosten in Höhe von 7 000 € erzielt.

Aufgabe: Stellt die fernmündliche Mitteilung eine Erfüllung der Steuererklärungspflicht dar?

LÖSUNG

Die Steuererklärung ist eine formalisierte, innerhalb einer bestimmten Frist abzugebende Auskunft des Stpfl. oder seines Vertreters, die dem Finanzamt die Festsetzung der Steuer oder die Feststellung von Besteuerungsgrundlagen ermöglichen soll und i. d. R. zum Erlass eines Steuerbescheides führt (BFH I R 70/83, BFH/NV 1987, 704). Welche Anforderungen an Form und Inhalt einer Einkommensteuererklärung zu stellen sind, ist gesetzlich geregelt. Die Einkommensteuererklärung muss zum einen nach amtlich vorgeschriebenem Vordruck, also schriftlich, abgegeben werden§ 150 Abs. 1 Satz 1 AO). Eine Einkommensteuererklärung ist auch dann „nach amtlich vorgeschriebenem Vordruck" abgegeben, wenn ein – auch einseitig – privat gedruckter oder fotokopierter Vordruck verwendet wird, der dem amtlichen Muster entspricht (BFH VI R 15/02, BStBl 2007 II 2).

Die Einkommensteuererklärung ist ab VZ 2011 prinzipiell nach amtlich vorgeschriebenem Datensatz durch Datenfernübertragung zu übermitteln, wenn Einkünfte nach § 2 Abs. 1 Satz 1 Nr. 1 bis 3 EStG erzielt werden und es sich nicht um Veranlagungsfälle gem. § 46 Abs. 2 Nr. 2 bis 8 EStG handelt (§ 25 Abs. 4 Satz 1 EStG, § 52 Abs. 39 EStG).

Darüber hinaus muss die Steuererklärung von der steuerpflichtigen Person eigenhändig unterschrieben werden (§ 25 Abs. 3 Satz 1 EStG). Für minderjährige Kinder und andere nichtgeschäftsfähige Personen handeln bei Abgabe der Erklärung ihre gesetzlichen Vertreter, d. h., der oder die gesetzlichen Vertreter haben die Steuererklärung eigenhändig zu unterschreiben. Eine gemeinsame Steuererklärung ist von beiden Ehegatten eigenhändig zu unterschreiben (§ 25 Abs. 3 Satz 2 EStG).

Telefonische Angaben sind keine „Steuererklärung" i. S. d. §§ 149-152 AO, obwohl sie im Übrigen durchaus rechtliche Bedeutung haben können (so *Schick*, StuW 1988, 301, 317). Die fernmündliche Mitteilung seitens des A stellt also – mangels Einhaltung der gesetzlich vorgeschriebenen Form – keine Erfüllung der Steuererklärungspflicht dar (BFH V B 64/94, BFH/NV 1995, 651).

Ebenso wenig kann das beim Finanzamt eingegangene Schreiben des A als wirksame Einkommensteuererklärung angesehen werden; nicht amtliche Schriftstücke werden nämlich – auch wenn sie alle für die Besteuerung erforderlichen Angaben enthalten – nur als Steuererklärung anerkannt, wenn sie dem amtlichen Muster bzw. Datensatz in allen Einzelheiten entsprechen, was hier aber nicht der Fall ist (FG Nürnberg, EFG 1990, 339; BFH IV R 18/98, BStBl 1999 II 286).

HINWEIS

Steuererklärungen, die schriftlich abzugeben sind, können bei der zuständigen Finanzbehörde zur Niederschrift erklärt werden, wenn die Schriftform dem Stpfl. nach seinen persönlichen Verhältnissen nicht zugemutet werden kann, insbesondere, wenn er nicht in der Lage ist, eine gesetzlich vorgeschriebene Selbstberechnung der Steuer vorzunehmen oder durch einen Dritten vornehmen zu lassen (§ 151 AO).

Ab VZ 2011 sind Steuererklärungen und Gewinnermittlungen, wenn Gewinneinkünfte erzielt werden, prinzipiell durch Datenfernübertragung zu übermitteln (§ 25 Abs. 4, § 5b EStG, § 60 EStDV i.V.m. § 150 Abs. 7 AO). Dazu kann **ElsterFormular**, das kostenlose Steuerprogramm der Finanzverwaltung, oder aber jedes andere Software-Produkt verwendet werden, in das die ELSTER-Software integriert ist.

FALL 26

Steuererklärungspflicht und abgekürzter Ermittlungszeitraum im Todesfall

Sachverhalt: Der verwitwete V war Inhaber eines Gewerbebetriebs, den er am 30.6.2013 aus Krankheitsgründen verkauft hat. V ist am 15.9.2013 verstorben. Er war zuletzt wohnhaft in Mainz. Alleinerbe ist sein Sohn S, der in Koblenz wohnt.

Aufgaben:

1. Muss S für V eine Einkommensteuererklärung für 2013 abgeben?

2. Für welchen Zeitraum müssen die von V erzielten Einkünfte bei der Veranlagung erfasst werden?

3. Welches Finanzamt ist für die Einkommensteuerveranlagung des Erblassers V zuständig?

LÖSUNG

Zu 1:

Bei Gesamtrechtsnachfolge gehen die Forderungen und Schulden aus dem Steuerschuldverhältnis auf den Rechtsnachfolger (Erben) über (§ 45 Abs. 1 Satz 1 AO). Der Gesamtrechtsnachfolger wird durch den Übergang von Forderungen und Schulden des Rechtsvorgängers selbst Stpfl. i. S. d. § 33 AO. Ihn treffen deshalb ohne weiteres (originär) die aus dieser Stellung resultierenden Erklärungs- und Mitwirkungspflichten. Stirbt ein Stpfl., sind also die Erben für dessen steuerliche Pflichten verantwortlich, auch für die Abgabe einer Steuererklärung für den Verstorbenen. S muss für V eine Einkommensteuererklärung für 2013 abgeben.

Zu 2:

Die Einkommensteuer ist eine Jahressteuer (EStG), die nach § 36 Abs. 1 EStG mit Ablauf des Veranlagungszeitraums entsteht. Sie wird nach Ablauf des Kalenderjahres (Veranlagungszeitraum) nach dem Einkommen veranlagt, das der Steuerpflichtige in diesem Veranlagungszeitraum bezogen hat, soweit nicht nach § 43 Abs. 5 EStG und § 46 EStG eine Veranlagung unterbleibt (§ 25 Abs. 1 EStG).

Die persönliche Steuerpflicht erstreckt sich auf die Lebenszeit einer Person; sie endet mit ihrem Tod. In diesem Fall ist die Veranlagung auf das bis zum Tod erzielte Einkommen zu beschränken. Erblasser und Erbe sind verschiedene Rechtssubjekte, die jeweils für sich zur Einkommensteuer herangezogen werden und deren Einkünfte getrennt ermittelt und dem jeweiligen Einkommensteuerrechtssubjekt zugerechnet werden (BFH v. 17. 12. 2007 GrS 2/04, BStBl 2008 II 608, unter D.III.1.).

Stirbt also der Stpfl. – wie hier V – vor Ablauf des Kalenderjahres und endet damit seine persönliche Steuerpflicht, ist für die Zeit bis zum Eintritt der Rechtsnachfolge eine eigenständige Veranlagung für V durchzuführen, in der nur die von ihm als Erblasser verwirklichten Besteuerungsmerkmale berücksichtigt werden. Die Veranlagung ist auf das bis zum Tod des V erzielte Einkommen zu beschränken. Der Veranlagung für das Todesjahr (Kalenderjahr) wird somit ein abgekürzter Ermittlungszeitraum zugrunde gelegt. Der Veranlagung 2013 des V ist das von ihm in der Zeit vom 1. 1. 2013 bis zum Todestag 15. 9. 2013 erzielte Einkommen zugrunde zu legen.

Adressat des Einkommensteuerbescheids ist allerdings S als Erbe des V. S ist auch Steuerschuldner der auf ihn nach § 45 AO übergegangenen Steuerschulden des Erblassers V (BFH IV R 204-205/82, BStBl 1984 II 784).

HINWEIS:

Unter Änderung seiner bisherigen Rechtsprechung hat der BFH entschieden, dass vom Erblasser herrührende Steuerschulden für das Todesjahr bei der Erbschaftsteuer beim Erben als Nachlassverbindlichkeiten abziehbar sind (BFH v. 4. 7. 2012 II R 15/11, BStBl 2012 II 790).

Zu 3: § 19 AO bestimmt die Zuständigkeit für die Einkommensbesteuerung natürlicher Personen. Grundsätzlich ist für unbeschränkt Stpfl. nach § 19 Abs. 1 Satz 1 das sog. Wohnsitzfinanzamt zuständig, d. h. das Finanzamt, in dessen Bezirk der Stpfl. seinen Wohnsitz hat. Maßgebend sind prinzipiell die Verhältnisse im Zeitpunkt der Veranlagung, nicht der Veranlagungszeitraum.

Geht die örtliche Zuständigkeit durch eine Veränderung der sie begründenden Umstände von einer Finanzbehörde auf eine andere Finanzbehörde über, so tritt der Wechsel der Zuständigkeit in dem Zeitpunkt ein, in dem eine der beiden Finanzbehörden hiervon erfährt (§ 26 Satz 1 AO). Durch den Tod des Erblassers V tritt mangels einer Veränderung der die örtliche Zuständigkeit begründenden Umstände kein Zuständigkeitswechsel ein. Aktenabgabe- und Übernahmeverfahren mit dem Finanzamt des Gesamtrechtsnachfolgers S sind daher nicht durchzuführen (LfSt Bayern v. 21. 5. 2013 S 0127.1.1-13/2 St42, BeckVerw 272154). Für die Einkommensteuerveranlagung 2013 des V ist das Finanzamt Mainz zuständig, obwohl der Erbe S vom Finanzamt Koblenz veranlagt wird.

FALL 27

Veranlagung bei Bezug von Einkünften aus nichtselbständiger Arbeit

Sachverhalt: B bezieht als Beamter Einkünfte aus nichtselbständiger Tätigkeit (§ 19 EStG). Außerdem bezieht er Einkünfte aus der Vermietung eines Geschäftshauses (§ 21 EStG). Im Jahr 2013 hat er außerdem einen sog. Spekulationsverlust aus dem Verkauf einer Eigentumswohnung erlitten (§ 22 Nr. 2, § 23 EStG). In seiner Einkommensteuererklärung 2013 hat er u.a. folgende Angaben gemacht:

Einkünfte aus nichtselbständiger Arbeit:	
Bruttoarbeitslohn	50 000 €
Einkünfte aus Vermietung und Verpachtung	1 000 €
Sonstige Einkünfte	
Einkünfte aus privaten Veräußerungsgeschäften	- 3 000 €

Der Steuerbescheid 2013 führt zu einer Steuernachzahlung. Innerhalb der Einspruchsfrist legt B Einspruch ein mit der Begründung, er nehme seinen nach § 46 Abs. 2 Nr. 8 EStG gestellten Antrag auf Veranlagung zurück.

Aufgabe:

Muss das Finanzamt für 2013 eine sog. Amtsveranlagung durchführen, oder führt der Einspruch des B zum Erfolg?

LÖSUNG

Besteht das Einkommen ganz oder teilweise aus Einkünften aus nichtselbständiger Arbeit, von denen ein Steuerabzug vorgenommen worden ist, wird eine Veranlagung nur unter den in § 46 Abs. 2 Nr. 1 bis 8 EStG genannten Voraussetzungen durchgeführt. Die Veranlagungen nach § 46 Abs. 2 Nr. 1 bis 7 EStG sind von Amts wegen durchzuführen. Eine Veranlagung nach § 46 Abs. 2 Nr. 8 EStG, die insbesondere zur Anrechnung der Lohnsteuer auf die Einkommensteuer durchgeführt wird, wird dagegen nur auf Antrag durchgeführt.

In der Praxis kommt es vor, dass ein Stpfl. nach § 46 Abs. 2 Nr. 8 EStG eine Veranlagung durch freiwillige Abgabe einer Einkommensteuererklärung beantragt hat. Ergibt sich wider Erwarten eine Steuernachzahlung, kann der Stpfl. gegen den entsprechenden Steuerbescheid innerhalb eines Monats Einspruch einlegen und seine freiwillige Erklärung wieder zurücknehmen. Die Veranlagung gilt dann als nicht beantragt und das Finanzamt kann prinzipiell keine Steuernachzahlung verlangen. Eine Ausnahme gilt, wenn der Arbeitgeber zu wenig Lohnsteuer abgezogen hat (§ 39 Abs. 5 EStG).

Besteht das Einkommen ganz oder teilweise aus Einkünften aus nichtselbständiger Arbeit, von denen ein Steuerabzug vorgenommen worden ist, wird nach § 46 Abs. 2 Nr. 1 EStG eine Veranlagung nur durchgeführt, wenn die positive Summe der einkommensteuerpflichtigen Einkünfte, die nicht dem Steuerabzug vom Arbeitslohn zu unterwerfen waren, mehr als 410 € beträgt. Hierbei handelt es sich um eine Freigrenze, nicht um einen Freibetrag. Voraussetzung für diese

Amtsveranlagung ist, dass es sich um „Nebeneinkünfte" handelt, von denen steuerrechtlich kein Lohnsteuerabzug vorzunehmen war.

Werden neben dem Arbeitslohn ausschließlich negative Einkünfte erzielt, kommt prinzipiell keine Amtsveranlagung, sondern nur eine Antragsveranlagung nach § 46 Abs. 2 Nr. 8 EStG in Betracht. Ergibt sich teils ein Verlust und teils ein Gewinn oder Überschuss, ist eine Saldierung von positiven und negativen Einkünften vorzunehmen. Beträgt der positive Saldo mehr als 410 €, ist eine Amtsveranlagung zwingend.

Ob bei der Saldierung der positiven und negativen Einkünfte auch ein Verlust aus einem privaten Veräußerungsgeschäft i. S. d. § 22 Nr. 2 i. V. m. § 23 EStG einzubeziehen ist, war nicht eindeutig. Der BFH hat in einer neuen Entscheidung klargestellt, dass für die Ermittlung der 410 €-Grenze prinzipiell die Einkünfte i. S. d. § 2 Abs. 1 EStG zu berücksichtigen sind, die nicht dem Lohnsteuerabzug zu unterwerfen waren (BFH v. 16. 4. 2013 VI R 26/11, BStBl 2013 II 631). Dazu zählen auch Einkünfte aus privaten Veräußerungsgeschäften i. S. d. § 23 EStG (§ 2 Abs. 1 Nr. 7 i. V. m. § 22 Nr. 2 EStG).

Für Gewinne und Verluste aus privaten Veräußerungsgeschäften ist jedoch die steuergesetzliche Spezialregelung des § 23 Abs. 3 Satz 7 EStG zu beachten. Danach sind Gewinne und Verluste aus allen privaten Veräußerungsgeschäften i. S. d. § 23 Abs. 1 Nr. 1 und 2 EStG untereinander auszugleichen. Ein Verlustausgleich mit anderen sonstigen Einkünften sowie mit den anderen Einkunftsarten i. S. d. § 2 Abs. 1 Nr. 1 bis 6 EStG findet nicht statt. Ein Veräußerungsverlust kann daher auch nicht in die Berechnung der Summe der Einkünfte einbezogen werden.

Unter der „Summe der Einkünfte" i. S. d. § 46 Abs. 2 Nr. 1 EStG und des § 2 Abs. 3 EStG ist derjenige Saldo zu verstehen, der nach horizontaler und vertikaler Verrechnung der Einkünfte verbleibt. Der rechtstechnische Begriff der Summe der Einkünfte i. S. d. § 46 Abs. 2 Nr. 1 EStG ist also wie der in § 2 Abs. 3 EStG auszulegen. Versagt das Gesetz – wie hier in § 23 Abs. 3 Satz 7 EStG – die Verrechnung eines Verlustes aus einer Einkunftsart mit Gewinnen bzw. Überschüssen aus anderen Einkunftsarten, fließt nach Meinung des BFH dieser Verlust nicht in die „Summe der Einkünfte" ein. Dies geschieht erst, wenn und soweit in folgenden Veranlagungszeiträumen eine Verrechnung mit positiven Einkünften zulässig ist. Das bedeutet: Das Finanzamt muss für 2013 eine Amtsveranlagung durchführen, weil die 410 €-Grenze überschritten ist. Der Einspruch des B bleibt erfolglos.

Kapitel 5: Nicht abzugsfähige Ausgaben (§ 12 EStG)

FALL 28

Kosten der Lebensführung

Sachverhalt: Bei der Außenprüfung des Rechtsanwalts und Fachanwalts für Steuerrecht A stellt der Außenprüfer fest, dass folgende Aufwendungen als Betriebsausgaben abgesetzt worden sind:

1. Aufwendungen für die Ablegung der Jägerprüfung. A begründet den Abzug damit, dass die Jägerprüfung seine Kenntnisse im Jagdrecht erweitert habe;

2. Bezugskosten für die „Frankfurter Allgemeine Zeitung" (FAZ). A erklärt hierzu, diese überregionale Zeitung verbleibe in den Praxisräumen, sie werde auch vom Personal und gelegentlich von Mandanten gelesen; zu Hause halte er sich eine regionale Tageszeitung;

3. Bezugskosten der Wirtschaftszeitung „Handelsblatt". A gibt hierzu an, seine Tätigkeit umfasse auch die steuerliche und wirtschaftliche Beratung von Mandanten;

4. Kosten für die Bewirtung von Anwaltskollegen und deren Ehefrauen in seinem Hause anlässlich seines Geburtstages. A macht hierzu geltend, die Bewirtung sei ausschließlich durch betriebliche Gründe veranlasst; ein privater Anlass, die Berufskollegen zu bewirten, habe nicht bestanden;

5. Kosten für die Anschaffung von drei dunklen Anzügen. A behauptet, er trage die Anzüge ausschließlich bei beruflichen Anlässen; im Übrigen unterliege seine Kleidung – bedingt durch die Art der Tätigkeit – einer erhöhten Abnutzung;

6. Mitgliedsbeiträge für den Tennisklub. A weist dem Betriebsprüfer nach, dass durch die Mitgliedschaft im Tennisklub seine beruflichen Interessen gefördert werden.

Aufgabe: Sind die genannten Aufwendungen als Betriebsausgaben abzugsfähig?

LÖSUNG

§ 12 Nr. 1 Satz 2 EStG enthält ein Abzugsverbot. Danach dürfen Aufwendungen für die Lebensführung, die die wirtschaftliche oder gesellschaftliche Stellung des Stpfl. mit sich bringt, auch dann nicht abgezogen werden, wenn sie zur Förderung des Berufs oder der Tätigkeit des Stpfl. erfolgen.

Dieses Verbot des Abzugs gemischter Aufwendungen ist durch die Rechtsprechung für zwei Fälle eingeschränkt worden (vgl. BFH IV R 205/85, BStBl 1988 II 771). Gemischte Aufwendungen sind zum einen dann in vollem Umfang als Betriebsausgaben abziehbar, wenn der private Anlass unbedeutend ist und nicht ins Gewicht fällt. Zum anderen soll eine Aufteilung der gemischten Aufwendungen möglich sein, wenn zwar der private Anlass nicht unbedeutend ist, die Aufteilung sich aber leicht und einwandfrei nach einem objektiv nachprüfbaren Maßstab durchführen lässt.

Der Große Senat des BFH hat mit Beschluss vom 21. 9. 2009 (GrS 1/06, BStBl 2010 II 672) seine jahrzehntelange Rechtsprechung über das angeblich aus § 12 Nr. 1 Satz 2 EStG herzuleitende allgemeine Aufteilungs- und Abzugsverbot aufgegeben. Die Finanzverwaltung hat sich zur Anwendung der neuen Rechtsprechung in einem BMF-Schreiben (BStBl 2010 I 674) geäußert. Gemischte Aufwendungen eines Steuerpflichtigen können danach grundsätzlich in als Betriebsausgaben oder Werbungskosten abziehbare sowie in privat veranlasste und damit nicht abziehbare Teile aufgeteilt werden, soweit nicht gesetzlich etwas anderes geregelt ist oder es sich um Aufwandspositionen handelt, die durch das steuerliche Existenzminimum abgegolten oder als Sonderausgaben oder als außergewöhnliche Belastungen abziehbar sind.

Wendet man diese Auslegungsgrundsätze hier an, so ergibt sich Folgendes:

Zu 1.:

Aufwendungen im Zusammenhang mit dem Erwerb von Kenntnissen und Fähigkeiten können nur dann zu Betriebsausgaben führen, wenn sie dazu dienen, eine Erwerbsgrundlage zu schaffen bzw. zu erhalten. Dienen Aufwendungen nicht dazu, später Erwerbseinnahmen zu erzielen, wird vielmehr – wie vorliegend – primär ein privater Zweck, beispielsweise die Ausübung eines Hobbys, damit verfolgt, so kommt ein Abzug – auch in Form eines Sonderausgabenabzugs – nicht in Betracht. Vorliegend ist davon auszugehen, dass A mit der Ablegung der Jägerprüfung nicht auf die Schaffung einer stetigen Erwerbsquelle, sondern auf die Befriedigung privater Interessen abgezielt hat. Bei den Kosten der Jägerprüfung handelt es sich nicht um Betriebsausgaben, sondern um nicht abziehbare Aufwendungen für die Lebensführung (BFH v. 10. 1. 2012 VI B 92/11, BFH/NV 2012, 783).

Zu 2.:

Die Haltung einer großen Tageszeitung wie der FAZ, die einen politischen, wirtschaftlichen und kulturellen Teil enthält, gehört schon wegen ihres gemischten Inhalts nach § 12 Nr. 1 Satz 2 EStG zur Lebenshaltung; ihre Kosten können daher keine Betriebsausgaben sein (BFH IV R 2/81, BStBl 1983 II 715; VI R 193/86, BFH/NV 1990, 701; BMF, BStBl 2010 I 674 Rz. 4).

Zu 3.:

Das „Handelsblatt" soll nach der Rechtsprechung inhaltlich mit einer typischen Tageszeitung nicht vergleichbar sein, weil es sich ganz überwiegend mit Wirtschaftsfragen befasst. Der BFH hat diese Zeitung grds. eher wie eine Fachzeitschrift beurteilt und die Bezugskosten zum Betriebsausgabenabzug zugelassen (BFH VI R 193/79, DB 1983, 372). Die neuere Rechtsprechung der FG geht jedoch von der wohl zutreffenden Auffassung aus, dass das „Handelsblatt" aufgrund seines Inhalts nicht als Fachzeitschrift, sondern als allgemeine Tageszeitung zu behandeln ist (so z. B. FG Berlin-Brandenburg, DStRE 2008, 1371). Konsequenz: Die Bezugskosten sind nach § 12 Nr. 1 Satz 2 EStG nicht als Betriebsausgaben abzugsfähig (BMF, BStBl 2010 I 674 Rz. 4).

Zu 4.:

Die Aufwendungen für die Bewirtung der Berufskollegen anlässlich des Geburtstages sind keine Betriebsausgaben, unabhängig davon, ob der unmittelbare Anlass für die Aufwendungen in der beruflichen oder der privaten Sphäre liegt (BFH IV R 58/98, BStBl 1992 II 524; V B 25/98, BFH/NV 1999, 1254; BMF, BStBl 2010 I 674 Rz. 5: Geburtstagsfeier ist ein bedeutendes Indiz für die Annahme nicht abziehbarer Repräsentationsaufwendungen).

Zu 5.:

Aufwendungen für Bekleidung sind i. d. R. typische unter § 12 Nr. 1 EStG zu subsumierende Lebensführungskosten. Das gilt auch dann, wenn die Kleidung nahezu ausschließlich im Beruf getragen wird. Eine Ausnahme gilt lediglich für die sog. Berufskleidung. Da es sich bei den Anzügen um keine ihrer Beschaffenheit nach objektiv nahezu ausschließlich für die berufliche Verwendung bestimmte Berufskleidung, sondern um sog. bürgerliche Kleidung handelt, ist ein Betriebsausgabenabzug ausgeschlossen (BFH V R 13/90, BStBl 1991 II 751; I B 5/94, BFH/NV 1995, 207; BMF, BStBl 2010 I 674 Rz. 4).

Zu 6.:

Beiträge an Sportvereine unterliegen regelmäßig dem Aufteilungs- und Abzugsverbot des § 12 Nr. 1 Satz 2 EStG. Die Vermutung der privaten Mitveranlassung kann auch nicht durch den Nachweis widerlegt werden, dass die Mitgliedschaft die beruflichen Interessen fördert. A kann daher den Mitgliedsbeitrag an den Tennisklub nicht als Betriebsausgaben abziehen (FG München, EFG 1997, 1105).

FALL 29

Studienreise ins Ausland

Sachverhalt: Gesellschafter der X-OHG, die einen Großhandel mit Tabakwaren betreibt, sind die Eheleute A und B. Im Jahr 01 nahmen die Gesellschafter an einer Reise nach Brasilien teil. Die Reiseteilnehmer waren ausschließlich Tabakwarenhändler. Organisiert wurde die Reise von einer Zigarrenfabrik. Die X-OHG ist deren Kundin.

Das Reiseprogramm sah zwar einige Fachbesichtigungen (Fabrikation etc.) vor, die von ihrem zeitlichen Umfang nachweislich rund 20 % der gesamten Besichtigungen ausmachten. Die Reise war im Übrigen durch Stadtrundfahrten, Ausflüge, Flussschifffahrten, Strandbesuche, Folkloreveranstaltungen und andere touristische Attraktionen geprägt.

Die Aufwendungen für die Hin- und Rückreise der beiden Gesellschafter betrugen insgesamt 4 000 € und wurden von der X-OHG als Betriebsausgaben geltend gemacht.

Aufgabe: Sind die von der OHG getragenen Reisekosten der Gesellschafter – ggf. in welcher Höhe – als Betriebsausgaben abzugsfähig?

LÖSUNG

Bei der Brasilienreise der Eheleute A und B handelt es sich um eine sog. Studienreise. Die Frage der betrieblichen Veranlassung von Studienreisen muss nach objektiven Kriterien, also nach Zweck und Gestaltung der Reise, geprüft werden. Studienreisen, mit denen auch ein allgemein-touristisches Interesse befriedigt wird, sind nach ständiger Rechtsprechung nicht als betrieblich veranlasst anzusehen, soweit sich nicht ein durch den Betrieb veranlasster Teil nach objektiven Maßstäben sicher und leicht abgrenzen lässt (BFH GrS 8/77, BStBl 1979 II 213; IV R 106/87, BStBl 1989 II 641; I R 86/04, BStBl 2005 II 666).

In einer neueren Entscheidung vertritt der GrS des BFH jedoch die Ansicht, dass die Aufwendungen für die Hin- und Rückreise einer teils beruflich und teils privat veranlassten Reise in abziehbare Werbungskosten oder Betriebsausgaben und in nicht abziehbare private Kosten nach Maßgabe der beruflichen und privaten Zeitanteile der Reise aufgeteilt werden können. Voraussetzung ist, dass die beruflich veranlassten Zeitanteile feststehen und nicht von untergeordneter Bedeutung sind (BFH GrS 1/06, BStBl 2010 II 672). Der BFH weist darauf hin, dass „§ 12 Nr. 1 Satz 2 EStG kein allgemeines Aufteilungs- und Abzugsverbot normiert" (Rechtsprechungsänderung). Fehlen objektivierbare Kriterien für eine Trennung der beruflichen und privaten Veranlassungsbeiträge, dann scheidet – wie nach bisheriger Rechtsprechung – ein Abzug der Aufwendungen insgesamt aus.

Wendet man die neuen Grundsätze hier an, sind die Reisekosten i. H. v. 20 % von 4 000 € = 800 € Betriebsausgaben und i. H. des Restbetrages von 3 200 € nicht abziehbare Kosten der Lebenshaltung (§ 12 Nr. 1 EStG).

FALL 30

Ermittlung des Kfz-Privatnutzungsanteils bei Führung eines Fahrtenbuches

Sachverhalt: A bezieht als Handelsvertreter gewerbliche Einkünfte. Zu seinem Betriebsvermögen gehört ein Pkw Daimler-Benz, der Anfang 2013 angeschafft worden ist. Die Anschaffungskosten des Pkw betragen 36 000 €. A führt ein ordnungsgemäßes Fahrtenbuch: Danach benutzt er den Pkw zu 90 % für betriebliche und zu 10 % für private Zwecke. Die Kfz-Kosten des Wirtschaftsjahres 2013 betragen:

Laufende Kfz-Kosten	5 800 €
Kfz-Steuer	250 €
Kfz-Versicherung	750 €
Lineare Afa nach § 7 Abs. 1 EStG: 36 000 € : 6 =	6 000 €
Sonderabschreibung nach § 7g Abs. 5 EStG: 20 % von 36 000 €	7 200 €
	20 000 €

Aufgabe: In welcher Höhe ist der Kfz-Privatnutzungsanteil für das Jahr 2013 anzusetzen?

LÖSUNG

Kfz-Kosten für einen zum Betriebsvermögen gehörenden Pkw, der sowohl für betriebliche als auch private Zwecke genutzt wird, können im Verhältnis der betrieblichen zur privaten Nutzung aufgeteilt werden, wenn der Stpfl. die für das Kraftfahrzeug insgesamt entstehenden Aufwendungen durch Belege und das Verhältnis der privaten zu den übrigen Fahrten durch ein ordnungsgemäßes Fahrtenbuch nachweist (§ 6 Abs. 1 Nr. 4 Satz 4 EStG). In die Aufteilung sind sowohl die laufenden Kosten (Benzin, Öl, Reparaturen) als auch die sog. festen Kosten (Steuer, Versicherung, AfA) mit einzubeziehen. Sonderabschreibungen bleiben jedoch für die Ermittlung des Privatanteils außer Betracht (BFH IV R 19/55 U, BStBl 1955 III, 205; III R 96/85, BStBl 1988 II 655; BMF, BStBl 2009 I 1326, Rz. 32). Der Privatanteil ist also nur auf der Grundlage der Normalabschreibung nach § 7 EStG zu ermitteln, d. h., der privatanteilige AfA-Betrag ist so zu berechnen, als ob die Sonderabschreibung nicht vorgenommen worden wäre.

Die privatanteiligen Kfz-Kosten des Wirtschaftsjahres 2013 errechnen sich demnach wie folgt:

Kfz-Kosten insgesamt	20 000 €
./. Sonderabschreibung nach § 7g Abs. 5 EStG	./. 7 200 €
maßgebliche Kfz-Kosten	12 800 €
hiervon 10 %	1 280 €

FALL 31

Ermittlung des Kfz-Privatnutzungsanteils nach der 1 %-Regelung

Sachverhalt: Zum notwendigen Betriebsvermögen des vorsteuerabzugsberechtigten Handwerksmeisters A gehört ein im Januar 2013 angeschaffter Pkw mit Anschaffungskosten i. H. v. 48 000 €. Der Listenpreis des Pkw betrug im Zeitpunkt der Erstzulassung (Januar 2012) 50 000 €. A sind im Jahr 2013 folgende Kfz-Kosten entstanden:

Laufende Kfz-Kosten	4 800 €
Kfz-Steuer	250 €
Kfz-Versicherung	550 €
Lineare AfA nach § 7 Abs. 1 EStG: 36 000 € : 6 =	8 000 €
	13 600 €

A hat für das Jahr 2013 kein Fahrtenbuch geführt.

Aufgabe: Wie hoch ist der für das Jahr 2013 anzusetzende Kfz-Privatnutzungsanteil?

LÖSUNG

Da A kein Fahrtenbuch geführt hat, muss der Kfz-Privatnutzungsanteil nach der sog. 1 %-Regelung ermittelt werden (§ 6 Abs. 1 Nr. 4 Satz 2 EStG). Danach ist der Kfz-Privatnutzungsanteil für jeden Kalendermonat mit 1 % des inländischen Listenpreises im Zeitpunkt der Erstzulassung zuzüglich der Kosten für Sonderausstattung einschließlich der Umsatzsteuer anzusetzen. Der Listenpreis ist auf volle 100 € abzurunden (BMF, BStBl 2009 I 1326 Rz. 10). Es ist wie folgt zu rechnen:

Kfz-Privatnutzungsanteil 2013: 1 % von 50 000 € = 500 €; 500 € × 12 = 6 000 €.

FALL 32

Ermittlung des Kfz-Privatnutzungsanteils nach der 1%-Regelung und Fahrten zwischen Wohnung und Betriebsstätte

Sachverhalt: Zum Betriebsvermögen des Handelsvertreters A gehört ein Pkw, den A sowohl für betriebliche als auch private Fahrten nutzt. A fuhr mit diesem Betriebs-Pkw (Listenpreis: 60 000 €) im Jahr 2013 an 115 Tagen von seiner Wohnung in das 20 km entfernte Büro 1 und an 115 Tagen in das 10 km entfernte Büro 2. Ein Fahrtenbuch führte A nicht.

Aufgaben:

1. Kann A den Privatanteil nach der 1%-Regelung ermitteln?

2. Wie hoch sind die Aufwendungen, die A für seine Fahrten zwischen Wohnung und Betrieb im Jahr 2013 als Betriebsausgaben absetzen darf?

LÖSUNG

1. Der Pkw-Privatanteil kann nur nach der Pauschalregelung mit monatlich 1% des Bruttolistenpreises einschließlich Sonderausstattung ermittelt werden, wenn der Pkw **zu mehr als 50%** betrieblich oder beruflich genutzt wird (§ 6 Abs. 1 Nr. 4 Satz 2, § 52 Abs. 15 EStG), also zum notwendigen Betriebsvermögen gehört. Damit fallen Kfz des sog. gewillkürten Betriebsvermögens (betriebliche Nutzung 10-50%) aus dem Anwendungsbereich der 1%-Regelung heraus. Der Nachweis der überwiegend betrieblichen oder beruflichen Nutzung muss nicht über ein ordnungsgemäßes Fahrtenbuch geführt werden (BMF, BStBl 2006 I 446). Es genügen u.U. formlose Aufzeichnungen über die betrieblichen Fahrten für einen zusammenhängenden repräsentativen Zeitraum von drei Monaten.

   Für Berufsgruppen mit typischer Reisetätigkeit, z.B. Taxiunternehmer, Handelsvertreter, Handwerker der Bau- und Baunebengewerbe, Landtierärzte, kann nach Meinung des BMF auf einen besonderen Nachweis verzichtet werden, wenn nach Art und Umfang der Tätigkeit eine Überschreitung der 50%-Grenze offenkundig ist.

   Selbständige Handelsvertreter mit hoher Fahrtätigkeit fallen also unter den Personenkreis, der von der lästigen Glaubhaftmachung i.d.R. befreit ist. A kann daher seinen Pkw-Privatnutzungsanteil für 2013 nach der 1%-Regelung ermitteln: Privatanteil 12% von 60 000 € = 7 200 €.

2. Da ein Unternehmer nicht besser gestellt werden soll als ein Arbeitnehmer bei den Fahrten zwischen Wohnung und Arbeitsstätte, darf er für seine Fahrten zwischen Wohnung und Betrieb nur die steuerlich abziehbare Entfernungspauschale als Betriebsausgabe geltend machen (§ 4 Abs. 5 Nr. 6 EStG). Bei der 1%-Methode macht der Stpfl. i.d.R. keine Aufzeichnungen über gefahrene Kilometer, deshalb sind die tatsächlichen Kosten, die auf die Fahrten zwischen Wohnung und Betrieb entfallen, nicht bekannt. Der Fiskus schätzt daher die monatlichen Kosten, indem er 0,03% des Listenpreises mit den Entfernungskilometern multipliziert.

Bei der Nutzung eines Pkw sind die nicht als Betriebsausgaben abziehbaren Aufwendungen für Fahrten zwischen Wohnung und Betriebsstätte mit 0,03 % des inländischen Listenpreises des Pkw im Zeitpunkt der Erstzulassung je Kalendermonat für jeden Entfernungskilometer zu ermitteln (§ 4 Abs. 5 Nr. 6 EStG). Ab dem ersten Entfernungskilometer wird für jeden Arbeitstag eine Entfernungspauschale von 0,30 € für jeden vollen Entfernungskilometer abgezogen. Zur Ermittlung des Gewinnzuschlags für das Jahr 2013 ist wie folgt zu rechnen:

Geschätzte tatsächliche Kosten (Jahreswert):

Listenpreis x 0,03 % x Entfernungskilometer

60 000 € x 0,03 % x 20 km x 6 Monate	2 160 €
60 000 € x 0,03 % x 10 km x 6 Monate	1 080 €
	3 240 €

Wie Betriebsausgaben abziehbar:

0,30 € x 20 km x 115 Tage	./. 690 €
0,30 € x 10 km x 115 Tage	./. 345 €
dem Gewinn hinzuzurechnen	2 205 €

FALL 33

Kostendeckelung

Sachverhalt: Zum notwendigen Betriebsvermögen des Rechtsanwalts A gehört ein vor sechs Jahren angeschaffter und bereits abgeschriebener Pkw (Listenpreis: 50 000 €), den A auch privat nutzt. Ein Fahrtenbuch führt A nicht. Da A in dem Gebäude, in dem er seine Praxis hat, auch wohnt, fallen keine Fahrten zwischen Wohnung und Betrieb an. Die nachgewiesenen tatsächlichen Gesamtkosten für das Fahrzeug im Jahr 2013 belaufen sich auf 5 000 €. A führt kein Fahrtenbuch.

Aufgabe: Gibt es eine Obergrenze für den Privatanteil?

LÖSUNG

Die 1%-Methode ist ein pauschales Verfahren. Deshalb ist es im Einzelfall möglich, dass der pauschal ermittelte Nutzungswert für die private Nutzung des Betriebs-Pkw höher ist als die tatsächlichen Gesamtkosten des Pkw. Mit diesem Ergebnis muss man vor allem rechnen, wenn es sich um einen bereits abgeschriebenen Pkw mit einem hohen Listenpreis handelt. In diesem Fall kommt es zur Anwendung der sog. „Kostendeckelung" der Finanzverwaltung, die eine Höchstgrenze für den Privatanteil festlegt (BMF, BStBl 2009 I 1326, Rz. 18 ff.).

Die Kostendeckelung sieht vor, dass zur Vermeidung bzw. Verminderung einer Überbesteuerung aus Billigkeitsgründen der private Nutzungsanteil höchstens mit dem Betrag der Gesamtkosten des Kraftfahrzeugs anzusetzen ist. Der Privatanteil wird dann auf die tatsächlich angefallenen Gesamtkosten begrenzt. Der Stpfl. hat einen Rechtsanspruch auf die Anwendung der Deckelungsregelung (BFH XI R 59/04, BFH/NV 2007, 1383).

Die Kostendeckelung führt dazu, dass evtl. 100 % der durch den Betriebs-Pkw verursachten Kosten als privater Nutzungsanteil behandelt werden. Im Ergebnis werden also überhaupt keine Kfz-Kosten als Betriebsausgaben berücksichtigt.

Vorliegend ist für die Besteuerung der privaten Nutzung zwingend die 1 %-Methode anzuwenden. A müsste danach eigentlich einen Privatanteil von 6 000 € (12 % von 50 000 €) versteuern. Wenn er die Kostendeckelung geltend macht, versteuert er „nur" einen Betrag von 5 000 € (tatsächliche Kosten als Höchstgrenze für den Privatanteil).

FALL 34

Freiwillige Zuwendungen – Zuwendungen aufgrund einer freiwillig begründeten Rechtspflicht – Zuwendungen an unterhaltsberechtigte Personen

Sachverhalt: B ist die Tochter des verstorbenen Fabrikanten A. Sie bezieht als testamentarische Alleinerbin des A aus der Weiterführung des Fabrikationsbetriebs und aus Unternehmensbeteiligungen gewerbliche Einkünfte.

Im Rahmen der Erstellung ihrer Einkommensteuererklärung stellt der Steuerberater fest, dass B im Jahr 01 folgende Zahlungen geleistet hat:

1. Freiwillige Zahlung an ihren Neffen i. H. v. monatlich 500 €. B hat sich entschlossen, ihn bis zum Abschluss seines Studiums mit monatlich 500 € zu unterstützen. Der Neffe hat im Jahr 01 während der Semesterferien einen Bruttoarbeitslohn i. H. v. 7 000 € und darüber hinaus Vermietungseinkünfte i. H. v. 8 000 € erzielt.

2. Zahlungen an ihre Nichte i. H. v. monatlich 500 €. Den Zahlungen liegt ein notarieller Vertrag zugrunde, in dem sich B verpflichtet hat, die Zahlungen für die Dauer des Studiums der Nichte, längstens aber für die Dauer von zehn Jahren zu erbringen. Die Nichte bezieht aus der Vermietung eines Mietwohngrundstücks Einkünfte aus Vermietung und Verpachtung i. H. v. jährlich rund 25 000 €.

3. Zahlungen an ihre Schwiegertochter i. H. v. monatlich 2 000 €. Die monatlichen Zahlungen werden aufgrund eines notariellen Vertrages für die Dauer von zehn Jahren erbracht. Die Schwiegertochter hat hierfür keine Gegenleistung zu erbringen. Ihr Ehemann – der Sohn der B – bezieht als Geschäftsführer Einkünfte aus nichtselbständiger Arbeit i. H. v. 100 000 € jährlich.

Aufgabe: Wie sind die vorstehenden Zahlungen steuerlich zu behandeln?

LÖSUNG

Zu 1.:

Die Zahlungen von B an ihren Neffen erfolgen freiwillig, weil sie geleistet werden, ohne dass eine Rechtspflicht besteht. Freiwillige Zuwendungen sind vom Abzug ausgeschlossen, es sei denn, dass in § 10 Abs. 1 Nr. 1, 2–5, 7 und 9, § 10a, § 10b oder den §§ 33-33b EStG etwas anderes bestimmt ist (§ 12 Nr. 2 EStG). Da diese Voraussetzungen hier aber nicht vorliegen, bleiben die Zahlungen von B steuerlich unberücksichtigt.

Zu 2.:

Bei den Zahlungen an die Nichte handelt es sich um Zuwendungen, die auf einer freiwillig ein-gegangenen Verpflichtung beruhen. Derartige – auf einer freiwillig begründeten Rechtspflicht beruhende – Zuwendungen fallen ebenfalls unter das Abzugsverbot des § 12 Nr. 2 EStG.

Zu 3.:

§ 12 Nr. 2 EStG schließt einen Abzug von Zuwendungen auch dann aus, wenn diese an gesetz-lich unterhaltsberechtigte Personen oder deren Ehegatten geleistet werden, selbst dann, wenn sie auf einer besonderen Vereinbarung (z. B. einem notariellen Vertrag) beruhen. Ein Abzug der an die Schwiegertochter geleisteten Zahlungen kommt daher nicht in Betracht.

FALL 35

Abzug von Steuern und Nebenleistungen

Sachverhalt: Freiberufler A, der seinen Gewinn durch Einnahmen-Überschussrechnung ermit-telt, erbrachte im Jahr 2013 folgende Steuerzahlungen und Nebenleistungen:

1. Einkommensteuernachforderung 2011 und Einkommensteuervorauszahlungen 2013 von insgesamt 100 000 €.

2. Schenkungsteuer i. H. v. 2 000 €.

3. Hundesteuer i. H. v. 100 € für den Hund seiner Tochter.

4. Kirchensteuernachforderung 2011 und Kirchensteuervorauszahlungen 2013 von insgesamt 5 000 €.

5. Grundsteuer i. H. v.

   – 400 € für das eigen genutzte Einfamilienhaus,

   – 800 € für ein fremd vermietetes Zweifamilienhaus

6. Umsatzsteuer 2013 i. H. v. 15 000 €.

7. Kfz-Steuer i. H. v. 300 € für den zum Betriebsvermögen gehörenden Kraftwagen, der lt. Fahr-tenbuch zu 70 % für betriebliche und zu 30 % für private Zwecke benutzt wird.

8. Säumniszuschläge (§ 240 AO) i. H. v. 200 € wegen verspäteter Zahlung von Einkommensteu-er; Verspätungszuschlag (§ 152 AO) i. H. v. 300 € wegen verspäteter Abgabe der Einkommen-steuererklärung 2009; Zwangsgeld (§ 329 AO) i. H. v. 50 € wegen Nichtabgabe der Einkom-mensteuererklärung 2010.

9. Stundungszinsen (§ 234 AO) i. H. v. 350 € im Zusammenhang mit der Stundung der Einkom-mensteuer 2010.

10. Aussetzungszinsen (§ 237 AO) i. H. v. 60 € im Zusammenhang mit einem Rechtsbehelf wegen der Erhebung von Schenkungsteuer.

11. Hinterziehungszinsen (§ 235 AO) im Zusammenhang mit der Hinterziehung von Einkommen- und Umsatzsteuer 2007.

12. Zinsen i.H.v. 1 500 € für die Aufnahme eines Kredits zur Bezahlung der Einkommensteuernachforderung 2011.

Aufgabe: Wie sind die von A erbrachten Steuerzahlungen und Nebenleistungen einkommensteuerrechtlich zu behandeln?

LÖSUNG

Zu 1.:

Die Einkommensteuer ist als Personensteuer nicht abzugsfähig (§ 12 Nr. 3 EStG).

Zu 2.:

Die Schenkungsteuer ist eine sonstige Personensteuer i. S. d. § 12 Nr. 3 EStG und daher nicht abzugsfähig (BFH X R 42/97, BFH/NV 2001, 307).

Zu 3.:

Die Hundesteuer ist eine sog. örtliche Aufwandsteuer i. S. d. Art. 105 Abs. 2a GG, weil das Halten eines Hundes über die Befriedigung des allgemeinen Lebensbedarfs hinausgeht und einen – wenn auch unter Umständen nicht sehr erheblichen – zusätzlichen Vermögensaufwand erfordert; Aufwandsteuern beziehen sich nicht notwendigerweise auf „Luxusgegenstände" (BVerwG, ZKF 1998, 179). Die Hundesteuer zählt als Steuer des persönlichen Aufwands zu den sonstigen Personensteuern; ein Abzug kommt daher nach § 12 Nr. 3 EStG nicht in Betracht. In seltenen Ausnahmefällen kann etwas anderes gelten, z. B. wenn ein Jagdhund bei einem Revierförster zu den Arbeitsmitteln zu rechnen ist – in diesem Fall kann ein Werbungskostenabzug in Betracht kommen (BFH VI R 9/59 U, BStBl 1960 III, 163; VI R 101/86, BFH/NV 1991, 234).

Zu 4.:

Obgleich die Kirchensteuer eine Personensteuer ist, hat sie der Gesetzgeber in vollem Umfang zum Abzug als Sonderausgaben zugelassen (§ 10 Abs. 1 Nr. 4 EStG). Abzugsfähig in 2013 sind 5 000 €.

Zu 5.:

Die Grundsteuer für das selbst genutzte Einfamilienhaus bleibt steuerlich unberücksichtigt, da sie mit einem privaten, steuerlich nicht relevanten Wirtschaftsgut, nämlich der eigenen Wohnung, zusammenhängt.

Die Grundsteuer für das Zweifamilienhaus ist als Werbungskosten bei den Einkünften aus Vermietung und Verpachtung abzugsfähig.

Zu 6.:

Die Umsatzsteuer ist bei der Einnahmen-Überschussrechnung, soweit sie Betriebsausgabencharakter hat, prinzipiell als Betriebsausgabe abzugsfähig. Die Umsatzsteuer die der Unternehmer auf Umsätze zu zahlen hat, die Entnahmen sind, sowie die Vorsteuer für Aufwendungen, die unter das Abzugsverbot des § 12 Nr. 1 EStG oder § 4 Abs. 5 Satz 1 Nr. 1–5 und 7 oder Abs. 7 EStG fallen, sind nach § 12 Nr. 3 EStG ausdrücklich nicht abzugsfähig.

Zu 7.:

Die Kfz-Steuer ist i.H.v. (70 % von 300 € =) 210 € als Betriebsausgabe abzugsfähig; im Übrigen ist ein Abzug nicht möglich.

Zu 8.:

Säumniszuschläge, Verspätungszuschläge und Zwangsgelder teilen das rechtliche Schicksal der Steuer, zu der sie gehören (H 12.4 EStH „Nebenleistungen"). Da sie im vorliegenden Fall auf eine Personensteuer entfallen, sind sie ebenso wenig abziehbar wie die genannte Steuer selbst (§ 12 Nr. 3 Halbsatz 2 EStG).

Zu 9.:

Stundungszinsen auf Personensteuern teilen das rechtliche Schicksal der Personensteuern (§ 12 Nr. 3 EStG), d.h., sie sind nicht abzugsfähig.

Zu 10.:

Auch Aussetzungszinsen auf Personensteuern teilen das rechtliche Schicksal der Personensteuern (§ 12 Nr. 3 EStG), d.h., sie sind ebenfalls nicht abzugsfähig.

Zu 11.:

Hinterziehungszinsen i.S.v. § 235 AO auf Betriebs- und Personensteuern dürfen nicht abgezogen werden (§ 4 Abs. 5 Nr. 8a, § 12 Nr. 3 EStG).

Zu 12.:

Das Abzugsverbot des § 12 Nr. 3 EStG gilt auch für Aufwendungen, die mit den in dieser Vorschrift für nicht abzugsfähig erklärten Steuern in Zusammenhang stehen. Die Zinsen, die für die Aufnahme des Kredits zum Zwecke der Bezahlung der Einkommensteuer 2008 angefallen sind, sind daher nicht abzugsfähig (FG Hessen, I 333/76, EFG 1981, 624).

FALL 36

Abzug von Geldstrafen, Geldbußen, Anwalts- und Gerichtskosten

Sachverhalt: A ist Gewerbetreibender.

1. Im Jahr 01 wird er wegen Vorenthaltung von für die AOK bestimmten Sozialversicherungsbeiträgen in einem Strafverfahren zu einer Geldstrafe i.H.v. 5 000 € verurteilt. Die Aufwendungen für den Strafverteidiger belaufen sich auf 1 500 €, die Gerichtskosten des Strafverfahrens auf 1 000 €.

2. Ebenfalls im Jahr 01 wird A auf einer Fahrt von seiner Wohnung zu seinem Büro in einen Verkehrsunfall verwickelt. Da A den Unfall verschuldet hat, wird gegen ihn eine Geldbuße i.H.v. 1 000 € festgesetzt. Die Rechtsanwaltskosten und die Kosten des Verfahrens betragen 400 €.

Aufgabe: Wie sind die vorgenannten Aufwendungen einkommensteuerrechtlich zu behandeln?

LÖSUNG

Zu 1.:

Nach § 12 Nr. 4 EStG dürfen in einem Strafverfahren festgesetzte Geldstrafen weder bei den einzelnen Einkunftsarten noch vom Gesamtbetrag der Einkünfte abgezogen werden (BFH VIII R 89/86, BStBl 1992 II 85). A kann daher die Geldstrafe i. H. v. 5 000 € nicht abziehen.

Die Kosten des Strafverfahrens, d. h. die Anwalts- und Gerichtskosten, sind in das Abzugsverbot des § 12 Nr. 4 EStG nicht einbezogen worden. Aufwendungen für die Strafverteidigung und Kosten des Strafverfahrens sind als Betriebsausgaben abzugsfähig, wenn die dem Strafverfahren zugrunde liegende Tat – wie hier – in Ausübung der betrieblichen Tätigkeit begangen worden ist (BFH VIII R 93/85, BStBl 1986 II 845; VIII B 265/03, BFH/NV 2004, 1639; H 12.3 EStH „Kosten des Strafverfahrens/der Strafverteidigung"). A kann daher die Aufwendungen für den Strafverteidiger und die Gerichtskosten von insgesamt 2 500 € als Betriebsausgaben abziehen.

Zu 2.:

Die Geldbuße ist zwar betrieblich veranlasst, weil der Unfall auf einer betrieblichen Fahrt geschah. Ein Abzug kommt jedoch nicht in Betracht, weil das Abzugsverbot des § 4 Abs. 5 Nr. 8 EStG eingreift. Danach sind betrieblich veranlasste Geldbußen nicht abzugsfähig.

Die Anwalts- und Verfahrenskosten fallen aber nicht unter das Abzugsverbot. Diese sind – wie im Fall eines betrieblich veranlassten Strafverfahrens – als Betriebsausgaben abzugsfähig (BFH VI R 31/78, BStBl 1982 II 467; H 4.13 EStH „Verfahrenskosten").

FALL 37

Erstattung von Strafprozesskosten an einen Arbeitnehmer

Sachverhalt: A betreibt ein Hoch- und Tiefbauunternehmen. Seine Arbeitnehmer befördert er mit eigenen Kraftwagen zu den jeweiligen Baustellen. Auf einer solchen Fahrt verschuldete der den Kraftwagen führende Arbeitnehmer B einen Verkehrsunfall, bei dem ein Radfahrer verletzt wurde. Gegen B wurde ein Strafverfahren eingeleitet. A ersetzte dem B die gegen diesen festgesetzte Geldstrafe i. H. v. 2 000 € sowie die Kosten des Strafverfahrens (Anwalts- und Gerichtskosten) i. H. v. 1 000 €.

Aufgaben:

1. Ist A berechtigt, die Geldstrafe und die Strafprozesskosten i. H. v. insgesamt 3 000 € als Betriebsausgaben abzuziehen?

2. Sind die Geldstrafe und die Strafprozesskosten bei B steuerlich berücksichtigungsfähig?

LÖSUNG

Zu 1.:

Für die Abzugsfähigkeit der Kosten eines Strafprozesses, die ein Unternehmer seinem Arbeitnehmer erstattet, gelten andere Grundsätze als für den Abzug von Strafprozesskosten, die bei dem Unternehmer selbst als Angeklagten anfallen. Die vom Arbeitgeber dem Arbeitnehmer erstatteten Strafprozesskosten usw. sind grds. steuerpflichtiger Arbeitslohn des Arbeitnehmers, weil sie durch das Arbeitsverhältnis veranlasst sind, ungeachtet der Tatsache, dass der Arbeitnehmer die Tat in Ausübung seiner Tätigkeit für seinen Arbeitgeber begangen hat (BFH VI R 47/06, BStBl 2009 II 151). Die Behandlung als Arbeitslohn beim Arbeitnehmer führt zwangsläufig zur Abzugsfähigkeit beim Arbeitgeber als Betriebsausgabe (BFH IV 199/62, HFR 1965, 161). A ist daher berechtigt, die seinem Arbeitnehmer B erstatteten Aufwendungen i. H. v. 3 000 € als Betriebsausgaben abzusetzen.

Zu 2.:

Bei B gehören die erstatteten Beträge zum Arbeitslohn. Er kann zwar die Anwalts- und Gerichtskosten, aber nicht die Geldstrafe als Werbungskosten bei seinen Einkünften aus nichtselbständiger Arbeit abziehen (BFH VIII B, BFH/NV 2004, 1639); der Abzug der Geldstrafe ist durch § 12 Nr. 4 EStG ausgeschlossen.

FALL 38

Übernahme von Bußgeldern für Arbeitnehmer

Sachverhalt: Die X-KG betreibt eine Spedition. Sie hat Bußgelder von 1 000 €, die gegen ihren Fahrer F wegen Überschreitung von Lenkzeiten und der Nichteinhaltung von Ruhezeiten festgesetzt worden waren, für F bezahlt, ohne dafür Lohnsteuer einzubehalten.

Aufgaben:

1. Ist die KG berechtigt, die Geldbußen von 1 000 € als Betriebsausgaben abzuziehen?

2. Sind die Geldbußen bei F steuerlich als Arbeitslohn zu erfassen?

LÖSUNG

Zu 1.:

Bei den von der KG bezahlten Geldbußen handelt es sich um Betriebsausgaben i. S. d. § 4 Abs. 4 EStG. Die KG kann daher die Zahlungen gewinnmindernd berücksichtigen.

Zu 2.:

Eine andere Frage ist, ob die Geldbußen bei F als Arbeitslohn i. S. d. § 19 Abs. 1 Satz 1 Nr. 1 EStG zu erfassen sind. In einer älteren – umstrittenen – Entscheidung hat der BFH folgende Auffassung vertreten: Übernimmt der Arbeitgeber, der einen Paketzustelldienst betreibt, aus ganz überwiegend eigenbetrieblichem Interesse die Zahlung von Verwarnungsgeldern, die gegen die bei ihm angestellten Fahrer wegen Verletzung des Halteverbots verhängt worden sind, so handelt es sich hierbei nicht um Arbeitslohn (BFH v. 7. 7. 2004 VI R 29/00, BStBl 2005 II 367). Diese Auffassung hat der BFH unlängst revidiert. Er hat entschieden, dass die Übernahme von Bußgeldzahlungen durch den Arbeitgeber nicht in dessen ganz überwiegend eigenbetrieblichem Interesse liegt und daher zu einer Lohnzuwendung beim Arbeitnehmer führt (BFH VI R 36/12, BStBl 2014 II 278). An seiner älteren Entscheidung hält der BFH nicht mehr fest. Die Geldbußen unterliegen bei F dem Abzugsverbot des § 12 Nr. 4 EStG (BFH v. 22. 7. 2008 VI R 47/06, BStBl 2009 II 151).

Kapitel 6: Sonderausgaben

Unterhaltsleistungen an den geschiedenen Ehegatten

Sachverhalt: A ist schon seit Jahren von seiner Ehefrau B geschieden; beide sind unbeschränkt einkommensteuerpflichtig. A hat sich im Jahr 03 verpflichtet,

a) 9 600 € Unterhalt jährlich zu zahlen,

b) 18 000 € Unterhalt jährlich zu zahlen. B hat in beiden Fällen ihre Zustimmung zum Sonderausgabenabzug beim Geber erteilt.

c) wie a), B beschränkt ihre Zustimmung im Einvernehmen mit A jedoch auf einen Betrag von 7 200 €.

d) wie a), B gibt ihre Zustimmung nicht. Der Bruttoarbeitslohn von B beträgt 4 000 €.

e) wie a), B hat ihre Zustimmung im Jahr 01 gegeben.

f) wie e) mit dem Unterschied, dass A in seiner Steuererklärung 03 nur 7 000 € Unterhaltsleistungen als Sonderausgaben geltend macht, obwohl 9 600 € tatsächlich bezahlt hatte.

g) wie b), allerdings zahlt A an die geschiedene Ehefrau zusätzlich zu den Unterhaltsleistungen als Versicherungsnehmer auch die Basiskranken- und Pflegeversicherungsleistungen für B i. H. v. 200 € monatlich.

h) wie g), B gibt ihre Zustimmung zum Realsplitting nicht.

Aufgabe: Wie sind die gezahlten Unterhaltsleistungen jeweils zu behandeln?

Zu a):

Der Sonderausgabenabzug beim Leistenden hängt zwingend von der Zustimmung des Empfängers ab.

A kann gem. § 10 Abs. 1 Nr. 1 EStG auf Antrag die gezahlten 9 600 € Unterhaltsleistungen als Sonderausgaben geltend machen. B hat Einkünfte nach § 22 Nr. 1a EStG in Höhe von 9 498 € zu versteuern (nach Abzug des Pauschbetrags gem. § 9a Nr. 3 EStG).

Zu b):

A kann einen Betrag in Höhe von 13 805 € geltend machen. B hat in dieser Höhe (abzüglich 102 € Werbungskosten) Einkünfte gem. § 22 Nr. 1a EStG zu versteuern. Der über den Betrag in Höhe von 13 805 € hinausgehende Betrag von 4 195 € kann nicht als außergewöhnliche Belastung abgezogen werden (BFH III R 23/98, BStBl 2001 II 338, BMF v. 7. 6. 2010, BStBl 2010 I 588, Tz. 2).

Zu c):

Die Zustimmung kann auf einen Teilbetrag beschränkt werden. Dabei werden aber die gesamten Unterhaltsleistungen zu Sonderausgaben umqualifiziert. Zu beachten ist, dass die Zustimmung des Unterhaltsempfängers zwar dem Grunde nach auf Dauer bindet, Änderungen der Höhe nach sind aber jährlich ohne Widerruf möglich. Der BFH hat mit Urteil vom 14. 4. 2005 (XI R 33/03, BStBl 2005 II 825) entschieden, dass eine bis zu einem bestimmten Betrag erteilte Zustimmung nicht eine für Folgejahre der Höhe nach unbeschränkte Zustimmung beinhaltet. Sie gilt auch für die Zukunft nur in der beschränkten Höhe, es sei denn, Unterhaltsleistender und Unterhaltsempfänger einigen sich einvernehmlich auf einen anderen Wert.

A kann also 7 200 € als Sonderausgaben abziehen. B hat wegen des Korrespondenzprinzips auch nur diesen Betrag zu versteuern. Der übersteigende Betrag von 2 400 € kann bei A nicht nach § 33a Abs. 1 EStG berücksichtigt werden.

Zu d):

Da die Zustimmungserklärung von B nicht vorliegt, können die Unterhaltszahlungen nicht als Sonderausgaben berücksichtigt werden. Eine Steuerermäßigung kann nur nach § 33a Abs. 1 EStG erreicht werden. Der abziehbare Betrag wird wie folgt ermittelt:

Höchstbetrag		**8 354 €**
Eigene Einkünfte (4 000 € ./. 1 000 €)	3 000 €	
./. unschädlicher Betrag	./. 624 €	
= schädliche Einkünfte	2 376 €	2 376 €
		5 978 €

Die geleisteten Aufwendungen in Höhe von 9 600 € sind daher mit max. 5 978 € abziehbar. Allerdings ist der Empfänger zivilrechtlich verpflichtet (§ 242 BGB), die Zustimmung zu erteilen, sofern er keinen finanziellen Nachteil hat. Der leistende Ehegatte ist daher u. U. darauf angewiesen, die Zustimmung auf zivilprozessualem Wege einzuklagen.

Zu e):

Die Zustimmung des Empfängers bindet dem Grunde nach auf Dauer. Sie kann jedoch **vor Beginn des Kalenderjahres**, für das sie erstmals nicht gelten soll, gegenüber dem Finanzamt widerrufen werden. A kann also die im Jahr 03 geleisteten Unterhaltsleistungen in Höhe von 9 600 € gem. § 10 Abs. 1 Nr. 1 EStG abziehen. B hat Einkünfte mit 9 498 € zu versteuern.

Zu f):

Der Unterhaltsgeber kann für jedes Kalenderjahr entscheiden, ob er die Unterhaltszahlungen als Sonderausgabe abziehen möchte und wenn ja, in welcher Höhe er dies tun möchte. Ein derartiger Antrag bewirkt die korrespondierende Steuerpflicht der Unterhaltsleistungen beim Empfänger (OFD Koblenz v. 30. 7. 2007, DB 2007, 1949).

Entsprechend zum Sonderausgabenabzug bei A mit 7 000 €, hat B Einkünfte nach § 22 Nr. 1a EStG in der gleichen Höhe zu versteuern. Der BFH hat mit Urteil vom 9. 12. 2009 (X R 49/07, BFH/NV 2010, 1790) entschieden, dass die Unterhaltsleistungen bei B selbst dann zu versteuern sind, wenn sie sich bei A überhaupt nicht steuermindernd auswirken. Der Geber hat in diesen

Fällen zu beachten, dass er keinen oder lediglich einen reduzierten Antrag zum Sonderausgabenabzug stellen darf.

Zu g):

Ab 2010 wurde der Höchstbetrag für den Abzug von Unterhaltsleistungen um den Betrag angehoben, der vom Unterhaltsverpflichteten für eine Basisabsicherung des geschiedenen Ehegatten in der Krankenversicherung und der gesetzlichen Pflegeversicherung aufgewendet wird. Die Zustimmung zum Abzug von Unterhaltsleistungen als Sonderausgaben dem Grunde nach wirkt auch für die Erhöhung des Höchstbetrags nach § 10 Abs. 1 Nr. 1 Satz 2 EStG (R 10.2. Abs. 2 Satz 2 EStR). Insgesamt können damit im Rahmen des Realsplitting 16 205 € berücksichtigt werden.

Die als Sonderausgaben berücksichtigten Unterhaltsleistungen unterliegen bei B als sonstige Einkünfte nach § 22 Nr. 1a EStG der Besteuerung. Dies gilt auch für den Erhöhungsbetrag. Anderseits können die Beiträge zur Basisabsicherung bei den Vorsorgeaufwendungen als eigene Beiträge des Unterhaltsempfängers angesetzt werden (§ 10 Abs. 1 Nr. 3 Satz 3 EStG).

Zu h):

Die Vorschrift des § 10 Abs. 1 Nr. 3 Satz 3 EStG gilt nur für Fälle des Realsplitting. Bei den Versicherungsbeiträgen handelt es sich um eigene Beiträge des A, die er als Sonderausgaben nach § 10 Abs. 1 Nr. 3 EStG abziehen kann, nicht aber Ehefrau B (Schmidt/Heinicke, EStG, § 10 Rn. 99).

Die Unterhaltszahlungen sind dem Grunde nach als außergewöhnliche Belastung nach § 33a Abs. 1 EStG zu berücksichtigen. Auch dort erhöht sich der Höchstbetrag um für den Ehegatten aufgewendete Basiskranken- und Pflegeversicherungsbeiträge. Die Erhöhung tritt aber nach § 33a Abs. 1 Satz 2 EStG nicht ein, wenn die Beiträge bereits nach § 10 Abs. 1 Nr. 3 EStG beim Steuerpflichtigen selbst anzusetzen sind.

FALL 40

Erweiterung des Antrags nach Bestandskraft

Sachverhalt: Der Steuerpflichtige A leistete im Jahr 02 an seine geschiedene Ehefrau B erstmals Unterhaltsleistungen in Höhe von 13 805 €.

a) A hatte in seiner Steuererklärung 02 keinen Antrag gestellt. Nach Bestandskraft des Bescheides 02 reicht er eine von B unterschriebene Anlage U ein und beantragt, die Unterhaltsleistungen als Sonderausgaben zu berücksichtigen.

b) B hatte ab dem Jahr 01 eine Zustimmungserklärung in Höhe von 8 000 € erteilt. A beantragte daher in der Erklärung 02, einen Teilbetrag der Unterhaltsleistungen von 8 000 € als Sonderausgaben anzusetzen. Nach Bestandskraft des Bescheides 02 reicht A eine geänderte, von B unterschriebene Anlage U mit 13 805 € ein und beantragt, den Sonderausgabenabzug auf diesen Betrag zu erhöhen.

Aufgabe: Kann den Anträgen jeweils stattgegeben werden?

LÖSUNG

Zu a):

Nach der Rechtsprechung des BFH vom 12.7.1989 (X R 8/84, BStBl 1989 II 957) ist ein erstmaliger Antrag nebst Zustimmungserklärung nach Bestandskraft des Steuerbescheids als rückwirkendes Ereignis zu qualifizieren, so dass der Bescheid nach § 175 Abs. 1 Satz 1 Nr. 2 AO zu ändern ist.

Bei A können also nachträglich noch 13 805 € Sonderausgaben berücksichtigt werden. Ein nach Bestandskraft des Steuerbescheids gestellter Antrag bei zuvor bereits vorliegender Zustimmungserklärung wird vom FG Münster allerdings nicht als rückwirkendes Ereignis eingestuft (Urteil v. 5.9.2012 – WAAAE-19689, anhängig beim BFH unter X R 33/12).

Zu b):

Während die nachträgliche Einschränkung eines bereits vorliegenden Antrags zum Realsplitting nicht möglich ist, ist nach der Rechtsprechung des BFH vom 28.6.2006 (XI R 32/05, BStBl 2007 II 5) die betragsmäßige Erweiterung des Realsplittings zulässig. Der BFH hat entschieden, dass zwar bereits durch den ersten Antrag die gesamten Unterhaltszahlungen zu Sonderausgaben umqualifiziert werden, durch die Beschränkung des Antrags sind sie allerdings nur teilweise abzugsfähig und beim Empfänger nur teilweise steuerpflichtig. Auch ein Antrag auf Erweiterung des Betrages kann wie ein erstmaliger Antrag noch nach Bestandskraft des Steuerbescheides gestellt werden und ist als rückwirkendes Ereignis zu werten.

Der bereits bestandskräftige Bescheid ist zu ändern mit der Folge, dass bei A ein Sonderausgabenabzug in Höhe von 13 805 € zu berücksichtigen ist.

FALL 41

Zeitliche Bindung an die Zustimmung

Sachverhalt: Der Steuerpflichtige A reicht im Mai 03 seine Einkommensteuererklärung für 01 ein mit der im April 03 erstmals von seiner geschiedenen Ehefrau B erteilten Zustimmung.

Aufgabe: Für welchen VZ kann die Zustimmung frühestens widerrufen werden?

LÖSUNG

Die Bindungswirkung tritt ein mit Eingang der Zustimmungserklärung beim Finanzamt. Die Zustimmung gilt für die VZ 01, 02 und 03. Der Unterhaltsempfänger ist an seine Zustimmung insoweit gebunden, weil ein Widerruf für die VZ 02 und 03 nicht möglich ist. B kann gem. § 10 Abs. 1 Nr. 1 Satz 5 EStG die Zustimmung erst mit Wirkung für den VZ 04 gegenüber dem Wohnsitz-FA des Unterhaltsleistenden oder des Unterhaltsempfängers widerrufen.

Unterhaltsleistungen bei beschränkter Steuerpflicht

Sachverhalt:

a) Rechtsanwalt A zahlt seiner geschiedenen Ehefrau B monatlich 500 € Unterhalt. Am 30. 6. wandert A nach Monaco aus. Er hat anschließend keine inländischen Einkünfte mehr. Die Ehefrau hat dem Sonderausgabenabzug zugestimmt.

b) Wie a), aber nicht A, sondern B wandert am 31. 3. in die Schweiz aus.

c) Wie b), aber B wandert nach Wien aus.

d) A zahlt an seine geschiedene Ehefrau B monatlich 500 € Unterhalt. B hat ihre Zustimmung zum Realsplitting erteilt; sie wohnt in der Türkei.

Aufgabe: Wie sind die geleisteten Unterhaltszahlungen bei A steuerlich zu behandeln?

Zu a):

A kann nur die während seiner unbeschränkten Steuerpflicht geleisteten 3 000 € als Sonderausgaben gem. § 10 Abs. 1 Nr. 1 EStG geltend machen. Die nach dem Eintritt der beschränkten Steuerpflicht erbrachten Leistungen werden weder als Sonderausgaben noch als außergewöhnliche Belastung berücksichtigt (§ 50 Abs. 1 Satz 3 EStG). Bei B sind die Unterhaltszahlungen ab 1. 7. nicht steuerbar (BFH vom 31. 3. 2004 X R 18/03, BStBl 2004 II 1047, H 22.1 „wiederkehrende Bezüge sind nicht" EStH).

Zu b):

Die Unterhaltsleistungen sind grundsätzlich nur während des Bestehens der unbeschränkten Steuerpflicht der Ehefrau als Sonderausgaben abzugsfähig. In einer Verständigungsvereinbarung mit der Schweiz vom 5. 11. 1998 (BStBl 1998 I 1392) ist jedoch geregelt, dass dieselben steuerlichen Abzüge zu gewähren sind, die der Leistende erhielte, wenn der Empfänger in Deutschland ansässig wäre. Unter der Voraussetzung, dass B mit den Zahlungen in der Schweiz der Besteuerung unterliegt und dies durch eine Bescheinigung der kantonalen Steuerbehörde nachweist, kann A den Betrag von 6 000 € abziehen. Nach H 10.2 "Nicht unbeschränkt steuerpflichtiger Empfänger" EStH kann ein Abzug von Unterhaltsleistungen an einen nicht unbeschränkt steuerpflichtigen Empfänger auch bei Vorliegen der Voraussetzungen des § 1a Abs. 1 Nr. 1 EStG oder aufgrund eines DBA in Betracht kommen (z. B. DBA mit Dänemark, Kanada, den USA und der Schweiz). Als Folge auf das EuGH-Urteil vom 28. 2. 2013 in der Rechtssache C-425/11 „Ettwein" (BStBl 2013 II 896) hat die Finanzverwaltung mit BMF-Schreiben vom 16. 9. 2013 (BStBl 2013 I 1325) darüber hinaus nun klargestellt, dass § 1a Abs. 1 EStG auch anwendbar ist, wenn der Empfänger der Leistungen seinen Wohnsitz oder gewöhnlichen Aufenthalt in der Schweiz hat.

Zu c):

Nach § 1a Abs. 1 Nr. 1 EStG ist der Sonderausgabenabzug gegeben, wenn der Empfänger seinen Wohnsitz in einem EU-/EWR-Mitgliedstaat hat und die Besteuerung der Leistungen beim Empfänger durch eine Bescheinigung der zuständigen ausländischen Behörde nachgewiesen wird. Da das österreichische Einkommensteuerrecht die Besteuerung von Unterhaltszahlungen jedoch nicht vorsieht, scheidet der Sonderausgabenabzug ab 1. 4. aus. Dies hat der BFH mit Urteil vom 13. 12. 2005 bestätigt (XI R 5/02, BFH/NV 2006, 1069).

A kann also lediglich 1 500 € als Sonderausgaben abziehen. Für den Zeitraum ab 1. 4. kommt höchstens ein Abzug nach § 33a Abs. 1 EStG in Betracht.

Zu d):

Die Voraussetzungen des § 1a Abs. 1 Nr. 1 EStG liegen nicht vor, da B nicht in einem Mitgliedstaat der Europäischen Union wohnt. In solchen Fällen kann der Sonderausgabenabzug nur dann in Betracht kommen, wenn das jeweilige DBA das Besteuerungsrecht der erhaltenen Unterhaltszahlungen dem Wohnsitzstaat des Empfängers zuweist. Sofern diesbezüglich keine Regelung im DBA getroffen ist, kann der Sonderausgabenabzug nicht gewährt werden. Unter den weiteren Voraussetzungen ist allenfalls ein Abzug als außergewöhnliche Belastungen möglich.

FALL 43

Erfüllung von Unterhaltsverpflichtungen durch Überlassung einer Wohnung

Sachverhalt: Der geschiedene, unterhaltsverpflichtete Ehemann A erfüllt seine Unterhaltspflicht, indem er das in seinem Alleineigentum stehende Einfamilienhaus der Ehefrau zur alleinigen Nutzung überlässt. Der Nutzungswert beträgt 800 € monatlich.

Aufgabe: Kann der Nutzungswert als Sonderausgaben abgesetzt werden?

LÖSUNG

Unterhaltsleistungen an den geschiedenen oder dauernd getrennt lebenden Ehegatten können auch in der Überlassung einer Wohnung bestehen. A erzielt dann mangels Mietvertrag keine Einkünfte nach § 21 Abs. 1 EStG. Die Überlassung der Wohnung stellt eine Naturalunterhaltsleistung dar, die mit dem üblichen Mittelpreis des Verbrauchsorts anzusetzen ist.

Der Überlassende A kann den Mietwert in Höhe von 12 x 800 € = 9 600 € als Sonderausgaben abziehen (BFH XI R 127/96, BStBl 2002 II 130, H 10.2 „Wohnungsüberlassung" EStH). Die Ehefrau hat den Wert der Sachleistung als sonstige Einkünfte zu versteuern.

Als Alternative zur unentgeltlichen Überlassung könnte auch eine Vermietung erfolgen. Die Verrechnung der Miete mit dem geschuldeten Barunterhalt stellt keinen Missbrauch von Gestaltungsmöglichkeiten dar (BFH IX R 13/92, BStBl 1996 II 214, H 21.4 „Vermietung an Unterhaltsberechtigte" EStH).

FALL 44

Unterhaltsleistungen an den geschiedenen Ehegatten des Erblassers

Sachverhalt: A ist die Alleinerbin ihres im Jahre 01 verstorbenen Ehemannes B. Dessen Verpflichtung zur Unterhaltszahlung von monatlich 1 000 € an seine frühere Ehefrau C war nach dem Tod auf A übergegangen. A macht mit Zustimmung von C den im Jahr 02 geleisteten Betrag in Höhe von 12 000 € gem. § 10 Abs. 1 Nr. 1 EStG als Sonderausgabe geltend.

Aufgabe: Kann der Sonderausgabenabzug anerkannt werden?

LÖSUNG

Mit Urteil vom 12. 11. 1997 (X R 83/94, BStBl 1998 II 148) hat der BFH entschieden, dass die zivilrechtlich übergegangene Unterhaltsverpflichtung keine Auswirkung auf das Einkommensteuerrecht hat. Da der Sonderausgabenabzug des § 10 Abs. 1 Nr. 1 EStG personenbezogen ist, kommt ein Abzug beim Erben nicht in Betracht. Da A die Unterhaltsleistungen nicht abziehen kann, sind sie bei C keine steuerbaren Einnahmen.

Vorbemerkungen zur Vermögensübergabe gegen Versorgungsleistungen

Durch das Jahressteuergesetz 2008 hat der Gesetzgeber den Anwendungsbereich des Sondersteuerrechts bei der Vermögensübertragung gegen Versorgungsleistungen erheblich eingeschränkt. Vermögensübertragungen gegen lebenslange und wiederkehrende Versorgungsleistungen, die nicht mit Einkünften im Zusammenhang stehen, die bei der Veranlagung außer Betracht bleiben, können nur noch dann als Sonderausgaben abgezogen werden, wenn diese gezahlt werden im Zusammenhang mit der Übertragung

► eines Anteils an einer Mitunternehmerschaft, die eine Tätigkeit i. S. d. §§ 13, 15 Abs. 1 Satz 1 Nr. 1, 18 Abs. 1 EStG ausübt,

► eines Betriebs oder Teilbetriebs sowie

► eines mindestens 50 % betragenden Anteils an einer GmbH, wenn der Übergeber als Geschäftsführer tätig war und der Übernehmer diese Tätigkeit nach der Übertragung übernimmt.

Der Sonderausgabenabzug nach der Übertragung wird davon abhängig gemacht, dass der Empfänger unbeschränkt einkommensteuerpflichtig ist (§ 10 Abs. 1 Nr. 1a Satz 1 EStG). Gleichzeitig sind durch das JStG 2008 in § 22 Nr. 1b EStG die Einkünfte aus Versorgungsleistungen als eigener Tatbestand normiert worden. Die Vorschrift des § 22 Nr. 1b EStG gilt seit dem VZ 2008 für die Besteuerung von Versorgungsleistungen beim Empfänger der Leistungen unabhängig vom Zeitpunkt des Abschlusses des Übertragungsvertrags (BMF v. 11. 3. 2010, BStBl 2010 I 227 Tz. 89).

Die Neuregelung ist nach § 52 Abs. 23g EStG grundsätzlich nur auf Versorgungsleistungen anzuwenden, die auf nach dem 31. 12. 2007 vereinbarten Vermögensübertragungen beruhen. Für Versorgungsleistungen, die auf vor dem 1. 1. 2008 vereinbarten Vermögensübertragungen beruhen, gilt dies nur, wenn das übertragene Vermögen nur deshalb einen ausreichenden Ertrag bringt, weil ersparte Aufwendungen mit Ausnahme des Nutzungsvorteils eines zu eigenen Zwecken vom Vermögensübernehmer genutzten Grundstücks zu den Erträgen des Vermögens gerechnet werden.

FALL 45

Vermögensübertragung unter Vorbehaltsnießbrauch gegen dauernde Last

Sachverhalt: Tochter A erhielt 2006 von ihrer Mutter eine an Dritte vermietete Eigentumswohnung unter Vorbehalt des lebenslänglichen Nießbrauchs übertragen. Da die Mutter keine ausreichende Altersversorgung hatte, verpflichtete sich A im Übergabevertrag, monatlich 600 € zu bezahlen. Die Zahlungsverpflichtung sollte nach § 323 ZPO abänderbar sein. Der Wert der Eigentumswohnung betrug 300 000 €, der Barwert der Rente 103 000 €.

Aufgabe: Sind die monatlichen Zahlungen als Sonderausgaben gem. § 10 Abs. 1 Nr. 1a EStG abziehbar?

LÖSUNG

Die Abziehbarkeit der dauernden Last setzt voraus, dass der Übernehmer des Vermögens Erträge erwirtschaftet und an den Übergeber weiterleitet. Hier ist eine Erzielung von Erträgen durch den Vermögensübernehmer von vornherein unmöglich, weil sich der Übergeber den gesamten Ertrag des Vermögens vorbehalten hat und ihm ohnehin die Einkünfte aus der Nutzung dieses Vermögens zugerechnet werden. Die wiederkehrenden Zahlungen des Übernehmers lassen sich deshalb nicht als vorbehaltene Vermögenserträge, sondern nur als Unterhaltsleistungen qualifizieren. Die monatlichen Zahlungen sind somit nicht als Sonderausgaben abzugsfähig (BMF v. 11. 3. 2010, BStBl 2010 I 227 Tz. 21).

FALL 46

Übertragung eines Mietwohngrundstücks im Wege der vorweggenommenen Erbfolge

Sachverhalt:

a) A übertrug am 1. 7. 2007 im Wege der vorweggenommenen Erbfolge sein lastenfreies Mietwohngrundstück auf seinen Sohn B. Der gemeine Wert des Grundstücks hatte in diesem Zeitpunkt 250 000 € betragen (jährlicher Ertrag 24 000 €). In dem Übergabevertrag wurde der Sohn verpflichtet, vom 1. 7. 2007 an monatlich im Voraus auf Lebenszeit des A eine Rente in Höhe von 1 000 € zu zahlen. A hat am 1. 5. 2007 das 65. Lebensjahr vollendet und bezieht nur eine geringe Altersrente. Der Kapitalwert der Leibrente beträgt rund 108 000 €. Die Beteiligten hatten vereinbart, dass die Zahlungen jederzeit an veränderte wirtschaftliche Verhältnisse des Berechtigten oder des Verpflichteten angepasst werden können.

b) Wie a), aber in den Übergabevertrag wurde ausdrücklich aufgenommen, dass die monatliche Rente in Höhe von 1 000 € nicht nach den wirtschaftlichen Verhältnissen der Beteiligten abgeändert werden kann.

c) Wie a), jedoch beträgt die monatlich zu zahlende Rente 2 500 €.

d) Wie a) mit dem Unterschied, dass das Mietwohngrundstück am 1. 7. 2009 übertragen wurde.

Aufgabe: Wie sind die von B gezahlten Beträge steuerlich zu behandeln?

LÖSUNG

Zu a):

Für wiederkehrende Leistungen im Zusammenhang mit einer Vermögensübertragung, die auf einem vor dem 1. 1. 2008 geschlossenen Übertragungsvertrag beruhen, bleiben grundsätzlich § 10 Abs. 1 Nr. 1a EStG in der vor dem 1. 1. 2008 geltenden Fassung und das BMF-Schreiben vom 16. 9. 2004 (BStBl 2004 I 922) weiter anwendbar (BMF v. 11. 3. 2010, BStBl 2010 I 227 Tz. 81).

Es handelte sich bei der Übertragung im Jahre 2007 um eine existenzsichernde und ausreichend ertragbringende Wirtschaftseinheit. Die Versorgungsleistungen sind in vollem Umfang als Sonderausgaben abziehbare dauernde Lasten (BMF v. 16. 9. 2004, BStBl 2004 I 922 Tz. 47). B kann also den gezahlten Jahresbetrag i. H. v. 12 000 € als Sonderausgaben gem. § 10 Abs. 1 Nr. 1a EStG abziehen. Von A ist die dauernde Last als Einnahme nach § 22 Nr. 1b EStG in voller Höhe zu versteuern.

Zu b):

Sofern die Abänderbarkeit der Rentenzahlungen ausdrücklich ausgeschlossen war, handelt es sich um eine nur mit dem Ertragsanteil steuerpflichtige und als Sonderausgabe abziehbare Leibrente (BMF 16. 9. 2004, BStBl 2004 I 922 Tz. 48). B kann daher lediglich 18 % von 12 000 € = 2 160 € als Sonderausgabe abziehen. Das Korrespondenzprinzip hat zur Folge, dass die Leibrente bei A auch nur mit dem Ertragsanteil gem. § 22 Nr. 1b EStG zu versteuern ist.

Zu c):

Eine Vermögensübergabe gegen Versorgungsleistungen ist nur gegeben, wenn eine existenzsichernde und ertragbringende Wirtschaftseinheit übertragen wird, deren Erträge ausreichen, um die wiederkehrenden Leistungen zu erbringen (BMF v. 16. 9. 2004, BStBl 2004 I 922 Tz. 7, BStBl 2010 I 227 Tz 26).

Falls die laufenden Nettoerträge des übergebenen Vermögens die vereinbarten wiederkehrenden Leistungen nicht abdecken, gelten die Grundsätze über die einkommensteuerrechtliche Behandlung wiederkehrender Leistungen im Austausch mit einer Gegenleistung.

Der Kapitalwert der dauernden Last war wie folgt zu ermitteln:

Jahreswert 30 000 € x Vervielfältiger 9,019 = 270 570 €

(Vervielfältiger nach dem Lebensalter des A, vgl. BMF v. 17. 3. 2009, BStBl 2009 I 474 für Stichtage ab 1. 1. 2007).

Anschaffungskosten liegen in Höhe des angemessenen Kaufpreises mit 250 000 € vor, die übersteigenden 20 570 € sind als Zuwendung i. S. des § 12 Nr. 2 EStG zu behandeln.

Die von B zu erbringende Verpflichtung ist lediglich in Höhe von 92,4 % angemessen. B kann den Zinsanteil der Zahlungen als Werbungskosten bei den Einkünften aus Vermietung und Verpachtung ansetzen (BMF v. 11. 3. 2010, BStBl 2010 I 227 Tz. 71, 72):

Ertragsanteil 18 % x angemessene Rente (92,4 % von 30 000 €) = 4 990 €.

A hat den Zinsanteil der angemessenen Verpflichtung als Einkünfte aus Kapitalvermögen nach § 20 Abs. 1 Nr. 7 EStG zu versteuern. Dieser kann in entsprechender Anwendung der Ertragsanteilstabelle ermittelt werden (BMF v. 11. 3. 2010, BStBl 2010 I 227 Tz. 75). A hat also den Betrag von 4 990 € zu versteuern.

Bei A ist zusätzlich zu prüfen, ob der angemessene Tilgungsanteil als Gewinn aus einem privaten Veräußerungsgeschäft zu erfassen ist.

Zu d):

Die von der Neuregelung erfassten Fälle sind im Gesetz ausdrücklich aufgezählt. Diese Aufzählung ist erschöpfend. Daher sind ab 1. 1. 2008 Übertragungen von Grundvermögen nicht mehr nach § 10 Abs. 1 Nr. 1a EStG begünstigt (BMF v. 11. 3. 2010, BStBl 2010 I 227, Tz. 21).

Nach allgemeinen einkommensteuerlichen Grundsätzen ist der Kapitalwert der wiederkehrenden Leistungen Entgelt für das übertragene Vermögen.

Kapitalwert: Jahreswert 12 000 € x 10,526 = 126 312 €.

(Vervielfältiger nach dem Lebensalter des A, vgl. BMF v. 20. 1. 2009, BStBl 2009 I 270 für Stichtage ab 1. 1. 2009).

Damit liegt bei B eine teilentgeltliche Anschaffung vor. Der in den wiederkehrenden Leistungen enthaltene Zinsanteil ist nach § 22 Nr. 1 S. 3 Buchst. a Doppelbuchstabe bb EStG zu ermitteln. Da A am 1. 7. 2009 das 67. Lebensjahr vollendet hat, beträgt der Ertragsanteil 17 %. B kann den Zinsanteil in Höhe von 17 % aus 12 000 € = 2 040 € als Werbungskosten bei seinen Einkünften aus Vermietung und Verpachtung berücksichtigen. A hat den Betrag von 2 040 € als Einnahmen aus Kapitalvermögen nach § 20 Abs. 1 Nr. 7 EStG zu versteuern.

FALL 47

Betriebsübertragung gegen Versorgungsrente

Sachverhalt: Der 65 Jahre alte V überträgt sein gewerbliches Einzelunternehmen mit einem Wert von 600 000 € auf seinen Sohn S gegen eine auf Lebenszeit des V zu erbringende monatliche Rente von 2 000 €. Das übertragene Unternehmen wirft ausreichend Erträge ab, aus denen die Versorgungsleistungen gezahlt werden können.

Aufgabe: Welche Auswirkungen ergeben sich bei S?

Insbesondere Betriebsübergaben gegen Versorgungsleistungen im Wege der vorweggenommenen Erbfolge sollen steuerlich privilegiert werden. Als in voller Höhe abzugsfähige Sonderausgaben sind u. a. lebenslange und wiederkehrende Versorgungsleistungen im Zusammenhang mit der Übertragung eines Betriebs (§ 10 Abs. 1 Nr. 1a Satz 2 Buchst. b EStG). Bei einer Betriebsübertragung auf Angehörige spricht eine widerlegbare Vermutung dafür, dass die wiederkehrenden Leistungen unabhängig vom Wert des übertragenen Vermögens nach dem Versorgungsbedürfnis des Berechtigten und nach der wirtschaftlichen Leistungsfähigkeit des Verpflichteten bemessen worden sind (BMF v. 11. 3. 2010, BStBl 2010 I 227, Tz. 5).

Da die Betriebsübertragung als unentgeltlich i. S. v. § 6 Abs. 3 EStG zu qualifizieren ist, muss S die Buchwerte des V fortführen. Er kann die Rentenzahlungen i. H. v. 24 000 € in voller Höhe als Sonderausgaben abziehen.

Korrespondierend dazu hat V wiederkehrende Leistungen gem. § 22 Nr. 1b EStG mit 24 000 € (abzüglich Werbungskosten-Pauschbetrag 102 €) zu versteuern. Das hier geltende Korrespondenzprinzip ist vom BFH bestätigt worden (BFH X R 32/09, BStBl 2011 II 162).

FALL 48

Mitunternehmeranteil und Sonderbetriebsvermögen

Sachverhalt:

a) Der Vermögensübergeber A ist zu 50 % an der X-OHG beteiligt. Er überlässt der OHG ein lastenfreies Grundstück, das in seinem Alleineigentum steht, zur Nutzung (Sonderbetriebsvermögen). A beabsichtigt, seinem Sohn B einen Mitunternehmeranteil von 10 % an der OHG zu übertragen. Gleichzeitig erhält der Sohn auch einen Anteil von 20 % am Grundstück. B soll monatliche Versorgungsleistungen von 1 000 € an A bezahlen.

b) Wie a), allerdings beabsichtigt A seinen Mitunternehmeranteil jeweils zur Hälfte an seinen Sohn S und seine Tochter T gegen lebenslang zu erbringende wiederkehrende Leistungen zu übertragen. Das Grundstück soll im Zusammenhang damit jedoch allein auf S übertragen werden. Deshalb soll S dem A monatliche Versorgungsleistungen von 4 000 € zahlen, während T lediglich 2 500 € monatlich erbringen soll.

Aufgabe: Liegt eine begünstigte Vermögensübertragung i. S. d. § 10 Abs. 1 Nr. 1a EStG vor?

Zu a):

Der Gesetzeswortlaut spricht in § 10 Abs. 1 Nr. 1a Satz 2 Buchst. a EStG zwar nur vom Mitunternehmeranteil, nach Auffassung der Finanzverwaltung ist jedoch auch die Übertragung eines Teilmitunternehmeranteils begünstigt, sofern die wesentlichen Betriebsgrundlagen des Sonderbetriebsvermögens quotal mit übertragen werden (BMF v. 11. 3. 2010, BStBl 2010 I 227, Tz. 8).

Damit liegt hier eine begünstigte Vermögensübertragung vor, so dass B die Versorgungsleistungen als Sonderausgaben abziehen kann; A hat sie als sonstige Einkünfte zu versteuern.

Zu b):

Beim Übergabevertrag mit S geht der Mitunternehmeranteil gem. § 6 Abs. 3 Satz 1 EStG zu Buchwerten von A auf S über; auch hinsichtlich des überschießenden Anteils am Grundstück erwirbt S unentgeltlich, so dass auch insoweit der Buchwert im Sonderbetriebsvermögen des S anzusetzen ist (§ 6 Abs. 5 Satz 3 Nr. 3 EStG). Damit liegt grundsätzlich eine begünstigte Vermögensübertragung vor (kritisch *Geck*, DStR 2011, 1303). Fraglich bleibt allerdings, ob bei einer überquotalen Übertragung des Sonderbetriebsvermögens sämtliche Versorgungsleistungen abziehbar sind oder nur der Teil, der auf die quotale Übertragung entfällt (vgl. *Wissborn*, FR 2010, 322; *von Oertzen/Stein*, DStR 2009, 1117).

Wird bei der Übertragung eines Teilanteils wesentliches Sonderbetriebsvermögen nicht oder lediglich unterquotal übertragen, führt dies unter den Voraussetzungen des § 6 Abs. 3 Satz 2 EStG ebenfalls zur Buchwertfortführung. Nicht begünstigt i. S. d. § 10 Abs. 1 Nr. 1a EStG ist nach Verwaltungsauffassung aber die Übertragung eines Teilmitunternehmeranteils gegen Versorgungsleistungen, wenn Sonderbetriebsvermögen zurückbehalten oder unterquotal übertragen wird (BMF v. 11. 3. 2010, BStBl 2010 I 227 Tz. 8). Damit liegt hinsichtlich des Übergabevertrages mit T keine begünstigte Vermögensübertragung vor, sondern ein gemischt entgeltliches Rechtsgeschäft (a. A. *von Oertzen/Stein*, DStR 2009, 1117; *Seitz*, DStR 2010, 629).

FALL 49

Übertragung von Kapitalgesellschaftsanteilen

Sachverhalt:

a) Vater V ist Geschäftsführer und hält eine 100 %-Beteiligung an der X-GmbH. Hiervon überträgt er im Jahr 01 40 % auf seine Tochter T und 50 % auf seinen Sohn S. Im Zusammenhang mit der Anteilsübertragung zahlt T dem V monatlich 800 €, S zahlt monatlich 1 000 € an V. Die wiederkehrenden Leistungen können von den ausschüttbaren Erträgen der GmbH erbracht werden. V gibt seine Geschäftsführertätigkeit auf, die T übernimmt.

b) Wie a), im Jahr 03 überträgt V die restlichen 10 % ebenfalls auf T.

c) Wie a), allerdings überträgt V im Jahr 01 auf T und S jeweils einen Anteil von 50 %. T zahlt monatlich ebenfalls einen Betrag von 1 000 € an V.

d) Wie a), allerdings überträgt V im Jahr 01 auf T und S jeweils nur einen Anteil von 20 %. T und S leisten jeweils 400 € monatlich an V. Im Jahr 03 überträgt V weitere 50 % auf T und behält einen Anteil von 10 % zurück. T zahlt ab 03 weitere 1 000 € monatlich, insgesamt von nun an also 1 400 € an V.

e) Wie a), allerdings überträgt V im Jahr 01 sowohl auf T als auch auf S einen Anteil von 50 %. T wird kaufmännische Geschäftsführerin, S wird technischer Geschäftsführer. T und S zahlen jeweils 1 000 € monatlich an V.

Aufgabe: Liegt eine begünstigte Vermögensübertragung i. S. d. § 10 Abs. 1 Nr. 1a EStG vor?

Abzugsfähig sind nach § 10 Abs. 1 Nr. 1a Satz 2 Buchst. c EStG Versorgungsleistungen im Zusammenhang mit der Übertragung eines mindestens 50 % betragenden Anteils an einer Gesellschaft mit beschränkter Haftung, wenn der Übergeber als Geschäftsführer tätig war und der Übernehmer diese Tätigkeit nach der Übertragung übernimmt. Begünstigt ist also nur die Übertragung von Anteilen einer GmbH, nicht hingegen Anteile an anderen Kapitalgesellschaften (kritisch *Schmidt/Heinicke*, EStG § 10 Rz. 61).

Zu a):

Weder T noch S können die monatlichen Zahlungen an V als Sonderausgaben geltend machen, da eine begünstigte Vermögensübertragung i. S. d. § 10 Abs. 1 Nr. 1a Satz 2 Buchst. c EStG nicht gegeben ist. V hat damit die Versorgungsleistungen auch nicht nach § 22 Nr. 1b EStG zu versteuern. Der Sonderausgabenabzug kommt bei T nicht in Betracht, weil der übertragene Anteil nicht mindestens 50 % beträgt. Für S sind die Voraussetzungen nicht erfüllt, weil er mit der Übertragung nicht Geschäftsführer der GmbH wird.

Zu b):

Da jede Teilübertragung isoliert zu betrachten ist, scheidet der Sonderausgabenabzug aus (BMF v. 11. 3. 2010, BStBl 2010 I 227, Tz. 16). Eine begünstigte Vermögensübergabe liegt nicht vor, da der übertragene Anteil im Jahr 03 nicht mindestens 50 % beträgt.

Zu c):

Überträgt der Vermögensübergeber seine GmbH-Beteiligung auf mehrere Vermögensübernehmer, liegt eine begünstigte Vermögensübertragung nur bezogen auf den Vermögensübernehmer vor, der mindestens einen Anteil von 50 % erhalten und die Geschäftsführertätigkeit übernommen hat (BMF v. 11. 3. 2010, BStBl 2010 I 227 Tz. 19). Daher liegt nur bei der Vermögensübertragung von V auf T eine begünstigte Übertragung vor.

T kann die an V geleisteten Zahlungen in Höhe von 1 000 € monatlich als Sonderausgaben geltend machen. V muss die Zahlungen als Versorgungsleistungen nach § 22 Nr. 1b EStG versteuern.

Zu d):

Die wiederkehrenden Leistungen, die im Zusammenhang mit der Teilübertragung 01 an V zu leisten sind, stellen keine Leistungen im Zusammenhang mit einer begünstigten Vermögensübertragung dar, da die übertragenen Anteile nicht mindestens 50 % betragen haben. Im Übrigen hat S die Geschäftsführertätigkeit nicht übertragen bekommen.

Dass T ab 03 einen Anteil von über 50 % hält, wirkt sich nicht begünstigend auf die erste Anteilsübertragung aus. T kann ab 03 monatlich 1 000 € als Sonderausgaben geltend machen. Es ist unschädlich, dass T bereits vor dieser Übertragung Geschäftsführer der Gesellschaft war. Voraussetzung ist vielmehr, dass T auch weiterhin Geschäftsführer bleibt. V muss von den monatlichen Leistungen in Höhe von insgesamt 1 800 € einen Betrag von 1 000 € nach § 22 Nr. 1b EStG versteuern.

Zu e):

Bei beiden Vermögensübertragungen liegt eine begünstigte Vermögensübertragung vor. Bei beiden Übertragungen liegt eine Übertragung von mindestens 50 % vor und beide Übernehmer werden Geschäftsführer (BMF v. 11. 3. 2010, BStBl 2010 I 227 Tz. 19). Sowohl T als auch S können die Zahlungen an V in Höhe von jeweils 1 000 € als Sonderausgaben geltend machen. V muss die Zahlungen in Höhe von 2 000 € nach § 22 Nr. 1b EStG versteuern.

FALL 50

Entgeltliche Vermögensübertragung von GmbH-Anteilen

Sachverhalt: Vater V (70 Jahre) ist mit einer Quote von 10 % Anteilseigner an der X-GmbH. V überträgt mit Wirkung zum 1. 7. 2014 im Wege der vorweggenommenen Erbfolge seine Anteile, welche sich bisher im Privatvermögen befinden, auf seinen Sohn S. Der Verkehrswert der übertragenen Anteile beträgt 220 000 €, die Anschaffungskosten beliefen sich zum Zeitpunkt der Anschaffung im Jahr 2002 auf 100 000 €. S zahlt an V ab 1. 7. 2014 eine lebenslängliche monatliche Rente von 1 500 €. Die Notarkosten der Übertragung werden von S übernommen. Gleichzeitig mit der Übertragung übernimmt S die Geschäftsführung von V.

Aufgabe: Welche Auswirkungen ergeben sich durch diesen Sachverhalt?

LÖSUNG

Da die Voraussetzungen des § 10 Abs. 1 Nr. 1a Satz 2 Buchst. c EStG nicht vorliegen, handelt es sich nicht um eine Vermögensübertragung gegen Versorgungsleistungen. Es handelt sich um wiederkehrende Leistungen im Austausch mit einer Gegenleistung, so dass die Übertragung der Anteile als Veräußerung nach § 17 Abs. 1 Satz 1 EStG zu qualifizieren ist.

Auswirkung bei V

Der Barwert der Leistung bildet die Anschaffungskosten des S und den Veräußerungspreis des V. Der Vervielfältiger beträgt 9,801 (BMF v. 13. 12. 2013, BStBl 2013 I 1609 i.V. m. BMF v. 26. 10. 2012, BStBl 2012 I 950).

VV 9,801 x Jahreswert 18 000 €	176 418 €

Da sich der Verkehrswert der übertragenen Anteile auf 220 000 € beläuft, handelt es sich um einen teilentgeltlichen Erwerb (BMF v. 11. 3. 2010, BStBl 2010 I 227, Tz. 66) i. H.v. 80,19 %.

Bei einer teilentgeltlichen Übertragung von Privatvermögen ist der Vorgang in einen entgeltlichen und eine unentgeltlichen Teil aufzuteilen (BMF v. 13. 1. 1993, BStBl 1993 I 80, Tz. 14).

Veräußerungserlös	176 418 €
abzgl. Veräußerungskosten	0 €
abzgl. Anschaffungskosten	80 190 €
80,19 % v. 100 000 €	
Veräußerungsgewinn nach § 17 Abs. 2 EStG	96 228 €

nach dem Teileinkünfteverfahren sind 60 % steuerpflich-
tig (§ 3 Nr. 40 Buchst. c, § 3c Abs. 2 EStG)   57 736 €

Der Freibetrag nach § 17 Abs. 3 EStG ist aufgrund der Höhe des Veräußerungsgewinns nicht zu gewähren.

Alternativ dazu kann V nach R 17 Abs. 7 Satz 2 EStR die Zuflussbesteuerung wählen. In diesem Fall ist der Tilgungsanteil in den wiederkehrenden Leistungen erst dann der Besteuerung zu unterwerfen, wenn er in der Summe erstmals die maßgeblichen Anschaffungskosten des V übersteigt. Ab diesem Zeitpunkt führt der Tilgungsanteil zu Einkünften aus Gewerbebetrieb, die nach § 3 Nr. 40c EStG i. H. v. 60 % der Besteuerung unterliegen.

	2014	ab 2015
wiederkehrende Leistungen	9 000 €	18 000 €
Zinsanteil	1 350 €	2 700 €
Tilgungsanteil	7 650 €	15 300 €
Tilgungsanteil nach dem TEV	4 590 €	9 180 €

Der Zinsanteil ist nach der Ertragsanteilstabelle des § 22 Nr. 1 Satz 3 Buchst. a Doppelbuchst. bb EStG zu ermitteln und beträgt 15 % der geleisteten wiederkehrenden Leistungen.

Veranlagungszeitraum	Tilgungsanteil zu verrechnen	Einkünfte aus Gewerbebetrieb
2014	4 590 €	0 €
2015	9 180 €	0 €
2016	9 180 €	0 €
2017	9 180 €	0 €
2018	9 180 €	0 €
2019	6 804 €	2 376 €
ab 2020	0 €	9 180 €
	48 114 €	

Der Tilgungsanteil ist bis zur Höhe von 60 % der maßgeblichen Anschaffungskosten zu verrechnen (60 % von 80 190 € = 48 114 €).

In beiden Fällen ist der nach der Ertragsanteilstabelle errechnete Zinsanteil nach § 22 Nr. 1 Satz 3 Buchst. a Doppelbuchst. bb EStG zu versteuern. Als sonstige Einkünfte sind daher im Jahr 2014 1 350 € und ab 2015 2 700 €, jeweils abzüglich des Pauschbetrages nach § 9a Satz 1 Nr. 3 EStG i. H. v. 102 € zu versteuern.

Auswirkung bei S

Für S kommt ein Abzug der monatlichen Rentenzahlungen in Form eines Sonderausgabenabzuges, insbesondere nach § 10 Abs. 1 Nr. 1a Satz 2 Buchst. c EStG, nicht in Betracht, da nicht mindestens ein Anteil von 50 % übertragen wurde.

S kann allenfalls den Zinsanteil (2014 1 350 €, s. o.) als Werbungskosten bei den Einkünften aus Kapitalvermögen abziehen (§ 9 Abs. 1 Satz 3 Nr. 1 EStG). Voraussetzung dafür ist aber, dass er einen Antrag nach § 32d Abs. 2 Nr. 3 Buchst. b EStG stellt, an den er dann für insgesamt fünf Jahre gebunden ist. Die Voraussetzungen hierfür sind gegeben, da S zu mindestens 1 % an der GmbH beteiligt und für diese in Gestalt der Geschäftsführertätigkeit auch beruflich tätig ist.

Die Dividendeneinnahmen sind in diesem Fall unter Anwendung des Teileinkünfteverfahrens dem persönlichen Steuersatz zu unterwerfen. Der Werbungskostenabzug ist damit ebenfalls nur anteilig i. H. v. 60 % möglich.

FALL 51

Übertragung von GmbH-Anteilen bei Betriebsaufspaltung

Sachverhalt: Vater V verpachtet im Rahmen einer Betriebsaufspaltung das ihm gehörende Betriebsgebäude an eine GmbH, an der er zu 100 % beteiligt ist. Geschäftsführer der GmbH sind bisher V für den technischen und sein Sohn S für den kaufmännischen Bereich. Im Mai 01 überträgt V 70 % seines GmbH-Anteils auf S gegen auf Lebenszeit zu erbringende monatliche Leistungen von 3 000 €. Die Leistungen können von den ausschüttbaren Erträgen des GmbH-Anteils erbracht werden. Gleichzeitig zieht sich V aus der Geschäftstätigkeit vollständig zurück.

Aufgabe: Welche steuerlichen Konsequenzen ergeben sich aus diesem Sachverhalt?

LÖSUNG

Die Übertragung des GmbH-Anteils ist eine begünstigte Vermögensübertragung nach § 10 Abs. 1 Nr. 1a Satz 2 Buchst. c EStG, da mindestens 50 % übertragen werden und es unschädlich ist, dass der Übernehmer bereits vor der Übertragung Geschäftsführer der GmbH war (BMF v. 11. 3. 2010, BStBl 2010 I 227, Tz. 18). Gleichzeitig ist aber auch Voraussetzung, dass der Übergeber seine Geschäftsführertätigkeit aufgibt. S kann die wiederkehrenden Leistungen als Sonderausgaben abziehen und V hat sie entsprechend zu versteuern.

Die Übertragung des GmbH-Anteils hat bei V jedoch neben der Entnahme der Beteiligung aus dem Betriebsvermögen eine weitere Konsequenz. Aufgrund der entfallenden personellen Verflechtung sind die Voraussetzungen einer Betriebsaufspaltung nicht mehr gegeben. V muss auch die im Verpachtungsunternehmen enthaltenen weiteren stillen Reserven versteuern. Er hat aus der Verpachtung fortan Vermietungseinkünfte i. S. v. § 21 EStG.

FALL 52

Ermittlung der Erträge anhand einer Prognose

Sachverhalt: Im Jahr 2010 überträgt die verwitwete Mutter M ihr Einzelunternehmen sowie ein Mietwohngrundstück auf ihre Tochter T. Im Übergabevertrag verpflichtet sich T zu lebenslänglichen monatlichen Zahlungen an M in Höhe von 6 000 €, von denen 4 000 € für das Einzelunternehmen gezahlt werden. Die steuerpflichtigen Gewinne des Betriebs beliefen sich in den Jahren 2008 und 2009 jeweils auf 60 000 €, im Jahr 2010 hat sich ein Verlust in Höhe von

20 000 € ergeben. Das jeweilige Ergebnis haben jährliche Absetzungen für Abnutzung in Höhe von 10 000 € und im Jahr 2010 außerordentliche Aufwendungen, die als Betriebsausgaben abzugsfähig waren, in Höhe von 50 000 € belastet.

Aufgabe: Können die wiederkehrenden Leistungen für den Sonderausgabenabzug berücksichtigt werden?

LÖSUNG

Die Erträge müssen zur Deckung der Versorgungsleistungen ausreichen. Danach sollen nach überschlägiger Berechnung die wiederkehrenden Leistungen nicht höher sein als der langfristig erzielbare Ertrag des übergehenden Vermögens. Wird ein Betrieb oder Teilbetrieb übertragen, besteht eine nur in Ausnahmefällen widerlegbare Vermutung dafür, dass die Erträge ausreichen, um die wiederkehrenden Leistungen in der vereinbarten Höhe zu erbringen (BMF v. 11. 3. 2010, BStBl 2010 I 227, Tz. 29). Diese Beweiserleichterung greift jedoch nicht, wenn im Rahmen einer einheitlichen Vermögensübertragung neben begünstigtem Vermögen weiteres nicht begünstigtes Vermögen übertragen wird.

Der maßgebliche durchschnittliche Ertrag ist anhand einer Prognose aus der Sicht des Zeitpunkts der Vermögensübergabe zu ermitteln. Aus Vereinfachungsgründen ist es jedoch nicht zu beanstanden, wenn die Einkünfte des Jahres der Vermögensübergabe und der beiden vorangegangenen Jahre herangezogen werden (BMF v. 11. 3. 2010, BStBl 2010 I 227, Tz. 34).

Ermittlung des durchschnittlichen Ertrags:

	Jahresergebnis	AfA	Aufwand	Ertrag
2008	60 000 €	10 000 €	–	70 000 €
2009	60 000 €	10 000 €	–	70 000 €
2010	-20 000 €	10 000 €	50 000 €	40 000 €
				180 000 €

Der durchschnittliche Ertrag aus dem Einzelunternehmen beläuft sich damit auf 60 000 €. Die Erträge reichen aus, um die auf die Übertragung des Einzelunternehmens entfallenden Versorgungsleistungen von jährlich 48 000 € zu erbringen.

Da es sich beim Mietwohngrundstück nicht um begünstigtes Vermögen handelt, können die weiteren gezahlten Versorgungsleistungen nicht berücksichtigt werden.

FALL 53

Umschichtung von ertraglosem Vermögen

Sachverhalt:

a) V übertrug seinem Sohn S am 1. 7. 2006 im Rahmen der vorweggenommenen Erbfolge einen Bauplatz mit einem Verkehrswert von 300 000 €. S verpflichtete sich im Übergabevertrag, das Grundstück zu veräußern, dafür eine Eigentumswohnung zu erwerben und ab diesem Erwerb aus den Erträgen der Wohnung an V lebenslänglich wiederkehrende Leistungen in

Höhe von monatlich 500 € zu erbringen. S konnte das Grundstück bereits am 1. 9. 2006 veräußern. Am 1. 2. 2007 erwarb er eine Eigentumswohnung, aus der er Erträge in Höhe von monatlich 900 € erzielte. Ab Februar 2007 zahlte S die wiederkehrenden Leistungen an V.

b) Wie a), S gelang es jedoch erst am 1. 10. 2008, eine entsprechende Eigentumswohnung zu erwerben.

Aufgabe: Welche steuerlichen Auswirkungen ergeben sich für S?

LÖSUNG

Zu a):

Auch bei der Übertragung von ertraglosem Vermögen konnte früher eine Vermögensübergabe gegen Versorgungsleistungen vorliegen, wenn sich der Übernehmer im Übergabevertrag verpflichtete, dieses in eine ihrer Art nach bestimmte ausreichend ertragbringende Vermögensanlage umzuschichten.

Da S die vertragliche Verpflichtung erfüllt hat, das ertraglose unbebaute Grundstück in eine ausreichend ertragbringende Wohnung umzuschichten, lag damals eine begünstigte Vermögensübergabe vor. Damit gilt § 10 Abs. 1 Nr. 1a EStG in der vor dem 1. 1. 2008 geltenden Fassung weiter (analog BMF v. 11. 3. 2010, BStBl 2010 I 227, Tz. 87).

Die wiederkehrenden Leistungen sind bei S weiterhin in voller Höhe als Sonderausgaben abzugsfähig. V hat sie entsprechend als Einkünfte i. S. des § 22 Nr. 1b EStG zu versteuern.

Zu b):

Hier gewährt die Finanzverwaltung keinen Vertrauensschutz. Wurde zwar vor dem 1. 1. 2008 ein Übergabevertrag abgeschlossen, der die Verpflichtung des Vermögensübernehmers vorsieht, ertragloses oder nicht ausreichend Ertrag bringendes Vermögen in eine ihrer Art nach bestimmte, ausreichend Ertrag bringende Vermögensanlage umzuschichten, erfolgte die Umschichtung aber erst nach dem 31. 12. 2007 ist die Umschichtung nur begünstigt, wenn in Vermögen i. S. des § 10 Abs. 1 Nr. 1a Satz 2 EStG reinvestiert wird (BMF v. 11. 3. 2010, BStBl 2010 I 227, Tz. 87). S kann die wiederkehrenden Leistungen nicht als Sonderausgaben abziehen. Da kein begünstigtes Vermögen vorliegt, handelt es sich um eine entgeltliche Vermögensübertragung gegen wiederkehrende Leistungen.

FALL 54

Nachträgliche Umschichtung des übertragenen Vermögens

Sachverhalt:

a) V übertrug am 1. 1. 2004 ein von ihm 1985 erworbenes Mietwohngrundstück (Verkehrswert 480 000 €) auf seine Tochter T gegen lebenslang zu erbringende wiederkehrende Leistungen in Höhe von monatlich 2 000 €. Die monatlichen Mieterträge des Grundstücks betrugen 4 000 €. T veräußerte das Mietwohngrundstück am 1. 7. 2008 für 600 000 € und verwendete den Veräußerungserlös zum Erwerb eines Vierfamilienhauses. Die monatlichen Erträge aus der Vermietung dieses Hauses belaufen sich auf 5 000 €. Der Kapitalwert der von T weiterhin zu erbringenden Leibrente betrug noch 320 000 €.

b) Der 70-jährige Vater V übergab seinen bislang als Einzelunternehmen geführten Betrieb im Jahre 2008 gegen wiederkehrende Leistungen von monatlich 4 000 € an seinen Sohn S. Im Jahre 2028 überträgt S den Betrieb an seinen Sohn, den Enkel E des V. S erhält hierfür von dem weiteren Vermögensübernehmer E lebenslang monatlich 6 000 €. S bleibt weiterhin verpflichtet, an seinen Vater wiederkehrende Leistungen zu erbringen.

Aufgabe: Welche Auswirkungen ergeben sich durch die Umschichtung des übertragenen Vermögens auf die Versorgungsleistungen?

LÖSUNG

Zu a):

Überträgt der Vermögensübernehmer aus eigenem Entschluss das übergebene existenzsichernde Vermögen auf einen Dritten, so können von da an die vereinbarten wiederkehrenden Leistungen grundsätzlich nicht mehr als Sonderausgaben abgezogen werden. Die Umschichtung ist allerdings dann unschädlich, wenn mit dem Erlös zeitnah eine existenzsichernde und ausreichend ertragbringende Wirtschaftseinheit erworben oder hergestellt wird (BMF v. 16. 9. 2004, BStBl 2004 I 922 Tz. 31, bestätigt durch BFH X R 38/06, BStBl 2011 II 622). Sofern die ursprüngliche Übertragung des Vermögens vor dem 1. 1. 2008 stattgefunden hat und die Umschichtung nach Inkrafttreten des neuen Rechts erfolgt, folgt die von Anfang an begünstigte Vermögensübertragung weiterhin den Regelungen des alten Rechts (BMF v. 11. 3. 2010, BStBl 2010 I 227, Tz. 88).

Bei T liegen auch nach der Veräußerung des Mietwohngrundstücks als Sonderausgaben abzugsfähige Versorgungsleistungen vor. V muss die wiederkehrenden Leistungen weiterhin nach § 22 Nr. 1b EStG versteuern. Die Veräußerung des Mietwohngrundstücks durch T führt nicht zu einem privaten Veräußerungsgeschäft.

Damit kann also die Umschichtung von früher begünstigtem Vermögen in nicht mehr begünstigtes Vermögen bei Altverträgen auch nach dem 1. 1. 2008 noch möglich sein.

Allerdings darf die Umschichtung nicht zum Anlass genommen werden, die Versorgungsleistungen neu auszurichten (BFH X R 55/09, BStBl 2011 II 633).

Zu b):

Bei der Abzugsfähigkeit der Versorgungsleistungen als Sonderausgaben bleibt es, wenn der Vermögensübernehmer seinerseits das übernommene Vermögen im Rahmen der vorweggenommenen Erbfolge weitergibt und er seine Versorgungsverpflichtung aus ihm im Rahmen der weiteren Vermögensübertragung eingeräumten Versorgungsleistungen bewirken kann. (BMF v. 11. 3. 2010, BStBl 2010 I 227, Tz. 38). Die von S zu erbringenden Zahlungen an V bleiben auch im Jahr 2028 und in den folgenden Jahren Versorgungsleistungen und können von S als Sonderausgaben abgezogen werden. Korrespondierend muss V die von S erhaltenen wiederkehrenden Leistungen ebenso als sonstige Einkünfte versteuern, wie dies für S hinsichtlich der von E gezahlten Versorgungsleistungen der Fall ist.

FALL 55

Wegzug des Versorgungsberechtigten

Sachverhalt: Vater V überträgt im Jahr 01 sein Einzelunternehmen auf seinen Sohn S. Im Übergabevertrag verpflichtet sich S zu lebenslänglichen monatlichen Zahlungen an V in Höhe von 6 000 €. Beim Einzelunternehmen handelt es sich um ausreichend ertragbringendes Vermögen. Im Jahr 03 gibt V seinen Wohnsitz in Deutschland auf und zieht dauerhaft

a) nach Florida;

b) nach Gran Canaria;

c) V überträgt im Jahr 03 sein in Lindau gelegenes Einzelunternehmen auf seinen Sohn S, der in Österreich lebt und in Deutschland nicht unbeschränkt steuerpflichtig ist. S hat sich zu lebenslänglichen monatlichen Zahlungen i. H. v. 6 000 € verpflichtet.

Aufgabe: Wie sind die wiederkehrenden Leistungen ab 03 zu behandeln?

LÖSUNG

Zu a):

Nach § 10 Abs. 1 Nr. 1a EStG sind Versorgungsleistungen unter den genannten Voraussetzungen als Sonderausgaben abzugsfähig, wenn der Empfänger unbeschränkt einkommensteuerpflichtig ist. Der Wegzug des V nach Florida führt dazu, dass S die weiterhin zu leistenden Zahlungen ab 03 nicht mehr als Sonderausgaben abziehen kann, da sie als Unterhaltsleistungen i. S. d. § 12 Nr. 2 EStG zu qualifizieren sind. V hat die Versorgungsleistungen nicht zu versteuern.

Zu b):

Der Gesetzgeber hat in § 1a Abs. 1 Nr. 1a EStG den Sonderausgabenabzug trotz fehlender unbeschränkter Steuerpflicht zugelassen, wenn der Versorgungsempfänger seinen Wohnsitz innerhalb eines EU-/EWR-Mitgliedstaates hat und durch eine Bescheinigung der zuständigen ausländischen Steuerbehörde die Besteuerung der Versorgungsleistungen nachweist (BMF v. 11. 3. 2010, BStBl 2010 I 227, Tz. 53).

Bei Vorliegen des entsprechenden Nachweises kann S die wiederkehrenden Zahlungen weiter als Sonderausgaben abziehen.

Verzieht der Versorgungsberechtigte später in ein Drittland, liegen ab diesem Zeitpunkt nichtabziehbare Unterhaltsleistungen vor mit der Folge, dass sie der Verpflichtete nicht mehr abziehen kann.

Zu c):

Ist der Vermögensübernehmer in Deutschland nicht unbeschränkt steuerpflichtig, kann er die wiederkehrenden Leistungen nicht als Sonderausgaben nach § 10 Abs. 1 Nr. 1a EStG abziehen. In diesem Fall hat der Empfänger der Versorgungsleistungen die wiederkehrenden Leistungen nicht zu versteuern (BMF v. 11. 3. 2010, BStBl 2010 I 227, Tz. 55). Bereits mit Urteil vom 31. 3. 2011, C-450/09 (BFH/NV 2011, 1096) hat der EuGH zur Übertragung von Grundstücken gegen Gewährung von Versorgungsleistungen entschieden, dass es gegen die Kapitalverkehrsfreiheit nach Art. 63 AEUV verstößt, wenn private Versorgungsleistungen gebietsfremder Steuerpflichtiger nicht abzugsfähig sind, während entsprechende Zahlungen bei unbeschränkter Steuerpflicht des Zahlenden abzugsfähig sind. Allerdings wurde bezweifelt, ob damit die streitige Rechtsfrage abschließend beantwortet ist. Daher hat der BFH mit Beschluss vom 14. 5. 2013 (IR 49/12, BStBl 2014 II 22) dem EuGH erneut die Frage vorgelegt, ob das Abzugsverbot gem. § 50 Abs. 1 Satz 3 EStG gegen Art. 63 AEUV verstößt.

FALL 56

Schuldrechtlicher Versorgungsausgleich

Sachverhalt: A erhält eine Leibrente in Höhe von 18 000 € jährlich, die gem. § 22 Nr. 1 Satz 3 Buchst. a) Doppelbuchstabe bb) EStG mit einem Ertragsanteil von 20 % besteuert wird. A zahlt im Rahmen eines schuldrechtlichen Versorgungsausgleichs an seinen geschiedenen Ehegatten B eine Ausgleichsrente in Höhe von 50 % seiner Leibrente. A und B sind jeweils unbeschränkt steuerpflichtig.

Abwandlung 1: Bei den Altersbezügen des A handelt es sich um eine im Jahr 2013 gezahlte Betriebsrente (Versorgungsbeginn: 1. 1. 2012), die gem. § 19 EStG besteuert wird.

Abwandlung 2: A bezieht seit dem Jahr 2009 eine Leibrente aus der gesetzlichen Rentenversicherung. Laut Rentenbezugsmitteilung für das Jahr 2012 beträgt der Leistungsbetrag 18 000 € und der darin enthaltene Anpassungsbetrag 1 000 €,

Abwandlung 3: B hat ihren Wohnsitz in Frankreich.

Aufgabe: Wie wirkt sich die gezahlte Ausgleichsrente bei A aus?

LÖSUNG

Bei einer Ehescheidung können die in der Ehezeit begründeten Versorgungsanwartschaften ausnahmsweise auch schuldrechtlich ausgeglichen werden. Der ausgleichsverpflichtete Ehegatte zahlt dazu in der Regel eine Geldrente an den anderen Ehegatten, welche die Differenz zwischen den auszugleichenden Altersbezügen ausgleicht.

Ab VZ 2008 gibt es mit § 10 Abs. 1 Nr. 1b EStG einen eigenständigen Abzugstatbestand für diese Leistungen. Sie sind abzugsfähig, soweit die ihnen zugrunde liegenden Einnahmen beim Ausgleichsverpflichteten der Steuer unterliegen. In gleicher Höhe muss der Leistungsempfänger sonstige Einkünfte nach § 22 Nr. 1c EStG versteuern.

A muss die Leibrente in Höhe von 18 000 € entsprechend dem Ertragsanteil von 20 % zunächst in Höhe von 3 600 € versteuern. Da er 50 % der Leibrente als Ausgleichsrente an B zahlt, kann er einen Betrag in Höhe von 1 800 € als Sonderausgaben nach § 10 Abs. 1 Nr. 1b EStG geltend machen. Korrespondierend hierzu muss B nach § 22 Nr. 1c EStG den Betrag von 1 800 € (abzüglich Werbungskosten-Pauschbetrag von 102 €) versteuern.

Abwandlung 1: Nach Abzug der Freibeträge für Versorgungsbezüge nach § 19 Abs. 2 EStG in Höhe von 2 808 € wird ein Betrag von 15 192 € bei A der Besteuerung zugrunde gelegt. A kann somit 7 596 € (50 % von 15 192 €) als Sonderausgaben geltend machen. B hat einen Betrag in Höhe von 7 494 € (7 596 € abzüglich 102 €) nach § 22 Nr. 1c EStG zu versteuern.

Abwandlung 2: Die Leibrente unterliegt bei A nach § 22 Nr. 1 Satz 3 Buchst. a Doppelbuchstabe aa EStG in Höhe von 10 860 € der Besteuerung (58 % von 17 000 € = 9 860 € zzgl. Anpassungsbetrag von 1 000 €). Nach § 10 Abs. 1 Nr. 1b EStG kann A von den an B geleisteten 9 000 € einen Betrag in Höhe von 5 430 € (50 % von 10 860 €) als Sonderausgaben geltend machen. B muss korrespondierend hierzu 5 328 € (5 430 € abzüglich 102 €) nach § 22 Nr. 1c EStG versteuern.

Abwandlung 3: Durch das JStG 2010 wurde in § 1a Abs. 1 Nr. 1b EStG geregelt, dass der Sonderausgabenabzug beim Ausgleichsverpflichteten auch möglich ist, wenn der Empfänger nicht unbeschränkt steuerpflichtig ist, seinen Wohnsitz oder gewöhnlichen Aufenthalt aber in einem EU-/EWR-Staat hat und er die Besteuerung der Ausgleichzahlungen durch eine Bescheinigung der zuständigen ausländischen Steuerbehörde nachweist.

Sofern B einen entsprechenden Nachweis vorlegt, kann A den Betrag von 1 800 € als Sonderausgaben ansetzen.

FALL 57

Grundsätze des Sonderausgabenabzugs

Sachverhalt: Unternehmer A, verheiratet, zwei Kinder, hat folgende Versicherungen abgeschlossen. Ehefrau B ist nicht berufstätig.

1. Für die Kfz-Haftpflichtversicherung des dem Sohn gehörenden Pkw 400 €. Das Fahrzeug wird ausschließlich vom Sohn genutzt, der auch alle Unterhaltskosten bestreitet. Um einen Schadenfreiheitsrabatt auszunutzen, wurde es auf den Namen des Vaters versichert.

2. Beiträge für eine 1995 abgeschlossene Kapitallebensversicherung gegen laufende Beitragsleistung mit Sparanteil (Laufzeit 24 Jahre) bei der Allianz Lebensversicherungs-AG in Höhe von 6 000 €. Der Mindesttodesfallschutz beträgt 60 %.

3. Lebensversicherung (Kapitalversicherung mit Sparanteil) bei derselben Gesellschaft: monatlich 200 €. Die Versicherung wurde am 1.1.2004 abgeschlossen und wird mit dem Tode des A, spätestens jedoch am 1.1.2015, fällig.

4. A hat eine Risikolebensversicherung abgeschlossen, die nur für den Todesfall eine Leistung vorsieht. Die Prämie beläuft sich auf 600 € im Jahr.

5. A ist privat krankenversichert. Für das Ehepaar A und B ist für die Kranken- und Pflegeversicherung ein Monatsbeitrag von 600 € fällig. Die Versicherung schlüsselt die Beträge wie folgt auf: Gesamtbeitrag Krankenversicherung 6 800 €, davon Beitrag nach § 10 Abs. 1 Nr. 3 EStG 6 000 €, Gesamtbeitrag und gleichzeitig Beitrag nach § 10 Abs. 1 Nr. 3 EStG zur Pflegeversicherung 400 €. Für die zwei kindergeldberechtigten Kinder sind Krankenversicherungsbeiträge mit 1 800 € und Pflegeversicherungsbeiträge mit 120 € pro Jahr zu bezahlen. Diese Beträge sind nach § 10 Abs. 1 Nr. 3 EStG begünstigt. Bei diesen Versicherungen sind jeweils die Kinder selbst Versicherungsnehmer.

6. Haftpflichtversicherung:

   a) Privathaftpflicht   120 €

   b) Berufshaftpflicht   400 €

   c) Hundehaftpflicht   180 €

   d) Kfz-Haftpflicht für ein privates Kfz   350 €

   e) Vollkasko Kfz   500 €

7. Kirchensteuer:

   a) Vorauszahlung laufendes Jahr   2 000 €

   b) Nachzahlung Vorjahr   500 €

   c) Erstattung vorvergangenes Jahr   950 €

8. Ehefrau B hatte keine Berufsausbildung absolviert. Für ein erstmaliges Hochschulstudium muss sie gestundete Studiengebühren von 7 000 € nachzahlen.

9. Die 7-jährige Tochter besucht eine Freie Waldorfschule, wobei Kosten in Höhe von 5 000 € entstehen. Von dem insgesamt geleisteten Entgelt entfallen 3 000 € auf die Beherbergung, Betreuung und Verpflegung.

Aufgabe: Sind die Beträge grundsätzlich als Sonderausgabe abzugsfähig und welcher Betrag ist maximal zu berücksichtigen, wenn die Vergleichsberechnung gem. § 10 Abs. 4a EStG unberücksichtigt bleibt?

LÖSUNG

a) Allgemeine Hinweise

Zu 1.:

Nach der Rechtsprechung des BFH (X R 28/86, BStBl 1989 II 862 und X R 80/91, BStBl 1995 II 637) kann ein Stpfl. Versicherungsbeiträge nur dann als Sonderausgaben abziehen, wenn er die Beiträge selbst schuldet und entrichtet. Eine Ausnahme gilt für zusammenveranlagte Ehegatten. Unter Berücksichtigung dieser Rechtsprechung kommt man zu dem unbefriedigenden Ergebnis, dass die Versicherungsbeiträge weder vom Vater noch vom Sohn als Sonderausgaben abgezogen werden können (H 10.1 „Abzugsberechtigte Person" EStH).

Zu 2.:

Beiträge zu Rentenversicherungen mit Kapitalwahlrecht und Kapitalversicherungen, die vor dem 1. 1. 2005 abgeschlossen worden sind, sind nur noch in Höhe von 88 % als Sonderausgaben anzusetzen. Damit können (88 % von 6 000 € =) 5 280 € berücksichtigt werden.

Zu 3.:

Da der Vertrag nur eine Laufzeit von 11 Jahren hat, ist die nach der früheren Gesetzesfassung erforderliche Mindestvertragsdauer nicht erfüllt.

Zu 4:

Eine reine Risikolebensversicherung ist ohne weitere Voraussetzungen im Rahmen der Höchstbetragsberechnung zu berücksichtigen.

Zu 5.:

Sofern Kranken- und Pflegeversicherungen eine existenznotwendige Grundversorgung abdecken, sind die Beiträge der Höhe nach unbegrenzt abziehbar (§ 10 Abs. 1 Nr. 3 EStG). Darüber hinausgehende Beitragteile sind im Rahmen der Höchstbeträge der § 10 Abs. 4 und § 10 Abs. 4a EStG abziehbar. Bei Kindern, für die Kindergeld bzw. der Kinderfreibetrag gewährt wird, sind Beiträge zur Basiskranken- bzw. Pflegeversicherung selbst dann abziehbar, wenn die Kinder Versicherungsnehmer sind (§ 10 Abs. 1 Nr. 3 Satz 2 EStG). Da diese Beiträge nicht doppelt berücksichtigt werden dürfen, wird in R 10.4 Satz 4 EStR geregelt, dass die Berücksichtigung alternativ bei den Eltern oder beim Kind erfolgen kann.

Voll abziehbar damit:

Krankenversicherung	7 800 €
Pflegeversicherung	520 €
	8 320 €

Im Rahmen der Höchstbeträge abziehbar:

Krankenversicherung	800 €

Zu 6.:

Die Beiträge zur Berufshaftpflichtversicherung sind Betriebsausgaben (§ 4 Abs. 4 EStG). Privat-, Kfz- und Tierhaftpflichtversicherungen können als Sonderausgaben anerkannt werden, nicht jedoch die Beiträge zu sog. Sachversicherungen (hier Kaskoversicherung). Daher sind 650 € zu berücksichtigen.

Zu 7.:

Als Sonderausgabe ist die im jeweiligen VZ gezahlte Kirchensteuer zu berücksichtigen. Es kommt dabei nicht darauf an, für welches Jahr die Kirchensteuer geleistet wird. Etwaige Erstattungen kürzen die Zahlungen. Damit können 1 550 € anerkannt werden.

Zu 8.:

Aufwendungen für die erstmalige Berufsausbildung können gem. § 10 Abs. 1 Nr. 7 EStG bis zu maximal 6 000 € im Kalenderjahr als Sonderausgaben abgezogen werden. Das gilt nach R 10.9 Abs. 2 EStR auch für gestundete Studiengebühren, die erst nach Abschluss des Studiums gezahlt werden.

Zu 9.:

Gemäß § 10 Abs. 1 Nr. 9 EStG sind 30 % des Entgelts für den Besuch einer Ersatzschule oder einer nach Landesrecht anerkannten allgemein bildenden Ergänzungsschule als Sonderausgaben abzugsfähig. Nicht zu dem in Höhe von 30 % abzugsfähigen Entgelt gehört aber das Entgelt, das für die Beherbergung, Betreuung und Verpflegung zu entrichten ist. Anzusetzen sind somit 30 % von 2 000 € = 600 €.

b) Zusammenstellung mit Höchstbetragsberechnung

Sonderausgaben sind in unbeschränkt abzugsfähige und beschränkt abzugsfähige Sonderausgaben zu unterscheiden.

Unbeschränkt abzugsfähig sind:

Basiskrankenversicherung	7 800 €
Pflegeversicherung	520 €
Kirchensteuer	1 550 €
Berufsausbildungskosten	6 000 €
Schulgeld	600 €
	16 470 €

Beschränkt abzugsfähig sind:

Kapitalversicherung	5 280 €
Risikolebensversicherung	600 €
übrige Krankenversicherung	800 €
Haftpflichtversicherungen	650 €
	7 330 €

Die beschränkt abzugsfähigen Versicherungsbeiträge könnten zusammen mit den Basiskranken- und Pflegeversicherungsbeiträgen nach § 10 Abs. 4 Satz 1 und 3 EStG lediglich bis zum Höchstbetrag von 5 600 € abgezogen werden. Da bereits die Basisversicherungen diesen Betrag überschreiten, greift die Regelung des § 10 Abs. 4 Satz 4 EStG.

Damit können Sonderausgaben i. H. v. 16 470 € berücksichtigt werden. Die beschränkt abzugsfähigen Vorsorgeaufwendungen wirken sich steuerlich nicht mehr aus.

FALL 58

Abzug von Kranken- und Pflegeversicherungsbeiträgen

Sachverhalt:

a) Die ledige A ist selbständig und privat krankenversichert. Ihr Krankenversicherungsbeitrag beträgt 2 500 €, von dem 10 % der Finanzierung von Komfortleistungen dienen. Für eine Pflegepflichtversicherung hat sie 200 € gezahlt und andere sonstige Vorsorgeaufwendungen in Höhe von 100 € getätigt.

b) Wie a), Frau A zahlt 5 000 € für ihre Krankenversicherung.

c) Der ledige Arbeitnehmer B hat Beiträge zur gesetzlichen Krankenversicherung in Höhe von 3 000 € und zur gesetzlichen Pflegeversicherung in Höhe von 400 € geleistet. Aufgrund der Krankenversicherung besteht auch ein Anspruch auf Krankengeld. Weiter erbringt er Beiträge zur Arbeitslosenversicherung mit 800 €.

d) Arbeitnehmer C ist von der Versicherungspflicht in der GKV befreit. Der Gesamtbeitrag zu seiner privaten Krankenversicherung beläuft sich auf 6 000 €, der zu 10 % auf Komfortleistungen entfällt. Seine Pflegeversicherung beläuft sich auf 800 €. Der steuerfreie Arbeitgeberzuschuss beträgt jeweils 50 %.

e) D ist alleinerziehender Vater zweier Kinder. Er ist selbständiger Gewerbetreibender. Er hat sich und seine beiden Kinder in einer privaten Krankenversicherung abgesichert. Hierfür zahlt er einen Jahresbeitrag von 9 000 € (davon entfallen 4 800 € auf seine und jeweils 2 100 € auf die Krankenversicherung der beiden Kinder). In seiner Krankenversicherung sind Komfortleistungen von 10 %, bei seinen Kindern jeweils von 8 % abgesichert. Für eine private Pflegepflichtversicherung hat er 480 € gezahlt und außerdem weitere sonstige Vorsorgeaufwendungen i. H. von 600 € geleistet.

f) Wie e), zusätzlich wendet D 10 000 € jährlich für eine begünstigte Rürup-Rentenversicherung auf.

Aufgabe: Welcher Betrag kann jeweils als Vorsorgeaufwendungen im VZ 2013 berücksichtigt werden?

LÖSUNG:

Durch das Gesetz zur verbesserten steuerlichen Berücksichtigung von Vorsorgeaufwendungen vom 16. 7. 2009 (BGBl 2009 I 1959) ist sichergestellt, dass ab dem 1. 1. 2010 die für eine Basiskranken- und Pflegeversicherung gezahlten Beiträge voll abziehbar sind.

Zu a):

Beiträge zur Kranken- und Pflegeversicherung können – auch soweit die Beiträge über eine Basisversicherung hinausgehen – zusammen mit anderen Vorsorgeaufwendungen bis zum Höchstbetrag von 2 800 € berücksichtigt werden (§ 10 Abs. 4 Satz 1 EStG).

Beiträge zur Krankenversicherung	2 500 €	
Beiträge zur Pflegepflichtversicherung	200 €	
sonstige Vorsorgeaufwendungen	100 €	
	2 800 €	
Höchstbetrag		2 800 €
mindestens jedoch:		
Basiskrankenversicherung	2 250 €	
Pflegepflichtversicherung	200 €	
	2 450 €	
anzusetzen ist der höhere Betrag, somit		2 800 €

Zu b):

Beiträge zur Krankenversicherung	5 000 €
Beiträge zur Pflegepflichtversicherung	200 €
sonstige Vorsorgeaufwendungen	100 €
	5 300 €

Höchstbetrag		2 800 €
mindestens jedoch:		
Basiskrankenversicherung	4 500 €	
Pflegepflichtversicherung	200 €	
	4 700 €	
anzusetzen ist der höhere Betrag, somit		4 700 €

Zu c):

Versicherte in der gesetzlichen Krankenversicherung können ihre Beiträge mit Ausnahme der Beitragsanteile, die auf einen Krankengeldanspruch entfallen, in voller Höhe absetzen.

Die Eliminierung des Krankengeldanteils erfolgt bei der GKV nach § 10 Abs. 1 Nr. 3 Buchst. a EStG pauschal mit 4 %.

Beiträge zur Krankenversicherung		3 000 €
Beiträge zur Pflegepflichtversicherung		400 €
Beiträge zur Arbeitslosenversicherung		800 €
		4 200 €
Höchstbetrag nach § 10 Abs. 4 Satz 2 EStG		1 900 €
mindestens jedoch:		
Beiträge zur Krankenversicherung	3 000 €	
Kürzung um 4 %	120 €	
	2 880 €	
Beiträge zur Pflegepflichtversicherung	400 €	
	3 280 €	
anzusetzen ist der höhere Betrag, somit	3 280 €	

Zu d):

Gesamtbeitrag PKV	6 000 €	
davon Komfortleistungen	600 €	
Basisabsicherung Krankenversicherung		5 400 €
abzgl. steuerfreier Arbeitgeberanteil		3 000 €
		2 400 €
Pflegepflichtversicherung AN-Anteil		400 €
anzusetzen als Sonderausgaben		2 800 €

Der Arbeitgeberzuschuss mindert in vollem Umfang den Beitrag zur Basisabsicherung (BMF v. 19. 8. 2013, BStBl I 1087 Rn. 90)

zu e):

Krankenversicherung	9 000 €	
Pflegepflichtversicherung	480 €	
sonstige Vorsorgeaufwendungen	600 €	
	10 080 €	
Höchstbetrag gem. § 10 Abs. 4 Satz 1 EStG		2 800 €
mindestens jedoch:		
Krankenversicherung für D	4 800 €	
Kürzung Komfortleistungen (10 %)	-480 €	
Krankenversicherung für Kinder	4 200 €	
Kürzung Komfortleistungen (8 %)	-336 €	
Pflegepflichtversicherung	480 €	
	8 664 €	
Abzugsbetrag gem. § 10 Abs. 4 Satz 4 EStG		8 664 €

Günstigerprüfung (§ 10 Abs. 4a EStG)

Summe Vorsorgeaufwendungen		10 080 €
Vorwegabzug	2 100 €	
Kürzung	0 €	2 100 €
verbleiben	7 980 €	
Grundhöchstbetrag	1 334 €	1 334 €
	6 646 €	
hälftiger Grundhöchstbetrag	667 €	667 €
Abzugsbetrag Rechtslage 2004		4 101 €

Als Vorsorgeaufwendungen sind 8 664 € abzuziehen.

zu f):

Basisversorgung § 10 Abs. 1 Nr. 2 EStG	10 000 €	
Höchstbetrag (§ 10 Abs. 3 EStG)	20 000 €	
76 % des geringeren Betrages	7 600 €	
Abzugsbetrag gem. § 10 Abs. 3 EStG		7 600 €
Abzugsbetrag gem. § 10 Abs. 4 EStG wie unter e)		8 664 €
Summe Abzugsbetrag		16 264 €

Bei der Günstigerprüfung nach § 10 Abs. 4a EStG betragen die Vorsorgeaufwendungen jetzt 20 080 €. Es bleibt jedoch trotzdem bei einem Abzugsbetrag von 4 101 €.

Zusätzlich ist noch die Günstigerprüfung bei einer Basisrentenversorgung durchzuführen.

Altersvorsorge		0 €
Vorsorgeaufwendungen		10 080 €
		10 080 €
Vorwegabzug	2 100 €	
Kürzung	0 €	2 100 €
verbleiben	7 980 €	
Grundhöchstbetrag	1 334 €	1 334 €
	6 647 €	
hälftiger Grundhöchstbetrag	667 €	667 €
		4 101 €

Erhöhungsbetrag (§ 10 Abs. 4a Satz 3 EStG)

Altersvorsorge	10 000 €
davon abziehbar 76 %	7 600 €
Abzugsbetrag gem. § 10 Abs. 4a Satz 3 EStG	7 600 €
Abzugsbetrag insgesamt	11 701 €

Zusammenfassung:

Abzugsbetrag Neuregelung	16 264 €
Abzugsbetrag kleine Günstigerregelung	4 101 €
Abzugsbetrag große Günstigerregelung	11 701 €

Damit ist ein Betrag von 16 264 € abzugsfähig.

FALL 59

Begünstigte Krankenversicherungsbeiträge bei privater Krankenversicherung

Sachverhalt:

Rechtsanwalt D ist privat krankenversichert. Sein Beitrag zur Krankenversicherung beläuft sich auf 8 000 €. Der Tarif umfasst folgende Leistungen:

ambulante Basisleistungen	54,60 Punkte
zahnärztliche Basisleistungen	9,88 Punkte
stationäre Basisleistungen	15,11 Punkte
Einbettzimmer	3,64 Punkte

Aufgabe: Wie errechnet sich der als Sonderausgaben zu berücksichtigende Betrag?

LÖSUNG

Sind in einem Versicherungstarif sowohl Leistungen versichert, die der Basisabsicherung dienen, als auch Leistungen, die den Komfortleistungen zuzurechnen sind, ist eine Aufteilung des entsprechenden Beitrags erforderlich. Wie diese Aufteilung zu erfolgen hat, wird durch die Krankenversicherungsbeitragsanteil-Ermittlungsverordnung (KVBEVO, BGBl I 2009, 2730) geregelt. In dieser Verordnung werden für bestimmte Leistungen Punkte vergeben. Die jeweiligen Gesamtpunkte eines Versicherungstarifs werden ins Verhältnis gesetzt zu den Punkten, die auf Komfortleistungen entfallen.

Der Beitragsanteil für das Einbettzimmer gehört zu den Leistungen, die über eine Basisabsicherung hinausgehen.

Summe der Punkte der nicht abziehbaren Leistungen:	3,64 Punkte
Summe der Punkte sämtlicher vertraglicher Leistungen:	83,23 Punkte

Auf Komfortleistungen entfallen damit (3,64 : 83,23) = 0,0437.

Gesamtbeitrag	8 000,00 €
nicht auf die Basisabsicherung entfallen 4,37 %	349,60 €
auf die Basisabsicherung entfallen	7 650,40 €

D kann also seinen Krankenversicherungsbeitrag in Höhe von 7 650,40 € als Sonderausgaben abziehen.

Beitragsrückerstattungen bei privater Krankenversicherung

Sachverhalt:

Der alleinstehende A, privat krankenversichert, hat im Jahr 01 einen Gesamtbetrag der Einkünfte in Höhe von 80 000 € erzielt. Sein Grenzsteuersatz soll in den Jahren 01 und 02 40 % betragen. Im Jahr 01 sind bei ihm 1 000 € Arztkosten angefallen. Nach den Vertragsbedingungen seiner Krankenversicherung ergeben sich folgende Alternativen:

a) Bei Einreichung der Arztrechnungen werden die Aufwendungen zu 100 % erstattet. Eine Selbstbeteiligung hat A nicht vereinbart.

b) Falls A 01 keine Leistungen der Krankenkasse in Anspruch nimmt, wird ihm 02 eine Beitragsrückerstattung in Höhe von 1 200 € gezahlt, die sich in voller Höhe auf die Basisabsicherung bezieht.

Aufgabe: Welche Alternative ist für A günstiger?

LÖSUNG

Da sich Krankenversicherungsbeiträge in der Vergangenheit in der Regel nicht in voller Höhe steuermindernd ausgewirkt haben, wurden Beitragserstattungen keine allzu große Bedeutung beigemessen. Ab 2010 steigt die praktische Relevanz der Erstattungen jedoch erheblich an, da die Beiträge zu einer Basiskrankenversicherung unbegrenzt angesetzt werden können. Werden gezahlte Beiträge in einem späteren VZ erstattet, mindern diese die im Jahr der Erstattung anzusetzenden Beträge (§ 10 Abs. 4b Satz 2 und 3 EStG).

Während es im vorliegenden Fall bis 2009 grundsätzlich günstiger war, die Beitragsrückerstattung in Anspruch zu nehmen, ist ab 2010 zu berücksichtigen, dass im Erstattungsjahr die steuerwirksamen Sonderausgaben um 1 200 € zu reduzieren sind. Damit ergibt sich eine um 480 € höhere Steuerbelastung. Andererseits wirken sich wegen der zumutbaren Eigenbelastung aber die Arztkosten nicht steuermindernd aus.

a)	Entstandene Arztkosten		1 000 €
	Erstattung durch Krankenkasse		1 000 €
	wirtschaftliche Belastung		**0 €**
b)	Entstandene Arztkosten		1 000 €
	Beitragsrückerstattung	1 200 €	
	Steuerbelastung hierauf	480 €	720 €
	wirtschaftliche Belastung		**280 €**

Eine Steuerentlastung durch die Berücksichtigung als außergewöhnliche Belastung ergibt sich nicht.

Es ist daher vorteilhafter, die Arztrechnungen bei der Krankenkasse einzureichen. Etwas anderes kann jedoch gelten, wenn die berücksichtigungsfähigen Kranken- und Pflegeversicherungsbeiträge nach Abzug der Beitragsrückerstattung die Höchstgrenzen der sonstigen Vorsorgeaufwendungen (1 900 € bzw. 2 800 €) unterschreiten; in diesem Fall ergibt sich ein größerer Spielraum für die Berücksichtigung von weiteren sonstigen Vorsorgeaufwendungen.

Bei einer Kontrollrechnung zur Prüfung der Inanspruchnahme von Beitragsrückerstattungen ist ferner zu beachten, dass die Finanzverwaltung Arztkosten auch bei Überschreiten der zumutbaren Belastung mangels Zwangsläufigkeit nicht als außergewöhnliche Belastungen nach § 33 Abs. 1 EStG anerkennen möchte, falls die Versicherungsmöglichkeit nicht wahrgenommen wird (R 33.2 EStR).

FALL 61

Höchstbetragsberechnung und Günstigerprüfung

Sachverhalt:

1. Lediger Arbeitnehmer, pflichtversichert

   Der ledige, kinderlose Arbeitnehmer A erzielt einen Bruttoarbeitslohn in Höhe von 40 000 €. Seine jährlichen Beiträge zur gesetzlichen Krankenversicherung (einschließlich Anspruch auf Krankengeldzahlung) betragen 3 280 € und zur gesetzlichen Pflegeversicherung 510 €. Der Arbeitnehmeranteil für die Arbeitslosenversicherung beläuft sich auf 600 €. Für eine Haftpflichtversicherung sind 500 € angefallen.

2. Lediger Arbeitnehmer mit Basisrentenvertrag

   Arbeitnehmer A in Beispiel 1 hat zusätzlich noch einen Basisrentenvertrag i. S. d. § 10 Abs. 1 Nr. 2 Buchst. b EStG abgeschlossen und dort Beiträge i. H. v. 4 000 € eingezahlt.

3. Lediger Beamter

   Ein lediger Beamter zahlt 4 000 € in einen begünstigten Basisrentenvertrag i. S. d. § 10 Abs. 1 Nr. 2 Buchst. b EStG, um zusätzlich zu seinem Pensionsanspruch eine Altersversorgung zu erwerben. Seine Einnahmen aus dem Beamtenverhältnis betragen 52 910 €. Für eine Haftpflicht- und Unfallversicherung zahlt er insgesamt 800 €.

4. Arbeitnehmer, verheiratet, ein Kind, pflichtversichert

   Die Eheleute B und C haben ein Kind. Herr B erzielt einen Bruttoarbeitslohn von 44 000 €. Er ist in der gesetzlichen Kranken- und Rentenversicherung pflichtversichert, seine Familie ist in der gesetzlichen Krankenversicherung beitragsfrei mitversichert. Der Tarif sieht auch eine Krankengeldzahlung vor. Die jährlichen Beiträge zur gesetzlichen Krankenversicherung betragen 3 608 € und zur gesetzlichen Pflegeversicherung 451 €. Die Eheleute haben außerdem weitere Vorsorgeaufwendungen (Arbeitslosen-, Haftpflicht- und Unfallversicherung) in Höhe von 1 200 € geleistet.

5. Selbständiger, alleinerziehend, zwei Kinder

   D ist alleinerziehender Vater zweier Kinder. Er ist selbständiger Gewerbetreibender. Er hat sich und seine beiden Kinder in einer privaten Krankenversicherung abgesichert. Hierfür zahlt er einen Jahresbeitrag von 9 000 € (davon entfallen 4 800 € auf seine und jeweils 2 100 € auf die Krankenversicherung der beiden Kinder). In seiner Krankenversicherung sind Komfortleistungen von 10 %, bei seinen Kindern jeweils von 8 % abgesichert. Für seine private Pflegepflichtversicherung hat er 480 € gezahlt und außerdem weitere sonstige Vorsorgeaufwendungen i. H. von 600 € geleistet.

6. Selbständiger, alleinstehend, Basisversorgung

   E ist selbständiger Gewerbetreibender und erzielt hieraus einen Gewinn von 50 000 €. Er ist ledig und kinderlos. Weitere Einkünfte hat er nicht. E hat sich in einer privaten Krankenversicherung versichert, für die er einen Jahresbeitrag von 5 000 € zahlt. In seiner Krankenversicherung sind Komfortleistungen von 20 % abgesichert. Für die private Pflegepflichtversicherung hat er 520 € gezahlt. Außerdem hat er Beiträge für eine vor dem 1. 1. 2005 abgeschlossene Kapitallebensversicherung in Höhe von 4 800 € geleistet. Zusätzlich wendet er 6 000 € für eine begünstigte Rürup-Rentenversicherung auf.

Aufgabe: Welcher Betrag kann jeweils bei der Veranlagung 2013 als Vorsorgeaufwendungen berücksichtigt werden? Bei der Berechnung soll ein Beitragssatz zur allgemeinen Rentenversicherung i. H. v. 18,9 % herangezogen werden.

LÖSUNG

Zu 1.:

Lediger Arbeitnehmer, pflichtversichert

Basisversorgung

AN-Anteil RV	3 780 €
AG-Anteil RV	3 780 €

	7 560 €	
davon 76 % (max. aus 20 000 €)	5 746 €	
abzüglich steuerfreier AG-Anteil	3 780 €	
abzugsfähig nach § 10 Abs. 3 EStG		1 966 €
sonstige Vorsorgeaufwendungen		
Krankenversicherung	3 280 €	
Pflegeversicherung	510 €	
Arbeitslosenversicherung	600 €	
Haftpflichtversicherung	500 €	
	4 890 €	
Höchstbetrag nach § 10 Abs. 4 Satz 2 EStG	1 900 €	
Mindestens jedoch:		
Krankenversicherung	3 280 €	
abzüglich 4 % (Krankengeld)	./. 131 €	
Pflegeversicherung	510 €	
Summe Basisabsicherung	3 659 €	
abzugsfähig nach § 10 Abs. 4 Satz 4 EStG		3 659 €
Summe Abzugsbetrag § 10 Abs. 3 und 4 EStG		5 625 €

Die Günstigerprüfung gemäß § 10 Abs. 4a EStG würde einen Betrag von 2 001 € ergeben. A kann insgesamt also Vorsorgeaufwendungen i. H. v. 5 625 € geltend machen.

Zu 2.:

Lediger Arbeitnehmer mit Basisrentenvertrag

Basisversorgung		
AN-Anteil RV	3 780 €	
AG-Anteil RV	3 780 €	
Basisrentenvertrag	4 000 €	
	11 560 €	
davon 76 % (max. aus 20 000 €)	8 786 €	
abzüglich steuerfreier AG-Anteil	3 780 €	
abzugsfähig nach § 10 Abs. 3 EStG		5 006 €

Zusammen mit dem steuerfreien Arbeitergeberbeitrag werden damit Altersvorsorgeaufwendungen i. H. v. 8 786 € von der Besteuerung freigestellt. Dies entspricht 76 % der insgesamt geleisteten Beiträge. Die Abzugsfähigkeit der sonstigen Vorsorgeaufwendungen errechnet sich wie in Beispiel 1.

A kann Vorsorgeaufwendungen i. H. v. 8 665 € geltend machen.

Zu 3.:

Lediger Beamter

Basisrentenvertrag		4 000 €
Höchstbetrag	20 000 €	
Kürzung nach § 10a Abs. 3 Satz 3 EStG	10 000 €	
18,9 % von 52 910 € *)		
gekürzter Höchstbetrag		10 000 €
76 % des geringeren Betrags		3 040 €
sonstige Vorsorgeaufwendungen	800 €	
Höchstbetrag nach § 10 Abs. 4 Satz 2 EStG	1 900 €	
abzugsfähig nach § 10 Abs. 4 EStG		800 €

*) Die Kürzung des Höchstbetrags ist höchstens bis zum Betrag in der Beitrags-bemessungsgrenze (OSt) in der allgemeinen Rentenversicherung vorzunehmen (BMF v. 19. 8. 2013, BStBl 2013 I 1087, Rn. 50, 51).

Der Beamte kann daher insgesamt einen Betrag i. H. v. 3 840 € geltend machen

Zu 4.:

Arbeitnehmer, verheiratet, ein Kind, pflichtversichert

Basisversorgung		
AN-Anteil RV	4 158 €	
AG-Anteil RV	4 158 €	
	8 316 €	
davon 76 % (max. aus 40 000 €)	6 321 €	
abzüglich steuerfreier AG-Anteil	4 158 €	
abzugsfähig nach § 10 Abs. 3 EStG		2 163 €
sonstige Vorsorgeaufwendungen		
Krankenversicherung	3 608 €	
Pflegeversicherung	451 €	
Arbeitslosenversicherung	660 €	
Haftpflichtversicherung u. ä.	540 €	
	5 259 €	
Höchstbetrag (1 900 € x 2) nach § 10 Abs. 4 Satz 2 EStG	3 800 €	
Mindestens jedoch:		
Krankenversicherung	3 608 €	
abzüglich 4 % (Krankengeld)	./. 144 €	
Pflegeversicherung	451 €	
Summe Basisabsicherung	3 915 €	

abzugsfähig nach § 10 Abs. 4 Satz 4 EStG		3 915 €
Summe Abzugsbetrag § 10 Abs. 3 und 4 EStG		6 078 €

Günstigerprüfung (§ 10 Abs. 4a EStG)

Altersvorsorgeaufwendungen		4 158 €
Sonstige Vorsorgeaufwendungen		5 259 €
		9 417 €
Vorwegabzug	4 200 €	
Kürzung	7 040 €	0 €
verbleibende Aufwendungen	9 417 €	
Grundhöchstbetrag	2 668 €	2 668 €
verbleibende Aufwendungen	6 749 €	
hälftiger Grundhöchstbetrag	1 334 €	1 334 €
anzusetzender Betrag nach Rechtslage 2004		4 002 €

Die Eheleute können Vorsorgeaufwendungen in Höhe von 6 078 € abziehen.

Zu 5.:

Selbständiger, alleinerziehend, zwei Kinder

Krankenversicherung		9 000 €
Pflegepflichtversicherung		480 €
sonstige Vorsorgeaufwendungen		600 €
		10 080 €
Höchstbetrag nach § 10 Abs. 4 Satz 1 EStG		2 800 €

Mindestens jedoch:

Krankenversicherung für D	4 800 €	
Kürzung Komfortleistungen (10 %)	./. 480 €	
Krankenversicherung für Kinder	4 200 €	
Kürzung Komfortleistungen (8 %)	./. 336 €	
Pflegepflichtversicherung	480 €	
	8 664 €	
Abzugsbetrag gem. § 10 Abs. 4 Satz 4 EStG		8 664 €

Günstigerprüfung (§ 10 Abs. 4a EStG)

Summe Vorsorgeaufwendungen		10 080 €
Vorwegabzug	2 100 €	
Kürzung	0 €	2 100 €
verbleibende Aufwendungen	7 980 €	
Grundhöchstbetrag	1 334 €	1 334 €

verbleibende Aufwendungen	6 646 €		
hälftiger Grundhöchstbetrag	667 €	667 €	
Abzugsbetrag nach Rechtslage 2004			4 101 €

Als Vorsorgeaufwendungen sind 8 664 € abzuziehen.

Zu 6.:

Selbständiger, alleinstehend, Basisversorgung

Basisversorgung		
Basisrentenvertrag	6 000 €	
Höchstbetrag	20 000 €	
zu berücksichtigen sind 76 %		
des geringeren Betrages	4 560 €	
abzugsfähig nach § 10 Abs. 3 EStG		4 560 €
sonstige Vorsorgeaufwendungen		
Krankenversicherung	5 000 €	
Pflegepflichtversicherung	520 €	
Kapitallebensversicherung (88 %)	4 224 €	
Summe	9 744 €	
Höchstbetrag nach § 10 Abs. 4 Satz 1 EStG	2 800 €	
Mindestens jedoch:		
Krankenversicherung	5 000 €	
Kürzung Komfortleistungen (20 %)	./. 1 000 €	
Pflegepflichtversicherung	520 €	
	4 520 €	
Abzugsbetrag nach § 10 Abs. 4 Satz 4 EStG		4 520 €
Summe Abzugsbetrag § 10 Abs. 3 und 4 EStG		9 080 €
Günstigerprüfung (§ 10 Abs. 4a EStG)		
Basisrentenvertrag	6 000 €	
Sonstige Vorsorgeaufwendungen	9 744 €	
Summe	15 744 €	
Vorwegabzug	2 100 €	
Kürzung	0 €	2 100 €
verbleibende Aufwendungen	13 644 €	
Grundhöchstbetrag	1 334 €	1 334 €
verbleibende Aufwendungen	12 310 €	
hälftiger Grundhöchstbetrag	667 €	667 €

anzusetzender Betrag nach Rechtslage 2004		4 101 €
Günstigerprüfung bei Basisversorgung		
Sonstige Vorsorgeaufwendungen ohne Basis-rentenvertrag		9 744 €
Vorwegabzug	2 100 €	
Kürzung	0 €	2 100 €
verbleibende Aufwendungen	7 644 €	
Grundhöchstbetrag	1 334 €	1 334 €
verbleibende Aufwendungen	6 310 €	
hälftiger Grundhöchstbetrag	667 €	667 €
Zwischensumme		4 101 €
Erhöhungsbetrag (§ 10 Abs. 4a Satz 3 EStG)		
Basisrentenvertrag	6 000 €	
Höchstbetrag	20 000 €	
zu berücksichtigen sind 76 %		
des geringeren Betrages		4 560 €
anzusetzender Betrag nach Rechtslage 2004		
mit Sonderregelung		8 661 €
Zusammenfassung:		
Abzugsvolumen Neuregelung ab 2010		9 080 €
Abzugsvolumen Rechtslage 2004		4 101 €
Abzugsvolumen Rechtslage 2004 mit Sonderregelung		8 661 €

Damit kann E Vorsorgeaufwendungen in Höhe von 9 080 € abziehen.

FALL 62

Vorauszahlungen von Basiskrankenversicherungsbeiträgen

Sachverhalt:

a) Der Basiskrankenversicherungsschutz des A beträgt jährlich 6 000 €. Im Jahr 2014 zahlt A neben dem laufenden Jahresbeitrag nochmals 30 000 € an seine Versicherungsgesellschaft, um einen Versicherungsschutz für die nächsten fünf Jahre zu erhalten.

b) B bekommt von seiner Versicherungsgesellschaft ein Angebot, dass gegen Zahlung von 20 000 € die Krankenversicherung ab dem 65. Lebensjahr um monatlich 300 € gesenkt wird. B zahlt daher im Jahr 2014 20 000 € in einem Betrag.

Aufgabe: Wie sind die Vorauszahlungen zu behandeln?

LÖSUNG

Zu a):

Beiträge sind grundsätzlich in dem VZ zu berücksichtigen, in dem sie geleistet werden. Nach der Sonderregelung des § 10 Abs. 1 Nr. 3 Satz 4 EStG sind die für zukünftige Beitragsjahre geleisteten Beiträge jedoch in dem VZ zu berücksichtigen, für den sie geleistet wurden, sofern sie das zweieinhalbfache eines Jahresbeitrags überschreiten. Dabei ist das Vorauszahlungsvolumen jenen VZ zuzuordnen, die zeitlich am nächsten am Kalenderjahr der Zahlung liegen.

Das zulässige Vorauszahlungsvolumen ist mit 2,5 x 6 000 € = 15 000 € zu bemessen. Die gesamten Vorauszahlungen sind daher aufzuteilen und den kommenden VZ chronologisch zuzuordnen. Der im Jahr 2014 zu berücksichtigende Teil der Vorauszahlung i. H. v. 15 000 € ist den Jahren 2015, 2016 und zur Hälfte 2017 zuzuordnen. Der verbleibende Betrag ist mit 3 000 € in 2017 und jeweils mit 6 000 € in den Jahren 2018 und 2019 anzusetzen.

Zu b):

Die Sonderregelung gilt nicht für Beiträge, soweit sie der unbefristeten Beitragsminderung nach Vollendung des 62. Lebensjahrs dienen. B kann die vollen 20 000 € als Sonderausgaben in 2014 geltend machen.

FALL 63

Steuerersparnis durch Vorauszahlungen von Krankenversicherungs-beiträgen

Sachverhalt: Die verheirateten Steuerpflichtigen A und B sind beide als Freiberufler tätig. Ihre jährlichen Aufwendungen zur Basiskranken- und Pflegeversicherung belaufen sich auf 5 400 €. Die Aufwendungen für weitere Versicherungen i. S. d. § 10 Abs. 1 Nr. 3a EStG betragen bei den Eheleuten 7 000 € im Jahr.

Aufgabe: Welche Steuerersparnis ergibt sich bei einem Steuersatz von 40 %, wenn im Jahr 2014 das maximale Vorauszahlungsvolumen geleistet wird?

LÖSUNG

Ohne Berücksichtigung von Vorauszahlungen betragen die abzugsfähigen Vorsorgeaufwendungen nach § 10 Abs. 4 EStG 5 600 € jährlich. Das maximale Vorauszahlungsvolumen für die Basisversicherungen beläuft sich auf 13 500 €, so dass unter Berücksichtigung von Vorauszahlungen im Jahr 2014 ein Betrag von 18 900 € (Basisversicherung 2014 5 400 € zuzüglich Vorauszahlungen 13 500 €) berücksichtigt werden kann. Die Besonderheit ist dadurch begründet, dass der Höchstbetrag des § 10 Abs. 4 EStG nun für die übrigen Versicherungen zur Verfügung steht.

Kalenderjahr	ohne Vorauszahlungen	mit Vorauszahlungen
2014	5 600 €	18 900 €
2015	5 600 €	5 600 €

2016	5 600 €	5 600 €
2017	5 600 €	5 600 €
Summe	22 400 €	35 700 €

Damit beträgt die Steuerersparnis 40 % des Unterschiedsbetrages i. H.v. 13 300 €, somit also 5 320 €.

FALL 64

Vorauszahlungen und regelmäßig wiederkehrende Zahlungen

Sachverhalt:

a) X leistet am 29. 12 2014 die Beiträge zu seiner Basiskranken- und Pflegeversicherung für die Jahre 2015 bis 2018 in einer Summe. Der regelmäßig zum Jahresende des Vorjahres geleistete Jahresbeitrag i. H.v. 4 000 € ist für das Jahr 2015 am 1. 1. 2015 fällig.

b) X zahlt regelmäßig zum Monatsende den für den Folgemonat geschuldeten Beitrag i. H.v. 300 €. Am 29. 12. 2014 leistet er die Beiträge für die Jahre 2015 bis 2018 im Voraus.

Aufgabe: In welchen Jahren können die geleisteten Beiträge jeweils angesetzt werden?

LÖSUNG:

Zu a):

Bei der Planung möglicher Vorauszahlungen ist zu beachten, dass die Regelung des § 10 Abs. 1 Nr. 3 Satz 4 EStG keine Auswirkung auf die Anwendung des § 11 Abs. 2 Satz 2 i.V. m. Abs. 1 Satz 2 EStG hat (BMF v. 19. 8. 2013, BStBl 2013 I 1087 Rn. 138). Die kurze Zeit vor Beginn des Kalenderjahres geleisteten Beiträge für 2015 sind keine Beitragsvorauszahlungen, da sie im VZ 2015 zu berücksichtigen sind. Die Summe der Beitragsvorauszahlungen ist vielmehr aus den Beiträgen für die Jahre 2016 bis 2018 zu bilden und beläuft sich auf 12 000 €. Ein Teilbetrag i. H.v. 10 000 € (2,5 x 4 000 €) ist im Jahr 2014 anzusetzen. Der das zulässige Vorauszahlungsvolumen überschreitende Betrag von 2 000 € ist im VZ 2018 zu berücksichtigen.

Zu b):

Der Beitrag für Januar 2015 ist nach der Regelung in § 11 Abs. 2 Satz 2 i.V. m. Abs. 1 Satz 2 EStG abweichend vom Zahlungsjahr 2014 im Jahr 2015 zu berücksichtigen. Die Summe der geleisteten Beitragsvorauszahlungen (Februar bis Dezember 2015: 3 300 € und 2016 bis 2018 jeweils 3 600 €) beträgt 14 100 € und überschreitet damit das zulässige Vorauszahlungsvolumen von 9 000 € um 5 100 €. Die Beiträge für Februar 2015 bis Juli 2017 können daher als Sonderausgaben in 2014 angesetzt werden. Der das Vorauszahlungsvolumen übersteigende Betrag ist mit 1 500 € in 2017 und mit 3 600 € in 2018 als Sonderausgaben zu berücksichtigen.

FALL 65

Erstattung von Sonderausgaben ab VZ 2012

Sachverhalt:

a) Der Steuerpflichtige Z zahlt für eine Haftpflichtversicherung 300 € und erhält eine Erstattung von 400 €. Außerdem zahlt er für eine Unfallversicherung 200 €.

b) Der Steuerpflichtige Z zahlt für eine Haftpflichtversicherung 350 € und erhält eine Erstattung von 600 €. Außerdem zahlt er eine Unfallversicherung von 150 €.

c) Der Steuerpflichtige Z zahlt Krankenversicherungsbeiträge gem. § 10 Abs. 1 Nr. 3 Buchst. a EStG (1 000 €), Pflegeversicherungsbeiträge gem. § 10 Abs. 1 Nr. 3 Buchst. b EStG (400 €) und Kirchensteuer i. H. v. 2 000 €. Gleichzeitig erhält er Erstattungszahlungen für Aufwendungen des Vorjahres:

Krankenversicherung	800 €
Pflegeversicherung	600 €
Kirchensteuer	7 000 €

Aufgabe: Wie sind die Erstattungsleistungen zu behandeln?

LÖSUNG

Mit Wirkung ab 2012 ist § 10 Abs. 4b EStG in das Gesetz eingefügt worden. Danach sind bei Sonderausgaben nach § 10 Abs. 1 Nr. 2 bis 3a EStG Erstattungen, die die im jeweiligen VZ geleisteten Aufwendungen übersteigen, mit anderen im Rahmen der jeweiligen Nummer anzusetzenden Aufwendungen zu verrechnen. Ein Erstattungsüberhang in den Fällen des § 10 Abs. 1 Nr. 3 und 4 EStG ist dem Gesamtbetrag der Einkünfte hinzuzurechnen.

Zu a):

Beide Versicherungen fallen unter § 10 Abs. 1 Nr. 3a EStG. Der Erstattungsüberhang bei der Haftpflichtversicherung mit 100 € ist daher mit den Aufwendungen für die Unfallversicherung zu verrechnen. Damit ergeben sich Sonderausgaben i. H. v. 100 €.

Zu b):

Beide Versicherungen fallen unter § 10 Abs. 1 Nr. 3a EStG. Der Erstattungsüberhang bei der Haftpflichtversicherung mit 250 € ist daher mit den Aufwendungen für die Unfallversicherung zu verrechnen. Damit ergibt sich insgesamt ein Erstattungsüberhang i. H. v. 100 €. Dieser ist mit den Aufwendungen in dem Jahr zu verrechnen, in dem die Aufwendungen ursprünglich geltend gemacht wurden.

Zu c):

Der Erstattungsbetrag der Krankenversicherung ist mit den geleisteten Krankenversicherungsbeiträgen zu verrechnen. Bei der Pflegeversicherung ergibt sich ein Erstattungsüberhang i. H. v.

200 €. Dieser ist mit Aufwendungen der gleichen Nummer zu verrechnen, so dass sich bei § 10 Abs. 1 Nr. 3 EStG ein Saldo von Null ergibt. Der Erstattungsüberhang bei der Kirchensteuer i. H. v. 5 000 € ist gem. § 10 Abs. 4b Satz 3 EStG dem Gesamtbetrag der Einkünfte des laufenden Veranlagungszeitraums hinzuzurechnen. Eine Änderung gem. § 175 Abs. 1 Satz 1 Nr. 2 AO mit dem Ziel, den Sonderausgabenabzug im Zahlungsjahr um den Erstattungsüberhang zu mindern, ist in diesen Fällen nicht mehr möglich.

FALL 66

Erstattungsüberhang durch steuerfreie Zuschüsse

Sachverhalt: Der privat krankenversicherte Arbeitnehmer A entrichtete im VZ 2013 Krankenversicherungsbeiträge für das Jahr 2013 i. H. v. 5 000 € sowie Beiträge zur Pflegeversicherung i. H. v. 500 €. Am 2. 12. 2013 zahlte A die gesamten Beiträge für das Jahr 2014 ebenfalls i. H. v. 5 500 € im Voraus. In den Jahresbeträgen zur Krankenversicherung ist jeweils ein Betrag von 600 € für Wahlleistungen enthalten. A erhielt in den Jahren 2013 und 2014 einen steuerfreien Arbeitgeberzuschuss zur Krankenversicherung i. H. v. jeweils 2 500 €.

Aufgabe: In welcher Höhe sind die Beiträge zur Basiskranken- und Pflegeversicherung in den Jahren 2013 und 2014 steuerlich zu berücksichtigen?

LÖSUNG:

Neben den Beiträgen zur Basiskrankenversicherung 2013 i. H. v. 4 400 € und zur Pflegeversicherung 2013 i. H. v. 500 € kann A auch die Beitragsvorauszahlungen für das Jahr 2014 im Zahlungsjahr steuermindernd geltend machen. Allerdings sind die im VZ 2013 geleisteten Aufwendungen i. H. v. 8 800 € und 1 000 € um den steuerfreien Arbeitgeberzuschuss zur Krankenversicherung im Betrag von 2 500 € zu kürzen (BMF v. 19. 8. 2013, BStBl 2013 I 1087 Rn. 90).

Der steuerfreie Arbeitgeberzuschuss im VZ 2014 führt mangels dort geleisteter Beiträge zur Basis- und Pflegeversicherung zu einem Erstattungsüberhang bei den Vorsorgeaufwendungen i. S. d. § 10 Abs. 1 Nr. 3 EStG i. H. v. 2 500 €. Dieser Erstattungsüberhang ist nach § 10 Abs. 4b Satz 3 EStG dem Gesamtbetrag der Einkünfte 2014 hinzuzurechnen.

FALL 67

Einzelveranlagung und Vorsorgeaufwendungen

Sachverhalt:

a) A und B sind miteinander verheiratet. Ehefrau B ist die leibliche Mutter des Kindes K. K ist selbst Versicherungsnehmer seiner Kranken- und Pflegeversicherung im Betrag von 800 €. Im Rahmen der Unterhaltspflicht werden die Beiträge von B i. H. v. 80 % und vom Kindsvater C zu 20 % wirtschaftlich getragen.

b) Ehemann A ist selbständig tätig und privat versichert. Er leistet für seine Basiskrankenversicherung einen Jahresbeitrag i. H. v. 4 000 €. Seine Ehefrau B ist Beamtin und ebenfalls privat versichert. Der von B zu leistende Jahresbeitrag zur Basiskrankenversicherung beträgt 1 200 €.

Aufgabe: Welche abzugsfähigen Beträge ergeben sich, wenn A und B jeweils die Einzelveranlagung beantragen, wobei § 26a Abs. 2 Satz 2 EStG Anwendung finden soll.

LÖSUNG

Zu a):

Nach der Vorschrift des § 10 Abs. 1 Nr. 3 Satz 2 EStG werden bei B 80 % und bei C 20 % der für K getragenen Beiträge wie eigene Beiträge behandelt. Nach der Verteilungsregelung des § 26a Abs. 2 Satz 2 EStG werden bei A und B sämtliche Sonderausgaben jeweils hälftig abgezogen. Dass bei A keine Unterhaltsverpflichtung gegenüber K besteht, ist für die Verteilung durch § 26a Abs. 2 Satz 2 EStG ohne Belang. Damit kann bei A und B jeweils ein Betrag i. H. v. 320 € angesetzt werden. C kann Aufwendungen im Betrag von 160 € geltend machen.

Zu b):

Der Höchstbetrag für Vorsorgeaufwendungen beträgt nach § 10 Abs. 4 Satz 1 EStG für A 2 800 € und nach § 10 Abs. 4 Satz 2 EStG für B 1 900 €. Bei isolierter Betrachtung käme es bei A zum Mindestansatz seiner Krankenversicherungsbeiträge i. H. v. 4 000 €, während B noch weitere Versicherungsbeiträge i. S. d. § 10 Abs. 1 Nr. 3a EStG berücksichtigen könnte.

Bei Anwendung der Vorschrift des § 26a Abs. 2 Satz 2 EStG kommt man zu einem völlig anderen Ergebnis, da hier die Aufwendungen jeweils zur Hälfte abgezogen werden. Die Möglichkeit der freien steueroptimalen Zuordnung von Sonderausgaben ist ab VZ 2013 entfallen. Bei A und B sind demnach jeweils Beiträge i. H. v. 2 600 € zu berücksichtigen. Jetzt hätte A noch Potenzial für den Abzug weiterer sonstiger Vorsorgeaufwendungen i. H. v. 200 € (2 800 € abzüglich 2 600 €).

FALL 68

Kinderbetreuungskosten

Sachverhalt:

a) M und F sind verheiratet. M ist berufstätig, während sich F noch in Ausbildung befindet. Die Ehegatten haben einen 2-jährigen Sohn und eine 13-jährige Tochter. Der Kindergartenbeitrag für den Sohn beträgt jährlich 1 200 €. Zusätzlich fallen pro Kind jährlich 1 800 € an Betreuungskosten an.

b) M und F sind verheiratet und beide berufstätig. Die Ehegatten haben einen 3-jährigen Sohn. Der Kindergartenbeitrag beläuft sich jährlich auf 1 800 €. Zusätzlich fallen jährlich 1 440 € für einen Babysitter an, die bar bezahlt werden.

c) M und F sind verheiratet und sind Eltern einer Tochter T, die im Januar ihr 6. Lebensjahr vollendet. T besuchte bis August den Kindergarten und geht ab September in die Grundschule.

Für den Kindergarten bezahlen die Eltern monatlich 120 €. Von den Eltern ist nur M berufstätig, während sich F um die Erziehung der Tochter kümmert.

d) Die Ehegatten M und F sind beide berufstätig. Das gemeinsame Kind vollendet am 10. 9. 2014 das 14. Lebensjahr. Die Ehegatten beschäftigen zur Betreuung des Kindes eine Hausangestellte, für die Kosten i. H. v. 600 € monatlich entstehen.

e) M ist nichtselbständig tätig und in der gesetzlichen Krankenversicherung versichert. Ehefrau F übt eine geringfügige Beschäftigung aus. Das Arbeitsentgelt beträgt 450 € monatlich. Zusätzlich erzielt F Einkünfte aus Gewerbebetrieb i. H. v. 2 000 €. Für das gemeinsame 5-jährige Kind fallen Kinderbetreuungskosten von 6 000 € jährlich an, die von M und F je hälftig getragen werden.

Aufgabe: Wie können die Aufwendungen berücksichtigt werden?

LÖSUNG

Die Abzugsfähigkeit von Kinderbetreuungskosten ist im Steuervereinfachungsgesetz 2011 mit Wirkung ab dem VZ 2012 nun einheitlich in § 10 Abs. 1 Nr. 5 EStG geregelt und damit deutlich vereinfacht worden. Das Anwendungsschreiben des BMF v. 14. 3. 2012 (BStBl 2012 I 307) regelt die steuerliche Berücksichtigung von Kinderbetreuungskosten ab 2012 (zur Rechtslage bis 2011 vgl. BMF v. 19. 1. 2007, BStBl 2007 I 184).

Zusätzlich enthält § 2 Abs. 5a Satz 2 EStG die folgende Regelung: In Fällen, in denen außersteuerliche Rechtsnormen an die Begriffe Einkünfte, Summe der Einkünfte oder Gesamtbetrag der Einkünfte anknüpfen, mindern sich diese Beträge insoweit um die als Sonderausgaben berücksichtigungsfähigen Kinderbetreuungskosten.

Zu a):

Kinderbetreuungskosten für den Sohn:

2/3 von 3 000 €   2 000 €

Kinderbetreuungskosten für die Tochter:

2/3 von 1 800 €   1 200 €

Im Gegensatz zur früheren Rechtslage kommt es auf die persönlichen Voraussetzungen bei F nicht mehr an.

Zu b):

Der Kindergartenbeitrag kann berücksichtigt werden. Die bar bezahlten Kosten sind gem. § 10 Abs. 1 Nr. 5 Satz 4 EStG mangels Rechnung und Kontonachweis nicht abzugsfähig.

2/3 von 1 800 €   1 200 €

Zu c):

Von der gesetzlichen Neuregelung profitieren vor allem Familien, bei denen nur ein Elternteil berufstätig ist.

Abzugsfähig sind 2/3 von 960 €   640 €

Zu d):

Die Voraussetzungen für den Abzug von Kinderbetreuungskosten sind nur bis einschließlich September erfüllt.

9 x 600 € = 5 400 €, davon 2/3   3 600 €

Der Höchstbetrag i. H.v. 4 000 € ist ein Jahresbetrag, er ist nicht zeitanteilig zu kürzen.

In der Zeit von Oktober bis Dezember sind die Voraussetzungen des § 10 Abs. 1 Nr. 5 EStG nicht erfüllt. Die für diesen Zeitraum entstandenen Aufwendungen fallen vielmehr unter § 35a Abs. 2 EStG.

3 x 600 € = 1 800 €

Nach § 35a Abs. 2 EStG ermäßigt sich auf Antrag die Steuerschuld um 20 % der Aufwendungen, höchstens aber um 4 000 €. Der Ermäßigungsbetrag beläuft sich auf 360 €.

Zu e):

Abzugsfähige Betreuungskosten:

2/3 von 6 000 €   4 000 €

Zum Abzug von Kinderbetreuungskosten ist grundsätzlich der Elternteil berechtigt, der die Aufwendungen getragen hat (BMF v. 14. 3. 2012, BStBl 2012 I 307 Rn. 14).

Ohne die Regelung in § 2 Abs. 5a Satz 2 EStG würde das Gesamteinkommen der F mit 7 400 € die Einkommensgrenze der Familienversicherung überschreiten mit der Folge, dass F dann nicht mehr familienversichert wäre.

Da für außersteuerliche Zwecke die Kinderbetreuungskosten berücksichtigt werden, ist das Einkommen bei F um die anteiligen Kinderbetreuungskosten i. H.v. 2 000 € auf 5 000 € zu kürzen. Damit erfüllt F die Voraussetzungen für die Familienversicherung.

FALL 69

Kinderbetreuungskosten bei Einzelveranlagung

Sachverhalt:

a) Die Ehegatten M und F zahlen für ihre drei Jahre alte Tochter im Jahr 2014 Kinderbetreuungskosten i. H.v. 600 € monatlich. Die Aufwendungen werden von M und F im Verhältnis 60 : 40 getragen. Die Ehegatten beantragen die Einzelveranlagung.

b) X und Y sind zusammen lebende, nicht verheiratete Eltern eines vier Jahre alten Kindes, für das Gebühren für eine Kindertagesstätte i. H.v. 6 600 € entrichtet werden. Die Aufwendungen werden von X und Y gemeinsam getragen.

c) Wie b), allerdings wurde der Kinderbetreuungsvertrag nur vom Elternteil Y abgeschlossen, der das gesamte Entgelt von seinem Konto zahlt.

Aufgabe: Bei wem können Kinderbetreuungskosten berücksichtigt werden?

LÖSUNG

Zu a):

Nach § 26a Abs. 2 Satz 1 EStG sind Sonderausgaben demjenigen Ehegatten zuzurechnen, der die Aufwendungen wirtschaftlich getragen hat. Trifft dies auf beide Ehegatten zu, kann jeder seine tatsächlichen Aufwendungen grundsätzlich bis zur Höhe des hälftigen Abzugshöchstbetrages geltend machen. Etwas anderes gilt nur dann, wenn die Ehegatten einvernehmlich gegenüber dem Finanzamt eine anderweitige Aufteilung des Abzugshöchstbetrages geltend machen (BMF v. 14. 3. 2012, BStBl 2012 I 307, Tz. 27). Abweichend davon können die Kinderbetreuungskosten nach § 26a Abs. 2 Satz 2 EStG auf übereinstimmenden Antrag der Ehegatten von diesen jeweils zur Hälfte abgezogen werden.

Nach § 10 Abs. 1 Nr. 5 EStG können 2/3 von 7 200 €, höchstens 4 000 €, als Sonderausgaben abgezogen werden. Für die Zuordnung auf die Ehegatten M und F im Rahmen der Einzelveranlagung sind folgende Varianten möglich:

1. Da beide Ehegatten Aufwendungen getragen haben, kann jeder seine tatsächlichen Aufwendungen grundsätzlich bis zur Höhe des hälftigen Abzugshöchstbetrages geltend machen.

   M: 60 % von 4 000 € = 2 400 €, höchstens aber 2 000 €

   F: 40 % von 4 000 € = 1 600 €

   Das gesamte Abzugsvolumen beläuft sich damit auf 3 600 €.

2. Die Ehegatten können den Abzugshöchstbetrag auf übereinstimmenden Antrag auch anderweitig aufteilen. Eine mögliche Variante wäre dabei folgende Aufteilung:

   M: 60 % von 4 000 € = 2 400 €

   F: 40 % von 4 000 € = 1 600 €

   Ebenso wäre es möglich, wie folgt aufzuteilen:

   M: Aufwendungen 60 % von 7 200 € = 4 320 € , davon 2/3 = 2 880 €.

   Für F verbleibt in diesem Fall ein Betrag von 1 120 €.

3. Die Ehegatten können die Aufwendungen auf gemeinsamen Antrag auch jeweils zur Hälfte abziehen. Damit ist der Abzug bei jedem auf den hälftigen Abzugshöchstbetrag begrenzt. Bei M und F werden also jeweils 2 000 € berücksichtigt.

Zu b):

Grundsätzlich ist derjenige Elternteil zum Abzug von Kinderbetreuungskosten berechtigt, der die Aufwendungen getragen hat und zu dessen Haushalt das Kind gehört. Trifft dies auf beide Elternteile zu, kann jeder seine Aufwendungen nur bis zur Höhe des hälftigen Abzugshöchstbetrages geltend machen. Die Eltern können einvernehmlich eine abweichende Aufteilung des Abzugshöchstbetrages wählen.

Nach § 10 Abs. 1 Nr. 5 EStG können 2/3 von 6 600 €, höchstens 4 000 €, als Sonderausgaben abgezogen werden. Für die Zurechnung auf X und Y sind folgende Varianten möglich:

1. Bei X und Y kann jeweils ein Betrag von 2 000 € berücksichtigt werden.

2. Beide beantragen übereinstimmend eine andere Aufteilung des Höchstbetrags. Dabei wäre es z. B. möglich, dass ein Elternteil den maximalen Betrag seiner getragenen Aufwendungen berücksichtigt:

X: 2/3 von 3 300 € = 2 200 €.

Für Y verbleibt dann noch ein Betrag von 1 800 €,

Zu c):

Sofern nur ein Elternteil den Kinderbetreuungsvertrag abgeschlossen hat und das Entgelt von seinem Konto bezahlt wurde, können die Aufwendungen weder vollständig noch anteilig dem anderen Elternteil als von ihm getragener Aufwand zugerechnet werden (BMF v. 14. 3. 2012, BStBl 2012 I 307, Rn. 29).

Lediglich von Y können Sonderausgaben berücksichtigt werden: 2/3 von 6 600 € = 4 400 €, höchstens aber 4 000 €.

FALL 70

Günstigerprüfung bei der zusätzlichen Altersvorsorge nach § 10a EStG

Sachverhalt:

a) Der ledige A (30 Jahre alt) gehört zum begünstigten Personenkreis des § 10a Abs. 1 EStG. Er hat 1 900 € auf einen Altersvorsorgevertrag eingezahlt. Sein Bruttogehalt des Vorjahres belief sich auf 50 000 €.

b) Die ledige B gehört zum begünstigten Personenkreis des § 10a Abs. 1 EStG und hat zwei vor 2008 geborene minderjährige Kinder. Sie hat 700 € auf einen Altersvorsorgevertrag eingezahlt. Ihr Bruttogehalt des Vorjahres betrug 30 000 €.

c) Wie b) mit dem Unterschied, dass B lediglich 600 € auf ihren Altersvorsorgevertrag einzahlt.

Aufgabe: Kann der Sonderausgabenabzug nach § 10a EStG in Frage kommen, wenn aus Vereinfachungsgründen von einem Steuersatz von 30 % ausgegangen wird?

LÖSUNG

Ein Sonderausgabenabzug für Altersvorsorgebeiträge wird nur gewährt, wenn dieser günstiger als die Zulage ist (§ 10a Abs. 2 EStG). Ist dagegen die Zulage höher als der sich durch den Sonderausgabenabzug ergebende Steuervorteil, verbleibt es bei der Zulage. Die Günstigerprüfung wird von Amts wegen vorgenommen.

Zu a):

Mindesteigenbeitrag (§ 86 Abs. 1 Satz 2 EStG):

4 % von 50 000 €, maximal 2 100 €	2 000 €
./. Zulage	./. 154 €
maßgeblicher Mindesteigenbeitrag	1 846 €

Sockelbetrag (§ 86 Abs. 1 Satz 4 EStG) 60 €

A muss also mindestens 1 846 € einzahlen, um die volle Zulage von 154 € zu erhalten.

Für den Sonderausgabenabzug sind zu berücksichtigen:

Altersvorsorgebeiträge	1 900 €
Zulage	154 €
abziehbare Sonderausgaben	2 054 €
Steuerermäßigung hierauf	617 €
Zulage	./. 154 €
zusätzlicher Steuervorteil durch den Sonderausgabenabzug	463 €

A kann Sonderausgaben nach § 10a EStG i. H. v. 2 054 € ansetzen. Die gesamte steuerliche Förderung beträgt damit (Zulage 154 € und Steuervorteil 463 €) 617 €. Bei der Einkommensteuerveranlagung erhöht sich die tarifliche Einkommensteuer um den Anspruch auf die Zulage.

Zu b):

Mindesteigenbeitrag:

4 % von 30 000 €, maximal 2 100 €	1 200 €
./. Zulage (154 € + 2 × 185 €)	./. 524 €
maßgeblicher Mindesteigenbeitrag	676 €
Sockelbetrag (§ 86 Abs. 1 Satz 4 EStG)	60 €

Für den Sonderausgabenabzug sind zu berücksichtigen:

Altersvorsorgebeiträge	700 €
Zulagen	524 €
abziehbare Sonderausgaben	1 224 €
Steuerermäßigung hierauf	368 €

Da der Anspruch auf die Zulage höher ist als der durch den Sonderausgabenabzug erzielte Steuervorteil, ist die steuerliche Förderung mit der Zulage in Höhe von 524 € abgegolten.

Zu c):

Auch hier ist die Zulage höher als der Steuervorteil. Allerdings wird die Altersvorsorgezulage nach § 86 Abs. 1 Satz 1 EStG gekürzt, da jetzt nicht der Mindesteigenbeitrag geleistet worden ist. Die Kürzung der Zulage ermittelt sich nach dem Verhältnis der Altersvorsorgebeiträge zum Mindesteigenbeitrag (§ 86 Abs. 1 Satz 6 EStG).

maßgeblicher Mindesteigenbeitrag (vgl. unter b)	676 €
geleisteter Beitrag	600 €
dies entspricht	88,76 %
Zulage 88,76 % von 524 €	465,10 €

Für den Sonderausgabenabzug sind zu berücksichtigen:

Altersvorsorgebeiträge	600 €
Zulagen	466 €
abziehbare Sonderausgaben	1 066 €
Steuerermäßigung hierauf	320 €

FALL 71

Sonderausgabenabzug nach § 10a EStG bei Ehegatten

Sachverhalt: Die Ehegatten A und B, die beide zum Personenkreis nach § 10a Abs. 1 EStG gehören, haben zwei Kinder (7 und 9 Jahre alt). Die Einnahmen aus nichtselbständiger Arbeit belaufen sich im Jahr 2013 wie auch im Vorjahr auf 40 000 € bei A und 30 000 € (2012 ebenfalls 30 000 €) bei B. Ehemann A hat auf seinen Altersvorsorgevertrag im VZ 2013 2 000 € und B 700 € eingezahlt. Das Kindergeld wird an die Mutter ausgezahlt.

Aufgabe: Prüfen Sie, ob im VZ 2013 der Sonderausgabenabzug nach § 10a EStG zur Anwendung kommt. Dabei soll unterstellt werden, dass abzugsfähige Sonderausgaben mit insgesamt 5 000 € vorliegen.

LÖSUNG

A und B haben beide Anspruch auf eine Altersvorsorgezulage. Die Kinderzulage wird grundsätzlich der Mutter zugeordnet (§ 85 Abs. 2 Satz 1 EStG).

	A	B
Grundzulage	154 €	154 €
Kinderzulage		370 €
Insgesamt	154 €	524 €
Mindesteigenbeitrag nach § 86 Abs. 1 EStG:	1 600 €	1 200 €
abzüglich Zulage	./.154 €	./.524 €
maßgeblicher Mindesteigenbeitrag	1 446 €	676 €
Sockelbetrag nach § 86 Abs. 1 Satz 4 EStG	60 €	60 €
geleisteter Beitrag	2 000 €	700 €

Der Zulageanspruch besteht daher in ungekürzter Höhe.

Vom Eigenbeitrag sind gefördert:

	A	B
höchstens (2 100 € - 154 €)	1 946 €	1 946 €
gefördert somit	1 946 €	700 €

Als Sonderausgabe abziehbar:

Höchstbetrag A nach § 10a Abs. 1 Satz 1 EStG	2 100 €	
Höchstbetrag B (700 € + 524 €)		1 224 €

Günstigerprüfung nach § 10a Abs. 2 EStG:

Einkünfte § 19 EStG bei A	39 000 €	
Einkünfte § 19 EStG bei B	29 000 €	
	68 000 €	
Sonderausgaben	./. 5 000 €	
Einkommen/zvE	63 000 €	
Einkommensteuer hierauf		12 158 €
Abzugsbeträge nach § 10a EStG (2 100 € + 1 224 €)	./. 3 324 €	
zu versteuerndes Einkommen für die Günstigerprüfung	59 676 €	
Einkommensteuer hierauf		11 100 €
Unterschiedsbetrag = Steuerermäßigung durch den SA-Abzug		1 058 €
Altersvorsorgezulage		678 €
zusätzliche steuerliche Auswirkung des Sonderausgabenabzugs		380 €

Dieser Betrag ist nach § 10a Abs. 4 Satz 3 EStG gesondert festzustellen. Die Zurechnung bei Ehegatten erfolgt im Verhältnis der zu berücksichtigenden Eigenbeiträge:

davon A (1946 €/2 646 € x 100 = 73,55 %	279,49 €
davon B (700 €/2 646 € x 100 = 26,45 %)	100,51 €

Nach der früheren gesetzlichen Regelung war für die Günstigerprüfung vorgesehen, dass zur Berücksichtigung eines Kindes immer die Freibeträge nach § 32 Abs. 6 EStG abzuziehen sind. Durch die Streichung dieser Vorgabe wird sichergestellt, dass sich die Günstigerprüfung nun an den Basiswerten orientiert, die auch im Steuerbescheid erscheinen. Da die Günstigerprüfung gem. § 31 Satz 4 EStG im vorliegenden Fall zum Ergebnis führt, dass es bei den Kindern beim Kindergeld verbleibt, sind bei der Berechnung keine Freibeträge nach § 32 Abs. 6 EStG berücksichtigt worden.

Das Finanzamt wird die Einkommensteuer letztlich in Höhe von (11 100 € zuzüglich Zulage 678 €) 11 778 € festsetzen.

FALL 72

Zurechnung der Steuerermäßigung bei mittelbar zulageberechtigten Personen

Sachverhalt: Die kinderlosen Ehegatten A und B haben im Jahr 2013 ohne Berücksichtigung eines Sonderausgabenabzugs nach § 10a EStG ein zu versteuerndes Einkommen von 80 000 €. A ist unmittelbar, B mittelbar zulageberechtigt. A hat Beiträge i.H.v. 1900 €, B i.H.v. 500 € in ihren Altersvorsorgevertrag gezahlt. Der Mindesteigenbeitrag des A ist damit erbracht.

Abwandlung: Gleicher Sachverhalt, nur dass die gezahlten Beiträge des A 1600 € betragen.

Aufgabe: Wie errechnet sich die Steuerermäßigung, wenn einer der Partner mittelbar zulageberechtigt ist?

LÖSUNG

Ist nur ein Ehegatte unmittelbar förderberechtigt, steht dem nicht originär begünstigten Ehegatten zwar ein abgeleiteter Zulageanspruch zu, ihm wird jedoch kein gesonderter Sonderausgabenabzugsbetrag eingeräumt. Eigene Altersvorsorgebeiträge des mittelbar zulageberechtigten Ehegatten können nur im Rahmen des dem unmittelbar begünstigten Ehegatten zustehenden Abzugsvolumen berücksichtigt werden.

Beide Ehegatten haben einen Zulageanspruch von jeweils 154 €.

Berechnung des Abzugsvolumens:

Eigenbeitrag A	1900 €
Zulageanspruch A	154 €
Zulageanspruch B (§ 10a Abs. 3 Satz 2 EStG)	154 €
Summe Eigenbeitrag A + Zulageansprüche beider Ehegatten	2208 €

Damit ist der Mindesteigenbeitrag gem. § 86 Abs. 1 Satz 2 EStG geleistet.

Höchstbetrag A	2100 €
Mindesteigenbeitrag B	60 €
Abziehbare Sonderausgaben	2160 €

Dabei sind die von dem unmittelbar begünstigten Ehegatten geleisteten Beiträge gem. § 10a Abs. 3 Satz 4 EStG vorrangig zu berücksichtigen, jedoch mindestens 60 € der von dem anderen Ehegatten geleisteten Altersvorsorgebeiträge.

Das Abzugsvolumen wird auf 2160 € erhöht (§ 10a Abs. 3 Satz 3 EStG).

Steuerermäßigung		
zu versteuerndes Einkommen	80000 €	
Einkommensteuer hierauf		17966 €
Abzugsbeträge nach § 10a EStG	2160 €	
zu versteuerndes Einkommen neu	77840 €	
Einkommensteuer hierauf		17192 €
Unterschiedsbetrag		774 €
Altersvorsorgezulage		308 €
zusätzliche steuerliche Auswirkung		466 €

Die zusätzliche Steuerermäßigung ist den Ehegatten getrennt zuzurechnen. Die Zurechnung erfolgt im Verhältnis der berücksichtigten Eigenbeiträge.

Eigenbeiträge	
Beiträge A (2 100 € ./. 154 € ./. 154 €)	1 792 €
Beiträge B	60 €
angesetzte Eigenbeiträge	1 852 €
Steuerermäßigung:	
Zurechnung A 96,76 %	450,90 €
Zurechnung B 3,24 %	15,10 €
Steuerermäßigung insgesamt	466,00 €

Abwandlung:

Eigenbeitrag A	1 600 €
Zulageanspruch A	154 €
Zulageanspruch B (§ 10a Abs. 3 Satz 2 EStG)	154 €
Summe Eigenbeitrag A + Zulageansprüche beider Ehegatten	1 908 €

Damit ist der Mindesteigenbeitrag i. H. v 192 € nicht ausgeschöpft.

Nicht ausgeschöpfter Betrag	192 €
Erhöhung um den Mindestbeitrag B	60 €
Abzugsvolumen für Beiträge B	252 €
abziehbare Sonderausgaben damit	2 160 €

Eigenbeiträge	
Beiträge A	1 600 €
Beiträge B	252 €
angesetzte Eigenbeiträge	1 852 €

Wie im Grundfall beträgt die zusätzliche Steuerermäßigung insgesamt 466 €, die den Ehegatten getrennt zuzurechnen ist. Aufteilungsmaßstab ist das Verhältnis der Eigenbeiträge des A zu den wegen der Nichtausschöpfung des Höchstbetrags berücksichtigten Eigenbeiträgen der B.

Zurechnung der Steuerermäßigung:	
A 86,39 %	402,58 €
B 13,61 %	63,42 €
Steuerermäßigung insgesamt	466,00 €

FALL 73

Spenden

Sachverhalt: Der selbständige Kaufmann A, verheiratet, beantragt, folgende Beträge als Spenden zu berücksichtigen:

1.	Mitgliedsbeitrag an den örtlichen Sportverein	50 €
	Spende an den Verein	1 500 €
2.	Mitgliedsbeitrag an das Deutsche Rote Kreuz	80 €
3.	Für seine Tätigkeit beim Tennisverein setzt A einen geschätzten Betrag an. Eine besondere Regelung wurde nicht getroffen.	500 €
4.	Vom Gericht auferlegte Geldbuße, die an den Tierschutzverein zu zahlen ist	2 000 €
5.	Zuwendung an die Universität München für wissenschaftliche Zwecke	2 000 €
6.	Mitgliedsbeitrag an eine politische Partei	800 €
	Zuwendung an die Partei	6 000 €

Der Gesamtbetrag der Einkünfte beträgt 30 000 €, die Summe der gesamten Umsätze und der im Kalenderjahr aufgewendeten Löhne und Gehälter beläuft sich auf 1,4 Mio. €.

Aufgabe: Welcher Betrag kann bei A als Spendenabzug nach § 10b EStG berücksichtigt werden, wenn unterstellt wird, dass jeweils ordnungsgemäße Zuwendungsbestätigungen vorliegen?

LÖSUNG

a) Allgemeine Hinweise

Zu 1.:

Der Mitgliedsbeitrag ist nach § 10b Abs. 1 Satz 8 EStG nicht abzugsfähig. Die Spende dient steuerbegünstigten Zwecken i. S. d. § 52 Abs. 2 Nr. 21 AO.

Zu 2.:

Die Zuwendung dient steuerbegünstigten Zwecken i. S. d. § 52 Abs. 2 Nr. 11 AO.

Zu 3.:

Die Abzugsfähigkeit von Aufwandsspenden ist nur unter ganz bestimmten Voraussetzungen möglich (vgl. BMF v. 7. 6. 1999, BStBl 1999 I 591). Die unentgeltliche Bereitstellung der Arbeitskraft ist keine Spende (BFH VI R 174/75, BStBl 1979 II 297).

Zu 4.:

Spenden sind freiwillige Leistungen – keine Spenden sind daher die durch die Gerichte auferlegten Bußgelder (BFH X R 40/86, BStBl 1991 II 234, H 10b.1 „Auflagen" EStH).

Zu 5.:

Die Zuwendung an die Universität München dient steuerbegünstigten Zwecken i. S. d. § 52 Abs. 2 Nr. 1 AO.

Zu 6.:

Spenden an politische Parteien können nur insoweit als Sonderausgaben abgezogen werden, als für sie nicht eine Steuerermäßigung nach § 34g EStG gewährt wird. Danach sind 1 650 € auf die tarifliche Einkommensteuer anzurechnen. Somit sind für die Ermäßigung nach § 34g EStG 3 300 € „verbraucht". Der Restbetrag (6 800 € ./. 3 300 €) in Höhe von 3 500 € ist nach § 10b Abs. 2 EStG bis maximal 3 300 € als Sonderausgaben abzugsfähig. Der verbleibende Betrag von 200 € wirkt sich steuerlich nicht aus.

b) Höchstbetragsberechnung

Als Spenden sind zu berücksichtigen:

Sportverein	1 500 €
Mitgliedsbeitrag DRK	80 €
Universität München	2 000 €
Politische Partei	3 300 €
	6 880 €

Die Abzugsfähigkeit der Zuwendungen nach § 10b Abs. 1 EStG wird wie folgt ermittelt:

Zuwendungen i. S. d. § 10b Abs. 1 EStG (ohne Zuwendungen politische Parteien)	3 580 €
abzugsfähig sind 20 % des Gesamtbetrags der Einkünfte von 30 000 € = 6 000 € (oder 4 ‰ der Umsätze und der Löhne und Gehälter)	
maximal	3 580 €
zuzüglich nach § 10b Abs. 2 EStG	3 300 €
als Sonderausgaben insgesamt abzugsfähig	6 880 €

Die abzugsfähigen Spenden betragen insgesamt 6 880 €. Gemäß § 34g EStG sind auf die tarifliche Einkommensteuer 1 650 € anzurechnen.

FALL 74

Spendenabzug für Zuwendungen an Stiftungen

Sachverhalt:

a) Der ledige Steuerpflichtige A (Gesamtbetrag der Einkünfte 100 000 €) hat im VZ 2014 folgende Zuwendungen getätigt: 3 000 € an einen Fußballverein, 6 000 € an einen Verein, der mildtätige Zwecke fördert, sowie 25 000 € in das zu erhaltende Vermögen einer gemeinnützigen Stiftung zur Förderung des Naturschutzes.

b) Der ledige Steuerpflichtige B hat im Jahr 2005 eine Zuwendung i. H. von 300 000 € in den Vermögensstock einer neu gegründeten Stiftung geleistet. Diese wurde antragsgemäß mit je 100 000 € im VZ 2005 und 2006 abgezogen. Im Jahr 2007 leistet B eine weitere Vermögensstockspende i. H. v. 1 200 000 € und beantragt davon 900 000 € im Rahmen des § 10b Abs. 1a EStG zu berücksichtigen. Im VZ 2007 beantragt er einen Abzugsbetrag von insgesamt 800 000 € (100 000 € aus 2005, 700 000 € aus 2007). Die verbleibenden 200 000 € sollen im Rahmen des § 10b Abs. 1a EStG in einem späteren VZ abgezogen werden.

c) A und B sind verheiratet und wählen die Zusammenveranlagung. A spendet 1 500 000 € an die Stiftung X und erklärt, dass die Spende für das zu erhaltende Vermögen der Stiftung verwendet werden muss.

d) Wie c) mit dem Unterschied, dass A an die Verbrauchsstiftung Z spendet.

Aufgabe: Welche Auswirkungen ergeben sich auf die Spendenabzugsfähigkeit?

LÖSUNG

Zu a):

Zuwendungen:

Fußballverein	3 000 €
für mildtätige Zwecke	6 000 €
gemeinnützige Stiftung	25 000 €
Summe	34 000 €
Abzugsfähig sind 20 % des Gesamtbetrags der Einkünfte von 100 000 € (§ 10b Abs. 1 EStG)	20 000 €

Damit würde der übersteigende Betrag i. H. v. 14 000 € in den zeitlich unbefristeten Spendenvortrag eingehen.

Allerdings kann A den Sonderausgabenabzug nach § 10b Abs. 1a EStG beantragen. Danach kann zusätzlich zu den Beträgen nach § 10b Abs. 1 EStG die Vermögensstockspende innerhalb eines Zehnjahreszeitraums abgezogen werden. Der Betrag von 25 000 € kann dann je nach Antrag innerhalb des Zehnjahreszeitraums beliebig verteilt werden. A kann damit einen Sonderausgabenabzug im Jahr 2014 i. H. v. 34 000 € erreichen.

Zu b):

Bei Vermögensstockspenden kann der Steuerpflichtige erstens beantragen, in welcher Höhe überhaupt eine Berücksichtigung nach § 10b Abs. 1a EStG stattfinden soll und zweitens in welcher Höhe er im entsprechenden VZ eine Berücksichtigung wünscht.

Da B für die Vermögensstockspende des Jahres 2007 den Antrag auf 900 000 € begrenzt hat, fallen die übrigen 300 000 € unter die allgemeinen Regelungen nach § 10b Abs. 1 EStG.

Der erste 10-jährige Abzugszeitraum läuft von 2005 bis 2014. Durch die Inanspruchnahme der 800 000 € im VZ 2007 ist der Höchstbetrag von 1 000 000 € für diesen Zeitraum ausgeschöpft. Der zweite Abzugszeitraum beginnt 2007 und endet 2016. Die verbleibende Vermögensstockspende von 200 000 € kann von B dann in voller Höhe 2015, in voller Höhe 2016 oder beliebig verteilt auf die beiden Jahre abgezogen werden.

Sofern überhaupt kein Antrag gestellt wird, geht der Betrag zum 31. 12. 2016 in den allgemeinen unbefristeten Spendenvortrag nach § 10b Abs. 1 Satz 9 EStG ein.

Zu c):

Ab VZ 2013 ist § 10b Abs. 1a Satz 1 EStG dahingehend ergänzt worden, dass der Höchstbetrag bei Ehegatten, die nach den §§ 26, 26b EStG zusammenveranlagt werden, nun 2 Mio. € beträgt. Der bisherige Nachweis, dass die Spenden von beiden Ehegatten geleistet wurden und nicht nur von einem, entfällt damit.

Die Ehegatten können einen Antrag nach § 10b Abs. 1a EStG stellen. Die Vermögensstockspende kann dann innerhalb des Zehnjahreszeitraums beliebig verteilt werden.

Zu d):

Nach § 10b Abs. 1a Satz 2 EStG sind Spenden in das verbrauchbare Vermögen einer Stiftung nicht nach § 10b Abs. 1a EStG begünstigt. Nach Auffassung der Finanzverwaltung handelt es dabei lediglich um eine gesetzliche Klarstellung.

Die Spende ist lediglich nach § 10b Abs. 1 EStG im Rahmen der Höchstbetragsberechnung zu berücksichtigen.

FALL 75

Buchwertprivileg beim Spendenabzug

Sachverhalt:

a) Der ledige Architekt A möchte im VZ 2013 der Kirche ein in seinem Betriebsvermögen befindliches Grundstück für kirchliche Zwecke spenden. Der Buchwert des Grundstücks beträgt 30 000 €, der Teilwert 100 000 €. Der Gesamtbetrag der Einkünfte vor Berücksichtigung der Entnahme beläuft sich auf 150 000 €.

b) Einzelunternehmer B überträgt Aktien der X-AG aus seinem Betriebsvermögen an einen gemeinnützigen Sportverein. Die Aktien haben einen Buchwert von 100 000 € und einen Börsenwert von 300 000 €. Der Sportverein verkauft die Aktien anschließend und verwendet den Veräußerungserlös für die Neuanlage eines Sportplatzes.

Aufgabe: Mit welchem Wert ist die jeweilige Spende anzusetzen?

LÖSUNG

Zu a):

Wird ein Wirtschaftsgut unmittelbar nach seiner Entnahme einer nach § 5 Abs. 1 Nr. 9 KStG steuerbegünstigten Körperschaft oder einer juristischen Person des öffentlichen Rechts zur Verwendung für steuerbegünstigte Zwecke i. S. des § 10b Abs. 1 Satz 1 EStG unentgeltlich überlassen, so besteht gem. § 6 Abs. 1 Nr. 4 Satz 4 EStG ein Wahlrecht, die Entnahme statt mit dem Teilwert mit dem Buchwert anzusetzen. Dies gilt nicht für die Entnahme von Nutzungen und Leistungen. Die Zuwendungshöhe bemisst sich gem. § 10b Abs. 3 Satz 2 EStG nach dem Wert, der bei der Entnahme angesetzt wurde und nach der Umsatzsteuer, die auf die Entnahme entfällt.

Ansatz mit dem Buchwert:

Durch die Entnahme des Grundstücks tritt keine Gewinnrealisierung ein. Die Sachspende i. H. v. 30 000 € kann ungekürzt als Sonderausgaben berücksichtigt werden. Die Einkommensteuerschuld beträgt 42 204 €.

Ansatz mit dem Teilwert:

Durch die Entnahme des Grundstücks erhöht sich der Gesamtbetrag der Einkünfte auf 220 000 € (wie bisher 150 000 € zuzüglich Entnahmewert 100 000 € abzüglich Buchwert 30 000 € = 220 000 €). Die Sachspende i. H. v. 100 000 € kann mit einem Teilbetrag von 44 000 € berücksichtigt werden. Der verbleibende Betrag mit 56 000 € geht in den Spendenvortrag ein. Die Einkommensteuerschuld beläuft sich jetzt auf 65 724 €. Um die Steuermehrbelastung zu vermeiden, kann A statt des Teilwerts den Buchwert ansetzen.

Zu b):

B kann die Entnahme der Aktien mit dem Buchwert ansetzen und so eine Gewinnrealisierung vermeiden. In diesem Fall erhält er eine Zuwendungsbestätigung über 100 000 €.

Abweichend davon kann B die Entnahme der Aktien mit dem Teilwert ansetzen und realisiert dann einen Gewinn i. H. v. 200 000 €. Diesen Gewinn hat B unter Berücksichtigung des § 3 Nr. 40 EStG mit 120 000 € zu versteuern. Trotzdem steht ihm eine Zuwendungsbestätigung über 300 000 € zu. Nach R 6.12 Abs. 3 EStR ist das Buchwertprivileg auch dann zulässig, wenn der Spendenempfänger das überlassene Wirtschaftsgut zeitnah weiterveräußert.

FALL 76

Wertansatz von privaten Sachspenden

Sachverhalt:

1. A spendet an eine steuerbegünstigte Einrichtung ein bebautes Grundstück. Das Grundstück war bisher Privatvermögen des A.
   Der gemeine Wert des Grundstücks beträgt jeweils 500 000 €, die Anschaffungskosten bzw. fortgeführten Anschaffungskosten 250 000 €.

2. B spendet seine private 10%ige Kapitalbeteiligung an eine steuerbegünstigte Einrichtung. Der gemeine Wert der Beteiligung beträgt 100 000 €, die Anschaffungskosten 40 000 €.

3. Wie 2. mit der Besonderheit, dass es sich um eine Kapitalbeteiligung von 0,5 % handelt und dass zu unterscheiden ist, ob die Spende

   a) innerhalb eines Jahres nach Anschaffung

   b) außerhalb der Jahresfrist erfolgt ist.

Aufgabe: In welcher Höhe kann ein Spendenabzug erfolgen?

Zu 1.:

Nach § 10b Abs. 3 Satz 3 EStG wird der Ansatz von Sachspenden aus dem Privatvermögen mit dem gemeinen Wert auf solche Fälle beschränkt, in denen eine Veräußerung des zugewendeten Wirtschaftsguts im Zeitpunkt der Zuwendung keinen Besteuerungstatbestand erfüllen würde. In allen übrigen Fällen dürfen nach § 10b Abs. 3 Satz 4 EStG die fortgeführten AHK nur überschritten werden, soweit eine Gewinnrealisierung stattgefunden hat.

Hier ist wie folgt zu unterscheiden:

► Ist die 10-Jahresfrist des § 23 Abs. 1 Nr. 1 EStG bereits abgelaufen, kann ein Spendenabzug mit 500 000 € erfolgen.

► Ist die Frist noch nicht abgelaufen, kann die Spende nur mit den Anschaffungskosten bzw. fortgeführten Anschaffungskosten angesetzt werden.

Zu 2.:

Die unentgeltliche Anteilsübertragung löst keinen Veräußerungstatbestand nach § 17 EStG aus. Da eine Veräußerung aber einen Besteuerungstatbestand erfüllen würde, scheidet der Ansatz mit dem gemeinen Wert aus. Die Spende ist mit 40 000 € anzusetzen.

Zu 3.:

a) Im Falle der Veräußerung läge ein Besteuerungstatbestand gem. § 20 Abs. 2 Satz 1 EStG vor. Der Spendenabzug kann lediglich mit 40 000 € erfolgen.

b) Bei Anschaffungen nach dem 31. 12. 2008 kommt es auf die Jahresfrist nicht mehr an, es liegt im Falle der Veräußerung immer ein Besteuerungstatbestand vor. Die Spende ist dann mit den Anschaffungskosten von 40 000 € anzusetzen.

Abzug von Auslandsspenden

Sachverhalt: Der Steuerpflichtige X leistet Spenden an

a) eine inländische gemeinnützige Organisation, die Katastrophenopfern im Ausland hilft;

b) an eine gemeinnützige Organisation in Portugal. Die Voraussetzungen des § 51 Abs. 2 AO können nicht nachgewiesen werden;

c) an eine gemeinnützige Organisation in der Schweiz.

Aufgabe: Können die Spenden bei X berücksichtigt werden?

LÖSUNG

Zu a): Spenden an eine gemeinnützige Organisation im Inland mit Zweckverwirklichung im Ausland können steuerlich regelmäßig berücksichtigt werden.

Zu b): Nach dem EuGH-Urteil vom 27.1.2009 (C-318/07, BStBl 2010 II 440) steht die Kapitalverkehrsfreiheit einer nationalen Regelung eines Mitgliedstaates entgegen, wonach eine steuerliche Abziehbarkeit nur für Zuwendungen an im Inland ansässige Einrichtungen gegeben ist. Nach einer gesetzgeberischen Ausweitung des Spendenabzugs in § 10b Abs. 1 Satz 2 Nr. 3 EStG hat die Finanzverwaltung zur Anwendung des Urteils Stellung bezogen (BMF v. 16.5.2011, BStBl 2011 I 559).

Grundsätzlich können danach Zuwendungen an gemeinnützige Organisationen in einem anderen EU/EWR-Staat steuerlich geltend gemacht werden. Dazu ist aber nachzuweisen, dass die ausländische Organisation den strengen deutschen gemeinnützigkeitsrechtlichen Anforderungen entspricht (BFH I R 16/12, BStBl 2014 II 440).

Ein Spendenabzug kommt hier nicht in Betracht.

Zu c): Ein Spendenabzug nach § 10b Abs. 1 Satz 2 EStG kommt von Gesetzes wegen nicht in Betracht.

FALL 78

Feststellung des Verlustvortrags

Sachverhalt: Der ledige Steuerpflichtige A hatte im Jahr 01 sein 64. Lebensjahr vollendet. Er erzielt in 02 folgende Einkünfte:

Einkünfte aus § 13 EStG	12 000 €
Einkünfte aus § 15 EStG	./. 1 200 000 €
Einkünfte aus § 19 Abs. 1 Nr. 1 EStG	20 000 €

Der Gesamtbetrag der Einkünfte des Jahres 01 belief sich auf 1 100 000 €.

Aufgabe: Wie ist der verbleibende Verlustvortrag zum 31.12.02 unter Berücksichtigung des höchstmöglichen Verlustrücktrags festzustellen?

LÖSUNG:

Der Gesamtbetrag der Einkünfte 02 ist wie folgt zu ermitteln:

Summe der Einkünfte	./. 1 168 000 €
Altersentlastungsbetrag (30,4 % des Arbeitslohns i. H. v. 21 000 €, höchstens 1 444 €)	./. 1 444 €
Freibetrag nach § 13 Abs. 3 EStG	./. 670 €
Gesamtbetrag der Einkünfte	./. 1 170 114 €

Nach § 10d Abs. 1 Satz 1 EStG ist ein Verlustrücktrag bis zu einem Betrag von maximal 1 Mio. € möglich. Der Altersentlastungsbetrag und der Freibetrag für Land- und Forstwirte werden bei der Ermittlung des Verlustabzugs nicht berücksichtigt (R 10d Abs. 1 EStR). Von der negativen Summe der Einkünfte mit 1 168 000 € kann ein Betrag i. H. v. 1. Mio. € auf das Jahr 01 zurückgetragen werden.

Damit ist zum 31. 12. 02 ein Verlustvortrag über 168 000 € gesondert festzustellen (§ 10d Abs. 4 Satz 1 EStG).

FALL 79

Fehlerhafter Feststellungsbescheid über den verbleibenden Verlustvortrag

Sachverhalt: Der Steuerpflichtige A erzielte im Jahr 03 einen Verlust aus Gewerbebetrieb in Höhe von 300 000 €. Das Jahr 02 ist bestandskräftig veranlagt, dort hatte A einen Gesamtbetrag der Einkünfte i. H. v. 80 000 €. Tatsächlich hat das Finanzamt bei der Veranlagung 03 lediglich einen Verlust von 100 000 € anerkannt. Dementsprechend erlässt es einen Bescheid über die gesonderte Feststellung des verbleibenden Verlustvortrags zum 31. 12. 03 über 20 000 €.

a) A legt gegen den Feststellungsbescheid über den verbleibenden Verlustvortrag Einspruch ein. Der Einkommensteuerbescheid 03 wird bestandskräftig.

b) A legt gegen den Einkommensteuerbescheid 03 Einspruch ein.

Aufgabe: Welche Auswirkungen hat der Einspruch?

LÖSUNG

a) Der Einspruch gegen den Verlustfeststellungsbescheid mit dem Ziel, einen Verlustvortrag i. H. v. 220 000 € festzustellen ist gem. § 351 Abs. 2 AO i. V. mit § 10d Abs. 4 Satz 4 EStG unzulässig.

b) Aufgrund der Regelung in § 10d Abs. 4 EStG kommt dem fehlerhaften Einkommensteuerbescheid, sofern er nicht geändert wird, Bindungswirkung zu. Folglich muss A gegen den Einkommensteuerbescheid 03 Einspruch einlegen und beantragen, den zu berücksichtigenden Verlust mit 300 000 € anzusetzen. Ein Einspruch ist selbst dann erforderlich, wenn die Steuerfestsetzung bereits auf 0 € lautet. In Bezug auf die angefochtene Steuerfestsetzung liegt zwar keine Beschwerde i. S. v. § 350 AO vor, aber § 10d Abs. 4 Satz 5 EStG eröffnet die betragsmäßige Verlustübernahme in den Verlustfeststellungsbescheid.

FALL 80

Wirkung des Verzichts auf den Verlustrücktrag

Sachverhalt: Bei der Veranlagung 2013 des geschiedenen Steuerpflichtigen A haben sich folgende Zahlen ergeben:

Summe der Einkünfte	25 000 €
Entlastungsbetrag für Alleinerziehende	1 308 €
Sonderausgaben	4 000 €
zu versteuerndes Einkommen	19 692 €

Im Jahr 2014 hat A eine negative Summe der Einkünfte von 30 000 €.

Aufgabe: Welcher Antrag ist hier zu stellen?

LÖSUNG

Nach § 10d Abs. 1 Satz 1 EStG ist zunächst grundsätzlich der Verlustrücktrag durchzuführen. Der Abzug vom Gesamtbetrag der Einkünfte des vorangegangenen Veranlagungszeitraums hat vorrangig vor Sonderausgaben, außergewöhnlichen Belastungen und sonstigen Abzugsbeträgen zu erfolgen. Da nach § 2 Abs. 3 EStG zur Ermittlung des Gesamtbetrags der Einkünfte der Entlastungsbetrag für Alleinerziehende abzuziehen ist, würde ohne besonderen Antrag ein Teilbetrag in Höhe von 23 692 € des Verlustrücktrages verbraucht werden; lediglich der Restbetrag von 6 308 € würde dann für den Verlustvortrag zur Verfügung stehen. Da bis zur Höhe des Grundfreibetrages mit 8 130 € die tarifliche Einkommensteuer aber ohnehin 0 € beträgt, sollte der Verlustrücktrag gem. § 10d Abs. 1 Satz 5 und 6 EStG auf 11 562 € beschränkt werden. Damit verbleibt für den Verlustvortrag ein Betrag in Höhe von 18 438 €.

Für den VZ 2013 ergibt sich damit folgende geänderte Veranlagung:

Summe der Einkünfte	25 000 €
Entlastungsbetrag für Alleinerziehende	1 308 €
Verlustrücktrag	11 562 €
Sonderausgaben	4 000 €
zu versteuerndes Einkommen	8 130 €
tarifliche Einkommensteuer	0 €

Ohne besonderen Antrag wird der Verlustrücktrag von Amts wegen immer im höchstmöglichen Umfang vorgenommen. Ziel des A muss es aber sein, nicht einen Gesamtbetrag der Einkünfte von Null, sondern eine Steuerbelastung von Null zu erreichen. Für das Abzugsjahr ist zu beachten, dass sich der Grundfreibetrag von 8 130 € auf 8 354 € erhöht hat.

FALL 81

Wirkungsweise des Verlustvortrags

Sachverhalt:

a) Der ledige A hat im Jahr 02 aus seinem neu gegründeten Gewerbebetrieb einen Verlust in Höhe von 4 Mio. € erzielt. Im Jahr 03 hat er einen Gewinn von 2 Mio. € erwirtschaftet. Weitere Einkünfte liegen jeweils nicht vor. Die berücksichtigungsfähigen Sonderausgaben belaufen sich 03 auf 8 000 €.

Aufgabe: Wie ist der verbleibende Verlustvortrag zum 31. 12. 03 festzustellen, wenn ein Verlust-rücktrag nach 01 nicht möglich ist und welchen Betrag hat A im VZ 03 zu versteuern?

b) Bei dem ledigen Steuerpflichtigen B wird zum 31. 12. 01 ein Verlustvortrag mit 35 000 € fest-gestellt. Im Jahr 02 hat er positive Einkünfte von 40 000 € und Sonderausgaben i. H. v. 6 000 €.

Aufgabe: Wie errechnet sich das zu versteuernde Einkommen im VZ 02?

LÖSUNG

Nach § 10b Abs. 2 EStG sind im Rahmen des Verlustvortrags nicht ausgeglichene negative Ein-künfte bis zu einem Gesamtbetrag der Einkünfte von 1 Mio. € unbeschränkt, darüber hinaus bis zu 60 % des 1 Mio. € übersteigenden Gesamtbetrags der Einkünfte abzuziehen.

Zu a):

Positive Einkünfte 03	2 000 000 €
Sockelbetrag ausgleichsfähig	1 000 000 €
verbleiben	1 000 000 €
davon 60 % ausgleichsfähig	600 000 €
	400 000 €
Sonderausgaben	8 000 €
zu versteuerndes Einkommen 03	392 000 €

Der verbleibende Verlustvortrag beträgt zum 31. 12. 03 2 400 000 €.

Zu b):

Nach § 10d Abs. 2 Satz 1 EStG ist der Verlustvortrag vorrangig vor Sonderausgaben, außerge-wöhnlichen Belastungen und sonstigen Abzugsbeträgen abzuziehen.

Gesamtbetrag der Einkünfte 02	40 000 €
Verlustvortrag	35 000 €
verbleiben	5 000 €
Sonderausgaben maximal	5 000 €
zu versteuerndes Einkommen	0 €

Während es beim Verlustrücktrag mittels Antrag möglich ist, sich in bestimmten Fällen den Ab-zug von Sonderausgaben zu erhalten, gibt es beim Verlustvortrag diese Möglichkeit nicht. Die Sonderausgaben gehen steuerlich in voller Höhe ins Leere. Der BFH hatte mit Beschluss vom 9. 4. 2010 (BFH/NV 2010, 1270) hinsichtlich der gegenüber Sonderausgaben und außergewöhn-lichen Belastungen vorrangigen Berücksichtigung des Verlustabzugs gem. § 10d Abs. 2 EStG kei-ne verfassungsrechtlichen Bedenken geäußert. Gegen diesen Beschluss wurde Verfassungs-beschwerde eingelegt, die unter dem Az. 2 BvR 1175/10 anhängig ist.

FALL 82

Verlustvortrag bei Wechsel zwischen Zusammen- und Einzelveranlagung

Sachverhalt:

a) M und F werden ab dem Verlustentstehungsjahr 02 einzeln veranlagt. Bei M ist ein Verlust in Höhe von 1 Mio. €, bei F ein Verlust in Höhe von 3 Mio. € entstanden. Beide Verluste werden zunächst zurückgetragen. Im Jahr 01 werden die Ehegatten zusammen veranlagt.

b) Im Jahr 02 werden M und F einzeln und im Jahr 01 zusammen veranlagt. Sie haben folgende Einkünfte erzielt:

	01	02
M	100 000 €	300 000 €
F	150 000 €	./. 350 000 €

Aufgabe: Welche vortragsfähigen Verluste ergeben sich bei M und bei F unter der Annahme, dass der Verlustrücktrag in maximaler Höhe i. S. d. § 10d Abs. 1 Satz 1 EStG vorzunehmen ist?

LÖSUNG

Zu a):

Die Verluste können im Jahr 01 gem. § 10d Abs. 1 EStG bis zum Höchstbetrag von 2 Mio. € abgezogen werden. Damit verbleiben Verluste in Höhe von insgesamt 2 Mio. € für den Vortrag. Die nach Durchführung des Verlustrücktrags verbleibenden Verluste sind nach § 62d Abs. 2 Satz 2 EStDV auf die Ehegatten in dem Verhältnis aufzuteilen, in dem die Verluste der einzelnen Ehegatten im Verlustentstehungsjahr zueinander stehen. Auf M entfällt damit ein Betrag in Höhe von 500 000 €, auf F ein Betrag in Höhe von 1 500 000 €.

Zu b):

Nach § 10d Abs. 1 EStG sind die negativen Einkünfte i. H. v. 350 000 € in den VZ 01 zurückzutragen.

Da die Eheleute im Jahr 01 zusammen veranlagt werden, ist der Rücktrag bis zum Höchstbetrag von maximal 2 000 000 € möglich.

Die Veranlagung 01 ist wie folgt zu ändern:

Einkünfte M	100 000 €
Einkünfte F	150 000 €
Gesamtbetrag der Einkünfte	250 000 €
Verlustrücktrag aus 02	250 000 €
	0 €

Der am Schluss des VZ 02 verbleibende Verlust ist i. H. v. 100 000 € festzustellen und entfällt in voller Höhe auf F.

FALL 83

Zusammentreffen von Verlustrücktrag und Verlustvortrag in einem Veranlagungszeitraum

Sachverhalt: A, ledig, hat zum 31.12.01 einen Verlustvortrag von 5 Mio. €. Sein Gesamtbetrag der Einkünfte im Jahr 02 beträgt 2 Mio. €. Aus 03 hat A einen Verlustrücktrag in Höhe von 400 000 €.

Aufgabe: Wie ist der verbleibende Verlustvortrag zum 31.12.03 festzustellen und welchen Betrag hat A im Jahr 02 zu versteuern?

LÖSUNG

Das Gesetz enthält keine Regelung, wie eine Verlustverrechnung in den Jahren zu erfolgen hat, in denen ein Verlustrücktrag und ein Verlustvortrag zusammentreffen. Die Reihenfolge hat Bedeutung, da ein Verlustrücktrag bis zum Höchstbetrag in voller Höhe den Gesamtbetrag der Einkünfte mindert, wohingegen der Verlustvortrag nach Abzug des Sockelbetrags nur noch zu 60 % verrechnet wird.

Lösungsvorschlag 1 (Verlustrücktrag reduziert nicht die Bezugsgröße für den Verlustvortrag)

Gesamtbetrag der Einkünfte 02	2 000 000 €
Sockelbetrag ausgleichsfähig	1 000 000 €
verbleiben	1 000 000 €
davon 60 % ausgleichsfähig	600 000 €
verbleiben	400 000 €
Verlustrücktrag aus 03	400 000 €
zu versteuerndes Einkommen 02	0 €

Der Verlustvortrag in das Jahr 04 beträgt somit noch 3 400 000 €.

Lösungsvorschlag 2 (Verlustrücktrag reduziert die Bezugsgröße für den Verlustvortrag)

Gesamtbetrag der Einkünfte 02	2 000 000 €
Verlustrücktrag aus 03	400 000 €
verbleiben	1 600 000 €
Sockelbetrag ausgleichsfähig	1 000 000 €
verbleiben	600 000 €
davon 60 % ausgleichsfähig	360 000 €
zu versteuerndes Einkommen 02	240 000 €

Der Verlustvortrag in das Jahr 04 würde hier 3 640 000 € betragen.

Der Wortlaut des Gesetzes spricht für eine Auslegung, nach der innerhalb des Verlustabzugs der Verlustvortrag Vorrang vor dem Verlustrücktrag hat (*Nolte,* NWB F. 3, 12907, NWB DokID: OAAAB-23226; *Hallerbach* in Herrmann/Heuer/Raupach, § 10d EStG Anm. 51; gl. A. mit anderer Begründung *Dötsch/Pung*, DB 2004, 151; *Hill/Kavazidis,* DB 2003, 2028). Damit ist der Lösungsvorschlag 1 zutreffend, der zu einem höheren Abzugsbetrag führt.

FALL 84

Verlustrücktrag und Thesaurierungsbegünstigung i. S. d. § 34a EStG

Sachverhalt: Der Steuerbilanzgewinn des ledigen Freiberuflers A beträgt im Jahr 2013 330 000 €. Hierin sind steuerfreie Gewinnanteile von 30 000 € enthalten. A hat 70 000 € entnommen, Einlagen sind nicht erfolgt. Sonderausgaben sind in Höhe von 20 000 € zu berücksichtigen. A hat für 2013 die Thesaurierungsbegünstigung für den gesamten nicht entnommenen Gewinn gestellt.

Aufgabe: Welche Auswirkungen ergeben sich, wenn A den im Jahr 2014 erlittenen Verlust mit 60 000 € in maximaler Höhe auf 2013 zurücktragen möchte?

LÖSUNG

Bei der Ermittlung des nicht entnommenen Gewinns gelten steuerfreie Gewinnanteile als vorrangig entnommen. Der nicht entnommene Gewinn 2013 beträgt 260 000 € (= 330 000 € abzügl. 70 000 € Entnahmen). Der steuerpflichtige Gewinn beläuft sich auf 300 000 €. Daher kann A einen Antrag nach § 34a EStG für einen Gewinn von maximal 260 000 € stellen.

Für 2013 ergibt sich folgende Veranlagung, wobei der Solidaritätszuschlag aus Vereinfachungsgründen unberücksichtigt bleibt:

Gewinn (entspricht GdE)	300 000 €
Sonderausgaben	20 000 €
zu versteuerndes Einkommen	280 000 €
die tarifliche Einkommensteuer ohne Antrag i. S. d. § 34a EStG würde 110 282 € betragen	
nicht entnommener Gewinn	260 000 €
restliches zvE	20 000 €
Steuer laut Grundtabelle	2 677 €
Steuer für nicht entnommenen Gewinn 28,25 % von 260 000 €	73 450 €
Steuerbelastung mit Antrag i. S. d. § 34a EStG	76 127 €

Bei einem Verlustrücktrag sorgt § 10d Abs. 1 Satz 2 EStG dafür, dass der im Vorjahr begünstigte nicht entnommene Gewinn nicht mit dem zurückgetragenen Verlust verrechnet werden kann.

Gesamtbetrag der Einkünfte 2013	300 000 €
Begünstigungsbetrag nach § 34a Abs. 3 Satz 1 EStG	260 000 €
maximaler Verlustrücktrag	40 000 €

damit ergibt sich 2013 folgende Berechnung:

Gesamtbetrag der Einkünfte	300 000 €
Verlustrücktrag	40 000 €
Sonderausgaben	20 000 €
zu versteuerndes Einkommen	240 000 €
der nicht entnommene Gewinn mit 260 000 € bleibt außer Ansatz, maximal aber	240 000 €
restliches zvE	0 €
Steuerbelastung 28,25 % von 240 000 €	67 800 €

Damit gehen 20 000 € in den Verlustvortrag ein.

Nach § 34a Abs. 1 Satz 4 EStG kann ein gestellter Antrag für die Thesaurierungsbegünstigung bis zur Unanfechtbarkeit des Einkommensteuerbescheids für den nächsten VZ ganz oder teilweise zurückgenommen werden. Sofern A den gesamten Verlust 2014 zurücktragen möchte, muss er seinen Antrag auf (höchstens) 240 000 € begrenzen.

Gesamtbetrag der Einkünfte 2013	300 000 €
Verlustrücktrag	60 000 €
Sonderausgaben	20 000 €
zu versteuerndes Einkommen	220 000 €
laut Antrag bleibt ein nicht entnommener Gewinn mit 240 000 € außer Ansatz, maximal	220 000 €
restliches zvE	0 €
Steuerbelastung 28,25 % von 220 000 €	62 150 €

Der Verlust des Jahres 2014 kann jetzt in voller Höhe zurückgetragen werden, ein Verlustvortrag besteht nicht. Da allerdings mangels verbleibendem zu versteuernden Einkommen der Grundfreibetrag ins Leere geht, die Gesamtsteuerbelastung unter Berücksichtigung einer drohenden Nachbelastung bei den ermäßigt besteuerten Gewinnanteilen andererseits auf rund 48 % ansteigt, ist in praktischen Fällen unter Berücksichtigung der individuellen Besonderheiten zu prüfen, ob die Rücknahme des Antrags nach § 34a Abs. 1 Satz 4 EStG auf einen höheren Betrag auszuweiten ist oder ob auf den Verlustrücktrag ganz oder teilweise verzichtet werden soll.

FALL 85

Verluste im Erbfall

Sachverhalt:

a) Der im Jahr 02 verstorbene Steuerpflichtige A hat in 02 einen negativen Gesamtbetrag der Einkünfte von 200 000 € (Vorjahr + 50 000 €). Da Sohn B als Alleinerbe wirtschaftlich mit dem Verlust belastet ist, möchte er ihn in seiner Steuererklärung berücksichtigen.

b) Tochter T beerbt ihre im Jahr 02 verstorbene Mutter M. Für M war zum 31.12.01 ein Verlustvortrag nach § 10d EStG i. H.v. 80 000 € festgestellt. M war an der X-GmbH & Co. KG als Mitunternehmerin beteiligt, ihr Kapitalkonto betrug am Todestag ./. 20 000 €. Der Gesamtbetrag der Einkünfte der T beläuft sich im Jahr 02 auf 45 000 €.

c) Die Ehegatten M und F wählen wie im Jahr 01 auch in 02 die Zusammenveranlagung. M ist am 1.2.02 verstorben; bis zum Todestag sind bei ihm Verluste von 10 000 € angefallen. Zum 31.12.01 ist bei M ein Verlustvortrag nach § 10d EStG i. H.v. 20 000 € festgestellt worden. Während F im Jahr 01 nicht berufstätig war, erzielt sie in 02 Einkünfte von 80 000 €.

Aufgabe: Welche Konsequenzen ergeben sich aus den geschilderten Sachverhalten?

LÖSUNG

Zu a):

Unstrittig können im Wege des Verlustrücktrags beim Erblasser 50 000 € im Jahr 01 abgezogen werden. Zum Verlustübergang hat der Große Senat des BFH mit Beschluss vom 17.12.2007 (GrS 2/04, BStBl 2008 II 608) allerdings entschieden, dass der Erbe einen vom Erblasser nicht ausgenutzten Verlustabzug gem. § 10d EStG nicht bei seiner eigenen Veranlagung geltend machen kann. Die Finanzverwaltung wendet diese Entscheidung auf alle Erbfälle an, die nach Ablauf des 18.8.2008 eingetreten sind (BMF v. 24.7.2008, BStBl 2008 I 809). B kann den verbleibenden Verlust von 150 000 € nicht berücksichtigen (R 10d Abs. 9 Satz 2 EStR).

Zu b):

Nach R 10d Abs. 9 Satz 2 EStR kann der Verlustabzug nach § 10d EStG nicht auf T übergehen, so dass es beim Gesamtbetrag der Einkünfte i. H.v. 45 000 € bleibt. Von dieser Regelung sind allerdings einkunftsquellenbezogene Verluste wie z. B. nach § 15a EStG ausgenommen. In R 10d Abs. 9 Satz 11 EStR wird ausdrücklich geregelt, dass Verluste gem. § 15a und § 15b EStG im Erbfall übertragbar sind. Das negative Kapitalkonto von M geht auf T über und steht zur Verrechnung mit zukünftigen Erträgen aus dem Mitunternehmeranteil zur Verfügung.

Zu c):

Unstreitig kann der Ehegatte des Erblassers bei Zusammenveranlagung im Todesjahr Verluste des Erblassers mit bis zum Jahresende erzielten eigenen positiven Einkünften ausgleichen. In R 10d Abs. 9 Satz 3 EStR ist darüber hinaus geregelt, dass auch Verlustvorträge des verstorbenen

Ehegatten aus dem Vorjahr abgezogen werden können. F kann somit im Jahr 02 neben dem Verlust von 10 000 € auch den Verlustvortrag aus 01 i. H. v. 20 000 € im Rahmen der Zusammenveranlagung berücksichtigen.

FALL 86

Mindestbesteuerung im Erbfall

Sachverhalt: Der Erblasser A erzielte im Jahr 02 einen negativen Gesamtbetrag der Einkünfte i. H. v. 4 Mio. €. Ein Verlustrücktrag schied aus, da der Gesamtbetrag der Einkünfte in 01 0 € betrug. Bis zu seinem Tod im August 03 erzielte A einen Gewinn i. H. v. 5 Mio. €.

Aufgabe: Wie wirkt sich der geschilderte Sachverhalt aus?

LÖSUNG:

Der Verlustvortrag errechnet sich wie folgt:

Gesamtbetrag der Einkünfte 03	5 000 000 €
Sockelbetrag ausgleichsfähig	1 000 000 €
verbleiben	4 000 000 €
davon 60 % ausgleichfähig	2 400 000 €
Einkommen 03	1 600 000 €

Damit können lediglich 3 400 000 € des Verlustvortrags im Jahr 03 verwertet werden. Die verbleibenden 600 000 € können nicht auf die Erben übergehen.

Mit Urteil vom 22. 8. 2012 (BStBl 2013 II 512) hat der BFH hierzu entschieden, es bestünden keine Bedenken gegen die Grundkonzeption der Verlustdeckelung des § 10d Abs. 2 EStG. Gegen dieses Urteil ist eine Verfassungsbeschwerde unter Az. 2 BvR 2998/12 anhängig. Allerdings musste der BFH nicht zu der Frage Stellung beziehen, ob die Mindestbesteuerung auch in den Fällen noch verfassungsgemäß ist, in denen eine Verlustverrechnung in späteren Veranlagungszeiträumen aus tatsächlichen oder rechtlichen Gründen endgültig ausgeschlossen ist. Im vorläufigen Verfahren sieht der BFH hier durchaus verfassungsrechtliche Bedenken (Beschluss vom 26. 8. 2010 IB 49/10, BStBl 2011 II 826).

Mit BMF-Schreiben vom 19. 10. 2011 (BStBl 2011 I 974) gewährt die Finanzverwaltung in bestimmten Fällen der Definitivbelastung Aussetzung der Vollziehung. Zu diesen gehört auch die Beendigung der persönlichen Steuerpflicht (Tod einer natürlichen Person) bei fehlender Möglichkeit der Verlustvererbung.

Kapitel 7: Familienleistungsausgleich, Entlastungsbetrag für Alleinerziehende (§§ 24b, 31, 32, 62–78 EStG)

Vorbemerkungen

Einem Elternteil steht gem. § 32 Abs. 6 EStG seit dem 1. 1. 2010 für jedes zu berücksichtigende Kind ein Freibetrag

▶ für das sächliche Existenzminimum i. H. v. 2 184 € (Kinderfreibetrag) und

▶ für den üblicherweise anfallenden Betreuungs- und Erziehungs- oder Ausbildungsbedarf i. H. v. 1 320 € (Betreuungsfreibetrag) im Kalenderjahr zu.

Das Kindergeld beträgt monatlich für das erste und zweite Kind jeweils 184 €, für das dritte Kind 190 € und für das vierte und jedes weitere Kind jeweils 215 € (§ 66 Abs. 1 EStG).

Die steuerliche Freistellung erfolgt nach § 31 Satz 1 EStG durch die Freibeträge nach § 32 Abs. 6 EStG oder durch Kindergeld. Die Eltern werden im laufenden Kalenderjahr durch die monatliche Zahlung von Kindergeld entlastet. Im Rahmen der Einkommensteuer-Veranlagung wird dann von Amts wegen geprüft, welche Regelung günstiger ist. Sind die Freibeträge günstiger, werden diese vom Einkommen abgezogen; zum Ausgleich ist die tarifliche Einkommensteuer um den Anspruch auf das Kindergeld zu erhöhen. Die Frage, wie zu verfahren ist, wenn überhaupt kein Kindergeld bezogen wurde, hat der BFH mit Urteilen vom 13. 9. 2012 (V R 59/10, BStBl 2013 II 228) und 20. 12. 2012 (III R 29/12, BFH/NV 2013, 723 NWB DokID: TAAAE-31697) dahingehend entschieden, dass es allein entscheidend sei, ob ein Anspruch auf Kindergeld besteht. Ob Kindergeld tatsächlich gezahlt wurde, ist unerheblich.

FALL 87

Die Freistellung des Existenzminimums

Sachverhalt:

a) Die Steuererklärung der Eheleute A und B weist ein Einkommen i. S. d. § 2 Abs. 5 EStG von 70 000 € aus. A und B werden zusammen zur Einkommensteuer veranlagt und sind Eltern eines minderjährigen Kindes.

b) Wie a) mit dem Unterschied, dass das Einkommen 50 000 € beträgt.

c) Das Einkommen der Eheleute A und B beträgt 64 000 €. A und B werden zusammen zur Einkommensteuer veranlagt und sind Eltern eines 16-jährigen Sohnes und einer 12-jährigen Tochter.

d) Die geschiedenen Eltern haben einen gemeinsamen minderjährigen Sohn S. S lebt im Haushalt der Mutter, bei der er mit Wohnsitz gemeldet ist. Der Vater kommt seiner Barunterhaltsverpflichtung nach. Das Kindergeld wird an die Mutter ausbezahlt. Das Einkommen des Vaters beträgt 75 000 €, das der Mutter 28 500 €.

e) Wie d) mit dem Unterschied, dass die Mutter die Übertragung des Freibetrags für den Betreuungs- und Erziehungs- oder Ausbildungsbedarf beantragt hat.

f) Wie d) mit dem Unterschied, dass der Vater seiner Barunterhaltsverpflichtung nicht nachkommt. Daher hat die Mutter beantragt, sowohl den Kinderfreibetrag als auch den Freibetrag für den Betreuungs- und Erziehungs- oder Ausbildungsbedarf des Vaters auf sich zu
übertragen.

Aufgabe: Es ist zu prüfen, ob bei der Veranlagung für das Jahr 2013 das Kindergeld oder die
steuerliche Entlastung durch Freibeträge nach § 32 Abs. 6 EStG günstiger ist.

LÖSUNG

Zu a):

Einkommen ohne Freibeträge	70 000 €	
Einkommensteuer hierauf		14 470 €
./. Kinderfreibetrag	./. 4 368 €	
./. Betreuungsfreibetrag	./. 2 640 €	
zvE unter Berücksichtigung der Freibeträge	62 992 €	
Einkommensteuer hierauf		12 156 €
Differenz		2 314 €

Das jährliche Kindergeld für das Kind beträgt 2 208 €. Für A und B ergibt sich somit bei der Einkommensteuerveranlagung ein zusätzlicher Entlastungsbetrag von 106 €. Zur Vermeidung einer Doppelbegünstigung wird daher der tariflichen Einkommensteuer der Anspruch auf das Kindergeld hinzugerechnet, so dass die Einkommensteuer mit 14 364 € festgesetzt wird.

Zu b):

Einkommen ohne Freibeträge	50 000 €	
Einkommensteuer hierauf		8 164 €
./. Kinderfreibetrag	./. 4 368 €	
./. Betreuungsfreibetrag	./. 2 640 €	
zvE unter Berücksichtigung der Freibeträge	42 992 €	
Einkommensteuer hierauf		6 170 €
Differenz		1 994 €

Die steuerliche Freistellung des Existenzminimums wird in vollem Umfang durch das Kindergeld
(2 208 €) erreicht. Die Freibeträge nach § 32 Abs. 6 EStG werden nicht gewährt.

Zu c):

Die von Amts wegen vorzunehmende Vergleichsrechnung ist für jedes Kind einzeln durchzufüh-
ren, und zwar beginnend mit dem ältesten Kind (H. 31 "Prüfung der Steuerfreistellung" EStH).
Diese vorzunehmende Einzelbetrachtung ist vom BFH mit Urteil vom 28. 4. 2010 (BFH
III R 86/07, BStBl 2011 II 259) und 19. 4. 2012 (BFH III R 50/08, NWB DokID: RAAAE-12965, BFH/
NV 2012, 1429) bestätigt worden.

Vergleichsrechnung für den Sohn:

Einkommen ohne Freibeträge	64 000 €	
Einkommensteuer hierauf		12 482 €
./. Kinderfreibetrag	./. 4 368 €	
./. Betreuungsfreibetrag	./. 2 640 €	
zvE unter Berücksichtigung der Freibeträge	56 992 €	
Einkommensteuer hierauf		10 264 €
Differenz		2 218 €

Für A und B ergibt sich bei der Einkommensteuerveranlagung ein zusätzlicher Entlastungsbetrag von 10 €. Der Abzug der Freibeträge ist also günstiger.

Vergleichsrechnung für die Tochter:

Einkommen ohne Freibeträge der Tochter	56 992 €	
Einkommensteuer hierauf		10 264 €
./. Kinderfreibetrag	./. 4 368 €	
./. Betreuungsfreibetrag	./. 2 640 €	
zvE unter Berücksichtigung der Freibeträge	49 984 €	
Einkommensteuer hierauf		8 158 €
Differenz		2 106 €

Die steuerliche Freistellung wird hier in vollem Umfang durch das Kindergeld erreicht. Für die Tochter werden daher keine Freibeträge abgezogen.

Wegen der Einzelbetrachtungsweise bei der Günstigerprüfung kann es also vorkommen, dass bei Eltern mit mehreren Kindern für ein oder mehrere Kinder der Abzug der Freibeträge nach § 32 Abs. 6 EStG und für andere Kinder der Anspruch auf das Kindergeld günstiger ist.

Zu d):

Sofern die Voraussetzungen für eine Zusammenveranlagung nicht vorliegen, ist die Vergleichsberechnung für jeden Elternteil getrennt durchzuführen. Es ist dabei möglich, dass ein Elternteil Kindergeld erhält, der andere aber einen Kinderfreibetrag in Anspruch nehmen kann.

Veranlagung des Vaters

Einkommen ohne Freibeträge	75 000 €	
Einkommensteuer hierauf		23 304 €
./. Freibeträge nach § 32 Abs. 6 EStG	3 504 €	
zvE unter Berücksichtigung der Freibeträge	71 496 €	
Einkommensteuer hierauf		21 832 €
Differenz		1 472 €

Der Abzug der Freibeträge bewirkt eine Einkommensteuerersparnis in Höhe von 1 472 €, die höher ist als der anteilige Anspruch auf das Kindergeld i. H.v. 1 104 €. Damit sind beim Vater die Freibeträge abzuziehen.

Veranlagung der Mutter

Einkommen ohne Freibeträge	28 500 €	
Einkommensteuer hierauf		5 133 €
./. Freibeträge nach § 32 Abs. 6 EStG	3 504 €	
zvE unter Berücksichtigung der Freibeträge	24 996 €	
Einkommensteuer hierauf		4 080 €
Differenz		1 053 €

Die Einkommensteuerersparnis ist niedriger als der Anspruch auf das hälftige Kindergeld. Damit erfolgt bei der Mutter kein Abzug der Freibeträge.

Zu e):

Wird für ein Kind lediglich der Freibetrag für den Betreuungs- und Erziehungs- oder Ausbildungsbedarf übertragen, bleibt die Zurechnung des Anspruchs auf Kindergeld hiervon unberührt (R 31 Abs. 3 Satz 4 EStR).

Veranlagung des Vaters

Einkommen ohne Freibeträge	75 000 €	
Einkommensteuer hierauf		23 304 €
./. Kinderfreibetrag	2 184 €	
zvE unter Berücksichtigung des Freibetrags	72 816 €	
Einkommensteuer hierauf		22 386 €
Differenz		918 €
Veranlagung der Mutter		
Einkommen ohne Freibeträge	28 500 €	
Einkommensteuer hierauf		5 133 €
./. Kinderfreibetrag	2 184 €	
./. Betreuungsfreibetrag	2 640 €	
zvE unter Berücksichtigung der Freibeträge	23 676 €	
Einkommensteuer hierauf		3 698 €
Differenz		1 435 €

Sowohl beim Vater als auch bei der Mutter ist der Anspruch auf das halbe Kindergeld i. H.v. 1 104 € in die Günstigerprüfung einzubeziehen. Damit sind Freibeträge einkommensteuermindernd nur bei der Mutter abzuziehen, nicht jedoch beim Vater.

Zu f):

Erhält ein Steuerpflichtiger sämtliche Freibeträge des § 32 Abs. 6 EStG des anderen Elternteils übertragen, so ist die Vergleichsberechnung lediglich für diesen Elternteil vorzunehmen. In diesem Fall sind die verdoppelten Freibeträge mit dem gesamten Kindergeld zu vergleichen.

Veranlagung der Mutter

Einkommen ohne Freibeträge	28 500 €	
Einkommensteuer hierauf		5 133 €
./. Freibeträge nach § 32 Abs. 6 EStG	7 008 €	
zvE unter Berücksichtigung der Freibeträge	21 492 €	
Einkommensteuer hierauf		3 084 €
Differenz		2 049 €

Die Einkommensteuerersparnis ist mit dem vollen Kindergeld i. H. v. 2 208 € zu vergleichen. Es verbleibt damit beim Kindergeld.

FALL 88

Grundsätze der Berücksichtigung von Kindern

Sachverhalt: Die Ehegatten A und B sind unbeschränkt steuerpflichtige und zusammenveranlagende Ehegatten. Das Kind C

a) vollendet mit Ablauf des 1. 9. 2013 sein 18. Lebensjahr. Das Kind D ist am 31. 5. 2013 geboren.

b) ist am 1. 7. 1988 geboren und studiert Medizin.

c) ist am 1. 1. 1995 geboren.

d) ist am 2. 1. 1995 geboren.

e) ist am 31. 12. 1987 geboren und befindet sich in Berufsausbildung.
   C hat den gesetzlichen Grundwehrdienst von 9-monatiger Dauer bei der Bundeswehr abgeleistet.

f) ist am 1. 7. 1991 geboren und hat im Juli 2013 seine erstmalige Berufsausbildung abgeschlossen. Im Dezember 2013 beginnt C eine zweite Ausbildung. Die Ehegatten adoptieren im November 2013 das minderjährige Kind D.

Aufgabe: Stehen den Ehegatten bei ihrer Veranlagung 2013 noch kindbedingte Steuervergünstigungen zu?

LÖSUNG

Zu a):

Sowohl bei den Freibeträgen nach § 32 Abs. 6 EStG als auch bei den Kindergeldvorschriften gilt das Monatsprinzip. Für Kind C kann ohne weitere Voraussetzungen eine Zurechnung für neun

Monate erfolgen. Die Eltern haben für D Anspruch auf eine Berücksichtigung ab dem Monat Mai und damit für acht Monate.

Zu b):

C vollendet mit Ablauf des 30. 6. 2013 das 25. Lebensjahr. Eine Zurechnung als Kind kann daher bis Juni 2013 erfolgen.

Zu c):

C hat mit Ablauf des 31. 12. 2012 das 18. Lebensjahr vollendet. Das Kind ist gem. § 32 Abs. 3 EStG nicht mehr zu berücksichtigen.

Zu d):

C hat mit Ablauf des 1. 1. 2013 sein 18. Lebensjahr vollendet und kann daher für den Monat Januar noch berücksichtigt werden.

Sowohl im Fall c) als auch in Fall d) wird das Kind erstmalig im Januar 1995 berücksichtigt. Obwohl C im Fall d) nur einen Tag später geboren ist, wird das Kind einen Monat länger berücksichtigt.

Zu e):

C vollendet mit Ablauf des 30. 12. 2012 das 25. Lebensjahr. § 32 Abs. 5 Satz 1 EStG sieht in bestimmten Fällen eine Berücksichtigung von Kindern über das 25. Lebensjahr hinaus vor. Da sich der Berücksichtigungszeitraum um die Dauer des gesetzlichen Grundwehrdienstes verlängert, kann eine Zurechnung bis zum 30. 09. 2013 erfolgen.

Zu f):

Befindet sich ein Kind in einer Übergangszeit von höchstens vier Monaten zwischen zwei Ausbildungsabschnitten, kann es ununterbrochen berücksichtigt werden. Dabei reicht es aus, wenn der nächste Ausbildungsabschnitt im 5. Kalendermonat nach Ablauf des Kalendermonats, in dem sich das Kind vorher in Ausbildung befunden hat, beginnt (H 32.6. „Übergangszeit" EStH). C wird somit 2013 ganzjährig berücksichtigt.

Fraglich ist, ob für D im November eine Doppelberücksichtigung bei den Adoptiveltern und den leiblichen Eltern erfolgen kann. Diesen Konflikt entscheidet § 32 Abs. 2 EStG zugunsten der Adoptiveltern. D kann daher für zwei Monate bei den Adoptiveltern berücksichtigt werden.

FALL 89

Berücksichtigung von volljährigen Kindern

Sachverhalt:

1. Nach dem Abitur im Sommer 02 studiert der 20-jährige Sohn A an der Fernuniversität Hagen. Um sich das Studium zu finanzieren, arbeitet er 35 Stunden in der Woche im Büro seiner Tante.

2. Die 22-jährige Tochter B hat im Juni 02 ihre Ausbildung zur Steuerfachangestellten abgeschlossen. Um das Abitur nachzuholen, besucht B seit Juli 02 die Abendschule. Tagsüber arbeitet B in Vollzeit bei einem Steuerberater.

3. Wie 2., allerdings arbeitet B nur 18 Stunden in der Woche.

4. Der 22 Jahre alte Sohn C hat im Juli 01 seine Ausbildung zum Einzelhandelskaufmann abgeschlossen. Zum 1.9.01 beginnt C eine neue Ausbildung zum Rechtsanwaltsgehilfen.

5. Wie 4., allerdings studiert C ab 1.9.01 Marketing. Ab dem 1.2.02 ist er mit einer wöchentlichen Arbeitszeit von 10 Stunden als Einzelhandelskaufmann beschäftigt. Daneben jobbt er im Rahmen einer Aushilfsbeschäftigung am Samstagabend in einer Gaststätte (wöchentliche Arbeitszeit 6 Stunden).

6. Tochter D schließt nach dem Abitur eine Lehre ab und studiert ab Oktober 01. Seit dem 1.4.02 ist D als Bürokraft für 20 Stunden wöchentlich beschäftigt. In den Semesterferien arbeitet D vom 1.8. bis 30.9.02 in Vollzeit mit 40 Stunden wöchentlich. Danach wird ihr gekündigt. Ab dem 1.11.02 ist D dann als Verkäuferin mit einer wöchentlichen Arbeitszeit von 15 Stunden tätig.

7. Das Kind E schließt nach dem Abitur eine Lehre ab und studiert ab Oktober 01. Im Jahr 02 übt E ganzjährig eine Beschäftigung mit einer Arbeitszeit von 20 Stunden wöchentlich aus. In den Semesterferien von August bis September weitet E seine wöchentliche Arbeitszeit vorübergehend auf 40 Stunden aus.

8. Das Kind F schließt nach dem Abitur eine Berufsausbildung mit der Gesellenprüfung ab und studiert ab dem Jahr 01. Ab dem 20.7.02 nimmt es unbefristet eine Teilzeitbeschäftigung mit 30 Stunden pro Woche auf.

Aufgabe: Kann im Jahr 02 ein Kinderfreibetrag berücksichtigt werden?

LÖSUNG

Durch das Steuervereinfachungsgesetz 2011 wurde mit Ablauf des 31.12.2011 die Einkünfte- und Bezügegrenze aufgehoben. Ein volljähriges Kind wird ab VZ 2012 grundsätzlich bis zum Abschluss einer erstmaligen Berufsausbildung oder eines Erststudiums berücksichtigt. Eine Erwerbstätigkeit des Kindes bleibt insoweit außer Betracht. Nach Abschluss der erstmaligen Berufsausbildung oder eines Erststudiums wird ein Kind nur noch berücksichtigt, wenn es einen der Grundtatbestände des § 32 Abs. 4 Satz 1 Nr. 2 EStG erfüllt und keiner Erwerbstätigkeit nachgeht (§ 32 Abs. 4 Satz 2 EStG).

Durch das AmtshilfeRLUmsG wurde das „und" in § 32 Abs. 4 Satz 2 EStG rückwirkend zum 1.1.2012 durch „oder" ersetzt. Eine Erwerbstätigkeit mit bis zu 20 Stunden regelmäßiger wöchentlicher Arbeitszeit, ein Ausbildungsdienstverhältnis oder ein geringfügiges Beschäftigungsverhältnis sind unschädlich.

1. A hat das 25. Lebensjahr noch nicht vollendet und wird nach § 32 Abs. 4 Nr. 2 Buchst. a EStG für einen Beruf ausgebildet. Er hat seine erstmalige Berufsausbildung nicht abgeschlossen, so dass § 32 Abs. 4 Satz 2 EStG nicht greift. Damit ist die Erwerbstätigkeit für die Gewährung des Kinderfreibetrags ohne Bedeutung.

2. B hat das 25. Lebensjahr noch nicht vollendet und wird nach § 32 Abs. 4 Nr. 2 Buchst. a EStG für einen Beruf ausgebildet (Abendschule). B hat jedoch ihre erstmalige Berufsausbildung

abgeschlossen. Da sie in Vollzeit einer Erwerbstätigkeit nachgeht, kann sie nach § 32 Abs. 4 Satz 2 EStG nicht mehr berücksichtigt werden. Ein Kinderfreibetrag kommt nicht in Betracht.

3. Nach § 32 Abs. 4 Satz 3 EStG ist eine Erwerbstätigkeit mit bis zu 20 Stunden in der Woche unschädlich. Ein Kinderfreibetrag kann gewährt werden.

4. C hat das 25. Lebensjahr noch nicht vollendet und wird nach § 32 Abs. 4 Nr. 2 Buchst. a EStG für einen Beruf ausgebildet. C hat zwar seine erstmalige Berufsausbildung abgeschlossen, die zweite Berufsausbildung ist gem. § 32 Abs. 4 Satz 3 EStG aber keine schädliche Erwerbstätigkeit. Ein Kinderfreibetrag kann gewährt werden.

5. Das Studium wird nach einer erstmaligen Berufsausbildung durchgeführt. Ein alleiniges geringfügiges Beschäftigungsverhältnis ist unabhängig vom zeitlichen Umfang unschädlich (§ 32 Abs. 4 Satz 3 EStG). Wird ein Mini-Job neben einer regulären Erwerbstätigkeit ausgeübt, darf die 20-Stunden-Grenze unter Einbeziehung des Mini-Jobs nicht überschritten werden. Ein Kinderfreibetrag kommt damit zum Ansatz.

6. Da D eine erstmalige Berufsausbildung abgeschlossen hat, kommt es auf die regelmäßige wöchentliche Arbeitszeit an. Eine höchstens 2 Monate andauernde Ausweitung der Beschäftigung auf mehr als 20 Stunden ist unbeachtlich, wenn die durchschnittliche wöchentliche Arbeitszeit nicht mehr als 20 Stunden beträgt (BMF v. 7. 12. 2011, BStBl 2011 I 1243, Tz 24). Hier ergeben sich folgende Arbeitszeiten pro voller Woche:

17 Wochen	20 Stunden pro Woche
8 Wochen	40 Stunden pro Woche
8 Wochen	15 Stunden pro Woche

Damit beträgt die durchschnittliche wöchentliche Arbeitszeit während des Kalenderjahres 02 15 Stunden und D ist nach § 32 Abs. 4 Satz 2 i. V. m. § 32 Abs. 4 Satz 1 Nr. 2 Buchst. a EStG ganzjährig zu berücksichtigen.

7. Durch die vorübergehende Ausweitung der Arbeitszeit erhöht sich die durchschnittliche wöchentliche Arbeitszeit des Kindes auf über 20 Stunden. Aus diesem Grund ist der Zeitraum der Ausweitung, nicht der gesamte Zeitraum der Erwerbstätigkeit, als schädlich anzusehen. Für die Monate August und September besteht daher kein Anspruch auf den Kinderfreibetrag.

8. Da das Studium nach Abschluss einer erstmaligen Berufsausbildung durchgeführt wird, kann F nur berücksichtigt werden, wenn das Kind keiner Erwerbstätigkeit nachgeht. Die Erwerbstätigkeit ist nach § 32 Abs. 4 Satz 3 EStG grundsätzlich als schädlich einzustufen. Das Kind kann aber für jeden Kalendermonat berücksichtigt werden, in dem wenigstens an einem Tage die Anspruchsvoraussetzungen – hier „keiner Erwerbstätigkeit nachgeht" – vorgelegen haben. Damit kann für die Monate Januar bis Juli 02 ein Kinderfreibetrag anerkannt werden, nicht jedoch für die Monate August bis Dezember 02.

FALL 90

Altersgrenze bei behinderten Kindern

Sachverhalt:

1. Das am 1.10.1983 geborene Kind B ist seit dem 1.3.2008 behindert und außerstande sich selbst zu unterhalten.

2. Wie 1. mit dem Unterschied, dass das Kind am 1.10.1982 geboren ist.

3. Wie 1. mit dem Unterschied, dass B durch eine eingeschränkte Erwerbstätigkeit in der Lage ist, sich selbst zu unterhalten.

4. Das am 1.7.1981 geborene Kind C ist seit 1.12.2006 behindert und kann sich nicht selbst versorgen.

Aufgabe: Ist das Kind im Rahmen des Familienleistungsausgleichs noch zu berücksichtigen?

LÖSUNG

Zu 1.:

Nach § 32 Abs. 4 Satz 1 Nr. 3 EStG wird ein Kind ohne Altersbegrenzung berücksichtigt, wenn es wegen einer Behinderung außerstande ist, sich selbst zu unterhalten und die Behinderung vor Vollendung des 25. Lebensjahres eingetreten ist. Damit kann eine Berücksichtigung des Kindes B über das 25. Lebensjahr hinaus erfolgen. Die Altersgrenze von 25 Jahren gilt für Kinder, bei denen die Behinderung nach dem 31.12.2006 eingetreten ist (§ 52 Abs. 40 Satz 8 EStG). Bis einschließlich VZ 2006 musste die Behinderung vor Vollendung des 27. Lebensjahres eingetreten sein.

Zu 2.:

Da die Behinderung des Kindes nach dem 31.12.2006 und nach Vollendung seines 25. Lebensjahres eingetreten ist, kann es nicht mehr berücksichtigt werden.

Zu 3.:

Mit Wirkung ab 1.1.2012 ist die Einkünfte- und Bezügegrenze für volljährige Kinder entfallen. Die Prüfung der Frage, ob die Einkünfte- und Bezügegrenze überschritten ist, hat jedoch noch Bedeutung für behinderte Kinder. Hier ist zu prüfen, ob das Kind außerstande ist, sich selbst zu unterhalten. Dies geschieht dadurch, dass in einer Vergleichsrechnung der notwendige Lebensbedarf des Kindes (2013: 8130 €, 2014: 8354 €) und der behinderungsbedingte Mehrbedarf seinen finanziellen Mitteln gegenübergestellt wird (vgl. H 32.9 „Außerstande sein, sich selbst zu unterhalten" EStH).

Da die Voraussetzungen des § 32 Abs. 4 Satz 1 Nr. 3 EStG nicht erfüllt sind, kann B nicht berücksichtigt werden.

Zu 4.:

Für Kinder, bei denen die Behinderung vor dem 1.1.2007 eingetreten ist, gilt weiterhin eine Altersgrenze von 27 Jahren (§ 52 Abs. 40 Satz 8 zweiter Halbsatz EStG). Daher kann das Kind C weiter berücksichtigt werden

FALL 91

Übertragung von Freibeträgen des § 32 Abs. 6 EStG

Sachverhalt:

1. V und M haben ein gemeinsames minderjähriges Kind K. Die Eltern leben seit Jahren in unterschiedlichen Wohnungen. K ist bei der Mutter M gemeldet, die auch das Kindergeld erhält. V kommt seiner Unterhaltspflicht nach.

2. Wie 1. mit dem Unterschied, dass V seiner Unterhaltsverpflichtung nicht im Wesentlichen nachkommt.

3. Wie 2. mit dem Unterschied, dass K jetzt in den Wohnungen beider Elternteile gemeldet ist.

4. Wie 1. mit dem Unterschied, dass V mangels Leistungsfähigkeit nicht gegenüber dem Kind unterhaltspflichtig ist und das Kind tatsächlich auch nicht betreut. Leistungen nach dem Unterhaltsvorschussgesetz werden nicht gewährt.

5. Wie 1. mit dem Unterschied, dass V ab 1. September arbeitslos ist und daher seiner Unterhaltspflicht nicht mehr nachkommen kann.

6. Die Eltern A und B sind selbst noch in Ausbildung und gegenüber ihrem in ihrem Haushalt lebenden Kind C mangels Leistungsfähigkeit nicht unterhaltspflichtig. Der Großelternteil D ist gegenüber seinem Enkel unterhaltspflichtig.

Aufgabe: Wem kann jeweils der Kinder- bzw. der Betreuungsfreibetrag zugeordnet werden?

LÖSUNG

Zu 1.:

Beide Elternteile erfüllen ihre Unterhaltsverpflichtung. Damit liegen die Voraussetzungen für eine Übertragung des Kinderfreibetrages nicht vor. V und M erhalten jeweils den Kinderfreibetrag i. H.v. 2 184 €. Eine andere Aufteilung ist nicht möglich. M kann jedoch beantragen, den dem V zustehenden Freibetrag für Betreuung, Erziehung oder Ausbildung auf sich zu übertragen, da es sich bei der Übertragung des Betreuungsfreibetrages um ein eigenständiges, von der Übertragung des Kinderfreibetrags unabhängiges Verfahren handelt. Allerdings scheidet eine Übertragung aus, wenn der Übertragung widersprochen wird, weil der Elternteil, bei dem das Kind nicht gemeldet ist, Kinderbetreuungskosten trägt oder das Kind regelmäßig in einem nicht unwesentlichen Umfang betreut (§ 32 Abs. 6 Satz 9 EStG).

Zu 2.:

Ein Elternteil kommt seiner Barunterhaltsverpflichtung gegenüber dem Kind im Wesentlichen nach, wenn er sie mindestens zu 75 % erfüllt (BMF v. 28.6.2013, BStBl 2013 I 845 Rn. 2). Auf

Antrag von M ist sowohl der allgemeine Kinderfreibetrag des V als auch der Betreuungsfreibetrag zu übertragen. Die Übertragung des Kinderfreibetrags soll dabei stets auch zur Übertragung des Betreuungsfreibetrags führen (BMF v. 28. 6. 2013, BStBl 2013 I 845 Rn. 5). M erhält dann beide Freibeträge in verdoppelter Höhe.

Zu 3.:

Wie bei 2. kann auf Antrag von M der Kinderfreibetrag des V übertragen werden. Die Übertragung des Betreuungsfreibetrages beschränkt sich gem. § 32 Abs. 6 Satz 8 EStG auf minderjährige Kinder, die nur bei einem Elternteil gemeldet sind und ist daher hier nicht möglich.

Zu 4.:

Nach der Rechtslage bis VZ 2011 war eine Übertragung des Kinderfreibetrags nicht möglich, wenn der andere Elternteil mangels Leistungsfähigkeit nicht unterhaltspflichtig ist. Damit der Elternteil, der allein für den Unterhalt des Kindes aufkommt, auch die steuerliche Entlastung erfahren kann, kann der Kinderfreibetrag ab 2012 auf Antrag der M übertragen werden (§ 32 Abs. 6 Satz 6 EStG). Gemäß § 32 Abs. 6 Satz 8 kann auf Antrag von M auch die Übertragung des Betreuungsfreibetrages erfolgen.

Zu 5.:

R 32.13 Abs. 4 Satz 4 EStR sieht vor, dass die Voraussetzungen für eine Übertragung monatsweise zu prüfen sind. Damit kann sowohl der Kinderfreibetrag als auch der Freibetrag für den Betreuungs- und Erziehungs- oder Ausbildungsbedarf für vier Monate übertragen werden. Bei M werden dann Freibeträge i. H. v. insgesamt 4 672 € und bei V i. H. v. insgesamt 2 336 € berücksichtigt.

Zu 6.:

Die Übertragung des Freibetrags auf einen Großelternteil kommt nach § 32 Abs. 6 Satz 10 EStG nicht nur bei Haushaltsaufnahme, sondern auch bei Bestehen einer Unterhaltspflicht in Betracht. D kann also die Übertragung der doppelten Freibeträge des § 32 Abs. 6 Satz 1 EStG auf sich verlangen.

Vorbemerkungen zum Entlastungsbetrag für Alleinerziehende nach § 24b EStG

Ab 2004 erhalten Alleinerziehende einen Entlastungsbetrag von 1 308 € jährlich, wenn

▶ der Steuerpflichtige alleinstehend ist und

▶ zu seinem Haushalt mindestens ein Kind gehört, für das ihm ein Freibetrag für Kinder (§ 32 Abs. 6 EStG) oder Kindergeld zusteht.

FALL 92

Zweifelsfragen zum Entlastungsbetrag für Alleinerziehende

Sachverhalt:

1. Die Steuerpflichtige A ist seit Mai 01 verwitwet. Ihr 14-jähriger Sohn ist in ihrer Wohnung mit Hauptwohnsitz gemeldet. Eine Haushaltsgemeinschaft mit einer anderen Person besteht nicht.

2. Die berufstätige Mutter M lebt mit ihrem nichtehelichen Lebenspartner, der in der gemeinsamen Wohnung mit Hauptwohnsitz gemeldet ist, zusammen. Zum Haushalt gehört auch ihre minderjährige Tochter aus einer geschiedenen Ehe.

3. Die nicht verheirateten Eltern M und V haben eine gemeinsame Tochter T und leben in getrennten Wohnungen. T ist bei M mit Haupt- und bei V mit Nebenwohnsitz gemeldet, hält sich jedoch überwiegend im Haushalt der M auf. Das Kindergeld wird an M ausbezahlt.

4. Die Mutter M lebt als Alleinerziehende zusammen mit ihren zwei Kindern in einer Haushaltsgemeinschaft. Die 12-jährige Tochter geht noch zur Schule, während der 20-jährige Sohn nach Beendigung seiner erstmaligen Berufsausbildung zum 20.7.01 eine Beschäftigung aufnimmt.

5. A lebt mit ihrer minderjährigen Tochter zusammen. Eine Haushaltsgemeinschaft mit einer weiteren Person besteht zunächst nicht. Am 20.8.01 nimmt A einen neuen Lebenspartner in den gemeinsamen Haushalt auf, der dort mit Hauptwohnsitz gemeldet ist.

6. B lebt mit ihrem 20-jährigen Sohn C zusammen. Da sich C noch in Ausbildung befindet, bezieht B das ganze Jahr Kindergeld.

7. Die allein mit ihrem minderjährigen Kind in einem Haushalt lebende Mutter M heiratet im Oktober. Erst im Dezember zieht sie mit ihrem Kind zu ihrem Ehemann in eine gemeinsame Wohnung.

Aufgabe: Sind die Voraussetzungen für die Gewährung des Entlastungsbetrages nach § 24b EStG erfüllt? In welcher Höhe kann er ggf. berücksichtigt werden?

LÖSUNG:

Zu 1.:

Verwitweten Alleinerziehenden wird der Entlastungsbetrag für Alleinerziehende gem. § 24b Abs. 2 Satz 1 EStG auch dann gewährt, wenn sie im VZ des Todes und im folgenden VZ noch die Voraussetzungen für die Anwendung des Splittingverfahrens erfüllen. Der Entlastungsbetrag wird zeitanteilig erstmals für den Monat des Todes des Ehegatten gewährt. Im Jahr 01 kann daher der Betrag von 872 € und ab 02 bei weiterer Erfüllung der übrigen Voraussetzungen der Betrag von 1 308 € von der Summe der Einkünfte abgezogen werden.

Zu 2.:

Der Entlastungsbetrag kann nicht gewährt werden, weil zur Haushaltsgemeinschaft der M auch deren Lebenspartner gehört und es sich deshalb bei M nicht um eine alleinstehende Person handelt (§ 24b Abs. 2 Satz 1EStG).

Zu 3.:

Das Erfordernis der Haushaltszugehörigkeit des § 24b Abs. 1 Satz 1 EStG wird als erfüllt angesehen, wenn das Kind in der Wohnung des Alleinstehenden gemeldet ist. Ist ein Kind bei mehreren Steuerpflichtigen gemeldet, steht der Entlastungsbetrag nach § 24b Abs. 1 Satz 3 EStG demjenigen zu, der die Voraussetzungen auf Auszahlung des Kindergeldes erfüllt.

Damit kann bei M der Entlastungsbetrag mit 1 308 € berücksichtigt werden.

Hält sich ein Kind in annähernd gleichem zeitlichen Umfang sowohl im Haushalt seiner Mutter als auch in dem seines Vaters auf, können die Eltern untereinander bestimmen, wer von ihnen den Entlastungsbetrag erhalten soll, unabhängig davon, an welchen Berechtigten das Kindergeld ausgezahlt wird (BFH v. 28. 4. 2010 III R 79/08, BStBl 2011 II 30).

Zu 4.:

Der Entlastungsbetrag ermäßigt sich für jeden vollen Kalendermonat, in dem die Voraussetzungen nicht vorliegen, um ein Zwölftel. Nach § 24b Abs. 2 Satz 1 EStG schadet es nicht, wenn zum gemeinschaftlichen Haushalt noch eine weitere Person gehört, sofern für diese ein Freibetrag nach § 32 Abs. 6 EStG oder Kindergeld gewährt wird. Da der Sohn auch nach Abschluss der Ausbildung zur Haushaltsgemeinschaft gehört, liegen ab 20. 7. 01 die Voraussetzungen für die Berücksichtigung des Entlastungsbetrages nicht mehr vor (BFH v. 28. 6. 2012 III R 26/10, NWB DokID: JAAAE-18023, BFH/NV 2012, 1864). M erhält daher im Jahr 01 eine steuerliche Entlastung lediglich in Höhe von 763 €.

Zu 5.:

Da A ab 20. 8. 01 eine Haushaltsgemeinschaft mit einer weiteren Person begründet, hat sie ab September keinen Anspruch mehr auf den Entlastungsbetrag. Sie erhält für 01 noch eine steuerliche Entlastung von 872 €.

Zu 6.:

Den Entlastungsbetrag können auch alleinstehende Steuerpflichtige erhalten, die nur mit einem volljährigen Kind zusammenleben, für das ihnen ein Freibetrag für Kinder oder Kindergeld zusteht. Bei B kann also der Entlastungsbetrag in Höhe von 1 308 € abgezogen werden.

Zu 7.:

Alleinstehend nach § 24b Abs. 2 Satz 1 EStG sind Steuerpflichtige, die nicht die Voraussetzungen des Splittingverfahrens erfüllen und nicht mit einem Partner zusammenleben. Ab Oktober erfüllt M die Voraussetzungen für das Splittingverfahren.

Wegen des systematischen Zusammenhangs des § 24 Abs. 2 Satz 1 EStG soll in diesen Fällen eine Zwölftelung nicht möglich sein, der Entlastungsbetrag wäre also insgesamt ausgeschlossen (BMF v. 29. 10. 2004, BStBl 2004 I 1042 II 2., Schmidt/Loschelder, EStG § 24b Rn. 17, 18; a. A. aber FG Berlin-Brandenburg v. 20. 7. 2011, EFG 2012, 326: Entlastungsbetrag für zehn Monate).

Kapitel 8: Außergewöhnliche Belastungen

Vorbemerkungen

Die Einkommensteuer berücksichtigt als Personensteuer die steuerliche Leistungsfähigkeit des Einzelnen. Um steuerliche Gleichmäßigkeit und soziale Gerechtigkeit zu erreichen, müssen Härten durch außergewöhnliche Umstände im Bereich der privaten Lebensführung ausgeglichen werden.

Bei der außergewöhnlichen Belastung handelt es sich regelmäßig um Aufwendungen der privaten Lebensführung gem. § 12 EStG. Sie werden ebenso wie die Sonderausgaben vom Gesamtbetrag der Einkünfte abgezogen.

Die außergewöhnlichen Belastungen lassen sich wie folgt aufgliedern:

§ 33 EStG

► Grundsätzliche Regelung der außergewöhnlichen Belastungen;

► keine abschließende Aufzählung von Einzelfällen;

► keine Begrenzung durch Höchstbeträge;

► Aufwendungen sind um Ersatzleistungen zu kürzen, auch wenn sie erst in einem späteren Jahr gezahlt werden;

► Kürzung um die zumutbare Eigenbelastung gem. § 33 Abs. 3 EStG.

§ 33a EStG

► Abschließende Regelung besonderer Fälle;

► Begrenzung durch Höchstbeträge;

► für die hier genannten Fälle ist kein § 33 EStG möglich;

► liegen die Voraussetzungen nicht während des ganzen Jahres vor, sind die Beträge zu zwölfteln (§ 33a Abs. 3 EStG);

► § 33a Abs. 1 EStG: Unterhalt und Berufsausbildung von Personen, für die der Steuerpflichtige keinen Kinderfreibetrag erhält: (2010–2012 = 8 004 €, 2013 = 8 130 €) 2014 = 8 354 €;

► § 33a Abs. 2 EStG: Ausbildungsfreibetrag 924 € nur für Kinder über 18 Jahre mit auswärtiger Unterbringung; Grenze der unschädlichen Einkünfte = 1 848 € bis 2011, Wegfall ab 2012.

§ 33b EStG

► Pauschbetrag für Körperbehinderte;

► Wahlrecht, ob tatsächliche Aufwendungen nach § 33 EStG geltend gemacht werden oder die Pauschbeträge;

► Nachweis durch Bescheinigungen des Versorgungsamtes und dgl., aber nicht für Alterserscheinungen;

► Übertragung des Pauschbetrages von Kindern auf Eltern möglich (§ 33b Abs. 5 EStG);

► § 33b Abs. 4 EStG: Hinterbliebenen-Pauschbetrag 370 € bei Gewährung von Hinterbliebenenbezügen.

FALL 93

Außergewöhnliche Belastungen gem. § 33 EStG

Sachverhalt: Der ledige Steuerpflichtige A mit einem Gesamtbetrag der Einkünfte von 40 000 € erwirbt in 01 einen Porsche für private Zwecke, AK = 45 000 € brutto. Auf einer Ausflugsfahrt im August verursacht er mit dem neuen Wagen einen Totalschaden. Der Schrottwert beträgt nur noch 5 000 €. Deshalb muss A sich einen neuen Pkw kaufen, AK = 20 000 €. Bei dem Unfall wurde A erheblich verletzt. Die dadurch entstandenen Krankheitskosten belaufen sich auf 15 000 €, von der Krankenkasse bekam er im Januar 02 5 000 € erstattet. Die Kosten finanzierte A mit einem Darlehen in Höhe von 30 000 €. Dafür zahlte er in 01 15 000 € an Tilgungsbeträgen und 1 300 € an Zinsen, 02 tilgte er den Restbetrag.

Aufgabe: A möchte für 01 und 02 sämtliche Beträge als außergewöhnliche Belastung geltend machen. Nehmen Sie dazu Stellung.

LITERATURHINWEIS

Rick u. a., Lehrbuch Einkommensteuer, Kapitel 8

LÖSUNG

A kann lediglich außergewöhnliche Belastungen gem. § 33 EStG geltend machen. Die Anschaffungskosten für den Kauf des Porsche und den Kauf des neuen Pkw nach dem Unfall sind nicht abzugsfähig, da A hierdurch nicht belastet ist. A erhält für seine Aufwendungen einen Gegenwert. Bei dem Totalschaden des Porsche handelt es sich außerdem um einen Vermögensverlust. Derartige Vorgänge können nicht berücksichtigt werden, da sie das Einkommen nicht belasten (R 33.2 EStR, H 33.1–33.4 „Vermögensebene" EStH).

Bei den Krankheitskosten handelt es sich allerdings um eine außergewöhnliche Belastung. Die Ersatzleistungen der Krankenversicherung sind dabei zu kürzen, da insoweit keine Belastung des Steuerpflichtigen gegeben ist. Dabei sind die 5 000 €, unabhängig vom Zeitpunkt der Zahlung durch die Krankenkasse, abzurechnen. Die Kosten in Höhe von 10 000 € sind im Zeitpunkt der Zahlung 01 zu berücksichtigen. Diese Kosten wurden aber mit Darlehensmitteln gezahlt.

Die Aufwendungen des Steuerpflichtigen sind auch insoweit im VZ der Zahlung als außergewöhnliche Belastungen zu berücksichtigen, als die Aufwendungen aus einem Darlehen bestritten worden sind, das erst in späteren Jahren zu tilgen ist, H 33.1 – 33.4 „Darlehen" EStH. In 01 sind demnach gem. § 33 EStG 10 000 € als außergewöhnliche Belastung zu berücksichtigen. Dazu gehören auch die Zinsen, da die Schuldaufnahme zwangsläufig erfolgte. Da das Darlehen aber nur zu 1/3 auf die Krankheitskosten entfällt, sind die Zinsen auch nur insoweit abzugsfähig, 1/3 von 1 300 € = 434 €.

Kosten insgesamt =	10 434 €
./. zumutbare Eigenbelastung (§ 33 Abs. 3 EStG): 6 % von 40 000 € =	./. 2 400 €
Überbelastungsbetrag bzw. zu berücksichtigende außergew. Belastung =	8 034 €

FALL 94

Außergewöhnliche Belastungen gem. § 33a EStG

Sachverhalt: A zahlt seiner vermögenslosen Oma für 01 3 000 € für deren Unterhalt. Die Oma hat folgende eigene Einkünfte und Bezüge:

Witwen-Pension (Versorgungsbeginn 2006) insgesamt	3 000 €
Wohngeld	360 €
Rente seit dem 60. Lebensjahr (2006 Beginn) aus der gesetzlichen Rentenversicherung	1 800 €
Zinsen Sparbuch	800 €

Aufgabe: Wie hoch sind die abzugsfähigen Beträge für A?

LÖSUNG

Die Aufwendungen für den Unterhalt der Oma sind berücksichtigungsfähig, da gesetzliche Unterhaltspflicht (§ 1601 BGB) besteht.

Die typischen Unterhaltsaufwendungen sind gem. § 33a Abs. 1 EStG nur bis höchstens 8 130 € ab 2013 bzw. 8 354 € für 2014 abzugsfähig. Auf diesen Höchstbetrag sind die eigenen Einkünfte und Bezüge der unterstützten Person anzurechnen, soweit sie 624 € übersteigen.

Der Versorgungsfreibetrag gem. § 19 Abs. 2 EStG ist ein Bezug gem. § 33a Abs. 1 Satz 5 EStG (bis 2011 galt der Begriff gem. § 32 Abs. 4 Satz 4 EStG, der auch bei § 33a EStG, R 32.10 Abs. 2 EStR a. F. anzuwenden war, § 32 Abs. 4 Satz 4 EStG ist bzgl. des Sparerpauschbetrages bereits ab 2009 aufgehoben und gehört damit nicht mehr zu den Bezügen). Die mit dem Steuerabzug abgegoltenen Kapitaleinkünfte sind gem. § 2 Abs. 5b Satz 2 Nr. 2 EStG bis 2011 bei der Berechnung der Einkünfte zu berücksichtigen; das gilt nicht mehr ab 2012 lt. Neufassung durch Steuervereinfachungsgesetz 2011.

Berechnung der Einkünfte und Bezüge:

	Einkünfte	Bezüge
§ 19 Abs. 1 Nr. 2 EStG, Versorgungsbezüge	3 000 €	
./. § 19 Abs. 2 EStG, Freibetrag Festschreibung gem. § 19 Abs. 2 Satz 8 EStG Versorgungsbeginn 2006: 38,4 % = 1 152 € max. 2 880 € + Zuschlag 864 € = 2 016 €	./. 2 016 €	2 016 €
./. § 9a Nr. 1 EStG, Arbeitnehmer - Pauschbetrag	./. 102 €	
	882 €	

Wohngeld (§ 3 Nr. 58 EStG) steuerfrei		360 €
Rente (§ 22 Nr. 1 Satz 3 Buchst. a Doppelbuchst. aa EStG) = 1 800 €		
davon Ertragsanteil bei Rentenbeginn 2006 52 % steuerpflichtig	936 €	
der Tilgungsanteil der Rente ist ein Bezug (R 32.10 Abs. 2 Nr. 1 EStR)		864 €
./. § 9a Nr. 3 EStG, Pauschbetrag WK	_./. 102 €_	
	834 €	
Zinsen (§ 20 Abs. 1 Nr. 7 EStG)		800 €

./. § 20 Abs. 9 EStG

Sparer-PB 801 €, dieser gehört gem. § 52a Abs. 14 EStG ab 2009 nicht mehr zu den Bezügen. Die der Abgeltungsteuer unterliegenden Beträge stellen aber Einkünfte dar, § 2 Abs. 5b EStG bis 2011, ab 2012 Bezüge R. 33a.1 Abs. 3 Nr. 1 EStR	./. 0 €	
Summe Bezüge		4 040 €
./. Kosten-Pauschale (R 32.10 Abs. 4 EStR)		./. 180 €
Summe	1 716 €	3 860 €

Einkünfte und Bezüge		5 576 €
./. unschädliche Einkünfte und Bezüge		./. 624 €
schädlicher Betrag		4 952 €
Höchstbetrag (§ 33a Abs. 1 Nr. 2 EStG) 2013		8 130 €
./. schädliche Einkünfte/Bezüge	./.	4 952 €
verbleiben		3 178 €
max. die tatsächlichen Aufwendungen von 3 000 € abzugsfähig		3 000 €

Außergewöhnliche Belastung/Einfamilienhaus

Sachverhalt: Wie vor, aber die Oma besitzt noch ein Einfamilienhaus, welches sie selbst bewohnt, Einheitswert = 25 564 € (umgerechnet, § 30 Satz 2 BewG).

Aufgabe: Ermitteln Sie die Höhe der außergewöhnlichen Belastung. Gehen Sie davon aus, dass Unterhaltszahlungen i. H. v. 3 000 € in der Zeit vom 1. 7. bis 31. 12. geleistet wurden.

LÖSUNG

Die Oma hat nun eigenes Vermögen. Dieses Vermögen ist aber gem. § 33a Abs. 1 Satz 4 EStG (R 33a.1 Abs. 2 Nr. 2 EStR und H 33a.1 „Geringes Vermögen" EStH) außer Betracht zu lassen. Einkünfte aus dem Einfamilienhaus fallen ebenfalls nicht an, da keine Nutzungswertbesteuerung erfolgt.

Gemäß § 33a Abs. 3 EStG erfolgt nun eine anteilige Berechnung.

Einkünfte und Bezüge für 6 Monate – s. o. –: 5 576 € : 2 =	2 788 €
unschädlich	312 €
schädliche Einkünfte/Bezüge	2 476 €
Höchstbetrag 2013 6/12 =	4 065 €
./. Kürzungsbetrag	./. 2 476 €
verbleiben	1 589 €

Die Aufwendungen i. H. v. 3 000 € sind höher. Es sind deshalb max. 1 589 € abzugsfähig.

FALL 96

Unterhaltsleistungen

Sachverhalt: Der Steuerpflichtige Albert unterstützt seinen Vater Otto und dessen Ehefrau Ottilie mit monatlich 300 €. Otto ist seit 2005 Rentner und erhält insgesamt 9 400 € Rente. Zum Unterhalt trug ebenfalls der Bruder von Albert mit monatlich 100 € bei.

Aufgabe: Ermitteln Sie die Höhe der abzugsfähigen außergewöhnlichen Belastungen von Albert.

LÖSUNG

Die Unterhaltszahlungen an Otto und Ottilie sind gem. § 33a Abs. 1 EStG zu berücksichtigen. Es handelt sich um Aufwendungen an gesetzlich unterhaltsberechtigte Personen. Da auch der Bruder regelmäßige Unterhaltszahlungen erbringt, ist § 33a Abs. 1 Satz 7 EStG zu beachten.

Freibetrag max. 2 × 8 130 € = (für VZ 2013)	16 260 €
Aufwendungen mtl. 300 € × 12 =	3 600 €
Einkünfte und Bezüge des Vaters:	
Einnahmen (§ 22 Nr. 1 Satz 3 Buchst. a Doppelbuchst. aa EStG)	9 400 €

Der Ertragsanteil stellt Einkünfte, der Tilgungsanteil stellt Bezüge des Vaters dar. Eine Aufteilung ist deshalb aus Vereinfachungsgründen nicht notwendig, es ist aber zu beachten, dass alle Pauschbeträge gewährt werden. Das gilt auch betr. der Änderungen durch das Alterseinkünftegesetz ab 2005, steuerpflichtig sind 50 % als Einkünfte und damit 50 % als Bezüge anzusetzen

./. § 9a Nr. 3 EStG	./. 102 €
./. Kosten-Pauschale	./. 180 €
	9 118 €
unschädlich 2 × 624 €	./. 1 248 €
schädliche Einkünfte und Bezüge =	7 870 €
verbleibender Freibetrag	8 390 €
tatsächliche Gesamtzahlungen:	
von Albert	3 600 €
	3/4
vom Bruder	1 200 €
	1/4
	4 800 €

Albert erhält demnach max. 3/4 von 8 390 € = 6 293 €, max. die tatsächlichen Aufwendungen von 3 600 €. Abzugsfähig sind daher = 3 600 €.

FALL 97

Außergewöhnliche Belastung/Unterstützung

Sachverhalt: Die Eheleute Anton und Doris sind seit Jahren in Neustadt verheiratet. Sie haben keine Kinder. Doris unterstützt ihre Eltern Franz und Anne Mauser (beide über 70 Jahre alt). Doris ist deren einzige Tochter. Franz Mauser erhält seit seinem 50. Lebensjahr eine Kriegsbeschädigtenrente in Höhe von monatlich 450 €, Anne hat keine eigenen Einkünfte. Beide sind vermögenslos und deshalb auf die monatliche Unterstützung von 600 € angewiesen. In 2013 musste Doris zusätzlich 2 700 € an Operationskosten für ihre Mutter aufwenden, da ihre Eltern nicht ausreichend krankenversichert sind.

Aufgabe: Wie hoch sind die abzugsfähigen außergewöhnlichen Belastungen 2013, wenn der Gesamtbetrag der Einkünfte der Eheleute Anton und Doris 45 000 € beträgt?

LÖSUNG

Die Unterstützung der Eltern Mauser stellt für Doris eine außergewöhnliche Belastung nach § 33a Abs. 1 EStG dar, da gegenüber den Eltern eine gesetzliche Unterhaltsverpflichtung besteht. Außerdem haben die Eltern kein Vermögen, das sie zu ihrem Unterhalt einsetzen könnten.

Der Höchstbetrag beträgt je unterstützte Person nach § 33a Abs. 1 EStG 8 130 € × 2 = 16 260 €.

Die eigenen Einkünfte sind aber, soweit sie die Grenze von 624 € übersteigen, auf diesen Höchstbetrag anzurechnen.

Berechnung:

Höchstbetrag		16 260 €
Einnahmen Vater Franz		
450 € × 12 =		5 400 €
Da die Rente steuerfrei nach § 3 Nr. 6 EStG ist, handelt es sich um Bezüge		
./. Kosten-Pauschale (R 33a.1 Abs. 3 Satz 5 EStR)		./. 180 €
		5 220 €
unschädlicher Betrag		
2 × 624 € =		1 248 €
schädlicher Betrag	3 972 €	./. 3 972 €
verbleibender Höchstbetrag		12 288 €
Die tatsächlichen Aufwendungen betragen aber nur 600 € × 12 = 7 200 € und sind damit in voller Höhe abzugsfähig.		7 200 €

Die Krankheitskosten sind nach § 33 EStG abzugsfähig. Die Aufwendungen sind zwangsläufig i. S. des § 33 Abs. 2 EStG. Die Eheleute sind belastet und können sich den Aufwendungen aus tatsächlichen Gründen nicht entziehen (H 33a.1 „Abgrenzung" EStH).

Aufwendungen	2 700 €
./. zumutbare Eigenbelastung nach § 33 Abs. 3 EStG 5 % von 45 000 € =	./. 2 250 €
abzugsfähiger Betrag	450 €

FALL 98

Ausbildungsfreibetrag gem. § 33a Abs. 2 EStG

Sachverhalt: Dem Steuerpflichtigen entstehen für sein Kind Aufwendungen zur Berufsausbildung. Das Kind ist Auszubildender und besucht das Abendgymnasium. Das Kind vollendet sein 18. Lebensjahr am 10.5.13. Von Januar bis Oktober ist es auswärts untergebracht. Am 20.11.13 endet die Berufsausbildung. Ab Dezember ist es als Angestellter beschäftigt.

Einkünfte und Bezüge:

Januar bis November monatlich 150 € Bruttolohn als Auszubildender, ab Dezember monatlich 1 000 € brutto als Angestellter, von Januar bis November Zuschüsse aus öffentlichen Mitteln als Ausbildungshilfe monatlich 30 €.

Aufgabe: Wie hoch ist der Ausbildungsfreibetrag?

LÖSUNG

Die Aufwendungen des Steuerpflichtigen für die Berufsausbildung seines Kindes werden durch Ausbildungsfreibeträge berücksichtigt. Hierbei handelt es sich um einen Freibetrag, für den die Höhe der Aufwendungen ohne Bedeutung ist.

§ 33a Abs. 2 EStG: (Januar bis April, § 33a Abs. 2 EStG kein Freibetrag, da nicht volljährig)

Mai bis Oktober § 33a Abs. 2 i. V. m. Abs. 3 EStG: 6/12 von 924 € =	462 €
für November kein Freibetrag, da nicht auswärts untergebracht	
Summe für 2013	462 €

Eigene Einkünfte und Bezüge (§ 33a Abs. 3 Satz 2 EStG):

Anrechnung nur der Einkünfte und Bezüge, die während des Begünstigungszeitraumes angefallen sind. Ab VZ 2012 entfällt eine Anrechnung der Einkünfte und Bezüge lt. Steuervereinfachungsgesetz 2011.

Berechnung bis 2011: lt. H 33a.1 EStH, R 33a.2 EStR, H 33a.4 „Allgemeines" EStH a. F.

Aufteilung lt. R 33a.4 Abs. 2 Nr. 1 EStR a. F.

Einkünfte:

***VZ 2011 :** 6 × 150 € =*		*900 €*
./. § 9a Nr. 1 EStG		
AN-Pauschbetrag 6/12 von 1 000 € (ab 2011)=		*./. 500 €*
evt. Pflichtbeiträge zur gesetzl. Sozialversicherung sind abzuziehen, H 32.10 „Versicherungsbeiträge" EStH a. F.		
Einkünfte		*400 €*
unschädlich		
6/12 von 1 848 € =		*924 €*
schädlich		*0 €*

§ 33a Abs. 2 Satz 2 EStG

Anrechnung der als Zuschuss gezahlten Ausbildungshilfen bis VZ 2011.

30 € × 6 Monate =	*180 €*	
R 32.10 Abs. 3 EStR a. F.		
Kosten-Pauschale 6/11	*98 €*	
anzurechnende Bezüge	*82 €*	*./. 82 €*
Ausbildungsfreibetrag 2011	***380 €***	

Nach § 24b EStG kann ein Entlastungsbetrag von 1 308 € anteilig für 4 Monate in Betracht kommen, wenn der Stpfl. allein stehend ist.

FALL 99

§ 33a und § 33b EStG

Sachverhalt: Der Steuerpflichtige A ist seit Jahren verwitwet. Er hat eine leibliche Tochter Lydia, geb. am 15. 4. 1988, die bereits einen Sohn, Egon, geb. am 10. 3. 2006, hat. Die Kosten des Unterhalts für o. g. Personen hat A allein zu tragen, sie betragen monatlich 300 €.

Lydia (L) ist ebenfalls verwitwet und hat ihre Berufsausbildung beendet. Vom 1. 4. 2011 bis 30. 3. 2012 leistete sie ein freiwilliges soziales Jahr ab. Sie erhält in dieser Zeit einen als Arbeitslohn steuerpflichtigen Betrag in Höhe von 400 € monatlich. Ab April 2012 ist L nicht mehr erwerbstätig. Seit dem 1. 1. 2012 bezieht L Hinterbliebenenbezüge aus der gesetzlichen Unfallversicherung i. H. v. monatlich 325 € einschließlich Kinderzulage, da ihr Ehemann bei einem Berufsunfall ums Leben kam. Egon erhält eine Waisenrente in Höhe von monatlich 60 €, die an seine Mutter ausgezahlt wird. Lydia hat einen eigenen Hausstand.

Aufgabe: Beurteilen Sie die steuerlichen Folgen für den VZ 2013.

LÖSUNG

Lydia ist ein Kind i. S. des § 32 Abs. 1 Nr. 1 EStG und hat das 18., aber noch nicht das 25. Lebensjahr vollendet. Sie kann als Kind bis März 2013 gem. § 32 Abs. 4 Nr. 2d EStG berücksichtigt werden, da sie ein freiwilliges soziales Jahr ableistet.

Für L erhält A Kindergeld von Januar bis März in Höhe von 3 × 184 mtl. gem. § 66 EStG. Ab VZ 2012 entfällt eine Berechnung der Einkünfte und Bezüge lt. Steuervereinfachungsgesetz 2011, eine Wochenarbeitszeit bis zu 20 Stunden ist unschädlich.

Bei der Veranlagung von A können gem. §§ 31, 32 Abs. 6 Satz 1 und 3 Nr. 1 EStG ein Kinderfreibetrag i. H. v. 2 184 € × 2 = 4 368 € davon 3/12 = 1 092 € und ein Betreuungsfreibetrag von 1 320 € × 2 = 2 640 € davon 3/12 = 660 € vom Einkommen abgezogen werden (§ 31 EStG, Familienleistungsausgleich).

Egon kann bei A nicht berücksichtigt werden, da dieser zu A in keinem Kindschaftsverhältnis steht. Auch ein Pflegekindschaftsverhältnis kommt nicht in Betracht, da das natürliche Obhuts- und Pflegeverhältnis zu seiner leiblichen Mutter noch besteht (§ 32 Abs. 1 Nr. 2 EStG). Egon kann nur bei Lydia gem. § 32 Abs. 3 EStG berücksichtigt werden. Sie erhält für ihn Kindergeld. Kindergeld kommt für A ebenfalls nicht in Betracht, da Egon bei Lydia im eigenen Haushalt lebt (§ 63 Abs. 1 Nr. 3 EStG).

Unterhaltsleistungen nach § 33a Abs. 1 EStG:

Für Lydia und Egon erwachsen A Unterhaltsaufwendungen, da es sich um gesetzlich unterhaltsberechtigte Personen handelt. Wegen der Betreuung von E kann bei Lydia der Einsatz der eigenen Arbeitskraft nicht verlangt werden (R 33a.1 Abs. 2 EStR).

Da aber jemand für L und E einen Kinderfreibetrag erhält, sind die Aufwendungen für den Unterhalt bis März abgegolten und nicht mehr nach § 33a Abs. 1 EStG zu berücksichtigen.

Allerdings ist ab April ein Betrag zu gewähren, HB 8 130 € davon 9/12 =   6 098 €

Einkünfte und Bezüge sind ab VZ 2012 nicht mehr zu berücksichtigen.

max. die geleisteten Aufwendungen von 9 × 300 € =   2 700 €

Ausbildungsfreibetrag nach § 33a Abs. 2 EStG:

Da in 2013 keine Berufsausbildung mehr vorliegt, kommt der Ausbildungsfreibetrag nicht in Betracht.

Hinterbliebenen-Pauschbetrag nach § 33b EStG:

Lydia und Egon haben Anspruch auf den Hinterbliebenen-Pauschbetrag nach § 33b Abs. 4 EStG, da ihnen laufende Hinterbliebenenbezüge aus der gesetzlichen Unfallversicherung bewilligt wurden. Beide können den Pauschbetrag wegen fehlender bzw. zu geringer steuerpflichtiger Einkünfte nicht selbst in Anspruch nehmen. Nach § 33b Abs. 5 EStG kann der Pauschbetrag von Lydia auf A übertragen werden = 370 €. Der Pauschbetrag von Egon kann auf Lydia übertragen werden, da Egon bei seiner Mutter berücksichtigt wird. Eine Weiterübertragung auf A ist aber nicht möglich, weil der Großvater keinen Kinderfreibetrag erhält.

FALL 100

Außergewöhnliche Belastungen (1)

Sachverhalt: Anton, 65 Jahre alt, lebt seit Jahren mit seiner Freundin, der verwitweten Berta, 55 Jahre alt, in eheähnlicher Gemeinschaft in Neustadt.

A ist zu 70 % körperbehindert. In seinem Schwerbeschädigtenausweis ist das Merkzeichen „G" eingetragen.

Anton beschäftigt eine Haushaltshilfe für monatlich 150 €. Anton ist Gesellschafter und Geschäftsführer einer GmbH. Er hat einen Pkw, den er u. a. für Privatfahrten (3 000 km) benutzt.

Berta erhält lediglich Hinterbliebenenbezüge nach beamtenrechtlichen Vorschriften in Höhe von brutto 12 000 €.

Berta hat ein eheliches Kind, Dora, 24 Jahre alt, wohnhaft in Münster. Infolge Kinderlähmung ist Dora zu 30 % körperbehindert. Sie studierte bis August in Münster. Für ihren Lebensunterhalt überweist Berta ihr monatlich 200 €. Dora erhält bis August Waisengeld nach beamtenrechtlichen Vorschriften in Höhe von 275 € und als Ausbildungshilfe einen Zuschuss aus öffentlichen Mitteln in Höhe von monatlich 40 €. Ab 1. 9. ist sie arbeitslos und übernimmt Gelegenheitsarbeiten, für die sie im Dezember einmalig 1 000 € erhalten hat.

Gudrun, 19 Jahre alt, ist ein gemeinsames Kind von Anton und Berta. Sie besucht das Gymnasium in Neustadt und lebt im Haushalt ihrer Eltern. Wegen starker Beschwerden, verursacht durch eine Pollenallergie, war Gudrun während der Sommerferien zusammen mit ihren Eltern an der Nordseeküste. Der Amtsarzt hatte vor Antritt der Reise diese Klimakur für erforderlich gehalten. Die Kosten für Gudrun betrugen insgesamt 3 000 € und wurden von A getragen. Davon entfallen 2 000 € auf ärztliche Leistungen und ärztlich verordnete Anwendungen.

Aufgabe: Ermitteln Sie die abzugsfähigen Beträge nach §§ 33 ff. EStG für den Veranlagungszeitraum 2013. Der Gesamtbetrag der Einkünfte von A beträgt 60 000 € und von B 8 780 €.

LÖSUNG

A und B sind einzeln zu veranlagen, da sie nicht die Voraussetzungen des § 26 Abs. 1 EStG erfüllen. Dora ist leibliches Kind und mit Berta im ersten Grad verwandt (§ 32 Abs. 1 Nr. 1 EStG). Sie wird bei B berücksichtigt nach § 32 Abs. 4 Nr. 2a EStG, da sie im VZ 2013, allerdings nur bis August, für einen Beruf ausgebildet wird. Zunächst erhält B Kindergeld bis August mtl. 184 € , bei der Veranlagung alternativ einen Kinderfreibetrag i. H. v. 8 × 364 € = 2 912 € und einen Betreuungsfreibetrag i. H. v. 8 × 220 € = 1 760 € (§§ 32 Abs. 6 Satz 1, 31 EStG) gem. § 32 Abs. 6 Satz 3 Nr. 1 EStG, weil der andere Elternteil verstorben ist (§ 32 Abs. 6 Satz 3 Nr. 1 EStG. Gudrun ist als leibliches Kind mit Anton und Berta im ersten Grad verwandt (§ 32 Abs. 1 Nr. 1 EStG) und nach § 32 Abs. 4 Nr. 2a EStG zu berücksichtigen.

Es ist Kindergeld in Höhe von mtl. 184 € gem. § 66 Abs. 1 EStG, alternativ Kinderfreibetrag i. H. v. jeweils 2 184 € (ab 2010) und Betreuungsfreibetrag i. H. v. 1 320 € zu gewähren.

Anton und Berta erhalten nach § 32 Abs. 6 Satz 1 EStG jeder einen Kinderfreibetrag i. H. v. 2 184 € und 1 320 €, Summe = 7 008 € Der Berta zustehende Freibetrag kann nach § 32 Abs. 6 Satz 6 EStG auf Antrag auf Anton übertragen werden, wenn er seiner Unterhaltspflicht im Wesentlichen nachkommt (Änderung ab 2012 beachten!).

Für die Kinder, für die der allein stehende Stpfl. einen Kinderfreibetrag bzw. Kindergeld erhält, ist § 24b EStG zu prüfen. Gemäß § 24b Abs. 2 Satz 3 EStG bilden A und B aber eine Haushaltsgemeinschaft und sind damit nicht allein stehend.

Außergewöhnliche Belastungen bei der Veranlagung von Berta:

Berta steht der Ausbildungsfreibetrag nach § 33a Abs. 2 EStG zu. Dora ist auswärtig untergebracht und hat das 18. Lebensjahr vollendet.

Höchstbetrag = 924 €, davon anteilig 8/12 nach § 33a Abs. 3 EStG =	616 €
Eigene Einkünfte und Bezüge sind ab VZ 2012 nicht mehr zu berücksichtigen.	
(Regelung bis VZ 2011: Versorgungsbezüge (§ 19 Abs. 1 Nr. 2 EStG) 8 × 275 € =	*2 200 €*

./. Freibetrag nach § 19 Abs. 2 EStG 40 % = 880 € (da Versorgungsbezug bis 2005, Festschreibung gem. § 19 Abs. 2 Satz 8 EStG) max. 3 000 € zzgl. Zuschlag von 900 €, zusammen	*./. 1 780 €*
	(= Bezüge)
./. Arbeitnehmer-Pauschbetrag (Aufteilung gem. R 33a.3 Abs. 2 Nr. 1 EStR 8/12 von 102 €)	*./. 68 €*
zeitanteilige Einkünfte =	*352 €*
+ Bezüge, ohne Aufteilung, da nur den Begünstigungszeitraum betreffend und ohne Kosten-Pauschale, da nur einmal zu gewähren (R 32.10 Abs. 3 EStR a. F.) lt. günstigster Regelung	*1 780 €*
Summe =	*2 132 €*
unschädliche Einkünfte 1 848 € × 8/12 =	*1 232 €*
schädliche Einkünfte =	*900 €*

Damit ist der Freibetrag bereits 0 €, das gilt auch dann, wenn die Kostenpauschale bei den Bezügen statt bei den Zuschüssen abgezogen wird.)

Der Körperbehinderten-Pauschbetrag nach § 33b Abs. 3 EStG von 30 % = 310 € für Dora kann nach § 33b Abs. 5 EStG auf Berta übertragen werden, da ihn Dora wegen der geringen eigenen Einkünfte nicht ausnutzen kann.

Das Gleiche gilt für den Hinterbliebenen-Pauschbetrag nach § 33b Abs. 4 EStG von 370 €. Dora bezieht Hinterbliebenenbezüge nach beamtenrechtlichen Vorschriften. Nach § 33b Abs. 5 EStG kann der Pauschbetrag auf Berta übertragen werden.

Außerdem steht Berta der Hinterbliebenen-Pauschbetrag selbst zu nach § 33b Abs. 4 EStG von 370 €.

Außergewöhnliche Belastungen bei der Veranlagung des Anton:

Die Kurkosten für Gudrun sind nach § 33 EStG zu berücksichtigen. Dabei können Kosten für eine Klimakur grds. nicht als außergewöhnliche Belastung geltend gemacht werden, wenn die Kur nach Art eines Familienurlaubs oder einer Ferienreise durchgeführt wird. Das gilt selbst dann, wenn der Amtsarzt dies befürwortet (H 33.1 bis 33.4 „Kur" EStH). Die Kosten für ärztliche Leistungen und Anwendungen sind jedoch berücksichtigungsfähig = 2 000 €.

Nach § 33 EStG sind auch die Pkw-Kosten für Privatfahrten zu berücksichtigen, da Anton zu 70 % körperbehindert und außerdem gehbehindert ist (Merkzeichen „G").

Nach H 33.1 – 33.4 „Fahrtkosten Behinderter" EStH können als angemessener Aufwand 3 000 km × 0,30 € anerkannt werden =	900 €
Summe der außergewöhnlichen Belastungen nach § 33 EStG =	2 900 €
./. zumutbare Eigenbelastung (§ 33 Abs. 3 EStG) 4 % von 60 000 € =	./. 2 400 €
verbleiben nach § 33 EStG	500 €

Anton hat das 60. Lebensjahr vollendet, außerdem ist er zu mindestens 50 % körperbehindert.

Anton erhält nach § 33b EStG einen Körperbehinderten-Pauschbetrag für 70 % Er-   890 €
werbsminderung

Anton kann für die haushaltsnahen Dienstleistungen die Steuerermäßigung gem.
§ 35a Abs. 1 EStG i. H. v. 20 % von 1 800 € = 360 € in Anspruch nehmen, falls eine
geringfügige Beschäftigung i. S. d. § 8a IV SGB vorliegt.

FALL 101

Außergewöhnliche Belastungen (2)

Sachverhalt: Xaver Lustig, geb. am 16.8.1955, ist seit Jahren mit Antonia, geb. am 21.3.1960,
verheiratet. Zum Haushalt gehören der Sohn Florian, geb. am 6.3.1989, und die Tochter Thekla,
geb. am 15.12.1996. Florian studiert an der Uni in Heidelberg. Er erhielt in den jeweiligen VZ
für Aushilfstätigkeiten 2 200 € brutto, die pauschal gem. § 40a EStG versteuert wurden. Xaver
ist als Architekt tätig, seine Ehefrau ist Hausfrau. Antonia war in der Zeit vom 10.3. bis 20.8. so
krank, dass sie ihren Haushalt nicht führen konnte. Deshalb wurde für die Zeit vom 1.3. bis
30.9. eine Hausgehilfin angestellt, die in der Zeit insgesamt 2 400 € erhielt (geringfügiges Beschäftigungsverhältnis). Die Krankheitskosten von Antonia belaufen sich auf 12 100 € im jeweiligen VZ; von der Krankenkasse wurden 4 700 € erstattet.

Aufgabe: Ermitteln Sie die Höhe der abzugsfähigen außergewöhnlichen Belastungen. Der Gesamtbetrag der Einkünfte beträgt 162 285 €.

LÖSUNG

Die Eheleute Xaver und Antonia sind gem. § 26b EStG zusammen zu veranlagen. Sie erhalten
für Florian Kindergeld in Höhe von 12 × 184 € = 2 208 € bzw. einen Kinderfreibetrag i. H. v.
4 368 € und einen Betreuungsfreibetrag i. H. v. 2 640 € gem. § 32 Abs. 6 Satz 1 EStG, da er Kind
i. S. des § 32 Abs. 1 Nr. 1 EStG und nach § 32 Abs. 4 Nr. 2a EStG zu berücksichtigen ist. (Die eigenen Einkünfte liegen eindeutig unter 8 004 €, § 32 Abs. 4 Satz 2 EStG Fassung bis 2011, ab 2012
Wegfall der Einkünfte/Bezügegrenze). Thekla ist ebenfalls nach § 32 Abs. 1 Nr. 1 EStG leibliches
Kind und gem. § 32 Abs. 3 EStG zu berücksichtigen. Für sie erhalten die Eheleute Kindergeld
i. H. v. 12 × 184 € bzw. einen Kinder- und Betreuungsfreibetrag in Höhe von 4 368 € + 2 640 €
alternativ gem. § 31 EStG.

Ausbildungsfreibetrag Florian:

Er beträgt nach § 33a Abs. 2 EStG 924 €.

Berechnung bis VZ 2011:
Bei dem pauschal versteuerten Lohn handelt es sich um Bezüge (R 32.10 Abs. 2 EStR a. F.).

Höchstbetrag	*924 €*
Bezüge	*2 200 €*
./. Kosten-Pauschale (R 32.10 Abs. 3 EStR a. F.)	*./. 180 €*
	2 020 €
./. unschädlich	*./. 1 848 €*
schädliche Bezüge	*172 €*
Der Höchstbetrag von 924 € ist zu kürzen um	*172 €*
Verbleiben	*752 €*

<u>Ab 2012</u> unterbleibt eine Kürzung um die Einkünfte/Bezüge, damit HB = 924 €

Steuerermäßigung für haushaltsnahe Beschäftigung gem. § 35a EStG

Die Tatbestandsmerkmale des § 35a Abs. 1 EStG liegen vor. Der Betrag von 2 400 € ist zu berücksichtigen, davon 20 % = 480 € Steuerermäßigung (max. 510 €).

Krankheitskosten:

Die Krankheitskosten für Antonia sind gem. § 33 EStG zu berücksichtigen. Maßgebend ist der Eigenanteil i. H. v. 7 400 € (12 100 € ./. 4 700 €). Dieser Betrag ist um die zumutbare Eigenbelastung zu kürzen, 4 % von 162 285 € (Gesamtbetrag der Einkünfte) = 6 491 €.

Damit verbleiben 7 400 € ./. 6 491 € =	909 €
Gesamte außergewöhnliche Belastungen	**1 833 €**

Kapitel 9: Gewinnermittlung

Vorbemerkungen

Bei den Gewinneinkünften des § 2 Abs. 1 Nr. 1-3 EStG gibt es grds. zwei Gewinnermittlungsarten:

▶ die Gewinnermittlung durch Betriebsvermögensvergleich (Bestandsvergleich) nach § 4 Abs. 1 bzw. § 5 EStG und

▶ die Gewinnermittlung durch Einnahmen-Überschussrechnung nach § 4 Abs. 3 EStG.

Darüber hinaus kennt das Gesetz die Gewinnermittlung nach Durchschnittssätzen gem. § 13a EStG, die ausschließlich von Land- und Forstwirten unter bestimmten Voraussetzungen in Anspruch genommen werden kann. Außerdem gibt es für deutsche Reeder eine weitere pauschalierte Form der Gewinnermittlung (§ 5a EStG).

9.1 Gewinnermittlung durch Betriebsvermögensvergleich

Die Gewinnermittlung durch Betriebsvermögensvergleich ist vorgesehen für buchführungspflichtige Land- und Forstwirte und Gewerbetreibende sowie für alle Bezieher von Gewinneinkünften, die freiwillig Bücher führen und regelmäßig Abschlüsse machen.

Gewinn ist hierbei der Unterschiedsbetrag zwischen dem Betriebsvermögen am Schluss des Wirtschaftsjahres und dem Betriebsvermögen am Schluss des vorangegangenen Wirtschaftsjahres, vermehrt um den Wert der Entnahmen und vermindert um den Wert der Einlagen (§ 4 Abs. 1 Satz 1 EStG). Das Endvermögen (Betriebsvermögen am Schluss des Wirtschaftsjahres) kann dadurch beeinflusst sein, dass der Stpfl. dem Betrieb Vermögen entzogen oder ihm solches Vermögen zugeführt hat. Da eine derartige Vermögensänderung nicht durch den Betrieb verursacht ist, muss sie durch Hinzurechnung einer Entnahme oder den Abzug einer Einlage ausgeglichen werden. Der durch Betriebsvermögensvergleich zu ermittelnde Gewinn lässt sich demnach aus folgender Formel herleiten:

Betriebsvermögen am Schluss des Wirtschaftsjahres

./. Betriebsvermögen am Schluss des vorangegangenen Wirtschaftsjahres

Betriebsvermögensmehrung bzw. -minderung

+ Entnahmen

./. Einlagen

= Gewinn bzw. Verlust

9.2 Gewinnermittlung durch Einnahmen-Überschussrechnung

Besteht keine Buchführungspflicht, kann der Gewinn durch Einnahmen-Überschussrechnung, d. h. durch Gegenüberstellung der Betriebseinnahmen und Betriebsausgaben ermittelt werden (§ 4 Abs. 3 EStG). Diese Gewinnermittlungsart kommt in Betracht

▶ vor allem für die (generell nicht buchführungspflichtigen) Selbständigen i. S. v. § 18 EStG, wenn sie nicht freiwillig Bücher führen, sowie

▶ für Land- und Forstwirte und Gewerbetreibende, wenn sie nicht zur Buchführung verpflichtet sind und dies auch nicht freiwillig tun.

Die Einnahmen-Überschussrechnung nach § 4 Abs. 3 EStG ist im Grundsatz eine reine Geldrechnung, eine buchungstechnisch einfache Istrechnung nach dem Zu- und Abflussprinzip des § 11 EStG. Es sind jedoch viele Ausnahmen zu beachten. So sind z. B. die Vorschriften über die Bewertungsfreiheit für geringwertige Wirtschaftsgüter (§ 6 Abs. 2 EStG), die Bildung eines Sammelpostens (§ 6 Abs. 2a EStG) und über die AfA oder AfS zu befolgen (§ 4 Abs. 3 Satz 3 EStG). Die Anschaffungs- oder Herstellungskosten für nicht abnutzbare Wirtschaftsgüter des Anlagevermögens, für Anteile an Kapitalgesellschaften, für Wertpapiere und vergleichbare nicht verbriefte Forderungen und Rechte, für Grund und Boden sowie Gebäude des Umlaufvermögens sind erst im Zeitpunkt des Zuflusses des Veräußerungserlöses oder bei Entnahme im Zeitpunkt der Entnahme als Betriebsausgaben zu berücksichtigen (§ 4 Abs. 3 Satz 4 EStG).

Der durch eine Einnahmen-Überschussrechnung zu ermittelnde Gewinn kann nach folgender Formel errechnet werden:

Betriebseinnahmen

./. Betriebsausgaben

= Gewinn bzw. Verlust

Der Begriff der Betriebseinnahmen ist gesetzlich nicht definiert. Die Rechtsprechung hat sich deshalb an die Begriffsbestimmung des § 8 Abs. 1 EStG angelehnt, der seinem Wortlaut nach lediglich für die Einkunftsarten des § 2 Abs. 1 Nr. 4-7 EStG von Bedeutung ist; sie hat als Betriebseinnahmen alle Zugänge in Geld oder Geldeswert bezeichnet, die durch den Betrieb veranlasst sind (BFH X R 92/95, BFH/NV 1998, 1476). Diese Begriffsbestimmung ist auch im Rahmen der Gewinnermittlung durch Betriebsvermögensvergleich von Bedeutung (BFH I R 136/72, BStBl 1974 II 210). Unter Betriebsausgaben sind die Ausgaben zu verstehen, die durch den Betrieb veranlasst sind (§ 4 Abs. 4 EStG).

Die Gewinnermittlung nach § 4 Abs. 3 EStG soll im Ganzen und auf Dauer gesehen denselben Gesamtgewinn wie der Betriebsvermögensvergleich ergeben, d. h., der Totalgewinn (das ist der in der Zeit von Betriebseröffnung bis zur Betriebsveräußerung bzw. Betriebsaufgabe erzielte Gewinn) muss bei beiden Gewinnermittlungsarten übereinstimmen (BFH IV R 342/65, BStBl 1972 II 334).

Der Stpfl. kann von der Gewinnermittlung nach § 4 Abs. 3 EStG zur Gewinnermittlung durch Betriebsvermögensvergleich übergehen. Ein solcher Übergang erfordert bestimmte Gewinnkorrekturen (vgl. R 4.6 Abs. 1 EStR 2012). Ein Übergang zur Gewinnermittlung durch Bestandsvergleich ist zwingend erforderlich bei einer Betriebsveräußerung oder Betriebsaufgabe (BFH IV B 69/90, BFH/NV 1992, 512; R 4.5 Abs. 6 EStR 2012). Bei Veräußerung oder Aufgabe eines Betriebs sind die Gewinnkorrekturen, da sie die Ermittlung des Betriebsergebnisses während des Bestehens des Betriebs betreffen, beim laufenden Gewinn und nicht beim Veräußerungsgewinn zu berücksichtigen (BFH V 98/60, BStBl 1962 III 199).

Den formalen Aufbau seiner Einnahmen-Überschuss-Rechnung durfte der Stpfl. früher frei gestalten. Für Wirtschaftsjahre, die nach dem 31. 12. 2004 beginnen, muss bei der Einnahmen-Überschussrechnung nach § 4 Abs. 3 EStG neben der Steuererklärung eine Gewinnermittlung nach amtlichem Vordruck (Anlage EÜR) beigefügt werden (§ 60 Abs. 4 EStDV i. V. m. § 84 Abs. 3c

EStDV). § 60 Abs. 4 EStDV stellt eine wirksame Rechtsgrundlage für die Pflicht zur Abgabe der Anlage EÜR dar (BFH X R 18/09, BStBl 2012 II 129). Liegen die Betriebseinnahmen für den Betrieb unter der Grenze von 17 500 €, wird es nicht beanstandet, wenn anstelle des Vordrucks der Steuererklärung eine formlose Gewinnermittlung beigefügt wird (BMF v. 11. 9. 2013, BStBl 2013 I 1153).

FALL 102

Totalschaden eines privaten Kfz bei einer betrieblich veranlassten Fahrt

Sachverhalt: A ist als Zahnarzt selbständig tätig. Ende Juni 2013 erlitt er auf einer beruflich veranlassten Fahrt mit seinem „Zweitwagen" einen selbst verschuldeten Verkehrsunfall, der zur Totalbeschädigung des verwendeten Pkw führte. Der Wagen gehört zum Privatvermögen des A, wird jedoch auch gelegentlich für betriebliche Fahrten genutzt. A hat den Pkw Anfang Juli 2008 als fabrikneues Fahrzeug für 32 000 € angeschafft. Der Wiederbeschaffungswert des Fahrzeugs vor dem Unfall beträgt 14 000 €, der Schrottwert nach dem Unfall 500 €. Der Pkw weist eine Laufleistung zwischen 8 000 und 10 000 km im Jahr auf.

Aufgabe: Kann A – ggf. in welchem Umfang – die durch die Totalbeschädigung des privaten Kfz eingetretene Vermögenseinbuße als Betriebsausgabe abziehen?

LÖSUNG

Wird ein im Privatvermögen gehaltenes Kfz eines selbständig Tätigen bei einer beruflich veranlassten Fahrt infolge eines Unfalls beschädigt und nicht repariert, so ist die Vermögenseinbuße im Wege der AfaA nach § 7 Abs. 1 Satz 7 EStG gewinnmindernd zu berücksichtigen. Die Höhe der AfaA richtet sich nach Ansicht des BFH nicht nach der Differenz der Zeitwerte vor und nach dem Unfall, sondern nach den Anschaffungskosten abzüglich der normalen AfA, die der Stpfl. hätte in Anspruch nehmen können, wenn er das Kfz im Betriebsvermögen gehalten hätte (BFH IV R 25/94, BStBl 1995 II 318). Andernfalls würden sich infolge des Unfalls Aufwendungen gewinnmindernd auswirken, die durch die vorangegangene private Nutzung veranlasst sind.

Zu beachten ist, dass der BFH zur Berechnung der normalen AfA als Nutzungsdauer bei einem Pkw mit einer Jahresfahrleistung von bis zu 15 000 km einen Zeitraum von acht Jahren zugrunde legt (BFH VI R 82/89, BStBl 1992 II 1000; VI R 12/92, BFH/NV 1993, 362; VI B 111/01, BFH/NV 2002, 190). Dies bedeutet: Erst wenn der Unfallwagen bei einer solchen Jahresfahrleistung älter ist als acht Jahre, ist der Abzug einer AfaA nicht mehr möglich. Wendet man diese Rechtsgrundsätze hier an, so errechnet sich die als Betriebsausgabe abzuziehende AfaA wie folgt:

Anschaffungskosten Pkw	32 000 €

normale AfA bei einer Nutzungsdauer von acht Jahren:

1/8 von 32 000 € = 4 000 €

2008: hiervon 1/2 für die Monate Juli bis Dezember =	./. 2 000 €
2009-2012: 4 × (1/8 von 32 000 € =) 4 000 € =	./. 16 000 €

2013: 1/8 von 32 000 € = 4 000 €

hiervon 1/2 für die Monate Januar bis Juni = ./. 2 000 €	
fiktiver Restbuchwert =	12 000 €
Zeitwert (Schrotterlös) nach dem Unfall =	./. 500 €
AfaA =	11 500 €

HINWEIS:

Erleidet ein nichtselbständig tätiger Stpfl. mit seinem privaten PKW auf einer Fahrt zwischen Wohnung und Arbeitsstätte einen Unfall und veräußert er das Unfallfahrzeug in nicht repariertem Zustand, bemisst sich der als Werbungskosten abziehbare Betrag nach der Differenz zwischen dem rechnerisch ermittelten fiktiven Buchwert vor dem Unfall und dem Veräußerungserlös (BFH v. 21. 8. 2012 VIII R 33/09, BStBl 2013 II 171).

FALL 103

Überführung eines Wirtschaftsgutes aus dem gewerblichen in das landwirtschaftliche Betriebsvermögen

Sachverhalt: A bezieht als Inhaber einer Gärtnerei gewerbliche Einkünfte, die durch Betriebsvermögensvergleich ermittelt werden. Zugleich ist A Inhaber eines buchführenden land- und forstwirtschaftlichen Betriebs.

Zum 30. 6. 01 überführt A eine Lagerhalle mit dem dazugehörenden Grund und Boden aus seinem gewerblichen Betriebsvermögen in das Betriebsvermögen seines landwirtschaftlichen Betriebs. Der Buchwert der Wirtschaftsgüter (Grund und Boden und Gebäude) beträgt im Zeitpunkt der Überführung in das Betriebsvermögen des land- und forstwirtschaftlichen Betriebs 40 000 €, ihr Teilwert 100 000 €. Die Bilanzierung beim landwirtschaftlichen Betrieb erfolgt zum Buchwert.

Aufgabe: Bewirkt die Überführung der Wirtschaftsgüter aus dem gewerblichen in das landwirtschaftliche Betriebsvermögen eine Gewinnrealisierung?

LÖSUNG

Der Gesetzgeber hat in § 6 Abs. 5 Satz 1 EStG angeordnet, dass bei Überführung eines einzelnen Wirtschaftsgutes von einem Betriebsvermögen in ein anderes Betriebsvermögen desselben Stpfl. der Buchwert anzusetzen ist, es sei denn, die Besteuerung der stillen Reserven ist z. B. wegen der Überführung des Wirtschaftsgutes in eine ausländische Betriebsstätte nicht gesichert. Diese Voraussetzung (Sicherung der stillen Reserven) ist jedoch erfüllt, wenn ein Wirtschaftsgut aus einem gewerblichen in ein landwirtschaftliches Betriebsvermögen übertragen wird. Dass die stillen Reserven nicht mehr der Gewerbesteuer unterliegen, spielt für diese Betrachtung keine Rolle. Die Buchwertübertragung ist zulässig und zwingend, zu einer Gewinnrealisierung kommt es nicht.

FALL 104

Einlagefähigkeit von Nutzungen

Sachverhalt: A betreibt eine Steuerberaterpraxis. Er ermittelt seinen Gewinn durch Betriebsvermögensvergleich. Für das Jahr 01 beträgt der so ermittelte Gewinn 100 000 €.

Anlässlich einer Betriebsprüfung stellt der Betriebsprüfer folgende im Rahmen der Gewinnermittlung noch nicht berücksichtigte Geschäftsvorfälle fest:

1. Frau A hat ihrem Ehemann ein zinsloses Darlehen i. H. v. 100 000 € zur Finanzierung der Praxisausstattung gewährt. Bei einer Bank hätte A für das Darlehen im Jahr 01 (6 % von 100 000 € =) 6 000 € Zinsen zahlen müssen.

2. Außerdem hat Frau A ihrem Ehemann einen Pkw unentgeltlich zu betrieblichen Zwecken überlassen. A hätte bei einem Autovermieter für die Anmietung des Kraftwagens im Jahr 01 einen Betrag i. H. v. 2 500 € aufwenden müssen.

3. Darüber hinaus hat Frau A ihrem Ehemann zur betrieblichen Nutzung eine Garage zu einem Mietzins i. H. v. 300 € jährlich vermietet; der gezahlte Mietzins liegt 25 % unter der erzielbaren Miete.

4. A nutzt einen Raum seines Einfamilienhauses als Lagerraum zur Aufbewahrung von Akten. Die mit dem Raum zusammenhängenden Aufwendungen belaufen sich im Jahr 01 auf 1 000 €. Der Raum gehört wegen untergeordneter Bedeutung nicht zum Betriebsvermögen des A (§ 8 EStDV).

Aufgabe: Wie wirken sich die vorstehenden Geschäftsvorfälle im Rahmen der Gewinnermittlung des A aus?

LÖSUNG

Zu 1.:

Betriebsvermögensmehrungen, die nicht durch den Betrieb veranlasst sind, dürfen den steuerpflichtigen Gewinn nicht erhöhen; sie müssen deshalb als Einlage bei der Gewinnermittlung wieder abgezogen werden. Der Vorteil, den A aus der Nutzung des Geldes gezogen hat, stellt keine Einlage in diesem Sinne dar. Nach dem Beschluss des Großen Senats des BFH (GrS 2/86, BStBl 1988 II 348) können grds. nur Wirtschaftsgüter, die in eine Bilanz aufgenommen werden können, Gegenstand einer Einlage sein. Nutzungsvorteile sind keine selbständigen Wirtschaftsgüter; sie dürfen daher bei der Gewinnermittlung nicht erfasst werden. Ein Abzug des Zinsvorteils (als Einlage) im Rahmen der Gewinnermittlung des A kommt daher nicht in Betracht.

Zu 2.:

Auch im Fall der unentgeltlichen Pkw-Überlassung kann A kein fiktives Entgelt als Einlage abziehen.

Zu 3.:

Dieselbe Beurteilung gilt für die teilweise entgeltlich überlassene Garage. Auch hier kommt es nicht zum Abzug einer Einlage i. H. d. ersparten Mietzinsen.

Zu 4.:

Nutzt ein Stpfl. eigene, nicht zum Betriebs-, sondern zum Privatvermögen gehörende Wirtschaftsgüter für betriebliche Zwecke, so mindern die mit der betrieblichen Nutzung zusammenhängenden Aufwendungen den Gewinn. Es handelt sich nämlich um Betriebsausgaben i. S. d. § 4 Abs. 4 EStG. Die Abziehbarkeit dieser Aufwendungen ergibt sich also nicht erst aus der Einlageregelung des § 4 Abs. 1 EStG, sondern aus der Regelung über den Betriebsausgabenabzug in § 4 Abs. 4 EStG. A kann daher die anteiligen Kosten für den Raum i. H. v. 1 000 € als Betriebsausgaben abziehen (Buchungssatz: Aufwand an Einlagen 1 000 €).

FALL 105

Bauten auf einem Ehegattengrundstück

Sachverhalt: Der voll vorsteuerabzugsberechtigte A betreibt einen Möbeleinzelhandel. Seinen Gewinn ermittelt er aufgrund eines Jahresabschlusses. Er und seine Ehefrau haben Anfang 2010 je zur ideellen Hälfte – jeder mit eigenen Mitteln – ein unbebautes Grundstück für 50 000 € erworben. Auf diesem Grundstück errichtete A 2013 auf eigene Rechnung und Gefahr mit Einverständnis seiner Ehefrau für betriebliche Zwecke eine Lagerhalle für 100 000 € zuzüglich 19 % Umsatzsteuer, die Anfang 2014 fertiggestellt worden ist. Bauantrag und Baugenehmigung lauten auf A. Auch alle anderen Verträge einschließlich des zur Finanzierung erforderlichen Darlehensvertrags hat A abgeschlossen. Zwischen den Ehegatten besteht Einverständnis darüber, dass A das Gebäude unentgeltlich nutzen darf und in der Übernahme der Baukosten, soweit sie den Miteigentumsanteil der B betreffen, keine Schenkung des A an B zu sehen ist.

Aufgaben:

1. Wie sind die von A aufgewendeten Herstellungskosten für die Lagerhalle bei diesem bilanzsteuerrechtlich zu behandeln und wie hoch ist die als Betriebsausgabe abzugsfähige AfA?

2. Mit welchem Wert ist der Grund und Boden aktivierungspflichtig?

3. Welche Steuerfolgen ergeben sich, wenn die betriebliche Nutzung der Lagerhalle beendet wird, z. B. durch Betriebsaufgabe?

LÖSUNG

Zu 1.:

Der GrS des BFH hat aus dem objektiven Nettoprinzip abgeleitet, dass derjenige, der ein Gebäude errichtet, um es zur Erzielung von Einkünften zu nutzen, die entstandenen Aufwendungen einkünftemindernd abziehen können muss (BFH, GrS 4/92, BStBl 1995 II 281). Nach einem weiteren Beschluss des GrS steht dem Abzug auch nicht entgegen, dass das Gebäude auf einem Grundstück des Ehegatten errichtet wird, selbst wenn sich die Schaffung von Eigentum für den Ehegatten mangels eines Ersatzanspruchs als Zuwendung qualifizieren lassen könnte (BFH, GrS

1/97, BStBl 1999 II 778). In einer neueren Entscheidung hat der BFH klargestellt, dass die Aufwendungen, unabhängig davon, ob der Stpfl. (wirtschaftlicher oder rechtlicher) Eigentümer des Wirtschaftsguts ist, für das er Aufwendungen getragen hat, bei ihm steuerlich zu berücksichtigen sind, wenn dies im betrieblichen Interesse erfolgt ist (BFH IV R 2/07, BStBl 2010 II 670). Der BFH weist darauf hin, dass es ohne Bedeutung ist, ob derjenige, der das Gebäude errichtet, das betreffende fremde Grundstück entgeltlich oder unentgeltlich nutzt und ob er zivilrechtliche Ersatzansprüche gegenüber dem Grundstückseigentümer hat.

Steuerbilanziell muss A die Herstellungskosten in voller Höhe aktivieren, soweit sie auf seinen hälftigen Miteigentumsanteil als „Gebäude" entfallen. Soweit die Herstellungskosten auf den im zivilrechtlichen Eigentum der Ehefrau stehenden hälftigen Gebäudeteil entfallen, sind sie „wie ein materielles Wirtschaftsgut" zu behandeln und nach den für Gebäude geltenden AfA-Regeln abzuschreiben (BFH IV R 2/07, BStBl 2010 II 670).

Bei der Lagerhalle handelt es sich um ein sog. Wirtschaftsgebäude, der AfA-Satz beträgt folglich 3 % (§ 7 Abs. 4 Satz 1 Nr. 1, § 52 Abs. 21b EStG). A kann daher ab dem Jahr der Fertigstellung, d. h. ab 2014 eine AfA i. H. v. 3 % von 100 000 € = 3 000 € jährlich als Betriebsausgaben im Rahmen seiner Gewinnermittlungen abziehen.

Zu 2.:

Aus der Tatsache, dass A die Herstellungskosten der Lagerhalle zu 100 % zu bilanzieren hat, kann m. E. nicht hergeleitet werden, dass er auch den Grund und Boden zu 100 % zu aktivieren hat. Zweifelsfrei gehört der Grund und Boden, soweit er A gehört und von ihm betrieblich genutzt wird, also i. H. v. 50 %, zum notwendigen Betriebsvermögen. Insoweit ist er mit den anteiligen Anschaffungskosten von 50 % von 50 000 € = 25 000 € zu aktivieren (§ 6 Abs. 1 Nr. 5 EStG). Anders verhält es sich dagegen mit dem Grund und Boden, soweit er im Miteigentum der B steht. Insoweit handelt es sich um Privatvermögen der B, das in der Bilanz des A nicht ausgewiesen werden darf.

Zu 3.:

Problematisch ist, ob dem Unternehmer-Ehegatten, wenn kein wirtschaftliches Eigentum vorliegt, stille Reserven an dem betrieblich genutzten Gebäude zugerechnet werden können (bejahend noch BMF, BStBl 1996 I 1257 Rz. 2, *Kulosa*, HFR 2003, 1040, 1042 und *Dötsch*, INF 2003, 802, 803) oder ob insoweit eine Entnahme zum Buchwert in Betracht kommt. Im Schrifttum wird zum Teil die Ansicht vertreten, dass die Bilanzierung „wie ein materielles Wirtschaftsgut" nur bedeuten kann, dass dieser Posten in Bezug auf die Vornahme von Abschreibungen, Sonderabschreibungen etc. ebenso wie hinsichtlich der späteren Erfassung der stillen Reserven wie ein „echtes" Wirtschaftsgut anzusehen ist (*Dötsch*, INF 2003, 802, 803).

In einer neueren Entscheidung vertritt der VIII. Senat des BFH jedoch die Ansicht, dass in dem Fall, in dem ein Ehegatte einen Kellerraum des im Miteigentum der Eheleute stehenden Einfamilienhauses als Lagerraum für seine Arztpraxis nutzt, die anteilig auf diesen Raum entfallenden stillen Reserven bei Veräußerung der Praxis nur zur Hälfte den Veräußerungsgewinn erhöhen, und zwar auch, wenn der nutzende Ehegatte alle Kosten für diesen Raum als Betriebsausgaben abgezogen hat (BFH VIII R 98/04, BStBl 2008 II 749). Dieser Rechtsprechung hat sich der BFH in einer neuen Entscheidung angeschlossen (BFH v. 19. 12. 2012 IV R 29/09, BStBl 2013 II 387). Danach soll die Behandlung von Aufwendungen „wie ein materielles Wirtschaftsgut" die typisierte Verteilung der Aufwendungen in Anlehnung an die Regeln bewirken, die für Aufwendungen auf ein eigenes Wirtschaftsgut derselben Art gelten. Die Typisierung der Aufwandsverteilung bewirkt aber nicht, dass der Aufwandsposten im Übrigen einem Wirtschaftsgut gleichgestellt wird

Damit ist jetzt klargestellt, dass das sog. „Quasi-Wirtschaftsgut" bei Beendigung der Nutzung steuerneutral wegfällt. In diesem Posten (dem sog. „Quasi-Wirtschaftsgut") können sich keine stillen Reserven oder Lasten verbergen, denn diese können nur einem wirtschaftlichen Eigentümer zustehen. Vorliegend hat also der Unternehmer-Ehegatte A die in dem Gebäude ruhenden stillen Reserven nicht zu versteuern (so bereits *Kanzler*, FR 2010, 662).

Nach anderer Meinung ist bei Ablauf der Nutzungsbefugnis ein noch vorhandener Restwert gewinnmindernd auszubuchen; eine etwaige Entschädigung des Grundstückseigentümers ist danach als Betriebseinnahme zu erfassen (*Wendt*, BFH/PR 2010, 244). Ist die typisierte Nutzungsdauer noch nicht abgelaufen, soll von einer Entnahme auszugehen sein, wenn keine angemessene Entschädigung vom Grundstückseigentümer gezahlt wird. Unklar sei dabei, ob bei der Bewertung der Entnahme auf den Teilwert des Gebäudes abzustellen sei oder auf den Restbuchwert. Diese Auffassung ist aber nach der genannten Entscheidung des BFH (IV R 29/09, BStBl 2013 II 387) überholt.

HINWEIS:

Nach neuer Erkenntnis ist der bei Beendigung der Nutzung vorhandene Restbetrag nicht gewinnmindernd abzuschreiben, sondern erfolgsneutral auszubuchen. Er ist dem Eigentümer-Ehegatten B nach den Regeln des Drittaufwands zuzurechnen. Damit ist sichergestellt, dass der verbleibende Betrag nicht verfällt, sondern weiterhin steuerlich nutzbar ist, wenn B mit dem Wirtschaftsgut künftig selbst Einkünfte erzielt (vgl. *Wendt*, BFH-PR 2013, 234).

FALL 106

Erwerb einer freiberuflichen Praxis auf Rentenbasis

Sachverhalt: A ist Steuerberater. Am 1.1.01 erwirbt er die Praxis seines Berufskollegen B. Übertragen werden folgende Wirtschaftsgüter:

Kaufpreis	
= Teilwert	
Praxisausstattung	200 000 €
Praxiswert	200 000 €
	400 000 €

A verpflichtet sich zu folgender Gegenleistung: Zahlung einer monatlichen Rente i. H. v. 4 000 €, zahlbar auf die Lebenszeit des Veräußerers.

Die Rente ist gesichert durch Anknüpfung an den Lebenshaltungsindex. Der nach versicherungsmathematischen Grundsätzen ermittelte Rentenbarwert beträgt am

1. 1. 01	400 000 €
31. 12. 01	384 000 €
30. 6. 02	375 000 €

Die Rente erhöht sich aufgrund der Wertsicherungsklausel ab 1. 1. 02 auf monatlich 4 200 €. Der Erhöhungsbetrag der Rente hat am 1. 1. 02 einen Barwert i. H. v. 20 000 € und am 30. 6. 02 i. H. v. 19 600 €.

Der Veräußerer B stirbt am 30. 6. 02. Die Rente wurde letztmalig im Juni 02 bezahlt.

Aufgaben:

1. Wie sind die Rentenzahlungen von monatlich 4 000 € bei A steuerlich zu behandeln, wenn er seinen Gewinn

   a) durch Betriebsvermögensvergleich (§ 4 Abs. 1 EStG),

   b) durch Einnahmen-Überschussrechnung (§ 4 Abs. 3 EStG) ermittelt?

2. Welche Steuerfolgen ergeben sich für A infolge des Eintritts der Wertsicherungsklausel, wenn er seinen Gewinn

   a) durch Betriebsvermögensvergleich (§ 4 Abs. 1 EStG),

   b) durch Einnahmen-Überschussrechnung (§ 4 Abs. 3 EStG) ermittelt?

3. Welche Steuerfolgen hat der Wegfall der Rentenverpflichtung für A, wenn er seinen Gewinn

   a) durch Betriebsvermögensvergleich (§ 4 Abs. 1 EStG),

   b) durch Einnahmen-Überschussrechnung ermittelt?

LÖSUNG

Zu 1. a):

Erwirbt ein Stpfl. – wie vorliegend A – eine freiberufliche Praxis gegen eine Veräußerungsleibrente, ist als Anschaffungskosten für die erworbenen Wirtschaftsgüter der Betrag anzusetzen, der dem kapitalisierten Barwert der Rente entspricht. Zugleich ist der Barwert der Rentenverpflichtung zu passivieren. Da sich die Verpflichtung in der Folgezeit durch die geringer werdende Laufzeit vermindert, ist ihr Barwert zu den einzelnen Bilanzstichtagen neu zu ermitteln und jeweils mit dem geänderten Wert als Schuldposten auszuweisen. Als Betriebsausgaben abziehbare Zinszahlungen liegen nur insoweit vor, als die jährlichen Rentenzahlungen die jährliche Barwertminderung übersteigen. Nur in dieser Höhe wird der Gewinn tatsächlich gemindert. Die in den monatlichen Rentenzahlungen des A i. H. v. 4 000 € enthaltenen Zinsanteile, die als Betriebsausgaben abzugsfähig sind, sind wie folgt zu ermitteln:

Ursprüngliche Rente

Rentenbarwert 1. 1. 01	400 000 €
Rentenbarwert 31. 12. 01	384 000 €
Differenz = Ertrag	16 000 €

Rentenzahlungen 01 = Aufwand: $12 \times 4\,000\,€$ =	48 000 €
Zinsanteil 01	32 000 €
Rentenbarwert 31. 12. 01	384 000 €
Rentenbarwert 30. 6. 02	375 000 €
Differenz = Ertrag	9 000 €
Rentenzahlungen 02 = Aufwand: $6 \times 4\,000\,€$ =	24 000 €
Zinsanteil 02	15 000 €

Zu 1. b):

Ein Stpfl., der seinen Gewinn durch Einnahmen-Überschussrechnung (§ 4 Abs. 3 EStG) ermittelt, muss seine Einnahmen und Ausgaben innerhalb desjenigen Kalenderjahres berücksichtigen, in dem sie ihm zu- bzw. abgeflossen sind (§ 11 EStG). Der Wert des Betriebsvermögens bleibt unberücksichtigt.

Allerdings bestimmt § 4 Abs. 3 Satz 3 EStG, dass die Vorschriften über die Bewertungsfreiheit für geringwertige Wirtschaftsgüter (§ 6 Abs. 2 EStG), die Bildung eines Sammelpostens (§ 6 Abs. 2a EStG) und über die AfA oder AfS zu befolgen sind. Daraus folgt, dass auch ein Stpfl. mit Gewinnermittlung nach § 4 Abs. 3 EStG, der – wie hier – abnutzbare Wirtschaftsgüter des Anlagevermögens (oder des Umlaufvermögens i. S. d. § 4 Abs. 3 Satz 4 EStG) erwirbt, im Jahr der Anschaffung die Anschaffungskosten mit dem versicherungsmathematischen Rentenbarwert „aktivieren" muss (R 4.5 Abs. 4 Satz 1 EStR 2012). Von den aktivierten Anschaffungskosten kann er dann AfA vornehmen. Um zu verhindern, dass der in den Rentenzahlungen enthaltene Kaufpreis, d. h. der Tilgungsanteil der Rente, zweifach steuermindernd berücksichtigt wird, darf der Stpfl. die Rentenzahlungen insoweit nicht als Betriebsausgaben absetzen. Vielmehr darf nur der in den Rentenzahlungen enthaltene Zinsanteil den Gewinn mindern.

Der Zinsanteil errechnet sich – wie bei einem bilanzierenden Stpfl. – aus der Differenz zwischen den jährlichen Rentenzahlungen und den jeweiligen Barwertminderungen.

Technisch geschieht das in der Weise, dass in einer Art „Schattenbilanz" zum Ende eines jeden VZ der jeweils neue Rentenbarwert ermittelt wird. Die durch das Älterwerden des Rentenberechtigten bedingten Minderungen des Rentenbarwertes werden als Betriebseinnahmen erfasst, die Rentenzahlungen selbst werden als Betriebsausgaben behandelt. Der Saldo beider Beträge entspricht dem Zinsanteil der Rente. Das bedeutet, dass A auch im Falle einer Einnahmen-Überschussrechnung folgende – in der ursprünglichen Rente enthaltene – Zinsanteile als Betriebsausgaben absetzen kann:

01: Zinsanteil ursprüngliche Rente =	32 000 €
02: Zinsanteil ursprüngliche Rente =	15 000 €

Aus Vereinfachungsgründen lässt die Finanzverwaltung (R 4.5 Abs. 4 Satz 4 EStR 2012) auch zu, dass die einzelnen mit der Anschaffung von abnutzbaren Anlagegütern zusammenhängenden Rentenzahlungen zunächst mit dem anteiligen (ursprünglichen) Rentenbarwert verrechnet, also erfolgsneutral behandelt und nach Erreichen dieses Barwertes in vollem Umfang als Betriebsausgaben abgesetzt werden (sog. buchhalterische Methode). Wenn A von dieser Möglichkeit Gebrauch macht, kann er in 01 und 02 keine Zinsanteile als Betriebsausgaben absetzen.

Zu 2. a):

Kommt es aufgrund einer Wertsicherungsklausel zu einer Erhöhung der Rentenzahlungen, so führt dies zu einer Erhöhung sowohl des Zinsanteils als auch des Stammrechtsanteils der Rente. Der Kapitalwert der Rente muss dann neu berechnet werden, wobei der Erhöhungsbetrag zweckmäßigerweise als selbständige Rente behandelt wird. Bei einem bilanzierenden Stpfl. hat die aus einer Wertsicherungsklausel resultierende Erhöhung der Rentenverpflichtung zur Folge, dass der Betrag, um den sich der Barwert der Rentenverpflichtung erhöht, im Jahr der Erhöhung gewinnmindernd passiviert wird (BFH VIII R 231/80, BStBl 1984 II 109; X R 64/89, BStBl 1991 II 358). Der Kapitalwert des Erhöhungsbetrags am 1.1.02 i.H.v. 20 000 € wirkt sich demnach in 02 in vollem Umfang gewinnmindernd aus.

Mit dieser steuerlichen Behandlung wird dem Umstand Rechnung getragen, dass die Erhöhung der Rentenverpflichtung nicht zu einer Erhöhung der Anschaffungskosten und damit zu einer Erhöhung der AfA führt. Die in den erhöhten Rentenzahlungen enthaltenen Zinsanteile sind ebenfalls als Betriebsausgaben abzugsfähig. Sie errechnen sich aus der Differenz zwischen den jährlichen Barwertminderungen des Erhöhungsbetrages und dem jährlichen Erhöhungsbetrag.

Erhöhungsbetrag

Rentenbarwert 1.1.02	20 000 €
Rentenbarwert 30.6.02	19 600 €
Differenz = Ertrag	400 €
Rentenzahlungen 02 = Aufwand: 6 × 200 € =	1 200 €
Zinsanteil 02	800 €

Zu 2. b):

Bei einem Stpfl. mit Einnahmen-Überschussrechnung sind Betriebsausgaben nach § 11 Abs. 2 EStG grds. im Jahr der Zahlung zu berücksichtigen, wohingegen Veränderungen des Betriebsvermögens außer Betracht bleiben. Demzufolge ist es nach der BFH-Rechtsprechung gerechtfertigt, den Fall der Erhöhung der Rentenverpflichtung infolge einer Wertsicherungsklausel hier anders zu behandeln als bei einem Stpfl., der seinen Gewinn durch Betriebsvermögensvergleich ermittelt (BFH IV R 48/90, BStBl 1991 II 796). Bei einem Stpfl. mit Einnahmen-Überschussrechnung soll danach eine gewinnmindernde Berücksichtigung des Stammrechtsanteils des Erhöhungsbetrags im Zeitpunkt des Eintritts der Wertsicherungsklausel unterbleiben: Die infolge der Wertsicherungsklausel erhöhten Rentenzahlungen sollen vielmehr im Zeitpunkt der Zahlung in voller Höhe abgesetzt werden. Diese Betrachtung hat zur Folge, dass A die erhöhten Rentenzahlungen i.H.v. 6 × 200 € = 1 200 € in 02 als Betriebsausgaben abziehen kann.

Zu 3. a):

Infolge des Todes des Rentenberechtigten B fällt die Rentenverpflichtung weg. Der Wegfall der Verpflichtung ist ein betrieblicher Vorgang. Die Auflösung des verbliebenen Passivpostens, d.h. des am 30.6.02 verbliebenen Rentenbarwertes, und zwar sowohl des Rentenbarwertes der ursprünglich vereinbarten Rente als auch des Rentenbarwertes des Erhöhungsbetrages, stellt für A einen Ertrag dar (BFH X R 64/89, BStBl 1991 II 358; XI R 41/93, BStBl 1996 II 601). Der Gewinn des Jahres 02 ist demgemäß um folgenden Betrag zu erhöhen:

Rentenbarwert ursprüngliche Rente am 30. 6. 02	375 000 €
Rentenbarwert Erhöhungsbetrag am 30. 6. 02	19 600 €
Mehrgewinn 02	394 600 €

Zu 3. b):

Der Wegfall einer betrieblichen Rentenverpflichtung durch Tod des Berechtigten ist auch bei Gewinnermittlung nach § 4 Abs. 3 EStG ein betrieblicher Vorgang und wirkt sich dementsprechend gewinnerhöhend aus. Daraus folgt, dass ein Stpfl. mit Einnahmen-Überschussrechnung – ebenso wie der mit Betriebsvermögensvergleich – i. H. d. aktuellen Rentenbarwertes, d. h. des im Todeszeitpunkt verbliebenen Rentenbarwertes, eine Betriebseinnahme ausweisen muss (BFH IV R 93/67, BStBl 1973 II 51). Allerdings ist bei Wegfall der Rentenverpflichtung lediglich der (verbliebene) Rentenbarwert als Betriebseinnahme zu erfassen, der sich auf der Grundlage der ursprünglichen Rente errechnet (BFH IV R 48/90, BStBl 1991 II 796). Dies beruht darauf, dass bei einem Stpfl. mit Einnahmen-Überschussrechnung im Falle des Wirksamwerdens einer Wertsicherungsklausel eine gewinnmindernde Berücksichtigung des Stammrechtsanteils der Rente zu unterbleiben hat. Der Wegfall der Rentenverpflichtung führt also zu einer Erhöhung des Gewinns des Jahres 02 nur i. H. d. Rentenbarwertes der ursprünglichen Rente am 30. 6. 02 i. H. v. 375 000 €.

Wenn A von der Möglichkeit Gebrauch gemacht hat, die (ursprünglichen) tatsächlichen Rentenzahlungen von monatlich 4 000 € zunächst gegen den Rentenbarwert i. H. v. 400 000 € zu verrechnen (R 4.5 Abs. 4 Satz 4 EStR 2012), ist der am 30. 6. 02 vorhandene Rentenbarwert der ursprünglichen Rente, d. h. der noch nicht verrechnete Teil, gewinnerhöhend zu erfassen (R 4.5 Abs. 4 Satz 5 EStR 2012):

Rentenbarwert ursprüngliche Rente	400 000 €
Rentenzahlungen 01: 12 × 4 000 € =	./. 48 000 €
Rentenzahlungen 02: 6 × 4 000 € =	./. 24 000 €
Gewinnerhöhung wegen Wegfalls der Rentenverpflichtung	328 000 €

FALL 107

Besteuerung des laufenden Gewinns einer Erbengemeinschaft

Sachverhalt: Der Nachlass des am 30. 6. 01 verstorbenen V besteht aus einem gewerblichen Einzelunternehmen. Das Kapitalkonto des V beträgt 100 000 €. Erben des V sind seine Ehefrau A und seine Tochter B zu je 1/2. Der ererbte Gewerbebetrieb wird von den Erben fortgeführt. Der Gewinn des Jahres 01 beläuft sich auf 140 000 €.

Aufgabe: Führt der Übergang des Einzelunternehmens auf die Erbengemeinschaft zu einer Gewinnrealisierung und wem ist der Gewinn des Jahres 01 zuzurechnen?

LÖSUNG

Die ertragsteuerliche Behandlung des Erbfalls und der Erbauseinandersetzung hat durch den Beschluss des Großen Senats des BFH (GrS 2/89, BStBl 1990 II 837) schwerwiegende Änderungen erfahren. Nach dieser Rechtsprechung werden alle Miterben mit dem Erbfall automatisch Mitunternehmer – sog. „geborene" Mitunternehmer – eines ererbten Gewerbebetriebs (§ 15 Abs. 1 Nr. 2 EStG). Der Übergang des Betriebs auf die Erbengemeinschaft ist weder eine Betriebsveräußerung (§ 16 Abs. 1 EStG) noch eine Betriebsaufgabe (§ 16 Abs. 3 EStG) durch den Erblasser. Die Erbengemeinschaft A/B muss daher die Buchwerte des Erblassers nach § 6 Abs. 3 EStG fortführen (Kapitalkonto A: 50 000 €, Kapitalkonto B: 50 000 €). V ist der bis zu seinem Todestag entstandene Gewinn zuzurechnen. Wird auf den Todestag keine Zwischenbilanz erstellt, kann dieser Gewinn zeitanteilig geschätzt werden: 6/12 von 140 000 € = 70 000 € (BFH I R 100/71, BStBl 1973 II 544). Der restliche Gewinn i. H. v. 70 000 € ist je zur Hälfte der Ehefrau und der Tochter des V im Rahmen einer gesonderten und einheitlichen Gewinnfeststellung (§§ 179, 180 AO) zuzurechnen.

FALL 108

Besonderheiten bei der Gewinnermittlung durch Einnahmen-Überschussrechnung nach § 4 Abs. 3 EStG

Sachverhalt: Dr. Thomas Müller (M) betreibt als Zahnarzt eine freiberufliche Praxis. Er ermittelt seinen Gewinn durch Einnahmen-Überschussrechnung gem. § 4 Abs. 3 EStG. Bei seiner nach § 164 Abs. 1 AO unter dem Vorbehalt der Nachprüfung ergangenen Einkommensteuerveranlagung für das Jahr 2013 ist der von ihm erklärte Gewinn i. H. v. 120 000 € zugrunde gelegt worden.

Bei einer Außenprüfung stellt der Prüfer Folgendes fest:

1. M hat im Jahr 2013 einen Betrag i. H. v. 5 000 € für Wertminderung seines auf Vorrat gehaltenen Zahngoldes als Betriebsausgabe abgesetzt.

2. M hat seine freiberufliche Tätigkeit bis zum 30. 6. 2013 in einer eigenen zum Betriebsvermögen gehörenden Eigentumswohnung ausgeübt. Die Eigentumswohnung (einschl. Grund und Boden) hatte zum 30. 6. 2013 einen Buchwert i. H. v. 200 000 € und einen Teilwert i. H. von 250 000 €.

   Am 1. 7. 2013 hat M seine Praxis in einen Neubau verlegt. Die Eigentumswohnung hat er ab diesem Zeitpunkt an einen Rechtsanwalt vermietet; die Mieteinnahmen i. H. v. 6 000 € für die Zeit vom 1. 7.-31. 12. 2013 sind als Betriebseinnahmen erfasst worden.

3. Im Dezember 2013 hat M einen PC für 1 800 € angeschafft. Die Rechnung wurde am 24. 1. 2014 bezahlt. M hat für den PC im Jahr 2013 folgende lineare AfA gem. § 7 Abs. 1 EStG vorgenommen: 1/3 von 1 800 € = 600 €.

4. M hat seinen zum Betriebsvermögen gehörenden Pkw Daimler-Benz am 28. 12. 2013 für 15 000 € verkauft. Der Restbuchwert des Pkw betrug im Zeitpunkt der Veräußerung 5 000 €.

Der Veräußerungserlös i.H.v. 15 000 € ging am 5.1.2014 bei M ein. M hat aus diesem Grund den Geschäftsvorfall im Rahmen der Gewinnermittlung 2013 unberücksichtigt gelassen.

5. Den Kaufpreis eines im November 2013 für 150 € angeschafften Diktiergeräts hat M im Januar 2014 bezahlt und im Zeitpunkt der Bezahlung als Betriebsausgaben abgesetzt.

6. M hat im Dezember 2013 einen Sessel für die Praxis bestellt und den Kaufpreis i.H.v. 140 € am 29.12.2013 vorausbezahlt und im Jahr 2013 als Betriebsausgabe abgesetzt. Der Sessel wurde am 3.1.2014 geliefert.

7 M hat am 22.12.2013 einen Ledersessel für sein Wartezimmer angeschafft. Die Anschaffungskosten von 600 € wurden am gleichen Tag bezahlt.

8. Im Zusammenhang mit der Praxisverlegung hat M einen vor Jahren für 20 000 € erworbenen Parkplatz für die Patienten am 1.8.2013 für 30 000 € verkauft. Der Vorgang wurde bei der Gewinnermittlung für das Jahr 2013 nicht berücksichtigt.

9. Am 20.12.2013 hat M von einer Zahnfabrik Materialien zur Herstellung von Zahnersatz für 25 000 € erworben. Der Kaufpreis wurde noch in 2013 bezahlt. Die Materialien sind am 31.12.2013 in vollem Umfang noch vorhanden. M hat die Zahlung von 25 000 € im Jahr 2013 als Betriebsausgaben abgesetzt.

10. Zu Weihnachten 2013 hat M seiner Tochter einen Pkw geschenkt, der bisher von einem bei M angestellten Zahnarzt benutzt wurde. Der zum Betriebsvermögen gehörende Pkw hatte zum Zeitpunkt der Schenkung einen Buchwert von 10 000 € und einen Teilwert von 12 000 €. Der Geschäftsvorfall wurde in der Gewinnermittlung 2013 nicht erfasst.

11. M hat das Wartezimmer im Januar 2013 mit einer vor vier Jahren angeschafften und bisher privat genutzten Sitzgarnitur ausgestattet, deren Teilwert 4 000 € beträgt. Die Restnutzungsdauer beläuft sich auf zwei Jahre. M hat den Wert der Sitzgarnitur i.H.v. 4 000 € im Jahr 2013 als Betriebsausgaben abgezogen.

12. Im April 2013 hat M das Wartezimmer mit einer vor vier Jahren angeschafften und bisher privat genutzten Stereoanlage ausgestattet. Der Teilwert der Stereoanlage betrug 150 €. Der Geschäftsvorfall wurde im Rahmen der Einnahmen-Überschussrechnung 2013 nicht erfasst.

13. Im Zusammenhang mit dem Praxisneubau hat M am 1.7.2013 ein bisher zu seinem Privatvermögen gehörendes unbebautes Grundstück als Parkplatz für die Patienten herrichten lassen. Der Teilwert des vor zwölf Jahren angeschafften Grundstücks betrug am 1.7.2013 20 000 €. Anfang 2014 hat M das Grundstück unentgeltlich auf seine Ehefrau übertragen. Der Teilwert betrug zum Zeitpunkt der Schenkung 22 000 €.

14. Bei einem Einbruch in die Praxisräume wurde das sich im Schreibtisch des M befindliche Geld i.H.v. 3 000 €, das aus einer Honorarzahlung eines Patienten stammte, gestohlen. M zeichnet seine Bareinnahmen und Barausgaben auf. Seine Kassenführung ist so ausgestattet wie bei einem Bilanzierenden mit ordnungsmäßiger Buchführung. Den Geldverlust i.H.v. 3 000 € hat M im Jahr 2013 als Betriebsausgabe abgesetzt.

15. M hat eine Zahnarzthelferin beauftragt, die Honorarzahlungen von Patienten in den Praxisräumen entgegenzunehmen. Die Helferin hat im Jahr 2013 einen Betrag i.H.v. 20 000 € bar vereinnahmt, hiervon aber 5 000 € für sich behalten. Die Unterschlagung ist im Jahr 2014 vom Steuerberater festgestellt worden. Daraufhin hat M gegenüber der Helferin einen Re-

gressanspruch i. H.v. 5 000 € geltend gemacht. Die Angestellte hat M den entwendeten Betrag im Jahr 2014 ersetzt. Als Betriebseinnahmen des Jahres 2013 sind (20 000 € ./. 5 000 € =) 15 000 € berücksichtigt worden.

16. M lieferte das bei der Zahnbehandlung in Form von Brücken, Kronen und Zahnfüllungen angefallene Altgold, das ihm von seinen Patienten unentgeltlich überlassen wurde, an eine Scheideanstalt. Diese lieferte ihm dafür im Jahr 2013 Feingold in Form von Barren im Wert von 5 000 €.

Aufgabe: Welche Gewinnkorrekturen ergeben sich aufgrund der Feststellungen des Betriebsprüfers?

LÖSUNG

Zu 1.:

Eine Teilwertabschreibung ist nur möglich bei der Gewinnermittlung durch Betriebsvermögensvergleich. Bei der Gewinnermittlung nach § 4 Abs. 3 EStG bleibt der Wert des Betriebsvermögens unberücksichtigt, so dass auch die Bewertungsvorschriften des § 6 EStG nicht anwendbar sind (BFH IX R 126/92, BFH/NV 1995, 764; XI R 49/05, BFH/NV 2006, 1961). Die von M vorgenommene Teilwertabschreibung ist daher unzulässig; der erklärte Gewinn ist um 5 000 € zu erhöhen.

Zu 2.:

Die beruflich genutzte Eigentumswohnung gehörte bis zum 30. 6. 2013 zum notwendigen Betriebsvermögen des M. Infolge der Nutzungsänderung hat die Eigentumswohnung die Eigenschaft als notwendiges Betriebsvermögen verloren. Auch bei der Gewinnermittlung nach § 4 Abs. 3 EStG gibt es nach der geänderten Rechtsprechung des BFH gewillkürtes Betriebsvermögen (BFH IV R 13/03, BStBl 2004 II 985). Es bestand also für M ein Wahlrecht, die Eigentumswohnung weiterhin als Betriebsvermögen zu behandeln oder zu entnehmen. Da M die Eigentumswohnung weiterhin als Betriebsvermögen behandelt hat, ist eine Gewinnkorrektur nicht erforderlich; die Mieteinnahmen sind zutreffend als Betriebseinnahmen erfasst worden.

Zu 3.:

Wirtschaftsgüter des Anlagevermögens werden bei der Gewinnermittlung durch Einnahmen-Überschussrechnung – mit Ausnahme von Teilwertabschreibungen – genauso behandelt wie bei der Gewinnermittlung durch Vermögensvergleich, da auch bei der Einnahmen-Überschussrechnung nach § 4 Abs. 3 Satz 3 EStG die Vorschriften über die AfA zu befolgen sind. Für den Beginn der AfA ist entscheidend, dass die Wirtschaftsgüter angeschafft oder hergestellt worden sind; es ist nicht erforderlich, dass die Bezahlung bereits erfolgt ist. M kann den PC daher bereits im Jahr 2013 abschreiben; allerdings beträgt die AfA nur 1/12 von (1/3 von 1 800 € =) 600 € = 50 € (§ 7 Abs. 1 Satz 4 EStG). Es muss monatsgenau abgeschrieben werden. Wird ein Wirtschaftsgut im Laufe eines Monats angeschafft, zählt dieser Monat für die zeitanteilige Abschreibung mit. Der erklärte Gewinn 2013 ist um die Differenz von 600 € ./. 50 € = 550 € zu erhöhen.

Zu 4.:

Scheidet ein Anlagegut aus dem Betriebsvermögen aus, ist der noch nicht abgesetzte Teil der Anschaffungskosten unter dem Gesichtspunkt einer Absetzung für außergewöhnliche wirtschaftliche Abnutzung i. S. d. § 7 Abs. 1 Satz 7 EStG abzuziehen; der bei der Veräußerung des Anlageguts erzielte Erlös gehört zu den Betriebseinnahmen (BFH IV 335/58 U, BStBl 1961 III, 499; IV R 181/66, BStBl 1972 II 271; IV R 1/92, BStBl 1994 II 353). Der Restbuchwert des verkauften Pkw von 5 000 € muss daher im Jahr 2013 als Betriebsausgabe behandelt werden. Der Verkaufserlös i. H. v. 15 000 € ist erst im Jahr des Zuflusses des Veräußerungserlöses – also im Jahr 2014 – als Betriebseinnahme anzusetzen (BFH IV R 29/94, BStBl 1995 II 635).

Zu 5.:

Die Anschaffungskosten für geringwertige Wirtschaftsgüter des Anlagevermögens i. S. v. § 6 Abs. 2 EStG können bei der Gewinnermittlung nach § 4 Abs. 3 EStG – ebenso wie bei der Gewinnermittlung durch Betriebsvermögensvergleich – im Jahr der Anschaffung in voller Höhe als Betriebsausgaben abgesetzt werden; auf den Zeitpunkt der Bezahlung kommt es nicht an. § 11 EStG ist gegenüber § 6 Abs. 2 EStG subsidiär. M kann daher die Anschaffungskosten für das Diktiergerät i. H. v. 150 € bereits im Jahr 2013 als Betriebsausgaben abziehen.

Zu 6.:

Anschaffungskosten für geringwertige Wirtschaftsgüter sind grds. im Jahr der Anschaffung als Betriebsausgaben abzugsfähig. Die Finanzverwaltung lässt jedoch aus Vereinfachungsgründen zu, dass Vorauszahlungen oder Anzahlungen auf geringwertige Wirtschaftsgüter bereits im Jahr der Zahlung als Betriebsausgaben abgesetzt werden (OFD Frankfurt, WPg 1980, 81). Die Vorauszahlung auf den Sessel i. H. v. 140 € kann daher bereits im Jahr 2013 als Betriebsausgabe abgezogen werden.

Zu 7.:

Wirtschaftsgüter des abnutzbaren Anlagevermögens, für die ein Sammelposten i. S. d. § 6 Abs. 2a EStG gebildet werden kann, werden bei der Gewinnermittlung durch Einnahmen-Überschussrechnung genauso behandelt wie bei der Gewinnermittlung durch Vermögensvergleich, da auch bei der Einnahmen-Überschussrechnung nach § 4 Abs. 3 Satz 3 EStG die Vorschrift über die Bildung eines Sammelpostens (§ 6 Abs. 2a EStG) zu befolgen ist. A kann daher die Anschaffungskosten für den Ledersessel von 600 € in den Sammelposten nach § 6 Abs. 2a EStG aufnehmen und im Jahr 2013 mit 20 % von 600 € = 120 € als Betriebsausgaben absetzen.

Zu 8.:

Die Anschaffungs- oder Herstellungskosten von nicht abnutzbaren Anlagegütern sind nicht im Zeitpunkt der Zahlung, sondern erst dann als Betriebsausgaben abzuziehen, wenn die betreffenden Wirtschaftsgüter veräußert oder entnommen werden (§ 4 Abs. 3 Satz 4 EStG). Der Erlös aus dem Verkauf des Parkplatzes i. H. v. 30 000 € ist im Jahr 2013 als Betriebseinnahme anzusetzen; andererseits sind die Anschaffungskosten des Parkplatzes i. H. v. 20 000 € in 2013 als Betriebsausgaben abzuziehen. Der Gewinn 2013 ist daher um 10 000 € zu erhöhen.

Zu 9.:

Bei der Gewinnermittlung nach § 4 Abs. 3 EStG wirkt sich die Anschaffung von Umlaufvermögen prinzipiell in dem Zeitpunkt als Betriebsausgabe aus, in dem das erworbene Umlaufvermögen bezahlt wird. Etwas anderes gilt u. a. für Grund und Boden sowie Gebäude des Umlaufvermögens (§ 4 Abs. 3 Satz 4 EStG). Da M die Anschaffungskosten der erworbenen Materialien in 2013 gewinnmindernd berücksichtigt hat, ist eine Gewinnkorrektur nicht erforderlich.

Zu 10.:

Die in § 4 Abs. 1 Satz 2 und 3 EStG enthaltenen Bestimmungen über die Entnahmen und die Einlagen sind auch im Bereich der Überschussrechnung anzuwenden. Sie gelten bei der Überschussrechnung als reiner Geldrechnung jedoch nur für Sachentnahmen und Sacheinlagen. Barentnahmen und Bareinlagen dürfen nicht als Betriebseinnahmen und Betriebsausgaben berücksichtigt werden. Das bedeutet, dass der Restbuchwert des an die Tochter geschenkten Pkw von 10 000 € im Jahr 2013 als Betriebsausgabe behandelt werden muss; andererseits ist der Teilwert des Pkw von 12 000 € im Jahr 2013 als fiktive Betriebseinnahme zu behandeln, so dass sich eine Gewinnerhöhung von 2 000 € ergibt.

Zu 11.:

Da auch bei der Gewinnermittlung durch Überschussrechnung die Bestimmungen über die AfA zu beachten sind (§ 4 Abs. 3 Satz 3 EStG), kann der Einlagewert von 4 000 € nicht sofort als Betriebsausgabe abgesetzt werden. Er bildet vielmehr die Bemessungsgrundlage für die AfA nach § 7 EStG. Bei einer Restnutzungsdauer von zwei Jahren ergibt sich für die Jahre 2013 und 2014 eine abzugsfähige AfA von jeweils (4 000 € : 2 =) 2 000 €. Der erklärte Gewinn des Jahres 2013 ist daher um 2 000 € zu erhöhen.

Zu 12.:

Bei der Einlage von geringwertigen Wirtschaftsgütern aus dem Privatvermögen in das Betriebsvermögen kann die Bewertungsfreiheit im Wirtschaftsjahr der Einlage in Anspruch genommen werden (§ 6 Abs. 2 Satz 1 EStG). Der Teilwert der Stereoanlage von 150 € kann daher im Jahr 2013 als Betriebsausgabe abgezogen werden.

Zu 13.:

Aufgrund der betrieblichen Nutzung als Parkplatz wird das unbebaute Grundstück am 1. 7. 2013 notwendiges Betriebsvermögen. Einlagen von nicht abnutzbarem Anlagevermögen haben grds. mit dem Teilwert zu erfolgen (§ 6 Abs. 1 Nr. 5 EStG). Aufgrund der Vorschrift des § 4 Abs. 3 Satz 4 EStG ist der Teilwert des Grund und Bodens zum 1. 7. 2013 von 20 000 € erst im Zeitpunkt der Entnahme, d. h. im Jahr 2014, als Betriebsausgabe zu berücksichtigen. Infolge der Schenkung an die Ehefrau ist im Jahr 2014 eine fiktive Betriebseinnahme i. H. v. 22 000 € anzusetzen, so dass sich der Gewinn des Jahres 2014 um 2 000 € erhöht. Einer Gewinnkorrektur für das Jahr 2013 bedarf es nicht.

Zu 14.:

Geldverluste durch Diebstahl können bei Stpfl. mit Gewinnermittlung durch Einnahmen-Überschussrechnung nur dann als Betriebsausgaben abgesetzt werden, wenn die Zugehörigkeit des entwendeten Geldes zum Betriebsvermögen in eindeutiger Weise durch eine den Grundsätzen ordnungsmäßiger Buchführung entsprechenden Buchhaltung klargestellt ist (BFH IV R 69/69, BStBl 1973 II 480) oder wenn der betriebliche Zusammenhang anhand konkreter und objektiv greifbarer Anhaltspunkte festgestellt ist (BFH XI R 35/89, BStBl 1992 II 343). Da im vorliegenden Fall die Zugehörigkeit des Geldes zum Betriebsvermögen durch eine einwandfreie Kassenführung nachgewiesen ist, kann M den durch den Einbruchdiebstahl eingetretenen Geldverlust i. H. v. 3 000 € im Jahr 2013 als Betriebsausgaben absetzen.

Zu 15.:

Nehmen fremde Angestellte in den Geschäftsräumen auftragsgemäß im Namen des Stpfl. Gelder in Empfang und unterschlagen diese dann, kommt es nicht darauf an, ob die entwendeten Gelder zum Betriebsvermögen oder zum Privatvermögen gehört haben oder ob sie innerhalb einer geschlossenen Kassenführung erfasst wurden. Entscheidend ist, dass der Verlust des Geldes, das mit der Zahlung an die Angestellten als vereinnahmt anzusehen ist, durch den Betrieb veranlasst ist (BFH IV R 79/73, BStBl 1976 II 560). Das von der Helferin unterschlagene Honorar i.H.v. 5 000 € ist – als vom Zahnarzt vereinnahmt – im Jahr 2013 als Betriebseinnahme zu erfassen. Gleichzeitig ist der M durch die Unterschlagung entstandene Verlust i.H.v. 5 000 € im Jahr 2013 als Betriebsausgabe zu berücksichtigen. Eine Korrektur des erklärten Gewinns 2013 ist somit nicht erforderlich. Die Schadensersatzleistung der Helferin ist im Jahr 2014 als Betriebseinnahme zu erfassen.

Zu 16.:

Das von den Patienten überlassene Altgold ist für M ein zusätzliches Entgelt, also eine Betriebseinnahme. Dieses Entgelt in Form eines Sachwertes ist so zu behandeln, als ob zunächst Geld bezahlt und damit der Sachwert (d. h. das Altgold) als Umlaufvermögen angeschafft worden wäre. Die Fiktion der Anschaffung des Sachwertes zwingt zur Berücksichtigung einer Betriebsausgabe. Der Ansatz einer Betriebseinnahme und die gleichzeitige Berücksichtigung einer Betriebsausgabe in derselben Höhe können unterbleiben, da das Betriebsergebnis dadurch nicht beeinflusst wird.

Die Lieferung der Goldabfälle im Tausch gegen Feingold führt jedoch wiederum zu einer Betriebseinnahme, da M dadurch ein geldwerter Vorteil entsteht. Da das Feingold nicht für betriebliche, sondern für private Zwecke erworben wurde, kann hierfür allerdings keine Betriebsausgabe abgesetzt werden. Der Gewinn des Jahres 2013 ist daher um den Wert des erhaltenen Feingoldes i.H.v. 5 000 € zu erhöhen (BFH IV R 115/84, BStBl 1986 II 607; IV R 18/85, BFH/ NV 1987, 760).

FALL 109

Schätzung bei Gewinnermittlung nach § 4 Abs. 3 EStG

Sachverhalt: A betreibt eine Gaststätte. Er ermittelt seinen Gewinn durch Einnahmen-Überschussrechnung nach § 4 Abs. 3 EStG. Der Gewinnermittlung für die Jahre 01-03 liegen formell ordnungsmäßig aufgezeichnete Betriebseinnahmen und Betriebsausgaben zugrunde.

Im Juli 04 findet eine Außenprüfung statt. Die Außenprüferin führt eine Nachkalkulation durch und stellt folgende Umsatzdifferenzen fest:

01 = 12 000 € (Erhöhung gegenüber dem erklärten Umsatz = 6 %),

02 = 15 000 € (Erhöhung gegenüber dem erklärten Umsatz = 7 %),

03 = 2 000 € (Erhöhung gegenüber dem erklärten Umsatz = 1 %).

Nach einer eingehenden Erörterung mit der Außenprüferin erklärt sich A für die Jahre 01 und 02 mit einer Zuschätzung i.H.v. 12 000 € bzw. 15 000 € einverstanden. Für das Jahr 03 hält A eine Zuschätzung im Hinblick auf die geringfügige Abweichung nicht für zulässig. Im Übrigen beantragt er, die aufgrund der Außenprüfung nachzuzahlende Gewerbesteuer in dem jeweiligen Jahr des Prüfungszeitraums gewinnmindernd zu berücksichtigen.

Aufgaben:

1. Ist eine Schätzung für alle Jahre des Prüfungszeitraums gerechtfertigt?

2. Sind die Gewerbesteuernachforderungen im jeweiligen Jahr des Prüfungszeitraums gewinnmindernd zu berücksichtigen?

LÖSUNG

Allgemeines: Die Schätzung ist nicht etwa eine eigene Gewinnermittlungsart. Sie hat vielmehr ihre Grundlage in § 162 AO, der für alle Steuern gilt. § 162 Abs. 2 Satz 2 AO sieht eine Gewinnschätzung in folgenden Fällen vor:

▶ Der Stpfl. kann Bücher oder Aufzeichnungen, die er nach den Steuergesetzen zu führen hat, nicht vorlegen.

▶ Die Buchführung oder Aufzeichnungen können nach § 158 AO der Besteuerung nicht zugrunde gelegt werden, weil Anlass besteht, an deren sachlicher Richtigkeit zu zweifeln.

Zu 1.:

Häufiger ist in der Praxis der zweite Fall, in dem – wie hier – aufgrund einer Verprobung das Ergebnis der Aufzeichnungen widerlegt wird. An die Stelle eines formell ordnungsmäßig ermittelten Gewinns kann ein geschätzter Gewinn aber nur dann treten, wenn die Schätzungsmethode hohen Anforderungen genügt, d. h. in sich schlüssig und beweiskräftig ist (BFH VIII R 195/82, BStBl 1986 II 226). Diesen Anforderungen genügen eine Nachkalkulation, eine Geldverkehrsrechnung oder eine Vermögenszuwachsrechnung.

Im vorliegenden Fall hat die Prüferin anhand von Kalkulationsgrundlagen nachvollzogen, welche Umsätze erzielt worden sind. Diese Nachkalkulation ermöglicht einen Rückschluss auf Rohgewinn und Gewinn. Da der erklärte Umsatz der Jahre 01 und 02 wesentlich vom kalkulierten Umsatz abweicht, ist die Annahme der Außenprüferin gerechtfertigt, dass die Umsatzdifferenzen nicht erklärte Betriebseinnahmen darstellen.

Für das Jahr 03 gilt diese Beurteilung aber nicht. Da für dieses Jahr die Abweichung vom erklärten Umsatz nur 1 % beträgt und sich demnach im Unschärfebereich einer Nachkalkulation hält, muss eine Schätzung unterbleiben. Nach der Rechtsprechung können Abweichungen bis zu 3 % geringfügig sein (BFH VIII R 38/83, BStBl 1983 II 618).

Zu 2.:

Da A seinen Gewinn nach § 4 Abs. 3 EStG ermittelt hat, ist der Gewinn in Anlehnung an § 4 Abs. 3 EStG zu schätzen, d. h. für eine gewinnmindernde Berücksichtigung der Gewerbesteuernachforderung für die Jahre 01 und 02 ist kein Raum (BFH VIII R 225/80, BStBl 1984 II 504). Zu beachten ist, dass die Gewerbesteuer und die darauf entfallenden Nebenleistungen für Erhebungszeiträume ab 2008 ohnehin keine Betriebsausgabe mehr sind (§ 4 Abs. 5b EStG). Die Finanzverwaltung behandelt die Gewerbesteuer für Erhebungszeiträume ab 2008 als nichtabzugsfähige Betriebsausgabe.

Da der Gewinn in Anlehnung an § 4 Abs. 3 EStG zu schätzen ist, kommt für das erste Schätzungsjahr eine Gewinnkorrektur wegen Wechsels der Gewinnermittlungsart nicht in Betracht. Aufgrund der Betriebsprüfung ergibt sich somit eine Gewinnerhöhung für das Jahr 01 i. H. v. 12 000 € (zzgl. Umsatzsteuer) und für das Jahr 02 i. H. v. 15 000 € (zzgl. Umsatzsteuer). Die nachzuzahlende Umsatzsteuer ist im Jahr ihrer Bezahlung als Betriebsausgabe abzugsfähig.

FALL 110

Betriebsausgabenabzug von Aufwendungen für Geschenke

Sachverhalt: Der bilanzierende Einzelkaufmann E lässt zu Weihnachten 2013

► seinem Kunden A ein Sachgeschenk zukommen, das er im Dezember 2013 für 100 € zzgl. 19 % (19 €) Vorsteuer angeschafft hat,

► seinem Kunden B ein Sachgeschenk zukommen, das er im November 2013 für 10 € zzgl. 19 % (1,90 €) Vorsteuer angeschafft hat.

A hat die Anschaffungskosten der Geschenke einzeln und getrennt von den sonstigen Betriebsausgaben aufgezeichnet (§ 4 Abs. 7 EStG) und als Betriebsausgaben gebucht.

Aufgaben:

1. Kann A die Anschaffungskosten für die beiden Geschenke als Betriebsausgaben abziehen?

2. In welcher Höhe kann A die ihm beim Kauf der Geschenke in Rechnung gestellte Vorsteuer abziehen?

LÖSUNG

Zu 1.:

Aufwendungen für Geschenke an Personen, die nicht Arbeitnehmer des Stpfl. sind, dürfen den Gewinn nicht mindern. Dies gilt jedoch nicht, wenn die Anschaffungs- oder Herstellungskosten der dem Empfänger im Wirtschaftsjahr zugewendeten Gegenstände insgesamt 35 € nicht übersteigen (§ 4 Abs. 5 Satz 1 Nr. 1 EStG). Die Obergrenze von 35 € ist kein Freibetrag, sondern eine Freigrenze. Übersteigt die Summe der Geschenkaufwendungen je Empfänger den Betrag von 35 € im Wirtschaftsjahr, entfällt jeglicher Abzug. Ob die Freigrenze durch ein Geschenk oder mehrere Geschenke überschritten wird, ist ohne Belang. Da im Fall des Kunden A die Freigrenze von 35 € überschritten ist, können die Anschaffungskosten für das Geschenk i. H. v. 100 € nicht als Betriebsausgaben abgezogen werden. Es handelt sich um nichtabziehbare Betriebsausgaben, die außerhalb der Bilanz dem Gewinn wieder hinzuzurechnen sind.

Im Fall des Kunden B betragen die Geschenkaufwendungen 10 €, so dass die Freigrenze von 35 € nicht überschritten ist. Die Geschenkaufwendungen sind folglich als Betriebsausgaben abzugsfähig.

Zu 2.:

Im Fall des Kunden A ist die in Rechnung gestellte Vorsteuer nicht abzugsfähig, da die beim Erwerb eines Geschenks über 35 € (= Nettobetrag ohne Umsatzsteuer) i. S. d. § 4 Abs. 5 Satz 1

Nr. 1 EStG anfallende Umsatzsteuer vom Vorsteuerabzug ausgeschlossen ist (§ 15 Abs. 1a UStG). Die nichtabzugsfähige Vorsteuer von 19 € darf den Gewinn des E nicht mindern (§ 12 Nr. 3 EStG). Im Fall des Kunden B ist die Vorsteuer dagegen voll abzugsfähig.

FALL 111

Betriebsausgabenabzug von Bewirtungskosten

Sachverhalt: Dem vorsteuerabzugsberechtigten Kaufmann A, dessen Wirtschaftsjahr mit dem Kalenderjahr übereinstimmt, sind im Dezember 2013 aus Anlass einer geschäftlich veranlassten Bewirtung in einer Gaststätte Aufwendungen i. H. v. 500 € zzgl. 19 % (95 €) Vorsteuer entstanden. An dem Bewirtungsvorgang haben neben A und einem seiner Arbeitnehmer acht Geschäftsfreunde teilgenommen. Auf A sowie seinen an der Bewirtung teilnehmenden Arbeitnehmer entfallen anteilige Kosten i. H. v. jeweils 50 € zzgl. 19 % (9,50 €) Vorsteuer.

Die betriebliche Veranlassung ist durch schriftliche Angaben über Anlass und Teilnehmer der Bewirtung nachgewiesen. Die spezifizierte Gaststättenrechnung liegt vor. Die Aufwendungen für die Bewirtung sind einzeln und gesondert von den sonstigen Betriebsausgaben aufgezeichnet (§ 4 Abs. 7 EStG).

Aufgaben:

1. In welcher Höhe sind die Bewirtungskosten von 500 € als Betriebsausgaben abzugsfähig?

2. In welcher Höhe ist die in Rechnung gestellte Vorsteuer von 95 € abzugsfähig?

LÖSUNG

Zu 1.:

Der Abzug von geschäftlich veranlassten Aufwendungen für die Bewirtung von Geschäftsfreunden ist bei der steuerlichen Gewinnermittlung auf 70 % der angemessenen und nachgewiesenen Aufwendungen begrenzt (§ 4 Abs. 5 Satz 1 Nr. 2 EStG). Die prozentuale Abzugsbeschränkung gilt auch für solche Aufwendungen, die auf den Stpfl. sowie seine an einer solchen Bewirtung teilnehmenden Arbeitnehmer entfallen (R 4.10 Abs. 6 Satz 7 EStR 2012).

Wendet man diese Grundsätze hier an, sind 70 % der Bewirtungsaufwendungen i. H. v. 500 € = 350 € als Betriebsausgaben abzugsfähig. Der Restbetrag von 30 % von 500 € = 150 € ist dem Gewinn als nichtabziehbare Betriebsausgabe außerhalb der Bilanz hinzuzurechnen.

Zu 2.:

Nicht abziehbar sind Vorsteuerbeträge, die auf Aufwendungen, für die das Abzugsverbot des § 4 Abs. 5 Satz 1 Nr. 1–4, 7 oder des § 12 Nr. 1 EStG gilt, entfallen (§ 15 Abs. 1a Satz 1 UStG). Dies gilt nicht für Bewirtungsaufwendungen, soweit § 4 Abs. 5 Satz 1 Nr. 2 EStG einen Abzug angemessener und nachgewiesener Aufwendungen ausschließt (§ 15 Abs. 1a Satz 2 UStG).

Die auf die angemessenen Bewirtungskosten von 500 € entfallende Vorsteuer von 95 € kann also zu 100 % abgezogen werden, obwohl die Bewirtungskosten selbst einkommensteuerrechtlich nur zu 70 % abziehbar sind.

Das Vorsteuerabzugsverbot für Bewirtungsaufwendungen, die nur deshalb nach § 4 Abs. 7 EStG einkommensteuerrechtlich nicht abzugsfähig sind, weil gegen Formvorschriften verstoßen worden ist, gibt es ebenfalls nicht mehr.

Der Vorsteuerabzug ist jedoch weiterhin zu versagen, soweit es sich nach der Verkehrsauffassung nicht um angemessene Aufwendungen oder Vorsteuern aus nichtabsetzbaren Aufwendungen i. S. d. § 12 Nr. 1 EStG handelt.

FALL 112

Nicht zeitnahe Verbuchung von Bewirtungskosten

Sachverhalt: A ist selbständiger Handelsvertreter. Er ermittelt seinen Gewinn aus Gewerbebetrieb durch Bestandsvergleich (§ 5 EStG). Die bei Geschäftsreisen in der Zeit von April bis Dezember 2013 angefallenen Bewirtungsrechnungen über 2 000 € zzgl. 19 % Vorsteuer (380 €) wurden im Laufe des Jahres zusammen mit anderen Reisekostenbelegen in einem Ordner gesammelt. Nach Ablauf des Jahres – im März 2014 – zeichnet der Steuerberater des A die Bewirtungskosten einzeln und getrennt von den sonstigen Betriebsausgaben auf einem gesonderten Konto innerhalb der Buchführung auf. Er zieht 70 % der Bewirtungskosten (1 400 €) als Betriebsausgaben ab. Die Vorsteuer von 380 € zieht er voll ab.

Aufgaben:

1. Sind die geltend gemachten Bewirtungskosten i. H. v. 1 400 € als Betriebsausgaben abzugsfähig?

2. Ist die geltend gemachte Vorsteuer i. H. v. 380 € voll bei der Umsatzsteuer abzugsfähig?

LÖSUNG

Zu 1.:

Bewirtungskosten können nur dann gewinnmindernd berücksichtigt werden, wenn sie – bei Gewinnermittlung durch Bestandsvergleich – innerhalb der Buchführung einzeln und getrennt von den sonstigen Betriebsausgaben aufgezeichnet worden sind (§ 4 Abs. 7 EStG). Diese Buchung muss nach dem auch für Aufwendungen i. S. d. § 4 Abs. 5 EStG geltenden § 146 Abs. 1 Satz 1 AO fortlaufend und damit zeitnah erfolgen. Eine Verbuchung, die erst nach Ablauf des Geschäftsjahres erfolgt, genügt diesen Anforderungen nicht (BFH III R 171/82, BStBl 1988 II 535; III R 20/85, BStBl 1988 II 613; III R 96/85, BStBl 1988 II 655). Die Bewirtungskosten i. H. v. 1 400 € sind daher wegen Verstoßes gegen § 4 Abs. 7 EStG nicht abziehbar und demgemäß dem Gewinn außerhalb der Bilanz hinzuzurechnen.

Zu 2.:

Der volle Vorsteuerabzug ist zu gewähren, auch wenn die Bewirtungskosten selbst einkommensteuerrechtlich wegen der nicht eingehaltenen Formvorschriften des § 4 Abs. 7 EStG nicht abziehbar sind (BMF, BStBl 2005 I 816). Die geltend gemachte Vorsteuer von 380 € ist bei der Umsatzsteuer abziehbar (vgl. auch den vorhergehenden Fall).

Abzug von Bewirtungskosten in Bagatellfällen

Sachverhalt: A ist Arzt. Zum Vorsteuerabzug ist er nicht berechtigt. Er ermittelt seinen Gewinn durch Einnahmen-Überschussrechnung (§ 4 Abs. 3 EStG). Bei einer Außenprüfung für das Jahr 01 erkennt das FA die von A als Betriebsausgaben geltend gemachten Bewirtungskosten i. H.v. 406 € (= 70 % von 580 €) nicht an, weil die Aufwendungen nicht einzeln und getrennt von den sonstigen Betriebsausgaben aufgezeichnet worden sind (§ 4 Abs. 7 EStG), sondern zusammen mit anderen Betriebsausgaben auf das Konto „Sonstige Betriebsausgaben" verbucht worden sind.

A ist mit dieser Kürzung nicht einverstanden. Er trägt dem Außenprüfer vor, im Jahr 01 seien nur drei Bewirtungsvorgänge mit Rechnungen i. H.v. 150 €, 180 € und 250 € jeweils einschl. 19 % Vorsteuer, also i. H.v. insgesamt brutto 580 €, angefallen. In Bagatellfällen dieser Art stelle im Hinblick auf das mit § 4 Abs. 7 EStG verfolgte Gesetzesziel das Beharren auf Aufzeichnungspflicht einen Formalismus dar; eine leichte und sichere Prüfung sei bei den wenigen Belegen ohnehin gewährleistet.

Aufgabe: Sind die Bewirtungskosten als Betriebsausgaben abzugsfähig?

Auch bei zahlenmäßig geringen Bewirtungsvorgängen müssen die Aufwendungen hierfür einzeln und getrennt von den sonstigen Betriebsausgaben aufgezeichnet werden. Die vom Gesetzgeber in § 4 Abs. 7 EStG getroffene strikte formale Lösung lässt nicht zu, von der besonderen Aufzeichnungspflicht in sog. Bagatellfällen abzuweichen (BFH IV R 122/88, BFH/NV 1990, 495; IV R 50/01, BStBl 2004 II 502; V R 49/02, BStBl 2004 II 1090). A kann daher die Bewirtungskosten i. H.v. 406 € nicht als Betriebsausgaben abziehen.

Korrektur von Fehlbuchungen auf dem Bewirtungskostenkonto

Sachverhalt: Die X-OHG betreibt ein Bauunternehmen. Sie ermittelt ihren Gewinn durch Bestandsvergleich. In ihrer Buchführung für das Jahr 01 sind u. a. Konten für Bewirtungskosten (SKR 4650) und für Rechts- und Beratungskosten (SKR 4950) eingerichtet worden. Das Konto Bewirtungskosten, auf dem 30 Buchungen erfolgten, schloss mit einem Saldo i. H.v. 5 000 €. Drei Buchungen über insgesamt 2 000 € betreffen die Kosten der Buchführung. Umbuchungen bei den Jahresabschlussarbeiten nahm die OHG nicht vor. Sie zog demgemäß bei der Gewinnermittlung Bewirtungskosten i. H.v. 70 % der auf dem Konto 4650 gebuchten Aufwendungen, d. h. 3 500 €, als Betriebsausgaben ab.

Bei einer 02 durchgeführten Außenprüfung vertritt das FA die Auffassung, dass die auf dem Konto Bewirtungskosten gebuchten Aufwendungen nicht berücksichtigt werden dürften, weil sie nicht getrennt von den sonstigen Betriebsausgaben aufgezeichnet worden seien (§ 4 Abs. 7

EStG). Die OHG bucht daraufhin die Steuerberatungskosten auf das Konto Rechts- und Beratungskosten um.

Aufgabe: In welcher Höhe sind die auf dem Konto 4650 gebuchten Aufwendungen als Betriebsausgaben abzugsfähig?

LÖSUNG

Hat der Stpfl. auf dem von ihm eingerichteten Bewirtungskostenkonto eine oder mehrere einzelne Fehlbuchungen vorgenommen, die auf Schreibfehlern oder ähnlichen offenbaren Unrichtigkeiten oder auf verständlichen Abgrenzungsschwierigkeiten beruhen, können die Fehlbuchungen berichtigt werden (BFH IV R 20/99, BStBl 2000 II 203; vgl. auch die Urteilsanmerkung von *Gosch*, StBp 2000, 123). Da sich vorliegend die Nummer des Bewirtungskostenkontos von der Nummer des Kontos für Rechts- und Beratungskosten nur bezüglich einer Ziffer unterscheidet, ist anzunehmen, dass lediglich die fragliche Ziffer verwechselt wurde und nicht die Widmung des Kontos geändert werden sollte. Die OHG kann daher 70 % der „berichtigten" Bewirtungskosten i. H. v. (5 000 € ./. 2 000 € =) 3 000 €, davon 70 %, also 2 100 € als Betriebsausgaben abziehen. Die auf die Bewirtungskosten i. H. v. 3 000 € entfallende Vorsteuer i. H. v. 570 € (= 19 % von 3 000 €) ist bei der Umsatzsteuer abzugsfähig.

Die Buchführungskosten i. H. v. 2 000 € sind dagegen zu 100 % abziehbar. Gleiches gilt für die auf die Buchführungskosten entfallenden Vorsteuern.

FALL 115

Betriebsausgabenabzug für ein häusliches Arbeitszimmer

Sachverhalt: A ist Eigentümer eines Einfamilienhauses. In diesem Haus befindet sich seine Wohnung. In einem anderen Gebäude betreibt A eine Arztpraxis. Seine Ehefrau ist bei ihm mit wöchentlich 40 Stunden als Arzthelferin beschäftigt. Rund 30 Stunden verbringt die Ehefrau in der Praxis, im Übrigen (rund 10 Stunden) übt sie für ihren Ehemann Verwaltungsarbeiten in einem Raum des Einfamilienhauses aus.

A macht für das Jahr 2013 als Betriebsausgaben einen Betrag i. H. v. 2 000 € als „Aufwendungen für ein Arbeitszimmer im eigenen Haus" geltend. Das FA lässt diese Aufwendungen nicht zum Abzug zu. Dagegen macht A geltend, das Zimmer unterfalle nicht der Abzugsbeschränkung des § 4 Abs. 5 Satz 1 Nr. 6b EStG. Ein häusliches Arbeitszimmer setze begrifflich die Ausübung einer häuslichen Tätigkeit durch den Stpfl. selbst voraus. Das Zimmer werde aber nicht durch ihn selbst, sondern ausschließlich durch die in seiner Praxis angestellte Ehefrau genutzt. Sie erledige dort Büroarbeiten, die allerdings auch in den Praxisräumen erledigt werden könnten. Außerdem diene das Zimmer der Unterbringung von Praxisakten.

Der gemeine Wert des Arbeitszimmers beträgt 25 000 € (anteiliger Wert des Grund und Bodens: 5 000 €, anteiliger Wert des Raumes: 20 000 €).

Aufgaben:

1. Sind die Arbeitszimmerkosten – ggf. in welcher Höhe – als Betriebsausgaben abziehbar?

2. Gehört das Arbeitszimmer zum notwendigen Betriebsvermögen des A?

LÖSUNG

Zu 1.:

Aufwendungen für ein häusliches Arbeitszimmer waren ab dem VZ 2007 als Betriebsausgaben nur noch abzugsfähig, wenn das Arbeitszimmer den Mittelpunkt der gesamten betrieblichen und beruflichen Betätigung bildete (§ 4 Abs. 5 Satz 1 Nr. 6b EStG a. F.). Damit war der auf 1 250 € eingeschränkte Abzugsbetrag für jene Fälle, in denen kein anderer Arbeitsplatz zur Verfügung stand oder die berufliche oder betriebliche Nutzung mehr als 50 % der gesamten Erwerbstätigkeit ausmachte, ab VZ 2007 entfallen.

Das BVerfG hat entschieden, dass die ab VZ 2007 geltende Neuregelung zur Abziehbarkeit der Aufwendungen für ein häusliches Arbeitszimmer mit Art. 3 GG unvereinbar ist, wenn für die betriebliche oder berufliche Tätigkeit kein anderer Arbeitsplatz zur Verfügung steht (BVerfG v. 6. 7. 2010, 2 BvL 13/09, BStBl 2011 II 318). Der Gesetzgeber wurde verpflichtet, den verfassungswidrigen Zustand rückwirkend auf den 1. 1. 2007 zu beseitigen.

Der Gesetzgeber hat den Abzug von Arbeitszimmerkosten im JStG 2010 neu geregelt (s. auch BMF, BStBl 2011 I 195). Prinzipiell gilt, dass Aufwendungen für ein häusliches Arbeitszimmer sowie die Kosten der Ausstattung keine Betriebsausgaben sind. Dies gilt jedoch nicht, wenn für die betriebliche oder berufliche Tätigkeit kein anderer Arbeitsplatz zur Verfügung steht. In diesem Fall wird die Höhe der abziehbaren Aufwendungen auf 1 250 € beschränkt; die Beschränkung der Höhe nach gilt nicht, wenn das Arbeitszimmer den Mittelpunkt der gesamten betrieblichen und beruflichen Tätigkeit bildet (§ 4 Abs. 5 Nr. 6b EStG).

Rückwirkend zum 1. 1. 2007 sind häusliche Arbeitszimmer steuerlich also wieder absetzbar, wenn

▶ kein anderer Arbeitsplatz für die betriebliche oder berufliche Betätigung zur Verfügung steht (Abzugsbeschränkung auf 1 250 €);

▶ das Arbeitszimmer den Mittelpunkt der gesamten betrieblichen und beruflichen Betätigung darstellt (keine Abzugsbeschränkung, sondern voller Abzug).

Von der Neuregelung profitieren allerdings nur diejenigen Steuerpflichtigen, deren Bescheide weder bestandskräftig noch endgültig sind.

Der BFH hat in Aussetzungsverfahren entschieden, dass in den Fällen, in denen ein in die Wohnung integrierter Raum von einem zusammen mit dem Stpfl. im Haushalt lebenden Angehörigen genutzt wird, der in dessen Unternehmen beschäftigt ist, es sich um ein häusliches Arbeitszimmer i. S. d. § 4 Abs. 5 Satz 1 Nr. 6b EStG handeln kann (BFH IV B 36/01, BFH/NV 2002, 1570; VI B 153/09, BFH/NV 2010, 1442). Die Arbeitszimmerkosten sind daher im vorliegenden Fall nicht als Betriebsausgabe abziehbar, da keine der genannten Abzugsvoraussetzungen vorliegt.

Zu 2.:

Grundstücke und Gebäudeteile gehören zum notwendigen Betriebsvermögen, wenn sie dazu bestimmt sind, dem Betrieb zu dienen oder ihn zu fördern. Notwendiges Betriebsvermögen muss in der Bilanz bzw. – bei Einnahmen-Überschussrechnung – im Bestandsverzeichnis ausgewiesen werden. Von diesem grundsätzlichen Ausweis von notwendigem Betriebsvermögen in der Bilanz bzw. Bestandsverzeichnis gibt es eine Ausnahme. Eigenbetrieblich genutzte Grundstücksteile, also prinzipiell Wirtschaftsgüter des notwendigen Betriebsvermögens, brauchen nicht als Betriebsvermögen behandelt zu werden, wenn ihr Wert nicht mehr als ein Fünftel des gemeinen Wertes des gesamten Grundstücks und nicht mehr als 20 500 € beträgt (§ 8 EStDV). Sind die genannten Grenzen nicht überschritten, steht die Bilanzierung im Ermessen des Steuerpflichtigen (BFH III R 20/99, BFH/NV 2001, 849).

Vorliegend hat A kein Wahlrecht, ob er das Arbeitszimmer als Betriebsvermögen ausweist oder nicht. Das Arbeitszimmer gehört wegen Überschreitung der genannten Wertgrenze zwingend zum notwendigen Betriebsvermögen. Dass die Arbeitszimmerkosten wegen des Abzugsverbots nach § 4 Abs. 5 Satz 1 Nr. 6b EStG vom Betriebsausgabenabzug ausgeschlossen sind, ändert daran nichts. Das bedeutet: Das beruflich genutzte, steuerlich unter das Abzugsverbot des § 4 Abs. 5 Nr. 6b EStG fallende Arbeitszimmer ist steuerverstricktes Betriebsvermögen des A mit der Folge, dass es bei einem Verkauf des Hauses oder einer Entnahme des beruflich genutzten Gebäudeteils zu einer Gewinnrealisierung kommt. Ein unbefriedigendes Ergebnis (so zu Recht *kk*, KÖSDI 2002, 13125 Nr. 1).

FALL 116

Anschaffungskosten bei einem Anschaffungsgeschäft in Fremdwährung

Sachverhalt: A betreibt eine Fabrikation. Am 10. 1. 01 bestellt er bei einem amerikanischen Lieferanten eine Maschine. Als Kaufpreis werden 100 000 US-Dollar vereinbart. A leistet noch im Januar 01 eine Vorauszahlung i. H. d. Kaufpreises. Ein Euro kostet im Zeitpunkt der Vorauszahlung 1,22 US-Dollar oder anders ausgedrückt: Ein US-Dollar kostet 0,8196721 €, so dass A als Vorauszahlung 81 967,21 € bucht (Buchungssatz: Vorauszahlung 81 967,21 € an Bank 81 967,21 €). Die Maschine wird im März 01 geliefert. Ein Euro kostet im Zeitpunkt der Lieferung 1,29 US-Dollar oder anders ausgedrückt: Ein US-Dollar kostet jetzt nur noch 0,7751938 €. Der US-Dollar hat also im Vergleich zum Euro an Wert verloren, der Euro an Wert gewonnen.

Aufgabe: Wie hoch sind die Anschaffungskosten der Maschine?

LÖSUNG

Anschaffungskosten entstehen grds. an dem Tag, an dem der Stpfl. die wirtschaftliche Verfügungsmacht an dem angeschafften Wirtschaftsgut erlangt, regelmäßig also am Tag der Lieferung. Ist der Kaufpreis für ein Wirtschaftsgut in ausländischer Währung zu erbringen, ist er für die Ermittlung der Anschaffungskosten zum Kurs im Anschaffungszeitpunkt in Euro umzurechnen (BFH III R 92/75, BStBl 1978 II 233; III R 190/94, BStBl 1998 II 123). Das bedeutet, dass sich die Anschaffungskosten der Maschine auf (100 000 × 0,7751938 € =) 77 519,38 € belaufen. A ist also aufgrund der Vorauszahlung und des Umrechnungsverhältnisses ein Kursverlust von (0,8196721 ./. 0,7751938 =) 0,0444783 x 100 000 € = 4 447,83 € entstanden, der im Jahr 01 sofort als Betriebsausgabe abziehbar ist (Buchungssatz: Anschaffungskosten Maschine 77 519,38 € und Kursverlust 4 447,83 € an Vorauszahlungen 81 967,21 €).

Unentgeltlicher Erwerb eines Wirtschaftsgutes aus betrieblichen Gründen

Sachverhalt: Frau A ist Inhaberin eines Juweliergeschäfts. Ihren Gewinn ermittelt sie durch Bestandsvergleich. Anlässlich ihres 25-jährigen Geschäftsjubiläums am 1. 7. 01 erhält sie von einem Schmuckgroßhändler, der sie seit Jahren beliefert, ein Perlenarmband geschenkt. Im Falle eines Erwerbs hätte A für das Armband 1 000 € zzgl. 19 % Umsatzsteuer aufwenden müssen. A schenkt das Armband ihrer Tochter zu deren Geburtstag am 10. 7. 01.

Aufgabe: Welche einkommensteuerlichen Auswirkungen hat der Geschäftsvorfall?

Es handelt sich um einen unentgeltlichen Erwerb, da A keine Anschaffungskosten entstanden sind. Für die steuerliche Beurteilung ist davon auszugehen, dass A das Armband aus betrieblichen Gründen zugewendet worden ist. Der Schmuckgroßhändler will nämlich mit dem Geschenk offensichtlich die langjährigen Geschäftsbeziehungen honorieren. Beim unentgeltlichen Erwerb eines einzelnen Wirtschaftsgutes aus betrieblichen Gründen gilt für den Empfänger der gemeine Wert des Wirtschaftsgutes als Anschaffungskosten (§ 6 Abs. 4 EStG). Der gemeine Wert entspricht den Anschaffungskosten, die A im Zeitpunkt des Erwerbs hätte aufwenden müssen (BFH I R 136/72, BStBl 1974 II 210 für ein Sachgeschenk, das ein bedeutender Bierabnehmer von seiner Brauerei erhielt). Als gemeiner Wert sind also die – fiktiven – üblichen Anschaffungskosten i. H. v. 1 000 € anzusetzen. Durch diese Bewertung des unentgeltlichen Erwerbs ergibt sich für A ein Gewinn i. H. v. 1 000 €, der auch steuerpflichtig ist (Buchungssatz: Wareneinkauf an sonstige betriebliche Erträge 1 000 €).

Die Voraussetzungen für einen Vorsteuerabzug nach § 15 UStG liegen nicht vor.

Die Schenkung des Armbands an die Tochter stellt eine Entnahme dar, die mit dem Teilwert von 1 000 € zu bewerten ist (§ 6 Abs. 1 Nr. 4 EStG). Die Entnahme eines Gegenstands durch einen Unternehmer aus seinem Unternehmen für Zwecke, die außerhalb des Unternehmens liegen, wird zwar umsatzsteuerlich prinzipiell einer Lieferung gegen Entgelt gleichgestellt (§ 3 Abs. 1b Satz 1 Nr. 1 UStG). Voraussetzung dafür ist jedoch, dass der Gegenstand zum vollen oder teilweisen Vorsteuerabzug berechtigt hat (§ 3 Abs. 1b Satz 2 UStG). Da es hieran fehlt, löst die Schenkung des Armbands keine Umsatzsteuer aus. Die Entnahme selbst führt zu keiner Gewinnrealisierung, da der Entnahmewert den – fiktiven – Anschaffungskosten entspricht (Buchungssatz: Entnahme an Wareneinkauf 1 000 €). Da A den erlangten Sachwert für private Zwecke eingesetzt hat, bleibt es bei der Erfassung der Sacheinnahme, also beim Ansatz der Betriebseinnahme in dem Zeitpunkt, in dem A den Sachwert erhalten hat (BFH IV R 115/84, BStBl 1986 II 607). Dementsprechend erhöht sich der Gewinn 01 (einmalig) um 1 000 €.

FALL 118

Ausweis von Pensionsrückstellungen in der Steuerbilanz

Sachverhalt: A betreibt ein gewerbliches Einzelunternehmen. Zwischen ihm und B besteht ein Arbeitsverhältnis. A hat B eine unmittelbare Pensionszusage erteilt: In einem Einzelvertrag hat er sich verpflichtet, die Pensionsleistungen bei Eintritt des Versorgungsfalls selbst (unmittelbar) zu erbringen.

Der Teilwert der Pensionszusage beträgt

am 31.12.2012	30 000 €
am 31.12.2013	36 000 €

Die Voraussetzungen des § 6a Abs. 1 und 2 EStG für die Bildung einer Pensionsrückstellung sind gegeben.

1. Es handelt sich um eine Pensionszusage, die nach dem 31.12.1986 gemacht worden ist (sog. Neuzusage).

2. Es handelt sich um eine Pensionszusage, die vor dem 1.1.1987 gemacht worden ist (sog. Altzusage). A hat die Pensionsverpflichtung in seiner Handelsbilanz nicht ausgewiesen.

Aufgabe: Muss aufgrund der Pensionszusage in der Steuerbilanz des A eine gewinnmindernde Rückstellung gebildet werden?

LÖSUNG

Zu 1.:

Vor Inkrafttreten des Bilanzrichtlinien-Gesetzes (BiRiLiG) bestand bezüglich der Passivierung von Pensionsverpflichtungen ein Passivierungswahlrecht. Das handelsrechtliche Passivierungswahlrecht hätte steuerrechtlich an sich ein Passivierungsverbot zur Folge gehabt. Aufgrund der speziellen Vorschrift des § 6a EStG fand dieser allgemeine Bilanzgrundsatz jedoch keine Anwendung: § 6a EStG gewährt auch steuerrechtlich ein Passivierungswahlrecht.

Mit dem Inkrafttreten des BiRiLiG ist eine veränderte Rechtslage eingetreten. § 249 Abs. 1 HGB sieht nämlich eine Passivierungspflicht für ungewisse Verbindlichkeiten vor.

Pensionsverpflichtungen gehören zu den ungewissen Verbindlichkeiten, die von der Rückstellungspflicht des § 249 Abs. 1 HGB erfasst werden. Die Passivierungspflicht erstreckt sich aber aufgrund einer Ausnahme- und Übergangsregelung nur auf sog. Neuzusagen, d. h. auf Pensionszusagen, auf die der Pensionsberechtigte seinen Rechtsanspruch nach dem 31.12.1986 erworben hat (Art. 28 Abs. 1 Satz 1 EGHGB). A muss daher für die Pensionsverpflichtung (Neuzusage) in seiner Handelsbilanz und wegen des Maßgeblichkeitsgrundsatzes auch in seiner Steuerbilanz dem Grunde, aber nicht der Höhe nach eine gewinnmindernde Rückstellung bilden (R 6.a Abs. 1 Satz 2 EStR 2012; R 6a Abs. 1 EStH; BMF vom 13.3.1987, BStBl 1987 I 365). Die Pensionsverpflichtung muss somit in der Steuerbilanz zum 31.12.2012 mit ihrem Teilwert nach § 6a Abs. 3 EStG von 30 000 € und in der Steuerbilanz zum 31.12.2013 mit ihrem Teilwert von 36 000 € passiviert werden.

Zu 2.:

Für eine unmittelbare Pensionszusage aus einer sog. Altzusage, d. h. für eine vor dem 1.1.1987 rechtsverbindlich erteilte Pensionszusage, braucht keine Rückstellung gebildet zu werden (Art. 28 Abs. 1 Satz 1 EGHGB). Bei Altzusagen besteht also ein Passivierungswahlrecht. Da A in seiner Handelsbilanz für die Altzusage keine Rückstellung gebildet hat, kann die Bildung einer solchen auch in der Steuerbilanz unterbleiben.

Hätte A die Altzusage in seiner Handelsbilanz passiviert, so hätte diese wegen des Maßgeblichkeitsprinzips dem Grunde nach auch in der Steuerbilanz ausgewiesen werden müssen.

FALL 119

Pensionszusagen an Gesellschafter-Geschäftsführer von Personengesellschaften

Sachverhalt: An der X-OHG sind Frau A und ihr Sohn B zu je 50 % beteiligt. Geschäftsführer der Gesellschaft ist B. Anfang 01 hat die OHG dem B sowie dem bei ihr angestellten C Pensionszusagen erteilt, deren Teilwerte sich auf folgende Beträge belaufen:

	31.12.01	31.12.02
Teilwert Pensionszusage B	10 000 €	18 000 €
Teilwert Pensionszusage C	8 000 €	14 000 €

Die X-OHG bildet für die Verpflichtungen aus den Pensionszusagen in ihren Handels- und Steuerbilanzen zum 31.12.01 und 31.12.02 zulasten ihres Gewinns Rückstellungen i. H. d. Teilwerte.

C tritt am 31.12.02 als weiterer (geschäftsführender) Gesellschafter in die OHG ein.

Aufgaben:

1. Wie ist die B erteilte Pensionszusage einkommensteuerrechtlich zu behandeln?

2. Wie ist die C erteilte Pensionszusage einkommensteuerrechtlich zu behandeln?

LÖSUNG

Zu 1.:

Nach der früheren Rechtsprechung wurde im Steuerrecht eine Pensionszusage an den Gesellschafter-Geschäftsführer einer Personengesellschaft als Gewinnverteilungsabrede zwischen den Gesellschaftern angesehen, die den Gewinn der Gesellschaft nicht beeinflussen durfte und dementsprechend auch nicht zur Rückstellungsbildung für die zukünftigen Pensionsleistungen berechtigte (BFH I R 142/72, BStBl 1975 II 437). Zu Unrecht gebildete Rückstellungen waren aufzulösen. Grund hierfür war, dass auch Pensionszusagen zu den Vergütungen gehören, die der Gesellschafter für seine Tätigkeit im Dienste der Gesellschaft bezieht, und die daher nach § 15 Abs. 1 Satz 1 Nr. 2 EStG bei der Ermittlung des Steuerbilanzgewinns nicht abgezogen werden dürfen.

Diese Rechtsprechung war jedoch nicht mehr haltbar, nachdem die neuere Rechtsprechung des BFH (GrS 1/79, BStBl 1981 II 164; GrS 7/89, BStBl 1991 II 691) den Gesamtgewinn einer Mitunternehmerschaft in Gestalt einer Gesamtbilanz ermittelt. Die daraus resultierende stufenweise Ermittlung des Gesamtgewinns der Mitunternehmerschaft muss zwangsläufig zur Berücksichtigung von Pensionsrückstellungen als Aufwand in der Steuerbilanz der Personengesellschaft (1. Stufe) führen. Die Neutralisierung dieses Aufwands im Rahmen der Gesamtbilanz geschieht in der Weise, dass die in der Steuerbilanz der Gesellschaft passivierte Pensionszusage durch einen gleich hohen Aktivposten in der Sonderbilanz der begünstigten Gesellschafter ausgeglichen wird. Es handelt sich hierbei um den sog. Grundsatz der „korrespondierenden" Bilanzierung. Diese steuerliche Behandlung hält der BFH in einer älteren, jedoch mit erheblicher Verzögerung amtlich veröffentlichten Entscheidung für zulässig (BFH v. 2. 12. 1997, VIII R 15/96, BStBl 2008 II 174).

Dabei ließ er allerdings offen, ob der die Rückstellung in der Steuerbilanz der Gesellschaft neutralisierende Aktivposten anteilig in Sonderbilanzen für alle Gesellschafter oder nur in der Sonderbilanz des durch die Pensionszusage begünstigten Gesellschafters anzusetzen ist. Der BFH hat die seit Langem offene Streitfrage, wem der korrespondierende Anspruch aus der Passivierung der Pensionsrückstellung zuzurechnen ist, in der Weise gelöst, dass die Zuführungen zur Pensionsrückstellung bei der Mitunternehmerschaft als Aufwand und bei dem begünstigten Mitunternehmer korrespondierend als Ertrag erfasst werden (BFH IV R 25/04, BStBl 2008 II 171; VIII R 40/03, BStBl 2008 II 182). Er hat im Urteil mit Az. IV R 25/04 außerdem entschieden, dass nach den Grundsätzen des Bilanzenzusammenhangs die in der Sonderbilanz bisher unterlassene Aktivierung gewinnerhöhend im ersten Jahr, wobei der Bescheid verfahrensrechtlich noch geändert werden kann, nachzuholen ist.

Der korrespondierende Anspruch ist also in der Sonderbilanz des betroffenen Gesellschafters zu aktivieren mit der Folge, dass der Gewinn des B um folgende Beträge zu erhöhen ist:

	01	02
Mehrgewinn = Zuführung zur Pensionsrückstellung	10 000 €	18 000 €

HINWEIS:

Diese Handhabung soll prinzipiell für nach dem 31. 12. 2007 endende Wirtschaftsjahre, also bei kalenderjahrgleichen Wirtschaftsjahren erstmals für das Wirtschaftsjahr 2008, verbindlich sein (BMF v. 29. 1. 2008, BStBl 2008 I 317 Rz. 10). Sie kann auch bereits für Wirtschaftsjahre noch offener Veranlagungszeiträume der Vorjahre angewendet werden, wenn die Gesellschafter der Personengesellschaft dies einvernehmlich gegenüber dem für die Gesellschaft örtlich zuständigen FA schriftlich und unwiderruflich erklären und die bisher vorgelegten Bilanzen (Gesellschaftsbilanzen und Sonderbilanzen) entsprechend berichtigen (BMF v. 29. 1. 2008, BStBl 2008 I 317 Rz. 11).

Zu 2.:

Wird ein Arbeitnehmer einer Personengesellschaft zum Gesellschafter (Mitunternehmer) der Gesellschaft und war ihm zuvor eine Pensionszusage erteilt worden, ist die bis zu seinem Eintritt zulässigerweise gebildete Pensionsrückstellung nicht gewinnerhöhend aufzulösen (BFH I R

8/79, BStBl 1977 II 798; IV R 41/80, BStBl 1981 II 424). Für die Zeit ab Gesellschaftseintritt dürfen Rückstellungen mit steuerlicher Wirkung jedoch nicht mehr gebildet werden. Allerdings darf die Rückstellung mit steuerlicher Wirksamkeit jährlich um die Aufzinsung bis zum Eintritt des Versorgungsfalls fortentwickelt werden. Die Zuführungen zur Rückstellung aufgrund der Fortentwicklung des Anwartschaftsbarwertes sind als Nachwirkung der früheren Arbeitnehmereigenschaft nicht nach § 15 Abs. 1 Nr. 2 EStG dem Gewinn der Gesellschaft zuzurechnen. Nach alledem kommt hier eine gewinnerhöhende Auflösung der für C gebildeten Pensionsrückstellung am 31. 12. 01 bzw. 31. 12. 02 nicht in Betracht.

FALL 120

Pensionszusage an Arbeitnehmer-Ehegatten

Sachverhalt: Zwischen dem Unternehmen von Frau B und ihrem Ehemann A besteht ein steuerlich anzuerkennendes Arbeitsverhältnis. A erhält – ebenso wie ein vergleichbarer familienfremder Arbeitnehmer – eine Pensionszusage. Die erteilte Pensionszusage schließt auch die Witwenversorgung ein. Aufgrund der Pensionszusage zugunsten des A ist zum Bilanzstichtag 31. 12. 01 eine gewinnmindernde Rückstellung gebildet worden; dabei wurde auch die zugesagte Witwenversorgung zugunsten der B berücksichtigt:

Zuführung zur Rückstellung	10 000 €
davon entfallen auf die Anwartschaft auf Witwenversorgung B	4 000 €

1. Bei dem Unternehmen der B handelt es sich um ein Einzelunternehmen.

2. Bei dem Unternehmen der B handelt es sich um eine Einmann-GmbH & Co. KG, d. h., B ist alleinige Kommanditistin der KG und zugleich alleinige Gesellschafterin der Komplementär-GmbH.

Aufgabe: Ist die Bildung der Pensionsrückstellung steuerlich anzuerkennen?

LÖSUNG

Zu 1.:

Pensionszusagen zwischen Ehegatten, die im Rahmen von steuerlich anzuerkennenden Arbeitsverhältnissen erteilt werden, sind auch steuerlich grds. zu beachten und berechtigen zur Bildung von Pensionsrückstellungen, vorausgesetzt, dass die Pensionszusage betrieblich veranlasst ist und der Arbeitgeber auch tatsächlich mit der Inanspruchnahme aus der gegebenen Pensionszusage rechnen muss (BFH XI R 2/93, BStBl 1994 II 111; VIII R 69/98, BFH/NV 2002, 710; FG München, 10 K 2049/08, EFG 2010, 1191). Für die Frage der betrieblichen Veranlassung ist in erster Linie ein Fremdvergleich von Bedeutung. Betrieblich veranlasst ist eine Pensionszusage im Rahmen eines Ehegatten-Arbeitsverhältnisses nur dann, wenn und soweit mit hoher Wahrscheinlichkeit eine vergleichbare Zusage auch einem familienfremden Arbeitnehmer im Betrieb erteilt worden wäre (BFH VIII R 177/78, BStBl 1984 II 661; IX R 37/93, BStBl 1996 II 131). Eine Zusage auf Witwen- oder Witwerversorgung im Rahmen von Ehegatten-Pensionszusagen in Einzelunternehmen ist jedoch nach Auffassung der Finanzverwaltung nicht rückstellungsfähig, da hier bei Eintritt des Versorgungsfalles Anspruch und Verpflichtung in einer Person zusammenfallen, der Unternehmer im Versorgungsfalle also die Leistungen selbst erhält (H 6.a Abs. 9 EStH „Witwen-/Witwerversorgung"). Ob dem zu folgen ist, ist höchstrichterlich bislang nicht entschieden (BFH IV R 42/73, BStBl 1976 II 372); der BFH hat die Frage ausdrücklich offengelassen (BFH IV R 80/86, BStBl 1988 II 883; XI R 2/93, BStBl 1994 II 111). Folgt man der Auffassung der Finanzverwaltung, ist die Zuführung zur Rückstellung, soweit sie auf den Witwenanteil in der Pensionszusage entfällt (= 4 000 €), nicht als Betriebsausgabe abzugsfähig.

Zu 2.:

Die Einmann-GmbH & Co. KG ist zivil- und steuerrechtlich grds. eine Personengesellschaft und kein Einzelunternehmen. Die Mitunternehmerschaft besteht aus der GmbH und dem Kommanditisten. Der Eigenständigkeit der Einmann-GmbH & Co. KG muss auch bei der Bewertung der Pensionsrückstellung Rechnung getragen werden. Das bedeutet, dass die Mitunternehmerschaft auch nicht partiell, nämlich in Bezug auf den Witwenanteil in der Pensionszusage, einem Einzelunternehmen gleichgestellt werden darf. Bei Eintritt des Versorgungsfalls erfüllt die KG auch mit dem Witwenanteil der Pensionszusage nicht eine Verpflichtung der Witwe gegenüber sich selbst, sondern eine eigene Verbindlichkeit. Ein Durchgriff auf die hinter der GmbH stehende natürliche Person ist nicht zulässig. Die von der Einmann-GmbH & Co. KG erteilte Zusage auf Witwenversorgung ist in die Bildung der Rückstellung für die Pensionsverbindlichkeit mit einzubeziehen, da hier bei Eintritt des Versorgungsfalls Anspruch und Verpflichtung nicht in einer Person zusammenfallen (BFH IV R 80/86, BStBl 1988 II 883; vgl. auch die Urteilsanmerkung von *Bordewin*, RWP 1988, SG 1.3, 2741 sowie *Bordewin*, NWB 1988, Fach 3, 6940); die Zuführung zur Rückstellung i. H. v. 10 000 € ist daher nicht zu beanstanden.

FALL 121

Ausscheiden eines Wirtschaftsgutes aus dem Betriebsvermögen infolge höherer Gewalt bei Gewinnermittlung nach § 4 Abs. 3 EStG

Sachverhalt: Frau A ist selbständige Krankengymnastin. Sie ermittelt ihren Gewinn durch Einnahmen-Überschussrechnung nach § 4 Abs. 3 EStG. Ihre Praxis betreibt sie in einem eigenen Gebäude. Im Dezember 01 brennt das Betriebsgebäude ab. Der Restbuchwert des Gebäudes betrug im Zeitpunkt des Schadenseintritts 200 000 €. Die Brandversicherung leistet im Jahr 02 eine Entschädigungsleistung i. H. v. 250 000 €. A beginnt im Jahr 02 mit der Errichtung eines neuen Betriebsgebäudes. Das neue Gebäude wird im Jahr 03 fertiggestellt; seine Herstellungskosten belaufen sich auf 300 000 €.

Aufgabe: Kann A den Schadenseintritt und die Entschädigungszahlung als Geschäftsvorfälle des Jahres 03 behandeln?

LÖSUNG

Scheidet ein Wirtschaftsgut infolge höherer Gewalt (z. B. Brand) aus dem Betriebsvermögen aus, sind Entschädigungsleistungen, die im Zusammenhang hiermit geleistet werden, grds. Betriebseinnahmen des Jahres, in dem sie zufließen. Ist die Entschädigungsleistung höher als der im

Zeitpunkt des Ausscheidens des Wirtschaftsgutes noch vorhandene Restbuchwert – dieser ist erfolgswirksam auszubuchen –, kann der Differenzbetrag im Wirtschaftsjahr der Ersatzbeschaffung von den Anschaffungs- oder Herstellungskosten des Ersatzwirtschaftsgutes abgesetzt werden.

Bislang war Voraussetzung für diese Behandlung, dass die Anschaffung oder Herstellung des Ersatzwirtschaftsgutes am Schluss des Wirtschaftsjahres, in dem der Schadensfall eingetreten ist, ernstlich geplant war und das Ersatzwirtschaftsgut bei beweglichen Gegenständen tatsächlich bis zum Schluss des ersten und bei Gebäuden bis zum Schluss des zweiten Wirtschaftsjahres, das auf das Wirtschaftsjahr des Eintritts des Schadensfalls folgt, angeschafft oder hergestellt oder bestellt wurde.

Der BFH hat dagegen entschieden, dass in Anlehnung an § 6b EStG die Reinvestitionsfrist generell vier Jahre beträgt, bei der beabsichtigten Herstellung eines neuen funktionsgleichen Gebäudes sechs Jahre (BFH v. 12. 1. 2012 IV R 4/09, BFH/NV 2012, 1035). Dem ist die Finanzverwaltung in R 6.6 Abs. 4 Satz 4 EStR 2012 prinzipiell gefolgt. Sie akzeptiert diese Fristen jedoch nur für eine RfE, die aufgrund des Ausscheidens eines Wirtschaftsguts i. S. d. § 6b Abs. 1 Satz 1 EStG gebildet wurde.

HINWEIS:

In anderen Fällen gilt die Frist von einem Jahr weiter, soll aber im Einzelfall angemessen auf bis zu vier Jahre verlängert werden können, wenn der Stpfl. glaubhaft macht, dass die Ersatzbeschaffung noch ernstlich geplant und zu erwarten ist, aber aus besonderen Gründen noch nicht vorgenommen werden konnte (R 6.6 Abs. 4 Satz 5 EStR 2012). Eine Verlängerung auf bis zu sechs Jahre ist möglich, wenn die Ersatzbeschaffung im Zusammenhang mit Neuherstellung eines Gebäudes erfolgt (R 6.6 Abs. 4 Satz 6 EStR 2012). Anders als bei § 6b EStG wird aber nicht gefordert, dass mit der Herstellung des neuen Gebäudes vor Schluss des vierten auf die Bildung der Rücklage folgenden Wirtschaftsjahres begonnen worden ist (R 6.6 Abs. 5 Satz 5 EStR 2012).

Fallen der Schadenseintritt, die Zahlung der Entschädigung und die Beseitigung des Schadens – wie hier – jeweils in verschiedene Wirtschaftsjahre, so kann (nicht muss) der Stpfl. aus Billigkeitsgründen den Schadenseintritt und die Zahlung der Entschädigung als Geschäftsvorfälle des Jahres behandeln, in dem der Schaden beseitigt wird (R 6.6 Abs. 5 Satz 4 EStR 2012). A kann daher von der Ausbuchung des Restbuchwertes im Jahr 01 und der Erfassung der Entschädigungsleistung als Betriebseinnahme des Jahres 02 absehen und beide Geschäftsvorfälle im Jahr 03 berücksichtigen. In diesem Fall werden im Jahr 03 der Restbuchwert von 200 000 € und die den Restbuchwert übersteigende Entschädigungsleistung i. H. v. (250 000 € ./. 200 000 € =) 50 000 € als Betriebsausgabe erfasst; zugleich wird die Entschädigungsleistung i. H. v. 250 000 € im Jahr 03 als Betriebseinnahme berücksichtigt.

Andererseits darf die AfA für das neue Gebäude nur von folgender Bemessungsgrundlage vorgenommen werden:

Herstellungskosten Neubau	300 000 €
./. abgezogene Entschädigungsleistung	50 000 €
Bemessungsgrundlage für die AfA	250 000 €

FALL 122

Gewinnabzug nach § 6b EStG von den Anschaffungskosten eines Gästehauses

Sachverhalt: A betreibt in Mainz ein Hoch- und Tiefbauunternehmen. In Rottach-Egern unterhält er eine Ferienwohnung, die er seinen Geschäftsfreunden unentgeltlich zur Verfügung stellt.

Das Gästehaus wurde Anfang 01 für 125 000 € erworben. In seiner Bilanz zum 31.12.13 hat A die Ferienwohnung mit folgenden Werten aktiviert:

a) Grund und Boden

Buchwert 31.12.01-31.12.13	25 000 €

b) Gebäude

Anschaffungskosten	100 000 €
./. AfA 01-13: 13 × (2 % von 100 000 € =) 2 000 € =	./. 26 000 €
Buchwert 31.12.13	74 000 €

Anfang Januar 14 verkauft A die Ferienwohnung für 199 000 €. In diesem Zusammenhang hat er folgenden Veräußerungsgewinn ermittelt:

	Grund und Boden	Gebäude
Restbuchwert zum Zeitpunkt des Verkaufs	25 000 €	74 000 €
Verkaufserlös	45 000 €	154 000 €
Veräußerungsgewinn	20 000 €	80 000 €

Noch im selben Jahr, nämlich am 20.2.14, erwirbt A eine im Schwarzwald gelegene Ferienwohnung für 300 000 € (Grund und Boden 60 000 € und Gebäude 240 000 €). Das erworbene Grundstück wird – ebenso wie das veräußerte Gästehaus – Geschäftspartnern unentgeltlich zur Verfügung gestellt. A überträgt die durch die Veräußerung aufgedeckten stillen Reserven gem. § 6b EStG auf das erworbene Grundstück:

	Grund und Boden	Gebäude
Anschaffungskosten	60 000 €	240 000 €
./. übertragene stille Reserven	./. 20 000 €	./. 80 000 €
Veräußerungsgewinn	40 000 €	160 000 €

Aufgaben:

1. Ist die AfA für das Gästehaus für die Jahre 01-13 als Betriebsausgabe abzugsfähig?

2. Welche einkommensteuerlichen Folgen hat die Übertragung der stillen Reserven auf die Anschaffungskosten des neuen Gästehauses im Jahr 14?

Zu 1.:

Aufwendungen für eigene, nicht am Ort des Betriebs belegene Gästehäuser, die Geschäftsfreunden unentgeltlich zur Verfügung gestellt werden, gehören zu den nicht abziehbaren Betriebsausgaben des § 4 Abs. 5 Nr. 3 EStG. Zu den nicht abzugsfähigen Aufwendungen i. S. dieser Vorschrift zählt auch die AfA. Die Gewinnkorrektur wird hier dadurch erreicht, dass die AfA von jährlich 2 000 € dem Gewinn außerhalb der Bilanz hinzugerechnet wird.

Zu 2.:

Die Veräußerung der Ferienwohnung Anfang 14 führt nach dem Regelungsinhalt des § 4 Abs. 5 Nr. 3 EStG zu einem voll zu versteuernden Veräußerungsgewinn. Zur Berechnung des Veräußerungsgewinns ist daher – wie geschehen – dem Veräußerungserlös ein um die nicht abziehbare AfA geminderter Bilanzwert gegenüberzustellen (BFH VIII R 40/69, BStBl 1974 II 207; VIII R 300/81, BFH/NV 1986, 18; FG Rheinland-Pfalz v. 14. 10. 2011 1 K 1415/10, EFG 2012, 1627, Rev. anhängig unter Az.: X R 14/12). A ist auch berechtigt, den Veräußerungsgewinn i. H. v. (20 000 € + 80 000 € =) 100 000 € in voller Höhe auf das erworbene Grundstück zu übertragen (§ 6b Abs. 1 EStG). Der nach Abzug der übertragenen stillen Reserven verbleibende Restbetrag gilt als Anschaffungskosten des neuen Grundstücks (§ 6b Abs. 6 EStG); soweit er auf das Gebäude entfällt (= 160 000 €), stellt er die Bemessungsgrundlage für die AfA dar.

Zu beachten ist aber, dass sich der Abzug gem. § 6b Abs. 1 EStG i. H. v. 80 000 € von den Anschaffungskosten des neuen Gebäudes in gleicher Weise auswirkt wie eine Abschreibung. Durch den Abzug werden nämlich Abschreibungen vorweggenommen, die sonst erst in späteren Jahren hätten vorgenommen werden können. Abschreibungen auf Gästehäuser gehören aber zu den nicht abzugsfähigen Aufwendungen i. S. d. § 4 Abs. 5 Nr. 3 EStG (R 4.10 Abs. 11 Satz 1 EStR 2012). Das bedeutet, dass der wie eine vorweggenommene Abschreibung wirkende Abzug nach § 6b Abs. 1 EStG i. H. v. 80 000 € im Jahr 14 als nicht abzugsfähige Betriebsausgabe dem Gewinn außerhalb der Bilanz hinzuzurechnen ist.

Übertragung einer Rücklage nach § 6b EStG auf ein in das Betriebsvermögen eingelegtes Wirtschaftsgut

Sachverhalt: A betreibt ein Bauunternehmen. Zu seinem Betriebsvermögen gehörte ein vor 20 Jahren erworbenes, unbebautes Grundstück, das dem Bauunternehmen als Lagerplatz diente. A verkaufte den Lagerplatz am 31. 12. 01. Der Buchwert betrug zum Zeitpunkt der Veräußerung umgerechnet 50 000 €, der Verkaufserlös 150 000 €. Da die Veräußerungskosten vom Erwerber getragen wurden, entstand A ein Veräußerungsgewinn i. H. v. (150 000 € ./. 50 000 € =) 100 000 €.

A hat in seiner Bilanz zum 31. 12. 01 eine den steuerlichen Gewinn mindernde Rücklage nach § 6b EStG von 100 000 € ausgewiesen. In den Bilanzen bis zum 31. 12. 04 wurde die Rücklage i. H. v. 100 000 € fortgeführt.

Im Jahr 05 legt der Stpfl. ein bis dahin zu seinem Privatvermögen gehörendes unbebautes Grundstück mit seinem Teilwert von 120 000 € in das Unternehmen ein. Das Grundstück wird ebenfalls als Lagerplatz des Bauunternehmens genutzt. Die Rücklage nach § 6b EStG i. H. v. 100 000 € wird auf den Einlagewert des Grundstücks übertragen:

Einlagewert	120 000 €
./. übertragene stille Reserven	./. 100 000 €
Buchwert Lagerplatz 31. 12. 05	20 000 €

Aufgabe: Kann die Rücklage nach § 6b EStG i. H. v. 100 000 € vom Teilwert des eingelegten Grundstücks abgezogen werden?

LÖSUNG

Die Bildung der Rücklage nach § 6b EStG in der Bilanz zum 31. 12. 01 ist zulässig. Eine Übertragung der Rücklage auf den Teilwert des im Jahr 05 eingelegten Grundstücks ist jedoch unzulässig. § 6b EStG begünstigt nämlich nur die Anschaffung oder Herstellung eines in dieser Vorschrift benannten Wirtschaftsgutes. Die Einlage des Grundstücks in das Betriebsvermögen ist aber nach der Rechtsprechung keine Anschaffung i. S. d. § 6b EStG (BFH IX R 27/82, BStBl 1985 II 250). Das bedeutet, dass die Rücklage i. H. v. 100 000 € zum 31. 12. 05 – zu diesem Zeitpunkt läuft die Reinvestitionsfrist von vier Jahren ab (§ 6b Abs. 3 Satz 5 EStG) – gewinnerhöhend aufgelöst werden muss. Der eingelegte Lagerplatz ist mit 120 000 € zu bilanzieren.

Infolge der zwangsweisen Auflösung der Rücklage ist für jedes volle Wirtschaftsjahr, in dem die Rücklage bestanden hat, der aufzulösende Rücklagebetrag um 6 % zu erhöhen (§ 6b Abs. 7 EStG). Dieser Erhöhungsbetrag ist dem laufenden Gewinn des Jahres 05 außerhalb der Bilanz zuzuschlagen, da es sich hierbei um einen Gewinnzuschlag und nicht um einen Geschäftsvorfall des Betriebs handelt.

Gewinnzuschlag somit: 4 × (6 % von 100 000 €) =	24 000 €

FALL 124

Übertragung eines Veräußerungsgewinns auf ein im Vorjahr angeschafftes bzw. hergestelltes Wirtschaftsgut nach § 6b EStG

Sachverhalt: A betreibt in einem Vorort von Koblenz eine Fabrikation. Mit notariellem Vertrag vom 5. 1. 01 erwirbt er im Koblenzer Industriegebiet ein unbebautes Grundstück; die Anschaffungskosten betragen 200 000 €. A errichtet auf dem Grundstück ein Betriebsgebäude, das Anfang November 01 fertiggestellt wird. Die Herstellungskosten belaufen sich auf 800 000 €; für das Gebäude wird die lineare AfA nach § 7 Abs. 4 Satz 1 Nr. 1 EStG in Anspruch genommen (jährlicher AfA-Satz: 3 %). A verlegt noch im Jahr 01 seine Fabrikation in das neue Betriebsgebäude.

Das bisherige Betriebsgrundstück, das A seit 15 Jahren gehörte, wird im Februar 02 für insgesamt 1,1 Mio. € veräußert; vom Veräußerungspreis entfallen 380 000 € auf den Grund und Boden und 720 000 € auf das Gebäude. Im Veräußerungszeitpunkt hatte das bisherige Betriebsgrundstück einen Buchwert von 400 000 € (Grund und Boden 80 000 € und Gebäude 320 000 €), so dass A in 02 folgender Veräußerungsgewinn entsteht:

	Grund und Boden	Gebäude
Veräußerungspreis	380 000 €	720 000 €
Buchwert	80 000 €	320 000 €
Veräußerungsgewinn	300 000 €	400 000 €

Aufgabe: Kann A den bei der Veräußerung des bisherigen Betriebsgrundstücks in 02 erzielten Veräußerungsgewinn von insgesamt 700 000 € auf die Anschaffungskosten des in 01 angeschafften Grund und Bodens bzw. die Herstellungskosten des in 01 fertiggestellten Betriebsgebäudes übertragen?

LÖSUNG

Nach § 6b Abs. 1 EStG können Gewinne aus der Veräußerung von bestimmten Wirtschaftsgütern des Betriebsvermögens zur Vermeidung der sofortigen Besteuerung auch auf Reinvestitionsgüter übertragen werden, die im Wirtschaftsjahr **vor** der Veräußerung angeschafft oder hergestellt worden sind. Der Veräußerungsgewinn ist in diesem Fall anstelle von den Anschaffungs- oder Herstellungskosten vom Buchwert des betreffenden Wirtschaftsgutes am Schluss des Wirtschaftsjahres (des Vorjahres) abzuziehen (§ 6b Abs. 5 EStG).

Der Abzug des Veräußerungsgewinns ist hier zulässig

▶ beim Buchwert des Grund und Bodens, soweit der Gewinn bei der Veräußerung von Grund und Boden entstanden ist, und

▶ beim Buchwert des Gebäudes, soweit der Gewinn bei der Veräußerung von Grund und Boden und Gebäude entstanden ist.

Der bei der Veräußerung des Grund und Bodens entstandene Gewinn i. H. v. 300 000 € kann daher im Jahr 02 i. H. v. 199 999 € auf den Buchwert des in 01 erworbenen Grund und Bodens übertragen werden. Der Restbetrag von 100 001 € sowie der bei der Veräußerung des Gebäudes entstandene Gewinn i. H. v. 400 000 € (insgesamt also 500 001 €) sind auf den Buchwert des in 01 hergestellten Gebäudes übertragbar.

Es ergibt sich danach folgende Wertentwicklung:

a) Grund und Boden

Buchwert 31. 12. 01	200 000 €
./. übertragene stille Reserven des Grund und Bodens	./. 199 999 €
Buchwert 31. 12. 02	1 €

b) Gebäude

Herstellungskosten 01	800 000 €
./. AfA nach § 7 Abs. 4 Satz 1 Nr. 1 EStG: 3 % von 800 000 € = 24 000 € für die Zeit vom 1. 11.-31. 12. 01: 2/12 von 24 000 € =	./. 4 000 €

Buchwert 31. 12. 01	796 000 €	
./. verbliebene stille Reserven des Grund und Bodens	100 001 €	
./. übertragene stille Reserven des Gebäudes	400 000 €	./. 500 001 €
verbleibender Betrag		295 999 €

Als AfA-Bemessungsgrundlage sind für das Gebäude ab 02 die um den Abzugsbetrag i. H. v. 500 001 € geminderten Herstellungskosten anzusetzen (§ 6b Abs. 6 Satz 2 EStG). Die für das Gebäude ab 02 maßgebende AfA-Bemessungsgrundlage beträgt somit (800 000 € ./. 500 001 € =) 299 999 €.

FALL 125

Übertragung stiller Reserven bei der Veräußerung von Anteilen an einer Kapitalgesellschaft

Sachverhalt: Einzelgewerbetreibender A veräußert 2014 die seit 20 Jahren zu seinem Anlagevermögen gehörende GmbH-Beteiligung I deren Anschaffungskosten 50 000 € betragen haben für 550 000 €, so dass ein Veräußerungsgewinn von 500 000 € entsteht. Dieser Gewinn ist zu 40 % steuerfrei (§ 3 Nr. 40 Satz 1 Buchst. a, § 3c Abs. 2 EStG). A erwirbt 2014 – im Anschluss an den Verkauf der GmbH-Beteiligung I – die GmbH-Beteiligung II. Deren Anschaffungskosten betragen 600 000 €.

Aufgaben:

Kann A den Veräußerungsgewinn auf die Anschaffungskosten der GmbH-Beteiligung II übertragen?

LÖSUNG:

Steuerpflichtige, die keine Körperschaften, Personenvereinigungen oder Vermögensmassen sind, können Gewinne aus der Veräußerung von Anteilen an Kapitalgesellschaften bis zu einem Betrag von 500 000 € auf die im Wirtschaftsjahr der Veräußerung oder in den folgenden zwei bzw. vier Wirtschaftsjahren angeschafften oder hergestellten begünstigten Reinvestitionsobjekte übertragen (§ 6b Abs. 10 Satz 1 EStG). Allerdings ist nicht jede Veräußerung von Anteilen an Kapitalgesellschaften durch Personenunternehmen begünstigt; auch hier gilt, dass die veräußerten Anteile an der Kapitalgesellschaft mindestens sechs Jahre zum Anlagevermögen einer inländischen Betriebsstätte gehört haben (§ 6b Abs. 10 Satz 4 i. V. m. § 6b Abs. 4 Satz 1 Nr. 2 EStG).

Da von Personenunternehmen erzielte Gewinne aus der Veräußerung von Anteilen an Kapitalgesellschaften nach den Regelungen des Teileinkünfteverfahrens zu 40 % steuerbefreit sind (§ 3 Nr. 40 Satz 1 Buchst. a und b, § 3c Abs. 2 EStG), wird bei der Übertragung des Gewinns auf Gebäude und abnutzbare bewegliche Wirtschaftsgüter nur ein Betrag bis zur Höhe des nicht steuerbefreiten Betrags, höchstens also 60 % von 500 000 € = 300 000 € im Wirtschaftsjahr der Veräußerung, zum Abzug zugelassen (§ 6b Abs. 10 Satz 2 EStG). Bei der Übertragung auf Anteile an Kapitalgesellschaften darf dagegen der gesamte Gewinn einschließlich des steuerbefreiten Betrags übertragen werden (§ 6b Abs. 10 Satz 3 EStG). Das beruht darauf, dass eine spätere Veräußerung dieser Anteile wiederum dem Teileinkünfteverfahren unterliegt.

Vorliegend sind also die Anschaffungskosten der GmbH-Beteiligung II um den steuerpflichtigen Veräußerungsgewinn von 300 000 € und den steuerfreien Veräußerungsgewinn von 200 000 € zu mindern. Dadurch wird sichergestellt, dass bei einer späteren Veräußerung der Beteiligung an der GmbH II auch der bei der ersten begünstigten Veräußerung steuerfrei gestellte Gewinn erfasst wird. Wird die GmbH-Beteiligung II z. B. für 600 000 € weiterveräußert, entsteht ein Veräußerungsgewinn von 600 000 € ./. 100 000 € = 500 000 €, der i. H. v. 60 % von 500 000 € = 300 000 € steuerpflichtig ist.

HINWEIS:

Bei Mitunternehmerschaften ist für die Berechnung des Höchstbetrags nach § 6b Abs. 10 Satz 1 EStG jeder Mitunternehmer als Steuerpflichtiger anzusehen mit der Folge, dass der Höchstbetrag von 500 000 € für jeden Mitunternehmer zur Anwendung kommt − sog. gesellschafterbezogene Betrachtungsweise (R 6b.2 Abs. 12 EStR 2012). Bei Veräußerungen aus dem Gesamthandsvermögen einer Personengesellschaft wird der Höchstbetrag nach der Anzahl der Gesellschafter vervielfacht. Jedem der Mitunternehmer steht die Möglichkeit zu, einen anteiligen Betrag bis zu 500 000 € aus der Veräußerung von begünstigten Anteilen zu übertragen.

FALL 126

Betriebserwerb gegen Leibrente mit Wertsicherungsklausel

Sachverhalt: A veräußert mit Ablauf des 31. 12. 01 seinen Gewerbebetrieb an B gegen Zahlung einer lebenslänglichen Rente (mit Wertsicherungsklausel) i. H. v. zunächst monatlich 3 000 € (beginnend ab dem 1. 1. 02).

Der Übertragung liegen folgende Wirtschaftsgüter zugrunde:

	Buchwert in der Schlussbilanz des A zum 31. 12. 01	Teilwert zum 31. 12. 01
Grund und Boden	50 000 €	80 000 €
Gebäude	150 000 €	200 000 €
Maschinen	40 000 €	50 000 €
Einrichtung	20 000 €	30 000 €
Waren	90 000 €	90 000 €
Firmenwert	0 €	100 000 €
	350 000 €	550 000 €

Der versicherungsmathematische Rentenbarwert der monatlichen Rente i. H. v. 3 000 € beträgt

am 1. 1. 02	550 000 €
am 31. 12. 02	524 000 €
am 31. 12. 03	497 000 €

Aufgrund einer Wertsicherungsklausel erhöhen sich die Rentenzahlungen ab 1.7.03 auf monatlich 3 300 €. Der versicherungsmathematische Barwert des Erhöhungsbetrages beläuft sich

am 1.7.03 auf   51 000 €

am 31.12.03   49 700 €

Aufgaben:

1. Welches Aussehen hat die Eröffnungsbilanz des B zum 1.1.02?

2. Welche Gewinnauswirkung ergibt sich im Zusammenhang mit den Rentenzahlungen der Jahre 02 und 03 i.H.v. monatlich 3 000 €?

3. Welche einkommensteuerlichen Folgen löst die Rentenerhöhung ab 1.7.03 aus?

LÖSUNG

Zu 1.:

Beim Erwerb eines Betriebs gegen eine Leibrente bildet der Barwert der Rentenverpflichtung zum Zeitpunkt des Erwerbs die Anschaffungskosten für die übernommenen Wirtschaftsgüter einschließlich eines etwaigen Firmenwertes. Der Rentenbarwert ist grds. nach versicherungsmathematischen Grundsätzen zu ermitteln (BFH I R 21/66, BStBl 1969 II 334; IV R 126/76, BStBl 1980 II 491; VIII R 64/96, BStBl 1998 II 537). Die Finanzverwaltung lässt allerdings auch zu, dass der Erwerber den Rentenbarwert nach den Vorschriften des BewG ermitteln kann (R 6.2 Satz 1 EStR 2012). Die erworbenen Wirtschaftsgüter sind mit ihrem Teilwert, höchstens mit den Anschaffungskosten zu aktivieren (§ 6 Abs. 1 Nr. 7 EStG); der darüber hinausgehende Betrag ist als Firmenwert auszuweisen. Die Eröffnungsbilanz des B hat danach folgendes Aussehen:

Aktiva	Eröffnungsbilanz zum 1.1.02		Passiva
Grund und Boden	80 000 €	Kapital	0 €
Gebäude	200 000 €	Rentenverpflichtung	550 000 €
Maschinen	50 000 €		
Einrichtung	30 000 €		
Waren	90 000 €		
Firmenwert	100 000 €		
	550 000 €		550 000 €

Zu 2.:

Die Rentenzahlungen der Jahre 02 und 03 i.H.v. monatlich 3 000 € sind als Betriebsausgaben zu behandeln (Buchungssatz: Rentenaufwand an Geldkonto). Zu den Bilanzstichtagen 31.12.02 und 31.12.03 ist die Rentenverpflichtung mit ihrem versicherungsmathematischen Barwert zu passivieren. Die Minderung des Rentenbarwertes ist gewinnerhöhend zu berücksichtigen (Buchungssatz: Rentenverpflichtung an Rentenaufwand). Im Ergebnis wirkt sich also nur der Zinsanteil der Rente gewinnmindernd aus:

Jährliche Rentenzahlungen		**02**	**03**
Aufwand		36 000 €	36 000 €
./. Barwertminderung			
a) Barwert 1. 1. 02	550 000 €		
./. Barwert 31. 12. 02	524 000 €	26 000 €	0 €
b) Barwert 31. 12. 02	524 000 €		
./. Barwert 31. 12. 03	./. 497 000 €	0 €	27 000 €
Gewinnminderung		10 000 €	9 000 €

Zu 3.:

Die Erhöhung der Rentenzahlungen ab 1. 7. 03 hat auf die Anschaffungskosten der erworbenen Wirtschaftsgüter keinen Einfluss; es tritt also keine nachträgliche Erhöhung der Anschaffungskosten ein (BFH VI R 80/66, BStBl 1967 III, 699; VIII R 64/96, BStBl 1998 II 537). Der Erhöhungsbetrag der Rente ist vielmehr im Zeitpunkt der Rentenanpassung als Aufwand zu behandeln, und zwar mit seinem versicherungsmathematischen Barwert. Es empfiehlt sich, den Erhöhungsbetrag als gesonderte Rente zu behandeln. Für B ergibt sich somit aufgrund der Rentenanpassung im Jahr 03 folgende Gewinnauswirkung:

a) Rentenbarwert des Erhöhungsbetrages am 1. 7. 03 (= Aufwand);

Buchungssatz:

Rentenaufwand an Rentenverbindlichkeit (Erhöhungsbetrag) 51 000 €

b) Rentenzahlungen (Erhöhungsbetrag) im Jahr 03:

$6 \times 300 € =$		1 800 €	
./. Barwertminderung			
Barwert 1. 7. 03	51 000 €		
./. Barwert 31. 12. 03	./. 49 700 €	1 300 €	500 €
Gewinnminderung 03			51 500 €

FALL 127

Betriebserwerb gegen Kaufpreisraten mit Wertsicherungsklausel

Sachverhalt: A betreibt einen Schuheinzelhandel. Mit Ablauf des 31. 12. 00 veräußert er seinen Gewerbebetrieb an B. Verkäufer und Käufer vereinbaren, dass der Kaufpreis i. H. v. 500 000 € in zehn Halbjahresraten zu je 50 000 € entrichtet werden kann. Die Raten sind jeweils am 20. 3. und 20. 9. eines Jahres fällig; die erste Rate am 20. 3. 01, die letzte Rate am 20. 9. 05. Auf eine Verzinsung der Raten wurde verzichtet. Da die Raten der Versorgung des A dienen sollen, wurde jedoch eine Wertsicherungsklausel – Bindung an den Lebenshaltungskostenindex – vereinbart.

Aufgrund der Wertsicherungsklausel muss B ab 1. 1. 05 statt 50 000 € nunmehr 55 000 € halbjährlich zahlen.

Die übertragenen Wirtschaftsgüter haben folgenden Teilwert:

Grund und Boden	40 000 €
Gebäude	140 000 €
Betriebsausstattung	20 000 €
Waren	60 000 €
	260 000 €

A und B sind sich darüber einig, dass ein Mehrbetrag des Kaufpreises auf den Firmenwert entfällt.

Aufgaben:

1. Welches Aussehen hat die Eröffnungsbilanz des B zum 1. 1. 01?

2. Wie sind die Kaufpreisraten i. H. v. (10 × 50 000 € =) 500 000 € bei B einkommensteuerlich zu behandeln?

3. Wie sind die Mehrbeträge, die aufgrund der Wertsicherungsklausel ab 1. 1. 05 zu entrichten sind, einkommensteuerlich zu behandeln?

LÖSUNG

Zu 1.:

Beim Erwerb eines Betriebes gegen unverzinsliche Raten bestehen die Anschaffungskosten – anders als bei angemessen verzinslichen Raten – nicht in der Summe der Raten, sondern in dem nach den Vorschriften des BewG ermittelten gemeinen Wert der Kaufpreisschuld (R 6.2 Satz 2 EStR 2012). Der Barwert der Kaufpreisschuld stellt also die in der Eröffnungsbilanz zu aktivierenden Anschaffungskosten dar (§ 6 Abs. 1 Nr. 7 EStG); zugleich ist er in der Eröffnungsbilanz zu passivieren.

Sofern die Parteien – wie hier – keine Zinsvereinbarung getroffen haben, ist bei der Abzinsung grds. von einem Rechnungszinsfuß von 5,5 % auszugehen (BFH VIII R 131/79, BStBl 1975 II 173; VIII R 37/90, BFH/NV 1993, 87; VIII R 67/95, BFH/NV 1997, 175). Zur Berechnung des Barwertes ist die Tabelle 2 zu § 12 Abs. 1 BewG anzuwenden, der ein Rechnungszinsfuß von 5,5 % zugrunde liegt (BMF, BStBl 2001 I 1041, 1053). Anhand einer Berechnung nach der Tabelle 2 zu § 12 Abs. 1 BewG beträgt der Barwert der Kaufpreisraten zum 1. 1. 01 (100 000 € × 4,388 =) 438 800 €. Die Eröffnungsbilanz des A zum 1. 1. 01 hat danach folgendes Aussehen:

Aktiva	Eröffnungsbilanz zum 1. 1. 01		Passiva
Grund und Boden	40 000 €	Kapital A	0 €
Gebäude	140 000 €	Kaufpreisschuld	438 800 €
Betriebsausstattung	20 000 €		
Waren	60 000 €		
Firmenwert	178 800 €		
	438 800 €		438 800 €

Zu 2.:

Die in den jährlichen Ratenzahlungen i. H. v. 100 000 € enthaltenen Zinsanteile kann B im Jahr der Zahlung als Betriebsausgaben abziehen. Die abzugsfähigen Zinsanteile werden errechnet, indem von den jährlichen Ratenzahlungen die jährliche Barminderung abgezogen wird (BFH VIII R 163/71, BStBl 1975 II 431). Die jährlichen Zinsanteile errechnen sich anhand der Tabelle zu § 12 Abs. 1 BewG wie folgt (BMF, BStBl 2001 I 1041, 1053):

	Barwert	Ratenzahlung	Barwertminderung = Tilgungsanteil	Zinsanteil = Betriebsausgabe
	€	€	€	€
1.1.01	438 800	–	–	–
01	–	100 000	78 600	21 400
1.1.02	360 200	–	–	–
02	–	100 000	83 000	17 000
1.1.03	277 200	–	–	–
03	–	100 000	87 500	12 500
1.1.04	189 700	–	–	–
04	–	100 000	92 300	7 700
1.1.05	97 400	–	–	–
05	–	100 000	97 400	2 600
1.1.06	–	–	–	–
		500 000	438 800	61 200

Zu 3.:

Die aufgrund der Wertsicherungsklausel ab 1.1.05 zu leistenden Mehrbeträge i. H. v. jährlich 2 × 5 000 € = 10 000 € führen zu keiner Erhöhung der Anschaffungskosten für die erworbenen Wirtschaftsgüter; denn Erhöhungen aufgrund einer Wertsicherungsklausel sollen vor der Verschlechterung des Geldwertes schützen, sie erhöhen aber nicht den Wert der erworbenen Wirtschaftsgüter. Die Anschaffungskosten i. H. d. Barwertes der Kaufpreisraten zum Zeitpunkt der Anschaffung i. H. v. 438 800 € ändern sich also nicht, so dass auch die AfA unverändert bleibt.

Die Mehrbeträge i. H. v. 10 000 € sind im Zeitpunkt der Zahlung, d. h. im Jahr 05 in vollem Umfang als Betriebsausgaben abzugsfähig (BFH VIII R 231/80, BStBl 1984 II 109; IX R 138/86, BFH/ NV 1991, 227).

FALL 128

Übergang von der Einnahmen-Überschussrechnung zum Betriebsvermögensvergleich

Sachverhalt: Steuerpflichtiger A hat am 1.1.2010 einen Gewerbebetrieb eröffnet und seinen Gewinn zunächst nach § 4 Abs. 3 EStG ermittelt. Am 1.1.2013 ist er zur Gewinnermittlung durch Bestandsvergleich übergegangen (§ 5 EStG), weil er buchführungspflichtig geworden ist. A stellt folgende Anfangsbilanz (Übergangsbilanz) auf:

Aktiva	Anfangsbilanz		Passiva
Grund und Boden	50 000 €	Kapital	100 000 €
Gebäude	230 000 €	Gewerbesteuerrückstellung	6 000 €
Maschinen	25 000 €	Umsatzsteuer	4 150 €
Genossenschaftsanteil	5 000 €	Darlehen	253 300 €
Warenbestand	30 000 €	Verbindlichkeiten	5 950 €
Forderungen	23 800 €	Sonstige Verbindlichkeiten	4 000 €
Kasse und Bankguthaben	5 200 €	Delkredere	200 €
Disagio	2 000 €	Passive Rechnungsabgrenzungsposten	400 €
Aktive Rechnungsabgrenzung	3 000 €		
	374 000 €		374 000 €

Erläuterungen zu den einzelnen Bilanzposten:

Grund und Boden:

Den betrieblich genutzten Grund und Boden hat der Stpfl. im Jahr 2010 für 50 000 € erworben und mit den Anschaffungskosten in das nach § 4 Abs. 3 Satz 5 EStG zu führende Verzeichnis aufgenommen. Der Teilwert beträgt am 1. 1. 2013 60 000 €.

Gebäude:

Der Bilanzwert des Gebäudes ergibt sich aus der Differenz zwischen den Herstellungskosten und der bisherigen AfA.

Maschine:

Die Maschine hat nach dem Anlagenverzeichnis am 1. 1. 2013 einen Buchwert von 40 000 €. Infolge von Preissenkungen beträgt der Teilwert am 1. 1. 2013 nur 25 000 € (dauernde Wertminderung).

Genossenschaftsanteil:

Bei dem Genossenschaftsanteil handelt es sich um einen Anteil an einer Einkaufsgenossenschaft, der mit seinen Anschaffungskosten i. H. v. 5 000 € bilanziert ist.

Waren:

Die Anschaffungskosten des Warenbestandes belaufen sich auf 30 000 € zzgl. 19 % Umsatzsteuer. Der Warenbestand war am Stichtag der Anfangsbilanz zu 100 % bezahlt. Die mit der Anschaffung der Waren zusammenhängende Vorsteuer wurde A vom FA bis Ende 2012 vollständig erstattet.

Forderungen:

Die Forderungen aus Lieferungen und Leistungen betragen netto 20 000 € zzgl. 19 % Umsatzsteuer.

Kasse und Bank:

Das vorhandene Bargeld beträgt 1 200 €, das Bankguthaben 4 000 €.

Disagio:

Das Disagio i. H.v. 2 000 € hängt mit dem passivierten Darlehen zusammen, das A im Jahr 2010 aufgenommen hat. Es wurde nur noch mit dem Betrag aktiviert, der auf die Restlaufzeit entfällt. Das Darlehen hat eine Laufzeit von fünf Jahren.

Aktive Rechnungsabgrenzungsposten:

Der aktive Rechnungsabgrenzungsposten i. H.v. 3 000 € betrifft die am 27.12.2012 für das Jahr 2013 vorausbezahlte Prämie für die Betriebshaftpflichtversicherung. Die Prämie war am 1.1.2013 fällig.

Gewerbesteuer:

Die Gewerbesteuerrückstellung von 6 000 € betrifft die voraussichtliche Nachforderung für 2012.

Umsatzsteuer:

Die passivierte Umsatzsteuer für den Monat Dezember 2012 i. H.v. 4 150 € errechnet sich wie folgt:

USt aus Kundenforderungen 1.1.2013:	3 800 €	
USt aus im Dezember 2012 bar vereinnahmten Erlösen: 19 % von 10 000 € =	1 900 €	5 700 €
./. abziehbare Vorsteuer: aus Verbindlichkeiten 1.1.2013: Reparaturrechnung	950 €	
aus im Dezember 2013 bar bezahlten Rechnungen	600 €	./. 1 550 €
		4 150 €

Die Umsatzsteuer für den Monat Dezember 2012 wurde am 14.1.2013 bezahlt.

Darlehen:

Das Darlehen i. H.v. 253 300 € hängt mit den Anschaffungskosten des Grund und Bodens und den Herstellungskosten des Gebäudes zusammen.

Verbindlichkeiten:

Bei den passivierten Verbindlichkeiten handelt es sich um eine Handwerkerrechnung im Zusammenhang mit der Reparatur des Betriebsgebäudes: Nettorechnungsbetrag 5 000 € zzgl. 19 % = 950 € Vorsteuer.

Sonstige Verbindlichkeiten:

Diese setzen sich wie folgt zusammen: Lohnsteuer usw. (4 000 €) für den Monat Dezember 2012. Der Betrag wurde am 14. 1. 2013 entrichtet. Die Sozialversicherungsbeiträge für den Monat Dezember 2012 wurden noch im Dezember 2012 bezahlt.

Delkredere:

Bei dem Passivposten „Delkredere" handelt es sich um eine pauschale Wertberichtigung i. H. v. 1 % der Nettoforderungen von 20 000 € = 200 €.

Passive Rechnungsabgrenzungsposten:

Der passive Rechnungsabgrenzungsposten betrifft eine Mietvorauszahlung für 2013 i. H. v. 600 €, die A vom Mieter B am 16. 12. 2012 erhalten hat. A hat B einen Teil seines betrieblichen Grundstücks als Pkw-Stellplatz für jährlich 600 € vermietet. Die Miete ist jeweils Anfang des Jahres im Voraus fällig.

Aufgabe: Wie hoch ist der Übergangsgewinn?

LÖSUNG

Gehen z. B. Freiberufler oder Gewerbetreibende von der Gewinnermittlung durch Einnahmen-Überschussrechnung zur Gewinnermittlung durch Bestandsvergleich nach § 4 Abs. 1 oder § 5 EStG über, sind Zu- und Abrechnungen vorzunehmen. Diese Korrekturen tragen der abweichenden Technik der Gewinnermittlung Rechnung und stellen sicher, dass sich Geschäftsvorfälle nicht doppelt oder überhaupt nicht auswirken. Ein sog. Übergangsgewinn, der nach Saldierung dieser Zu- und Abrechnungen entsteht, kann auf Antrag auf zwei oder drei Jahre verteilt versteuert werden (R 4.6 Abs. 1 Satz 4 EStR 2012). Die beim Übergang von der Einnahmen-Überschussrechnung nach § 4 Abs. 3 EStG zum Bestandsvergleich nach § 4 Abs. 1 und § 5 EStG gebotenen Gewinnkorrekturen sind zwar nicht ausdrücklich gesetzlich geregelt (BFH IV R 202/67, BStBl 1968 II 650), der BFH hat sie jedoch als rechtens anerkannt, weil sie sich aus der Systematik des Gesetzes ergeben (BFH I R 134/78, BStBl 1981 II 780).

Anmerkungen zu den Gewinnkorrekturen im Einzelnen:

Grund und Boden:

A hat den nicht abnutzbaren Grund und Boden zutreffend mit seinen Anschaffungskosten bilanziert. Die Anschaffungskosten ergeben sich aus dem nach § 4 Abs. 3 Satz 5 EStG zu führenden Verzeichnis (R 4.6 Satz 6 EStR 2012). Die Anschaffung des Grund und Bodens hat sich in der Zeit der Einnahmen-Überschussrechnung nicht als Betriebsausgabe ausgewirkt, da die Anschaffungs- oder Herstellungskosten nicht abnutzbarer Wirtschaftsgüter des Anlagevermögens bei der Überschussrechnung erst im Zeitpunkt des Zuflusses des Veräußerungserlöses oder bei Entnahme im Zeitpunkt der Entnahme dieser Wirtschaftsgüter als Betriebsausgaben berücksichtigt werden dürfen (§ 4 Abs. 3 Satz 4 EStG). Eine Gewinnkorrektur ist daher nicht erforderlich.

Gebäude:

Das Gebäude gehört zum abnutzbaren Anlagevermögen. Wirtschaftsgüter des abnutzbaren Anlagevermögens werden bei der Gewinnermittlung durch Überschussrechnung – mit Ausnahme von Teilwertabschreibungen – genauso behandelt wie bei der Gewinnermittlung durch Bestandsvergleich, da auch bei der Überschussrechnung die Vorschriften über die AfA zu befolgen sind (§ 4 Abs. 3 Satz 3 EStG). Die Anschaffungs- oder Herstellungskosten von abnutzbaren Anlagegütern wirken sich demzufolge bei der Überschussrechnung nicht im Zeitpunkt der Verausgabung, sondern wie beim Bestandsvergleich nur über die AfA aus. Einer Gewinnkorrektur bedarf es nicht.

Maschine:

Die Maschine ist zutreffend mit ihrem niedrigeren Teilwert in der Anfangsbilanz aktiviert worden (§ 6 Abs. 1 Nr. 1 Satz 2 EStG). Die Teilwertabschreibung i. H. v. 15 000 € (Differenz zwischen dem Buchwert und Teilwert der Maschine) hat sich bei der Überschussrechnung nicht gewinnmindernd ausgewirkt, da Teilwertabschreibungen nur bei einer Gewinnermittlung zulässig sind, die vom Wert des Betriebsvermögens ausgeht (§ 4 Abs. 1, § 5 EStG; BFH XI R 49/05, BFH/ NV 2006, 1961). Da die Teilwertabschreibung sich bei der Überschussrechnung nicht gewinnmindernd ausgewirkt hat und im Rahmen der neuen Gewinnermittlungsart sich nicht mehr gewinnmindernd auswirken wird, muss beim Übergang zum Bestandsvergleich ein Abschlag i. H. v. 15 000 € vorgenommen werden.

Genossenschaftsanteil:

Hier gilt das für den Grund und Boden Gesagte entsprechend. Der Genossenschaftsanteil ist ein nicht abnutzbares Wirtschaftsgut des Anlagevermögens, dessen Anschaffung und Bezahlung sich bei der Überschussrechnung nicht ausgewirkt hat (§ 4 Abs. 3 Satz 4 EStG). Diese Behandlung entspricht den Gewinnermittlungsgrundsätzen des Bestandsvergleichs. Ein Zu- oder Abschlag ist daher nicht erforderlich.

Warenbestand:

Beim Kauf von Waren können sich bei der Überschussrechnung zeitliche Gewinndifferenzen gegenüber der Gewinnermittlung durch Bestandsvergleich ergeben. Bei der Überschussrechnung wirkt sich die Anschaffung von Waren im Zeitpunkt der Bezahlung als Betriebsausgabe aus. Beim Bestandsvergleich kommt es dagegen erst über den Wareneinsatz zu Betriebsausgaben.

A hat den vorhandenen Warenbestand zutreffend mit seinen Anschaffungskosten i. H. v. 30 000 € bilanziert. Diese Anschaffungskosten sind in der Zeit der Überschussrechnung – bei Bezahlung – als Betriebsausgaben abgezogen worden. Infolge des Übergangs zur Gewinnermittlung durch Bestandsvergleich wirkt sich der Warenbestand durch Erhöhung des Wareneinsatzes noch einmal gewinnmindernd aus. Daraus folgt, dass der Warenbestand i. H. v. 30 000 € zu einem Zuschlag führt.

Eines Zuschlags der mit dem Warenbestand zusammenhängenden Vorsteuer i. H. v. 4 800 € bedarf es nicht, da diese Vorsteuer von A im Zeitpunkt der Bezahlung als Betriebsausgabe abgesetzt wurde. In gleicher Höhe hat A Vorsteuer gegenüber dem FA geltend gemacht, was zu einer Betriebseinnahme geführt hat. Im Ergebnis hat sich also die mit dem Warenbestand zusammenhängende Vorsteuer zutreffend erfolgsneutral ausgewirkt.

Forderungen aus Lieferungen und Leistungen:

Dieser Posten hat in der Zeit der Überschussrechnung keine Gewinnauswirkung gehabt. Denn erst der Geldeingang wäre als Betriebseinnahme angesetzt worden. Auch im Rahmen des Bestandsvergleichs ergibt sich keine Gewinnauswirkung, sondern nur eine Vermögensumschichtung. Die Warenforderungen müssen aber einmal als Ertrag behandelt werden. Deshalb muss ein Zuschlag i. H. d. Nettoforderungen von 20 000 € gemacht werden (wegen des Problems der in den Forderungen enthaltenen Umsatzsteuer vgl. unter „Umsatzsteuer").

Kasse und Bank:

Bei diesen beiden Posten ist keine Doppel- oder Nichterfassung zu erwarten. Sie werden bei beiden Gewinnermittlungsarten gleichbehandelt. Eine Korrektur ist somit nicht erforderlich.

Disagio:

Ein Disagio, das in der Zeit der Gewinnermittlung durch Überschussrechnung geleistet wird, stellt in voller Höhe eine Betriebsausgabe dar, soweit es marktüblich ist (BFH, BStBl 1966 III 144; § 11 Abs. 2 Satz 4 EStG). Beim Bestandsvergleich ist ein Disagio zu aktivieren und innerhalb der Laufzeit des Darlehens abzuschreiben (BFH IV R 153/72, BStBl 1978 II 262). Um die zweifache gewinnmindernde Berücksichtigung des in der Anfangsbilanz ausgewiesenen Betrages zu vermeiden, ist ein Zuschlag i. H. v. 2 000 € geboten.

Aktive Rechnungsabgrenzungsposten:

Die Prämienvorauszahlung i. H. v. 3 000 € ist im Rahmen der Überschussrechnung 2012 nicht als Betriebsausgabe abzugsfähig. Es handelt sich um eine regelmäßig wiederkehrende Ausgabe i. S. d. § 11 Abs. 2 Satz 2 EStG, die A kurze Zeit vor Beginn des Kalenderjahres 2013, zu dem sie wirtschaftlich gehört, abgeflossen ist und demzufolge – bei unterstellter Fortführung der Überschussrechnung – erst im Jahr 2013 als Betriebsausgabe abzugsfähig wäre (BFH IV R 1/99, BStBl 2000 II 121). Infolge der Aktivierung als Rechnungsabgrenzungsposten in der Anfangsbilanz und gewinnmindernder Auflösung dieses Postens in 2013 wird die zutreffende Gewinnauswirkung erreicht. Einer Gewinnkorrektur bedarf es nicht.

Gewerbesteuerrückstellung:

Die Gewerbesteuernachforderung 2012 hat sich bei der Überschussrechnung mangels Zahlung nicht gewinnmindernd auswirken können. Bei Zahlung im Rahmen des Bestandsvergleichs tritt eine erfolgsneutrale Vermögensumschichtung ein. Einer Gewinnkorrektur bedarf es nicht, weil die Gewerbesteuer und die darauf entfallenden Nebenleistungen ab 2008 keine Betriebsausgaben mehr sind (§ 4 Abs. 5b EStG).

Umsatzsteuer:

Für Zwecke der Gewinnkorrektur empfiehlt es sich, die Umsatzsteuer und Vorsteuer getrennt zu behandeln.

▶ **Umsatzsteuer:**

Bei der Umsatzsteuer i. H. v. 5 700 € handelt es sich in Höhe eines Teilbetrages von 3 800 € um die in den Forderungen enthaltene Umsatzsteuer. Diese Umsatzsteuer hätte sich, wenn der Gewinn von Anfang durch Bestandsvergleich ermittelt worden wäre, nicht auf den Gewinn ausgewirkt. Bei der Überschussrechnung sind Umsatzsteuerbeträge, die ein Unternehmer seinen Kunden in Rechnung stellt, im Zeitpunkt der Vereinnahmung als Betriebseinnahme zu erfassen (BFH I R 134/73, BStBl 1975 II 441; X B 12/91, BFH/NV 1991, 614; IV S 06/06, BFH/NV 2006, 1827), andererseits ist die an das FA abgeführte Umsatzsteuer prinzipiell im Zeitpunkt der Bezahlung als Betriebsausgabe abziehbar. Da die in den Forderungen zum 1. 1. 2013 enthaltene Umsatzsteuer mangels Vereinnahmung bei der Überschussrechnung nicht gewinnerhöhend erfasst worden ist und sich in der Zeit des Bestandsvergleichs erfolgsneutral auswirkt, kommt eine Korrektur nicht in Betracht.

Bei dem Teilbetrag i.H.v. 1900 € handelt es sich um Umsatzsteuer, die in den im Dezember 2012 zugeflossenen Erlösen enthalten und demzufolge im Rahmen der Überschussrechnung 2012 als Betriebseinnahme zu erfassen ist. Bei Bezahlung an das FA im Jahr 2013 wirkt sich diese Position im Rahmen des Bestandsvergleichs gewinnneutral aus. Da sich die Umsatzsteuer insgesamt nicht auf den Gewinn auswirken darf, ist ein Abschlag i.H.v. 1900 € geboten.

HINWEIS:

Der BFH hat entschieden, dass eine für das vorangegangene Kalenderjahr geschuldete und zu Beginn des Folgejahrs entrichtete Umsatzsteuer-Vorauszahlung als regelmäßig wiederkehrende Ausgabe i.S.d. § 11 Abs. 2 Satz 2 EStG im vorangegangenen VZ abziehbar ist (BFH XI R 48/05, BStBl 2008 II 282). Vorliegend ist die Umsatzsteuer-Vorauszahlung jedoch außerhalb des 10-Tages-Zeitraums entrichtet worden, so dass keine regelmäßig wiederkehrende Ausgabe vorliegt.

▶ **Vorsteuer:**

Die mit der Reparaturrechnung zusammenhängende Vorsteuer i.H.v. 950 € hätte sich bei A, wenn er seinen Gewinn von Anfang an durch Bestandsvergleich ermittelt hätte, erfolgsneutral ausgewirkt. Bei der Überschussrechnung ist die von Dritten in Rechnung gestellte Vorsteuer im Zeitpunkt ihrer Verausgabung als Betriebsausgabe abzugsfähig, vorausgesetzt, dass die Vorsteuer nach § 9b Abs. 1 EStG nicht zu den Anschaffungs- oder Herstellungskosten des zugehörigen Wirtschaftsguts gehört. Andererseits stellt die vom FA erstattete Umsatzsteuer eine Betriebseinnahme dar. Die am 1.1.2013 noch nicht bezahlte Vorsteuer hat sich in der Zeit der Überschussrechnung noch nicht auf den Gewinn ausgewirkt. Auch bei der neuen Gewinnermittlungsart wird sie sich nicht auf den Gewinn auswirken, ein Zu- oder Abschlag ist somit nicht gerechtfertigt.

Anders verhält es sich hinsichtlich der Vorsteuer i.H.v. 600 €, die in den im Dezember 2012 bezahlten Rechnungen enthalten und bisher gegenüber dem FA noch nicht geltend gemacht worden ist. Diese Vorsteuer ist im Rahmen der Überschussrechnung im Jahr 2012 als Betriebsausgabe abzuziehen, weil sie im Jahr 2012 bezahlt worden ist. Im Rahmen des Bestandsvergleichs wirkt sich dann die vom FA zu erstattende Vorsteuer erfolgsneutral aus. Da die Vorsteuer sich aber insgesamt erfolgsneutral auswirken muss, ist ein Zuschlag von 600 € geboten.

Anzumerken ist, dass man im Beispielsfall in Bezug auf die Umsatz- und Vorsteuer zum selben Ergebnis (Gewinnabschlag von ./. 1900 € + 600 € = ./. 1300 €) kommt, wenn man die Forderungen mit ihrem Bruttobetrag i.H.v. 23800 € (statt: 20000 €) zurechnet, die Verbindlichkeiten mit ihrem Bruttobetrag i.H.v. 5950 € (statt: 5000 €) sowie die Umsatzsteuer i.H.v. 4150 € abrechnet: 3800 € ./. 950 € ./. 4150 € = ./. 1300 €.

Darlehen:

Als Darlehen empfangenes Geld darf bei der Überschussrechnung nicht als Betriebseinnahme, die Rückzahlung des Darlehens nicht als Betriebsausgabe berücksichtigt werden (BFH X R 63/95, BFH/NV 2000, 40), da die Hingabe des Darlehens nicht den Begriff einer Betriebsausgabe (§ 4 Abs. 4 EStG) und umgekehrt, der Empfang eines Darlehens nicht den Begriff einer Betriebseinnahme erfüllt. Im Rahmen des Bestandsvergleichs hat die weitere Darlehenstilgung gleichfalls keinen Einfluss auf den Gewinn, sondern bewirkt eine reine Vermögensumschichtung. Ein Zu- oder Abschlag ist deshalb nicht erforderlich.

Verbindlichkeiten:

Die Reparaturrechnung hat sich bei der Überschussrechnung mangels Zahlung noch nicht gewinnmindernd ausgewirkt. Die Bezahlung der Rechnung im Rahmen des Bestandsvergleichs ist gewinnneutral. Der Wechsel der Gewinnermittlungsart führt dazu, dass die Reparaturkosten i. H. v. 5 000 € nicht als Betriebsausgaben erfasst würden (zur Behandlung der in Rechnung gestellten Vorsteuer von 19 % i. H. v. 5 000 € = 950 € vgl. unter „Umsatzsteuer"). Deshalb muss ein Abschlag i. H. v. 5 000 € vorgenommen werden.

Sonstige Verbindlichkeiten:

Die Lohnsteuer usw. für den Monat Dezember 2012, die am 14. 1. 2013 entrichtet wurde, hat sich in der Zeit der Überschussrechnung noch nicht gewinnmindernd ausgewirkt. Im Rahmen des Bestandsvergleichs kommt es zu einer erfolgsneutralen Vermögensumschichtung (Buchung: Sonstige Verbindlichkeit an Geldkonto). Da die Lohnsteuer usw. sich einmal als Aufwand auswirken müssen, ist ein Abschlag i. H. v. 4 000 € geboten. Es handelt nicht um regelmäßig wiederkehrende Ausgaben, da die Zahlungen außerhalb des 10-Tages-Zeitraums erfolgt sind.

Delkredere:

Die durch das Delkredere gedeckten Forderungsausfälle haben sich in der Zeit der Überschussrechnung nicht gewinnmindernd ausgewirkt. In der Zeit des Bestandsvergleichs wirken sie sich erfolgsneutral aus. Da die durch das Delkredere gedeckten Forderungsausfälle demnach nie Aufwand würden, obwohl sie nach den Gewinnermittlungsgrundsätzen des Bestandsvergleichs einmal Aufwand werden müssen, bedarf es eines Abschlags i. H. v. 200 €.

Passive Rechnungsabgrenzung:

Die Mietvorauszahlung ist in der Überschussrechnung 2012 als Betriebseinnahme zu erfassen. Es handelt sich nicht um eine regelmäßig wiederkehrende Einnahme i. S. d. § 11 Abs. 1 Satz 2 EStG, die bei unterstellter Fortführung der Einnahmen-Überschussrechnung erst im Jahr 2013 als Betriebseinnahme zu erfassen wäre. Denn sie ist nicht innerhalb kurzer Zeit, d. h. innerhalb von zehn Tagen vor dem Jahreswechsel, zugeflossen (BFH IV R 309/84, BStBl 1987 II 16). Wegen der gewinnerhöhenden Auflösung des passiven Rechnungsabgrenzungspostens in 2013 wird die Miete noch einmal als Betriebseinnahme erfasst. Zum Ausgleich muss ein Abschlag i. H. v. 600 € erfolgen.

Nach den Grundsätzen über den Ansatz von Korrekturposten beim Wechsel der Gewinnermittlungsart sind im vorliegenden Fall folgende Gewinnkorrekturen vorzunehmen:

	Zuschlag	Abschlag
Maschine	–	./. 15 000 €
Warenbestand	+ 30 000 €	–
Forderungen	+ 20 000 €	–
Disagio	+ 2 000 €	–
Umsatzsteuer	–	./. 1 900

Schoor

Vorsteuer	+ 600 €	–
Verbindlichkeiten	–	./. 5 000 €
Sonstige Verbindlichkeiten	–	./. 4 000 €
Delkredere	–	./. 200 €
Passiver Rechnungsabgrenzungsposten	–	./. 600 €
	+ 52 600 €	./. 26 700 €

Per saldo ergibt sich ein Zuschlag i. H. v. 52 600 € ./. 26 700 € = 25 900 €, der dem Gewinn des Jahres 2013 hinzuzurechnen ist, sofern der Stpfl. nicht die gleichmäßige Billigkeitsverteilung auf die Jahre 2013 und 2014 i. H. v. je 1/2 von 25 900 € = 12 950 € bzw. auf die Jahre 2013–2015 i. H. v. je 1/3 von 25 900 € = abgerundet 8 633 € beantragt (R 4.6 Abs. 1 Satz 2 EStR).

HINWEIS:

Die Verteilung eines beim Wechsel von der Einnahmen-Überschussrechnung zum Bestandsvergleich entstehenden Übergangsverlustes auf das Jahr des Übergangs und die beiden Folgejahre ist unzulässig (BFH v. 23. 7. 2013 VIII R 17/10, BStBl 2013 II 820)

FALL 129

Übergang vom Betriebsvermögensvergleich zur Einnahmen-Überschussrechnung

Sachverhalt: Ein Zahnarzt, der bislang bilanzierte, also seinen Gewinn durch Bestandsvergleich nach § 4 Abs. 1 EStG ermittelte, ging am 1. 1. 2013 zur Einnahmen-Überschussrechnung über. Die Schlussbilanz zum 31. 12. 2012 weist folgende Positionen aus:

► Unbebautes Grundstück, das mit seinen Anschaffungskosten i. H. v. 30 000 € aktiviert ist und zum gewillkürten Betriebsvermögen gehört,

► Kundenforderungen i. H. v. 25 000 €,

► zum Umlaufvermögen gehörender Materialbestand i. H. v. 10 000 €, der in voller Höhe im Jahr 2012 bezahlt worden ist,

► Rückstellung für Jahresabschlusskosten 2012 i. H. v. 3 000 €,

► Verbindlichkeiten i. H. v. 2 000 €, die mit einem Materialeinkauf zusammenhängen; das Material wurde 2012 verbraucht, ist also am 31. 12. 2012 nicht mehr vorhanden,

► passiver Rechnungsabgrenzungsposten i. H. v. 500 € für im Jahr 2012 – im Voraus für 2013 – vereinnahmte Miete für das zum gewillkürten Betriebsvermögen gehörende, unbebaute Grundstück.

Aufgabe: Wie hoch ist der Übergangsgewinn?

Auch bei einem Übergang vom Bestandsvergleich zur Einnahmen-Überschussrechnung gilt Folgendes: Vorgänge, die sich in der Zeit des Bestandsvergleichs bereits auf den Gewinn ausgewirkt haben und bei der neuen Gewinnermittlungsart erneut den Gewinn beeinflussen, zwingen ebenso zu Gewinnkorrekturen wie solche Vorgänge, die sich bisher noch nicht ausgewirkt haben und infolge des Übergangs zur Einnahmen-Überschussrechnung nicht mehr auswirken können. Sämtliche Posten der letzten Bilanz müssen also darauf untersucht werden, ob sie sich schon gewinnmäßig ausgewirkt haben und wie sie sich bei der späteren Einnahmen-Überschussrechnung auswirken würden, d. h. ob sie sich als Betriebseinnahmen oder Betriebsausgaben darstellen oder überhaupt nicht mehr auswirken würden.

Es ergeben sich folgende Gewinnkorrekturen:

Grund und Boden:

Das unbebaute Grundstück scheidet nach dem Wechsel zur Einnahmen-Überschussrechnung nicht zwangsläufig aus dem Betriebsvermögen aus. Nach der geänderten Rechtsprechung des BFH kann auch ein Stpfl. mit Einnahmen-Überschussrechnung gewillkürtes Betriebsvermögen bilden (BFH IV R 13/03, BStBl 2004 II 985). Da das Grundstück mithin auch bei der Einnahmen-Überschussrechnung Betriebsvermögen bleibt, ist die spätere Erfassung der in ihm enthaltenen stillen Reserven sichergestellt. Die Anschaffungskosten des Grundstücks haben sich bisher nicht als Aufwand ausgewirkt. Sie sind im Zeitpunkt des Zuflusses des Veräußerungserlöses oder bei Entnahme im Zeitpunkt der Entnahme als Betriebsausgaben zu berücksichtigen (§ 4 Abs. 3 Satz 4 EStG). Deshalb ist das Grundstück mit seinem Buchwert aus der Schlussbilanz in das nach § 4 Abs. 3 Satz 5 EStG zu führende besondere Verzeichnis aufzunehmen. Zu einer Gewinnkorrektur kommt es nicht.

Kundenforderungen:

Bei Entstehen der Forderungen wurden 25 000 € über das Ertragskonto gebucht, haben sich somit gewinnerhöhend ausgewirkt. Die Zahlungseingänge würden sich beim Bestandsvergleich erfolgsneutral auswirken durch die Buchung: Geldkonto an Forderungen.

Bei der Einnahmen-Überschussrechnung führt der Eingang der Forderungen erneut zu einer Betriebseinnahme. Durch den Wechsel der Gewinnermittlungsart würde dieser Betrag zweimal besteuert. Deshalb muss zum Ausgleich ein Abschlag als fiktive Betriebsausgabe i. H. v. 25 000 € gebildet werden.

Materialbestand:

Die Anschaffungskosten des am 31. 12. 2012 vorhandenen Materialbestandes haben sich in der Zeit des Bestandsvergleichs nicht gewinnmindernd ausgewirkt. Auch in der Zeit der Einnahmen-Überschussrechnung würden sie sich nicht mehr gewinnmindernd auswirken, da sie bereits im Jahr 2012 bezahlt worden sind. Deshalb ist ein Gewinnabschlag i. H. v. 10 000 € geboten.

Rückstellung für Jahresabschlusskosten:

Der Rückstellungsbetrag von 3 000 € hat durch die Buchung: Aufwand an Rückstellungskonto den Gewinn gemindert. Bei Zahlung 2013 würde infolge des Abflussprinzips, von dem die Einnahmen-Überschussrechnung beherrscht wird, der Betrag erneut als Betriebsausgabe in Erscheinung treten. Derselbe Betrag würde also zweimal aufwandswirksam sein. Deshalb muss ein Gewinnzuschlag i. H. v. 3 000 € vorgenommen werden.

Verbindlichkeiten:

Es handelt sich um eine Verbindlichkeit aus einer Lieferung von Material, das noch in 2012 verarbeitet worden ist. Da sich die Anschaffungskosten während der Zeit des Bestandsvergleichs durch Erhöhung des Materialeinsatzes gewinnmindernd ausgewirkt haben und bei der Einnahmen-Überschussrechnung infolge der Bezahlung noch einmal gewinnmindernd auswirken würden, ist ein Zuschlag i. H. v. 2 000 € vorzunehmen.

Passiver Rechnungsabgrenzungsposten:

Der Stpfl. hat 2012 Miete im Voraus für 2013 vereinnahmt und deshalb i. H. v. 500 € einen passiven Rechnungsabgrenzungsposten in die Schlussbilanz zum 31. 12. 2012 eingestellt. Das hat sich erfolgsneutral ausgewirkt. Im Jahr 2013 wäre mangels tatsächlichen Zuflusses insoweit keine Betriebseinnahme und damit keine Gewinnerhöhung zu verzeichnen. Deshalb ist ein Zuschlag i. H. v. 500 € als fiktive Betriebseinnahme erforderlich.

Nach alledem ergeben sich Zuschläge i. H. v. 5 500 € und Abschläge i. H. v. 35 000 €. Der Saldo von ./. 29 500 € ist im ersten Jahr nach dem Übergang, also im Jahr 2013 vom Ergebnis dieses Jahres abzuziehen.

Ist der Saldo positiv, übersteigen also die Zuschläge die Abschläge, ist eine Verteilung des Übergangsgewinns auf zwei oder drei Jahre, wie sie für den Übergang von der Einnahmen-Überschussrechnung zum Bestandsvergleich möglich ist, im Allgemeinen nicht zulässig (BFH I 236/60 U, BStBl 1961 III 565). Der Übergang zur Gewinnermittlung nach § 4 Abs. 3 EStG steht im Belieben des Stpfl., so dass man ihm zumuten kann, auch außergewöhnlich hohe Zurechnungen im Übergangsjahr in Kauf zu nehmen. Bei der Verteilung handelt es sich um eine – in ständiger Rechtsprechung anerkannte – abweichende Steuerfestsetzung aus Billigkeitsgründen nach § 163 Abs. 1 Satz 2 AO (BFH IV R 18/00, BStBl 2001 II 102), die auf den Übergang vom Bestandsvergleich zur Einnahmen-Überschussrechnung nicht anzuwenden ist.

Kapitel 10: Absetzung für Abnutzung

Abschreibungsbeginn

Sachverhalt: A betreibt eine Drogerie. Im September 2013 hat er bei einem Kfz-Händler einen Pkw bestellt, der am 28. 12. 2013 ausgeliefert wurde. Die Anschaffungskosten des Pkw betrugen 30 000 €. A bezahlte die auf den 28. 12. 2013 datierte Rechnung noch im Dezember 2013 per Scheck, durch den sein Konto am 7. 1. 2014 belastet wurde. Das Kraftfahrzeug wurde am 3. 1. 2014 auf A zugelassen. Der zum Betriebsvermögen gehörende Pkw soll erst ab 2014 abgeschrieben werden (§ 7 Abs. 1 EStG).

Aufgabe: Darf A den Pkw erst ab 2014 abschreiben?

Die planmäßige Abschreibung bzw. AfA (§ 253 Abs. 3 HGB, § 7 EStG) beginnt grds. mit der Anschaffung des betreffenden Wirtschaftsgutes. Jahr der Anschaffung ist das Jahr der Lieferung (§ 9a EStDV). Die Ingebrauchnahme des Wirtschaftsgutes ist nicht Voraussetzung für die Inanspruchnahme der AfA, da auch ein nicht in Gebrauch stehendes Wirtschaftsgut, wenn schon keiner technischen, so immerhin bereits einer wirtschaftlichen Abnutzung fähig ist (BFH V R 113/74, BStBl 1977 II 708). Auf den zeitlichen Beginn der effektiven Nutzung kommt es somit nicht an. Ebenso ist für den Beginn der AfA unerheblich, ob das Anlagegut bereits bezahlt ist oder nicht. Entscheidend ist allein, dass das Anlagegut angeschafft, d. h. geliefert ist. A muss für den Pkw daher bereits für das Jahr 2013 AfA vornehmen:

lineare AfA (§ 7 Abs. 1 EStG): 30 000 € : 6 =	5 000 €
hiervon 1/12 (§ 7 Abs. 1 Satz 4 EStG) =	417 €

Die Finanzverwaltung billigte dem Stpfl. früher ein Wahlrecht zu. Der Stpfl. konnte danach wählen, ob er AfA vom Zeitpunkt der Anschaffung oder erst vom Zeitpunkt der Ingebrauchnahme des Anlageguts vornimmt (OFD Hamburg, DB 1970, 709). Diese Regelung ist überholt: Die EStR sehen vor, dass AfA vorzunehmen „ist", sobald ein Wirtschaftsgut angeschafft oder hergestellt ist (R 7.4 Abs. 1 Satz 1 EStR 2012).

Wird ein Rohbau vermietet, kann AfA bereits ab dem Zeitpunkt der Vermietung vorgenommen werden (Saarländisches FG 2 K 1073/10, EFG 2012, 1630). Mit dem Einsatz zur Einkünfteerzielung beginnt dann die „Abnutzung".

FALL 131

AfA-Fähigkeit von Kunstgegenständen und antiken Möbeln

Sachverhalt: Der größere Firmen und anspruchsvolle Mandanten beratende Rechtsanwalt A betreibt in Köln eine Anwaltspraxis. Im Januar 01 erwarb er

▶ anlässlich einer Ausstellung ein Gemälde eines mehrfach preisgekrönten Malers für 15 000 €, das in der Kanzlei aufgehängt ist;

▶ einen in den Praxisräumen stehenden Schreibtisch nebst Sessel zu einem Kaufpreis i. H. v. 7 000 € bzw. 4 000 €. Beide Möbelstücke sind über 100 Jahre alt.

In seiner Einnahmen-Überschussrechnung (§ 4 Abs. 3 EStG) für das Jahr 01 macht A folgende AfA als Betriebsausgaben geltend:

AfA Bild: 1/20 von 15 000 € =	750 €
AfA Möbel: 1/20 von 11 000 € =	550 €
	1 300 €

Aufgabe: Kann für das Gemälde bzw. die antiken Möbel AfA in Anspruch genommen werden?

LÖSUNG

AfA ist bei körperlichen Gegenständen nur möglich, wenn diese abnutzbar sind. Dabei wird zwischen einer wirtschaftlichen und einer technischen Abnutzung unterschieden.

Wirtschaftliche oder technische Abnutzung sind dabei jeweils für sich zu beurteilen und berechtigen jeweils für sich gesehen zur AfA (BFH X R 131-133/87, BStBl 1990 II 50).

Die AfA bemisst sich nach der betriebsgewöhnlichen Nutzungsdauer des Wirtschaftsgutes (§ 7 Abs. 1 Satz 2 EStG). Unter Nutzungsdauer eines Wirtschaftsgutes ist der Zeitraum zu verstehen, in dem das Wirtschaftsgut erfahrungsgemäß verwendet oder genutzt werden kann. „Betriebsgewöhnliche" Nutzungsdauer bedeutet, dass die besonderen betrieblichen Verhältnisse zu beachten sind, unter denen das Wirtschaftsgut eingesetzt wird. Eine durch die betriebliche Nutzung eintretende besondere Beanspruchung, welche die gewöhnliche Nutzungsdauer verkürzt, ist zu berücksichtigen. Dagegen kommt es nicht darauf an, wie lange der Stpfl. das Wirtschaftsgut tatsächlich in seinem Betrieb verwendet oder voraussichtlich verwenden wird; denn die betriebsgewöhnliche Nutzungsdauer wird nicht dadurch vermindert, dass der Stpfl. das Wirtschaftsgut vor Beendigung seines technischen oder wirtschaftlichen Wertverzehrs veräußert.

Wirtschaftsgüter nutzen sich wirtschaftlich ab, wenn sie – unabhängig von ihrem materiellen Verschleiß – erfahrungsgemäß wirtschaftlich zur Erzielung von Einkünften nur zeitlich beschränkt verwendbar sind. Eine wirtschaftliche Abnutzung setzt voraus, dass das Wirtschaftsgut nicht nur aufgrund des technischen Verschleißes, sondern auch aus anderen Gründen erheblich an Wert verliert. Eine mit wirtschaftlicher Abnutzung begründete kürzere Nutzungsdauer kann der AfA nur zugrunde gelegt werden, wenn das Wirtschaftsgut vor Ablauf der technischen Nutzbarkeit objektiv wirtschaftlich verbraucht ist. Ein wirtschaftlicher Verbrauch ist nur anzunehmen, wenn die Möglichkeit einer wirtschaftlich sinnvollen (anderweitigen) Nutzung oder Verwertung endgültig entfallen ist. Ist ein Wirtschaftsgut im Betrieb zwar nicht mehr entsprechend der ursprünglichen Zweckbestimmung rentabel nutzbar, lassen sich aber durch Veräußerung erhebliche Erlöse erzielen, ist es auch für den Unternehmer wirtschaftlich noch nicht verbraucht (BFH X R 78/94, BStBl 1998 II 59).

Nach der BFH-Rechtsprechung kann für Werke anerkannter Meister eine steuermindernde Abschreibung nicht in Anspruch genommen werden, weil ein Wertverzehr wirtschaftlich nicht eintritt. Zwar kann für derartige Kunstgegenstände eine technische Abnutzung nicht generell verneint werden. Diese vollzieht sich jedoch in so großen Zeitabständen und ist dementsprechend im jeweiligen VZ so geringfügig, dass sie nach Auffassung des BFH vernachlässigt werden kann. Für Bilder anerkannter Meister ist daher – anders als bei Stücken einer sog. Gebrauchskunst – eine Abschreibung wegen wirtschaftlicher oder technischer Abnutzung nicht zulässig (BFH VI 327/64 U, BStBl 1965 III, 382; III R 58/75, BStBl 1978 II 164, und III B 31/88, BFH/NV 1989, 129). A kann daher für das Bild des preisgekrönten Malers keine AfA in Anspruch nehmen.

Eine technische Abnutzung ist jedoch nur dann zu vernachlässigen, wenn sie – wie bei Bildern anerkannter Meister in den Praxisräumen eines Rechtsanwalts – praktisch nicht eintritt, weil das Anlagegut nicht oder kaum benutzt wird. Etwas anderes gilt jedoch für im Gebrauch befindliche Möbelstücke. In diesem Fall ist – auch bei pfleglicher Behandlung – ihre technische Abnutzung nicht infrage zu ziehen. Das heißt, es kommt insoweit AfA für eine technische Abnutzung in Betracht (BFH VI R 78/82, BStBl 1986 II 355; VI R 26/98, BFH/NV 1994, 472; XI R 5/93, BStBl 2001 II 194). Der Ansatz einer AfA für die beiden Möbelstücke ist daher gerechtfertigt.

FALL 132

Abschreibung kurzlebiger Wirtschaftsgüter

Sachverhalt: Einzelgewerbetreibender A, dessen Wirtschaftsjahr mit dem Kalenderjahr übereinstimmt, erwirbt Anfang Juli 01 ein Anlagegut (Werkzeug), das eine betriebsgewöhnliche Nutzungsdauer von zwölf Monaten hat, für 3 000 €.

Aufgabe: Kann A im Anschaffungsjahr 01 die vollen Anschaffungskosten i. H. v. 3 000 € als Betriebsausgaben abziehen oder hat eine Verteilung der Anschaffungskosten auf die Jahre 01 und 02 mit jeweils 1/2 von 3 000 € = 1 500 € zu erfolgen?

LÖSUNG

Anschaffungs- oder Herstellungskosten eines Wirtschaftsgutes sind im Wege der AfA (§ 7 EStG) zu verteilen, wenn die gesamte Nutzungsdauer einen Jahreszeitraum i. S. eines Zeitraums von mehr als 365 Tagen übersteigt. Das bedeutet, dass es bei sog. kurzlebigen Wirtschaftsgütern nicht zu einer genau periodengerechten Aufwandsverteilung über den gesamten Nutzungszeitraum kommt: A kann seine Anschaffungskosten i. H. v. 3 000 € im Jahr 01 voll als Betriebsausgaben abziehen (BFH IV R 127/91, BStBl 1994 II 232).

Willkürlich unterlassene AfA

Sachverhalt: A ist Inhaber eines gewerblichen Einzelunternehmens. Er wird mit seiner Ehefrau zusammenveranlagt. Das zu versteuernde Einkommen der Eheleute für das Jahr 01 beläuft sich nach einer vorläufigen Berechnung des Steuerberaters auf 5 000 €. A bittet seinen Steuerberater daraufhin, von einer Geltendmachung der AfA für einen Anfang Januar 01 für 36 000 € angeschafften – zum Betriebsvermögen gehörenden – Pkw abzusehen. Dadurch erhöht sich zwar das zu versteuernde Einkommen um die AfA i. H. v. 1/6 von 36 000 € = 6 000 € auf 11 000 €. Nach der Einkommensteuer-Splittingtabelle fällt aber auch bei diesem Betrag noch keine Einkommensteuer an.

Der Pkw wird in den Bilanzen der Jahre 02-04 wie folgt abgeschrieben:

Anschaffungskosten (= Buchwert 31. 12. 01)	36 000 €
./. AfA 02-04: (1/6 von 36 000 € =) 6 000 € × 3 =	./. 18 000 €
Buchwert 31. 12. 04	18 000 €

Anfang 05 verkauft A den Pkw für 25 000 €. Der Veräußerungsgewinn i. H. v. (25 000 € ./. 18 000 € =) 7 000 € ist im erklärten Gewinn für das Jahr 05 enthalten.

Die Veranlagungen bis einschließlich 01 sind bestandskräftig und nach den Vorschriften der AO nicht berichtigungsfähig. Die Veranlagung der Jahre 02-05 sind unter Vorbehalt der Nachprüfung ergangen (§ 164 Abs. 1 AO).

Aufgabe: Darf die von A im Jahr 01 unterlassene AfA den im Zusammenhang mit dem Pkw-Verkauf im Jahr 05 erzielten Veräußerungsgewinn mindern?

Ein Kaufmann hat kein Wahlrecht, ob er Abschreibungen vornehmen will oder nicht, da nach dem Gesetzeswortlaut sowohl handels- als auch steuerrechtlich eine Pflicht zur Abschreibung besteht (§ 253 Abs. 3 HGB, § 7 EStG; BFH VIII R 64/06, BFH/NV 2008, 1660; VIII R 3/08, BStBl 2010 II 1035). Unterlässt es der Stpfl. – entgegen dieser zwingenden Anordnung –, Abschreibungen überhaupt oder in der gebotenen Höhe vorzunehmen, stellt sich die Frage, ob eine Nachholung der zu Unrecht unterlassenen AfA zulässig ist.

Steuerrechtlich ist hier zu unterscheiden,

▶ ob die AfA pflichtwidrig bewusst unterlassen wurde, um infolge der Verlagerung auf spätere VZ zu einer unberechtigten Steuerersparnis zu kommen, oder

▶ ob die gebotene AfA versehentlich unterlassen wurde.

Im ersten Fall, in dem der Stpfl. – wie hier – von der Vornahme einer AfA bewusst abgesehen hat, ist eine Nachholung der nach den Grundsätzen von Treu und Glauben unterlassenen AfA unzulässig (BFH IV R 181/66, BStBl 1972 II 271; IV R 101/92, BStBl 1994 II 638; IV R 29/94, BStBl 1995 II 635; VIII R 64/06, BFH/NV 2008, 1160). Da die Voraussetzungen für eine Änderung des Einkommensteuerbescheids für das Jahr 01 nicht vorliegen und daher eine Bilanzberichtigung (§ 4 Abs. 2 EStG) im Hinblick auf die unterlassene AfA nicht möglich ist, muss sich A so behandeln lassen, als ob er die AfA im Jahr 01 zutreffend vorgenommen hätte. Die bewusst unterlassene AfA für das Jahr 01 i. H. v. 6 000 € fällt damit endgültig aus (BFH IV R 31/77, BStBl 1981 II 255 f.). Buchungstechnisch wird unter Durchbrechung des Bilanzenzusammenhangs der Buchwert des Pkw in der Anfangsbilanz des Wirtschaftsjahres 02 erfolgsneutral durch einen entsprechend niedrigeren Ansatz berichtigt. Der Pkw wird also in der Steuerbilanz der Jahre 02-05 mit dem Wert angesetzt, der sich bei Vornahme einer AfA für das Jahr 01 ergeben hätte:

Anschaffungskosten 01	36 000 €
./. AfA 01: 1/6 von 36 000 € =	./. 6 000 €
Berichtigter Buchwert 1. 1. 02	30 000 €
./. AfA 02-04: 3 × 6 000 € =	./. 18 000 €
Buchwert 31. 12. 04	12 000 €

Aus dieser Behandlung folgt zwangsläufig, dass aufgrund des Pkw-Verkaufs im Jahr 05 folgender Veräußerungsgewinn entsteht:

Veräußerungserlös	25 000 €
./. Buchwert im Zeitpunkt der Veräußerung	./. 12 000 €
Veräußerungsgewinn 05	13 000 €

FALL 134

Versehentlich unterlassene AfA

Sachverhalt: A betreibt einen Fabrikationsbetrieb. Im Juli des Wirtschaftsjahres 01 hat er eine Maschine angeschafft, deren betriebsgewöhnliche Nutzungsdauer fünf Jahre beträgt. Die Anschaffungskosten der Maschine belaufen sich auf 100 000 €.

Im Jahre 01 hat A für die Maschine zulässigerweise die halbe Jahres-AfA i. H. v. 10 000 € in Anspruch genommen. In den Jahren 02 und 03 hat er diese AfA-Höhe versehentlich beibehalten, so dass die Maschine zum 31. 12. 03 mit einem Buchwert von 70 000 € bilanziert ist. Die Veranlagungen der Jahre 01-03 sind bestandskräftig und nach den Vorschriften der AO nicht mehr berichtigungsfähig.

Die Maschine hat am 31. 12. 03 eine Restnutzungsdauer von 2,5 Jahren.

LÖSUNG

Ist die gebotene AfA versehentlich unterlassen worden und sind die Voraussetzungen einer Bilanzberichtigung (§ 4 Abs. 2 EStG) – wie vorliegend – nicht gegeben, ist nach bisheriger Rechtsprechung eine Nachholung der unterlassenen AfA möglich. Die unterlassene AfA darf aber nicht etwa in der Weise nachgeholt werden, dass sie in einer Summe gewinnmindernd berücksichtigt wird. Es erfolgt vielmehr eine Verteilung des Restbuchwertes auf die Restnutzungsdauer, und zwar entsprechend der schon bisher angewendeten AfA-Methode in gleichbleibenden oder fallenden Jahresbeträgen (BFH VI R 295/66, BStBl 1967 III, 386; IV R 31/77, BStBl 1981 II 255). Die Restnutzungsdauer ist ggf. neu zu schätzen. Diese Beurteilung hat zur Folge, dass A in den Jahren 04-06 folgende AfA vornehmen kann:

Restbuchwert 31.12.03	70 000 €
AfA 04: 70 000 € : 2,5 =	./. 28 000 €
Restbuchwert 31.12.04	42 000 €
./. AfA 05	./. 28 000 €
Restbuchwert 31.12.05	14 000 €
./. AfA 06	./. 13 999 €
Restbuchwert 31.12.06	1 €

FALL 135

AfA bei unterlassener Bilanzierung eines Wirtschaftsgutes

Sachverhalt: A ist Inhaber einer Zimmerei. Er ermittelt den Gewinn durch Betriebsvermögensvergleich (§ 5 EStG). Anfang 01 hat er eine Lagerhalle für umgerechnet 100 000 € angeschafft, die er ab diesem Zeitpunkt zu 100 % für eigenbetriebliche Zwecke nutzt. Von den Anschaffungskosten entfallen 20 000 € auf den Grund und Boden und 80 000 € auf das Gebäude. Bei der Lagerhalle handelt es sich um ein sog. Wirtschaftsgebäude, das mit einem linearen AfA-Satz von 3 % abzuschreiben ist (§ 7 Abs. 4 Satz 1 Nr. 1 EStG). In den Bilanzen für die Jahre 01-05 wurde die Halle nebst Grund und Boden versehentlich nicht aktiviert. Die Veranlagungen der Jahre 01-05 sind nach den Vorschriften der AO nicht mehr änderbar.

Erstmals in der Bilanz für das Jahr 06 aktivierte A den Grund und Boden mit seinen Anschaffungskosten von 20 000 € und die Halle mit ihren Anschaffungskosten i.H.v. 80 000 € und zog eine AfA von 3 % von 80 000 € = 2 400 € als Betriebsausgabe ab. In der Bilanz zum 31.12.06 ergab sich folgender Buchwert für das Gebäude:

Anschaffungskosten	80 000 €
./. AfA 06: 3 % von 80 000 €	./. 2 400 €
Buchwert 31.12.06	77 600 €

Aufgabe: Kann A die in den Jahren 01 bis einschließlich 05 unterlassene AfA i.H.v. 3 % von 80 000 € = 2 400 € jährlich steuerlich nachholen?

LÖSUNG

Die Lagerhalle gehört seit Anschaffung zum notwendigen Betriebsvermögen des von A unterhaltenen Gewerbebetriebs. Dies hat zur Folge, dass er das Wirtschaftsgut auf der Aktivseite seiner Bilanz ausweisen muss (§ 2 Abs. 2 Nr. 1 i.V. m. § 4 Abs. 1 Satz 1 und § 5 Abs. 1 EStG). War ein Wirtschaftsgut des notwendigen Betriebsvermögens – wie vorliegend – bislang in der Bilanz nicht aktiviert worden, hat dies keinen Einfluss auf die rechtliche Beurteilung (BFH I R 248/74, BStBl 1978 II 191; VIII R 84/88, BFH/NV 1992, 161 f.). Die nachträgliche Aufnahme eines solchen

Wirtschaftsgutes in die Bilanz ist eine berichtigende Einbuchung; sie ist – mangels tatsächlicher Zuführung zum Betriebsvermögen – ebenso wenig eine Einlage i. S. d. § 4 Abs. 1 Satz 1 und 5 i. V. m. § 6 Abs. 1 Nr. 5 EStG wie – mangels Änderung der tatsächlichen Verwendung – die bilanzberichtigende Ausbuchung eine Entnahme i. S. d. § 4 Abs. 1 Satz 1-4 i. V. m. § 6 Abs. 1 Nr. 4 EStG ist (BFH I R 248/74, BStBl 1978 II 191). Demgemäß bestimmt sich der Bilanzansatz für eine fehlerberichtigende Einbuchung bei unterlassener Aktivierung eines Wirtschaftsgutes nach dem Wert, mit dem das bisher zu Unrecht nicht bilanzierte Wirtschaftsgut bei von Anfang an richtiger Bilanzierung zu Buche stehen würde (BFH IV R 76/96, BFH/NV 1998, 578; VIII R 3/08, BStBl 2010 II 1035). Das erfordert für die Ermittlung des Einbuchungswertes eine „Schattenrechnung", d. h. die Absetzung der bisher unberücksichtigt gebliebenen AfA-Beträge von den Anschaffungskosten. Denn nach § 6 Abs. 1 Nr. 1 Satz 1 EStG sind Wirtschaftsgüter des Anlagevermögens, die der Abnutzung unterliegen, mit den Anschaffungskosten, vermindert um die AfA (§ 7 EStG), anzusetzen.

Die Sachbehandlung des A führt im Ergebnis zu einer Nachholung der bisher nicht vorgenommenen AfA. Nach einer Grundsatzentscheidung des BFH (X R 153/97, BStBl 2002 II 75) findet sich für die von A vorgenommene „Nachholung der AfA" keine Stütze im Gesetz. Vor allem widerspräche sie dem Prinzip, dass die Einkommensteuer – dem Grunde wie der Höhe nach – als Jahressteuer (§ 2 Abs. 7 EStG) kraft Gesetzes jeweils mit Ablauf eines jeden VZ entsteht. Dieses Prinzip der Abschnittsbesteuerung betrifft auch den einkünftebezogenen Aufwand, der daher, wenn er – wie hier – nur im Wege der AfA abgezogen werden darf (§ 4 Abs. 1 Satz 6 i. V. m. § 7 EStG), zeitanteilig den VZ zwischen Anschaffung/Herstellung und dem Ende der betriebsgewöhnlichen Nutzungsdauer zuzuordnen ist. Diese Aufteilung ist zwingend. Gegenüber diesem Prinzip der abschnittsweisen Erfassung des Wertverzehrs von der Abnutzung unterliegenden Wirtschaftsgütern des Anlagevermögens tritt der Gedanke der richtigen Erfassung des Totalgewinns zurück.

In Übereinstimmung mit diesen materiell-rechtlichen Grundsätzen und ebenfalls unabhängig von der buchmäßigen Behandlung gehört der nach den Vorschriften des EStG ermittelte anteilige AfA-Jahresbetrag von Gesetzes wegen (§ 85 Abs. 1 Satz 1 AO) zu den Besteuerungsgrundlagen der jeweiligen Jahressteuerbescheide (§ 155 Abs. 1 Satz 1 i. V. m. § 157 Abs. 1 Satz 2 und Abs. 2 AO). Die von A erstrebte „Nachholung" kommt daher nicht in Betracht.

Inwieweit sich aus den Grundsätzen des formellen Bilanzenzusammenhangs etwas anderes ergibt (BFH VIII R 28/90, BStBl 1992 II 881; VIII R 52/99, BFH/NV 2000, 1487), kann nach Ansicht des BFH hier auf sich beruhen, weil diese Grundsätze jedenfalls dann nicht gelten, wenn ein Bilanzansatz, der fortgeführt werden könnte, fehlt. Der Bilanzansatz „Lagerhalle" ist in der Bilanz zum 31. 12. 06 wie folgt zu berichtigen (§ 4 Abs. 2 EStG):

Buchwert Lagerhalle:

Anschaffungskosten 01	80 000 €
./. verbrauchte AfA 01-05:	
5 × (3 % von 80 000 € =) 2 400 € =	./. 12 000 €
./. AfA 06: 3 % von 80 000 € =	./. 2 400 €
Buchwert 31. 12. 06	65 600 €

HINWEIS:

Auch im Rahmen der Gewinnermittlung nach § 4 Abs. 3 EStG darf die versäumte AfA auf ein zunächst nicht als Betriebsvermögen ausgewiesenes Wirtschaftsgut nicht nachgeholt werden (BFH VIII R 3/08, BStBl 2010 II 1035).

FALL 136

Abschreibung des Sammelpostens nach § 6 Abs. 2a EStG

Sachverhalt: Der bilanzierende und vorsteuerabzugsberechtigte Einzelgewerbetreibende A erwarb im Jahr 2013 folgende Wirtschaftsgüter:

am 7. 1. 2013 einen neuen PC, dessen betriebsgewöhnliche Nutzungsdauer nach der amtlichen AfA-Tabelle drei Jahre beträgt für	999 €
am 10. 3. 2013 ein gebrauchtes Aktenregal mit einer Restnutzungsdauer von zwei Jahren für	300 €
am 2. 8. 2013 einen gebrauchten Werkzeugschrank mit einer Restnutzungsdauer von sechs Jahren für	600 €
am 10. 12. 2013 eine gebrauchte Bohrmaschine mit einer Restnutzungsdauer von einem Jahr für	160 €
Summe Anschaffungskosten	2 059 €

A will die genannten Wirtschaftsgüter nach § 6 Abs. 2a EStG abschreiben.

Aufgaben:

1. Wie hoch ist der Sammelposten 2013 nach § 6 Abs. 2a EStG und wie hoch ist der Betrag, der von diesem Sammelposten 2013-2017 gewinnmindernd abzusetzen ist?

2. Welcher Betrag ist vom Sammelposten 2013 ff. gewinnmindernd abzusetzen, wenn die im Sammelposten 2013 erfassten Wirtschaftsgüter 2014 durch einen Brand zerstört werden?

LÖSUNG

Zu 1.:

Handelt es sich bei dem von einem Unternehmer angeschafften Gegenstand um ein sog. geringwertiges Wirtschaftsgut (GWG), gelten für die Abschreibung besondere Vorschriften. Ein GWG liegt vor, wenn das Wirtschaftsgut zum Anlagevermögen zählt, abnutzbar, beweglich sowie selbstständig nutzbar ist und der Wert eine bestimmte Höhe nicht überschreitet. Die GWG-Vorschriften sind zum 1. 1. 2010 erneut geändert worden. Die neuen Vorschriften sind dadurch noch komplizierter geworden. Das BMF sah sich deswegen veranlasst, in einem umfangreichen Schreiben zu den komplizierten Neuregelungen Stellung zu nehmen (BMF, BStBl 2010 I 755).

Bei GWG, die ab dem 1. 1. 2010 gekauft werden, ist zwischen drei Kategorien zu unterscheiden:

GWG mit Anschaffungskosten bis 150 €: Bei diesen GWG hat der Unternehmer ein Wahlrecht zwischen Sofortabschreibung oder Abschreibung über die betriebsgewöhnliche Nutzungsdauer (§ 6 Abs. 2 EStG). Das Wahlrecht kann für jedes Wirtschaftsgut individuell in Anspruch genommen werden (wirtschaftsgutbezogenes Wahlrecht). Die in den Jahren 2008/2009 geltende Pflicht zur Sofortabschreibung ist damit Vergangenheit. Bei der GWG-Grenze von 150 € handelt es sich um einen Nettobetrag, gleichgültig, ob der Unternehmer die in Rechnung gestellte Vorsteuer abziehen kann oder nicht.

GWG mit Anschaffungskosten über 150 € bis zu 410 €: Bei GWG mit Anschaffungskosten über 150 € bis zu 410 € netto kann der Unternehmer wählen zwischen

► der Abschreibung innerhalb der betriebsgewöhnlichen Nutzungsdauer,

► der Sofortabschreibung oder

► der sog. Poolabschreibung nach § 6 Abs. 2a EStG.

§ 6 Abs. 2a EStG enthält eine neuartige Regelung, die auf nach dem 31. 12. 2007 angeschaffte, hergestellte oder in das Betriebsvermögen eingelegte Wirtschaftsgüter anzuwenden ist. Die Vorschrift sieht für 2012 vor, dass für abnutzbare bewegliche Wirtschaftsgüter des Anlagevermögens, die einer selbständigen Nutzung fähig sind, im Wirtschaftsjahr der Anschaffung ein **Sammelposten** gebildet werden kann, wenn die Anschaffungskosten (vermindert um abziehbare Vorsteuer i. S. d. § 9b Abs. 1 EStG) für das „einzelne" Wirtschaftsgut 150 €, aber nicht 1 000 € übersteigen (§ 6 Abs. 2a Satz 1 EStG). Diese Regelung findet sowohl bei der Gewinnermittlung durch Betriebsvermögensvergleich (§§ 4 Abs. 1, 5 EStG) als auch bei Einnahmen-Überschussrechnung Anwendung (§ 4 Abs. 3 EStG).

Wer sich für Poolabschreibung entscheidet, muss GWG mit Anschaffungskosten über 150 € bis zu 1 000 € in den Sammelposten einstellen, der dann über fünf Jahre mit jährlich 20 % abzuschreiben ist (§ 6 Abs. 2a EStG). Die Poolabschreibung kann nur einheitlich für alle Wirtschaftsgüter des Wirtschaftsjahres mit Aufwendungen von mehr als 150 € und nicht mehr als 1 000 € in Anspruch genommen werden. Entscheidet sich der Unternehmer für diese Alternative, dann steht ihm auch für GWG mit Anschaffungskosten über 150 € bis zu 410 € nicht die Sofortabschreibung zu, sondern nur die Poolabschreibung.

Der Sammelposten ist zwingend im Wirtschaftsjahr der Bildung und in den folgenden vier Wirtschaftsjahren mit jeweils einem Fünftel gewinnmindernd aufzulösen (§ 6 Abs. 2a Satz 2 EStG). Die Nutzungsdauer der in den Sammelposten aufgenommenen Wirtschaftsgüter ist steuerlich nicht relevant. § 6 Abs. 2a EStG lässt nicht zu, dass Wirtschaftsgüter mit geringer Nutzungsdauer individuell, also kürzer abgeschrieben werden können.

Sogenannte „kurzlebige" Wirtschaftsgüter, d. h. solche, deren betriebsgewöhnliche (Rest-)Nutzungsdauer nicht mehr als ein Jahr beträgt, sind nicht in den Sammelposten einzubeziehen. Nach der Rechtsprechung des BFH sind kurzlebige Wirtschaftsgüter sofort absetzbar, weil sie nicht den Abschreibungsvorschriften unterliegen. Anschaffungskosten eines Wirtschaftsguts sind danach nur dann nach § 7 EStG zu verteilen, wenn die gesamte Nutzungsdauer des Wirtschaftsguts einen Jahreszeitraum i. S. eines Zeitraums von mehr als 365 Tagen überschreitet (BFH IV R 127/91, BStBl 1994 II 232). Da § 6 Abs. 2a EStG – ebenso wie § 6 Abs. 2 EStG (BFH IV R 224/80, BStBl 1984 II 312) – rechtssystematisch betrachtet nicht die Vorschriften des § 6 Abs. 1 EStG, sondern des § 7 EStG ergänzt, kommt eine Einbeziehung von kurzlebigen Wirtschaftsgütern in den Sammelposten nicht in Betracht. Die Anschaffungskosten für die gebrauchte Bohrmaschine von 160 € sind daher 2013 sofort in voller Höhe absetzbar.

Die Anschaffungskosten der in den Sammelposten aufzunehmenden Wirtschaftsgüter betragen daher 2 059 € ./. 160 €= 1 899 €. Der von dem Sammelposten in den Jahren 2013 bis einschließlich 2017 gewinnmindernd abzusetzende Betrag beläuft sich auf jährlich 20 % von 1 899 € = 379,80 €. Dass die betriebsindividuelle Nutzungsdauer des PC und Aktenregals niedriger ist als fünf Jahre, spielt keine Rolle.

Zu 2.:

Scheidet ein in den Sammelposten aufgenommenes Wirtschaftsgut aus dem Betriebsvermögen (z. B. durch höhere Gewalt oder Verkauf) aus, wird der Sammelposten nicht vermindert (§ 6 Abs. 2a Satz 3 EStG). Nach der Gesetzesbegründung bedingt die Einbeziehung der Wirtschaftsgüter in einem Sammelposten eine zusammenfassende Behandlung der einzelnen Wirtschaftsgüter. Vorgänge, die sich auf das einzelne Wirtschaftsgut beziehen, wirken sich danach nicht aus. Durch Veräußerungen oder Entnahmen wird der Wert des Sammelpostens nicht gemindert. Das bedeutet, dass der Sammelposten in den Jahren 2013 bis einschließlich 2017 weiterhin mit je 379,80 € abzuschreiben ist, obwohl die Wirtschaftsgüter im Jahr 2014 sämtlich aus dem Betriebsvermögen ausgeschieden sind.

HINWEIS:

Bei dem Sammelposten i. S. d. § 6 Abs. 2a EStG handelt es sich nicht um ein abnutzbares bewegliches Wirtschaftsgut des Anlagevermögens, sondern um einen Posten eigener Art bzw. eine Rechengröße innerhalb des Anlagevermögens, der bzw. die die Zusammenfassung vieler gleicher oder unterschiedlicher Wirtschaftsgüter enthält. Bei dem Sammelposten ist neben der Poolabschreibung keine Sonderabschreibung nach § 7g Abs. 5 EStG zulässig. § 6 Abs. 2a EStG ist lex specialis zu den Abschreibungen nach §§ 7 ff. EStG (FG München 10 K 1076/12, EFG 2014, 522).

FALL 137

Ermittlung der AfA-Bemessungsgrundlage und der linearen Gebäude-AfA bei Erwerb eines Wohngebäudes

Sachverhalt: A erwarb Anfang Juli 2014 von Eheleuten, die in Scheidung leben, sehr günstig ein im Jahr 1974 fertiggestelltes Zweifamilienhaus für 250 000 € mit zwei gleich großen Wohnungen, von denen eine vermietet und die andere von A selbst genutzt wird. Das FA ermittelt den Verkehrswert des Grund und Bodens auf 75 000 € und setzt nach der sog. „Restwertmethode" als Bemessungsgrundlage für die Gebäude-AfA 250 000 € ./. 75 000 € = 175 000 € an. Der Verkehrswert des Grund und Bodens beträgt 75 000 € und der Verkehrswert des Gebäudes 225 000 €.

Aufgaben:

1. Wie hoch ist die AfA-Bemessungsgrundlage für die vermietete Wohnung?

2. Wie hoch ist die als Werbungskosten bei den Einkünften aus Vermietung und Verpachtung des A abziehbare lineare Gebäude-AfA für das Jahr 2014?

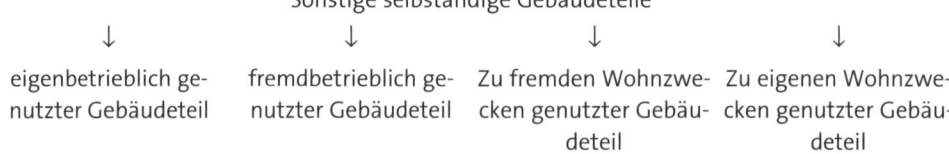

LÖSUNG

Sog. sonstige selbständige Gebäudeteile liegen vor, wenn ein Gebäude teils eigenbetrieblich, teils fremdbetrieblich, teils zu eigenen Wohnzwecken und teils zu fremden Wohnzwecken genutzt wird. Jeder der vier unterschiedlich genutzten Gebäudeteile ist dann ein besonderes Wirtschaftsgut (R 4.2 Abs. 4 EStR 2012). Gemischt genutzte Gebäude sind also nach Maßgabe der unterschiedlichen Nutzungsarten im Hinblick auf die unterschiedlichen Nutzungs- und Funktionszusammenhänge in mehrere (maximal: vier) selbständige Gebäudeteile zu zerlegen (BFH, GrS 5/71, BStBl 1974 II 132; GrS 4/92, BStBl 1995 II 281):

Sonstige selbständige Gebäudeteile

↓   ↓   ↓   ↓

| eigenbetrieblich genutzter Gebäudeteil | fremdbetrieblich genutzter Gebäudeteil | Zu fremden Wohnzwecken genutzter Gebäudeteil | Zu eigenen Wohnzwecken genutzter Gebäudeteil |

Die genannten sonstigen selbständigen Gebäudeteile sind unbewegliche Wirtschaftsgüter i. S. v. § 7 Abs. 5a EStG. Jeder selbständige Gebäudeteil ist mit Ausnahme des eigenen Wohnzwecken dienenden Gebäudeteils nach Maßgabe der AfA-Vorschriften des § 7 Abs. 4 und 5 EStG abzuschreiben.

Zu 1.:

Bemessungsgrundlage für die Gebäude-Abschreibung sind grds. die Anschaffungs- oder Herstellungskosten. Wird ein bebautes Grundstück erworben, muss der Gesamtkaufpreis auf den Grund und Boden einerseits und auf das Gebäude andererseits aufgeteilt werden, da Grund und Boden und Gebäude verschiedene Wirtschaftsgüter bilden. Nur auf das Gebäude ist AfA möglich. Die Aufteilung des Gesamtkaufpreises hat bei Immobilien im Privatvermögen nach dem Verhältnis der Verkehrswerte zu erfolgen (BFH, GrS 1/77, BStBl 1978 II 620, 625; X R 97/87, BStBl 1989 II 604; IX R 63/94, BFH/NV 1996, 116).

In der Praxis kommt es vor, dass FÄ bei der Kaufpreisaufteilung wie folgt vorgehen: Sie ermitteln den Verkehrswert für den Grund und Boden und behandeln die Differenz zum Kaufpreis als Anschaffungskosten für das Gebäude (sog. „Differenz- oder Restwertmethode"). Die „Restwertmethode" führt zu einem für den Stpfl. ungünstigen Ergebnis, wenn er das Haus zu einem sehr günstigen Preis erworben hat, etwa bei einem Kauf von Verwandten, Bekannten oder anlässlich einer Zwangsversteigerung oder von Eheleuten, die in Scheidung leben. In Fällen, in denen der vom FA auf diese Weise ermittelte Gebäudewert nicht der Realität entspricht, kann die Wertermittlung des FA nicht akzeptiert werden. Nach der genannten Rechtsprechung des BFH muss das FA den Kaufpreis (genau: die Anschaffungskosten) eines bebauten Betriebsgrundstücks nach dem Verhältnis der Verkehrswerte auf den Grund und Boden, das Gebäude und die Außenanlagen aufteilen.

Es sind also nach dem Grundsatz der Einzelbewertung – unabhängig vom gezahlten Kaufpreis – Verkehrswerte für den Grund und Boden einerseits und das Gebäude andererseits zu ermitteln.

Dann werden die Anschaffungskosten nach dem Verhältnis dieser fiktiven Werte zueinander in Anschaffungskosten für den Boden- und den Gebäudeanteil aufgeteilt. Beträgt also – wie hier – der Verkehrswert für den Grund und Boden 75 000 € und für das Gebäude 225 000 €, weil das Gebäude sehr günstig gekauft worden ist, entfallen 1/4 des Kaufpreises (= 62 500 €) auf den Grund und Boden und 3/4 des Kaufpreises (= 187 500 €) auf das Gebäude.

Da vorliegend nur die vermietete Wohnung der Einkünfteerzielung dient, sind die Gebäude-Anschaffungskosten auf die beiden Wohnungen aufzuteilen. Aufteilungsmaßstab ist grds. das Verhältnis der Nutzflächen, die in sinngemäßer Anwendung der Wohnflächenverordnung zu ermitteln ist (R 4.2 Abs. 6 Satz 4 EStR 2012; BFH III R 20/99, BFH/NV 2001, 849), es sei denn, die Aufteilung nach den Nutzflächen führt zu einem unangemessenen Ergebnis (R 4.2 Abs. 6 Satz 2 EStR 2012). Bei einer Aufteilung nach der Nutzfläche ergibt sich für die vermietete Wohnung eine Bemessungsgrundlage für die Abschreibung i. H. v. 1/2 von 187 500 € = 93 750 €.

Zu 2.:

Wird ein Gebäude im Laufe des Jahres angeschafft, kann die AfA nur zeitanteilig gewährt werden. Die lineare AfA 2014 für die vermietete Wohnung beträgt somit:

Jahres-AfA nach § 7 Abs. 4 Nr. 2 Buchst. a EStG: 2 % von 93 750 € =	1 875 €
anteilige AfA für die Zeit vom 1. 7.-31. 12. 2012:	
1/2 von 1 875 € = aufgerundet	938 €

HINWEIS:

Die obersten Finanzbehörden von Bund und Ländern stellen eine Arbeitshilfe als xls-Datei zur Verfügung, die es unter Berücksichtigung der höchstrichterlichen Rechtsprechung ermöglicht, in einem typisierten Verfahren entweder eine Kaufpreisaufteilung selbst vorzunehmen oder die Plausibilität einer vorliegenden Kaufpreisaufteilung zu prüfen (Quelle: BMF online v. 11. 4. 2014).

FALL 138

Gebäude-AfA bei nachträglichen Herstellungskosten

Sachverhalt: A hat im Jahr 01 ein Zehnfamilienhaus errichtet. Die Herstellungskosten des fremden Wohnzwecken dienenden Gebäudes haben 500 000 € betragen. Die tatsächliche Nutzungsdauer des Gebäudes beträgt mehr als 50 Jahre. Im Jahr 12 fallen nachträgliche Herstellungskosten i. H. v. 100 000 € an.

Aufgabe: Wie hoch sind die jährlichen Abschreibungen, wenn A die degressive Gebäude-Abschreibung nach § 7 Abs. 5 Satz 1 Nr. 3 Buchst. c EStG in Anspruch nimmt?

LÖSUNG

Fallen bei degressiver Abschreibung nach § 7 Abs. 5 EStG nachträgliche Anschaffungs- oder Herstellungskosten an, ohne dass hierdurch ein anderes Gebäude entsteht, gelten die gleichen

Grundsätze wie bei der linearen Gebäude-AfA. Die nachträglichen Anschaffungs- oder Herstellungskosten sind der ursprünglichen Bemessungsgrundlage hinzuzurechnen; auf die Summe ist der gerade maßgebliche Staffelsatz anzuwenden. Bei der Bemessung der AfA für das Jahr des Entstehens der nachträglichen Anschaffungs- oder Herstellungskosten sind diese so zu berücksichtigen, als wären sie zu Beginn des Jahres aufgewendet worden (R 7.4 Abs. 9 Satz 3 EStR 2012). Ein nach Ablauf des gesetzlichen Abschreibungszeitraums nach § 7 Abs. 5 EStG von 50 Jahren verbliebener Restwert ist – ausgehend von der bisherigen Bemessungsgrundlage – linear nach § 7 Abs. 4 Satz 1 EStG abzuschreiben (BFH IX R 103/83, BStBl 1987 II 491; vgl. hierzu auch die Urteilsanmerkungen in HFR 1987, 513, und von *Drenseck*, FR 1987, 381).

Bei degressiver Abschreibung nach § 7 Abs. 5 Satz 1 Nr. 3 Buchst. c EStG ergeben sich folgende Abschreibungsbeträge:

01-10:	4 % von 500 000 € = 20 000 € x 10 =	200 000 €
11-18:	2,5 % von 600 000 € = 15 000 € x 8 =	120 000 €
19-50:	1,25 % von 600 000 € = 7 500 € x 32 =	240 000 €
Gesamte AfA nach Ablauf der gesetzlichen Nutzungsdauer von 50 Jahren		560 000 €

Der Restwert zum 31. 12. 50 beträgt somit 600 000 € ./. 560 000 € = 40 000 €. Ab dem Jahr 51 bemisst sich die AfA nach § 7 Abs. 4 Satz 1 Nr. 2 Buchst. a EStG. Es ergibt sich folgende lineare AfA:

51-53:	2 % von 600 000 € = 12 000 € x 3 =	36 000 €
54:	2 % von 600 000 € = 12 000 €, höchstens	4 000 €

FALL 139

Investitionsabzugsbetrag zur Förderung kleiner und mittlerer Betriebe

Sachverhalt: Bauunternehmer A ermittelt seinen Gewinn durch Bestandsvergleich (§ 5 EStG). Sein Betriebsvermögen beträgt in der Bilanz zum 31. 12. 2013 200 000 €. A beabsichtigt, im Jahr 2014 einen gebrauchten Bagger für 100 000 € anzuschaffen. Dies teilt er dem FA in den Erläuterungen mit, die er zusammen mit seiner Einkommensteuererklärung 2013 und seiner Bilanz zum 31. 12. 2013 einreicht. Der Bagger wird im Juli 2014 für 110 000 € angeschafft.

Aufgaben:

1. In welcher Höhe kann A für die künftige Anschaffung des Baggers bereits im Jahr 2013 einen Investitionsabzugsbetrag nach § 7g Abs. 1 EStG gewinnmindernd abziehen?

2. Ist der Investitionsabzugsbetrag im Jahr 2014 gewinnerhöhend hinzuzurechnen und wie hoch ist die AfA-Bemessungsgrundlage für den Bagger?

3. Welche Steuerfolgen ergeben sich, wenn die Anschaffungskosten des Baggers im Jahr 2014 nur 90 000 € betragen?

4. Welche Steuerfolgen ergeben sich, wenn A den Bagger bereits im Jahr 2014 wieder veräußert?

5. Welche Steuerfolgen ergeben sich, wenn die geplante Anschaffung des Baggers bis zum 31. 12. 2016 unterbleibt?

Zu 1.:

Steuerpflichtige können nach § 7g Abs. 1 Satz 1 EStG für die künftige Anschaffung oder Herstellung eines abnutzbaren beweglichen Wirtschaftsgutes des Anlagevermögens bis zu 40 % der voraussichtlichen Anschaffungs- oder Herstellungskosten außerbilanziell gewinnmindernd abziehen (Investitionsabzugsbetrag). Den Investitionsabzugsbetrag gibt es – anders als die frühere Ansparabschreibung – auch für **gebrauchte** Wirtschaftsgüter.

Mit dem Investitionsabzugsbetrag gibt der Stpfl. dem Fiskus das Versprechen, später zu investieren. Hält er sein Versprechen und investiert er später tatsächlich, muss er im Jahr der Investition den Investitionsabzugsbetrag außerbilanziell gewinnerhöhend hinzurechnen. Andererseits kann er die Anschaffungs- oder Herstellungskosten des begünstigten Wirtschaftsguts im Jahr der Anschaffung oder Herstellung um bis zu 40 % absetzen (§ 7g Abs. 2 Satz 1 f. EStG).

Der Investitionsabzugsbetrag muss – anders als die früheren Ansparrücklagen, die auch untechnisch als Ansparabschreibungen bezeichnet werden – nicht gesondert gebucht werden, sondern er ist außerbilanziell gewinnmindernd abzuziehen. Durch den außerbilanziellen Abzug werden nach der Gesetzesbegründung bilanztechnische Probleme wie z. B. Bilanzberichtigungen und Maßgeblichkeit der Handelsbilanz für die steuerliche Gewinnermittlung vermieden.

Ein Investitionsabzugsbetrag ist möglich bei Einkünften aus Gewerbebetrieb, selbständiger Arbeit oder aus Land- und Forstwirtschaft. Ob die betriebliche Tätigkeit als Einzelunternehmen oder in der Rechtsform einer Personen- oder Kapitalgesellschaft ausgeübt wird, ist ohne Belang. Auf die Rechtsform des Unternehmens kommt es nicht an. Der Investitionsabzugsbetrag ist sowohl bei bilanzierenden Unternehmern, unabhängig davon, ob sie zur Bilanzierung verpflichtet sind, oder freiwillig Bilanzierenden als auch bei Einnahmen-Überschussrechnung möglich.

Der Investitionsabzugsbetrag nach § 7g Abs. 1 Satz 1 EStG soll den finanziellen Spielraum kleiner und mittlerer Betriebe stärken. Durch den Investitionsabzugsbetrag sollen nur kleine und mittlere Betriebe begünstigt werden. Deshalb hat der Gesetzgeber Größenkriterien dafür aufgestellt (§ 7g Abs. 1 Satz 2 Nr. 1 EStG). Hat ein Unternehmer mehrere Betriebe, gelten diese Größenmerkmale für jeden Betrieb extra. Da das Betriebsvermögen des A zum 31. 12. 2013 unter dem in § 7g Abs. 1 Satz 2 Nr. 1 Buchst. a EStG genannten Betrag liegt, erfüllt sein Betrieb das vom Gesetzgeber geforderte Größenkriterium.

Der Stpfl. muss schließlich beabsichtigen, das begünstigte Wirtschaftsgut mindestens bis zum Ende des dem Wirtschaftsjahr der Anschaffung oder Herstellung folgenden Wirtschaftsjahres in einer inländischen Betriebsstätte des Betriebes ausschließlich oder fast ausschließlich betrieblich zu nutzen (§ 7g Abs. 1 Satz 2 Nr. 2b EStG). Eine ausschließliche oder fast ausschließliche betriebliche Nutzung liegt vor, wenn das Wirtschaftsgut zu mindestens 90 % betrieblich genutzt oder anders ausgedrückt: Zu nicht mehr als 10 % privat genutzt wird (BMF, BStBl 2013 I 1493, Rn. 39). Die Voraussetzung der ausschließlich betrieblichen Nutzung ist bei einem Bagger zweifellos erfüllt.

Die Summe der Beträge, die im Wirtschaftsjahr des Abzugs und in den drei vorangegangenen Wirtschaftsjahren abgezogen und nicht nach § 7g Abs. 2 EStG hinzugerechnet oder nach § 7g Abs. 3 oder 4 EStG rückgängig gemacht wurden, darf je Betrieb 200 000 € nicht übersteigen (§ 7g Abs. 1 Satz 4 EStG).

Vorliegend sind sämtliche Voraussetzungen für den Abzug eines Investitionsabzugsbetrages erfüllt. A kann maximal 40 % von 100 000 € = 40 000 € im Jahr 2013 außerhalb der Bilanz gewinnmindernd abziehen.

Zu 2.:

Die prognostizierten Anschaffungskosten stimmen in der Praxis nur in Ausnahmefällen mit den tatsächlichen Anschaffungskosten überein. Sind die tatsächlichen Anschaffungskosten – wie vorliegend – höher als die prognostizierten, ist der Investitionsabzugsbetrag im Jahr der Anschaffung des begünstigten Wirtschaftsguts i. H. v. 40 % der Anschaffungskosten, maximal i. H. d. in Anspruch genommenen Investitionsabzugsbetrags gewinnerhöhend hinzuzurechnen (§ 7g Abs. 2 Satz 1 EStG).

Der 2013 in Anspruch genommene Investitionsabzugsbetrag von 40 000 € ist niedriger als 40 % der Anschaffungskosten (= 44 000 €). Dem Gewinn 2014 ist daher außerbilanziell nur der im Jahr 2013 in Anspruch genommene Investitionsabzugsbetrag von 40 000 € hinzuzurechnen (§ 7g Abs. 2 Satz 1 EStG).

Andererseits können im Jahr 2014 die Anschaffungskosten von 110 000 € um bis zu 40 %, maximal i. H. d. 2013 in Anspruch genommenen Abzugsbetrags von 40 000 € gewinnmindernd herabgesetzt werden (§ 7g Abs. 2 Satz 2 EStG); die Bemessungsgrundlage für die AfA beträgt dann 110 000 € ./. 40 000 € = 70 000 €.

A kann die Reduzierung der Anschaffungskosten aber auch auf jeden Betrag zwischen 1 € und 40 000 € begrenzen. Begrenzt er die gewinnmindernde Herabsetzung der Anschaffungskosten auf z. B. 10 000 €, dann beträgt die AfA-Bemessungsgrundlage 110 000 € ./. 10 000 € = 100 000 €.

Zu 3.:

Die voraussichtlichen Anschaffungskosten müssen i. d. R. geschätzt werden. Dementsprechend kommt es auch vor, dass sie zu hoch geschätzt worden sind. Sind die tatsächlichen Anschaffungskosten niedriger als die prognostizierten, wird ein „überhöhter" Investitionsabzugsbetrag gebildet, wenn wie hier der maximal zulässige Betrag in Anspruch genommen wird.

Im Wj. der Anschaffung des begünstigten Wirtschaftsguts ist dann der in Anspruch genommene („überhöhte") Investitionsabzugsbetrag nur i. H. v. 40 % der tatsächlichen Anschaffungs- oder Herstellungskosten außerbilanziell gewinnerhöhend hinzuzurechnen (§ 7g Abs. 2 Satz 1 EStG). Da der Investitionsabzugsbetrag in diesem Fall höher ist als 40 % der Anschaffungs- oder Herstellungskosten, verbleibt noch ein Restbetrag.

Vorliegend ist im Jahr 2014 der Investitionsabzugsbetrag i. H. v. 40 % der tatsächlichen Anschaffungskosten von 90 000 € = 36 000 € außerbilanziell gewinnerhöhend hinzuzurechnen (§ 7g Abs. 2 Satz 1 EStG).

Schoor

Andererseits können im Jahr 2014 die Anschaffungskosten von 90 000 € um bis zu 40 % = 36 000 € gewinnmindernd herabgesetzt werden (§ 7g Abs. 2 Satz 2 EStG). Die AfA-Bemessungsgrundlage beträgt dann 90 000 € ./. 36 000 € = 54 000 €.

40 % der Anschaffungskosten = 36 000 € sind niedriger als der 2013 in Anspruch genommene Investitionsabzugsbetrag von 40 000 €. Es verbleibt also ein Restbetrag von 4 000 €. Dieser Restbetrag von 4 000 € ist spätestens nach Ablauf der Investitionsfrist gemäß § 7g Abs. 1 Satz 2 Nr. 2a i. V. m. Abs. 3 Satz 1 EStG rückwirkend gewinnerhöhend zu erfassen. Diese rückwirkende Hinzurechnung entfällt nur dann, wenn innerhalb des verbleibenden Investitionszeitraumes bis zum 31. 12. 2016 nachträgliche Anschaffungs- oder Herstellungskosten i. S. v. § 255 Abs. 1 HGB für das begünstigte Wirtschaftsgut von mindestens 4 000 € anfallen.

Zu 4.:

Das begünstigte Wirtschaftsgut muss mindestens bis zum Ende des dem Wj. der Anschaffung oder Herstellung folgenden Wj. in einer inländischen Betriebsstätte des Betriebes ausschließlich oder fast ausschließlich, d. h. zu mindestens 90 %, betrieblich genutzt werden (§ 7g Abs. 1 Satz 2 Nr. 2b EStG).

Die Nutzungs- und Verbleibensvoraussetzung ist nicht erfüllt, wenn das begünstigte Anlagegut bis zum Ende des dem Wj. der Anschaffung oder Herstellung folgenden Wj. verkauft wird (BMF, BStBl 2013 I 1493, Rn. 37).

Wird in Fällen der Anschaffung oder Herstellung des begünstigten Wirtschaftsgutes dieses nicht bis zum Ende des dem Wirtschaftsjahr der Anschaffung oder Herstellung folgenden Wirtschaftsjahres in einer inländischen Betriebsstätte des Betriebs ausschließlich oder fast ausschließlich betrieblich (mindestens 90 %) genutzt, sind der Abzug sowie die Herabsetzung der Anschaffungs- oder Herstellungskosten, die Verringerung der Bemessungsgrundlage und die Hinzurechnung des Abzugsbetrags nach § 7g Abs. 2 Satz 1 EStG rückgängig zu machen (§ 7g Abs. 4 Satz 1 EStG).

Wurden die Gewinne der maßgebenden Wirtschaftsjahre bereits Steuerfestsetzungen oder gesonderten Feststellungen zugrunde gelegt, sind die entsprechenden Steuer- oder Feststellungsbescheide insoweit zu ändern (§ 7g Abs. 4 Satz 2 EStG). Das gilt auch, wenn sie bereits bestandskräftig sind; die Festsetzungsfristen enden insoweit nicht, bevor die Festsetzungsfrist für den VZ abgelaufen ist, in dem die Verbleibens- und Nutzungsvoraussetzungen des § 7g Abs. 1 Satz 2 Nr. 2b EStG erstmals nicht mehr vorliegen (§ 7g Abs. 4 Satz 3 EStG n. F.). Die Verzinsungsregelung des § 233a Abs. 2a AO ist nicht anzuwenden (§ 7g Abs. 4 Satz 4 EStG).

Konsequenzen: Der außerbilanzielle Abzug 2013 von 40 000 €, die außerbilanzielle Hinzurechnung im Anschaffungsjahr 2014 von 40 000 € und die Herabsetzung der Anschaffungskosten im Jahr 2014 von 40 000 € sind rückgängig zu machen. § 233a Abs. 2a AO ist nicht anzuwenden. Sind die Steuerbescheide 2013 und 2014 bereits ergangen, sind sie insoweit zu ändern, auch wenn sie bestandskräftig sind (§ 7g Abs. 4 EStG).

Zu 5.:

Drei Jahre, nachdem der Investitionsabzugsbetrag geltend gemacht wurde, endet der Investitionszeitraum. Ist es bis dahin nicht zu der geplanten Investition gekommen, ist also der Investitionsabzugsbetrag – wie vorliegend – nicht bis zum Ende des dritten auf das Wj. des Abzugs folgenden Wj. nach § 7g Abs. 2 Satz 1 EStG hinzugerechnet worden, ist der Abzug rückgängig zu machen (§ 7g Abs. 3 Satz 1 EStG).

Wurde der Gewinn des maßgebenden Wj. bereits einer Steuerfestsetzung oder einer gesonderten Feststellung zugrunde gelegt, ist der entsprechende Steuer- oder Feststellungsbescheid insoweit zu ändern (§ 7g Abs. 3 Satz 2 EStG). Das gilt auch dann, wenn der Steuer- oder Feststellungsbescheid bestandskräftig geworden ist; die Festsetzungsfrist endet insoweit nicht, bevor die Festsetzungsfrist für den VZ abgelaufen ist, in dem das dritte auf das Wj. des Abzugs folgende Wj. endet (§ 7g Abs. 3 Satz 3 EStG).

Das bedeutet: Der außerbilanzielle Abzug 2013 von 40 000 €, die außerbilanzielle Hinzurechnung im Anschaffungsjahr 2014 von 40 000 € und die Herabsetzung der Anschaffungskosten im Jahr 2014 von 40 000 € sind rückgängig zu machen. Sind die Steuerbescheide 2013 und 2014 bereits ergangen, sind sie insoweit zu ändern, auch wenn sie bestandskräftig sind (§ 7g Abs. 4 EStG). Als Folge dieser Änderung kann sich eine Verzinsung der daraus resultierenden Steuernachforderung gem. § 233a AO ergeben.

FALL 140

Investitionsabzugsbetrag bei Investition in geringwertige Wirtschaftsgüter

Sachverhalt: Einzelgewerbetreibender A bildet zum Bilanzstichtag 31. 12. 2013 für die geplante Anschaffung von zahlreichen geringwertigen Wirtschaftsgütern i. S. d. § 6 Abs. 2 EStG (Anschaffungskosten bis 150 €) und Wirtschaftsgütern, die in den Sammelposten aufgenommen werden können (Anschaffungskosten von mehr als 150 € bis 1 000 €), gewinnmindernd Investitionsabzugsbeträge von 40 % der geplanten Anschaffungskosten:

Geringwertige Wirtschaftsgüter: 40 % von 5 000 € =	2 000 €
Sammelposten-Wirtschaftsgüter: 40 % von 10 000 € =	4 000 €

Die Wirtschaftsgüter hat er in seinen Bilanzerläuterungen im Einzelnen genannt. Die geringwertigen und die in den Sammelposten aufzunehmenden Wirtschaftsgüter werden im Jahr 2014 für 5 000 € (geringwertige Wirtschaftsgüter) bzw. 11 000 € (Sammelposten) angeschafft.

Aufgabe: Ist die Bildung eines Investitionsabzugsbetrags für geringwertige Wirtschaftsgüter i. S. d. § 6 Abs. 2 EStG und solche, die in den Sammelposten nach § 6 Abs. 2a EStG aufzunehmen sind, zulässig?

LÖSUNG

Auch für die geplante Anschaffung von geringwertigen Wirtschaftsgütern i. S. d. § 6 Abs. 2 EStG mit Anschaffungskosten bis 150 € und solchen Wirtschaftsgütern, für die ein Sammelposten nach § 6 Abs. 2a EStG gebildet werden kann, dürfen Investitionsabzugsbeträge gebildet werden (BMF, BStBl 2013 I 1493, Rn. 4). Die Bildung der Investitionsabzugsbeträge zum 31. 12. 2013 von 2 000 € bzw. 4 000 € ist daher zulässig.

Im Jahr 2014 ist der Investitionsabzugsbetrag von 2 000 € gewinnerhöhend hinzuzurechnen. Die Anschaffungskosten der geringwertigen Wirtschaftsgüter sind gewinnmindernd auf 5 000 €

Schoor

./. 2 000 € = 3 000 € herabzusetzen. Der danach verbleibende Betrag von 3 000 € kann im Jahr 2014 als Betriebsausgabe abgezogen werden (Gewinnminderung 2014 per saldo somit = 3 000 €).

Der für die Sammelposten-Wirtschaftsgüter gebildete Investitionsabzugsbetrag von 4 000 € ist im Jahr 2014 gewinnerhöhend hinzuzurechnen. Andererseits sind die Anschaffungskosten für die Sammelposten-Wirtschaftsgüter gewinnmindernd um 4 000 € herabzusetzen. Die danach verbleibenden Anschaffungskosten der Sammelposten-Wirtschaftsgüter von 11 000 € ./. 4 000 € = 7 000 € können in den Jahren 2014 bis einschließlich 2018 mit jährlich 20 % = 1 400 € als Betriebsausgabe abgezogen werden.

FALL 141

Investitionsabzugsbetrag vor Betriebseröffnung

Sachverhalt: Handwerksmeister A erzielt bis zum 31. 12. 2013 Einkünfte aus nichtselbständiger Arbeit. Er hat seinen Gewerbebetrieb am 1. 1. 2014 eröffnet. Seinen Gewinn ermittelt er ab 1. 1. 2014 durch Bestandsvergleich (§ 5 EStG). A macht in seiner Einkommensteuererklärung 2013 einen Verlust aus Gewerbebetrieb von 12 000 € geltend. Dieser beruht auf einem Investitionsabzugsbetrag nach § 7g Abs. 1 EStG von 40 % von 30 000 € = 12 000 € für den beabsichtigten Kauf eines nur betrieblich genutzten Kleintransporters.

Eine verbindliche Bestellung des Fahrzeugs im Jahr 2013 ist nicht erfolgt. A hat jedoch bereits 2013 mit seiner Bank Verhandlungen wegen der Gewährung eines Darlehens zur Finanzierung der Anschaffungskosten des Kleintransporters geführt. Der Kleintransporter wurde tatsächlich im Jahr 2014 angeschafft.

Aufgabe: Steht A der Investitionsabzugsbetrag für 2013 zu?

LÖSUNG

Der Investitionsabzugsbetrag nach § 7g Abs. 1 EStG kann für die Anschaffung eines neuen oder gebrauchten abnutzbaren beweglichen Wirtschaftsguts des Anlagevermögens gebildet werden. Das Wirtschaftsgut muss bis zum Ende des auf die Anschaffung folgenden Jahres zu mindestens 90 % in einer inländischen Betriebsstätte des Steuerpflichtigen betrieblich genutzt werden.

Die Geltendmachung eines Investitionsabzugsbetrags setzt nach § 7g Abs. 1 Satz 2 Nr. 2a EStG voraus, dass der Stpfl. beabsichtigt, das begünstigte Wirtschaftsgut voraussichtlich in den dem Wirtschaftsjahr des Abzugs folgenden drei Wirtschaftsjahren anzuschaffen oder herzustellen (Investitionszeitraum). Ob ein Stpfl. die behauptete Investition ernsthaft vorhat, weiß i. d. R. außer ihm selbst niemand. Dennoch muss er nicht nachweisen, ob und welche Investitionen er in spätestens drei Jahren tätigen wird.

Schon vor Eröffnung eines Betriebs können Kosten anfallen, die in engem Zusammenhang mit der späteren selbständigen Tätigkeit stehen. Solche Aufwendungen sind als vorweggenommene Betriebsausgaben steuerlich absetzbar. Voraussetzung ist, dass ein klar erkennbarer wirtschaftlicher Zusammenhang zwischen den Aufwendungen und der Einkunftsart besteht (BFH III R

5/88, BFH/NV 1991, 25). Die Ansparrücklage nach § 7g Abs. 3 EStG a. F. konnte auch im Jahr vor der Betriebseröffnung in Anspruch genommen werden.

Für die gewinnmindernde Berücksichtigung eines Investitionsabzugsbetrags genügt – wie erwähnt – normalerweise die Investitionsabsicht. Eine verbindliche Bestellung der geplanten Investition ist nicht erforderlich (BT-Drs. 16/4841, 52). Ob das auch für einen Investitionsabzugsbetrag im Jahr vor Betriebseröffnung gilt, war nicht eindeutig. Denn die Bildung einer Ansparabschreibung nach § 7g Abs. 3 und 7 EStG a. F. war in diesen Fällen erst nach einer verbindlichen Bestellung möglich (BFH IV R 30/00, BStBl 2004 II 182; X R 20/11, BFH/NV 2012, 1778).

Der BFH hat entschieden, dass der Nachweis der Investitionsabsicht auch bei noch in Gründung befindlichen Betrieben nicht zwingend eine verbindliche Bestellung des anzuschaffenden Wirtschaftsguts noch im Wirtschaftsjahr der Geltendmachung des Investitionsabzugsbetrags voraussetzt (BFH, BStBl 2013 II 719). Liest man das Urteil genauer, zeigt sich, dass der BFH auch im zeitlichen Anwendungsbereich des § 7g EStG n. F. daran festhält, dass bei der Prüfung der Investitionsabsicht in Jahren vor Abschluss der Betriebseröffnung strenge Maßstäbe anzulegen sind. Die Finanzverwaltung verlangt daher, dass der Stpfl. anhand geeigneter Unterlagen wie beispielsweise Kostenvoranschlägen, Informationsmaterial, konkreten Verhandlungen oder verbindlichen Bestellungen die Investitionsabsicht am Bilanzstichtag darzulegen hat (BMF, BStBl 2013 I 1493, Rn. 29).

Es reicht aus, wenn besondere Umstände die Ernsthaftigkeit der Investitionsabsicht zum Jahresende erkennen lassen. Vorliegend lassen die Verhandlungen mit der Bank und die im Jahr 2014 tatsächlich durchgeführte Investition erkennen, dass die Ernsthaftigkeit der Investitionsabsicht zum 31. 12. 2013 bestand. Die Bildung des Investitionsabzugsbetrags im Jahr 2013 ist zulässig.

FALL 142

Investitionsabzugsbetrag und Glaubhaftmachung der ausschließlichen oder fast ausschließlichen betrieblichen Nutzung

Sachverhalt: Handelsvertreter A hat 2013 den Privatanteil für seinen zum notwendigen Betriebsvermögen gehörenden Pkw nach der 1 %-Methode ermittelt. Im Hinblick auf die geplante Anschaffung eines neuen Pkw macht er 2013 einen Investitionsabzugsbetrag von 40 % von 50 000 € = 20 000 € gewinnmindernd geltend. Das FA will den Investitionsabzugsbetrag nicht anerkennen. Begründung: Das Kriterium der mindestens 90 %igen betrieblichen Nutzung sei nicht erfüllt. A ermittele seinen Privatnutzungsanteil für den vorhandenen alten Pkw nach der 1 %-Methode. Bei Anwendung der 1 %-Regelung nach § 6 Abs. 1 Nr. 4 Satz 2 EStG sei prinzipiell von einem schädlichen Nutzungsumfang auszugehen (BMF, BStBl 2013 I 1493, Rn. 40). A bringt dagegen vor, er werde für den neuen Pkw nicht von der 1 %-Regelung Gebrauch machen, sondern die nicht mehr als 10 %ige Privatnutzung anhand eines Fahrtenbuchs nachweisen.

Aufgabe: Steht A der Investitionsabzugsbetrag zu?

Nach § 7g Abs. 1 Satz 2 Nr. 2 Buchst. b EStG setzt die Gewährung des Investitionsabzugsbetrags u. a. voraus, dass der Stpfl. „beabsichtigt", das begünstigte Wirtschaftsgut voraussichtlich mindestens bis zum Ende des dem Wirtschaftsjahr der Anschaffung oder Herstellung folgenden Wirtschaftsjahrs in einer inländischen Betriebsstätte des Betriebs „ausschließlich oder fast ausschließlich betrieblich zu nutzen." Das Gesetz regelt jedoch nicht, wie die Absicht der ausschließlich oder fast ausschließlich betrieblichen Nutzung zu belegen ist. Eindeutig ist, dass eine Prognose über das künftige Investitionsverhalten erforderlich ist. Zweifelhaft ist jedoch, inwieweit für diese Prognose festgestellte Tatsachen aus der Vergangenheit heranzuziehen sind.

Die Finanzverwaltung geht bislang davon aus, dass dann, wenn bisher für die private Pkw-Nutzung die 1 %-Regelung in Anspruch genommen worden ist, dies auch künftig für ein im Betriebsvermögen anzuschaffendes Fahrzeug der Fall sein wird. Eine voraussichtlich fast ausschließlich betriebliche Nutzung sei in diesen Fällen daher zu verneinen.

Dieser Schlussfolgerung ist der BFH in einem Aussetzungsfall mit Recht entgegengetreten (BFH VIII B 190/09, BStBl 2013 II 946). Die bisherige Anwendung der 1 %-Regelung steht der Bildung eines Investitionsabzugsbetrages nicht entgegen, wenn der Stpfl. ankündigt, die künftige fast ausschließliche betriebliche Nutzung eines anderen Fahrzeugs anhand eines Fahrtenbuches nachzuweisen. Die Gründe, die den Stpfl. bewogen haben, in der Vergangenheit auf die 1 %-Regelung zurückzugreifen (vor allem Vereinfachungsgründe) können künftig wegfallen, insbesondere dann, wenn der Stpfl. ein anderes Fahrzeug anschaffen und dafür den Investitionsabzugsbetrag beantragen will. Es kommt allein darauf an, ob die künftige, fast ausschließlich betriebliche Nutzung des neu anzuschaffenden Fahrzeugs plausibel ist. Wendet A entgegen seiner Ankündigung für den neuen Pkw die 1 %-Regelung im Nutzungszeitraum an, so wäre der Investitionsabzug nach § 7g Abs. 4 EStG rückwirkend zu versagen. Gleiches gilt, wenn die tatsächliche Privatnutzung des Pkw 10 % übersteigt. Es gibt daher keinen Grund, die Anerkennung des von A begehrten Investitionsabzugsbetrags zu versagen.

Sonderabschreibung für kleine und mittlere Betriebe

Sachverhalt: Handelsvertreter A ermittelt seinen Gewinn durch Bestandsvergleich (§ 5 EStG). Das Betriebsvermögen des A beträgt in seiner Bilanz zum 31. 12. 2012 200 000 €.

A erwarb im Jahr 2013 folgende Wirtschaftsgüter:

| am 20. 2. 2013 | eine neue Büroeinrichtung mit einer Nutzungsdauer von vier Jahren für | 10 000 € |
| am 15. 12. 2013 | einen gebrauchten Betriebs-Pkw mit einer Rest-Nutzungsdauer von drei Jahren für | 30 000 € |

A hat für den Betriebs-Pkw, den er auch privat nutzt, in den Jahren 2013 und 2014 ein Fahrtenbuch geführt. Danach beträgt der Kfz-Privatnutzungsanteil im Jahr 2013 5 % und im Jahr 2014 10 %. Ab 2015 ermittelt A den Privatanteil nach der 1 %-Regelung.

Aufgaben:

1. Steht A 2013 die Sonderabschreibung nach § 7g Abs. 5 EStG für die Büroeinrichtung zu?

2. Steht 2013 A die Sonderabschreibung nach § 7g Abs. 5 EStG für den Betriebs-Pkw zu?

LÖSUNG

Zu 1.:

Durch das Unternehmensteuerreformgesetz ist die bisherige Sonderabschreibung in § 7g Abs. 1 ff. EStG a. F. durch eine Neuregelung in § 7g Abs. 5-7 EStG abgelöst worden. Auch die neue Sonderabschreibung gibt es nur für kleine und mittlere Betriebe. Der Betrieb darf am Schluss des Wirtschaftsjahres, das der Anschaffung oder Herstellung **vorangeht,** bestimmte Größenmerkmale nicht überschreiten. Diese Voraussetzung ist hier erfüllt, da das Betriebsvermögen des A am 31. 12. 2012 „nur" 200 000 € beträgt.

Die Sonderabschreibung nach § 7g Abs. 5 EStG gibt es auch für gebrauchte Wirtschaftsgüter. Nach der früheren Regelung waren gebrauchte Gegenstände nicht begünstigt. Die Sonderabschreibung beträgt maximal 20 % der Anschaffungskosten von 10 000 € = 2 000 €. Die Abschreibungsmöglichkeiten nach § 7 Abs. 1 oder ggf. 2 EStG bleiben hiervon unberührt.

In welchem Monat des Jahres ein Wirtschaftsgut angeschafft oder hergestellt wurde, ist für die Sonderabschreibung ohne Bedeutung. Die Sonderabschreibung wird nie zeitanteilig gekürzt. Sie beträgt stets bis zu 20 % der Anschaffungs- oder Herstellungskosten. A steht die Sonderabschreibung für 2013 nach § 7g Abs. 5 EStG i. H. v. 2 000 € zu.

Zu 2.:

Im Jahr der Sonderabschreibung muss der Stpfl. das Wirtschaftsgut ausschließlich oder fast ausschließlich betrieblich nutzen (§ 7g Abs. 6 Nr. 2 EStG). Bei Maschinen oder Büroausstattung ist dieses Kriterium regelmäßig erfüllt. Probleme gibt es aber bei Wirtschaftsgütern, die auch privat genutzt werden, wie z. B. bei einem Betriebs-Pkw.

Wird bei einem auch privat genutzten Betriebs-Pkw kein Fahrtenbuch geführt, unterstellt die Finanzverwaltung, dass die 10 %-Grenze überschritten ist (OFD Hannover v. 10. 12. 1998, DB 1998, 70; BMF, BStBl 2013 I 1493, Rn. 40). Die Sonderabschreibung wird dann regelmäßig nicht anerkannt.

A hat für die Jahre 2013 und 2014 ein Fahrtenbuch geführt, aus dem ersichtlich ist, dass der Pkw fast ausschließlich betrieblich genutzt wurde. A steht daher für das Jahr 2013 die Sonderabschreibung von 20 % von 30 000 € = 6 000 € zu.

FALL 144

AfA bei Erwerb eines Wohnhauses unter Rückbehalt eines Wohnrechts durch den Übergeber

Sachverhalt: Der 56 Jahre alte V ist Eigentümer eines Zweifamilienhauses mit einem Verkehrswert von 250 000 € (Grund und Boden: 50 000 €, Gebäude: 200 000 €). Das Haus enthält im

Erd- und Obergeschoss zwei gleich große Wohnungen. V überträgt das Zweifamilienhaus auf seinen Sohn S. V behält sich das Wohnrecht im Wert von 50 000 € an der Wohnung im Erdgeschoss vor und macht S zur Auflage, 100 000 € an seine Schwester auszuzahlen. Die Wohnung im Obergeschoss wird vermietet. V hat die vermietete Obergeschosswohnung bisher mit 2 % von 70 000 € = 1 400 € jährlich abgeschrieben (§ 7 Abs. 4 Satz 1 Nr. 2 Buchst. a EStG).

Aufgabe: Wie hoch ist die AfA-Bemessungsgrundlage, die auf die vermietete Obergeschosswohnung entfällt?

LÖSUNG

Da die Erdgeschosswohnung mit dem Wohnrecht des Vaters belastet ist, erzielt der Sohn nur aus der vermieteten Wohnung im Obergeschoss Einkünfte aus Vermietung und Verpachtung. Werbungskosten einschließlich AfA kann S nur für die vermietete Obergeschosswohnung geltend machen (BFH IX R 84/94, BFH/NV 1996, 808; BMF, BStBl 2013 I 1884, Rn. 45, 49).

Das Zweifamilienhaus hat unter Berücksichtigung des zurückbehaltenen Werts des Wohnrechts einen Verkehrswert von 250 000 € ./. 50 000 € = 200 000 €. Da S seiner Schwester 100 000 € auszuzahlen hat, hat er das Zweifamilienhaus zu 50 % entgeltlich und zu 50 % unentgeltlich erworben (BFH IX R 50, 51/97, BStBl 2001 II 594; X R 4/00, BFH/NV 2002, 1140; BMF, BStBl 2013 I 1194, Rn. 50). Seine Anschaffungskosten, d. h. das Gleichstellungsgeld i. H. v. 100 000 €, entfallen i. H. v.

- ▶ 50 % von 50 000 € = 25 000 € auf den Grund und Boden (Wert: 50 000 €),
- ▶ 50 % von 100 000 € = 50 000 € auf die vermietete Obergeschosswohnung (Wert: 100 000 €),
- ▶ 50 % von 50 000 € = 25 000 € auf die mit dem Wohnrecht belastete Erdgeschosswohnung (Wert 100 000 € ./. Kapitalwert Wohnrecht 50 000 € = 50 000 €).

Soweit die Obergeschosswohnung entgeltlich erworben wurde, beträgt die AfA-Bemessungsgrundlage 50 000 €. Soweit S die Obergeschosswohnung unentgeltlich erworben hat (50 %), muss er die AfA-Bemessungsgrundlage seines Vaters von 50 % von 70 000 € = 35 000 € fortführen (§ 11d Abs. 1 EStDV). Die neue AfA-Bemessungsgrundlage für die Obergeschosswohnung beträgt somit 50 000 € (entgeltlicher Erwerb) + 35 000 € (unentgeltlicher Erwerb) = 85 000 €. Die lineare AfA nach § 7 Abs. 4 Satz 1 Nr. 2 Buchst. a EStG beträgt folglich 2 % von 85 000 € = 1 700 € pro Jahr.

Kapitel 11: Die Einkunftsarten

11.1 Einkünfte aus Land- und Forstwirtschaft (§§ 13 ff. EStG)

Vorbemerkungen

Bei den Einkünften aus Land- und Forstwirtschaft handelt es sich um eine Gewinneinkunftsart nach § 2 Abs. 1 Nr. 1 und § 13 Abs. 1 EStG. Unter Landwirtschaft versteht man die planmäßige Nutzung der natürlichen Kräfte des Grund und Bodens und die Verwertung der dadurch gewonnenen Erzeugnisse einschl. Tierzucht und Tierhaltung. Einzelne Betriebsarten sind in § 13 Abs. 1 EStG aufgeführt. Bedeutung hat vor allem die Abgrenzung zur steuerlich nicht relevanten Liebhaberei und zum Gewerbebetrieb. Zu den Einkünften aus Land- und Forstwirtschaft gehört der Nutzungswert der Wohnung des Land- und Forstwirtes nach § 13 Abs. 2 Nr. 2 EStG, wenn die Wohnung die bei Betrieben der gleichen Art übliche Größe nicht überschreitet und das Gebäude nach den jeweiligen landesrechtlichen Vorschriften ein Baudenkmal ist.

Bei der Gewinnermittlung für Land- und Forstwirte sind drei verschiedene Gewinnermittlungsarten denkbar, nach § 4 Abs. 1, nach § 4 Abs. 3 und nach § 13a Abs. 3 bis 6 EStG. Siehe Übersicht S. 219.

Land- und Forstwirte können von der Summe der Einkünfte (bei der Ermittlung des Gesamtbetrags der Einkünfte) einen Freibetrag gem. § 13 Abs. 3 EStG abziehen. Er beträgt 670 €, bei Ehegatten, die nach §§ 26, 26b EStG zusammenveranlagt werden, 1 340 € – max. bis zur Höhe der positiven Einkünfte aus Land- und Forstwirtschaft. Der Freibetrag wird aber nur gewährt, wenn die Summe der Einkünfte 30 700 €, bei Zusammenveranlagung 61 400 € nicht übersteigt.

Die Gewinnermittlung bei Land- und Forstwirten

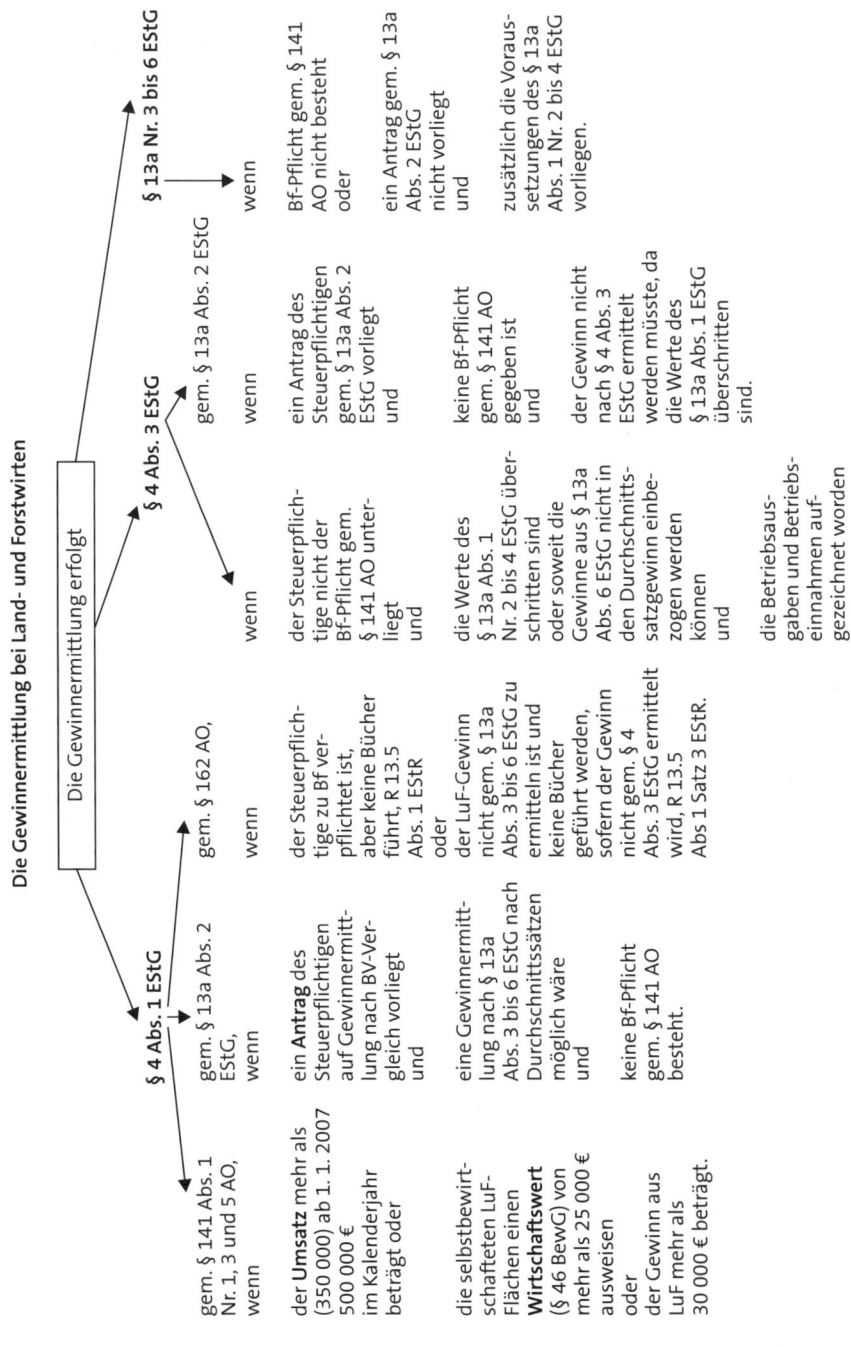

Die Gewinnermittlung erfolgt

§ 4 Abs. 1 EStG

gem. § 141 Abs. 1 Nr. 1, 3 und 5 AO, wenn

der **Umsatz** mehr als (350 000) ab 1. 1. 2007 500 000 € im Kalenderjahr beträgt oder

die selbstbewirtschafteten LuF-Flächen einen **Wirtschaftswert** (§ 46 BewG) von mehr als 25 000 € ausweisen oder

der Gewinn aus LuF mehr als 30 000 € beträgt.

gem. § 13a Abs. 2 EStG, wenn

ein **Antrag** des Steuerpflichtigen auf Gewinnermittlung nach BV-Vergleich vorliegt und

eine Gewinnermittlung nach § 13a Abs. 3 bis 6 EStG nach Durchschnittssätzen möglich wäre und

keine Bf-Pflicht gem. § 141 AO besteht.

§ 4 Abs. 3 EStG

gem. § 162 AO, wenn

der Steuerpflichtige zu Bf verpflichtet ist, aber keine Bücher führt, R 13.5 Abs. 1 EStR oder

der LuF-Gewinn nicht gem. § 13a Abs. 3 bis 6 EStG zu ermitteln ist und keine Bücher geführt werden, sofern der Gewinn nicht gem. § 4 Abs. 3 EStG ermittelt wird, R 13.5 Abs 1 Satz 3 EStR.

gem. § 13a Abs. 2 EStG, wenn

ein Antrag des Steuerpflichtigen gem. § 13a Abs. 2 EStG vorliegt und

keine Bf-Pflicht gem. § 141 AO gegeben ist und

der Gewinn nicht nach § 4 Abs. 3 EStG ermittelt werden müsste, da die Werte des § 13a Abs. 1 EStG überschritten sind und

die Betriebsausgaben und Betriebseinnahmen aufgezeichnet worden sind.

§ 13a Nr. 3 bis 6 EStG

wenn

Bf-Pflicht gem. § 141 AO nicht besteht oder

ein Antrag gem. § 13a Abs. 2 EStG nicht vorliegt und

zusätzlich die Voraussetzungen des § 13a Abs. 1 Nr. 2 bis 4 EStG vorliegen.

FALL 145

Abgrenzung zum Gewerbebetrieb

Sachverhalt: Der Steuerpflichtige besitzt folgende Flächen:

landwirtschaftliche Flächen	10,0 ha
Weinbaufläche	0,5 ha
Sonderkultur Hopfen	1,0 ha
forstwirtschaftliche Flächen	10,0 ha

Er hat 4 ha Ackerland verpachtet.

Der durchschnittliche Viehbestand beträgt seit Jahren:

► 3 Milchkühe

► 50 Zuchtschweine

► 100 Zuchtputen

► 3 000 Legehennen

Aufgabe: In welchem Umfang gehört der Viehbestand noch zur landwirtschaftlichen Tierhaltung?

LÖSUNG

Der Steuerpflichtige erzielt Einkünfte nach § 13 Abs. 1 Nr. 1 EStG. Dazu gehören auch seine Einkünfte aus der Tierzucht, wenn die Grenzen des § 13 Abs. 1 Nr. 1 Satz 2 EStG nicht überschritten sind.

Berechnung:

landwirtschaftlich genutzte Fläche (R 13.2 Abs. 3 EStR)

Eigenland =	11 ha
./. Verpachtung =	./. 4 ha
	7 ha

Die landwirtschaftlichen Sonderkulturen i. S. des § 52 BewG sind einzubeziehen. Dies ergibt sich aus R 13.2 Abs. 3 EStR, die eine Ausklammerung nicht vorsieht.

Höchstbestand an Vieheinheiten (VE):

7 ha × 10 VE = 70 VE

Tatsächlicher Viehbestand: § 13 Abs. 1 Nr. 1 Satz 3 und 4 EStG und R 13.2 Abs. 1 und 2 EStR:

3 Milchkühe × 1,00 VE =	3,0 VE
50 Zuchtschweine × 0,33 VE =	16,5 VE
100 Zuchtputen × 0,04 VE =	4,0 VE
3 000 Legehennen × 0,02 VE =	60,0 VE
Summe	**83,5 VE**

Einkünfte aus Land- und Forstwirtschaft (§§ 13 ff. EStG)   **KAPITEL 11**

Fall 146

Da der Höchstbestand von 70 VE überschritten wird, sind die weniger flächenabhängigen Zweige eines Tierbestandes der gewerblichen Tierzucht zuzurechnen. Weniger flächenabhängig ist die Haltung von Schweinen und Geflügel. Innerhalb dieser Gruppe ist zuerst der Zweig der gewerblichen Tierhaltung zuzurechnen, der die größere Zahl von VE hat. Dabei muss immer ein gesamter Zweig eines Tierbestandes herausgerechnet werden. Deshalb sind im vorliegenden Fall die Legehennen der gewerblichen Tierhaltung zuzurechnen und daraus die Einkünfte aus Gewerbebetrieb zu ermitteln. Der restliche Tierbestand gehört zur Landwirtschaft.

FALL 146

Gewinnermittlung gem. § 13a EStG/Abgrenzung zum Gewerbebetrieb

Sachverhalt: Die Eheleute Xaver und Herta Gerstenkorn unterhalten einen land- und forstwirtschaftlichen Betrieb, für den sie zu Recht die Gewinnermittlung gem. § 13a EStG vornehmen. Sie führen keine Bücher und wurden vom Finanzamt auch nicht zur Buchführung aufgefordert. Der Einheitswert setzt sich wie folgt zusammen (die Einheitswerte werden in DM ermittelt und nach der Abrundung gem. § 30 Satz 2 BewG in € umgerechnet):

Vergleichswert landwirtschaftliche Nutzung

(Hektarwert = 1 948 DM)	6,47 ha =	12 600 DM
Vergleichswert Weinbau	0,79 ha =	4 087 DM
Geringstland	2,00 ha =	100 DM
Wirtschaftswert	=	16 787 DM
Wohnungswert	=	20 134 DM

Die o. g. Flächen gehören den Eheleuten gemeinsam.

Zugepachtete Flächen:

0,8 ha landwirtschaftliche Nutzung, Hektarwert = 1 650 DM,

Pachtzinsen = 150 €

Verpachtete Flächen:

0,5 ha Weinbau, Hektarwert = 4 800 DM, Pachtzinsen = 500 €

Am 3. 10. 03 wurde ein Acker von 0,8 ha für 8 400 € veräußert, die Anschaffungskosten betrugen umgerechnet 1 268 €.

Der Gewinn des Wj. 02/03 betrug 9 400 €.

Zum Betrieb gehörender Viehbestand:

▶ 15 Stück Rindvieh unter 1 Jahr,

▶ 20 Kühe,

▶ 200 Legehennen aus zugekauften Junghennen,

▶ 20 Mastschweine.

Die Ernte aus dem Weinbaubetrieb wird voll an die Winzergenossenschaft abgeliefert.

Die Einnahmen betragen für die

Zeit vom 1.7. bis 31.12.03 =	4 100 €
Zeit vom 1.1. bis 30.6.04 =	2 150 €

An Aushilfslöhnen im Weinbaubetrieb wurden 460 € gezahlt.

Das von den übrigen Gebäuden getrennt stehende Wohnhaus (Baujahr 1986, Herstellungskosten insgesamt umgerechnet 177 000 €) enthält eine Wohnung mit 180 qm Wohn- und Nutzfläche, die von den Eheleuten und den Kindern gemeinsam bewohnt wird. Die Kinder haben keinen eigenen Hausstand.

Die Schuldzinsen belaufen sich auf 160 € monatlich.

Aufgabe: Ermitteln Sie die sich aus dem Sachverhalt ergebenden Einkünfte der Eheleute Gerstenkorn für den Veranlagungszeitraum 03 (es handelt sich um neutralisierte Jahreszahlen, anzuwenden ist die aktuelle Rechtslage).

LÖSUNG

Die Eheleute Gerstenkorn betreiben gemeinsam einen land- und forstwirtschaftlichen Betrieb und erzielen damit Einkünfte gem. § 13 Abs. 1 Nr. 1 EStG (H 13.4 „Mitunternehmerschaft ..." EStH). Eine einheitliche und gesonderte Feststellung der Einkünfte gem. § 179 Abs. 2, § 180 Abs. 1 Nr. 2a AO kann unterbleiben, da nur zusammen zu veranlagende Ehegatten beteiligt sind (§ 180 Abs. 3 Nr. 2 AO). Das Wirtschaftsjahr erstreckt sich gem. § 4a Abs. 1 Nr. 1 EStG auf die Zeit vom 1.7. bis 30.6.

Da die zulässige Höchstgrenze von 7,27 ha (6,47 ha landwirtschaftliche Fläche + 0,8 ha Zupacht) × 10 VE = 72,7 VE durch den tatsächlichen Viehbestand von:

15 × 0,3 VE	=	4,50 VE
20 × 1,0 VE	=	20,00 VE
200 × 0,0183 VE	=	3,66 VE
20 × 0,16 VE	=	3,20 VE
Summe		**31,36 VE**

nicht überschritten wird, gehört die Viehhaltung zum land- und forstwirtschaftlichen Betrieb.

Gewinnermittlung gem. § 13a EStG:

Die Gewinnermittlung gem. § 13a Abs. 1 EStG ist zulässig, da die selbstbewirtschaftete landwirtschaftliche Fläche unter 20 ha beträgt (§ 13a Abs. 1 Nr. 2 EStG),

die VE unter 50 betragen (§ 13a Abs. 1 Nr. 3 EStG) und

die selbstbewirtschaftete Sondernutzung Weinbau unter 2 000 DM liegt.

Einkünfte aus Land- und Forstwirtschaft (§§ 13 ff. EStG)

KAPITEL 11

Fall 146

Vergleichswert beträgt:

Vergleichswert Weinbau =	4 087 DM
./. verpachtete Flächen 0,5 ha × 4 800 DM =	./. 2 400 DM
+ Geringstland	+ 100 DM
Summe	**1 587 DM**

Da dieser Wert 2 000 DM nicht übersteigt, ist diese Sondernutzung einzubeziehen und die Gewinnermittlung gem. § 13a EStG zulässig. Der Flächenabgang durch den Verkauf des Ackers war nach R 13a.2 Abs. 1 Satz 3 EStR nicht zu berücksichtigen.

Grundbetrag (§ 13a Abs. 4 EStG):

§ 13a Abs. 4 Nr. 5 EStG: Berechnung bei Hektarwerten von 1 948 DM bzw. 1 650 DM.

Fläche 6,47 ha + zugepachtete Fläche 0,8 ha = 7,27 ha × 461 € = 3 351 € ./. verausgabte Pachtzinsen (§ 13a Abs. 3 Satz 2 EStG) ./. 150 €. Diese dürfen nicht zu einem Verlust führen.

Die Schuldzinsen betreffend Wohnhaus sind mangels Einnahmen nicht abzugsfähig.

Sondernutzungen – Zuschlag zum Grundbetrag für Weinbau (§ 13a Abs. 5 EStG):

Da der Grundbetrag nur die eigentliche landwirtschaftliche Nutzung erfasst, werden alle übrigen Nutzungen durch Zuschläge erfasst.

Das gilt für Werte (Ableitung aus den Einheitswerten) von mind. 500 DM (Bagatellgrenze), aber höchstens 2 000 DM (max. Anwendungsgrenze für § 13a EStG).

Zuschlag für Weinbau	+ 512 €
Die Pachtzinsen für den Weinbau sind gem. § 13a Abs. 3 Nr. 4 EStG anzusetzen.	+ 500 €

Weitere Betriebsausgaben sind nicht zu berücksichtigen (§ 13a Abs. 3 Satz 2 EStG).

Einbeziehung zusätzlicher Gewinne (§ 13a Abs. 6 Nr. 2 EStG):

Verkauf Acker	8 400 €	
./. Anschaffungskosten	./. 1 268 €	
Überschuss	7 132 €	
./. Freibetrag	./. 1 534 €	
Verbleiben	5 598 €	+ 5 598 €
Summe (§ 13a Abs. 3 bis 6 EStG)		**9 811 €**

Einkünfte aus Land- und Forstwirtschaft:

zeitanteilig gem. § 4a Abs. 2 Nr. 1 EStG

Wj. 02/03 = 9 400 €, davon 1/2 =	4 700 €
Wj. 03/04 = 9 811 €, davon 1/2 =	4 905 €
Einkünfte 03 =	**9 605 €**

Gewinnermittlung nach § 4 Abs. 3 EStG/Abgrenzung

Sachverhalt: Die Eheleute Wutz betreiben gemeinsam in Neustadt-Diedesfeld einen Weinbaubetrieb. Außerdem werden noch 3 Doppelzimmer zeitweise an Feriengäste vermietet. Die Eheleute führen keine Bücher für ihren Betrieb und wurden vom Finanzamt auch nicht dazu aufgefordert. Belege über Betriebseinnahmen und Betriebsausgaben liegen aber vor.

Der zuletzt festgestellte Einheitswert setzt sich wie folgt zusammen:

Vergleichswert Weinbau 6,4 ha =	35 596 DM
Wirtschaftswert =	35 596 DM
Wohnungswert =	21 936 DM
Einheitswert =	57 500 DM
Umgerechnet gem. § 30 Satz 2 BewG =	29 399 €

An Weinbauflächen haben die Eheleute 1,2 ha für 750 € jährlich hinzugepachtet (Hektarwert = 4 900 DM), 0,5 ha wurden für 300 € verpachtet (Hektarwert = 4 900 DM). Im Weinbaubetrieb sind beide Eheleute tätig, wobei die Ehefrau den Haushalt führt. Der 20-jährige Sohn Kurt hilft unentgeltlich in den Semesterferien mit. Die Ernteerträge werden an die Winzergenossenschaft zur Weiterverarbeitung veräußert, die dabei erzielten Einnahmen belaufen sich auf die

Zeit vom 1. 7. 03 bis 31. 12. 03 = 22 300 €

Zeit vom 1. 1. 04 bis 30. 6. 04 = 12 900 €

Die Löhne für Erntehelfer betragen 1 560 €.

Der Gewinn des Wj. 02/03 betrug 10 900 €.

Außerdem erklären die Eheleute noch folgende Beträge:

Vermietung Fremdenzimmer im Wj. 03/04:

Mieteinnahmen =	4 100 €

Ausgaben:

Kauf von Lebensmitteln für die Feriengäste im Wj. =	270 €
Kauf neuer Bettwäsche und Handtücher im Januar 04 =	140 €

Einrichtung Fremdenzimmer, Anschaffung September 01,

für umgerechnet 6 000 €, Nutzungsdauer = 10 Jahre.

Das Wohnhaus enthält eine Wohnung und steht von den übrigen Wirtschaftsgebäuden getrennt. Die Wohnung hat eine Fläche von 130 qm und wird von der Familie Wutz genutzt (Mietwert monatlich = 350 €).

Zusätzlich 70 qm betreffen die 3 Doppelzimmer inkl. Frühstücksraum. Die Kellerräume mit einer Fläche von 50 qm werden als Lagerfläche für den Haushalt genutzt.

Einkünfte aus Land- und Forstwirtschaft (§§ 13 ff. EStG)

KAPITEL 11

Fall 147

Das Wohngebäude war im Jahre 1996 mit einem Kostenaufwand von umgerechnet 163 614 € neu errichtet worden. Die für das Gebäude zu zahlenden Schuldzinsen belaufen sich auf 2 380 € für das Kalenderjahr 03 und 1 820 € für 04.

Die sachliche Bebauungskostenpauschale soll bei Vollablieferern mit Gewinnermittlung gem. § 4 Abs. 3 EStG 2 400 € betragen.

Die AfA auf Betriebsvermögen beträgt unstreitig 2 600 €.

Aufgabe: Ermitteln Sie die Einkünfte der Eheleute Wutz, soweit sie sich aus dem Sachverhalt ergeben. (Die Jahreszahlen sind neutralisierte Zahlen.)

LÖSUNG

Die Eheleute Wutz betreiben gemeinsam einen Weinbaubetrieb und erzielen damit Einkünfte gem. § 13 Abs. 1 Nr. 1 EStG. Eine einheitliche und gesonderte Gewinnfeststellung nach § 179 Abs. 2, § 180 Abs. 1 Nr. 2a AO kann unterbleiben, da nur zusammen zu veranlagende Ehegatten beteiligt sind (§ 180 Abs. 3 Nr. 2 AO).

Das Wirtschaftsjahr ist nach § 4a Abs. 1 Nr. 1 EStG die Zeit vom 1. 7. bis 30. 6. Der Gewinn ist nicht nach Durchschnittssätzen gem. § 13a Abs. 1 EStG zu ermitteln, da (Vergleichswert Weinbau = 35 596 DM + Zupachtung = 5 880 DM ./. Verpachtung 2 450 DM = insgesamt 39 026 DM) der Wert der selbst bewirtschafteten Sondernutzung – Weinbau – 2 000 DM übersteigt (§ 13a Abs. 1 Nr. 4 EStG; keine Umrechnung in € ab 2002, da die Werte im Rahmen der Einheitsbewertung auf DM lauten). Der Gewinn aus dem Weinbaubetrieb ist demnach gem. § 4 Abs. 3 EStG zu ermitteln. Eine Aufzeichnung der Betriebseinnahmen und Betriebsausgaben liegt vor.

Einnahmen im Wj. 03/04		35 200 €
+ Pachteinnahmen		+ 300 €
		35 500 €

Betriebsausgaben:

Bebauungskostenpauschale für die bewirtschaftete Fläche von 6,4 ha		
+ Zupachtung	1,2 ha	
./. Verpachtung	./. 0,5 ha	
insgesamt	7,1 ha × 2 400 €	= 17 040 €
./. Pachtzinsen =		./. 750 €
./. Aushilfslöhne =		./. 1 560 €
./. AfA auf BV =		./. 2 600 €
Überschuss		**13 550 €**

Bei dem Wohngebäude handelt es sich losgelöst vom landwirtschaftlichen Betrieb um ein Gebäude, das nur eine Wohnung enthält. Eine Nutzungswertbesteuerung gem. § 13 Abs. 2 Nr. 2 EStG kommt nicht in Betracht. Die mit diesem Gebäude zusammenhängenden Aufwendungen, hier die Schuldzinsen, können nicht als BA abgezogen werden, da das Gebäude nicht zum BV gehört.

Fremdenzimmer:

Die Vermietung von Ferienzimmern ist keine typische landwirtschaftliche Tätigkeit. Die daraus erzielten Einnahmen gehören aber zu den Einkünften nach § 13 EStG, wenn die vermieteten Räume zum landwirtschaftlichen Betriebsvermögen gehören. Eine gewerbliche Vermietungsleistung ist nicht gegeben, da außer dem Frühstück keine sonstigen Leistungen angeboten werden. Die Anzahl der vermieteten Betten ist grds. ohne Bedeutung, lt. Finanzverwaltung aber bis zu 4 Zimmern und 6 Betten keine gewerbliche Tätigkeit (R 15.5 Abs. 13 EStR). Die Gewinnermittlung erfolgt nach § 4 Abs. 3 EStG.

Einnahmen im Wj. 03/04 =		4 100 €
./.	anteilige AfA gem. § 7 Abs. 4 EStG	
	HK = 163 134 €, davon betr. Fremdenzimmer	
	lt. Nutzflächenverhältnis:	
	gesamt = 130 qm + 70 qm + 50 qm = 250 qm	
	Fremdenzimmer = 70 qm → 28 %	
	28 % von 163 134 € = 45 678 €,	
	davon 2 % AfA = 914 €	./. 914 €
./.	anteilige Schuldzinsen betr. Wj. 03/04 1/2 von 2 380 €	
	= 1 190 € 1/2 von 1 820 € = 910 €	
	gesamt = 2 100 €, davon anteilig 28 % =	./. 588 €
./.	Lebensmittel	./. 270 €
./.	Wäsche	./. 140 €
./.	AfA auf Einrichtung (§ 7 Abs. 1 EStG) 1/10 von 6 000 €	./. 600 €
Überschuss Fremdenzimmer =		1 588 €
Gewinn aus Land- und Forstwirtschaft insgesamt		**15 138 €**
Einkünfte aus Land- und Forstwirtschaft:		
zeitanteilig nach § 4a Abs. 2 Nr. 1 EStG:		
Wj. 02/03 = 10 900 €, davon 1/2 =		5 450 €
Wj. 03/04 = 15 138 €, davon 1/2 =		7 569 €
Einkünfte 03 =		13 019 €

Die Eheleute erhalten bei der Ermittlung des Gesamtbetrags der Einkünfte einen Freibetrag gem. § 13 Abs. 3 EStG von insgesamt 1 340 €, wenn die Summe der Einkünfte 61 400 € nicht übersteigt.

FALL 148

Gewinnermittlung nach Durchschnittssätzen

Vorbemerkungen

Die Gewinnermittlung der Land- und Forstwirtschaft erfolgt für Wj., die nach dem 30. 12. 1999 enden, nach Durchschnittssätzen gem. § 13a Abs. 3 bis 6 EStG, wenn

Einkünfte aus Land- und Forstwirtschaft (§§ 13 ff. EStG)

KAPITEL 11

Fall 148

▶ keine Buchführungspflicht aufgrund gesetzlicher Vorschriften des § 141 AO besteht;

▶ kein Antrag nach § 13a Abs. 2 EStG auf Gewinnermittlung durch Betriebsvermögensvergleich gem. § 4 Abs. 1 EStG bzw. durch Vergleich der Betriebseinnahmen mit den Betriebsausgaben gem. § 4 Abs. 3 EStG gestellt wurde;

▶ die selbst bewirtschaftete Fläche der landwirtschaftlichen Nutzung 20 ha nicht übersteigt;

▶ keine Intensivtierhaltung nach § 13a Abs. 1 Nr. 3 EStG gegeben ist, mehr als 50 VE;

▶ der Wert der Sondernutzungen nicht mehr als 2 000 DM je Sondernutzung beträgt.

Sachverhalt: Der Steuerpflichtige hat einen landwirtschaftlichen Betrieb mit Ackerbau, Viehhaltung und Weinbau. Er führt keine Bücher. Der Gewinn des vorangegangenen Wirtschaftsjahres beträgt 13 100 € (Vorjahr umgerechnet = 8 900 €), seine Umsätze liegen unter 260 000 €. Der zuletzt festgestellte Einheitswert setzt sich wie folgt zusammen (die Werte im Rahmen der Einheitsbewertung lauten auf DM und werden erst nach Abrundung gem. § 30 Satz 2 BewG in € umgerechnet):

Vergleichswert landwirtschaftliche Nutzung = 8,47 ha	16 500 DM
Vergleichswert Weinbau =	19 139 DM
Geringstland 2 ha =	100 DM
Wirtschaftswert =	35 739 DM
Wohnungswert =	20 134 DM
Summe Einheitswert abgerundet =	55 800 DM
Umgerechnet § 30 Satz 2 BewG =	28 530 €

Er hat noch 0,8 ha Ackerland und 1 ha weinbauliche Fläche zugepachtet, außerdem sind 0,5 ha Weinberg verpachtet. Der Hektarwert des zugepachteten Ackerlandes beträgt 1 650 DM, der Hektarwert für das zugepachtete und verpachtete Weinbergsgelände jeweils 4 800 DM.

Der durchschnittliche Viehbestand beträgt:

20 Kühe, 15 Kälber unter 1 Jahr, 10 Mastschweine aus selbst erzeugten Ferkeln, 100 Legehennen.

Aufgabe: Welche Gewinnermittlungsart kommt in Betracht?

LÖSUNG

Die Gewinnermittlung nach Durchschnittssätzen gem. § 13a Abs. 3 bis 6 EStG ist vorzunehmen, wenn die Voraussetzungen des § 13a Abs. 1 EStG vorliegen.

▶ **§ 13a Abs. 1 Nr. 1 EStG:**

Eine Buchführungspflicht gem. § 141 Abs. 1 AO besteht nicht, da die Umsätze unter 500 000 € liegen, der Wirtschaftswert der selbst bewirtschafteten land- und forstwirtschaftlichen Flächen nicht mehr als 25 000 € beträgt.

Ermittlung (R 13 a.2 Abs. 1 EStR):

Wirtschaftswert lt. Einheitswertbescheid =	35 739 DM
+ Zupachtung Ackerland 0,8 ha × 1 650 DM =	1 320 DM
+ Zupachtung Weinberg 1 ha × 4 800 DM =	4 800 DM
./. Verpachtung Weinberg 0,5 ha × 4 800 DM =	./. 2 400 DM
Summe	**39 459 DM**

Umgerechnet : 1,95583 = 20 175 €, also unter 25 000 €

… und der Gewinn aus LuF des vorangegangenen Kalenderjahres nicht mehr als 50 000 € beträgt.

▶ **§ 13a Abs. 1 Nr. 2 EStG:**

Die selbst bewirtschaftete Fläche der landwirtschaftlichen Nutzung darf nicht mehr als 20 ha betragen.

landwirtschaftliche Nutzung	8,47 ha
+ Zupachtung landwirtschaftlich	
Geringstland ist nicht einzubeziehen,	
fällt unter § 34 Abs. 2 Nr. 2b BewG	0,8 ha
Summe	9,27 ha

▶ **§ 13a Abs. 1 Nr. 4 EStG:**

Vergleichswert weinbauliche Nutzung =	19 139 DM
+ 1 ha zugepachteter Weinberg =	4 800 DM
./. 0,5 ha verpachtete Fläche =	./. 2 400 DM
Summe	**21 539 DM**

Da der Wert 2 000 DM übersteigt, ist die Gewinnermittlung gem. § 13a EStG nicht zulässig.

▶ **§ 13a Abs. 1 Nr. 3 EStG:**

Es darf keine Intensivtierhaltung vorliegen:

landwirtschaftlich genutzte Fläche:

eigene Fläche	8,47 ha
+ Zupachtung	0,80 ha
Summe (ohne Geringstland)	**9,27 ha**

Der Tierbestand ist in VE umzurechnen (R 13.2 EStR).

20 Kühe × 1,0 VE =	20,0 VE
15 Kälber × 0,3 VE =	4,5 VE
10 Mastschweine × 0,16 VE =	1,6 VE
100 Legehennen × 0,02 VE =	2,0 VE
Summe	**28,1 VE**

Die VE betragen insgesamt 28,1 VE, das sind weniger als insgesamt 50 VE. Das heißt, der tatsächliche Viehbestand liegt unter der Höchstgrenze des § 13a Abs. 1 Nr. 3 EStG.

Die Gewinnermittlung nach § 13a EStG ist nicht zulässig. Der Stpfl. hat seinen Gewinn gem. § 4 Abs. 3 EStG zu ermitteln.

11.2 Einkünfte aus Gewerbebetrieb (§§ 15, 15a EStG)

LITERATURHINWEIS

Lehrbuch Einkommensteuer, Kapitel 11.3

Vorbemerkungen

Nach § 15 Abs. 2 EStG liegt ein Gewerbebetrieb vor bei einer selbständigen, nachhaltigen Betätigung, die mit Gewinnabsicht unternommen wird und sich als Beteiligung am allgemeinen wirtschaftlichen Verkehr darstellt, wenn die Betätigung weder als Ausübung von Land- und Forstwirtschaft noch als Ausübung eines freien Berufs noch als eine andere selbständige Arbeit i. S. des Einkommensteuerrechts anzusehen ist. Eine durch die Betätigung verursachte Minderung der Steuern vom Einkommen ist kein Gewinn.

Arten der Einkünfte aus Gewerbebetrieb:

► Einkünfte aus gewerblichen Unternehmen (§ 15 Abs. 1 Nr. 1 EStG), wie z. B. Handwerksbetriebe, Einzelhandelsbetriebe, Großhandelsbetriebe, Industriebetriebe, Handelsvertreter, Handelsmakler, Spediteure.

► Gewinnanteile der Gesellschafter einer Gesellschaft, bei der die Gesellschafter als Mitunternehmer anzusehen sind (§ 15 Abs. 1 Nr. 2 EStG). Hierzu gehören die Gewinnanteile und Vergütungen, die der Gesellschafter von der Gesellschaft für seine Tätigkeit im Dienst der Gesellschaft oder für die Hingabe von Darlehen oder für die Überlassung von Wirtschaftsgütern bezogen hat.

§ 15 Abs. 1 Nr. 2 Satz 2 EStG bestimmt, dass ein mittelbar über eine Personengesellschaft beteiligter Gesellschafter einem unmittelbar Beteiligten gleichsteht.

Es handelt sich grds. um die Gesellschafter einer offenen Handelsgesellschaft (OHG), einer Kommanditgesellschaft (KG), einer Gesellschaft des bürgerlichen Rechts (GbR), die gewerblich tätig ist, einer atypischen stillen Gesellschaft, einer atypischen Unterbeteiligung.

Diese Gesellschaften sind selbst weder einkommen- noch körperschaftsteuerpflichtig. Die von diesen Gesellschaften erzielten Einkünfte sind den einzelnen Gesellschaftern zuzurechnen und bei diesen steuerlich zu erfassen.

Über die Höhe der Einkünfte ist eine einheitliche und gesonderte Feststellung nach den §§ 179 und 180 AO vorzunehmen.

► Gewinnanteile des Komplementärs einer Kommanditgesellschaft auf Aktien (§ 15 Abs. 1 Nr. 3 EStG).

▶ Zu den Einkünften aus Gewerbebetrieb gehören auch der Veräußerungsgewinn gem. § 16 EStG und der Gewinn aus der Veräußerung von Beteiligungen an Kapitalgesellschaften gem. § 17 EStG.

Gewinnermittlungsmethoden:

▶ § 4 Abs. 3 EStG durch Gegenüberstellung der Betriebseinnahmen und Betriebsausgaben: Für Gewerbetreibende, die nicht zur Buchführung verpflichtet sind und auch freiwillig keine Bücher führen.

▶ § 5 EStG durch Betriebsvermögensvergleich: Für Gewerbetreibende, die nach Handels- oder Steuerrecht zur Buchführung verpflichtet sind (§§ 140, 141 AO, §§ 1 ff., 238 HGB) oder freiwillig Bücher führen.

▶ Ab 2008 ist auf Antrag die Steuerbegünstigung für nicht entnommene Gewinne gem. § 34a EStG i. d. F. des Unternehmenssteuergesetzes 2008 zu beachten.

FALL 149

Abgrenzung und Gewinnermittlung

Sachverhalt: Ein verheirateter Steuerpflichtiger ist als selbständiger Handelsvertreter tätig und reicht dem Finanzamt folgende Einnahmen-/Ausgaben-Rechnung ein:

Einnahmen:

Provisionen	100 000 €
+ Umsatzsteuer 19 %	19 000 €
Verkauf des nur betrieblich genutzten Computers, brutto	714 €
Verkauf Kinderfahrrad	100 €
Zinsen Geschäftskonto	350 €
Zinsen Sparbuch, privat	4 850 €
Erbschaft Mietwohngrundstück	200 000 €
Mieteinnahmen daraus	10 000 €

Ausgaben:

Miete Arbeitszimmer	1 200 €
Miete Wohnung	6 000 €
Hauskosten Mietwohngrundstück	13 000 €
Pkw-Kosten, ausschließlich beruflich	21 000 €
Kauf neuer Computer Nutzungsdauer = 4 Jahre, brutto	1 428 €
Schreibmaterial	900 €

Die Vorsteuern sind in den o. g. Beträgen enthalten.

Umsatzsteuerzahlung an das Finanzamt	10 316 €
Anschaffungskosten Pkw Ehefrau	18 000 €

Einkommensteuer-Vorauszahlungen   8 900 €

Aufgabe: Ermitteln Sie die Höhe der jeweiligen Einkünfte für den Veranlagungszeitraum (aktuelle Rechtslage). Eine Aufforderung zur Buchführung nach § 141 Abs. 2 AO ist bisher noch nicht ergangen.

LÖSUNG

Als selbständiger Handelsvertreter übt der Steuerpflichtige eine gewerbliche Tätigkeit nach § 15 Abs. 2 EStG aus und erzielt Einkünfte gem. § 15 Abs. 1 Nr. 1 EStG. Wirtschaftsjahr ist das Kalenderjahr nach § 4a Abs. 1 Nr. 3 EStG. Die Gewinnermittlung erfolgt nach § 4 Abs. 3 EStG.

Betriebseinnahmen:

Provisionen	100 000 €
Umsatzsteuer	19 000 €
Verkauf Computer	714 €
Zinsen Geschäftskonto	350 €
Summe	**120 064 €**

Keine Betriebseinnahmen sind der Verkauf des Kinderfahrrades und die Erbschaft; es handelt sich hier nicht um Einkünfte i. S. des EStG.

Betriebsausgaben:

Miete Arbeitszimmer, abzugsfähig gem. § 4 Abs. 5 Nr. 6b i. d. F. des JStG 2010 da für die Tätigkeit kein anderer Arbeitsplatz zur Verfügung steht.	1 200 €
Pkw-Kosten	21 000 €
Computer, da er eine Nutzungsdauer von mehr als 1 Jahr hat, ist nur die AfA abzugsfähig. AK netto (§ 9b Abs. 1 EStG) = 1 200 €, davon ¼ (§ 7 Abs. 1 EStG)	300 €
Die Vorsteuer darauf ist voll abzugsfähig	228 €
Schreibmaterial	900 €
Umsatzsteuer an das Finanzamt	10 316 €
Summe	**33 944 €**

Keine Betriebsausgaben sind die Miete der Wohnung (§ 12 Nr. 1 EStG), Pkw Ehefrau, Einkommensteuer-Vorauszahlungen (§ 12 Nr. 3 EStG).

Der Gewinn aus Gewerbebetrieb beträgt   **86 120 €**

Der Steuerpflichtige ist zur Buchführung aufzufordern.

Außerdem liegen noch folgende Einkunftsarten vor:

Einkünfte aus Kapitalvermögen:

Zinsen gem. § 20 Abs. 1 Nr. 7 EStG   4 850 €

Ab 2009 unterliegen diese Einkünfte der Abgeltungssteuer gem. § 43 Abs. 1 Nr. 7 und Abs. 5, § 43a Abs. 1 Nr. 1 EStG von 25 % zzgl. Solidaritätszuschlag zzgl. Kirchensteuer, § 32d Abs. 1 EStG. Auf Antrag können aber die Kapitaleinkünfte in die Veranlagung einbezogen werden, § 32d Abs. 4 (zur Berücksichtigung des Sparer-Pauschbetrages gem. § 20 Abs. 9 EStG von 1 602 €) oder Abs. 6 EStG zur sog. Günstigerprüfung.

Einkünfte aus Vermietung und Verpachtung:

Mieteinnahmen gem. § 21 Abs. 1 Nr. 1 EStG	10 000 €
Werbungskosten	./. 13 000 €
Verlust	./. 3 000 €

FALL 150

Gewinnermittlung gem. § 4 Abs. 3 EStG

Sachverhalt: Gustav Klingemann, 60 Jahre alt, seit Jahren verheiratet, 2 Kinder, betreibt in Neustadt ein kleines Lebensmittel-Einzelhandelsgeschäft. Seinen Gewinn ermittelt er zulässigerweise gem. § 4 Abs. 3 EStG. Klingemann versteuert seine Umsätze nach den allgemeinen Vorschriften des UStG. Er meldet die Umsätze monatlich an. Laut der dem Finanzamt eingereichten Aufstellung betragen die Betriebseinnahmen 62 800 € und die Betriebsausgaben 47 200 € in 01.

Aus den eingereichten Unterlagen und den Erläuterungen ergibt sich Folgendes:

1. Die Miete für die Räume des Ladengeschäftes von monatlich 400 € ist jeweils am Monatsende fällig. Klingemann zahlte die Mieten durch Überweisung von seinem betrieblichen Bankkonto i. d. R. einige Tage nach dem Fälligkeitstermin.
   Die Miete für Januar 01 überwies er bereits am 20. 12. 00 (die Lastschrift erfolgte am 21. 12. 00, die Gutschrift beim Vermieter am 22. 12. 00). Die Mieten für November und Dezember 01 überwies er zusammen am 5. 1. 02 (Lastschrift am 6. 1. 02, Gutschrift am 7. 1. 02). Die Mieten sind in der Aufstellung für 01 als Betriebsausgaben abgesetzt worden.

2. Um einen genügend großen Warenvorrat für das Weihnachtsgeschäft erwerben zu können, kauft Klingemann Anfang November 01 Waren im Werte von 5 950 € einschl. Umsatzsteuer auf Kredit. Die Bank gewährt Klingemann hierfür einen Kredit. Sie zahlt 5 950 € aus, zusätzlich wird ein marktübliches Damnum von 250 € vereinbart und erhöht damit den Kreditbetrag. Die Tilgung wurde zum Monatsanfang mit jeweils 1 000 € vereinbart, beginnend am 1. 12. 01; an Zinsen sind 50 € monatlich zu zahlen. Die Dezemberrate zahlt Klingemann am 15. 12. 01, die Januarrate am 10. 1. 02. Als Betriebsausgaben für diesen gesamten Geschäftsvorfall erfasst Klingemann für 01 7 000 €, als Betriebseinnahmen 5 950 €. Soweit die Waren zum Ende des Jahres bereits verkauft wurden, sind die Einnahmen in den Betriebseinnahmen enthalten.

3. Bei einem Einbruch im Juli 01 werden Zigaretten im Werte von 100 € netto, Schmuck der Ehefrau im Werte von 5 000 € und Bargeld aus den Tageseinnahmen des letzten Geschäftstages in Höhe von 300 € gestohlen. Klingemann behandelt 5 419 € als Betriebsausgabe. Eine Versicherung für derartige Fälle hat Klingemann nicht abgeschlossen.

4. Anlässlich der Heirat seiner Tochter feiert Klingemann mit Frau, 10 Freunden und 6 Stammkunden im Gasthaus „Zur frohen Einkehr". Die Rechnung beläuft sich auf 1 200 € zzgl. Umsatzsteuer. Die Kosten werden als Betriebsausgaben behandelt.

5. Am 20. 8. 01 wird Klingemann ein Pkw Kombi geliefert. Er bezahlt vereinbarungsgemäß Mitte September 01. Nutzungsdauer des Pkw 4 Jahre, Kosten 16 800 € zzgl. 3 192 € Umsatzsteuer. Klingemann holt mit diesem Pkw Waren ab und liefert sie an Kunden aus; zu 40 % benutzt er den Pkw für private Zwecke – lt. Fahrtenbuch. Als Abschreibung setzt er in 01 4 998 € ab. Als Betriebsausgaben sind außerdem die sonstigen Kosten (Benzin, Reparaturen etc.) in Höhe von insgesamt 3 900 € netto abgezogen, darin enthalten sind Versicherung und Steuer mit 1 200 €. Weitere Konsequenzen zieht er nicht.

Aufgabe: Ermitteln Sie die Einkünfte aus Gewerbebetrieb des Gustav Klingemann für den Veranlagungszeitraum 01 (aktuelle Rechtslage anwenden).

Hinweis: Der Pkw wurde nach dem 31. 12. 2003 angeschafft.

LÖSUNG

Klingemann bezieht aus dem Lebensmittelgeschäft Einkünfte aus Gewerbebetrieb gem. § 15 Abs. 1 Nr. 1 EStG. Der Gewinn nach § 4 Abs. 3 EStG für 01 in Höhe von 15 600 € ist wie folgt zu korrigieren:

1. Hinsichtlich der Mieten handelt es sich um regelmäßig wiederkehrende
    Ausgaben i. S. d. § 11 Abs. 2 Satz 2 i. V. m. Abs. 1 Satz 2 EStG. Die Januarmiete in Höhe von 400 € ist gem. § 11 Abs. 2 Satz 1 EStG am 20. 12. 00 abgeflossen (H 11 „Überweisung" EStH). Die Zahlung erfolgt aber nicht innerhalb kurzer Zeit vor Beginn des Kalenderjahres, zu dem die Miete wirtschaftlich gehört (H 11 „Allgemeines„ EStH). Die Miete ist bereits in 00 zu berücksichtigen.

    Folge: Gewinnerhöhung   + 400 €

    Die November- und Dezembermieten sind jeweils am 5. 1. 02 abgeflossen und somit innerhalb kurzer Zeit nach Beendigung des Kj., zu dem sie wirtschaftlich gehören. Auf die Fälligkeit kommt es nicht an. Sie sind gem. § 11 Abs. 2 Satz 2 EStG in 01 als Betriebsausgabe zu erfassen. Der Betriebsausgabenabzug erfolgte demnach zu Recht.

2. Der Kauf der Waren stellt im Zeitpunkt der Zahlung Betriebsausgaben in Höhe von 5 950 € dar. Die Umsatzsteuer ist ebenfalls als Betriebsausgabe zu berücksichtigen (H 9b „Gewinnermittlung nach § 4 Abs. 3 EStG …" EStH. Die Aufnahme und Tilgung des Darlehens berühren den Gewinn nicht (H 4.5 Abs. 2 „Darlehen " EStH). Die Kreditkosten stellen aber Betriebsausgaben nach § 4 Abs. 4 EStG dar.

    Das Damnum in Höhe von 250 € ist im Zeitpunkt der Auszahlung des Darlehensbetrages abgeflossen (§ 11 Abs. 2 Satz 1 EStG H 11 „Damnum" EStH). Die Verteilungsregelung des § 11 Abs. 2 Satz 3 EStG gilt gem. Satz 4 nicht für ein marktübliches Damnum. Die Zinsen für Dezember 01 von 50 € sind

ebenfalls Betriebsausgaben, während die Zinsen für Januar 02 erst als Betriebsausgabe in 02 zu berücksichtigen sind.

Betriebsausgaben lt. Erklärung	7 000 €	
Betriebsausgaben richtig (5 950 + 50 + 250)	6 250 €	
Gewinnerhöhung	+ 750 €	+ 750 €
Betriebseinnahmen lt. Erklärung	5 950 €	
Betriebseinnahmen richtig	0 €	
Gewinnminderung	./. 5 950 €	./. 5 950 €

3.   Da sich der Einkauf der Zigaretten inkl. USt von 19 % bereits als Betriebsausgabe ausgewirkt hat, ist ein nochmaliger Aufwand nicht gerechtfertigt. Folge: Gewinnerhöhung   + 119 €

Bei dem Schmuck der Ehefrau handelt es sich um notwendiges Privatvermögen. Eine Gewinnauswirkung darf sich nicht ergeben.   + 5 000 €

Das Bargeld in Höhe von 300 € wurde bei der Vereinnahmung bereits
als Betriebseinnahme behandelt und ist deshalb bei Diebstahl als Betriebsausgabe rückgängig zu machen. Dieser Betrag wurde richtig als
Betriebsausgabe erfasst.

4.   Da die Feier privat veranlasst ist, sind die Gesamtkosten gem. § 12
Nr. 1 EStG nicht abzugsfähig. Folge: Gewinnerhöhung   + 1 428 €

5.   Bei dem Pkw handelt es sich um ein abnutzbares Wirtschaftsgut des
Anlagevermögens. Da der Pkw zu mehr als 50 % betrieblich genutzt
wird, stellt er notwendiges Betriebsvermögen dar und ist auch umsatzsteuerlich dem Unternehmensvermögen zuzuordnen.

Ab 2004 kommt der volle Vorsteuerabzug in Betracht. (*Mit Wirkung
vom 1. 1. 2004 sind § 15 Abs. 1b und § 3 Abs. 9a Satz 2 UStG a. F. aufgehoben.*) Die abzugsfähige Vorsteuer ist im Zeitpunkt der Zahlung als
Betriebsausgabe abzugsfähig, das wäre im September 01. Die vom Finanzamt im Oktober zu erstattende Vorsteuer dürfte wohl in der Vor-
anmeldung berücksichtigt sein, d. h. dieser Betrag ist bereits in den BE
bzw. als geringere BA enthalten.   ./. 3 192 €

Die AK betragen damit netto 16 800 €, die AfA gem. § 7 Abs. 1 Satz 4
EStG 5/12 von 4 200 € = 1 750 €. Die AfA ist unabhängig von der Zah-
lung im Jahr der Anschaffung zu berücksichtigen, erklärt = 4 998 €.
Folge: Gewinnerhöhung   + 3 248 €

Die Vorsteuer auf die Kosten ist abzugsfähig und damit Betriebsausgabe, die Erstattung durch das Finanzamt stellt eine Betriebseinnahme dar, damit ist die Umsatzsteuer neutral.

Bezüglich der privaten Pkw-Nutzung liegt eine Nutzungsentnahme
gem. § 4 Abs. 1 Satz 2 EStG vor.

Die private Pkw-Nutzung ist eine gleichgestellte sonstige Leistung
gem. § 3 Abs. 9a Satz 1 Nr. 1 UStG. Die BMG sind nach der hier gegebe-   + 2 260,00 €

nen Fahrtenbuchmethode (§ 6 Abs. 1 Nr. 4 Satz 3 EStG) die Gesamtkosten netto, da die Vorsteuer voll abzugsfähig ist. (BMF vom 27. 8. 2004, BStBl 2004 I 864 f.)

BMG = Laufende Pkw-Kosten 2 700 €

nicht mit Vorsteuer belastete Kosten + 1 200 €

AfA + 1 750 € = 5 650 €

davon 40 % = 2 260 €. Dieser Betrag darf den Gewinn gem. § 12 Nr. 1 EStG nicht mindern.

Zzgl. 19 % USt – ohne die nicht mit Vorsteuer belasteten Kosten von 1 200 € BMG = 4 450 € davon 40 % = 1 780 € = 338,20 €.

Dieser Betrag erhöht als fiktive Betriebseinnahme den Gewinn.

+ 338,20 €

Berichtigter Gewinn

20 001,20 €

Mitunternehmerschaft

Sachverhalt: A ist zu 30 % an der Baufirma Stein OHG mit Sitz in Neustadt beteiligt. Nach der von der Firma erstellten Handelsbilanz beträgt der Gewinn für 01 87 300 €. Bei Ermittlung des Gewinns wurde ein an A gezahltes Gehalt von 42 000 € für dessen Tätigkeit im Dienste der Gesellschaft als Aufwand verbucht.

Der Gesellschafter hat im Übrigen noch einen Zinsanspruch in Höhe von 3 000 € gegen die OHG aufgrund eines der OHG gewährten Darlehens. Die Zinsen wurden zum Jahresende bezahlt und als Aufwand behandelt.

Bei der Gewinnermittlung wurde eine an A gezahlte Miete für das Betriebsgebäude, welches A der OHG aufgrund eines Mietvertrages zur Nutzung überlassen hat, in Höhe von 24 000 € als Betriebsausgabe verbucht. Die von A privat getragenen Grundstückskosten von 13 000 € inkl. AfA sind nicht berücksichtigt.

Aufgabe: Ermitteln Sie die Höhe der Einkünfte des A für den Veranlagungszeitraum 01.

LÖSUNG

Die Stein OHG erzielt gewerbliche Einkünfte gem. § 15 Abs. 1 Nr. 1, Abs. 2 EStG, damit erzielt A als Mitunternehmer der Stein OHG Einkünfte gem. § 15 Abs. 1 Nr. 2 EStG. Zu diesen Einkünften gehört auch die Vergütung an A für Tätigkeiten im Dienste der Gesellschaft, die Vergütung für die Hingabe von Darlehen und die Vergütung für die Überlassung des Gebäudes an die OHG, § 15 Abs. 1 Nr. 2 Satz 1 Halbsatz 2 EStG. Bei dem der OHG zur Nutzung überlassenen Grundstück handelt es sich um notwendiges Sonderbetriebsvermögen I des A, welches in seiner Sonderbilanz zu aktivieren ist (R 4.2 Abs. 2 Satz 1, 2 EStR). Die privat getragenen Kosten hängen mit dem Grundstück zusammen und sind als Sonderbetriebsausgaben des A gem. § 4 Abs. 4 EStG gewinnmindernd zu behandeln.

Handelsrechtlicher Gewinn =	87 300 €
+ Tätigkeitsvergütung	42 000 €
+ Zinsen	3 000 €
+ Miete	24 000 €
./. Grundstückskosten	./. 13 000 €
steuerlicher Gewinn der OHG	**143 300 €**

davon entfallen auf den Gesellschafter A:

Vorwegvergütung Gehalt	42 000 €
+ Zinsen	3 000 €
+ Miete	24 000 €
./. Grundstückskosten	./. 13 000 €
30 % vom Restgewinn	26 190 €
Einkünfte gem. § 15 Abs. 1 Nr. 2 EStG	**82 190 €**

HINWEIS

Die Tätigkeitsvergütungen der OHG an A unterliegen der Umsatzsteuer, R 2.2 Abs. 2 UStAE, 1.6 Abs. 3 UStAE. Die von A zu zahlende Umsatzsteuer von 19 % ist grds. als Verbindlichkeit in der Sonderbilanz des A zu passivieren, die OHG kann den Betrag als Vorsteuer abziehen, wenn eine Rechnung mit gesondertem Steuerausweis ergangen ist.

FALL 152

Unterbeteiligung

Sachverhalt: A, B und C sind zu je 1/3 Gesellschafter einer OHG. An dem Anteil des C ist aufgrund vertraglicher Regelungen noch D beteiligt. D ist mit einem Anteil von 10 % am Gewinn und Verlust des C beteiligt. Der Gewinn der OHG für das Kalenderjahr 01 beträgt 210 000 €. Der Gewinnanteil des D wird im Jahr 02 ausgezahlt.

Aufgaben:

1. Wie hoch sind die Einkünfte von C und D, wenn nur eine Gewinn- und Verlustbeteiligung vereinbart ist? Welche Einkünfte erzielen beide?

2. Welche Einkünfte erzielen C und D, wenn D noch anteilig mit 10 % an den stillen Reserven beteiligt ist? Nehmen Sie in beiden Fällen Stellung zur Art der Beteiligung.

LÖSUNG

Die Unterbeteiligung ist eine Innengesellschaft in der Form einer BGB-Gesellschaft gem. § 705 BGB, wobei der Unterbeteiligte an einem Mitunternehmeranteil eines Gesellschafters beteiligt ist. Ziel ist die gemeinsame Berechtigung an dem Gesellschaftsanteil des Hauptbeteiligten. Die Innengesellschaft hat kein Gesamthandsvermögen, es handelt sich lediglich um eine schuldrechtliche Beziehung zwischen Hauptgesellschafter und Unterbeteiligtem. Die Unterbeteiligungsgesellschaft ist keine stille Gesellschaft, da der an der OHG beteiligte Hauptgesellschafter kein Handelsgewerbe betreibt. Es handelt sich um zwei Personengesellschaften, die Hauptgesellschaft OHG und die Unterbeteiligungsgesellschaft GbR C und D.

Zu 1.:

Da D nicht an den stillen Reserven beteiligt ist, trägt er auch kein Mitunternehmerrisiko. Es handelt sich demnach um eine typische stille Unterbeteiligung (H 15.8 Abs. 1 „Mitunternehmerrisiko" EStH).

Unterbeteiligter D:

D erzielt Einkünfte gem. § 20 Abs. 1 Nr. 4 EStG als Unterbeteiligter. Die Einnahmen sind bei Zufluss in 02 nach § 11 Abs. 1 Satz 1 EStG zu versteuern. Bei Zufluss ist im Übrigen Kapitalertragsteuer von 25 % nach §§ 43 Abs. 1 Nr. 3, 43a Abs. 1 Nr. 1 EStG von C einzubehalten und an das Finanzamt abzuführen.

Gewinnanteil C: 1/3 von 210 000 € =	70 000 €	
davon 10 % =	7 000 €	brutto
./. Sparer-Pauschbetrag gem. § 20 Abs. 9 EStG. Aber grds. Abgeltungswirkung durch den Steuerabzug von 25 % gem. § 43 Abs. 5 EStG, Veranlagung auf Antrag gem. § 32d Abs. 4 EStG.	./. 801 €	
Einkünfte aus Kapitalvermögen D, davon Abgeltungssteuer.	**6 199 €**	

Die Abgeltung gem. § 32d Abs. 1 EStG greift gem. § 32d Abs. 2 Nr. 1 EStG nur dann nicht, wenn es sich um nahestehende Personen handelt.

Für die OHG ist eine einheitliche und gesonderte Feststellung nach §§ 179 Abs. 2, 180 Abs. 1 Nr. 2a AO durchzuführen. Für die Unterbeteiligung ist grundsätzlich keine gesonderte Gewinnfeststellung vorzunehmen. Der Anteil des Unterbeteiligten ist als Sonderbetriebsausgabe des Hauptbeteiligten C zu erfassen und im Feststellungsverfahren zu berücksichtigen. Eine Nachholung im Veranlagungsverfahren des Hauptbeteiligten ist nicht zulässig (Anwendungserlass zu § 179 AO).

Gewinnanteil des C gem. § 15 Abs. 1 Nr. 2 EStG =		70 000 €
./. Sonderbetriebsausgaben Anteil des D		./. 7 000 €
Einkünfte 01		**63 000 €**
Der Gewinn der OHG beträgt danach	210 000 €	
./. Sonderbetriebsausgaben C	./. 7 000 €	
Gewinn 01	**203 000 €**	

Zu 2.:

Da D an den stillen Reserven beteiligt ist, trägt er ein Mitunternehmerrisiko. Der Unterbeteiligte kann außerdem über den Hauptbeteiligten Mitunternehmerinitiative entwickeln, das ist lt. BFH dann der Fall, wenn ihm mindestens die Kontrollrechte eines Kommanditisten zustehen. Geht man im vorliegenden Fall davon aus, handelt es sich demnach um eine atypische stille Unterbeteiligung. D ist analog eines atypischen stillen Gesellschafters als Mitunternehmer mit Einkünften nach § 15 Abs. 1 Nr. 2 EStG zu behandeln (H 15.8 Abs. 1 „Innengesellschaft" EStH).

Besteht für die Betroffenen ein Geheimhaltungsbedürfnis, so kann für die atypische stille Unterbeteiligung am Anteil des Gesellschafters C eine besondere gesonderte und einheitliche Feststellung vorgenommen werden. Die Berücksichtigung der Unterbeteiligung im Feststellungsverfahren für die OHG ist nur im Einverständnis aller Beteiligten zulässig (zu, § 179 Abs. 2 Satz 3 AO, AEAO zu § 79 AO Tz. 4 und 5).

D erzielt Einkünfte in 01 nach § 15 Abs. 1 Nr. 2 EStG in Höhe von   **7 000 €**

C erzielt Einkünfte in 01 nach § 15 Abs. 1 Nr. 2 EStG in Höhe von   **63 000 €**

Einheitliche und gesonderte Feststellung der OHG für 01:

A	B	C	D
70 000 €	70 000 €	63 000 €	7 000 €

Tätigkeitsvergütungen

Sachverhalt: Der ledige Steuerpflichtige Anton ist seit Jahren an der Stein & Bruch KG mit 10 % als Kommanditist beteiligt. Der Gewinn der KG 01 beträgt 200 000 €. Das Bruttogehalt des Anton beträgt 40 000 €, der Arbeitgeberanteil zur Sozialversicherung 7 400 €. Diese Beträge wurden als Betriebsausgabe behandelt. Aus beruflichen Gründen entstanden Anton Aufwendungen von 600 €, die er privat zahlte.

Aufgabe: Wie hoch sind der Gewinn der KG und die Einkünfte des Anton 01?

Der Gewinn der KG ist gem. § 179 Abs. 2 i.V. m. § 180 Abs. 1 Nr. 2a AO einheitlich und gesondert festzustellen. Die Tätigkeitsvergütungen stellen Sondervergütungen nach § 15 Abs. 1 Nr. 2 EStG dar und dürfen den Gewinn nicht mindern, da Anton als Mitunternehmer der KG (Kommanditist) anzusehen ist. Die Vergütung ist durch das Gesellschaftsverhältnis veranlasst. Eine gesellschaftliche Veranlassung ist auch dann gegeben, wenn die Leistungen auf besonderen schuldrechtlichen Verträgen beruhen (Arbeitsvertrag, Darlehensvertrag, Mietvertrag).

Gewinn lt. Handelsbilanz 01 =   200 000 €

+	Tätigkeitsvergütung Anton, da es sich hier nicht um steuerlich berücksichtigungsfähigen Aufwand der KG handelt	+ 40 000 €
+	Arbeitgeberanteil zur Sozialversicherung, da Anton kein Arbeitnehmer i. S. des EStG ist. Er kann aber Arbeitnehmer lt. Sozialversicherungsrecht sein, da er Kommanditist ist und zu weniger als 50 % beteiligt ist	+ 7 400 €

./.	Sonderbetriebsausgaben	./. 600 €
	Gewinn der KG 01	**246 800 €**

Als Kommanditist in der gesetzestypischen Stellung lt. HGB ist Anton Mitunternehmer und erzielt Einkünfte gem. § 15 Abs. 1 Nr. 2 EStG.

	Tätigkeitsvergütung	40 000 €
+	Arbeitgeberanteil	+ 7 400 €
./.	Sonderbetriebsausgaben	./. 600 €
+	Gewinnanteil 10 %	+ 20 000 €
	Einkünfte	**66 800 €**

HINWEIS

Zur Umsatzsteuerpflicht siehe Fall 151. Bei Kommanditisten liegt aber i. d. R eine Arbeitnehmerstellung vor.

FALL 154

Mitunternehmerschaft/Sondervergütung

Sachverhalt: An der ABC-OHG sind die Gesellschafter A, B und C mit jeweils 1/3 beteiligt. Die OHG erzielt für 01 einen Gewinn in Höhe von 120 000 €. Zwischen der Gesellschaft und ihren Gesellschaftern bestehen folgende besonderen Vereinbarungen:

A hat der OHG ein bebautes Grundstück zur betrieblichen Nutzung überlassen. Dafür erhält er lt. vertraglicher Vereinbarungen eine jährliche Pacht in Höhe von 36 000 €. Die laufenden Hauskosten betragen 12 300 € und werden vereinbarungsgemäß von der OHG getragen. Die AfA für das Gebäude beträgt 4 500 € und ist ebenso wie die von A privat gezahlten Schuldzinsen in Höhe von 3 500 € nicht bei der Gewinnermittlung berücksichtigt.

B betreibt neben seiner Beteiligung an der OHG ein Ingenieurbüro und einen Baustoffgroßhandel. Er erhielt von der OHG den Auftrag, die Baubetreuung für den Büroneubau zu übernehmen und die Baustoffe zu liefern. Für die Baubetreuung erhielt er ein Honorar in Höhe von 40 000 € zzgl. Umsatzsteuer, Baustoffe lieferte er für 120 000 € zzgl. USt. An eigenen Aufwendungen entstanden ihm für die Baubetreuung an Personalkosten und Büromaterial 21 000 € netto. Die Selbstkosten der Baustoffe betrugen 85 000 € netto. Die Einnahmen und die Kosten wurden in den jeweiligen Einzelunternehmen erfasst.

C ist als Geschäftsführer tätig und erhält dafür eine jährliche Vergütung in Höhe von 60 000 € zzgl. USt, die als Betriebsausgabe (netto) verbucht wurde. Für die Fahrten zum Betrieb nutzt er seinen privaten Pkw. Die einfache Entfernung von seiner Wohnung bis zum Betrieb beträgt 15 km, die er an 230 Tagen im Jahr zurücklegt. Die Kosten sind nicht berücksichtigt.

Aufgabe: Ermitteln Sie den Gewinn der OHG und die steuerlichen Gewinnanteile der Gesellschafter für 01 (aktuelle Rechtslage).

LÖSUNG

Der Gewinn der OHG ist gem. §§ 179 Abs. 2, 180 Abs. 1 Nr. 2a AO einheitlich und gesondert festzustellen. Die Gesellschafter erzielen als Mitunternehmer Einkünfte gem. § 15 Abs. 1 Nr. 2 EStG. Dazu gehören nicht nur der Gewinnanteil, sondern auch alle Vergütungen, die die Gesellschafter für Leistungen im Dienste der Gesellschaft erhalten.

Die Pacht, die A für die Überlassung des Grundstücks von der OHG erhält, stellt eine Sondervergütung i. S. des § 15 Abs. 1 Nr. 2 Satz 1 Halbsatz EStG dar, die dem Gewinn der OHG und dem A vorweg bei der Gewinnverteilung zuzurechnen ist. Das Grundstück ist als notwendiges Sonderbetriebsvermögen I in der Sonderbilanz des A bei der OHG zu erfassen, R 4.2 Abs. 2 Satz 1 und 2 EStR. Alle mit diesem Grundstück im Zusammenhang stehenden Kosten, die von A getragen werden, sind außerdem als Sonderbetriebsausgaben abzugsfähig und bei A zu berücksichtigen. Auch das Darlehen zur Finanzierung des Grundstücks ist als notwendiges Sonderbetriebsvermögen I zu passivieren, die Zinsen sind als Sonderbetriebsausgaben abzugsfähig. Es handelt sich hier **nicht** um eine mitunternehmerische Betriebsaufspaltung.

Das Honorar, das B von der OHG erhält, ist ebenfalls eine Sondervergütung für Leistungen im Dienste der Gesellschaft und darf nicht als Betriebsausgabe abgezogen werden (§ 15 Abs. 1 Nr. 2 Satz 1 zweiter Halbsatz EStG). Alle damit im Zusammenhang stehenden Kosten sind als Sonderbetriebsausgaben abzuziehen. Diese Beträge sind bei der Gewinnermittlung des Ingenieurbüros nicht mehr zu berücksichtigen. Sie wirken sich im Rahmen der Gewinnermittlung der OHG mit den Nettobeträgen aus, da die Umsatzsteuer bei einem Bilanzierenden – hier in der Sonderbilanz – erfolgsneutral zu erfassen ist.

Die Lieferungen der Baustoffe an die OHG fallen nicht unter § 15 Abs. 1 Nr. 2 EStG, da diese Vorschrift nur von der Überlassung, aber nicht von der Veräußerung bzw. Lieferung von Wirtschaftsgütern spricht. Die Beträge sind deshalb im Baustoffgroßhandel zu erfassen.

Die Tätigkeitsvergütungen, die C von der OHG erhält, stellen Sondervergütungen dar, die den Gewinn der OHG nicht mindern dürfen. Die Vergütungen unterliegen der Umsatzsteuer bei C mit 60 000 € (lt. SV netto), davon 19 % = 11 400 €. Die Umsatzsteuerverbindlichkeit ist in der Sonderbilanz des C zu passivieren, lediglich der Nettobetrag stellt BE dar. Die OHG kann ebenfalls nur den Nettobetrag als BA behandeln, bei Erstellung einer ordnungsgemäßen Rechnung hat sie insoweit einen Vorsteuerabzug (R 1.6 Abs. 3, R 2.2 Abs. 2 UStAE). Die damit zusammenhängenden Fahrtkosten sind aber als Sonderbetriebsausgaben abzugsfähig. Dabei ist die Begrenzung gem. § 4 Abs. 5 Nr. 6 i. V. m. § 9 Abs. 1 Nr. 4 EStG zu beachten. Abzugsfähig sind 230 Tage x 15 km x 0,30 € = 1 035 €.

Gewinnermittlung:

	OHG	A	B	C
Pacht	+ 36 000 €	+ 36 000 €		
AfA	./. 4 500 €	./. 4 500 €		
Zinsen	./. 3 500 €	./. 3 500 €		
Honorar	+ 40 000 €		+ 40 000 €	
Kosten	./. 21 000 €		./. 21 000 €	

Gehalt	+ 60 000 €			+ 60 000 €
Fahrtkosten	./. 1 035 €			./. 1 035 €
Gewinn	+ 120 000 €	+ 40 000 €	+ 40 000 €	+ 40 000 €
Gewinn	225 965 €	68 000 €	59 000 €	98 965 €

FALL 155

Familienpersonengesellschaft

Sachverhalt: Der Vater Anton beteiligt an seinem bisher als Einzelunternehmen geführten Gewerbebetrieb seinen 12-jährigen Sohn Harald ab 1.1.01 als Kommanditist. Der schriftliche Gesellschaftsvertrag vom 10.11.00 wurde am 5.12.00 durch das Vormundschaftsgericht genehmigt. Bei Abschluss des Vertrages war Harald durch einen Pfleger vertreten, den das Amtsgericht bestellt hatte. Der Gesellschaftsvertrag bestimmt, dass der Vater sein Einzelunternehmen mit allen Aktiven und Passiven zu Buchwerten in die neu gegründete KG einbringt. Vom Festkapital der KG von 500 000 € entfallen auf Anton 450 000 € und auf seinen Sohn 50 000 €. Harald erbringt seine Kapitaleinlage vereinbarungsgemäß dadurch, dass die Beträge vom Konto des Anton schenkungsweise umgebucht werden. Zur Geschäftsführung und Vertretung ist nur Anton berechtigt. Für seine Tätigkeit und für seine unbeschränkte Haftung erhält Anton monatlich 10 000 €. Anton und Harald sind im Verhältnis ihrer Kapitalanteile an den stillen Reserven des Unternehmens beteiligt.

Der Handelsbilanzgewinn der KG in 01 beträgt 380 000 €. Anton erhält 80 % als Gewinn- und Verlustanteil, Harald ist mit 20 % am Gewinn und Verlust beteiligt. Die steuerlichen Gewinne der letzten 5 Jahre betrugen bei dem Einzelunternehmen durchschnittlich 400 000 €. Der gemeine Wert der Beteiligung des Sohnes kann mit 100 000 € angenommen werden.

Aufgaben:

1. Kann die KG steuerlich anerkannt werden?

2. Kann die Gewinnverteilung steuerlich anerkannt werden?

LÖSUNG

Zu 1.:

Ein Gesellschaftsvertrag unter Familienangehörigen ist dann steuerlich anzuerkennen, wenn der Gesellschaftsvertrag zivilrechtlich wirksam ist, tatsächlich durchgeführt wurde und es sich um eine Mitunternehmerschaft handelt.

Der Gesellschaftsvertrag wurde zivilrechtlich wirksam unter Beachtung der Formvorschriften abgeschlossen. Eine notarielle Beurkundung des Gesellschaftsvertrages ist nicht erforderlich. Erforderlich ist aber, dass der Sohn bei Abschluss des Gesellschaftsvertrages durch einen Ergänzungspfleger vertreten war (§ 1909 BGB) und die vormundschaftliche Genehmigung des Vertrages unverzüglich nach Vertragsabschluss eingeholt und erteilt wird (§ 1822 Nr. 3 BGB, H 15.9 Abs. 2 „Familiengerichtliche Genehmigung" EStH). Eine Dauerergänzungspflegschaft ist nicht erforderlich. Diese Voraussetzungen sind im vorliegenden Fall erfüllt. Die Genehmigung des Vormundschaftsgerichts wirkt hier auf den Zeitpunkt des Vertragsabschlusses zurück.

Der Sohn Harald wird durch eine Schenkung des Kapitalanteils als Gesellschafter beteiligt. Grundsätzlich ist hierfür eine notarielle Beurkundung des Schenkungsversprechens erforderlich gem. § 518 Abs. 1 BGB. Diese ist im vorliegenden Fall nicht gegeben. Dieser Formmangel kann aber durch Bewirkung der versprochenen Leistung geheilt werden nach § 518 Abs. 2 BGB. Die Heilung erfolgt hier durch die Einrichtung eines entsprechenden Kapitalkontos zugunsten des Harald in der Bilanz.

Eine Mitunternehmerschaft kann dann bejaht werden, wenn einem minderjährigen Kind in einem ernsthaft gewollten und zivilrechtlich wirksamen Vertrag wenigstens annähernd die Rechte eines Kommanditisten nach den Vorschriften des HGB eingeräumt werden (H 15.9 Abs. 2 „Allgemeines" EStH). Da keine entgegenstehenden vertraglichen Vereinbarungen bezüglich etwaiger Einschränkungen der Gesellschafterrechte bestehen, ist Harald als Mitunternehmer anzusehen. Er trägt demnach Mitunternehmerinitiative und Mitunternehmerrisiko durch die Beteiligung an den stillen Reserven.

Zu 2.:

Unabhängig von der steuerlichen Anerkennung der KG ist zu prüfen, ob die vereinbarte und entsprechend durchgeführte Gewinnverteilung anerkannt werden kann (R 15.9 Abs. 3 EStR). Bei der Prüfung der Angemessenheit sind Vergleiche mit Gewinnverteilungsabreden unter Fremden anzustellen. Eine derartige Möglichkeit besteht aber hier nicht, da Harald seinen Kapitalanteil geschenkt erhielt, was unter Fremden nicht üblich ist. Die Prüfung der Angemessenheit richtet sich nach den Grundsätzen des Großen Senats des BFH v. 29. 5. 1972 GrS 4/71 (BStBl 1973 II 5 ff., H 15.9 Abs. 3 „Allgemeines" EStH). Danach ist bei einem nicht mitarbeitenden Familienangehörigen, der seine Beteiligung geschenkt erhielt, ein Gewinnanteil angemessen, der eine Rendite von 15 % des tatsächlichen Wertes des Gesellschaftsanteils ergibt. Dieser Wert ist im Zeitpunkt der Gründung zu ermitteln und beträgt lt. Sachverhalt 100 000 €.

Berechnung:

gemeiner Wert der Beteiligung =	100 000 €
davon 15 % =	15 000 €
zu erwartender jährlicher Gewinn	
(geschätzt auf der Grundlage der letzten 5 Jahre, abzgl. Vorwegvergütung des Komplementärs) = 400 000 € ./. 120 000 € =	280 000 €
steuerlich höchstmöglicher Gewinnanteil =	

$$\text{(Rendite)} \quad \frac{15\,000\,€ \times 100}{280\,000\,€} = 5,36\,\%$$

Damit ist für Harald ein Gewinnanteil von 5,36 % angemessen. Das bedeutet, für 01 ist ein Gewinnanteil in Höhe von 5,36 % von 380 000 € = 20 368 € angemessen.

Der steuerliche Gewinn der KG beträgt: HB	380 000 €

+ Tätigkeitsvergütung Anton, da es sich hier um Sondervergütungen i. S. des
§ 15 Abs. 1 Nr. 2 EStG handelt, die den HB-Gewinn gemindert haben.

steuerlicher Gewinn

+ 120 000 €
500 000 €

Vereinbarte Gewinnverteilung:

	KG	Anton	Harald
Gewinn	500 000 €		
./. Gehalt	./. 120 000 €	120 000 €	
	380 000 €		
Rest 80 : 20		304 000 €	76 000 €
		424 000 €	76 000 €

Diese Gewinnverteilung ist wegen Unangemessenheit nicht anzuerkennen. Die **steuerliche** Gewinnverteilung sieht wie folgt aus:

	KG	Anton	Harald
Gewinn	500 000 €		
./. vorweg	./. 120 000 €	120 000 €	
Rest	380 000 €		
		359 632 €	20 368 €
		479 632 €	20 368 €

Die unangemessenen Gewinnanteile sind dem Mitunternehmer zuzurechnen, dem sie wirtschaftlich aufgrund des Gesellschaftsvertrages zustehen, also dem Komplementär, dem Schenker Anton. Es handelt sich hier um einkommensteuerlich unbeachtliche Zuwendungen des Vaters in Höhe von (76 000 € ./. 20 368 € =) 55 632 € gem. § 12 Nr. 2 EStG. Da der Kommanditist Anspruch auf den vertraglich vereinbarten Gewinnanteil hat, müssen die Beträge dem Kapitalkonto des Harald erfolgsneutral gutgeschrieben werden.

Der so ermittelte angemessene Gewinnanteilsatz von 5,36 % tritt an die Stelle des im Gesellschaftsvertrag vereinbarten höheren Satzes von 20 %.

FALL 156

GmbH & Co. KG

Sachverhalt: An der Globus GmbH & Co. KG sind als Geschäftsführer die Komplementär-GmbH mit 10 % und als Kommanditisten die Gesellschafter A und B mit jeweils 45 % beteiligt. Der Gewinn der KG beträgt im Wirtschaftsjahr = Kalenderjahr 01 300 000 €. An der GmbH sind A und B zu je 50 % beteiligt. Am 20. 12. 01 wird auf einer Gesellschafterversammlung der GmbH eine Vorabgewinnausschüttung für 01 beschlossen. Die beiden Gesellschafter erhalten am 10. 1. 02 jeweils 8 835 € auf ihr Konto überwiesen.

Aufgabe: Führen Sie die Gewinnfeststellung der KG und die Gewinnverteilung für die Gesellschafter der KG durch (01 = aktuelle Rechtslage).

LÖSUNG

Die GmbH & Co. KG ist eine Personengesellschaft, deren Gewinn einheitlich und gesondert gem. §§ 179 Abs. 2, 180 Abs. 1 Nr. 2a AO festzustellen ist. Die Gesellschaft ist ein Gewerbebetrieb, wenn nicht durch gewerbliche Betätigung nach § 15 Abs. 1 Nr. 1 EStG, dann zumindest als gewerblich geprägte Gesellschaft nach § 15 Abs. 3 Nr. 2 EStG.

Die Gesellschafter der KG erzielen Einkünfte aus Gewerbebetrieb nach § 15 Abs. 1 Nr. 2 EStG. Zum Sonderbetriebsvermögen der Gesellschafter A und B gehört auch die Beteiligung an der Komplementär-GmbH. Diese ist für den Betrieb der GmbH & Co. KG nicht nur förderlich, sondern für diese Rechtsform unerlässlich, R 4.2 Abs. 2 EStR H 4.2 Abs. 2 „Anteile an Kapitalgesellschaften" EStH. Die Gewinnausschüttungen sind demnach Sonderbetriebseinnahmen der Kommanditisten. Der Auszahlungsanspruch entsteht im Zeitpunkt der Beschlussfassung und ist deshalb bereits in 01 zu berücksichtigen. Als Betriebseinnahmen sind auch die Kapitalertragsteuer und der Solidaritätszuschlag anzusetzen (§ 20 Abs. 8 i. V. m. §§ 20 Abs. 1 Nr. 1, 12 Nr. 3 EStG). Für die Vorabausschüttung gilt ab dem VZ 2009 das Teileinkünfteverfahren gem. § 3 Nr. 40d EStG, damit sind die Einnahmen zu 60% steuerpflichtig. Die Kapitalertragsteuer beträgt 25 % gem. §§ 43 Abs. 1 Nr. 1, 43a Abs. 1 Nr. 1 EStG zzgl. Solidaritätszuschlag. Eine Abgeltungswirkung gem. § 43 Abs. 5 EStG greift bei gewerblichen Einkünften nicht, § 3 Nr. 40 Satz 2 EStG.

Gewinnfeststellung :

	KG	GmbH	A	B
Gewinn	300 000 €	30 000 €	135 000 €	135 000 €
+ Ausschüttung, netto (= 73,625 %)	17 670 €		8 835 €	8 835 €
+ KapESt u. SolZ (26,375 %) der Bardividende	6 330 €		3 165 €	3 165 €
steuerlicher Gewinn, Bruttofeststellung	324 000 €	30 000 €	147 000 €	147 000 €
davon bei der Einkommensteuerveranlagung steuerfrei 40 % gem. § 3 Nr. 40d EStG	./. 9 600 €		./. 4 800 €	./. 4 800 €

Die Kommanditisten A und B können bei ihrer Einkommensteuerveranlagung die Kapitalertragsteuer von jeweils 3 000 € auf die Einkommensteuer anrechnen (§ 36 Abs. 2 Nr. 2 EStG). Bei der Ermittlung des Gewerbeertrags der KG ist der Ausgangsbetrag gem. § 7 Satz 4 GewStG um den steuerfreien Anteil von 9 600 € zu kürzen (Nettomethode) die Gewinnausschüttung der GmbH ist nicht gem. § 8 Nr. 5 GewStG hinzuzurechnen, der im Gewinn enthaltene Teil-Betrag ist zusätzlich gem. § 9 Nr. 2a GewStG in Höhe von 14 400 € zu kürzen.

GmbH & Co. KG/Sonderbetriebsvermögen

Sachverhalt: wie Fall 156, aber an der Komplementär-GmbH sind die Gesellschafter X und B beteiligt.

Aufgabe: Welche Folgerungen ergeben sich bei vorliegender Fallgestaltung?

LÖSUNG

In diesem Fall sind nur die Anteile des B notwendiges Sonderbetriebsvermögen. Demnach sind auch nur die Gewinnausschüttungen, soweit sie auf B entfallen, als Sonderbetriebseinnahmen zu berücksichtigen. Die Ausschüttung unterliegt gem. § 3 Nr. 40d EStG ab 2009 dem sog. **Teileinkünfteverfahren und ist zu 40 % steuerfrei.**

Gewinnermittlung:

	KG	GmbH	A	B
Gewinn	300 000 €	30 000 €	135 000 €	135 000 €
Ausschüttung	8 835 €			8 835 €
Kapitalertragsteuer + Solidaritätszuschlag	3 165 €			3 165 €
Steuerlicher Gewinn	312 000 €	30 000 €	135 000 €	147 000 €
abzgl. steuerfrei bei der ESt zu 40 % gem. § 3 Nr. 40 d EStG	./. 4 800 €			./. 4 800 €

Der Gesellschafter X erzielt Einkünfte aus Kapitalvermögen gem. § 20 Abs. 1 Nr. 1 EStG. Die Einnahmen sind im Zeitpunkt des **Zuflusses in 02** zu berücksichtigen (§ 11 Abs. 1 Satz 1 EStG).

Einnahmen	8 835 €
+ KapESt (§ 12 Nr. 3 EStG) + SolZ	+ 3 165 €
Einnahmen	12 000 €

Ab VZ 2009 greift hier die Abgeltungssteuer von 25 % zzgl. Solidaritätszuschlag auf 12 000 € gem. §§ 43 Abs. 1 Nr. 1, 43a Abs. 1 Nr. 1 EStG, § 43 Abs. 5 EStG. Auf Antrag kann gem. § 32d Abs. 4 EStG bei der Veranlagung der Sparer-Pauschbetrag von 801 € berücksichtigt werden. Ein Freistellungsauftrag gem. § 44a EStG ist grds. nicht möglich. Es ist außerdem ein Antrag auf eine Günstigerprüfung gem. § 32d Abs. 6 EStG möglich. Da X zu 50 % an der GmbH beteiligt ist, kann er auch einen Antrag gem. § 32d Abs. 2 Nr. 3 EStG stellen, in diesem Fall unterliegen die Einkünfte dem Teileinkünfteverfahren gem. § 3 Nr. 40d EStG.

FALL 158

Gewinnermittlung GmbH & Co. KG

Sachverhalt: Xaver Lustig ist Geschäftsführer der Fröhlich Verwaltungs-GmbH mit Sitz in Neustadt. Er erhält in 05 ein Bruttogehalt von 61 000 €. Das Stammkapital der GmbH beträgt 50 000 €. Gesellschafter der GmbH sind seit der Gründung Xaver Lustig zu 60 % und seine Ehefrau Antonia zu 40 %. Am 23. 6. 05 beschließt die GmbH eine Gewinnausschüttung für 04. Die Ausschüttung wurde am 10. 7. 05 an die Eheleute Lustig in Höhe von 36 812,50 € (netto) per Überweisung gezahlt (= Tag der Abgabe bei der Bank). Eine Steuerbescheinigung liegt vor.

Xaver Lustig erhält am 1. 12. 05 vereinbarungsgemäß 12 000 € jährliche Zinsen von der GmbH überwiesen, da er der Gesellschaft am 2. 1. 05 ein Darlehen von 60 000 € zur Verfügung gestellt hatte mit einem Zinssatz von 20 % p. a. Bei einer Bank hätte die GmbH den Kredit allerdings für die Hälfte erhalten. Der Kredit war nicht für die Existenz der GmbH notwendig.

Xaver Lustig ist außerdem an der Fröhlich GmbH & Co. KG (Baufirma) als Kommanditist mit einer Kapitaleinlage von 40 000 € beteiligt.

Weitere Gesellschafter sind:

► Willi Wutz, Kapitaleinlage 50 000 €, als Kommanditist,

► Fröhlich Verwaltungs-GmbH, Kapitaleinlage 10 000 €, als Komplementär und Geschäftsführerin der KG.

Die Gesellschafter sind entsprechend ihren Einlagen am Gewinn/Verlust und an den stillen Reserven beteiligt. Vorab erhalten sie eine Verzinsung der Einlagen von 15 %, die GmbH erhält Auslagenersatz in Höhe des Geschäftsführergehalts an Xaver Lustig. Diese Beträge wurden als Betriebsausgaben behandelt.

Der Handelsbilanzgewinn der KG im Wirtschaftsjahr = Kalenderjahr 05 beträgt 360 000 €.

Aufgabe: Ermitteln Sie den festzustellenden Gewinn der Fröhlich GmbH & Co. KG für 05 und verteilen Sie ihn auf die Gesellschafter (aktuelle Rechtslage).

LÖSUNG

Die Fröhlich GmbH & Co. KG unterhält einen Gewerbebetrieb i. S. des § 15 Abs. 1 Nr. 1, Abs. 2 EStG. Es ist eine einheitliche und gesonderte Gewinnfeststellung nach § 179 Abs. 2 i. V. m. § 180 Abs. 1 Nr. 2a AO vorzunehmen.

Als Kommanditist der KG erzielen Willi Wutz und Xaver Lustig Einkünfte gem. § 15 Abs. 1 Nr. 2 EStG. Sie sind Mitunternehmer der KG, da ihre Stellung der gesetzestypischen Stellung eines Kommanditisten lt. HGB entspricht. Xaver ist zu 40 % und Willi ist zu 50 % am Gewinn beteiligt.

Xaver ist gleichzeitig Geschäftsführer der Fröhlich Verwaltungs-GmbH und führt als solcher die Geschäfte der KG. Damit wird er im Dienste der KG tätig, an der er als Kommanditist beteiligt ist.

Der von der Komplementär-GmbH gezahlte Arbeitslohn stellt für Xaver Lustig keine Einkünfte aus nichtselbständiger Arbeit dar, sondern gehört als Sondervergütung zu den Einkünften gem.

§ 15 Abs. 1 Nr. 2 Satz 1 2. HS EStG. Beiträge zur Sozialversicherung wurden keine geleistet, da Xaver nicht sozialversicherungspflichtig i. S. des Sozialversicherungsrechts ist, denn er ist mit seiner 60%igen Beteiligung an der Komplementär-GmbH beherrschender Gesellschafter-Geschäftsführer. Der Gewinn der KG ist demnach um den Bruttolohn in Höhe von 61 000 € zu erhöhen und vorweg bei der Gewinnverteilung dem Xaver zuzurechnen.

Der Auslagenersatz an die GmbH stellt ebenfalls eine Sondervergütung dar, um die der Gewinn zu erhöhen ist. Gleichzeitig hat die GmbH in Höhe des Geschäftsführergehalts an Xaver Sonderbetriebsausgaben, um die der Gewinn wieder zu mindern ist. Diese Beträge sind bereits bei der einheitlichen und gesonderten Gewinnfeststellung der KG zu berücksichtigen. Hinweis: Die Vergütungen an die GmbH unterliegen der Umsatzsteuer, siehe R. 2.2 Abs. 2 UStAE.

Die GmbH-Anteile des Xaver in Höhe von 30 000 € (60 % von 50 000 € Stammkapital) gehören zum notwendigen Sonderbetriebsvermögen des Xaver, da die Beteiligung an der Komplementär-GmbH seiner Beteiligung als Kommanditist an der KG förderlich und für diese Gesellschaftsform erforderlich ist, R 4.2 Abs. 2 EStR und H 4.2. Abs. 2 „Anteile an Kapges" EStH. Das gilt nicht für die Anteile von Antonia Lustig, da sie nicht als Mitunternehmerin an der KG beteiligt ist und somit kein Sonderbetriebsvermögen haben kann. Die Anteile gehören bei ihr zum Privatvermögen.

Zu den Sonderbetriebseinnahmen des Xaver zählen deshalb die Gewinnausschüttungen der GmbH inkl. Kapitalertragsteuer und Solidaritätszuschlag gem. § 20 Abs. 8 EStG i. V. m. § 20 Abs. 1 Nr. 1 EStG, § 12 Nr. 3 EStG. Die Ausschüttungen sind gem. § 3 Nr. 40d EStG ab 2009 zu 40 % steuerfrei, die Abgeltung greift gem. § 3 Nr. 40 Satz 2, § 43 Abs. 5 EStG nicht

Hinzuzurechnen sind:

60 % von 42 000 €, netto =	22 087,50 €
+ KapESt + SolZ	+ 7 912,50 €
Ab 2009 beträgt der Steuerabzug 25 % zzgl. Soli 5,5 %	
Summe	30 000 €
abzgl. steuerfreier Teil bei der ESt-Veranlagung von 40 %	12 000 €

Ebenso sind verdeckte Gewinnausschüttungen bei der einheitlichen und gesonderten Gewinnfeststellung der KG als Sonderbetriebseinnahmen zu berücksichtigen. Der Darlehensvertrag zwischen Xaver und der GmbH ist steuerlich anzuerkennen. Allerdings ist der Zinssatz überhöht, denn bei einem Vertrag zwischen fremden Dritten wäre lediglich ein Zinssatz in Höhe von 10 % vereinbart worden. Insoweit gewährt die GmbH ihrem Gesellschafter Vorteile, die sie fremden Dritten nicht gewährt hätte. (Im Einzelnen § 8 Abs. 3 Satz 2 KStG, R und H 36 KStR/KStH). In Höhe von 10 % = 6 000 € liegt demnach eine verdeckte Gewinnausschüttung an Xaver vor. Als Sonderbetriebseinnahmen sind zu erfassen:

6 000 €   (die Kapitalertragsteuer ist bei einer verdeckten Gewinnausschüttung nicht einbehalten worden, muss aber nach § 43 Abs. 1 Nr. 1 EStG grds. nacherhoben werden) Hier wird davon ausgegangen, dass der Gesellschafter die von der GmbH an das FA zu zahlende Steuer der GmbH erstattet.

| 3 600 € | 60 % steuerpflichtig (erst bei der ESt-Veranlagung berücksichtigen, § 3 Nr. 40d EStG, bei der Personengesellschaft gilt die Bruttofeststellung) |

Die Zinsen für das Darlehen selbst sind als Einkünfte aus Kapitalvermögen zu erfassen, da das Darlehen kein notwendiges Sonderbetriebsvermögen des Xaver darstellt. Darlehen und GmbH-Anteile sind unabhängig voneinander zu beurteilen (BFH, BStBl 1976 II 380; lt. SV nicht notwendiges BV, R 4.2 Abs. 2 EStR).

Die Kapitalverzinsung ist lediglich eine Gewinnverteilungsabrede und darf den Gewinn nicht mindern. Einlagen insgesamt = 100 000 €, davon 15 % = 15 000 €. Diese Beträge sind entsprechend der Höhe der Einlage auf die Gesellschafter zu verteilen.

Der Restgewinn ist entsprechend dem Verhältnis der Einlagen zu verteilen: 40 : 50 : 10.

Gewinnverteilung:

	KG	Xaver	Willi	GmbH
	€	€	€	€
Handelsbilanzgewinn	360 000			
Gehalt	+ 61 000	61 000		
Vergütung GmbH	+ 61 000			61 000
Sonder-BA GmbH	./. 61 000			./. 61 000
Dividende brutto	+ 30 000	30 000		
verdeckte Gewinnausschüttung	+ 6 000	6 000		
Kapitalverzinsung	+ 15 000	6 000	7 500	1 500
Restgewinn	360 000	144 000	180 000	36 000
Summe KG-Bruttofeststellung	472 000	247 000	187 500	37 500

abzgl steuerfreier Teil für X von
40 % = 14 400 € bei der Einkommensteuerveranlagung.

FALL 159

Betriebsaufspaltung

Sachverhalt: In seiner Einkommensteuererklärung 06 gibt A Einnahmen aus Vermietung und Verpachtung in Höhe von monatlich 6 000 € an. Die laufenden Aufwendungen hierzu betragen (unstreitig) 2 100 € monatlich. Das Finanzamt ist bei der Veranlagung für die Vorjahre den Angaben des Stpfl. gefolgt. Diesen liegt folgender Sachverhalt zugrunde:

Am 1. 3. 00 hatte A ein altes Fabrikgrundstück (Baujahr 1930) für 320 000 € (darin enthalten sind 60 000 € für den Grund und Boden) erworben (Einheitswert 1. 1. 01 umgerechnet 81 806 €). Dieses Gebäude hat er renoviert und modernisiert mit einem Kostenaufwand von 40 000 € (neuer EW 1. 1. 02 umgerechnet 92 032 €). Infolgedessen konnte A das Gebäude genau auf den Mieter zugeschnitten verbessern. Neuer Mieter wurde ab Oktober 00 die „Heimat Brotfabriken GmbH", die diesen Gebäudekomplex nunmehr als alleiniges Betriebsgebäude nutzt.

Ende Mai 01 erwarb A 80 % der Anteile an der nun florierenden GmbH (Stammkapital 100 000 €) zum günstigen Kaufpreis in Höhe von 96 000 € von dem bisherigen Alleingesellschafter Schneider. Schneider wollte sich teilweise aus der Firma zurückziehen, da er zeitlich bereits in anderen Geschäften sehr beansprucht ist. Als neuer Geschäftsführer wurde ein Fremder eingestellt. Ende des Jahres 05 auftretende finanzielle Schwierigkeiten veranlassten A, der GmbH ab Januar 06 ein Darlehen in Höhe von 200 000 € zu gewähren. A konnte dadurch erreichen, dass sich die Vermögens- und Ertragslage der Firma wieder verbesserte. A verlangte einen marktüblichen Zinssatz von 10 %. Die Zinsen sind monatlich, jeweils zum Monatsende, fällig und wurden in zwei gleichen Beträgen am 30. 6. 06 und 31. 12. 06 bezahlt.

Gewinnausschüttungen hat A wegen der wirtschaftlichen Situation der GmbH in 05 und 06 nicht erhalten.

Aufgabe: Ermitteln Sie die Höhe der Einkünfte des A für den Veranlagungszeitraum 06. A beantragt ggfs. die Gewinnermittlung gem. § 4 Abs. 3 EStG. Der Teilwert entspricht auch in 01 den AK.

Nehmen Sie Stellung zu den gewerbesteuerlichen Folgen.

LÖSUNG

Bis zum Erwerb der GmbH-Anteile erzielte A aus der Vermietung des Grundstücks – wie erklärt – Einnahmen gem. § 21 Abs. 1 Nr. 1 EStG.

Durch den Erwerb von 80 % der Anteile an der „Heimat Brotfabriken GmbH" sind die Voraussetzungen der Betriebsaufspaltung zu prüfen. Da A die GmbH durch die Mehrheit der Anteile beherrscht (abweichendes Stimmrecht liegt lt. Sachverhalt nicht vor), liegt eine personelle Verflechtung zwischen A und der GmbH vor.

Es ist ebenfalls eine sachliche Verflechtung gegeben, da das vermietete Grundstück die wesentliche Betriebsgrundlage der GmbH darstellt, da es für die Bedürfnisse der Betriebsgesellschaft GmbH besonders gestaltet wurde. Es handelt sich zumindest um eine der funktional wesentlichen Betriebsgrundlagen.

Da eine sachliche und personelle Verflechtung zwischen A (Besitzgesellschaft) und der GmbH (Betriebsgesellschaft) besteht, handelt es sich um eine unechte Betriebsaufspaltung, da sie nicht durch Aufspaltung einer Gesellschaft entstanden ist (H 15.7 Abs. 5 und 6 EStH). Die Vermietung und Verpachtung wird in diesem Fall nicht mehr als Vermögensverwaltung, sondern als gewerbliche Tätigkeit angesehen. A erzielt deshalb Einkünfte nach § 15 Abs. 1 Nr. 1 EStG.

Einkünfte aus Gewerbebetrieb:

Das Wirtschaftsjahr ist gem. § 4a Abs. 1 Nr. 3 EStG das Kalenderjahr. Die Gewinnermittlung erfolgt auf Antrag gem. § 4 Abs. 3 EStG.

Mieteinnahmen nach § 15 Abs. 1 Nr. 1 EStG 6 000 € × 12 =	72 000 €
laufende Aufwendungen 2 100 € × 12 =	./. 25 200 €

AfA auf Fabrikgebäude:
Anschaffungskosten Gebäude 00 = 260 000 €
Die Kosten von 40 000 € brutto waren sofort abzugsfähige Erhaltungsaufwen-

dungen nach R 21.1 Abs. 1 EStR, H 21.1 „Abgrenzung von AK/HK und Erhaltungsaufwendungen" EStH, da sich keine Anhaltspunkte für eine wesentliche Verbesserung i. S. von § 255 HGB ergeben. (s. auch BMF v. 18. 7. 2003, BStBl 2003 I
386 ff., Tz. 9 -14, 25 - 28, 38) Die 15 %-Grenze gem. § 6 Abs. 1 Nr. 1a EStG von
260 000 € = 39 000 € ist durch die Nettokosten nicht überstiegen.

Ende Mai 01 wird das Grundstück notwendiges BV. Es handelt sich um eine Einlage nach § 6 Abs. 1 Nr. 5 EStG. Die Einlage erfolgt mit dem Teilwert, max. mit
den AK/HK ./. AfA gem. Buchst. a). Ebenso werden die GmbH-Anteile notwendiges BV.

AfA gem. § 7 Abs. 4 Nr. 2a EStG für die Zeit von März 00 bis Mai 01 2 % von
260 000 € = 5 200 €,

davon 15/12 = 6 500 €

260 000 € ./. 6 500 € = 253 500 €, da der Teilwert 260 000 € beträgt erfolgt die
Einlage mit den fortgeführten AK, § 7 Abs. 1 S. 5 EStG

Neue AfA-Bemessungsgrundlage bei Einlage, 253 500 €.

AfA ab Juni 01 = 2 % (Bauantrag vor 1985) von 253 500 € = 5 070 € (R 7.3 Abs. 6
Satz 1 und R 7.4 Abs. 10 Nr. 1 EStR)

für 06 als AfA abzugsfähig	./. 5 070 €

Das Darlehen an die GmbH gehört ebenfalls zum Betriebsvermögen des Besitzunternehmens, da das Darlehen dazu diente, die Vermögens- und Ertragslage
der GmbH zu verbessern und damit auch den Wert der GmbH-Beteiligung, die
zum notwendigen Betriebsvermögen gehört (BFH VIII R 38/74, BStBl 1978 II
378 ff.).

Die Zinseinnahmen daraus stellen deshalb Einnahmen gem. § 15 Abs. 1 Nr. 1 EStG dar. Zinsen lt. Zahlung am 30. 6. 06 und 31. 12. 06	+ 20 000 €
laufender Gewinn aus Gewerbebetrieb	**61 730 €**

Gewerbesteuer:

Bezüglich der Betriebsaufspaltung handelt es sich um Einkünfte aus Gewerbebetrieb. Die Feststellungen des einheitlichen Gewerbesteuermessbetrages sind, soweit noch nicht die Verjäh-
rung eingetreten ist, ab 01 nachzuholen.

Gewerbeertrag der Besitzgesellschaft 06:

Gewinn gem. § 15 EStG, § 7 GewStG		61 730 €
./.	§ 9 Nr. 1 GewStG: Kürzung für Grundbesitz 1,2 % von (92 032 € zzgl. 40 % nach § 121a BewG) 128 845 €	./. 1 547 €
Gewerbeertrag		60 183 €
Abrundung gem. § 11 Abs. 1 Satz 3 GewStG		60 100 €
./.	Freibetrag gem. § 11 Abs. 1 GewStG	./. 24 500 €
		35 600 €
Messbetrag gem. § 11 Abs. 2 GewStG		3,5 % = 1 246 €

FALL 160

Verluste bei beschränkter Haftung (§ 15a EStG)

Sachverhalt: Am 2.1.01 wird eine KG gegründet, die aus den Gesellschaftern A, B und C besteht. A ist Komplementär und hat eine Einlage in Höhe von 100 000 € zu leisten. Er erhält eine monatliche Geschäftsführervergütung in Höhe von 3 000 €. Die beiden Kommanditisten B und C haben eine Einlage in Höhe von je 50 000 € zu leisten, die vereinbarungsgemäß mit je 25 000 € bei Gründung der Gesellschaft erbracht wird.

B hat der KG ein Darlehen in Höhe von 50 000 € zur Verfügung gestellt, für das er jährlich 5 000 € an Zinsen erhält.

C stellt der Gesellschaft ein unbebautes Grundstück gegen eine jährliche Pacht in Höhe von 5 000 € zur Verfügung, welches er in 00 für 50 000 € erworben hatte. Den Kaufpreis hat er durch ein Darlehen von 40 000 € bestritten, für das er jährlich Zinsen in Höhe von 3 000 € zu zahlen hat. Weiter entstehen ihm keine Grundstücksaufwendungen.

Die Handelsbilanzgewinne betragen:

01 = Verlust 300 000 €,

02 = Verlust 160 000 €.

Die o. g. Beträge sind hier, soweit möglich, als Betriebsausgaben abgezogen worden.

Der Gewinn/Verlust ist im Verhältnis 50 : 25 : 25 zu verteilen.

Die Kommanditisten haben folgende Entnahmen aus dem Gesellschaftsvermögen getätigt:

01: B = 5 000 €, C = 10 000 €

02: B = 0 €, C = 10 000 €

Aufgabe: Ermitteln Sie die Einkünfte der Gesellschafter für 01 und 02.

LÖSUNG

01:

Die Gesellschafter erzielen als Mitunternehmer Einkünfte gem. § 15 Abs. 1 Nr. 2 EStG. Die von der KG erhaltenen Vergütungen für Leistungen im Dienste der Gesellschaft sind nicht als Betriebsausgaben abzugsfähig, sondern stellen Einkünfte nach § 15 Abs. 1 Nr. 2 EStG dar. Sie sind den betreffenden Gesellschaftern bei der Gewinnverteilung vorweg zuzurechnen.

Der Gewinn ist im Rahmen einer einheitlichen und gesonderten Feststellung nach §§ 179 Abs. 2, 180 Abs. 1 Nr. 2a AO zu ermitteln.

Gewinnermittlung und Gewinnverteilung:

	KG	A	B	C
Verlust lt. HB	./. 300 000 €	./. 150 000 €	./. 75 000 €	./. 75 000 €
+ Geschäftsführer-gehalt	+ 36 000 €	+ 36 000 €		
+ Zinsen/Darlehen	+ 5 000 €		+ 5 000 €	
+ Pacht/Grundstück	+ 5 000 €			+ 5 000 €
./. Schuldzinsen	./. 3 000 €			./. 3 000 €
Verlust lt. StB	./. 257 000 €	./. 114 000 €	./. 70 000 €	./. 73 000 €

Es ist nun zu prüfen, inwieweit die festgestellten Verlustanteile (§§ 179 Abs. 2, 180 Abs. 1 Nr. 2a AO) bei der Einkommensteuerveranlagung berücksichtigt werden können.

Der Komplementär A kann seine Verlustanteile uneingeschränkt absetzen. § 15a EStG beschränkt aber die Möglichkeit, gewerbliche Verluste mit anderen positiven Einkünften für beschränkt haftende Gesellschafter wie die Kommanditisten zu verrechnen. Diese Beschränkung gilt für Verluste, die zu einem negativen Kapitalkonto führen oder ein negatives Kapitalkonto erhöhen. Diese über den Haftungsbetrag hinausgehenden Beträge belasten den Kommanditisten im Jahr der Entstehung weder rechtlich noch wirtschaftlich, sondern nur, wenn und soweit spätere Gewinne entstehen.

Kapitalkonten der Kommanditisten lt. Handelsbilanz:

	B	C
geleistete Einlage	25 000 €	25 000 €
./. Entnahmen 01	./. 5 000 €	./. 10 000 €
Kapital vor Verlust	20 000 €	15 000 €
./. Verlustanteil 01 lt. HB ohne Sonderbetriebsvermögen	./. 75 000 €	./. 75 000 €
Kapital HB 31. 12. 01	./. 55 000 €	./. 60 000 €

Da durch die Zurechnung der Verlustanteile ein negatives Kapitalkonto der Kommanditisten entsteht, ist gem. § 15a Abs. 1 EStG zu prüfen, wie hoch die in 01 ausgleichsfähigen Verluste sind. Dabei ist der Stand des Kapitalkontos lt. HB am Bilanzstichtag vor Verlustberücksichtigung maßgebend. Das Kapitalkonto lt. Sonderbilanz ist nicht einzubeziehen (BMF v. 30. 5. 1997, BStBl 1997 I 627).

B: Das Kapitalkonto des B vor Verlustberücksichtigung beträgt 20 000 €. Gemäß § 15a Abs. 1 Satz 1 EStG sind Verluste bis zu dieser Höhe ausgleichsfähig. Da B seine Einlage noch nicht voll geleistet hat, haftet er insoweit (für 25 000 €) unbeschränkt. Es besteht wegen der nicht gezahlten Einlage eine erweiterte Haftung gem. § 171 Abs. 1 HGB von 25 000 €. Gemäß § 15a Abs. 1 Satz 2 EStG kann B deshalb diese 25 000 € zusätzlich als ausgleichsfähig berücksichtigen. Durch die Entnahme von 5 000 € lebt die Haftung gem. § 172 Abs. 4 i. V. m. § 171 Abs. 1 HGB wieder auf; d. h. gem. § 15a Abs. 1 Satz 2 EStG sind weitere 5 000 € ausgleichsfähig. Der Rest ist lediglich mit späteren Gewinnen verrechenbar.

C: C kann gem. § 15a Abs. 1 Satz 1 EStG in Höhe seines positiven Kapitalkontos von 15 000 € Verluste ausgleichen. Auch bei ihm besteht eine erweiterte Haftung wegen der noch nicht voll eingezahlten Einlage. Er kann demnach in Höhe des Haftungsbetrages von 25 000 € weitere Verluste ausgleichen. Durch die Entnahme von 10 000 € lebt außerdem die Haftung gem. § 172 Abs. 4 i.V. m. § 171 Abs. 1 HGB wieder auf; es sind gem. § 15a Abs. 1 Satz 2 EStG weitere 10 000 € ausgleichsfähig. Der Restbetrag ist gem. § 15a Abs. 2 EStG mit späteren Gewinnen verrechenbar. Über die Höhe des jeweiligen verrechenbaren Verlustes ist eine gesonderte Feststellung durchzuführen (§ 15a Abs. 4 EStG).

Verlustausgleich 01 für Verluste von je 75 000 €:

	B	C
§ 15a Abs. 1 Satz 1 EStG	20 000 €	15 000 €
§ 15a Abs. 1 Satz 2 EStG	25 000 €	25 000 €
und wegen erweiterter Haftung durch Entnahme	5 000 €	10 000 €
ausgleichsfähig	**50 000 €**	**50 000 €**
Rest verrechenbar und gesondert festzustellen	25 000 €	25 000 €

zu versteuern gem. § 15 Abs. 1 Nr. 2 EStG:

	B	C
ausgleichsfähig	./. 50 000 €	./. 50 000 €
+ Gewinne aus Sonderbetriebsvermögen	+ 5 000 €	+ 2 000 €
Einkünfte	**./. 45 000 €**	**./. 48 000 €**

Die Verluste lt. HB sind für die Berechnung des ausgleichsfähigen Verlustes nach § 15a EStG nicht mit den Gewinnen aus der Sonderbilanz zu saldieren (H 15a „Saldierung von Ergebnissen ..." EStH, BMF v. 15. 12. 1993, BStBl 1993 I 976).

Verluste aus der Sonderbilanz sind uneingeschränkt abzugsfähig.

02:

Gewinnermittlung und Gewinnverteilung:

	KG	A	B	C
Verlust lt. HB	./. 160 000 €	./. 80 000 €	./. 40 000 €	./. 40 000 €
+ Gehalt	+ 36 000 €	+ 36 000 €		
+ Zinsen	+ 5 000 €		+ 5 000 €	
+ Pacht	+ 5 000 €			+ 5 000 €
./. Kosten	./. 3 000 €			./. 3 000 €
	./. 117 000 €	./. 44 000 €	./. 35 000 €	./. 38 000 €

Kapitalkonten der Kommanditisten lt. HB:

	B	C
1.1.02	./. 55 000 €	./. 60 000 €
./. lfd. Entnahmen	./. 0 €	./. 10 000 €
Zwischensumme	./. 55 000 €	./. 70 000 €
./. Verlustanteil HB	./. 40 000 €	./. 40 000 €
Kapital 31.12.02	./. 95 000 €	./. 110 000 €

B: Da B ein negatives Kapitalkonto hat, kann er keine Verluste gem. § 15a Abs. 1 Satz 1 EStG ausgleichen. Der Haftungsbetrag in Höhe von 25 000 € gem. § 15a Abs. 1 Satz 2 EStG ist ebenfalls bereits ausgeschöpft. Der Verlust aus der HB ist demnach gem. § 15a Abs. 2 EStG nur mit späteren Gewinnen verrechenbar.

C: Da C ein negatives Kapitalkonto hat, kann er ebenfalls keine Verluste gem. § 15a Abs. 1 Satz 1 EStG ausgleichen. Durch die Entnahme aus dem Gesellschaftsvermögen in Höhe von 10 000 € lebt aber die persönliche Haftung gem. § 172 Abs. 4 i.V.m. § 171 Abs. 1 HGB wieder auf. Eine Einlagenminderung gem. § 15a Abs. 3 Satz 1 EStG kommt deshalb nicht in Betracht. Das Verlustausgleichspotenzial des § 15a Abs. 1 Satz 2 EStG darf aber nur einmal in Anspruch genommen werden (R 15 a Abs. 3 Satz 9 EStR). Der Restbetrag ist gem. § 15a Abs. 2 EStG mit späteren Gewinnen verrechenbar.

Verlustausgleich 02 für HB-Verluste in Höhe von je 40 000 €:

	B	C
§ 15a Abs. 1 Satz 1 EStG	0 €	0 €
§ 15a Abs. 1 Satz 2 EStG	0 €	0 €
	0 €	0 €
Rest verrechenbar	40 000 €	40 000 €
gesondert festzustellen:		
§ 15a Abs. 4 EStG	**65 000 €**	**65 000 €**
inkl. Betrag aus 01		
§ 15 Abs. 1 Nr. 2 EStG zu versteuern:		
ausgleichsfähiger Verlust lt. HB	0 €	0 €
+ Gewinne aus Sonderbetriebsvermögen	+ 5 000 €	+ 2 000 €
Einkünfte	**+ 5 000 €**	**+ 2 000 €**

FALL 161

Einlageminderung

Sachverhalt: A ist an einer KG als Kommanditist beteiligt. Er hat seine Einlage in Höhe von 100 000 € voll geleistet und folgendes Kapitalkonto:

lt. Steuerbilanz zum 1.1.01 = Kapitalkonto I	100 000 €
zusätzliche Einlage Kapitalkonto II	+ 100 000 €
Zwischensumme	200 000 €
Verlustanteil 01	./. 200 000 €
31. 12. 01	0 €
./. Entnahme 02 (Buchung vom Kapitalkonto II)	./. 100 000 €
Zwischensumme	./. 100 000 €
./. Verlustanteil 02	./. 50 000 €
31. 12. 02	./. 150 000 €

Aufgabe: Wie hoch sind die Einkünfte 01 und 02?

LÖSUNG

Im Kalenderjahr 01 ist der Verlustanteil von 200 000 € voll ausgleichsfähig, da durch die Verlustzurechnung kein negatives Kapitalkonto entsteht (§ 15a Abs. 1 Satz 1 EStG). A erzielt Einkünfte nach § 15 Abs. 1 Nr. 2 EStG in Höhe von ./. 200 000 €.

Im Kalenderjahr 02 ist der Verlustanteil in Höhe von 50 000 € nicht ausgleichsfähig gem. § 15a Abs. 1 Satz 1 EStG, da sich das negative Kapitalkonto erhöht. Der Verlustanteil in Höhe von 50 000 € ist gem. § 15a Abs. 2 EStG mit Gewinnen aus späteren Jahren verrechenbar. Über die Höhe des verrechenbaren Verlustes muss eine gesonderte Feststellung nach § 15a Abs. 4 EStG ergehen.

Durch die Einlage in Höhe von 100 000 € im Vorjahr 01 hatte A aber 100 000 € in 01 mehr ausgleichen können. Diese Einlage wurde nach dem Bilanzstichtag wieder rückgängig gemacht.

Um Missbräuche zu verhindern, die dadurch entstehen, dass durch kurzfristige Einlagen, die später wieder abgezogen werden, die ausgleichsfähigen Verluste erhöht werden, regelt § 15a Abs. 3 Satz 1 und 2 EStG, dass, soweit ein negatives Kapitalkonto des Kommanditisten durch Entnahmen entsteht oder sich erhöht, eine fiktive Gewinnzurechnung vorzunehmen ist.

Im Ergebnis wird der Teil des Verlustes, der im vorangegangenen Jahr ausgleichsfähig war, nunmehr durch eine Gewinnzurechnung rückgängig gemacht und in einen verrechenbaren Verlust umgewandelt.

Die Gewinnzurechnung in 02 gem. § 15a Abs. 3 Satz 1 EStG beträgt 100 000 €. Lt. Sachverhalt führt die Buchung vom Kapitalkonto II nicht zu einem Wiederaufleben der Haftung (sog. negative Tilgungsbestimmung, s. u.). A entnimmt in diesem Falle die zusätzliche Einlage von 100 000 €, die er über die Hafteinlage hinaus geleistet hat. Deshalb lebt durch die Entnahme die Haftung nicht wieder auf.

A erzielt demnach Einkünfte nach § 15 Abs. 1 Nr. 2 EStG in 02 von 100 000 €. In gleicher Höhe ist ein verrechenbarer Verlust nach § 15a Abs. 4 EStG festzustellen.

Eine Verrechnung der 100 000 € mit dem nicht ausgleichsfähigen Verlustanteil 02 von 50 000 € ist nicht zulässig, da es sich bei der fiktiven Gewinnzurechnung nicht um Gewinne aus der Beteiligung i. S. des § 15a Abs. 2 EStG handelt.

Würde es sich bei der Entnahme aber um eine (handelsrechtlich) haftungsbegründende Rückzahlung der Haftungseinlage handeln, § 172 Abs. 4 Satz 1 HGB, so lebt die Haftung wieder auf und damit erfolgt gem. § 15a Abs. 3 Satz 1 zweiter Halbsatz EStG keine fiktive Gewinnzurechnung. A kann durch eine sog. negative Tilgungsbestimmung (BFH IV R 38/05, BStBl 2009 II 135 und BFH IV R 98/06, BStBl 2009 II 272) bestimmen welchem Kapitalkonto die Entnahmen zugeordnet werden. Ein zusätzliches Verlustausgleichsvolumen wird dadurch aber nicht begründet.

FALL 162

Haftungsminderung

Sachverhalt: A ist an einer KG als Kommanditist beteiligt. Er hat eine Einlage in Höhe von 100 000 € gezeichnet. Tatsächlich bezahlt hat er lediglich 20 000 €. In den Jahren 01 – 04 werden ihm Verlustanteile in Höhe von insgesamt 150 000 € zugerechnet. Das Kapitalkonto zum 31. 12. 04 beträgt demnach ./. 130 000 €. Ende des Jahres 05 wird der Haftungsbetrag auf 20 000 € herabgesetzt. Der Gewinnanteil des Jahres 05 beträgt 150 000 €. Entnahmen und Einlagen wurden nicht getätigt.

Aufgabe: Wie hoch sind die Einkünfte aus Gewerbebetrieb des A in 01 bis 05?

LÖSUNG

Das Kapitalkonto des A beträgt:

gezahlte Einlage 01	20 000 €
./. Verlustanteil 01 – 04	./. 150 000 €
Kapital 31. 12. 04	./. 130 000 €
+ Gewinnanteil 05	+ 150 000 €
31. 12. 05	+ 20 000 €

Ausgleichsfähige Verluste 01 – 04:

Gemäß § 15a Abs. 1 Satz 1 EStG waren in Höhe des positiven Kapitalkontos vor Verlustberücksichtigung abzugsfähig =	20 000 €
Gemäß § 15a Abs. 1 Satz 2 EStG besteht wegen der noch nicht voll eingezahlten Einlage eine erweiterte Haftung nach § 171 Abs. 1 HGB. In Höhe von 80 000 € haftet der Kommanditist wie ein unbeschränkt haftender Gesellschafter und kann deshalb die Verluste insoweit ausgleichen.	80 000 €
Ausgleichsfähige Verluste 01 – 04	**100 000 €**
Restbetrag verrechenbar gem. § 15a Abs. 2 EStG	**50 000 €**

Im **Jahr 05** wird der Haftungsbetrag in Höhe von 100 000 € auf 20 000 € gemindert. Der in den Vorjahren wegen der erweiterten Haftung als Verlust nach § 15a Abs. 1 Satz 2 EStG ausgleichsfähige Betrag wird nun wieder korrigiert. Im Jahr der Herabsetzung des Haftungsbetrages wird dieser Betrag als Gewinn nach § 15a Abs. 3 Satz 3 EStG wieder hinzugerechnet, insoweit liegt eine Rückgängigmachung vor.

Die Haftungsminderung beträgt 80 000 €.

Die Gewinnzurechnung nach § 15a Abs. 3 Satz 3 EStG ist in Höhe von 80 000 € zu berücksichtigen, da insoweit Verluste erweitert ausgleichsfähig waren. Dieser Betrag wird gleichzeitig in einen verrechenbaren Verlust umgewandelt nach § 15a Abs. 3 Satz 4 EStG.

Fallen im Jahr der Gewinnzurechnung nach § 15a Abs. 3 EStG gleichzeitig Gewinne aus der Beteiligung an der KG an, können diese Gewinne bereits mit dem um die Gewinnzurechnungen erhöhten verrechenbaren Verlust ausgeglichen werden.

Gewinnanteil 05	150 000 €
Gewinnzurechnung	80 000 €
Bestand verrechenbarer Verlust bisher	50 000 €
+ Gewinnzurechnung gem. § 15a Abs. 3 Satz 4 EStG	+ 80 000 €
insgesamt verrechenbar	130 000 €
./. Verrechnung in 05 mit Gewinn aus der Beteiligung von 150 000 €	./. 130 000 €
gesonderte Feststellung des verrechenbaren Verlustes zum 31. 12. 05	0 €
Einkünfte nach § 15 Abs. 1 Nr. 2 EStG für 05:	150 000 €
./. verrechenbarer Verlust	./. 130 000 €
verbleiben	20 000 €
+ Gewinnzurechnung	+ 80 000 €
zu versteuernde Einkünfte	**100 000 €**

FALL 163

Gewerblicher Grundstückshandel oder private Vermögensverwaltung

Sachverhalt: Tochter T hat 2010 zehn Wohnhäuser von ihrem Vater V geerbt, die sich seit über 20 Jahren im Familienbesitz befinden und seither vermietet werden. 2013 veräußerte T die Häuser an zehn verschiedene Erwerber für insgesamt 2 Mio. €.

Aufgabe: Liegt private Vermögensverwaltung oder ein sog. gewerblicher Grundstückshandel vor?

LÖSUNG

Bei der Abgrenzung zwischen privater Vermögensverwaltung und gewerblichem Grundstückshandel stellt der BFH in ständiger Rechtsprechung auf die sog. „Drei-Objekt-Grenze" ab. Danach kann prinzipiell von einem gewerblichen Grundstückshandel ausgegangen werden, wenn innerhalb eines engen zeitlichen Zusammenhangs – i. d. R. fünf Jahre – zwischen Anschaffung bzw. Errichtung mindestens vier Objekte veräußert werden (BFH v. 10. 12. 2001 GrS 1/98, BStBl 2002 II 291; v. 27. 9. 2012 III R 19/11, BStBl 2013 II 433; v. 20. 11. 2012 IX R 10/11, BFH/NV 2013, 715). Eine private Vermögensverwaltung ist dagegen zu bejahen, solange sich die zu beurteilende Tätigkeit noch als Nutzung von Grundbesitz durch Fruchtziehung aus zu erhaltender Substanz darstellt und die Ausnutzung substanzieller Vermögenswerte durch Umschichtung nicht entscheidend in den Vordergrund tritt (BFH I R 118/97, BStBl 2000 II 28).

Zwar hat T eine größere Anzahl von Grundstücksgeschäften mit erheblichem Wert getätigt. Sie hat aber hierdurch lediglich eine längere Phase der Fruchtziehung und des bloßen Abwartens von Wertsteigerungen abgeschlossen. Es ist nicht erkennbar, dass T, die durch die Erbfolge in die Rechtsstellung ihres Vaters eintritt (§ 1922 BGB), durch die Verkäufe einen Gewerbebetrieb eröffnet hätte, der den An- und Verkauf von Grundstücken zum Gegenstand hätte. Unabhängig von der Anzahl und dem Wert der verkauften Grundstücke bilden die Grundstücksverkäufe den letzten Akt der privaten Grundstücksverwaltung (BFH I R 120/80, BStBl 1984 II 137; IV R 102/86, BFH/NV 1989, 101). T hat mit den Grundstücksverkäufen keine gewerblichen Einkünfte erzielt.

FALL 164

An- und Verkauf von nur zwei Grundstücken

Sachverhalt: A erwarb 2011 ein unbebautes Grundstück, das er mit einem Zweifamilienhaus bebaute und 2012 nach Veräußerungsannoncen und Beauftragung einer Maklerfirma verkaufte. Im Juli 2012 erwarb A ein weiteres unbebautes Grundstück, das er mit einem Vierfamilienhaus bebaute und 2013 veräußerte, nachdem er es über Zeitungsanzeigen zum Verkauf anbot.

Aufgabe: Hat A mit dem An- und Verkauf der Grundstücke einen gewerblichen Grundstückshandel ausgeübt?

LÖSUNG

Objekt i. S. d. sog. Drei-Objekt-Grenze sind Grundstücke jeglicher Art. Auf die Größe, den Wert oder die Nutzungsart des einzelnen Objekts kommt es nicht an (BFH I R 118/97, BStBl 2000 II 28; X R 130/97, BStBl 2001 II 530; BMF, BStBl 2004 I 434 Rz. 8). Als Zählobjekte i. S. d. Drei-Objekt-Grenze kommen neben Grundstücken im Alleineigentum des Stpfl. auch Miteigentumsanteile oder Beteiligungen an Grundstückspersonengesellschaften in Betracht (BFH III R 1/01, BStBl 2003 II 250).

Auch ein Zwei- oder ein Mehrfamilienhaus – wie es A errichtet hat – zählt nur als ein Objekt. Das schließt allerdings nicht aus, dass im Falle der Errichtung und des anschließenden Verkaufs von Mehrfamilienhäusern ein gewerblicher Grundstückshandel auch bei der Veräußerung von weniger als vier Objekten vorliegen kann. Wie der Große Senat entschieden hat (BFH GrS 1/98, BStBl 2002 II 291), ist die Drei-Objekt-Grenze lediglich ein Indiz für das Bestehen einer bereits bei Erwerb oder Errichtung der Objekte vorliegenden (zumindest bedingten) Veräußerungsabsicht. Ergibt sich aus anderen gewichtigen Gründen, dass der Stpfl. bereits bei Erwerb oder Errichtung des Objekts unbedingt zur Veräußerung entschlossen war, genügt zur Überschreitung der privaten Vermögensverwaltung bereits die Veräußerung eines einzigen (Groß-)Objekts (BFH VIII R 40/01, BStBl 2003 II 294).

Veräußerungsannoncen wertet der BFH als Indiz für eine von Anfang an bestehende Veräußerungsabsicht. Da vorliegend eine unbedingte Veräußerungsabsicht im Hinblick auf die Beauftragung des Maklers und der selbst geschalteten Veräußerungsannoncen feststeht, liegt ein gewerblicher Grundstückshandel auch ohne Überschreiten der Drei-Objekt-Grenze vor.

HINWEIS

Die Drei-Objekt-Grenze hat die Bedeutung eines Anscheinsbeweises, der – ohne dass es dafür weiterer Indizien bedarf – den Schluss auf die innere Tatsache des Erwerbs des jeweiligen Grundstücks in bedingter Veräußerungsabsicht zulässt. Ihre Geltungskraft kann im Einzelfall durch den Nachweis eines atypischen Sachverhaltsverlaufs erschüttert werden (BFH v. 27. 9. 2012 III R 19/11, BStBl 2013 II 433). Diese Betrachtung kann für Stpfl., deren Immobilieninvestition sich als Misserfolg erweist, auch vorteilhaft sein. Denn dann können durch Überschreitung der Drei-Objekt-Grenze gewerbliche Verluste generiert werden, falls die Gewinnerzielungsabsicht nicht ausnahmsweise widerlegt wird (vgl. Görge, BFH/PR 2013, 239).

11.3 Einkünfte aus selbständiger Arbeit (§ 18 EStG)

FALL 165

Zusammenschluss von Freiberuflern mit berufsfremden Personen

Sachverhalt: Mit Vertrag vom 1. 6. 01 schließen sich A und B zum Ankauf und gemeinsamen Betrieb einer durch Tod verwaisten Steuerberaterpraxis in Form einer Gesellschaft bürgerlichen Rechts (GbR) zusammen. A ist Steuerberater. B hat diese Qualifikation noch nicht; er beabsichtigt aber, später die Steuerberaterprüfung abzulegen und hat aus diesem Anlass bereits an einem entsprechenden Vorbereitungslehrgang teilgenommen. Nach dem Gesellschaftsvertrag sind A und B an der Praxis und am Gewinn der Praxis je zur Hälfte beteiligt.

Aufgabe: Welcher Einkunftsart sind die von A und B erzielten Einkünfte zuzuordnen?

LÖSUNG

Geht ein Angehöriger eines freien Berufes i. S. d. § 18 Abs. 1 Nr. 1 EStG mit einer berufsfremden Person eine GbR ein, so erzielt die GbR für ihre Gesellschafter Einkünfte aus Gewerbebetrieb (§ 15 Abs. 3 Nr. 1 EStG). Die Tätigkeit einer Personengesellschaft kann nur dann als „freiberuflich" anerkannt werden, wenn alle Gesellschafter der Personengesellschaft die Voraussetzungen einer freiberuflichen Tätigkeit nach § 18 Abs. 1 Nr. 1 EStG erfüllen. Erfüllt nur ein Gesellschafter diese Voraussetzungen nicht, erzielen alle Gesellschafter Einkünfte aus Gewerbebetrieb nach § 15 Abs. 1 Nr. 2 EStG (BFH v. 10. 8. 1994 I R 133/93, BStBl 1995 II 171; v. 19. 2. 1998 IV R 11/97, BStBl 1998 II 603). Auch eine Aufteilung der Einkünfte als solche des Freiberuflers nach § 18 EStG und solche des Berufsfremden aus Gewerbebetrieb ist nicht möglich. Sowohl A als auch B beziehen daher Einkünfte aus Gewerbebetrieb.

FALL 166

Einkünfte einer Freiberufler-GmbH & Co. KG

Sachverhalt: Kommanditisten der X-GmbH & Co. KG, zugleich geschäftsführende Gesellschafter der Komplementär-GmbH, sind die promovierten und diplomierten Ingenieure A und B. Die Gesellschaft hat die Erstellung von Gutachten für Kfz-Unfallschäden und die Bewertung von Kfz und Maschinen zum Gegenstand.

Aufgabe: Entfaltet die Personengesellschaft eine freiberufliche Tätigkeit?

LÖSUNG

Eine Personengesellschaft entfaltet nur dann eine freiberufliche Tätigkeit, wenn alle ihre Gesellschafter freiberuflich tätig sind. Sowohl die persönlich haftenden Gesellschafter als auch die Kommanditisten müssen selbst eine freiberufliche Tätigkeit ausüben. Das ist bei einer GmbH & Co. KG nicht möglich, weil die GmbH als Kapitalgesellschaft nicht die Merkmale eines freien Berufs erfüllen kann. Bei der Qualifikation der Tätigkeit einer Personengesellschaft ist eine GmbH einkommensteuerrechtlich und gewerbesteuerrechtlich als „berufsfremde Person" zu werten (BFH VIII R 73/05, BStBl 2008 II 681). Die Tätigkeit einer GmbH & Co. KG gilt stets als Gewerbebetrieb (§ 2 Abs. 2 GewStG). Das gilt auch dann, wenn die GmbH lediglich eine Haftungsvergütung erhält und am Vermögen und Gewinn der KG nicht teilhat. Die Ingenieure A und B beziehen daher keine freiberuflichen, sondern gewerbliche Einkünfte (BFH v. 9.4.1987 VIII B 94/86, BFH/NV 1987, 509; VIII R 42/10, BStBl 2013 II 79).

FALL 167

Fortführung einer Arztpraxis durch die Erben mithilfe eines Arztvertreters

Sachverhalt: Der Ehemann der A betrieb bis zu seinem Tod am 18.10.01 eine Arztpraxis. Nach dem Tod ihres Ehemannes führt A die Praxis bis zum 31.3.02 mithilfe eines Arztvertreters fort. Dann gibt sie die Arztpraxis auf. A war bei ihrem Ehemann bis zu dessen Tod als Arzthelferin angestellt.

Aufgabe: Unter welche Einkunftsart fallen die von A in der Zeit vom 19.10.01 – 31.3.02 erwirtschafteten Einkünfte?

LÖSUNG

Stirbt ein Arzt und führt ein Erbe mangels eigener beruflicher Qualifikationen die Praxis auf eigene Rechnung in der Weise fort, dass er die ärztliche Tätigkeit durch eine dafür qualifizierte Person ausüben lässt, so erzielt der Erbe keine Einkünfte nach § 18 Abs. 1 Nr. 1 EStG. Denn ihm fehlt die berufliche Qualifikation des Erblassers und damit das Recht zur eigenverantwortlichen und selbständigen Ausübung der Arztpraxis, das mit dem Tod des Freiberuflers erloschen ist und nicht vererbt werden kann. In einem solchen Fall stellt die Fortführung der Praxis eine gewerbliche Tätigkeit dar. Die Einkünfte der A aus der Weiterführung der Arztpraxis ihres verstorbenen Ehemannes durch den Arztvertreter sind also keine Einkünfte aus selbständiger Tätigkeit, sondern solche aus Gewerbebetrieb (BFH VIII R 143/78, BStBl 1981 II 665; IV R 29/91, BStBl 1993 II 36).

FALL 168

Abschreibung des Praxiswerts bei Aufnahme eines Sozius

Sachverhalt: A bringt seine Steuerberaterpraxis am 1.1.01 unter Aufdeckung der stillen Reserven in eine zwischen ihm und B neu gegründete GbR ein, und zwar die Praxisausstattung mit 50 000 € und den Praxiswert mit 300 000 €. B erbringt eine dem tatsächlichen Wert des eingebrachten Betriebsvermögens entsprechende Bareinlage von 350 000 €. A ist weiterhin in der Praxis tätig.

a) B ist von Beruf ebenfalls Steuerberater.

b) B ist eine sog. berufsfremde Person, d.h., er hat die Steuerberaterprüfung noch nicht abgelegt.

Aufgabe: Kann der aufgedeckte Praxiswert – ggf. innerhalb welchen Zeitraums – abgeschrieben werden?

LÖSUNG

Zu a):

Der beim entgeltlichen Erwerb einer Praxis miterworbene Praxiswert kann nach der Rechtsprechung innerhalb eines Zeitraumes von drei bis fünf Jahren abgeschrieben werden (BFH VIII R 67/92, BStBl 1994 II 449). Begründet wird diese Abschreibung damit, dass der Praxiswert auf einem besonderen Vertrauensverhältnis zum bisherigen Praxisinhaber beruhe, das zwangsläufig mit dessen Ausscheiden ende, so dass sich der Praxiswert verflüchtige.

Eine AfA hat die Rechtsprechung früher jedoch abgelehnt, wenn der Praxiswert bei Veräußerung eines Praxisanteils im Wege der entgeltlichen Aufnahme eines Sozius oder bei Eintritt in eine Sozietät aufgedeckt wird und die bisherigen Mitglieder der Sozietät weiterhin mitarbeiten (BFH IV R 166/71, BStBl 1975 II 381). Hier hielt die Rechtsprechung eine AfA für unzulässig, weil derjenige, der den Praxiswert geschaffen habe, weiterhin in der Praxis tätig sei; der Praxiswert wurde in diesen Fällen als nicht abnutzbares Wirtschaftsgut angesehen.

Der BFH hat sich jedoch unter Änderung seiner bisherigen Rechtsprechung auf den Standpunkt gestellt, dass der anlässlich der Gründung einer Sozietät aufgedeckte Praxiswert ein abnutzbares und abschreibbares Wirtschaftsgut darstellt (BFH IV R 33/93, BStBl 1994 II 590; IV R 38/94, BFH/NV 1995, 385; IV R 33/95, BFH/NV 1997, 751; IV B 24/97, BFH/NV 1998, 1467).

Der BFH geht wegen der weiteren Mitarbeit des bisherigen Praxisinhabers typisierend davon aus, dass die betriebsgewöhnliche Nutzungsdauer eines derivativ erworbenen „Sozietätspraxiswerts" doppelt so lang ist wie die Nutzungsdauer des Wertes einer Einzelpraxis, also sechs bis zehn Jahre beträgt (ebenso BMF, BStBl 1995 I 14). Der Sozietätspraxiswert i.H.v. 300 000 €

kann also hier innerhalb von sechs bis zehn Jahren abgeschrieben werden. Ob als Abschreibungszeitraum z. B. sechs oder zehn Jahre zugrunde zu legen sind, hängt von den Umständen des einzelnen Falles ab, d. h., die Abschreibungsdauer ist innerhalb dieses Rahmens sachgerecht zu schätzen.

HINWEIS:

Bereits vor Wegfall der Vereinfachungsregelung, wonach für im ersten Halbjahr angeschaffte bewegliche Anlagegüter die volle Jahres-AfA und für im zweiten Halbjahr angeschaffte bewegliche Anlagegüter die halbe Jahres-AfA gewährt werden konnte, konnte bei Erwerb eines Praxiswerts im Laufe eines Jahres die AfA nur zeitanteilig in Anspruch genommen werden.

Zu b):

Wird der Praxiswert auf eine Sozietät übertragen, deren Einkünfte in solche aus Gewerbebetrieb umzuqualifizieren sind, weil ein Berufsfremder an der Sozietät beteiligt ist, gilt nichts anderes als im ersten Fall. Zwar wandelt sich der Praxiswert in einen Geschäftswert (BFH IX R 26/89, BStBl 1994 II 902), er verliert dabei aber nicht seinen aus der besonderen Personenbezogenheit folgenden Charakter. Dementsprechend kann auch im zweiten Fall die betriebsgewöhnliche Nutzungsdauer des anlässlich der Gründung der Sozietät aufgedeckten „Praxiswerts" typisierend auf sechs bis zehn Jahre geschätzt werden (BFH IV R 33/95, BFH/NV 1997, 751).

FALL 169

Abschreibung des Praxiswerts bei Gründung einer Freiberufler-GmbH

Sachverhalt: Steuerberater A und Steuerberater B bringen ihre beiden Einzelpraxen zum Teilwert, d. h. auch unter Aufdeckung der Praxiswerte von je 300 000 €, in die X-GmbH ein. Beide Freiberufler sind zu je 50 % an der X-GmbH beteiligt.

Aufgabe: Innerhalb welchen Zeitraums können die Praxiswerte von der X-GmbH abgeschrieben werden?

LÖSUNG

Aus dem Gesetz ergibt sich, dass der Geschäfts- oder Firmenwert eines Gewerbebetriebs auf eine betriebsgewöhnliche Nutzungsdauer von 15 Jahren abzuschreiben ist (§ 7 Abs. 1 Satz 3 EStG). Eine geringere Nutzungsdauer kommt danach nur für den Praxiswert eines selbständig Tätigen in Betracht (BFH v. 24. 2. 1994 IV R 33/93, BStBl 1994 II 590). Für die betriebsgewöhnliche Nutzungsdauer des Geschäftswerts eines Gewerbebetriebs ist dementsprechend ohne Bedeutung, ob die gewerbliche Tätigkeit besonders auf die Person des Unternehmers zugeschnitten ist. Eine Ausnahme von diesem Grundsatz hat der BFH lediglich in solchen Fällen angenommen, in denen sich der Praxiswert eines Freiberuflers

▶ durch Übertragung auf eine der Tätigkeit nach freiberufliche, aber – wie vorliegend – kraft Rechtsform oder

► wegen der Wirkung des § 15 Abs. 3 Nr. 1 EStG – gewerbliche Einkünfte erzielende Gesellschaft – in einen Geschäftswert gewandelt hat (BFH I R 52/93, BStBl 1994 II 903; IV R 33/95, NWB DokID: GAAAA-96954, BFH/NV 1997, 751; IV B 24/97, NWB DokID: HAAAA-97392, BFH/NV 1998, 1467).

Ein so gelagerter Ausnahmefall ist hier gegeben. Der Praxiswert ist auf eine GmbH übertragen worden, deren Einkünfte kraft Rechtsform solche aus Gewerbebetrieb sind. In diesem Fall wandelt sich der Praxiswert in einen Geschäftswert (BFH VIII R 13/93, BStBl 1994 II 922). Er verliert dabei aber nicht seinen aus der besonderen Personenbezogenheit folgenden Charakter, weil er durch die Einbringung in eine Gesellschaft aufgedeckt wird, die nach außen in gleicher Weise auftritt wie eine freiberufliche Sozietät.

Da die bisherigen Praxisinhaber in der erwerbenden GmbH weiterhin entscheidenden Einfluss ausüben, kann dies allerdings für die Bemessung der Nutzungsdauer von Bedeutung sein. Finanzverwaltung und BFH gehen in diesen Fällen davon aus, dass die betriebsgewöhnliche Nutzungsdauer – wie im Fall des „Sozietätspraxiswerts" – doppelt so lang ist wie die Nutzungsdauer des Wertes einer erworbenen Einzelpraxis, also sechs bis zehn Jahre beträgt (BMF, BStBl 1995 I 14; BFH I R 52/93, BStBl 1994 II 903; IV R 33/95, NWB DokID: GAAAA-96954, BFH/NV 1997, 751).

FALL 170

Vergütungen einer Personengesellschaft an einen an ihr beteiligten Freiberufler

Sachverhalt: A betreibt als selbständiger Architekt ein Architekturbüro. Für das Jahr 01 hat er dem FA einen Gewinn aus selbständiger Arbeit i. H. v. 200 000 € erklärt:

Betriebseinnahmen	420 000 €
./. Betriebsausgaben	./. 220 000 €
Gewinn	200 000 €

A ist zugleich als Kommanditist an einer GmbH & Co. KG beteiligt, die sich mit dem Bau und Verkauf von Eigentumswohnungen befasst. Er hat es nach dem Gesellschaftsvertrag übernommen, für die KG Architektenleistungen zu erbringen, die nach Maßgabe der Gebührenordnung für Architekten vergütet werden. Die KG hat das Honorar für das Jahr 01 i. H. v. 95 000 € als Betriebsausgaben abgesetzt; der auf A danach entfallende Gewinnanteil beträgt 130 000 €.

A hat die Honorarzahlungen der KG i. H. v. 95 000 € im Rahmen seiner Einnahmen-Überschussrechnung 01 als Betriebseinnahmen berücksichtigt. Die mit der Tätigkeit für die KG zusammenhängenden Aufwendungen belaufen sich auf 45 000 €; sie sind in den erklärten Betriebsausgaben i. H. v. 220 000 € enthalten.

Aufgabe: Welcher Einkunftsart sind die von der KG geleisteten Architektenhonorare zuzuordnen?

LÖSUNG

Ist ein Freiberufler Gesellschafter einer gewerblich tätigen oder gewerblich geprägten Personengesellschaft und erbringt er für diese Leistungen im Rahmen seiner freiberuflichen Tätigkeit, so handelt es sich bei den dafür gezahlten Vergütungen nicht um Einkünfte aus freiberuflicher Tätigkeit, sondern um Einkünfte aus Gewerbebetrieb (§ 15 Abs. 1 Satz 1 Nr. 2 EStG). Die mit den Leistungen für die Personengesellschaft zusammenhängenden Aufwendungen stellen Sonderbetriebsausgaben des betreffenden Gesellschafters dar (BFH I R 56/77, BStBl 1979 II 763; I R 85/77, BStBl 1979 II 767). Die Vergütungen und die damit zusammenhängenden Sonderbetriebsausgaben sind in die gesonderte und einheitliche Gewinnfeststellung der Personengesellschaft einzubeziehen.

Diese Beurteilung hat für A folgende steuerliche Konsequenzen:

Korrektur der Einkünfte aus selbständiger Arbeit

Gewinn lt. Erklärung		200 000 €
./. Vergütungen der KG	./. 95 000 €	
+ damit zusammenhängende Betriebsausgaben	45 000 €	./. 50 000 €
		150 000 €

Korrektur der Einkünfte aus Gewerbebetrieb

Gewinnanteil lt. Erklärung		130 000 €
+ Vergütungen der KG	95 000 €	
./. damit zusammenhängende Sonderbetriebsausgaben	./. 45 000 €	50 000 €
		180 000 €

FALL 171

Gründung einer Freiberuflersozietät durch Einbringung einer Einzelpraxis

Sachverhalt: A betreibt eine Rechtsanwaltspraxis. Zum 31. 12. 01 stellt er folgende vereinfacht dargestellte Schlussbilanz auf:

Aktiva	Schlussbilanz zum 31. 12. 01		Passiva
Praxisausstattung	40 000 €	Kapital	100 000 €
Sonstige Aktiva	60 000 €		
	100 000 €		**100 000 €**

Der Praxiswert beträgt 200 000 €; weitere stille Reserven sind im Betriebsvermögen nicht enthalten.

A bringt die Praxis am 31. 12. 01 in eine zwischen ihm und dem Rechtsanwalt B neu gegründete GbR ein. B erbringt eine Bareinlage i. H. v. 300 000 €, die dem wahren Wert des eingebrachten Betriebsvermögens entspricht. A und B sind an der GbR zu je 50 % beteiligt. Ihre Kapitalkonten sollen in der Eröffnungsbilanz der GbR gleich hoch sein (= je 300 000 €). A will im Rahmen der Sozietätsgründung keinen Gewinn versteuern.

Aufgabe: Welches Aussehen müssen die Eröffnungsbilanzen haben, damit der Gründungsvorgang erfolgsneutral behandelt werden kann?

LÖSUNG

Die Einbringung einer freiberuflichen Praxis in eine Personengesellschaft fällt unter § 24 UmwStG; der Einbringungsvorgang kann daher durch Fortführung der Buchwerte erfolgsneutral gestaltet werden.

Da im vorliegenden Fall die Kapitalkonten von A und B in der Eröffnungsbilanz der Sozietät in gleicher Höhe ausgewiesen werden sollen, hat diese folgendes Aussehen:

Aktiva	Eröffnungsbilanz GbR		Passiva
Praxisausstattung	40 000 €	Kapital A	300 000 €
Sonstige Aktiva	60 000 €	Kapital B	300 000 €
Praxiswert	200 000 €		
Bareinlage B	300 000 €		
	600 000 €		**600 000 €**

Für A entsteht bei dieser Behandlung ein Veräußerungsgewinn i. H. v. (300 000 € ./. 100 000 € =) 200 000 €, weil sich sein Kapital im Rahmen der Einbringung um 200 000 € erhöht hat. Diesen Veräußerungsgewinn kann A dadurch neutralisieren, dass er eine negative Ergänzungsbilanz mit einem Minderkapital von 200 000 € aufstellt (BMF, BStBl 2011 I 1314 Rz. 24.14):

Aktiva	Negative Ergänzungsbilanz A		Passiva
Minderkapital	200 000 €	Praxiswert	200 000 €
	200 000 €		**200 000 €**

Das eingebrachte Betriebsvermögen ist nunmehr in der Bilanz der GbR und der Ergänzungsbilanz des A wie folgt ausgewiesen: mit 300 000 € in der Bilanz der GbR, abzgl. 200 000 € in der Ergänzungsbilanz des A, insgesamt also mit 100 000 €. Dieser Wert gilt für den einbringenden A als Veräußerungspreis (§ 24 Abs. 3 UmwStG). Da der Buchwert des eingebrachten Betriebsvermögens ebenfalls 100 000 € beträgt, entsteht kein Veräußerungsgewinn.

Die Ergänzungsbilanz ist bei der künftigen Gewinnermittlung zu berücksichtigen und weiterzuentwickeln. Die Auflösung des Praxiswerts bewirkt bei A einen jährlichen Gewinn aus der Ergänzungsbilanz i. H. v. (1/10 von 200 000 € =) 20 000 €, wenn man für den „Sozietätspraxiswert" eine Nutzungsdauer von zehn Jahren zugrunde legt (vgl. BMF, BStBl 1995 I 14, wonach ein Sozietätspraxiswert innerhalb von sechs bis zehn Jahren abgeschrieben werden darf).

11.4 Besteuerung der Veräußerungsgewinne i. S. d. § 16 und § 18 Abs. 3 EStG

11.4.1 Allgemeines

Zu den Einkünften aus Gewerbebetrieb gehören auch Gewinne oder Verluste, die erzielt werden

▶ bei der Veräußerung oder Aufgabe eines ganzen Gewerbebetriebs, eines Teilbetriebs oder einer im Betriebsvermögen gehaltenen 100%igen Beteiligung an einer Kapitalgesellschaft (§ 16 Abs. 1 Nr. 1 EStG) und

▶ bei der Veräußerung des gesamten Mitunternehmeranteils (§ 16 Abs. 1 Satz 1 Nr. 2 Satz 1 EStG).

Zu den Einkünften aus selbständiger Arbeit gehört auch der Gewinn, der bei der Veräußerung des Vermögens oder eines selbständigen Teils des Vermögens oder eines Anteils am Vermögen erzielt wird, das der selbständigen Arbeit dient (§ 18 Abs. 3 Satz 1 EStG). Veräußerungs- und Aufgabegewinne sind also einkommensteuerpflichtig, Veräußerungs- und Aufgabeverluste ausgleichs- und abzugsfähig.

11.4.2 Freibetragsregelung

Wer seinen Betrieb veräußert, erhält auf Antrag einen Freibetrag von maximal 45 000 €, wenn er im Zeitpunkt der Betriebsveräußerung das 55. Lebensjahr vollendet hat oder im sozialversicherungsrechtlichen Sinne dauernd berufsunfähig ist (§ 16 Abs. 4 Satz 1 EStG). Der Freibetrag ist dem Stpfl. nur einmal zu gewähren (§ 16 Abs. 4 Satz 2 EStG). „Einmal" bedeutet in diesem Zusammenhang: nur einmal im Leben, auch wenn der Stpfl. mehrere Betriebe hat (OFD Saarbrücken, DStR 1997, 1165). Veräußerungs- und Aufgabefreibeträge, die für Betriebsveräußerungen oder -aufgaben vor dem 1. 1. 1996 in Anspruch genommen wurden, werden nicht angerechnet (§ 52 Abs. 34 Satz 5 EStG). Der Freibetrag von 45 000 € ermäßigt sich um den Betrag, um den der Veräußerungs- oder Aufgabegewinn 136 000 € übersteigt (§ 16 Abs. 4 Satz 3 EStG). Auf Kapitalgesellschaften findet die Freibetragsregelung naturgemäß keine Anwendung.

11.4.3 Progressions- bzw. Tarifvergünstigung

Für VZ ab 1999 ist auf außerordentliche Einkünfte – Betriebsveräußerungsgewinne zählen dazu – auf Antrag eine komplizierte Tarifregelung, die sog. Fünftel-Regelung (§ 34 Abs. 1 EStG) anzuwenden. Diese hat zum Ziel, die infolge der zusammengeballten Realisierung stiller Reserven sowie des Zusammentreffens laufender mit einmaligen Gewinnen eintretende Progressionswirkung des Tarifs durch eine rechnerische Verteilung der Einkünfte auf fünf Jahre zu mildern. Hierzu wird die Einkommensteuer für das zu versteuernde Einkommen ohne die außerordentlichen Einkünfte (sog. „verbleibendes zu versteuerndes Einkommen") der Einkommensteuer für das zu versteuernde Einkommen ohne die außerordentlichen Einkünfte zuzüglich eines Fünftels der außerordentlichen Einkünfte gegenübergestellt. Die Differenz wird verfünffacht und der Einkommensteuer für das verbleibende zu versteuernde Einkommen hinzugerechnet (§ 34 Abs. 1 Satz 2 EStG). Ist das verbleibende zu versteuernde Einkommen negativ und das zu versteuernde Einkommen positiv, beträgt die Einkommensteuer das Fünffache der auf ein Fünftel des zu versteuernden Einkommens entfallenden Einkommensteuer (§ 34 Abs. 1 Satz 3 EStG).

Betriebsveräußerungsgewinne, die nach dem 31.12.2003 erzielt werden, können bis maximal 5 Mio. € statt nach der Fünftel-Regelung mit 56 % des durchschnittlichen Steuersatzes, mindestens jedoch einem Steuersatz von zurzeit 14 % versteuert werden, wenn der Steuerpflichtige das 55. Lebensjahr vollendet hat oder im sozialversicherungsrechtlichen Sinne dauernd berufsunfähig ist. Diese Ermäßigung kann der Stpfl. nur einmal im Leben in Anspruch nehmen (§ 34 Abs. 3 EStG), gerechnet ab dem VZ 2001.

Zu beachten ist, dass § 16 Abs. 2 Satz 3 EStG vorsieht, dass Gewinne aus der Betriebsveräußerung insoweit nicht begünstigt sind – auch nicht für Zwecke des Freibetrags –, als auf der Seite des Veräußerers und des Erwerbers dieselben Personen Unternehmer oder Mitunternehmer sind. Eine entsprechende Regelung gilt für § 24 Abs. 3 UmwStG. Betroffen von dieser Regelung sind vor allem die Fälle, in denen ein Gesellschafter neu in eine bisher bestehende Personengesellschaft aufgenommen wird und die bisherigen Gesellschafter die Gelegenheit nutzen, die stillen Reserven durch Ansatz des gemeinen Werts aufzudecken. Hier wird nur der Betrag als begünstigter Veräußerungsgewinn besteuert, der von den stillen Reserven auf den neu aufgenommenen Gesellschafter entfällt.

11.4.4 Begriff der Veräußerung

Der zivilrechtliche Begriff der Veräußerung erfasst sowohl die entgeltliche als auch die unentgeltliche Übertragung, während das EStG unter einer Veräußerung nur die entgeltliche bzw. teilentgeltliche Übertragung des Eigentums an einem Gegenstand versteht. Für die Annahme einer Veräußerung bedarf es einkommensteuerrechtlich nicht des Übergangs des rechtlichen Eigentums, der Übergang des wirtschaftlichen Eigentums reicht aus (BFH IV R 210/72, BStBl 1977 II 145; IV R 52/83, BStBl 1986 II 552).

Entgeltlich ist eine Veräußerung, wenn ihr ein schuldrechtliches Verpflichtungsgeschäft (z. B. ein Kauf- oder Tauschvertrag) zugrunde liegt, bei dem der Wert der Leistung und Gegenleistung nach kaufmännischen Gesichtspunkten gegeneinander abgewogen worden ist; wesentlich ist, dass die Beteiligten subjektiv von der Gleichwertigkeit von Leistung und Gegenleistung ausgegangen sind (BFH IV R 154/79, BStBl 1983 II 99). Auch bei teilentgeltlichen Rechtsgeschäften, d. h. bei gemischten Schenkungen, kann ein Veräußerungsgewinn i. S. v. § 16 Abs. 1 Nr. 1 EStG entstehen (BFH VIII R 138/80, BStBl 1986 II 811; IV R 138/80, BStBl 1993 II 436).

Die Einbringung eines ganzen Gewerbebetriebs oder eines Teilbetriebs in eine Kapitalgesellschaft oder eine Personengesellschaft ist an sich auch eine Veräußerung i. S. v. § 16 EStG (BFH VIII R 138/80, BStBl 1982 II 622; XI R 34/92, BStBl 1984 II 233). Die Rechtsfolgen richten sich hier aber primär nach den vorrangigen §§ 20-23 UmwStG bzw. § 24 UmwStG.

11.4.5 Gegenstand der Veräußerung

11.4.5.1 Der ganze Betrieb

Eine Betriebsveräußerung im Ganzen i. S. d. § 16 Abs. 1 Nr. 1 EStG liegt nur vor, wenn der Veräußerer alle wesentlichen Grundlagen des Betriebs in einem einheitlichen Vorgang entgeltlich bzw. teilentgeltlich auf einen Erwerber überträgt und damit seine bisherige gewerbliche Betätigung mit dem bisherigen Betriebsvermögen beendet (BFH X R 52/90, BStBl 1994 II 838; XI R 56, 57/95, BStBl 1996 II 527). Die Annahme einer Betriebsveräußerung wird nicht dadurch ausgeschlossen, dass der Veräußerer Wirtschaftsgüter von untergeordneter Bedeutung zurückbehält, um sie bei sich bietender Gelegenheit zu veräußern (BFH I R 40/72, BStBl 1975 II 232). Unerheblich ist auch, ob der Erwerber den Betrieb tatsächlich fortführt oder stilllegt (R 16 Abs. 1 Satz 2 EStR 2012). Unschädlich ist, wenn der Veräußerer vom Erwerber als Angestellter oder freier Mitarbeiter beschäftigt wird (BFH X R 40/07, BStBl 2009 II 43).

Was als wesentliche Betriebsgrundlage anzusehen ist, kann nur im Einzelfall bestimmt werden. Zu den wesentlichen Betriebsgrundlagen gehören zum einen solche Wirtschaftsgüter, die bei funktionaler Betrachtungsweise zur Erreichung des Betriebszwecks erforderlich sind und ein besonderes wirtschaftliches Gewicht für die Betriebsführung besitzen (BFH I R 40/72, BStBl 1975 II 232). Dies sind i. d. R. Wirtschaftsgüter des Anlagevermögens, insbesondere Betriebsgrundstücke. Daneben werden aufgrund einer rein quantitativen Betrachtungsweise auch solche Wirtschaftsgüter den wesentlichen Betriebsgrundlagen zugerechnet, die erhebliche stille Reserven enthalten (BFH I R 57/79, BStBl 1983 II 312; VIII R 39/72, BStBl 1996 II 409).

11.4.5.2 Teilbetrieb

Eine Teilbetriebsveräußerung i. S. d. § 16 Abs. 1 Nr. 1 EStG liegt vor, wenn

▶ ein mit einer gewissen Selbständigkeit ausgestatteter, organisch geschlossener Teil eines Gesamtbetriebs,

▶ der für sich allein lebensfähig ist,

▶ entgeltlich bzw. teilentgeltlich auf einen Erwerber übertragen wird (BFH XI R 35/00, BFH/NV 2002, 336; X R 17/03, BFH/NV 2006, 532; VIII R 22/09, BStBl 2012 II 777).

Für die Frage, ob der veräußerte Betriebsteil selbständig und allein lebensfähig ist, sind die Verhältnisse beim Veräußerer im Zeitpunkt der Veräußerung maßgebend (BFH IV R 189/81, BStBl 1984 II 486).

11.4.5.3 Die 100 %ige Beteiligung an einer Kapitalgesellschaft

Als Teilbetrieb gilt auch die in einem Betriebsvermögen gehaltene 100 %ige Beteiligung an einer Kapitalgesellschaft (§ 16 Abs. 1 Satz 1 Nr. 1 Satz 2 EStG), weil diese wirtschaftlich betrachtet einem Teilbetrieb entspricht. Aufgrund dieser Fiktion ist die Veräußerung einer solchen Beteiligung im Rahmen des § 16 EStG einkommensteuerlich ebenso begünstigt wie die Veräußerung eines Teilbetriebs.

Gewinne aus der Veräußerung einer 100 %igen Beteiligung an einer Kapitalgesellschaft unterliegen prinzipiell dem Teileinkünfteverfahren und können daher nicht ermäßigt besteuert werden

(§ 3 Nr. 40, § 34 Abs. 2 Nr. 1 EStG). Für Veräußerungsgewinne, die dem Teileinkünfteverfahren unterliegen, wird zwar nicht die Fünftel-Regelung oder der „begünstigte Steuersatz" gewährt, bei Vorliegen der entsprechenden Voraussetzungen kann jedoch der Freibetrag nach § 16 Abs. 4 EStG geltend gemacht werden. Die Privilegierung der Veräußerung einer 100 %igen Beteiligung an einer Kapitalgesellschaft im Betriebsvermögen reduziert sich bei Anwendung des Teileinkünfteverfahrens auf den Freibetrag.

11.4.6 Betriebsaufgabe

Als Veräußerung gilt auch die Aufgabe des Betriebs (§ 16 Abs. 3 Satz 1 EStG). Eine Aufgabe des ganzen Betriebs liegt vor, wenn der Inhaber des Betriebs die wesentlichen Grundlagen des Betriebs in einem einheitlichen Vorgang innerhalb kurzer Zeit an mehrere Abnehmer veräußert oder wenn er sie objektiv erkennbar in sein Privatvermögen überführt (BFH IV R 36/81, BStBl 1984 II 711; I R 235/80, BStBl 1985 II 456). In diesem Fall besteht der Betrieb als selbständiger Organismus des Wirtschaftslebens nicht mehr fort. Eine Betriebsaufgabe setzt demnach die Einstellung der werbenden Tätigkeit voraus (BFH I R 154/85, BStBl 1981 II 460).

Obwohl in § 16 Abs. 3 Satz 1 EStG die Aufgabe eines Teilbetriebs nicht erwähnt ist, hat die Rechtsprechung auch einen Teilbetrieb für aufgabefähig gehalten (BFH VIII R 154/85, BStBl 1986 II 896 f.). Ein Teilbetrieb ist danach aufgegeben, wenn alle wesentlichen Betriebsgrundlagen des Teilbetriebs in einem einheitlichen Vorgang entweder an verschiedene Erwerber veräußert oder insgesamt entnommen oder teilweise veräußert und teilweise entnommen werden.

11.4.7 Betriebsverpachtung

Bei einer Betriebsverpachtung hat der Verpächter ein Wahlrecht, ob er die Verpachtung als Betriebsaufgabe i. S. d. § 16 Abs. 3 EStG oder ob er den Betrieb als fortbestehend behandelt sehen will.

Erklärt der Unternehmer die Betriebsaufgabe, so sind damit die Wirtschaftsgüter des Betriebsvermögens in das Privatvermögen überführt (BFH I R 235/80, BStBl 1985 II 456); es entsteht ein nach §§ 16, 34 EStG steuerbegünstigter Aufgabegewinn. Die künftigen Pachteinnahmen sind bei den Einkünften aus Vermietung und Verpachtung zu erfassen.

Gibt der Verpächter keine Aufgabeerklärung ab, bleiben die verpachteten Wirtschaftsgüter Betriebsvermögen. Der Verpächter bezieht einkommensteuerrechtlich weiterhin Einkünfte aus Gewerbebetrieb (sog. ruhender Gewerbebetrieb), die jedoch nicht der Gewerbesteuer unterliegen, weil ein werbender Betrieb i. S. d. § 1 Abs. 1 GewStDV nicht (mehr) gegeben ist.

Eine Betriebsverpachtung im vorstehenden Sinne setzt zwar nicht voraus, dass der Betrieb als geschlossener Organismus verpachtet wird, wohl aber, dass alle wesentlichen Grundlagen des ganzen Betriebs oder Teilbetriebs verpachtet werden (BFH VIII R 2/95, BStBl 1998 II 388; X R 2/02, BFH/NV 2005, 1292).

Neuregelung durch das Steuervereinfachungsgesetz 2011: Der Gesetzgeber hat in § 16 Abs. 3b EStG i. d. F. des Steuervereinfachungsgesetzes (StVereinfG) 2011 v. 11. 11. 2011 (BGBl 2011 I

2131) angeordnet, dass in den Fällen der Betriebsunterbrechung und Betriebsverpachtung im Ganzen ein Gewerbebetrieb nicht als aufgegeben gilt, bis

der Stpfl. die Aufgabe i. S. d. § 16 Abs. 3 Satz 1 EStG ausdrücklich gegenüber dem FA erklärt oder

dem FA Tatsachen bekannt werden, aus denen sich ergibt, dass die Voraussetzungen für eine Aufgabe i. S. d. § 16 Abs. 3 Satz 1 EStG erfüllt sind.

Die Aufgabe des Gewerbebetriebs ist rückwirkend für den vom Stpfl. gewählten Zeitpunkt anzuerkennen, wenn die Aufgabeerklärung spätestens drei Monate nach diesem Zeitpunkt abgegeben wird. Wird die Aufgabeerklärung nicht spätestens drei Monate nach dem vom Stpfl. gewählten Zeitpunkt abgegeben, gilt der Gewerbebetrieb erst in dem Zeitpunkt als aufgegeben, in dem die Aufgabeerklärung beim FA eingeht. Durch die Neuregelung wird als Grundfall die Notwendigkeit einer ausdrücklichen Aufgabeerklärung gegenüber dem FA in Fällen der Betriebsunterbrechung und Betriebsverpachtung festgeschrieben. Die Neuregelung ist auf Betriebsaufgaben im Falle einer Betriebsunterbrechung oder Betriebsaufgabe im Ganzen nach dem 4. 11. 2011 (Tag der Verkündung des StVereinfG 2011) anzuwenden (§ 52 Abs. 34 Satz 9 EStG i. d. F. des StVereinfG 2011). Durch § 16 Abs. 3b EStG sollen Rechtsstreitigkeiten, die aus nicht eindeutigen Aufgabeerklärungen herrührenden, eingeschränkt werden.

FALL 172

Betriebsveräußerung gegen Leibrente mit Wertsicherungsklausel

Sachverhalt: Der 60 Jahre alte A verkauft am 1. 1. 01 seinen Gewerbebetrieb an B gegen eine im Voraus – ab 1. 1. 01 – zahlbare lebenslängliche Rente (mit Wertsicherungsklausel) i. H. v. monatlich 2 500 €. Das Kapitalkonto des A beträgt im Zeitpunkt der Betriebsveräußerung 80 000 €. Die von A getragenen Veräußerungskosten belaufen sich auf 6 390 €. Am 1. 1. 03 tritt die Wertsicherungsklausel in Kraft; deswegen erhöht sich die Rente von bisher 2 500 € auf nunmehr 2 700 €.

Aufgabe: Welche Wahlmöglichkeiten hat A und welche Rechtsfolgen ergeben sich für ihn hinsichtlich der Versteuerung des Veräußerungsgewinns?

LÖSUNG

Bei einer Betriebsveräußerung gegen eine Leibrente hat der Veräußerer nach Verwaltungsauffassung und Rechtsprechung ein Wahlrecht: Er kann den Veräußerungsgewinn sofort oder nachträglich bei Zufluss versteuern (BFH VIII R 8/01, BStBl 2002 II 532; R 16 Abs. 11 EStR 2012).

a) Sofortversteuerung

Entscheidet sich der Stpfl. für die Sofortversteuerung, ist Veräußerungsgewinn der Unterschiedsbetrag zwischen dem Barwert der Rente, vermindert um etwaige Veräußerungskosten des Stpfl., und dem Buchwert des steuerlichen Kapitalkontos im Zeitpunkt der Veräußerung des Betriebs. Der Gewinn ist steuerbegünstigt (§§ 16, 34 EStG).

Der Barwert der Rente wird im betrieblichen Bereich „üblicherweise" nach versicherungsmathematischen Grundsätzen ermittelt (BFH IX R 110/90, BStBl 1995 II 47; VIII R 38/94, BStBl 1998 II

339). Die Finanzverwaltung gewährt ein Wahlrecht (R 6.2 EStR 2012). Danach kann der Barwert entweder nach den Vorschriften des BewG oder nach versicherungsmathematischen Grundsätzen ermittelt werden.

Ermittelt man den Rentenbarwert nach den Vorschriften des BewG, ergibt sich für A folgender Veräußerungsgewinn:

Jahresbetrag der Rente: 12 × 2 500 € =	30 000 €
Vervielfältiger lt. Tabelle zu § 14 Abs. 1 BewG (BMF, BStBl 2012 I 950, 952 für Bewertungsstichtage ab 1. 1. 2013) bei einem Lebensalter von 60 Jahren = 12,713	
Kapitalwert der Rente somit: 30 000 € × 12,713 =	381 390 €
./. von A getragene Veräußerungskosten	./. 6 390 €
	375 000 €
./. Buchwert des steuerlichen Kapitalkontos	./. 80 000 €
Veräußerungsgewinn	**295 000 €**

Der Veräußerungsgewinn wird entweder nach der sog. Fünftel-Regelung versteuert (§ 34 Abs. 1 EStG) oder auf Antrag mit 56 % des durchschnittlichen Steuersatzes, mindestens jedoch 14 %, besteuert (§ 34 Abs. 3 EStG).

Die zufließenden Rentenzahlungen sind von A mit ihrem Ertragsanteil als sonstige Einkünfte zu versteuern (§ 22 Nr. 1 Satz 3 Buchst. a Doppelbuchst. bb EStG). Der Eintritt der Wertsicherungsklausel bewirkt keine Änderung des Veräußerungsgewinns. Eine steuerliche Auswirkung ergibt sich für A nur insoweit, als der bisherige Ertragsanteil der Rente auch auf den Erhöhungsbetrag angewendet wird.

Sonstige Einkünfte 01

Rentenzahlungen: 12 × 2 500 € =	30 000 €
Ertragsanteil: 22 % von 30 000 € =	6 600 €
./. Werbungskosten-Pauschbetrag (§ 9a Satz 1 Nr. 3 EStG)	./. 102 €
	6 498 €

Sonstige Einkünfte 02

Rentenzahlungen: 12 × 2 500 € =	30 000 €
Ertragsanteil: 22 % von 30 000 € =	6 600 €
./. Werbungskosten-Pauschbetrag (§ 9a Nr. 3 EStG)	./. 102 €
	6 498 €

Sonstige Einkünfte 03

Rentenzahlungen: 12 × 2 700 € =	32 400 €
Ertragsanteil: 22 % von 32 400 € =	7 128 €
./. Werbungskosten-Pauschbetrag (§ 9a Nr. 3 EStG)	./. 102 €
	7 026 €

HINWEIS:

Die Vervielfältiger für die Ermittlung des Kapitalwerts einer Leibrente wurden in den letzten Jahren an die gestiegene Lebenserwartung angepasst (BMF v. 17. 3. 2009, BStBl 2009 I 474 – für Stichtage ab 1. 1. 2007; BMF v. 20. 1. 2009, BStBl 2009 I 270 – für Stichtage ab 1. 1. 2009; BMF v. 1. 10. 2009, BStBl 2009 I 1168 – für Stichtage ab 1. 1. 2010; BMF v. 8. 11. 2010, BStBl 2010 I 1288 – für Stichtage ab 1. 1. 2011; BMF v. 26. 9. 2011, BStBl 2011 I 834 – für Stichtage ab 1. 1. 2012; BMF v. 26. 10. 2012, BStBl 2012 I 950 – für Stichtage ab 1. 1. 2013).

b) Zuflussbesteuerung

Zur Zuflussbesteuerung kommt es nur, wenn diese Art der Besteuerung ausdrücklich gewählt wird. Wird das Wahlrecht überhaupt nicht oder nicht ordnungsgemäß ausgeübt, ist der Gewinn im Zeitpunkt der Veräußerung realisiert und sofort zu versteuern (BFH XI R 31/96, BFH/NV 1999, 1333). Wählt A die Zuflussbesteuerung, d. h. eine Versteuerung der laufenden Rentenzahlungen nach Maßgabe des tatsächlichen Zuflusses, ist bei Veräußerungen, die **vor dem 1. 1. 2004** erfolgt sind, wie folgt zu verfahren (R 16 Abs. 11 Satz 8 EStR 2012):

Die Rentenzahlungen stellen nachträgliche Einkünfte aus Gewerbebetrieb (§§ 15, 24 Nr. 2 EStG) dar, die erst zu versteuern sind, sobald sie das steuerliche Kapitalkonto i. H. v. 80 000 € (zzgl. der von A getragenen Veräußerungskosten i. H. v. 6 390 €) übersteigen. Erst dann kommt es zur Realisierung des Veräußerungsgewinns. Es handelt sich um einen laufenden Gewinn, für den weder der Freibetrag nach § 16 Abs. 4 EStG noch die Progressionsbegünstigung (Fünftel-Regelung) nach § 34 Abs. 1 EStG noch die Tarifermäßigung nach § 34 Abs. 3 EStG in Anspruch genommen werden können (BFH III B 15/88, BStBl 1989 II 409). Die Rentenzahlungen der Jahre 01 und 02 werden nicht versteuert. Im Jahr 03 übersteigen die Rentenzahlungen erstmalig das Kapitalkonto (zzgl. Veräußerungskosten), so dass sie ab diesem Zeitpunkt als nachträgliche gewerbliche Einkünfte zu erfassen sind.

	01	02	03
Rentenzahlungen	30 000 €	30 000 €	32 400 €
./. verrechnet mit Kapitalkonto (zzgl. Veräußerungskosten) von 86 390 €	./. 30 000 €	./. 30 000 €	26 390 €
nachträgliche gewerbliche Einkünfte	0 €	0 €	6 010 €

Ist die Betriebsveräußerung **nach dem 31. 12. 2003** erfolgt, soll nach Ansicht der Finanzverwaltung bei Wahl der Zuflussbesteuerung ein Gewinn entstehen, wenn der „Kapitalanteil" der wiederkehrenden Leistungen das steuerliche Kapitalkonto des Veräußerers zuzüglich etwaiger Veräußerungskosten des Veräußerers übersteigt; der in den wiederkehrenden Leistungen enthaltene Zinsanteil stellt nach neuerer Erkenntnis der Finanzverwaltung bereits im Zeitpunkt des Zuflusses nachträgliche Betriebseinnahmen dar (R 16 Abs. 11 Satz 7 EStR 2012; BMF, BStBl 2004 I 1187). Folgt man der Auffassung der Finanzverwaltung, ergibt sich für die Jahre 01-03 folgender Zinsanteil:

01:

Barwert der Rente 1. 1. 01: 30 000 € x 12,713 =	381 390 €
Barwert der Rente 1. 1. 02: 30 000 € x 12,458 =	373 740 €
Differenz = Barwertminderung	7 590 €
Rentenzahlungen 01	30 000 €
Differenz = Zinsanteil 01	22 350 €

02:

Barwert der Rente 1. 1. 02: 30 000 € x 12,458 =	373 470 €
Barwert der Rente 1. 1. 03: 30 000 € x 12,196 =	365 880 €
Differenz = Barwertminderung	7 590 €
Rentenzahlungen 02	30 000 €
Differenz = Zinsanteil 02	22 410 €

03:

Barwert der Rente 1. 1. 03: 32 400 € x 12,196 =	395 150 €
Barwert der Rente 1. 1. 04: 32 400 € x 11,923 =	386 305 €
Differenz = Barwertminderung	8 845 €
Rentenzahlungen 03	32 400 €
Differenz = Zinsanteil 03	23 555 €

Nach Auffassung der Finanzverwaltung führen die Zinsanteile im Jahr des Zuflusses zu nachträglichen Einnahmen aus Gewerbebetrieb (§ 24 Nr. 2 i. V. m. § 15 EStG). Die in den Rentenzahlungen enthaltenen Kapitalanteile sind erst dann als nachträgliche Betriebseinnahmen zu erfassen, sobald sie das Kapitalkonto (80 000 €) zzgl. die von A getragenen Veräußerungskosten (6 390 €) i. H. v. insgesamt 86 390 € übersteigen. Ab diesem Zeitpunkt ist dann die gesamte Rente (Zins- und Kapitalanteil) als nachträgliche Betriebseinnahme zu erfassen.

FALL 173

Betriebsveräußerung gegen Einmalbetrag und Leibrente

Sachverhalt: Der 58 Jahre alte A veräußert am 31.12.01 seinen Gewerbebetrieb gegen einen festen Kaufpreis i. H. v. 160 000 € und eine ab 1.1.02 zahlbare monatliche Leibrente, deren Kapitalwert im Zeitpunkt der Veräußerung 240 000 € beträgt. Das steuerliche Kapitalkonto des A beläuft sich zum 31.12.01 auf 100 000 €.

Aufgabe: Welche Wahlmöglichkeiten hat A hinsichtlich der Versteuerung des Veräußerungsgewinns?

LÖSUNG

Bei einer Veräußerung eines Betriebs gegen einen festen Kaufpreis und eine Leibrente steht dem Veräußerer das Wahlrecht zwischen Sofortversteuerung und Zuflussbesteuerung nur hinsichtlich der Leibrente zu (R 16 Abs. 11 Satz 9 EStR 2012).

a) Sofortversteuerung

Wählt A die Sofortversteuerung, so ergibt sich folgender Veräußerungsgewinn:

Fester Kaufpreis	160 000 €
+ Kapitalwert der Rente	240 000 €
	400 000 €
./. Buchwert des steuerlichen Kapitalkontos	./. 100 000 €
Veräußerungsgewinn	300 000 €

Für den Veräußerungsgewinn kann kein Freibetrag gewährt werden, da der Veräußerungsgewinn die Freibetragsgrenze von 136 000 € um mehr als 45 000 € übersteigt (§ 16 Abs. 4 Satz 3 EStG). Der Veräußerungsgewinn i. H. v. 300 000 € ist jedoch entweder nach der Fünftel-Regelung oder auf Antrag mit 56 % des durchschnittlichen Steuersatzes, mindestens jedoch 14 % zu versteuern (§ 34 Abs. 1 und 3 EStG).

Die laufenden Rentenzahlungen unterliegen bei A mit ihrem Ertragsanteil als sonstige Einkünfte der Einkommensteuer (§ 22 Nr. 1 Satz 3 Buchst. a Doppelbuchst. bb EStG).

b) Zuflussbesteuerung

Wählt A hinsichtlich der Leibrente die Zuflussbesteuerung, ist der durch den festen Kaufpreis realisierte Veräußerungsgewinn gleichwohl sofort zu versteuern; obgleich in diesem Fall nicht alle stillen Reserven realisiert werden, ist die Fünftel-Regelung nach § 34 Abs. 1 EStG oder auf Antrag der ermäßigte Steuersatz nach § 34 Abs. 3 EStG, mindestens der Eingangssteuersatz zu gewähren (BFH IV 288/62, BStBl 1968 II 76). Für die Ermittlung des Freibetrags nach § 16 Abs. 4 EStG ist der Kapitalwert der Rente jedoch auch dann mit einzubeziehen, wenn die Rente erst bei Zufluss als nachträgliche Einkünfte (§ 24 Nr. 2 EStG) versteuert wird (BFH IV R 81/67, BStBl 1968 II 75).

Diese Beurteilung hat hier zur Folge, dass A den durch den festen Kaufpreis realisierten Veräußerungsgewinn i. H. v. (160 000 € ./. 100 000 € =) 60 000 € progressionsbegünstigt bzw. auf Antrag tarifermäßigt zu versteuern hat (§ 34 Abs. 1 und 3 EStG). Ein Freibetrag nach § 16 Abs. 4 EStG kann nicht gewährt werden. Die laufenden Rentenzahlungen sind im Zeitpunkt des Zuflusses in voller Höhe als nachträgliche, dem regulären Steuersatz unterliegende Einkünfte aus Gewerbebetrieb zu versteuern (§§ 15, 24 Nr. 2 EStG).

FALL 174

Betriebsveräußerung gegen Zeitrente

Sachverhalt: Der 65 Jahre alte A veräußert am 1. 1. 01 seinen Gewerbebetrieb an B. Der Erwerber verpflichtet sich, dem A für die Dauer von 15 Jahren – monatlich im Voraus – Rentenzahlungen i. H. v. jeweils 5 000 € zu erbringen. Das steuerliche Kapitalkonto des A beträgt im Zeitpunkt der Betriebsveräußerung 180 000 €. Der Kapitalwert der Rente i. H. v. 618 840 € entspricht dem Verkehrswert des Betriebs.

a) Der Vertrag enthält keinen Hinweis dahin gehend, dass die Rente der Versorgung des A dienen soll.

b) Der Vertrag enthält den Hinweis, dass die Rente der Versorgung des A dienen soll.

Aufgabe: Wie sind die A zufließenden Zahlungen einkommensteuerlich zu behandeln?

LÖSUNG

Im vorliegenden Fall handelt es sich um eine Betriebsveräußerung gegen Zeitrente. Veräußerungszeitrenten müssen von Kaufpreisraten abgegrenzt werden. Diese Unterscheidung ist nur bedeutsam für das von der Rechtsprechung und Verwaltung eingeräumte Wahlrecht zwischen Sofortversteuerung und Zuflussbesteuerung (BFH VIII R 37/90, BFH/NV 1993, 87).

Bei Zeitrenten ist zu prüfen, ob die Beteiligten eine Versorgung des Veräußerers gewollt haben. Fehlt der Rente der Versorgungscharakter, sind die Zahlungen als Kaufpreisraten zu behandeln, d. h., der Gewinn gilt als im Zeitpunkt der Veräußerung realisiert. Der Veräußerungsgewinn ist begünstigt (§§ 16, 34 EStG). Der in den jährlichen Rentenzahlungen enthaltene Zinsanteil ist vom Veräußerer als Einnahmen aus Kapitalvermögen zu versteuern (so wohl BFH VIII R 37/90, BFH/NV 1993, 87), wenn man in Übereinstimmung mit der bislang ständigen höchstrichterlichen Rechtsprechung davon ausgeht, dass die Kaufpreisforderung notwendig in das Privatvermögen des Veräußerers übergeht (so BFH VIII R 11/95, BStBl 1998 II 379; vgl. jedoch BFH II R 45/97, BFH/NV 2000, 686, wonach die Restkaufpreisforderung aus der Betriebsveräußerung zumindest für die Dauer der Abwicklung noch so lange zum Betriebsvermögen gehört, wie sie nicht freiwillig ins Privatvermögen überführt wird). Die Zinsanteile sind als nachträgliche Betriebseinnahmen (§ 24 Nr. 2 EStG) zu erfassen, wenn man mit dem Vorlagebeschluss des VIII. Senats (BFH VIII R 55/86, BStBl 1992 II 479) davon ausgeht, dass die Kaufpreisforderung dem Betriebsvermögen zugeordnet bleibt (BFH VIII R 37/90, BFH/NV 1993, 87). Der Große Senat des BFH (GrS 2/92, BStBl 1993 II 897) hat diese Frage offengelassen.

Hat die Rente Versorgungscharakter, kann für die Rentenzahlungen die Zuflussbesteuerung gewählt werden. Der Kapitalanteil, der in den Rentenzahlungen enthalten ist, ist erst ab dem Zeitpunkt als nachträgliche gewerbliche Einkünfte (§ 24 Nr. 2 EStG) zu erfassen, ab dem er das steuerliche Kapitalkonto und die vom Rentenberechtigten getragenen Veräußerungskosten übersteigt. Der in den Rentenzahlungen enthaltene Zinsanteil ist dagegen im Jahr des Zuflusses sofort als nachträgliche Betriebseinnahme zu erfassen (R 16 Abs. 11 EStR 2012; BMF, BStBl 2004 I 1187). Die Rechtsprechung fordert für die Annahme einer betrieblichen Veräußerungsrente, dass der Betriebserwerber die Leistungen über einen Zeitraum von mehr als zehn Jahren zu er-bringen hat und in der sonstigen Ausgestaltung des Vertrages eindeutig die Absicht des Ver-äußerers zum Ausdruck kommt, sich eine Versorgung zu verschaffen (BFH IV 254/62, BStBl 1968 III 653; IV R 137/82, BStBl 1984 II 829). Die Entscheidung darüber, ob die vereinbar-ten Leistungen Versorgungscharakter haben, liegt weitgehend auf tatsächlichem Gebiet. Man wird deshalb dort, wo der Veräußerer zur Erlangung des Veräußerungsfreibetrages (§ 16 Abs. 4 EStG) und/oder der Fünftel-Regelung oder des ermäßigten Steuersatzes (§ 34 Abs. 1 oder 3 EStG) das Vorliegen von Kaufpreisraten behauptet, ihm folgen müssen. Für spätere Jahre ist der Ver-äußerer allerdings an seine Wahl gebunden (BFH III 89/58 U, BStBl 1959 III 152).

Steuerliche Behandlung im Fall a)

Hier hat die Rente offensichtlich keinen Versorgungscharakter, so dass sie wie Kaufpreisraten zu behandeln ist. Im Zeitpunkt der Veräußerung entsteht ein nach § 34 Abs. 1 oder 3 EStG begüns-tigter Veräußerungsgewinn, der wie folgt zu ermitteln ist:

Kapitalwert der Kaufpreisraten am 1.1.01	618 840 €
./. steuerliches Kapitalkonto am 1.1.01	./. 180 000 €
begünstigt zu versteuernder Veräußerungsgewinn	438 840 €

Der in den jährlichen Rentenzahlungen enthaltene Zinsanteil gehört bei A zu den Einnahmen aus Kapitalvermögen bzw. den nachträglichen Betriebseinnahmen. Dieser Zinsanteil wird er-rechnet, indem von der jährlichen Rentenzahlung die jährliche Barwertminderung abgezogen wird (BFH VIII R 131/70, BStBl 1975 II 173; VIII R 163/71, BStBl 1975 II 431; BFH X R 32-33/01, BFH/NV 2010, 2160). Aus Vereinfachungsgründen kann der Zinsanteil auch in Anlehnung an die Ertragsanteilstabelle des § 55 Abs. 2 EStDV bestimmt werden (BMF, BStBl 2004 I 1187):

Rentenzahlung 01: 5 000 € × 12 =		60 000 €
Barwert der Rente lt. Tabelle 2 zu § 12 Abs. 1 BewG (BMF, BStBl 2001 I 1041, 1053):		
1.1.01: 60 000 € × 10,314 =	618 840 €	
1.1.02: 60 000 € × 9,853 =	591 180 €	
Barwertminderung	27 660 €	27 660 €
Differenz = Zinsanteil 01		32 340 €

Steuerliche Behandlung im Fall b)

Da die Rente Versorgungscharakter hat, kann A die Zuflussbesteuerung wählen. Dann muss er den in den Rentenzahlungen enthaltenen Kapitalanteil erst versteuern, wenn dieser sein steuer-liches Kapitalkonto von 180 000 € übersteigt. Der in den Rentenzahlungen enthaltene Zins-anteil ist dagegen sofort bei Zufluss als nachträgliche Betriebseinnahme (§§ 15, 24 Nr. 2 EStG) zu erfassen (so jedenfalls R 16 Abs. 11 Satz 7 EStR 2012 für Veräußerungen, die nach dem 31. 12. 2003 erfolgen).

Schoor

Veräußerung einer zum Betriebsvermögen gehörenden 100 %-igen Beteiligung an einer Kapitalgesellschaft

Sachverhalt: A (60 Jahre alt) und B (62 Jahre alt) sind zu je 50 % als Gesellschafter an der X-OHG und zugleich zu je 50 % an der Y-GmbH beteiligt, deren Wirtschaftsjahr mit dem Kalenderjahr übereinstimmt. Die Beteiligungen an der Y-GmbH gehören seit zehn Jahren steuerlich zum Sonderbetriebsvermögen von A und B bei der X-OHG. Am 1. 7. 2012 veräußerten A und B ihre GmbH-Anteile an C für je 226 000 €; der Buchwert der GmbH-Anteile beträgt im Zeitpunkt der Veräußerung je 25 000 €. An Veräußerungskosten entstehen A und B je 1 000 €.

Aufgabe: Welche ertragsteuerlichen Folgen ergeben sich für A und B im Zusammenhang mit der Veräußerung der GmbH-Anteile?

Als Teilbetrieb „gilt" auch die im Betriebsvermögen gehaltene 100 %ige Beteiligung an einer Kapitalgesellschaft (§ 16 Abs. 1 Satz 1 Nr. 1 Satz 2 EStG), weil diese – wirtschaftlich betrachtet – einem Teilbetrieb entspricht. Die Beteiligung muss insgesamt notwendiges oder gewillkürtes Betriebsvermögen sein. Keine Rolle spielt, ob sich die 100%ige Beteiligung im Betriebsvermögen eines Einzelunternehmers oder im Gesamthandsvermögen einer Personengesellschaft befindet; es reicht auch aus, wenn die Beteiligung im Eigentum eines oder – wie hier – mehrerer Mitunternehmer derselben Personengesellschaft steht und steuerlich zum Sonderbetriebsvermögen gehört (R 16 Abs. 3 Satz 7 EStR 2012; ebenso OFD Münster, DStR 1987, 732).

Gewinne, die bei der Veräußerung einer im Betriebsvermögen gehaltenen 100 %igen Beteiligung entstehen, unterliegen im Hinblick auf das Teileinkünfteverfahren prinzipiell nur zu 60 % der Einkommensteuer (§§ 3 Nr. 40 Buchst. b, 3c Abs. 2 EStG). Für Veräußerungsgewinne, die dem Teileinkünfteverfahren unterliegen, gibt es zwar den Steuerfreibetrag nach § 16 Abs. 4 EStG, aber nicht die Tarifbegünstigung nach § 34 Abs. 1 oder 3 EStG (§ 34 Abs. 2 Nr. 1 EStG). Zur Ermittlung des Veräußerungsgewinns von A und B ist wie folgt zu rechnen:

Veräußerungspreis	226 000 €	
steuerfrei nach § 3 Nr. 40 Buchst. b EStG: 40 %	./. 90 400 €	
steuerpflichtig	135 600 €	135 600 €
Veräußerungskosten	1 000 €	
Nicht abziehbar: 40 %	./. 400 €	
abziehbar nach § 3c Abs. 2 EStG: 60 %	600 €	./. 600 €
		135 000 €
Buchwert der GmbH-Beteiligung	25 000 €	
nicht abziehbar: 40 %	./. 10 000 €	
Abziehbar nach § 3c Abs. 2 EStG: 60 %	15 000 €	./. 15 000 €

Veräußerungsgewinn A bzw. B	120 000 €
Freibetrag nach § 16 Abs. 4 EStG	./. 45 000 €
steuerpflichtiger Veräußerungsgewinn A bzw. B	75 000 €

Zu beachten ist, dass eine 100 %ige Beteiligung zwar als Teilbetrieb gilt, in Wahrheit aber kein solcher ist, so dass der Verkauf der Beteiligung nicht einer Teilbetriebsveräußerung i. S. einer teilweisen Einstellung der gewerblichen Tätigkeit gleichgestellt werden kann. Diese Beurteilung hat hier zur Folge, dass der von A und B erzielte Veräußerungsgewinn i. H. v. jeweils 120 000 € bei der Einkommensteuer auf Antrag nach § 16 Abs. 4 EStG begünstigt zu versteuern ist, zugleich aber der Gewerbesteuer unterliegt (BFH IV R 60/74, BStBl 1978 II 100). Die auf den Veräußerungsgewinn i. H. v. 2 × 120 000 € = 240 000 € entfallende Gewerbesteuer mindert weder den laufenden Gewinn 01 der X-OHG noch den Veräußerungsgewinn. Die Gewerbesteuer ist für Erhebungszeiträume ab 2008 keine Betriebsausgabe mehr (§ 4 Abs. 5b EStG). Nach Auffassung der Finanzverwaltung ist sie eine nicht abziehbare Betriebsausgabe und daher außerhalb der Bilanz dem Gewinn wieder hinzuzurechnen.

FALL 176

Die Aufgabe einer zum Betriebsvermögen gehörenden 100 %-igen Beteiligung an einer Kapitalgesellschaft

Sachverhalt: Der 60 Jahre alte A betreibt als Einzelunternehmer einen Gewerbebetrieb. Zugleich ist er Alleingesellschafter der X-GmbH. Die GmbH-Anteile gehören zum Betriebsvermögen seines Einzelunternehmens, dessen Gewinn durch Bestandsvergleich ermittelt wird. Mit Kaufvertrag vom 20. 12. 2011 verkaufte A 40 % seiner GmbH-Anteile an seinen Schwiegersohn B zu fremdüblichen Bedingungen; nach dem Vertrag soll das Eigentum an den GmbH-Anteilen am 1. 4. 2012 auf B übergehen. Ende 2012 übertrugt A die ihm noch verbliebenen 60 % der GmbH-Anteile unentgeltlich auf seine Tochter C.

Aufgrund des Verkaufs der GmbH-Anteile an seinen Schwiegersohn hat A einen Gewinn i. H. v. 40 000 € (Veräußerungspreis i. H. v. 80 000 € ./. Buchwert des 40 %igen Anteils von 40 000 €) erzielt. Die der Tochter übertragenen GmbH-Anteile hatten im Zeitpunkt der Übertragung einen Buchwert von 60 000 € und einen Teilwert (= gemeiner Wert) von 120 000 €.

Das Wirtschaftsjahr des Einzelunternehmens und der GmbH stimmt mit dem Kalenderjahr überein.

Aufgabe: Welche einkommensteuerlichen Folgen ergeben sich für A aufgrund der Veräußerung bzw. unentgeltlichen Übertragung der GmbH-Anteile?

LÖSUNG

Die Veräußerung einer 100 %igen Beteiligung an einer Kapitalgesellschaft i. S. d. § 16 Abs. 1 Nr. 1 Satz 2 EStG liegt nur vor, wenn die gesamte Beteiligung im Laufe eines Wirtschaftsjahres auf einen Erwerber übertragen wird. Wird die Beteiligung in einem Wirtschaftsjahr zwar insgesamt, aber an verschiedene Erwerber veräußert, handelt es sich nicht um eine begünstigte Veräußerung, aber um eine nach § 16 Abs. 3 Satz 1 EStG ebenso begünstigte Aufgabe.

Dasselbe gilt für den Fall, dass die Beteiligung in einem Wirtschaftsjahr insgesamt in das Privatvermögen überführt oder teilweise veräußert und im Übrigen entnommen wird (BFH IV R 151/79, BStBl 1982 II 751).

Diese letzte Voraussetzung ist bei A erfüllt. Denn der Gewinn aus der Veräußerung einer Beteiligung entsteht bei einem bilanzierenden Stpfl. nicht schon mit Abschluss des entgeltlichen schuldrechtlichen Verpflichtungsgeschäfts, z. B. eines Kaufvertrags, sondern erst zu dem Zeitpunkt, in dem aufgrund dieses entgeltlichen schuldrechtlichen Verpflichtungsgeschäfts das rechtliche oder wenigstens das wirtschaftliche Eigentum an den Anteilen vom Veräußerer auf den Erwerber übergeht (BFH IV R 113/81, BStBl 1983 II 640; IV R 226/85, BStBl 1988 II 832). Da A die GmbH-Anteile im Jahr 2012 teilweise veräußert und im Übrigen – aufgrund der unentgeltlichen Übertragung auf die Tochter – entnommen hat, ist der nach dem Teileinkünfteverfahren (§§ 3 Nr. 40 Buchst. b, 3c Abs. 2 EStG) zu versteuernde Veräußerungs- und Entnahmegewinn i. H. v. insgesamt 60 % von (40 000 € + 60 000 € =) 100 000 € = 60 000 € nach § 16 Abs. 4 EStG begünstigt. Der Gewinn ist bei der Einkommensteuer i. H. v. 45 000 € steuerfrei, weil eine 100 %ige Beteiligung als Teilbetrieb gilt (§ 16 Abs. 4 EStG). Der Veräußerungs- bzw. Entnahmegewinn i. H. v. 45 000 € unterliegt jedoch der Gewerbesteuer (BFH IV R 60/74, BStBl 1978 II 100).

Realteilung einer OHG

Sachverhalt: Die X-OHG, an der A und B zu je 50 % als Gesellschafter beteiligt sind, besteht aus zwei Teilbetrieben:

dem Teilbetrieb 1 mit einem Buchwert von 250 000 € und einem Teilwert von 500 000 € und

dem Teilbetrieb 2 mit einem Buchwert von ebenfalls 250 000 € und einem Teilwert von 500 000 €.

Die Kapitalkonten der beiden Gesellschafter belaufen sich auf je 250 000 €. Die Gesellschafter lösen im Jahr 01 die OHG auf und setzen sich im Wege der Realteilung in der Weise auseinander, dass A den Teilbetrieb 1 und B den Teilbetrieb 2 übernimmt.

Aufgabe: Ist die Realteilung erfolgsneutral?

LÖSUNG

Eine Personengesellschaft, z. B. OHG, KG oder GbR, mit Gewinneinkünften kann in der Weise aufgelöst werden, dass aufgrund eines entsprechenden Auflösungsbeschlusses die Wirtschaftsgüter des Gesellschaftsvermögens den einzelnen Mitunternehmern entsprechend ihrem Anteil am Gesellschaftsvermögen zugewiesen werden. Das Vermögen der Gesellschaft geht dann in das Vermögen der Gesellschafter über. Eine solche Aufteilung gemeinschaftlichen Betriebsvermögens zur Erfüllung des Auseinandersetzungsanspruchs der Mitunternehmer bezeichnet man als Realteilung oder Naturalteilung (BFH XI R 51/89, BStBl 1992 II 946). Handelsrechtlich ist die

Realteilung eine andere Art der Auseinandersetzung des Gesellschaftsvermögens (§§ 131, 145 Abs. 1, 161 Abs. 2 HGB), die dazu führt, dass die Personengesellschaft kein Aktivvermögen zurückbehält und deshalb voll beendet ist. Die Grundsätze der Realteilung gelten nicht nur für gewerbliche, sondern auch für land- und forstwirtschaftliche Betriebe (BFH IV R 93/93, BStBl 1995 II 700) sowie bei Betriebsvermögen, das der selbständigen Arbeit dient (BFH IV R 20/94, BStBl 1996 II 70).

§ 16 Abs. 3 Satz 2-4 EStG sieht vor, dass bei der Realteilung einer Mitunternehmerschaft

▶ zwingend die Buchwerte anzusetzen sind, wenn die Wirtschaftsgüter in das jeweilige Betriebsvermögen der einzelnen Mitunternehmer übertragen werden, vorausgesetzt, die Besteuerung der stillen Reserven ist sichergestellt; das gilt unabhängig davon, ob im Zuge der Realteilung Teilbetriebe, Mitunternehmeranteile oder einzelne Wirtschaftsgüter übertragen werden (§ 16 Abs. 3 Satz 2 EStG);

▶ rückwirkend der gemeine Wert anzusetzen ist, soweit bei einer Realteilung, bei der einzelne Wirtschaftsgüter übertragen worden sind, zum Buchwert übertragener Grund und Boden, übertragene Gebäude oder andere übertragene wesentliche Betriebsgrundlagen innerhalb einer Sperrfrist nach der Übertragung veräußert oder entnommen werden; die Sperrfrist endet drei Jahre nach Abgabe der Steuererklärung der Mitunternehmerschaft für den VZ der Realteilung (§ 16 Abs. 3 Satz 3 EStG);

▶ eine Buchwertfortführung bei Zuteilung von einzelnen Wirtschaftsgütern nicht zulässig ist, soweit die Wirtschaftsgüter unmittelbar oder mittelbar auf eine Körperschaft, Personenvereinigung oder Vermögensmasse übertragen werden; in diesem Fall ist bei der Übertragung der gemeine Wert anzusetzen (§ 16 Abs. 3 Satz 4 EStG).

Eine Realteilung einer Mitunternehmerschaft nach § 16 Abs. 3 Satz 2 EStG liegt vor, wenn die bisherige Mitunternehmerschaft beendet wird und zumindest ein Mitunternehmer den ihm zugeteilten Teilbetrieb, Mitunternehmeranteil oder die ihm zugeteilten Einzelwirtschaftsgüter als Betriebsvermögen fortführt (BMF, BStBl 2011 I 1279 Rz. 37).

Im vorliegenden idealtypischen Fall ergeben sich keine Bilanzierungsprobleme:

A und B führen die Buchwerte der Teilbetriebe 1 und 2 von je 250 000 € unter gleichzeitiger Fortführung ihrer Kapitalkonten von je 250 000 € fort.

Die Realteilung ist damit erfolgsneutral.

Realteilung einer KG unter Anwendung der Kapitalkontenanpassungsmethode

Sachverhalt: A und B sind zu je 50 % als Gesellschafter an der X-KG beteiligt. Das Gesellschaftsvermögen besteht aus den Wirtschaftsgütern 1 (Buchwert 150 000 €, Teilwert 300 000 €) und den Wirtschaftsgütern 2 (Buchwert 50 000 €, Teilwert 300 000 €). Die Kapitalkonten von A und B betragen je 100 000 €. A übernimmt bei der Realteilung die Wirtschaftsgüter 1 und B die Wirtschaftsgüter 2. Beide Gesellschafter übertragen die ihnen zugeteilten Wirtschaftsgüter in das Betriebsvermögen ihrer Einzelunternehmen.

Aufgabe: Ist die Realteilung gewinnneutral?

In den meisten Realteilungsfällen ist es nicht möglich, den einzelnen Gesellschaftern Wirtschaftsgüter mit Buchwerten zuzuteilen, die insgesamt genau dem Buchwert ihrer Kapitalkonten entsprechen. Zwangsläufig kommt es dann dazu, dass der eine Gesellschafter an Buchwerten mehr, der andere Gesellschafter an Buchwerten weniger als den Betrag seines Kapitalkontos erhält. Dieses Bilanzierungsproblem ist mittels der sog. Kapitalkontenanpassungsmethode zu lösen (BFH VIII R 69/86, BStBl 1992 II 385; BMF, BStBl 2006 I 228, Abschn. VII). Nach dieser Methode müssen die Realteiler ihr jeweiliges Kapitalkonto durch Auf- bzw. Abstocken an die Buchwerte der zugeteilten Teilbetriebe bzw. Mitunternehmeranteile anpassen. Dadurch ändert sich zwar die personelle Zuordnung der stillen Reserven nach der Realteilung, sämtliche stille Reserven bleiben indes steuerverhaftet.

Vorliegend ist die Realteilung gewinnneutral. A muss allerdings sein Kapitalkonto erfolgsneutral von 100 000 € auf 150 000 € aufstocken, B von 100 000 € auf 50 000 € abstocken. Danach können die Buchwerte der den beiden Gesellschaftern zugeteilten Wirtschaftsgüter von diesen in ihren eigenen Betrieben fortgeführt werden. Bei dieser Lösung wird also in Kauf genommen, dass stille Reserven von einem Realteiler auf den anderen übergehen: An den stillen Reserven von insgesamt 400 000 € waren A und B vor der Realteilung mit je 50 % = 200 000 € beteiligt. Nach der Realteilung hat A stille Reserven i. H. v. 150 000 €, B i. H. v. 250 000 €. Stille Reserven i. H. v. 50 000 € sind somit von A auf B übergegangen.

Realteilung einer OHG unter Zuteilung von in das Privatvermögen überführten Einzelwirtschaftsgütern

Sachverhalt: An der X-OHG sind der 60 Jahre alte A und der 62 Jahre alte B je zur Hälfte als Gesellschafter beteiligt. Der Buchwert des Betriebsvermögens beträgt 200 000 €, der gemeine Wert (= Teilwert) 500 000 €. Das Kapitalkonto des A beläuft sich auf 50 000 €, das des B auf 150 000 €. Die Gesellschafter setzen sich in 01 im Wege der Realteilung in der Weise auseinander, dass A Einzelwirtschaftsgüter im gemeinen Wert i. H. v. 200 000 €, B i. H. v. 300 000 € übernimmt. Beide Realteiler überführen die zugeteilten Wirtschaftsgüter in ihr Privatvermögen.

Aufgabe: Ist die Realteilung erfolgsneutral oder entsteht – ggf. in welcher Höhe – ein Aufgabegewinn?

Werden den Realteilern Einzelwirtschaftsgüter zugeteilt, die in das Privatvermögen überführt werden, liegt eine Betriebsaufgabe (§ 16 Abs. 3 EStG) vor mit der Folge, dass die stillen Reserven aufzudecken sind. Der Aufgabegewinn der Mitunternehmerschaft ist den Gesellschaftern A und B anteilig zuzurechnen. Die Verteilung des Aufgabegewinns der Gesellschaft auf die Gesellschafter bestimmt sich im Fall der Realteilung nach dem Wert der Wirtschaftsgüter, die auf den einzelnen Gesellschafter übertragen werden (§ 16 Abs. 3 Satz 8 EStG; BFH VIII R 57/90, BStBl 1982 II 456). Für jeden Beteiligten ist also der gemeine Wert der Wirtschaftsgüter anzusetzen, die er bei der Auseinandersetzung erhalten hat. Aufgabegewinnanteil des Gesellschafters ist danach der Unterschied zwischen dem gemeinen Wert der ihm zugeteilten Wirtschaftsgüter und dem Buchwert seines Kapitalkontos.

In der Praxis wird zur Ermittlung des Aufgabegewinns meist eine Aufgabebilanz aufgestellt, in der die Wirtschaftsgüter mit ihrem gemeinen Wert ausgewiesen werden. Diese Aufgabebilanz wird dann der letzten, auf den Zeitpunkt der Aufgabe fortentwickelten steuerlichen Jahresbilanz gegenübergestellt. Die steuerliche Realteilungsbilanz ist also bei Aufdeckung der stillen Reserven mit der Aufgabebilanz identisch (BFH, BStBl 1994 II 607). Zur Ermittlung des jeweiligen Aufgabegewinns ist also hier für jeden Gesellschafter der gemeine Wert der Wirtschaftsgüter anzusetzen, die er bei der Auseinandersetzung erhalten hat. Dieser Wert ist dem Buchwert des Kapitalkontos gegenüberzustellen. Für A ergibt sich danach ein Aufgabegewinn i. H. v. 200 000 € ./. 50 000 € = 150 000 € und für B i. H. v. 300 000 € ./. 150 000 € = 150 000 €. Die Aufgabegewinne werden begünstigt besteuert (§§ 16, 34 EStG).

A:

gemeiner Wert der Wirtschaftsgüter 1	200 000 €	
./. Kapitalkonto	./. 50 000 €	150 000 €

B:

gemeiner Wert der Wirtschaftsgüter 2	300 000 €	
./. Kapitalkonto	./. 150 000 €	150 000 €
Aufgabegewinn insgesamt		300 000 €

FALL 180

Realteilung mit Spitzenausgleich

Sachverhalt: Das Betriebsvermögen der X-OHG, an der A und B zu je 50 % als Gesellschafter beteiligt sind, besteht aus den

Wirtschaftsgütern 1:	Buchwert	100 000 €	Teilwert	1 000 000 €
Wirtschaftsgütern 2:	Buchwert	80 000 €	Teilwert	800 000 €

Die Kapitalkonten von A und B betragen je 90 000 €. Bei der Realteilung erhält A die Wirtschaftsgüter 1 und B die Wirtschaftsgüter 2. Zum Wertausgleich zahlt A an B 100 000 €. Beide Gesellschafter führen die ihnen zugewiesenen Wirtschaftsgüter in ihren Einzelunternehmen fort.

Aufgabe: Welche steuerlichen Folgen ergeben sich für A und B?

LÖSUNG

In zahlreichen Realteilungsfällen ist ein vollständiger Wertausgleich durch die Zuteilung von Wirtschaftsgütern des Gesellschaftsvermögens einschließlich der Geldkonten nicht möglich. Ein Gesellschafter enthält dann – bezogen auf seinen nach Verkehrswerten ermittelten Auseinandersetzungsanspruch – mehr Vermögen, der andere Gesellschafter weniger Vermögen als ihm zusteht. Deshalb zahlt der Gesellschafter, der zu viel erhalten hat, dem Gesellschafter, der zu wenig erhalten hat, einen Ausgleich in Geld. Man spricht in diesem Zusammenhang von einer Realteilung mit Spitzenausgleich.

Der BFH hat in einer Grundsatzentscheidung (VIII R 57/90, BStBl 1994 II 607; ebenso VIII R 12/93, BFH/NV 1995, 98) zur Realteilung einer Personengesellschaft – es ging um eine Realteilung mit Buchwertfortführung, bei der ein Realteiler dem anderen einen Spitzenausgleich zahlte – folgenden Standpunkt vertreten:

▶ Zahlt bei einer Realteilung mit Buchwertfortführung ein Realteiler dem anderen einen Spitzenausgleich, steht dies der gewinnneutralen Realteilung des Gesellschaftsvermögens (im Übrigen) nicht entgegen.

▶ Der Spitzenausgleich führt allerdings zur Realisierung eines nicht begünstigten Veräußerungsgewinns i. H. d. Ausgleichsbetrags (ohne Gegenrechnung eines anteiligen Buchwerts).

B entsteht nach Ansicht des BFH i. H. d. Spitzenausgleichs von 100 000 € ein – nicht begünstigter – laufender Veräußerungsgewinn (BFH VIII R 57/90, BStBl 1994 II 607), der allerdings nicht der Gewerbesteuer unterliegt (BFH VIII R 13/94, BStBl 1994 II 809). A und B müssen in ihren Fortführungseröffnungsbilanzen ihre Kapitalkonten erfolgsneutral an die Buchwerte der übernommenen Teilbetriebe angleichen (Kapitalkonto A nach Angleichung 100 000 €, Kapitalkonto B nach Angleichung 80 000 €). Anschließend hat der leistungsverpflichtete A die Buchwerte der von ihm übernommenen Wirtschaftsgüter um die nachträglichen Anschaffungskosten i. H. der Ausgleichszahlung von 100 000 € aufzustocken.

Die Finanzverwaltung hat das genannte BFH-Urteil zum Teil mit einem Nichtanwendungserlass belegt (BMF, BStBl 1994 I 601). Nach ihrer Ansicht und der h. M. wird nur im Verhältnis der Ausgleichszahlung zum Wert der übernommenen Wirtschaftsgüter entgeltlich angeschafft und veräußert und nur insoweit Gewinn realisiert (BMF, BStBl 2006 I 228). Zur Ermittlung des Gewinns aus der Ausgleichszahlung ist danach eine anteilige Gegenrechnung der Buchwerte vorzunehmen. In Höhe des um den anteiligen Buchwert verminderten Spitzenausgleichs entsteht ein laufender, nicht begünstigter Gewinn für den veräußernden Realteiler. Der Spitzenausgleich-Gewinn unterliegt auch nicht der Gewerbesteuer (BFH VIII R 13/94, BStBl 1994 II 809), rechnet also nicht zum Gewerbeertrag, weil die Realteilung auch nach Gewerbesteuerrecht ein betriebsbeendender Vorgang (eine Betriebsaufgabe) ist.

Nach Ansicht der Finanzverwaltung ist der Fall wie folgt zu lösen (BMF, BStBl 2006 I 228, Abschn. VI):

A steht wertmäßig am Gesellschaftsvermögen die Hälfte von 1 800 000 € = 900 000 € zu. Da er aber Wirtschaftsgüter im Wert von 1 Mio. € erhält, also 100 000 € mehr, zahlt er diese 100 000 € für 1/10 des Betriebsvermögens 1, das er mehr erhält. A erwirbt also 9/10 der Wirtschaftsgüter des Teilbetriebs 1 unentgeltlich und 1/10 entgeltlich. Auf dieses Zehntel entfällt ein Buchwert von 1/10 von 100 000 € = 10 000 €, so dass A die Aktivwerte um 100 000 € ./. 10 000 € = 90 000 € aufstocken muss und B einen Veräußerungsgewinn i. H.v. 90 000 € erzielt. Der von B erzielte Veräußerungsgewinn ist als laufender Gewinn nicht begünstigt zu versteuern, er unterliegt aber nicht der Gewerbesteuer. B muss die Buchwerte der von ihm übernommenen Wirtschaftsgüter i. H.v. 80 000 € fortführen.

FALL 181

Gewinnermittlung bei einer Realteilung ohne Spitzenausgleich bei Buchwertfortführung

Sachverhalt: Die X-GbR, an der A und B zu je 50 % beteiligt sind, betreibt eine Steuerberatungspraxis. Sie ermittelt ihren Gewinn durch Einnahmen-Überschussrechnung (§ 4 Abs. 3 EStG). Gesellschafter der GbR sind die Steuerberater A und B.

A kündigte den Gesellschaftsvertrag zum 31. 12. 2013. Dadurch wurde die GbR aufgelöst. Jeder Realteiler erhielt den von ihm betreuten Mandantenstamm zugewiesen. Forderungen und Verbindlichkeiten wurden so aufgeteilt, dass kein Spitzenausgleich erforderlich wurde. A und B führen die von ihnen übernommenen Wirtschaftsgüter mit dem Buchwert in ihren Einzelpraxen ab 1. 1. 2014 fort. Beide ermitteln ihren Gewinn ab 2014 durch Einnahmen-Überschussrechnung.

Aufgabe: Besteht für die GbR zum 31. 12. 2013 die Verpflichtung zur Erstellung einer Realteilungsbilanz nebst sog. Übergangsermittlung?

LÖSUNG

Veräußert ein Stpfl., der seinen Gewinn nach § 4 Abs. 3 EStG ermittelt, seinen Betrieb, oder gibt er ihn auf, ist er grundsätzlich so zu behandeln, als wäre er im Augenblick der Veräußerung oder Aufgabe zunächst zur Gewinnermittlung nach § 4 Abs. 1 EStG übergegangen (BFH III R 30-31/85, BStBl 1990 II 287). In diesen Fällen ist grundsätzlich ein Wechsel der Gewinnermittlungsart vorzunehmen und ein Übergangsgewinn oder -verlust anzusetzen. Ein sich dabei ergebender Übergangsgewinn ist laufender, nicht begünstigter Gewinn.

Die Realteilung ist nach herrschendem Verständnis durch den Tatbestand der Betriebsaufgabe auf der Ebene der Gesellschaft gekennzeichnet (BFHVIII R 28/08, BFH/NV 2011, 1572). Jedoch ordnet § 16 Abs. 3 Satz 2 i.V. m. § 18 Abs. 3 Satz 2 EStG für den Sonderfall der Realteilung gerade nicht die Aufdeckung der stillen Reserven an, sondern zwingt trotz Betriebsaufgabe zur Fortführung der Buchwerte, weil das unternehmerische Engagement fortgeführt wird.

Fraglich ist daher vor diesem Hintergrund, ob bei der Realteilung einer Mitunternehmerschaft, die ihren Gewinn durch Einnahmen-Überschussrechnung ermittelt, im Zeitpunkt der Realteilung zum Bestandsvergleich nach § 4 Abs. 1 EStG übergegangen werden muss (R 4.5 Abs. 6 EStR 2012). Bejaht man diese Frage, käme es im Jahr 2013 bei der GbR zu einer Übergangsbesteuerung. Der sog. Realteilungserlass enthält zu dieser Frage keine Festlegung. Dennoch wird verwaltungsseitig in der Praxis bislang davon ausgegangen, dass auch bei einer Realteilung ohne Spitzenausgleich, d. h. bei keinem Realteiler ein Aufgabegewinn anzusetzen, der Übergang zum Bestandsvergleich geboten ist (vgl. *Potsch*, KÖSDI 2013, 18225, 18230).

Der BFH lehnt in einer aktuellen Grundsatzentscheidung die Auffassung der Finanzverwaltung ab (BFH III R 32/12, BStBl 2014 II 242). Danach besteht im Fall der Realteilung einer freiberuflichen Mitunternehmerschaft ohne Spitzenausgleich keine Verpflichtung zur Erstellung einer Realteilungsbilanz nebst Übergangsgewinnermittlung, wenn die Buchwerte fortgeführt werden und die Mitunternehmer unter Aufrechterhaltung der Gewinnermittlung durch Einnahmen-Überschussrechnung ihre berufliche Tätigkeit in Einzelpraxen weiterbetreiben.

Eine Verpflichtung zur Erstellung einer Realteilungsbilanz nebst Übergangsgewinnermittlung hat ihre Rechtfertigung darin, dass gewährleistet werden soll, dass die Gewinnermittlung durch Einnahmen-Überschussrechnung nach § 4 Abs. 3 EStG letztlich zu dem gleichen laufenden Gesamtgewinn führt, wie er auch bei einer Gewinnermittlung durch Bestandsvergleich nach § 4 Abs. 1 EStG angefallen wäre. Nach Ansicht des BFH ist dem Grundsatz der Gesamtgewinngleichheit dadurch genügt, dass die Mitunternehmer der realgeteilten Mitunternehmerschaft in ihren Einzelpraxen weiterhin den Gewinn durch Einnahmen-Überschussrechnung ermitteln.

HINWEIS:

Die Finanzverwaltung hält an ihrer entgegenstehenden Auffassung nicht mehr fest. Denn das genannte BFH-Urteil ist im BStBl veröffentlicht worden.

FALL 182

Betriebsübertragung im Wege der vorweggenommenen Erbfolge bei negativem Kapitalkonto

Sachverhalt: Der 60 Jahre alte Einzelgewerbetreibende V betreibt ein Bauunternehmen. Mit notariell beurkundetem Vertrag vom 28. 12. 01 überträgt er zum 31. 12. 01 seinen Betrieb auf seinen Sohn A. Im Gegenzug übernimmt A die betrieblichen Verbindlichkeiten und verpflichtet sich zur Zahlung eines einmaligen Geldbetrags an seine Schwester B i. H. v. 100 000 €. Im Vertrag ist festgehalten, dass der Betrag von 100 000 € der Gleichstellung der B dienen soll. A finanziert die Abfindung seiner Schwester mit eigenen privaten Mitteln, d. h. einem Veräußerungserlös, den er anlässlich der Veräußerung eines privaten Bauplatzes erzielt hat.

Die von V zum 31. 12. 01 aufgestellte Bilanz hat folgendes Aussehen:

Aktiva	Bilanz zum 31. 12. 01		Passiva
Grund und Boden	60 000 €	Darlehen	400 000 €
Gebäude	300 000 €	Verbindlichkeiten	100 000 €
Betriebsausstattung	100 000 €	Rückstellungen	20 000 €
Sonstige Aktiva	40 000 €	Sonstige Passiva	30 000 €
Kapital	50 000 €		
	550 000 €		550 000 €

Im Betriebsvermögen sind stille Reserven i. H. v. 500 000 € enthalten (Grund und Boden 50 000 €, Gebäude 250 000 €, Geschäftswert 200 000 €).

Aufgabe: Welche Steuerfolgen ergeben sich für V und A?

LÖSUNG

Wird ein Betrieb unentgeltlich übertragen, sind vom Übernehmer zwingend die Buchwerte fortzuführen (§ 6 Abs. 3 EStG); ein Veräußerungsgewinn fällt nicht an. Eine unentgeltliche Betriebsübertragung i. S. v. § 6 Abs. 3 EStG liegt auch vor, wenn der Übernehmer die Betriebsschulden mit übernimmt. Im Übergang der betrieblichen Verbindlichkeiten ist nach dem Beschluss des Großen Senats des BFH (GrS 4-6/89, BStBl 1990 II 847) kein Entgelt zu sehen. Der Grundsatz, dass die Übernahme der betrieblichen Verbindlichkeiten bei der Übertragung des Betriebs kein Entgelt darstellt, findet auch Anwendung, wenn das steuerliche Kapitalkonto des Betriebsübergebers negativ ist (BFH IV 201/65, BStBl 1971 II 686; VIII R 36/66, BStBl 1973 II 111; GrS 4-6/89, BStBl 1990 II 847; VI R 188/87, BStBl 1990 II 854).

Dagegen kann bei einer teilentgeltlichen Betriebsübertragung ein Veräußerungsgewinn entstehen. Eine teilentgeltliche Betriebsübertragung liegt nach dem Beschluss des Großen Senats (BFH GrS 4-6/89, BStBl 1990 II 847) vor, wenn der Betriebsübernehmer seinen Geschwistern sog. Gleichstellungsgelder zahlt. In diesem Fall ergibt sich für den bisherigen Betriebsinhaber ein Veräußerungsvorgang und für den Betriebsübernehmer ein Anschaffungsvorgang.

Zu der Frage, wie der Veräußerungsgewinn zu ermitteln ist, wenn der Betriebsübergeber – wie vorliegend V – ein negatives Kapitalkonto hat, hat der BFH in seiner Entscheidung v. 16. 12. 1992 (XI R 34/92, BStBl 1993 II 436; ebenso BFH IX R 3/93, BStBl 1995 II 357) Stellung genommen. Der BFH betont, dass auch bei einer teilentgeltlichen Veräußerung die Ermittlung des Veräußerungsgewinns nach § 16 Abs. 2 EStG vorzunehmen ist. Dementsprechend ist dem Veräußerungserlös der Buchwert als Resultante des nach § 5 EStG ermittelten Betriebsvermögens gegenüberzustellen. Dabei ist unerheblich, ob der Buchwert (rechnerisch im Kapitalkonto erfasst) einen positiven oder negativen Wert hat. Der Veräußerungsgewinn des V errechnet sich danach wie folgt:

Veräußerungspreis (Gleichstellungsgeld)	100 000 €
negatives Kapitalkonto zum 31. 12. 01	+ 50 000 €
Veräußerungsgewinn	150 000 €

Vom Veräußerungsgewinn bleiben auf Antrag 45 000 € ./. 14 000 € = 31 000 € steuerfrei, da der Veräußerungsgewinn die Freibetragsgrenze von 136 000 € um 14 000 € übersteigt (§ 16 Abs. 4 EStG). Der verbleibende Veräußerungsgewinn i. H. v. 119 000 € kann begünstigt besteuert werden (§ 34 Abs. 1 oder 3 EStG).

Die Abfindung seiner Schwester und die Übernahme des negativen Kapitalkontos stellten für A ein Anschaffungsgeschäft dar. A muss seine Anschaffungskosten i. H. v. 150 000 € (Abfindung 100 000 € + negatives Kapitalkonto 50 000 €) anteilig bei den Wirtschaftsgütern hinzuaktivieren, die stille Reserven enthalten, wobei zu beachten ist, dass eine Aufdeckung der im originären Geschäftswert enthaltenen stillen Reserven erst in Betracht kommt, wenn die stillen Reserven, die in den übrigen Wirtschaftsgütern enthalten sind, vollständig aufgedeckt sind (BMF, BStBl 1993 I 80 Rz. 35). Diese Betrachtung hat zur Folge, dass nur die Buchwerte des Grund und Bodens und des Gebäudes aufzustocken sind; zu einer Aufdeckung der im Geschäftswert enthaltenen stillen Reserven kommt es nicht. Die Aufstockung hat anteilig – im Verhältnis der stillen Reserven – zu erfolgen:

Stille Reserven Grund und Boden	50 000 €
Stille Reserven Gebäude	250 000 €
	300 000 €
Aufgedeckte stille Reserven (= 50 %)	150 000 €
Buchwert Grund und Boden bisher	60 000 €
Aufstockung: 50 % von 50 000 € =	25 000 €
Buchwert Grund und Boden nach Aufstockung	85 000 €
Buchwert Gebäude bisher	300 000 €
Aufstockung: 50 % von 250 000 € =	125 000 €
Buchwert Gebäude nach Aufstockung	425 000 €

FALL 183

Veräußerung eines Erbteils an einer gewerblich tätigen Personengesellschaft

Sachverhalt: Der Nachlass des Erblassers V besteht aus einem gewerblichen Einzelunternehmen. Das Kapitalkonto des Erblassers betrug 300 000 €. Erben sind A, B und C zu je 1/3. Jeder Erbe hat somit ein Kapitalkonto i. H. v. 1/3 von 300 000 € = 100 000 €. Der 40 Jahre alte A veräußert seinen Erbteil und damit seinen Mitunternehmeranteil für 250 000 € an D.

Aufgabe: Wie hoch ist der von A erzielte Veräußerungsgewinn und welche Steuerfolgen ergeben sich für D?

LÖSUNG

Die Veräußerung eines Erbanteils an einer gewerblich tätigen Erbengemeinschaft hat die gleichen einkommensteuerlichen Folgen wie die Veräußerung eines Gesellschaftsanteils (§ 16 Abs. 1 Nr. 2 EStG) an einer gewerblich tätigen Personengesellschaft, z. B. einer OHG oder KG. Der weichende Miterbe veräußert seinen Mitunternehmeranteil und erzielt dabei einen begünstigten Veräußerungsgewinn (§§ 16, 34 EStG); der übernehmende Miterbe hat Anschaffungskosten i. H. seiner Abfindung. Anschaffungskosten und Veräußerungsgewinn errechnen sich wie bei der Übertragung eines Gesellschaftsanteils (BFH, GrS 2/89, BStBl 1990 II 837, 843; VIII R 172/85, BFH/NV 1991, 738; BMF, BStBl 2006 I 253 Rz. 39). Für diese Betrachtung ist es ohne Bedeutung, ob es sich bei dem Erwerber um einen Dritten oder einen Miterben handelt.

A entsteht demzufolge aus der Veräußerung seines Mitunternehmeranteils (§ 16 Abs. 1 Nr. 2 EStG) ein nach § 34 Abs. 1 EStG progressionsbegünstigter bzw. auf Antrag ein nach § 34 Abs. 3 EStG tarifbegünstigter Veräußerungsgewinn i. H.v. (250 000 € ./. Kapitalkonto von 100 000 € =) 150 000 €. D hat Anschaffungskosten i. H.v. 250 000 €, mit denen er seinen Mitunternehmeranteil bilanzieren muss. Dies geschieht in der Weise, dass in der Bilanz der Personengesellschaft, also in der Hauptbilanz, das Kapitalkonto des A i. H.v. 100 000 € auf D übertragen wird, während der Mehrbetrag von 150 000 € in einer für D aufzustellenden Ergänzungsbilanz ausgewiesen wird.

Abfindung eines weichenden Miterben mit einem zum geerbten Betrieb gehörenden Wirtschaftsgut (Sachwertabfindung)

Sachverhalt: A und der 45 Jahre alte B sind Miterben zu je 50 %. Zum Nachlass gehört ein gewerbliches Einzelunternehmen mit einem Wert von 600 000 € (Buchwert 200 000 €). Das Kapitalkonto jedes Miterben beläuft sich demnach auf (50 % von 200 000 € =) 100 000 €. B scheidet aus der Erbengemeinschaft aus, das Unternehmen wird von A allein fortgeführt. B erhält als Abfindung ein zum gewillkürten Betriebsvermögen gehörendes Grundstück mit einem Verkehrswert (= Teilwert) von 300 000 € (Buchwert 100 000 €), das er in sein Privatvermögen überführt.

Aufgabe: Welche Steuerfolgen löst die Sachwertabfindung bei A und B aus?

LÖSUNG

Der weichende Miterbe kann auch mit einem Sachwert abgefunden werden, der zum Betriebsvermögen des geerbten Unternehmens gehört. Hinsichtlich der sich hierbei ergebenden Rechtsfolgen verweist der Große Senat (BFH GrS 2/89, BStBl 1990 II 837, 843) auf die zum Ausscheiden aus einer Personengesellschaft gegen Sachwertabfindung ergangene BFH-Rechtsprechung (IV R 64/70, BStBl 1973 II 655). Danach gehört der Teilwert des empfangenen Wirtschaftsgutes beim weichenden Miterben zu seinem Veräußerungserlös, bei ihm entsteht wie im Fall der Geldabfindung ein Veräußerungsgewinn. Zusätzlich führt die Sachwertabfindung bei dem oder den verbliebenen Erben i. H. ihrer stillen Reserven an dem hingegebenen Wirtschaftsgut zur Entstehung eines Veräußerungsgewinns (BMF, BStBl 2006 I 253 Rz. 51).

Dem ausscheidenden B entsteht danach ein progressions- bzw. auf Antrag tarifbegünstigter Veräußerungsgewinn (§ 34 Abs. 1 oder 3 EStG) i. H.v. 200 000 € (= Differenz zwischen dem Teilwert des übertragenen Grundstücks i. H.v. 300 000 € und dem Buchwert seines Kapitalkontos i. H.v. 100 000 €). Der weitere Abfindungsvorgang ist gedanklich in zwei Phasen zu zerlegen. Zum einen stellt der Erwerb des Mitunternehmeranteils des B für den verbleibenden Miterben A ein Anschaffungsgeschäft dar: A muss deshalb die Abfindungsschuld i. H.v. 300 000 € passivieren und den über das Kapitalkonto des B hinausgehenden Abfindungsbetrag von 200 000 € aktivieren, und zwar durch Teilaufstockung bei den Wirtschaftsgütern, die stille Reserven enthalten. Da die in dem Grundstück enthaltenen stillen Reserven (200 000 €) 50 % der insgesamt im Betriebsvermögen enthaltenen stillen Reserven (400 000 €) ausmachen, kommt es beim

Grundstück zu einer anteiligen Teilaufstockung i. H. v. (50 % von 200 000 € =) 100 000 €: neuer Buchwert somit 200 000 €.

In einem zweiten Schritt wird die passivierte Abfindungsschuld i. H. v. 300 000 € durch Übertragung des Grundstücks auf B getilgt. Die auf A entfallenden stillen Reserven des Grundstücks i. H. v. 100 000 € werden dadurch zwangsläufig realisiert: A entsteht ein laufender Gewinn i. H. v. 100 000 € (BMF, BStBl 2006 I 253 Rz. 51).

FALL 185

Vererbung eines Mitunternehmeranteils bei einfacher Nachfolgeklausel

Sachverhalt: An der X-OHG sind A und B zu je 50 % als Gesellschafter beteiligt. Der Gesellschaftsvertrag enthält die Bestimmung, dass für den Fall des Todes eines Gesellschafters die Gesellschaft mit sämtlichen Erben fortzuführen ist. A stirbt am 1. 7. 01. Er wird von seinen beiden Söhnen C und D zu je 50 % beerbt. Das Kapitalkonto des A beträgt in der Bilanz der Personengesellschaft 120 000 €. Zum Sonderbetriebsvermögen des A gehört ein bebautes Grundstück mit einem Buchwert von 180 000 €.

Aufgabe: Welche Steuerfolgen löst die Vererbung des Mitunternehmeranteils bei C und D aus?

LÖSUNG

Der Gesellschaftsvertrag einer Personengesellschaft kann vorsehen, dass die Gesellschaft nach dem Tod eines Gesellschafters mit „den Erben" fortzusetzen ist (einfache Nachfolgeklausel). Der Erblasser entscheidet in diesem Fall mit der testamentarischen Berufung zum Erben auch über die Gesellschafter-Nachfolge. Belässt er es bei der gesetzlichen Erbfolge, nehmen die gesetzlichen Erben die Rechtsstellung des Verstorbenen ein.

Dem Prinzip der Gesamtrechtsnachfolge würde es an sich entsprechen, die Erbengemeinschaft als Gesellschafterin anzusehen. Das würde jedoch dem gesellschaftsrechtlichen Grundsatz entgegenstehen, dass eine Erbengemeinschaft nicht Gesellschafter einer werbend tätigen Personengesellschaft sein kann. Der Gesellschaftsanteil geht demnach nicht auf die Erbengemeinschaft als solche über, er wird also nicht Gesamthandsvermögen der Erbengemeinschaft, sondern jeder einzelne Miterbe wird entsprechend seiner Erbquote unmittelbar Gesellschafter. Es handelt sich um eine quotale Sonderrechtsnachfolge, d. h., der Gesellschaftsanteil geht geteilt auf die Miterben über. Bestandteil des ungeteilten Nachlassvermögens werden jedoch die Wirtschaftsgüter des Sonderbetriebsvermögens. Diese werden Gesamthandsvermögen der Erbengemeinschaft (§§ 1922, 2032 BGB).

Daraus folgt, dass C und D mit dem Erbfall automatisch Mitunternehmer der X-OHG werden: Der Gesellschaftsanteil des A geht im Wege der Sondererbfolge unmittelbar und unentgeltlich und nach der Erbquote geteilt auf C und D als Erben über (BFH VIII R 51/84, BStBl 1992 II 512).

Auch das gesamthänderisch gebundene Sonderbetriebsvermögen geht unentgeltlich auf die Erben über. Diese müssen den Buchwert des Kapitalkontos (120 000 €) und des Sonderbetriebsvermögens (180 000 €) je zur Hälfte fortführen (§ 6 Abs. 3 EStG).

FALL 186

Vererbung eines Mitunternehmeranteils bei qualifizierter Nachfolgeklausel

Sachverhalt: Erblasser V war Gesellschafter der X-OHG. Er wurde von seinen Kindern A und B zu je 50 % beerbt. Das Kapitalkonto des V beträgt zum Todeszeitpunkt 100 000 €. Der Gesellschaftsanteil hat einen wirklichen Wert von 200 000 €. Der Gesellschaftsvertrag der OHG enthält eine qualifizierte Nachfolgeklausel, wonach nur A in die Gesellschafterstellung des V nachrückt. Zum Sonderbetriebsvermögen des V gehörte ein Grundstück, das einen Teilwert von 100 000 € und einen Buchwert von 50 000 € hat.

Aufgaben:

1. Kann A den Buchwert des Kapitalkontos des Erblassers in der Gesellschaftsbilanz fortführen?

2. Welche Steuerfolgen löst der Übergang des Sonderbetriebsvermögens auf die Miterben A und B aus?

LÖSUNG

Zu 1.:

Ist im Gesellschaftsvertrag einer Personengesellschaft – wie vorliegend – geregelt, dass beim Tod eines Gesellschafters, der von mehreren Personen beerbt wird, die Gesellschaft nur mit einem oder einigen Miterben, z. B. dem ältesten Sohn, fortgeführt wird, spricht man von einer qualifizierten Nachfolgeklausel. Erbrechtliche Grundsätze stehen einer solchen Gestaltung nicht entgegen. Eine qualifizierte Nachfolgeklausel führt zivilrechtlich dazu, dass der Gesellschaftsanteil des Verstorbenen nicht nur i. H. der auf den bevorzugten (qualifizierten) Miterben entfallenden Erbquote, sondern insgesamt im Wege der Sonderrechtsnachfolge auf den Nachfolger-Erben übergeht (BFH VIII R 51/84, BStBl 1992 II 512; IV R 10/99, BFH/NV 2000, 1039). Der gesellschaftsvertraglich allein zugelassene Miterbe erhält die Gesellschafterposition des Erblassers in vollem Umfang.

Die nicht zu Nachfolgern berufenen Erben werden nicht Gesellschafter. Sie erlangen auch keinen Abfindungsanspruch gegen die Gesellschaft selbst, sondern werden auf einen auf dem Erbrecht beruhenden Wertausgleichsanspruch gegen den qualifizierten Gesellschafter-Nachfolger mit der Begründung verwiesen, dass zwar die Mitgliedschaft unmittelbar und in vollem Umfang auf den Gesellschafter-Nachfolger übergegangen sei, dagegen der Wert des Gesellschaftsanteils zum Nachlassvermögen gehöre.

Einkommensteuerlich rückt allein der durch die Klausel begünstigte Miterbe in die Mitunternehmerstellung des Erblassers ein. Die nicht qualifizierten Miterben werden keine Gesellschafter und demgemäß auch keine Mitunternehmer (BMF, BStBl 2006 I 253 Rz. 72; BFH IV R 107/89, BStBl 1992 II 510). Der Nachfolger-Miterbe A muss das Kapitalkonto des Erblassers in der Gesellschaftsbilanz von 100 000 € fortführen (§ 6 Abs. 3 EStG), dem Erblasser entsteht kein Veräußerungsgewinn. Die Anteile am laufenden Gewinn der Gesellschaft stehen dem qualifizierten Miterben bereits ab dem Erbfall zu.

Zu 2.:

Das Sonderbetriebsvermögen des Erblassers wird – wie im Falle der einfachen Nachfolgeklausel – zivilrechtlich Gesamthandsvermögen der Erbengemeinschaft, fällt also in das ungeteilte Nachlassvermögen. Das gilt auch, wenn bei einer zeitnahen Auseinandersetzung das Sonderbetriebsvermögen auf den qualifizierten Miterben übergeht (BMF, BStBl 2006 I 253 Rz. 73).

Da das Sonderbetriebsvermögen nur zur Hälfte auf den qualifizierten Nachfolger übergeht, ein Mitunternehmeranteil aber auch das funktional wesentliche Sonderbetriebsvermögen umfasst, wird im Schrifttum (vgl. z. B. *Geck*, DStR 2000, 2031) die Befürchtung geäußert, die Rechtsprechung des BFH (IV R 51/98, BFH/NV 2000, 1554; XI R 35/99, BStBl 2001 II 26) zur disquotalen Übertragung von Gesellschaftsanteil und Sonderbetriebsvermögen führe auch in diesen Erbfällen zur Realisierung der stillen Reserven im Gesellschaftsanteil. Danach käme es zu einer Aufgabe des Mitunternehmeranteils, da dieser nicht vollständig übertragen wurde. Dieser Auffassung ist m. E. nicht zuzustimmen. Da das bisherige Sonderbetriebsvermögen nach der Rechtsprechung des BFH im Hinblick auf die qualifizierte Nachfolgeklausel seine Betriebsvermögenseigenschaft anteilig noch in der Person des Erblassers, gedanklich also vor Eintritt des Erbfalls, verloren hat, gehört im Zeitpunkt des Erbfalls nur noch das verbliebene Sonderbetriebsvermögen zum Mitunternehmeranteil des V. Damit geht der Mitunternehmeranteil des V komplett einschließlich Sonderbetriebsvermögen unentgeltlich auf A über, was nach der bisherigen Rechtsprechung des BFH zur Buchwertfortführung sowohl des Gesellschaftsanteils als auch des anteiligen Sonderbetriebsvermögens zwingt (ebenso wohl *Sorg*, DStR 2002, 1384).

Diese Betrachtung hat zur Folge, dass der qualifizierte Gesellschafter-Nachfolger A den seiner Erbquote entsprechenden Anteil am Sonderbetriebsvermögen als eigenes Sonderbetriebsvermögen zum Buchwert fortzuführen hat (§ 6 Abs. 3 EStG), während i. H. der Erbquote des nicht qualifizierten Miterben B das Sonderbetriebsvermögen Privatvermögen wird. Insoweit entsteht ein laufender, nicht begünstigter Entnahmegewinn, der dem Erblasser zuzurechnen ist (BMF, BStBl 2006 I 253 Rz. 74), da er es war, der mit der gesellschaftsvertraglichen Regelung der qualifizierten Nachfolgeklausel den teilweisen Übergang des Sonderbetriebsvermögens in das Privatvermögen ausgelöst hat.

Wendet man diese Rechtsgrundsätze hier an, so ergibt sich Folgendes:

A muss den Buchwert des Grundstücks i. H. v. (1/2 von 50 000 € =) 25 000 € in einer Sonderbilanz fortführen (§ 6 Abs. 3 EStG). Da B an der X-OHG als Gesellschafter nicht beteiligt ist, ist die Hälfte des Grundstücks mit dem Erbfall entnommen. Es entsteht ein laufender Entnahmegewinn i. H. v. 25 000 € (Differenz zwischen 1/2 des Teilwertes = 50 000 € und 1/2 des Buchwertes = 25 000 €), der noch dem Erblasser V zuzurechnen ist. Der bei einer Sonderrechtsnachfolge in den Mitunternehmeranteil beim Erblasser entstehende Gewinn aus der Entnahme des Sonderbetriebsvermögens unterliegt jedoch nicht der Gewerbesteuer (BFH VIII R 51/98, BStBl 2000 II 316).

FALL 187

Veräußerung einer freiberuflichen Praxis

Sachverhalt: Der 56 Jahre alte A ist seit Jahren in Köln als selbständiger Steuerberater tätig. Mit Vertrag vom 30. 6. 01 veräußert er aus gesundheitlichen Gründen seine Steuerberaterpraxis an seinen Berufskollegen B. Der Käufer übernimmt das gesamte Inventar, die EDV-Anlage und den weit überwiegenden Teil der 110 Mandate. A behält drei Mandate zurück und betreut sie seitdem von seiner ca. 2 km von der alten Praxis gelegenen Wohnung aus, in welcher er einen Büroraum einrichtet und diesen mit Büromaterial sowie einem PC ausstattet. Die Honorareinnahmen aus den zurückbehaltenen drei Mandaten belaufen sich in den letzten drei Jahren vor der Praxisveräußerung auf jeweils rund 15 % des früheren jährlichen Praxisumsatzes des A.

Der von A aufgrund der Praxisveräußerung erzielte Gewinn beträgt 150 000 €.

Aufgabe: Ist der von A im Zusammenhang mit der Praxisveräußerung erzielte Gewinn begünstigt nach §§ 16, 34 EStG?

LÖSUNG

Zu den Einkünften aus selbständiger Arbeit gehört auch der Gewinn, der bei der Veräußerung einer freiberuflichen Praxis erzielt wird (§ 18 Abs. 3 EStG). Der Veräußerungsgewinn wird – soweit er nicht steuerfrei bleibt (§ 16 Abs. 4 EStG) –

► entweder nach der Fünftel-Regelung (§ 34 Abs. 1 EStG) oder

► auf Antrag mit 56 % des durchschnittlichen Steuersatzes, mindestens jedoch 14 % besteuert (§ 34 Abs. 3 EStG); die zuletzt genannte Vergünstigung setzt aber voraus, dass der Veräußerer das 55. Lebensjahr vollendet hat oder im sozialversicherungsrechtlichen Sinne dauernd berufsunfähig ist.

Eine steuerbegünstigte Praxisveräußerung liegt nur vor, wenn der freiberuflich Tätige die wesentlichen wirtschaftlichen Grundlagen seiner freiberuflichen Praxis entgeltlich auf einen anderen überträgt. Zu den wesentlichen wirtschaftlichen Grundlagen gehören insbesondere die immateriellen Wirtschaftsgüter der Praxis, wie Mandantenstamm und Praxiswert (BFH IV R 78/71, BStBl 1975 II 661). Nach ständiger Rechtsprechung des BFH ist bei Praxisübertragungen eine Veräußerung dieser wesentlichen Betriebsgrundlagen nur anzunehmen, wenn der Veräußerer seine freiberufliche Tätigkeit in dem bisherigen örtlichen Wirkungskreis wenigstens für eine gewisse Zeit einstellt (BFH IV R 44/83, BStBl 1986 II 335; IV R 14/90, BStBl 1992 II 457; XI B 5/00, BFH/NV 2001, 1561).

Unschädlich ist die Fortführung der freiberuflichen Tätigkeit, wenn diese nur noch in geringem Umfang ausgeübt wird. Von einer Veräußerung der wesentlichen Grundlagen einer freiberuflichen Praxis ist auch dann auszugehen, wenn einzelne Mandate zurückbehalten werden, auf die weniger als 10 % der durchschnittlichen Jahreseinnahmen aus den drei VZ vor der Praxisveräußerung entfielen (BFH IV R 14/90, BStBl 1992 II 457; IV R 16/91, BStBl 1993 II 182; I R 109/93, BStBl 1994 II 925). Wie sich diese zurückbehaltenen Mandanten-Beziehungen nach der Veräußerung entwickeln und ob sie in vollem Umfang genutzt werden, ist unerheblich (BFH XI B 5/00, BFH/NV 2001, 1561).

Die zurückbehaltenen Mandanten-Beziehungen zählen also nicht zu den wesentlichen Betriebsgrundlagen, wenn darauf in den letzten drei Jahren vor der Praxisveräußerung weniger als 10 % der gesamten Einnahmen entfielen. In diesem Fall kann eine begünstigte Praxisveräußerung anerkannt werden.

Ist die 10 %-Grenze jedoch – wie vorliegend – überschritten, kann die Steuerbegünstigung der §§ 16, 34 EStG nicht in Anspruch genommen werden. Der von A erzielte Gewinn i. H.v. 150 000 € ist daher kein steuerbegünstigter, sondern Teil des laufenden Gewinns des A, der dem gewöhnlichen Steuersatz unterliegt.

FALL 188

Die Aufgabe einer freiberuflichen Praxis

Sachverhalt: Der 40 Jahre alte A betreibt als selbständiger Zahnarzt in Frankfurt in gemieteten Räumen eine eigene Praxis. Da der Mietvertrag am 31. 12. 01 ausläuft, gibt A die Zahnarztpraxis zu diesem Zeitpunkt auf. Inventar und Geräte verkauft er teils an mehrere Berufskollegen, zum Teil überführt er das Praxisvermögen auch in eine neue Praxis, die er ab 1. 1. 02 in Wiesbaden zusammen mit einem anderen Zahnarzt in Form einer Gemeinschaftspraxis betreibt. Aus der Veräußerung des Inventars und der Geräte hat A einen Gewinn i. H.v. 80 000 € erzielt.

Aufgabe: Ist der anlässlich der Praxisaufgabe erzielte Gewinn i. H.v. 80 000 € begünstigt nach § 34 EStG?

LÖSUNG

Die Aufgabe der selbständigen Tätigkeit gilt als Veräußerung (§ 18 Abs. 3 Satz 2 EStG). Daraus folgt, dass Gewinne anlässlich der Aufgabe einer freiberuflichen Tätigkeit grds. ebenso steuerbegünstigt sind wie Gewinne aus der Praxisveräußerung. Der Aufgabegewinn wird also – soweit er nicht steuerfrei bleibt (§ 16 Abs. 4 EStG) –

► entweder nach der Fünftel-Regelung (§ 34 Abs. 1 EStG) oder

► auf Antrag mit 56 % des durchschnittlichen Steuersatzes, mindestens jedoch 14 % besteuert (§ 34 Abs. 3 EStG); der begünstigte Steuersatz wird aber nur gewährt, wenn der die Praxis aufgebende Stpfl. das 55. Lebensjahr vollendet hat oder im sozialversicherungsrechtlichen Sinne dauernd berufsunfähig ist.

Eine steuerbegünstigte Praxisaufgabe setzt – ebenso wie eine steuerbegünstigte Praxisveräußerung – voraus, dass die selbständige Tätigkeit in dem bisherigen örtlichen Wirkungskreis zumindest für eine gewisse Zeit eingestellt wird (BFH IV 198/62 S, BStBl 1964 III, 120), wobei anzumerken ist, dass an einer Fortführung der freiberuflichen Tätigkeit in unbedeutendem Umfang (10 %-Grenze) auch im Fall der Praxisaufgabe die Begünstigung des Aufgabegewinns nicht scheitert. Dass der bisherige Praxisinhaber künftig überhaupt keine freiberufliche Tätigkeit mehr ausübt, kann also nicht verlangt werden (BFH IV 278/60, HFR 1961, 222, sowie FG Düsseldorf, VIII/XV 362/79 E, EFG 1985, 449; FG Rheinland-Pfalz, 5 K 120/86, EFG 1987, 558).

A hat seine freiberufliche Tätigkeit im bisherigen örtlich begrenzten Wirkungskreis eingestellt. Es kann nicht davon ausgegangen werden, dass er seine alte Praxis in Wiesbaden fortführt; denn beide Praxen unterscheiden sich in wesentlichen Punkten: nämlich in den Praxisräumen, dem Praxisort und dem Patientenstamm. Der Gewinn i.H.v. 80 000 € ist daher als nach § 34 Abs. 1 oder 3 EStG begünstigter Aufgabegewinn zu behandeln. Der Umstand, dass A in Wiesbaden eine neue Praxis in Form einer Gemeinschaftspraxis eröffnet hat, steht dem nicht entgegen.

FALL 189

Teilpraxisveräußerung

Sachverhalt: Der 60 Jahre alte A betreibt eine Fahrschule in zwei Orten. Er schloss im Jahr 2012 mit einem angestellten Fahrlehrer einen Veräußerungsvertrag ab, wonach dieser zum 1. 7. 2012 den Betriebsteil in einem Ort übernehmen sollte. Mit der Übertragung sollte der Erwerber keines der vorhandenen Schulungsfahrzeuge erhalten. A erzielt aus der Veräußerung des Mobiliars, der Unterrichtsausstattung und des Kundenstamms der veräußerten Fahrschul-Filiale einen Gewinn von 60 000 €.

Aufgabe: Ist der Veräußerungsgewinn nach §§ 16, 34 EStG steuerbegünstigt?

LÖSUNG

Die steuerbegünstigte Veräußerung einer Teilpraxis setzt eine vor der Veräußerung ausgeübte freiberufliche Tätigkeit voraus, die sich von der übrigen Tätigkeit abgrenzbar unterscheidet (BFH I R 62/93, BStBl 1994 II 352). Die Unterscheidung kann nach sachlichen oder nach örtlichen Gesichtspunkten vorzunehmen sein. Eine sachliche Abgrenzung besteht, wenn

ein Freiberufler zwei der Sache nach verschiedenartige freiberufliche Tätigkeiten mit verschiedenen Mandantenkreisen ausübt und

beide Praxisteile organisatorisch und hinsichtlich der Mandantschaft getrennt sind, z.B. ein Rechtsanwalt, der zugleich als Steuerberater tätig ist.

Handelt es sich hingegen um eine einheitliche gleichartige freiberufliche Tätigkeit, kann regelmäßig ausgeschlossen werden, dass Teile der Praxis eine so weitgehende organisatorische Selbständigkeit erreicht haben, dass sie Teilbetrieben im gewerblichen Bereich gleichgestellt werden können (BFH IV R 17/03, BStBl 2005 II 208). Bei sachlich gleichartigen Tätigkeiten kann ausnahmsweise von Teilpraxen ausgegangen werden, wenn die Tätigkeiten im Rahmen **selbständiger Büros**, die sich nicht unbedingt an verschiedenen Orten befinden müssen, mit besonderem Personal in **voneinander entfernten örtlichen Wirkungskreisen mit getrennten Mandantenkreisen** ausgeübt werden.

Unter diesem Gesichtspunkt hat der BFH Teilpraxen bei einem Fahrschulinhaber bejaht, der eine seiner beiden in verschiedenen Orten belegenen Niederlassungen samt Mobiliar, Unterrichtsausstattung und Kundenstamm veräußerte (BFH IV R 120/88, BStBl 1990 II 55). Die Veräußerung einer Fahrschul-Filiale kann auch eine begünstigte Teilpraxisveräußerung i.S. von §§ 18 Abs. 3, 16, 34 EStG sein, wenn kein Schulungsfahrzeug mitübertragen wird, weil das Schulungsfahrzeug nach Meinung des BFH nicht notwendig zu den wesentlichen Betriebsgrundlagen einer Fahrschule gehört, sondern wegen der raschen Abnutzung und Austauschbarkeit wirtschaftlich nur von untergeordneter Bedeutung ist (BFH IV R 18/02, BStBl 2003 II 838).

Nach alledem kann vorliegend von einer steuerbegünstigten Teilpraxisveräußerung ausgegangen werden. Für den Gewinn wird auf Antrag ein Freibetrag von 45 000 € gewährt (§ 16 Abs. 4 EStG), der steuerpflichtige Teil des Gewinns wird nach der Fünftel-Regelung des § 34 Abs. 1 EStG oder auf Antrag mit dem begünstigten Steuersatz des § 34 Abs. 3 EStG besteuert.

HINWEIS:

Der BFH hat in seiner jüngeren Rechtsprechung die Voraussetzungen, unter denen eine steuerbegünstigte Teilpraxisveräußerung angenommen werden kann, erweitert. Er hat entschieden, dass eine begünstigte Teilpraxisveräußerung auch dann vorliegen kann, wenn ein Steuerberater eine Beratungspraxis veräußert, die er – neben anderen Praxen – als selbständigen Betrieb erworben und bis zu ihrer Veräußerung im Wesentlichen unverändert fortgeführt hat. Dann kommt es nicht entscheidend darauf an, ob die Tätigkeit in voneinander getrennten örtlich abgegrenzten Bereichen ausgeübt worden ist, sofern die beim Erwerb zu bejahende Selbständigkeit der Büros beibehalten und nicht durch organisatorische (eingliedernde) Maßnahmen aufgegeben worden ist (BFH v. 26. 6. 2012 VIII R 22/09, BStBl 2012 II 777).

FALL 190

Teilentgeltliche Betriebsveräußerung

Sachverhalt: Der 60 Jahre alte A überträgt seinen Gewerbebetrieb im Wege einer gemischten Schenkung auf seinen Sohn B. Der Buchwert des Kapitalkontos beträgt im Zeitpunkt der Betriebsübertragung 260 000 €. Das Betriebsvermögen enthält stille Reserven i. H. v. 260 000 €. B hat als Gegenleistung für die Übertragung des Betriebs

a) 300 000 €,

b) 200 000 € an A auszuzahlen.

Aufgabe: Welche einkommensteuerlichen Folgen ergeben sich für A und B?

LÖSUNG

Die teilentgeltliche Betriebsübertragung ist ein „Mittelding" zwischen einer voll entgeltlichen und einer unentgeltlichen Übertragung. Der Veräußerer will seinen Betrieb zwar an einen nahen Angehörigen verkaufen, gleichzeitig verlangt er aber mit Rücksicht auf die familiären Beziehungen einen Kaufpreis, zu dem er den Betrieb einem Fremden nie verkaufen würde.

Die teilentgeltliche Übertragung eines ganzen Gewerbebetriebs, d. h. die Übertragung im Wege einer gemischten Schenkung, ist eine Veräußerung i. S. v. § 16 Abs. 1 Nr. 1 EStG. Dabei entsteht nach der sog. Einheitstheorie (nur) insoweit ein Veräußerungsgewinn, als die Gegenleistung des Betriebserwerbers das Kapitalkonto des Veräußerers übersteigt. Der Veräußerungsgewinn kann begünstigt besteuert werden, obwohl nicht alle stillen Reserven aufgelöst werden (BFH IV R 12/81, BStBl 1986 II 811; XI R 34/92, BStBl 1993 II 436; VIII R 36/93, BStBl 1995 II 770; VIII R 64/93, BFH/NV 2002, 10).

Im Fall a) entsteht A ein nach §§ 16, 34 Abs. 1 oder 3 EStG begünstigter Veräußerungsgewinn i. H. v. (300 000 € ./. 260 000 € =) 40 000 €. Der Veräußerungsgewinn bleibt auf Antrag in voller Höhe steuerfrei, weil er nicht höher ist als der Freibetrag des § 16 Abs. 4 EStG von 45 000 € (BMF, BStBl 2006 I 7). B hat seine Anschaffungskosten i. H. v. 300 000 €, soweit sie über das Kapitalkonto des A hinausgehen, also i. H. v. 40 000 €, anteilig bei den Wirtschaftsgütern hinzuzuaktivieren, die stille Reserven enthalten.

Ist die Gegenleistung – wie im Fall b) – niedriger als der Buchwert des Kapitalkontos, muss der Übernehmer die Buchwerte fortführen (§ 6 Abs. 3 EStG). Beim Betriebsübergeber entsteht somit weder ein Gewinn noch ein Verlust, wenn der Betrieb im Wege vorweggenommener Erbfolge übertragen und dabei ein „Veräußerungserlös" vereinbart wird, der nicht höher als der Buchwert des Kapitalkontos des Betriebs ist. In diesem Fall verbleibt es bei der Anwendung des § 6 Abs. 3 EStG und dabei, dass die stillen Reserven in vollem Umfang auf den Betriebsübernehmer übergehen (BFH IV R 61/93, BStBl 1995 II 367; BMF, BStBl 1993 I 80 Rz. 38).

FALL 191

Entgeltliche Veräußerung eines Mitunternehmeranteils

Sachverhalt: An der X-OHG sind A und B je zur Hälfte als Gesellschafter beteiligt. Das Kapitalkonto des 60 Jahre alten A beläuft sich am Bilanzstichtag 31. 12. 01 auf 100 000 €. Das Betriebsvermögen der OHG enthält stille Reserven i. H. v. 350 000 € (Grund und Boden 50 000 €, Gebäude 300 000 €), der originäre Geschäftswert beträgt 150 000 €. Am 31. 12. 01 veräußert A seinen Gesellschaftsanteil an den neu in die Gesellschaft eintretenden C für 350 000 €.

Aufgabe: Welche Steuerfolgen ergeben sich für A und C?

LÖSUNG

A entsteht infolge der Veräußerung seines Mitunternehmeranteils ein Veräußerungsgewinn i. H. v. 250 000 € (Veräußerungserlös 350 000 € ./. Kapitalkonto 100 000 €), der begünstigt zu versteuern ist (§ 34 Abs. 1 oder 3 EStG).

C hat für den in der Bilanz mit 100 000 € ausgewiesenen Anteil des A am Betriebsvermögen der X-OHG 350 000 € bezahlt oder – genau ausgedrückt – für die von ihm erworbenen Anteile an den einzelnen zum Gesellschaftsvermögen gehörenden Wirtschaftsgütern, wie sie sich im Kapitalkonto darstellen (BFH VIII R 40/84, BStBl 1990 II 561); denn ein Mitunternehmeranteil ist kein selbständiges Wirtschaftsgut. C darf die von ihm erworbenen Anteile an den Wirtschaftsgütern der X-OHG nicht – wie bisher A – mit 100 000 €, sondern er muss seine Anschaffungskosten i. H. v. 350 000 € ausweisen. Das geschieht in der Weise, dass in der Bilanz der X-OHG das Kapitalkonto des A von 100 000 € auf C übertragen wird, während der Mehrbetrag von 250 000 € in einer positiven Ergänzungsbilanz des C anteilig auf die Wirtschaftsgüter, die stille

Reserven enthalten, und den Geschäftswert verteilt wird. Die Ergänzungsbilanz des C hat danach folgendes Aussehen:

Aktiva	Ergänzungsbilanz C		Passiva
Grund und Boden	25 000 €	Mehrkapital C	250 000 €
Gebäude	150 000 €		
Geschäftswert	75 000 €		
	250 000 €		250 000 €

Die Ergänzungsbilanz ist zu den nachfolgenden Bilanzstichtagen fortzuführen. Soweit die ausgewiesenen Mehrwerte auf abnutzbare Anlagegüter entfallen (hier: Gebäude und Geschäftswert), sind sie im Wege der AfA abzusetzen. Insoweit handelt es sich um Sonderbetriebsausgaben des C, die im Rahmen der gesonderten und einheitlichen Gewinnfeststellung zu berücksichtigen sind (§§ 179, 180 AO).

FALL 192

Veräußerung einer Kommanditbeteiligung bei abweichendem Wirtschaftsjahr

Sachverhalt: A ist zu 50 % als Kommanditist an der X-GmbH & Co. KG beteiligt. Die KG hat als Wirtschaftsjahr den Zeitraum vom 1. 4.-31. 3. bestimmt.

A veräußerte seine Kommanditbeteiligung mit Wirkung vom 1. 11. 2013 an einen bisher zu 30 % beteiligten Mitgesellschafter und erzielte dabei einen Veräußerungsgewinn von 100 000 €.

Aufgabe: In welchem Jahr – 2013 oder 2014 – muss A seinen laufenden Gewinnanteil und den Veräußerungsgewinn versteuern?

LÖSUNG

Die Einkommensteuer bemisst sich nach dem zu versteuernden Einkommen, das der Steuerpflichtige im Kalenderjahr bezogen hat (§ 25 Abs. 1 EStG). Eine Ausnahme gilt, wenn der Steuerpflichtige als Gewerbetreibender tätig ist. Bei Gewerbetreibenden wird der Gewinn nach dem Wirtschaftsjahr ermittelt (§ 4a Abs. 1 Satz 1 EStG). Wirtschaftsjahr ist bei Gewerbetreibenden, deren Firma im Handelsregister eingetragen ist, der Zeitraum, für den sie regelmäßig Abschlüsse machen (§ 4a Abs. 1 Satz 2 Nr. 2 Satz 1 EStG).

Weicht das Wirtschaftsjahr vom Kalenderjahr ab, fallen Gewinnermittlungszeitraum und VZ auseinander. In diesem Fall gilt bei Gewerbetreibenden, die im Handelsregister eingetragen sind, der Gewinn des vom Kalenderjahr abweichenden Wirtschaftsjahrs als in dem Kalenderjahr bezogen, in dem das Wirtschaftsjahr endet (§ 4a Abs. 2 Nr. 2 EStG).

Die Finanzverwaltung vertritt die Auffassung, dass bei Veräußerung eines Mitunternehmeranteils der Gewinn oder Verlust auch dann im Jahr der Veräußerung oder Aufgabe zu versteuern ist, wenn die Mitunternehmerschaft ein vom Kalenderjahr abweichendes Wirtschaftsjahr hat (R 4.a Abs. 5 EStR 2012). A muss danach sowohl den Anteil am laufenden Gewinn für die Zeit vom 1.4.-1.11.2013 als auch den Veräußerungsgewinn bereits im Kalenderjahr 2013 versteuern.

HINWEIS:

Der BFH hat sich dieser Auffassung in einer neueren Entscheidung angeschlossen (BFH X R 8/07, BStBl 2010 II 1043). Die Fiktion des § 4a Abs. 2 Nr. 2 EStG ist danach auf ausscheidende Mitunternehmer nicht anwendbar. Deren Gewinne sind im Jahr des Ausscheidens zu erfassen. Der „Gewinnermittlungszeitraum" für den einzelnen Mitunternehmer wird durch den „Einkunftserzielungszeitraum" bestimmt, der durch die Dauer der Beteiligung begrenzt ist und der für den im Lauf des Wirtschaftsjahrs ausscheidenden Mitunternehmer mit dessen Ausscheiden endet.

Für ausscheidende Mitunternehmer ist § 4a Abs. 2 Nr. 2 EStG nicht anzuwenden, da diese Norm von dem Fortbestand der „Einkunftsquelle" ausgeht; der Gewinnbezug endet aber spätestens mit dem Wegfall der „Einkunftsquelle".

FALL 193

Gesellschafterwechsel bei einer Personengesellschaft: Kaufpreis unter Buchwert

Sachverhalt: Gesellschafter der X-KG sind A als Komplementär und B als Kommanditist zu je 50 %. B veräußert am 31.12.01 seinen Kommanditanteil an den an seine Stelle in die Gesellschaft eintretenden C für 100 000 €. Das Kapitalkonto des B beträgt im Veräußerungszeitpunkt 150 000 €. Die hinter dem Buchwert zurückbleibende Abfindung beruht auf einer Überbewertung des Anlagevermögens der KG.

Aufgabe: Welche Steuerfolgen ergeben sich für B und C?

LÖSUNG

B entsteht aus der Veräußerung seiner Gesellschaftsbeteiligung ein Veräußerungsverlust i. H. v. 50 000 € (Veräußerungserlös 100 000 € ./. Kapitalkonto 150 000 €). C hat Anschaffungskosten i. H. v. 100 000 €, die nach Maßgabe des § 6 EStG zu aktivieren sind. Dies geschieht in der Weise, dass in der Gesellschaftsbilanz das Kapitalkonto des B von 150 000 € auf C übertragen wird. Für den Minderbetrag von 50 000 € wird eine negative Ergänzungsbilanz aufgestellt, auf deren Passivseite die Buchwerte der überbewerteten Anlagegüter anteilig abgestockt werden, auf der Aktivseite der Ergänzungsbilanz ist ein Minderkapital von 50 000 € auszuweisen. Die erforderliche Abstockung der Buchwerte kann nicht dadurch vermieden werden, dass der Minderbetrag als „negativer Geschäftswert" aktiviert wird; denn ein negativer Geschäftswert ist kein bilanzierungsfähiges Wirtschaftsgut (BFH III R 95/87, BStBl 1989 II 893; IV R 70/92, BStBl 1994 II 745). Die Ergänzungsbilanz hat danach folgendes Aussehen:

Aktiva	Ergänzungsbilanz C		Passiva
Minderkapital	50 000 €	Minderwert	50 000 €
	50 000 €	Anlagevermögen	50 000 €

Die negative Ergänzungsbilanz ist an den nachfolgenden Bilanzstichtagen fortzuführen. Dabei ist zu prüfen, ob und ggf. inwieweit die Wirtschaftsgüter, für die ein Minderwert in der Ergänzungsbilanz ausgewiesen worden ist, noch im Betriebsvermögen enthalten sind. Haben sich die Wirtschaftsgüter durch AfA gemindert oder sind sie ganz oder teilweise z. B. durch Verkauf weggefallen, so sind die Minderwerte in der Ergänzungsbilanz entsprechend zu mindern oder aufzulösen. Ein dem C durch Auflösung des Minderwertes entstehender Gewinn ist bei der gesonderten und einheitlichen Gewinnfeststellung (§§ 179, 180 AO) seinem Anteil am Gesellschaftsgewinn hinzuzurechnen.

HINWEIS:

In den Fällen, in denen auch nach der Abstockung noch eine Differenz zwischen Kapitalkonto und Anschaffungspreis verbleibt, stellt diese keinen Erwerbsgewinn dar, sondern ist als Ausgleichsposten in der Ergänzungsbilanz des Erwerbers zu passivieren. Der Ausgleichsposten ist gegen künftige Verlustanteile des Gesellschafters sowie bei gänzlicher oder teilweiser Beendigung der Beteiligung gewinnerhöhend aufzulösen (so der IV. Senat des BFH IV R 70/92, BStBl 1994 II 745; IV R 59/96, BStBl 1999 II 266; vgl. hierzu auch das Urteil des VIII. Senats in BStBl 1995 II 246, wonach ein „Merkposten" außerhalb der Bilanz genügt, der demselben Zweck dient).

FALL 194

Veräußerung eines Teils eines Mitunternehmeranteils

Sachverhalt: An der X-GbR, einer Steuerberater-Sozietät, sind A zu 90 % und B zu 10 % beteiligt. A veräußert im Jahr 01 40 % Praxisanteil an B, so dass sich das Beteiligungsverhältnis auf 50 % zu 50 % verändert. Bei der Veräußerung des 40 %igen Praxisanteils erzielt A einen Veräußerungsgewinn i. H. v. 200 000 €.

Aufgabe: Ist der von A erzielte Veräußerungsgewinn begünstigt?

LÖSUNG

Mit Wirkung für Veräußerungen nach dem 31. 12. 2001 (§ 52 Abs. 34 Satz 1 EStG) werden durch die Neufassung des § 16 Abs. 1 Nr. 2 EStG durch das Unternehmenssteuerfortentwicklungsgesetz (BGBl 2001 I 3858 = BStBl 2002 I 35) ausdrücklich Gewinne aus der entgeltlichen Veräußerung eines Teils eines Mitunternehmeranteils als laufende Gewinne normiert, für die keine tarifäre Ermäßigung nach § 34 Abs. 1 oder 3 EStG in Betracht kommt. Begünstigt sind nach der genannten Neuregelung nur (noch) Gewinne aus der Veräußerung des „gesamten" Mitunternehmeranteils. Der Veräußerungsgewinn i. H. v. 200 000 € unterliegt daher dem regulären Steuersatz.

Ausscheiden eines unbeschränkt haftenden Gesellschafters mit negativem Kapitalkonto aus einer Personengesellschaft ohne Abfindung

Sachverhalt: An der X-OHG sind A, B und C zu je 1/3 beteiligt. A scheidet am 31. 12. 2014 aus der OHG aus. Sein Kapitalkonto beträgt zu diesem Zeitpunkt: ./. 20 000 €. Im Betriebsvermögen sind keine stillen Reserven enthalten.

Aufgaben:

1. Welche Steuerfolgen ergeben sich für die an der OHG Beteiligten?

2. Welche Steuerfolgen ergeben sich für die an der OHG Beteiligten, wenn A in Insolvenz geraten ist und sein negatives Kapitalkonto nicht ausgleicht?

LÖSUNG

Zu 1.:

Ist das Kapitalkonto des ausscheidenden unbeschränkt haftenden Gesellschafters negativ und wird das negative Kapitalkonto nicht durch den Anteil an den stillen Reserven ausgeglichen, besteht für den Ausscheidenden eine Nachschusspflicht (§ 105 Abs. 1, § 161 HGB i. V. m. § 735 Satz 2 BGB), die insoweit als Forderung der verbleibenden Gesellschafter anzusehen ist. B und C haben daher ihrem Sonderbetriebsvermögen eine Forderung gegenüber A i. H. v. je 10 000 € auszuweisen, die dessen negatives Kapitalkonto ausgleicht. Der Vorgang hat eine Gewinnauswirkung.

Zu 2.:

Kann die Forderung an den ausgeschiedenen (ausgleichspflichtigen) Gesellschafter nicht realisiert werden, weil das Insolvenzverfahren über sein Vermögen eröffnet worden ist, entsteht bei den verbleibenden Gesellschaftern infolge des Forderungsausfalls ein persönlicher Verlust (BFH VIII R 128/84, BStBl 1993 II 594, 597). B und C entsteht daher im Sonderbetriebsvermögen ein Verlust von je 10 000 €.

Der ausgeschiedene A erzielt in Höhe seines Minuskapitals von 20 000 € einen Veräußerungsgewinn von 20 000 €, obwohl der Ausgleichsanspruch der verbliebenen Gesellschafter wertlos ist (BFH IV 232/64, BStBl 1967 III 309).

HINWEIS:

Keine Auswirkung auf den Gewinn der Personengesellschaft ergibt sich, wenn der Verzicht auf die Ausgleichsforderung durch die verbleibenden Gesellschafter auf privaten Gründen beruht (BFH VIII R 36/66, BStBl 1973 II 111; VIII R 76/96, BStBl 1999 II 269). In diesem Fall wäre das negative Kapitalkonto des A i. H. v. jeweils 25 000 € erfolgsneutral auf die Kapitalkonten der verbleibenden Gesellschafter zu übertragen.

Die beschriebenen Rechtsgrundsätze gelten auch, wenn das Kapitalkonto eines beschränkt haftenden Gesellschafters, z. B. Kommanditisten, durch rückzahlungspflichtige Entnahmen negativ geworden ist, weil auch in diesem Fall das negative Kapitalkonto eine Ausgleichspflicht zum Inhalt hat. (vgl. Schmidt/Wacker, EStG, 33. Aufl. 2014, § 16 Rn. 473).

FALL 196

Ausscheiden eines unbeschränkt haftenden Gesellschafters mit negativem Kapitalkonto aus einer Personengesellschaft gegen Abfindung

Sachverhalt: An der X-OHG sind A, B und C zu je 1/3 beteiligt. A scheidet am 31. 12. 2014 aus der Personengesellschaft aus. Er braucht sein negatives Kapitalkonto von 50 000 € nicht auszugleichen, sondern erhält darüber hinaus von B und C aus deren Privatvermögen noch eine Abfindung von je 25 000 €. Im Betriebsvermögen der X-OHG sind nämlich stille Reserven von 300 000 € enthalten, an denen A zu 1/3 von 300 000 € = 100 000 € beteiligt ist.

Aufgaben:

1. Welche Steuerfolgen ergeben sich für A?

2. Welche Steuerfolgen ergeben sich für B und C?

LÖSUNG

Zu 1.:

Scheidet ein Gesellschafter – wie hier A – aus einer mehrgliedrigen Personengesellschaft aus, so endet seine Beteiligung und sein Anteil am Gesellschaftsvermögen wächst kraft Gesetzes den verbleibenden Gesellschaftern im Verhältnis ihrer Beteiligung zu (§ 738 Abs. 1 Satz 1 BGB). Die verbleibenden Gesellschafter haben dem ausscheidenden Gesellschafter für seinen Anteil am Gesellschaftsvermögen abzufinden. Die Abfindung hat dem wirklichen Wert des Unternehmens einschließlich aller stillen Reserven und des Geschäftswerts zu entsprechen, wenn gesellschaftsvertraglich nichts anderes vereinbart ist.

Ist der kraft Gesetzes oder nach dem Gesellschaftsvertrag zustehende Abfindungsanspruch höher als der Buchwert des Kapitalkontos des ausscheidenden Gesellschafters, ist der Vorgang steuerrechtlich wie die Veräußerung eines Mitunternehmeranteils zu behandeln. Auf Seiten des ausscheidenden Mitunternehmers liegt ein Veräußerungsgeschäft und auf Seiten der verbleibenden Mitunternehmer ein Anschaffungsgeschäft vor.

A erzielt in Höhe von 100 000 € (= Unterschiedsbetrag zwischen der Barabfindung von 50 000 € und dem negativen Kapitalkonto von 50 000 €) einen nach §§ 16, 34 EStG steuerbegünstigten Veräußerungsgewinn von 100 000 €.

Zu 2.:

Die verbleibenden Gesellschafter B und C haben den Gesellschaftsanteil des A für 100 000 €
(durch Übernahme des negativen Kapitalkontos von 50 000 € und Zahlung der Abfindung von
50 000 €) erworben. Die Anschaffungskosten sind daher in der Bilanz der Personengesellschaft
anteilig bei denjenigen Wirtschaftsgütern hinzu zu aktivieren, die stille Reserven enthalten. Das
negative Kapitalkonto des A fällt weg. Die Kapitalkonten von B und C sind um je 25 000 € zu
erhöhen (Buchungssatz: Vd. WG mit stillen Reserven 100 000 € an Kapitalkonto A 50 000 €, Kapitalkonto B 25 000 € und Kapitalkonto C 25 000 €).

FALL 197

Ausscheiden eines lästigen Gesellschafters aus einer Personengesellschaft

Sachverhalt: An der X-OHG sind A, B und C zu je 1/3 als Gesellschafter beteiligt. Die Kapitalkonten der Gesellschafter haben einen Buchwert von 100 000 €, im Betriebsvermögen der Personengesellschaft sind stille Reserven i. H. v. 450 000 € enthalten. Der 56 Jahre alte C, der als
sog. lästiger Gesellschafter anzusehen ist, scheidet am 31. 12. 01 gegen eine Abfindung i. H. v.
350 000 € aus der Personengesellschaft aus. Die über das Kapitalkonto (100 000 €) sowie seinen
Anteil an den stillen Reserven (150 000 €) hinausgehende Zahlung wird von A und B erbracht,
um C zum Ausscheiden aus der Personengesellschaft zu bewegen.

Aufgabe: Welche Steuerfolgen ergeben sich für den ausscheidenden und die verbleibenden Gesellschafter?

LÖSUNG

Von einem lästigen Gesellschafter spricht man, wenn ein Mitunternehmer durch in seiner Person liegende Umstände (geschäftsschädigendes Verhalten, unlautere Konkurrenz usw.) der Personengesellschaft derart Schaden zufügt, dass es im betrieblichen Interesse ist, wenn er aus der
Personengesellschaft ausscheidet. Im Allgemeinen wird sich der ausscheidende Gesellschafter –
wie vorliegend – nicht mit der Auszahlung des ihm zivilrechtlich zustehenden Anteils am Gesellschaftsvermögen zufriedengeben. Die übrigen Gesellschafter werden ihm eine Abfindung bezahlen müssen, die den wirklichen Wert seines Gesellschaftsanteils übersteigt. Problematisch
ist dann die steuerliche Beurteilung dieser „Mehrzahlung".

Anzumerken ist, dass nicht ohne Weiteres der gesamte Betrag, um den die Abfindung das steuerliche Kapitalkonto des ausscheidenden lästigen Gesellschafters übersteigt, ein Aufwand der
übernehmenden Gesellschafter ist. Auch beim Ausscheiden eines lästigen Gesellschafters
spricht eine tatsächliche Vermutung dafür, dass der Buchwert der bilanzierten Wirtschaftsgüter
des Betriebsvermögens stille Reserven enthält und/oder den Geschäftswert abgelten soll. Eine
über das Kapitalkonto des lästigen Gesellschafters hinausgehende Abfindung kann nur insoweit
bei den verbleibenden Gesellschaftern als sofort abzugsfähige Betriebsausgabe behandelt werden, als der Abfindungsbetrag nicht auf stille Reserven und den Geschäftswert entfällt (BFH VIII
R 148/85, BStBl 1992 II 647; VIII R 63/91, BStBl 1993 II 706 f.). A und B müssen daher die Buchwerte der Wirtschaftsgüter des Gesellschaftsvermögens um die auf C entfallenden stillen Reserven von 150 000 € aufstocken. Die Mehrzahlung von 100 000 € stellt für A und B Sonder-

Schoor

betriebsausgaben dar, weil es sich um Aufwand handelt im Zusammenhang mit der Begründung bzw. Stärkung der eigenen Beteiligung, der dem Bereich des Sonderbetriebsvermögens II zuzurechnen ist (BFH VIII R 63/91, BStBl 1993 II 706, 708).

Beim lästigen Gesellschafter C gehört die Differenz zwischen der Abfindung und dem Buchwert seines Kapitalkontos zum nach §§ 16, 34 EStG begünstigten Veräußerungsgewinn. Dies gilt auch für den Betrag, den er über den wirklichen Wert seiner Beteiligung erhält (vgl. *Schmidt/Wacker*, EStG, 32. Aufl. 2013, § 16 Rz. 459). C entsteht demnach ein tarifbegünstigter Veräußerungsgewinn i. H. v. 250 000 €.

FALL 198

Behandlung von Sonderbetriebsvermögen anlässlich der Veräußerung eines Mitunternehmeranteils

Sachverhalt: Gesellschafter der X-OHG sind A und B zu je 50 %. Zum Sonderbetriebsvermögen des A gehört ein Geschäftsgrundstück, das an die OHG vermietet ist. Am 31. 12. 01 veräußert der 60 Jahre alte A seinen Mitunternehmeranteil an C und erzielt hierbei einen Veräußerungsgewinn i. H. v. 300 000 €. Das Grundstück wird weiterhin an die OHG vermietet. Sein gemeiner Wert beläuft sich zum 31. 12. 01 auf 600 000 €, sein Buchwert auf 350 000 €.

Aufgabe: Welche einkommensteuerlichen Folgen ergeben sich für A im Zusammenhang mit der Veräußerung des Mitunternehmeranteils?

LÖSUNG

Der Begriff des Mitunternehmeranteils umfasst nicht nur den Anteil des Mitunternehmers am Vermögen der Gesellschaft, sondern auch etwaiges Sonderbetriebsvermögen (BFH VII R 76/87, BStBl 1991 II 635; VIII B 21/93, BStBl 1995 II 890). Veräußert ein Gesellschafter (Mitunternehmer) seinen Anteil an der Gesellschaft (§ 16 Abs. 1 Nr. 2 EStG) und wird das zu den wesentlichen Betriebsgrundlagen gehörende Sonderbetriebsvermögen nicht mitveräußert, liegt keine begünstigte Anteilsveräußerung i. S. v. § 16 Abs. 1 Nr. 2 EStG vor, weil nicht der „gesamte" Mitunternehmeranteil veräußert worden ist.

In diesem Fall verliert das bisherige Sonderbetriebsvermögen seine Eigenschaft als Betriebsvermögen. Es geht in das Privatvermögen des Gesellschafters über mit der Maßgabe, dass es entsprechend § 16 Abs. 3 Satz 7 EStG mit seinem gemeinen Wert anzusetzen ist, und zwar unabhängig davon, ob das Wirtschaftsgut zu den wesentlichen Betriebsgrundlagen gehörte oder nicht. Durch Vergleich mit dem Buchwert ist der sich hieraus ergebende Gewinn zu ermitteln. Anteilsveräußerung und Auflösung des Sonderbetriebsvermögens sind als betriebsaufgabeähnlicher Vorgang anzusehen (BFH I R 5/82, BStBl 1983 II 771; IV R 52/87, BStBl 1988 II 829; VIII B 21/93, BStBl 1995 II 890). Die Deutung dieses Geschehens als betriebsaufgabeähnlicher Vorgang hat zur Folge, dass für den gesamten Vorgang (Anteilsveräußerung und Auflösung des Sonderbetriebsvermögens) die Steuervergünstigung des § 34 Abs. 1 oder 3 EStG eingreift. Der von A erzielte Gewinn ist daher nach der Fünftel-Regelung oder auf Antrag mit dem ermäßigten Steuersatz, mindestens mit 14 % zu versteuern:

Gewinn Anteilsveräußerung		300 000 €
Gewinn Auflösung Sonderbetriebsvermögen:		
Gemeiner Wert	600 000 €	
./. Buchwert	./. 350 000 €	250 000 €
Nach § 34 Abs. 1 oder 3 EStG begünstigter Gewinn		550 000 €

FALL 199

Unentgeltliche Übertragung eines Mitunternehmeranteils unter Zurückbehaltung von Sonderbetriebsvermögen

Sachverhalt: An der X-KG sind der 60 Jahre alte A als Komplementär und sein Sohn B als Kommanditist je zur Hälfte beteiligt. Die Personengesellschaft betreibt u. a. auf einer im Alleineigentum des A stehenden Lagerhalle, die eine wesentliche Betriebsgrundlage der KG darstellt, einen Großhandel mit sanitären Installationsartikeln.

Zum 1. 1. 01 überträgt A seine Gesellschafterstellung in der KG unentgeltlich auf B, der den Betrieb als Einzelunternehmen fortführt. Die Lagerhalle überführt A vom Sonderbetriebsvermögen ins Privatvermögen und vermietet sie an B. Die Lagerhalle hat einen Buchwert von 50 000 € und einen gemeinen Wert von 70 000 €. Das Gesellschaftsvermögen der KG enthält stille Reserven von 800 000 €.

Aufgaben:

1. Liegt eine unentgeltliche Anteilsübertragung i. S. v. § 6 Abs. 3 EStG vor mit der Folge, dass es bei A hinsichtlich der übertragenen Gesellschaftsbeteiligung zu keiner Gewinnrealisierung kommt?

2. Welche Steuerfolgen ergeben sich, wenn es sich bei dem von A zurückbehaltenen und ins Privatvermögen überführten Grundstück um keine wesentliche Betriebsgrundlage handelt?

LÖSUNG

Zu 1.:

Die unentgeltliche Übertragung eines Betriebs i. S. v. § 6 Abs. 3 EStG setzt voraus, dass sämtliche wesentlichen Betriebsgrundlagen auf den Erwerber übergehen (BFH X R 74-75/90, BStBl 1994 II 15). Werden anlässlich der unentgeltlichen Übertragung eines Betriebs Wirtschaftsgüter vom Übertragenden zurückbehalten, die zu den wesentlichen Betriebsgrundlagen gehören, liegt keine Betriebsübertragung im Ganzen, sondern eine Betriebsaufgabe vor (BFH IV R 8/99, BStBl 1990 II 428).

Auch für die unentgeltliche Übertragung eines Mitunternehmeranteils i. S. v. § 6 Abs. 3 EStG ist zu fordern, dass alle diejenigen Wirtschaftsgüter des Sonderbetriebsvermögens auf den Erwerber mitübertragen werden, die für die Mitunternehmerschaft funktional wesentlich sind (BFH VIII B 21/93, BStBl 1995 II 890). Der Begriff des Mitunternehmeranteils i. S. v. § 16 Abs. 1 EStG, § 6 Abs. 3 EStG umfasst nach der Rechtsprechung des BFH nicht nur den Anteil des Mitunternehmers am Vermögen der Gesellschaft, sondern auch etwaiges Sonderbetriebsvermögen (BFH VIII R 76/87, BStBl 1991 II 635). Daraus folgt, dass eine (gewinnrealisierende) Aufgabe eines Mitunternehmeranteils anzunehmen ist, wenn – wie vorliegend – anlässlich der unentgeltlichen Übertragung eines Gesellschaftsanteils Wirtschaftsgüter des Sonderbetriebsvermögens, die zu den wesentlichen Betriebsgrundlagen der Mitunternehmerschaft gehören, nicht auf den Erwerber des Gesellschaftsanteils übergehen, sondern vom ausscheidenden Gesellschafter in das Privatvermögen überführt werden. A entsteht somit ein Aufgabegewinn i. H. v. 420 000 €:

anteilige stille Reserven Gesellschaftsvermögen:

1/2 von 800 000 € =	400 000 €
stille Reserven Sonderbetriebsvermögen	+ 20 000 €
	420 000 €

Der Aufgabegewinn ist begünstigt zu versteuern (§ 34 Abs. 1 oder 3 EStG).

Zu 2.:

Die Aufgabe eines Mitunternehmeranteils liegt im Falle der unentgeltlichen Anteilsübertragung nicht vor, wenn der bisherige Gesellschafter aus diesem Anlass einzelne Wirtschaftsgüter, die nicht zu den wesentlichen Betriebsgrundlagen gehören, veräußert oder in sein Privatvermögen übernimmt (BFH IV R 116/77, BStBl 1981 II 566). Die Entnahme des Grundstücks steht also der Wertung des Vorgangs als unentgeltliche Anteilsübertragung i. S. v. § 6 Abs. 3 EStG in diesem Fall nicht entgegen. Das bedeutet, dass es bei A hinsichtlich des übertragenen Gesellschaftsvermögens zu keiner Gewinnrealisierung kommt, B muss den Buchwert des Gesellschaftsanteils des A fortführen (§ 6 Abs. 3 EStG).

Durch die Entnahme des nicht zu den wesentlichen Betriebsgrundlagen gehörenden Grundstücks entsteht A indes ein Gewinn. Bei diesem Gewinn handelt es sich um einen laufenden Gewinn, für den die tarifäre Ermäßigung (§ 34 EStG) nicht gewährt werden kann (BFH IV R 12/89, BStBl 1991 II 566). Obwohl es sich um einen nicht begünstigten Gewinn handelt, unterliegt dieser nicht der Gewerbesteuer (BFH IV R 93/85, BStBl 1988 II 374).

FALL 200

Unentgeltliche Übertragung eines Mitunternehmeranteils bei gleichzeitiger erfolgsneutraler Ausgliederung von Sonderbetriebsvermögen

Sachverhalt: Vater V war Kommanditist bei der X-KG, an die er ein Grundstück (wesentliche Betriebsgrundlage) vermietet hatte. Er übertrug im Dezember 2013 seinen Kommanditanteil, der stille Reserven von 200 000 € enthielt, unentgeltlich auf seinen Sohn S. Bereits im August 2013 hatte V das Grundstück nach § 6 Abs. 5 Satz 3 Nr. 2 EStG zum Buchwert auf die von ihm neu gegründete gewerblich geprägte Y-GmbH & Co. KG übertragen.

Aufgabe: Muss S die Buchwerte des Kommanditanteils fortführen?

LÖSUNG

Wird im zeitlichen und sachlichen Zusammenhang mit der Übertragung eines Mitunternehmeranteils funktional wesentliches Sonderbetriebsvermögen nach § 6 Abs. 5 EStG zum Buchwert in ein anderes Betriebsvermögen überführt, kann nach bisheriger Auffassung der Finanzverwaltung der Anteil am Gesamthandsvermögen nicht nach § 6 Abs. 3 EStG zum Buchwert übertragen werden (BMF, BStBl 2005 I 458, Rz. 7, unter Hinweis auf die Gesamtplanrechtsprechung des BFH IV R 18/99, BStBl 2001 II 229). Verwaltungsseitig wird also die Auffassung vertreten, dass V die stillen Reserven von 200 000 € im KG-Anteil aufdecken und als laufenden Gewinn versteuern muss, weil er im zeitlichen Zusammenhang mit der Übertragung des Anteils das zum Sonderbetriebsvermögen gehörende Grundstück zum Buchwert auf die Y-GmbH & Co. KG übertragen hat.

Der BFH hat dagegen aktuell entschieden, dass nach § 6 Abs. 3 Satz 1 Halbsatz 1 EStG in seiner seit dem Veranlagungszeitraum 2001 gültigen Fassung **die Aufdeckung der stillen Reserven** im unentgeltlich übertragenen Mitunternehmeranteil auch dann **ausscheidet**, wenn ein funktional wesentliches Betriebsgrundstück des Sonderbetriebsvermögens vorher bzw. zeitgleich zum Buchwert nach § 6 Abs. 5 EStG übertragen worden ist (BFH IV R 41/11, BFH/NV 2012, 2053). Der BFH begründet seine Ansicht u. a. damit, dass vorliegend die Grundstücksübertragung auf die Y-GmbH & Co. KG nach § 6 Abs. 5 Satz 3 Nr. 2 EStG zwingend zum Buchwert zu erfolgen hat.

Unabhängig davon muss die im zeitlichen Zusammenhang vorgenommene Übertragung der Kommanditbeteiligung auf S nach § 6 Abs. 3 Satz 1 Halbsatz 1 EStG ebenfalls zum Buchwert erfolgen. Die Privilegierungen des § 6 Abs. 3 und § 6 Abs. 5 EStG stehen nach dem Gesetzeswortlaut gleichberechtigt nebeneinander. Sind – wie hier – die Tatbestandsvoraussetzungen des § 6 Abs. 3 und § 6 Abs. 5 EStG gleichzeitig erfüllt, sind die Vorschriften prinzipiell nebeneinander anzuwenden. Es sind also gleichzeitige Buchwerttransfers nach § 6 Abs. 3 und 5 EStG möglich. S muss den Buchwert des Kapitalkontos des V in der Gesamthandsbilanz der X-KG nach § 6 Abs. 3 Satz 1 EStG fortführen, zu einer Aufdeckung der stillen Reserven kommt es nicht. S muss danach die Buchwerte des Kommanditanteils fortführen.

HINWEIS:

Verwaltungsseitig wurde die Entscheidung über die Veröffentlichung des BFH-Urteils V R 41/11 (BFH/NV 2012, 2053) im Bundessteuerblatt Teil II vorerst zurückgestellt. In einschlägigen Fällen ist weiterhin uneingeschränkt die Tz. 7 des BMF-Schreibens (in BStBl 2005 I 458) anzuwenden. Eine gleichzeitige Inanspruchnahme der Steuervergünstigungen nach § 6 Abs. 3 EStG einerseits und nach § 6 Abs. 5 EStG andererseits ist nach Meinung der Finanzverwaltung nicht möglich. Einsprüche von Stpfl., die gegen entsprechende Steuerbescheide unter Berufung auf das BFH-Urteil IV R 41/11 (BFH/NV 2012, 2053) ruhen nach § 363 Abs. 2 Satz 2 AO bis zur endgültigen Klärung der Problematik (BMF, BStBl 2013 I 1164).

FALL 201

Unentgeltliche Übertragung eines Teils eines Mitunternehmeranteils unter Zurückbehaltung von Sonderbetriebsvermögen

Sachverhalt: An der X-OHG sind der 60 Jahre alte A und sein Sohn B als Gesellschafter je zur Hälfte beteiligt. Die Personengesellschaft betreibt in einem im Alleineigentum des A stehenden Fabrikationsgebäude, das eine wesentliche Betriebsgrundlage der OHG darstellt, eine Zimmerei.

Das Grundstück gehört zum notwendigen Sonderbetriebsvermögen des A. Es hat einen Buchwert von 300 000 € (Grund und Boden: 60 000 €, Gebäude: 240 000 €) und enthält stille Reserven von 100 000 € (Grund und Boden: 20 000 €, Gebäude: 80 000 €).

Zum 1. 1. 01 überträgt A einen 30%igen OHG-Anteil unentgeltlich auf B, ist also anschließend nur noch zu 20 % an der OHG beteiligt. Das Kapitalkonto des A beträgt im Zeitpunkt der Übertragung des 30%igen OHG-Anteils insgesamt 50 000 €. Das Gesellschaftsvermögen der OHG enthält stille Reserven von 1 Mio. €.

a) Das Fabrikationsgebäude wird nicht – auch nicht anteilig – mitübertragen, sondern bleibt im Alleineigentum des A.

b) Das Fabrikationsgebäude wird zu 80 % mitübertragen.

Aufgabe: Liegt eine unentgeltliche Anteilsübertragung i. S. v. § 6 Abs. 3 EStG vor?

LÖSUNG

Nach § 6 Abs. 3 Satz 1 EStG sind zwingend die Buchwerte fortzuführen, wenn ein (ganzer) Mitunternehmeranteil unentgeltlich auf eine natürliche Person übertragen wird. Die Buchwerte sind aber auch fortzuführen bei der unentgeltlichen Übertragung eines Teils eines Mitunternehmeranteils auf eine natürliche Person, wenn der bisherige Mitunternehmer

Wirtschaftsgüter, die weiterhin zum Betriebsvermögen derselben Mitunternehmerschaft gehören, nicht überträgt und

der Rechtsnachfolger (hier: B) den übernommenen Mitunternehmeranteil über einen Zeitraum von mindestens fünf Jahren nicht veräußert oder aufgibt (§ 6 Abs. 3 Satz 2 EStG).

a) § 6 Abs. 3 Satz 2 EStG ermöglicht die unentgeltliche Übertragung eines Teils eines Gesellschaftsanteils, also von Gesamthandsvermögen, unter Zurückbehaltung des gesamten Sonderbetriebsvermögens. Die Buchwertübertragung ist also zwingend, wenn anlässlich der Teilanteilsübertragung von Gesamthandsvermögen funktional wesentliches Sonderbetriebsvermögen nicht oder in geringerem Umfang übertragen wird, als es dem übertragenen Teil des Anteils am Gesamthandsvermögen entspricht (BMF, BStBl 2005 I 458 Rz. 10; BFH v. 2. 8. 2012 IV R 41/11, BGH/NV 2012, 2053). B muss daher den Buchwert des übernommenen 30%igen OHG-Anteils von 30 000 € fortführen, A führt den anteiligen Buchwert des zurückbehaltenen 20%igen Gesellschaftsanteils von 20 000 € sowie den Buchwert des zurückbehaltenen Sonderbetriebsvermögens von 300 000 € fort.

b) Zur Frage, wie die Übertragung einer höheren Quote am Sonderbetriebsvermögen als am Mitunternehmeranteil ertragsteuerrechtlich zu beurteilen ist, hat sich die Finanzverwaltung (BMF, BStBl 2005 I 458 Rz. 16 ff.) wie folgt geäußert:

▶ Bis zur Höhe der Quote am übertragenen Mitunternehmeranteil (hier: 30 %) ist auf das Sonderbetriebsvermögen § 6 Abs. 3 Satz 1 EStG anzuwenden (zwingende Buchwertfortführung ohne Behaltefrist).

▶ Die Übertragung des überquotalen Teils (hier: 50 %) des Sonderbetriebsvermögens fällt (ebenso wie dessen Übertragung ohne Teilanteil) nicht unter § 6 Abs. 3 EStG, jedoch unter § 6 Abs. 5 EStG.

▶ Das bedeutet: A und B müssen wie im Fall a) die entsprechenden Buchwerte fortführen, in Bezug auf das Sonderbetriebsvermögen gibt es allerdings unterschiedliche Rechtsgrundlagen.

HINWEIS:

Ob die Finanzverwaltung an ihrer Auffassung festhalten wird, ist offen. Denn der BFH hat entschieden, dass in den Fällen, in denen Sonderbetriebsvermögen mitübertragen wird, das gesamte auf den Rechtsnachfolger in den Gesellschaftsanteil übertragene Sonderbetriebsvermögen an der Rechtsfolge des § 6 Abs. 3 Satz 1 EStG teilnimmt. In welchem zahlenmäßigen Verhältnis es zu dem Bruchteil des übertragenen Gesellschaftsvermögens steht, ist ohne Bedeutung (BFH v. 2. 8. 2012 IV R 41/11, BFH/NV 2012, 2053; siehe auch BMF, BStBl 2013 I 1164).

FALL 202

Ermittlung des begünstigten Gewinns bei Einbringung eines Einzelunternehmens in eine Personengesellschaft zum gemeinen Wert

Sachverhalt: A und B gründen eine OHG. Jeder verpflichtet sich, eine Einlage i. H. v. 300 000 € zu erbringen. A erfüllt seine Einlageverpflichtung, indem er seinen Gewerbebetrieb – mit Ausnahme seines Pkw – im Wert von 300 000 € (Buchwert: 100 000 €) in das Gesamthandsvermögen einbringt, B zahlt 300 000 € in bar ein.

Die aufnehmende Personengesellschaft setzt das eingebrachte Betriebsvermögen mit dem Teilwert = gemeiner Wert an, so dass die Eröffnungsbilanz wie folgt aussieht.

Aktiva	Eröffnungsbilanz OHG		Passiva
Von A eingebrachtes		Kapitalkonto A	300 000 €
Betriebsvermögen	300 000 €	Kapitalkonto B	300 000 €
Bareinlage B	300 000 €		
	600 000 €		**600 000 €**

Seinen bisher zum Betriebsvermögen gehörenden Pkw, der einen Buchwert von 1 € hat, bringt A mit dem Teilwert von 10 000 € in sein Sonderbetriebsvermögen ein. Der Pkw wird in einer Sonderbilanz mit dem Teilwert = gemeiner Wert von 10 000 € aktiviert.

Aufgabe: In welcher Höhe ist der A entstehende Veräußerungsgewinn steuerbegünstigt?

LÖSUNG

Für die Höhe des Veräußerungsgewinns des Einbringenden ist maßgebend, mit welchem Wert das eingebrachte Betriebsvermögen „in der Bilanz" der Personengesellschaft und in den Ergänzungsbilanzen der Gesellschafter angesetzt wird (§ 24 Abs. 3 Satz 1 UmwStG). Zu einer Gewinnrealisierung kommt es, wenn die aufnehmende Personengesellschaft – wie vorliegend – das eingebrachte Betriebsvermögen mit dem gemeinen Wert ansetzt. Der Ansatz zum gemeinen Wert erfordert, dass sämtliche stille Reserven, auch der selbst geschaffene (originäre) Geschäfts- oder Praxiswert, aufgedeckt werden (BFH I R 2/78, BStBl 1982 II 62). Einzubeziehen in den Ansatz der Sacheinlage sind auch die Wirtschaftsgüter, die bei der aufnehmenden Personengesellschaft Sonderbetriebsvermögen werden. Ein Ansatz zum gemeinen Wert liegt nur vor, wenn auch diese Wirtschaftsgüter mit dem gemeinen Wert angesetzt werden (BFH VIII R 32/77, BStBl 1981 II 419). Der Einbringungsgewinn muss auf der Grundlage einer Einbringungs- und einer Eröffnungsbilanz ermittelt werden (BFH IV R 88/80, BStBl 1984 II 518; IV R 13/01, BStBl 2002 II 287).

Ein durch Ansatz des gemeinen Werts entstehender Gewinn gilt als laufender Gewinn, soweit der Einbringende selbst an der Personengesellschaft beteiligt ist (§ 24 Abs. 3 Satz 3 UmwStG, § 16 Abs. 2 Satz 3 EStG); im Übrigen ist der Einbringungsgewinn steuerbegünstigt (§§ 16, 34 EStG). Im Beispielsfall gilt der Einbringungsgewinn i. H. v. 200 000 €, der A bei der Einbringung des Betriebsvermögens in das Gesamthandsvermögen der OHG entsteht, i. H. v. 1/2 von 200 000 € = 100 000 € als laufender Gewinn und i. H. v. 100 000 € als begünstigter Gewinn.

Ein bei der Einbringung zum gemeinen Wert im Sonderbetriebsvermögen des Einbringenden entstehender Gewinn ist nach § 24 Abs. 3 Satz 3 UmwStG nicht tarifbegünstigt (BFH IV R 54/99, BStBl 2001 II 178). Der Einbringungsgewinn i. H. v. 9 999 €, der A durch Einbringung seines Pkw in das Sonderbetriebsvermögen bei der aufnehmenden Personengesellschaft entsteht, gilt also in vollem Umfang als laufender Gewinn (§ 24 Abs. 3 Satz 3 UmwStG), da das hierdurch geschaffene zusätzliche Abschreibungsvolumen in vollem Umfang dem Einbringenden zugutekommt.

Anzumerken ist, dass der als „laufender Gewinn" geltende Teil des Einbringungsgewinns der Gewerbesteuer unterliegt (BFH VIII R 7/01, BStBl 2004 II 754).

FALL 203

Auflösung von steuerfreien Rücklagen anlässlich einer Betriebsveräußerung

Sachverhalt: Der 60 Jahre alte A veräußert am 31. 12. 01 seinen Gewerbebetrieb an B und erzielt hierbei einen Veräußerungsgewinn i. H. v. 140 200 €. Im Zeitpunkt der Betriebsveräußerung löst A eine im Vorjahr gebildete Rücklage für Ersatzbeschaffung i. H. v. 30 000 € gewinnerhöhend auf.

Aufgabe: Erhöht die Auflösung der steuerfreien Rücklage den laufenden Gewinn oder den steuerbegünstigten Veräußerungsgewinn des A?

LÖSUNG

Steuerfreie Rücklagen (z. B. Rücklage für Ersatzbeschaffung, Rücklage nach § 6b EStG), die im Zeitpunkt der Betriebsveräußerung aufgelöst werden, erhöhen den steuerbegünstigten Veräußerungsgewinn und nicht etwa den laufenden Gewinn (BFH I R 201/73, BStBl 1975 II 848; IV R 97/89, BStBl 1992 II 392). Sie wirken sich demnach auch auf die Höhe des Freibetrags nach § 16 Abs. 4 EStG aus. Da der Veräußerungsgewinn des A demnach (140 200 € + 30 000 € =) 170 200 € beträgt, errechnet sich für A folgender Freibetrag nach § 16 Abs. 4 EStG:

Uneingeschränkter Freibetrag	45 000 €
Ermäßigung um den Betrag, um den der	
Veräußerungsgewinn die Freibetragsgrenze von 136 000 € übersteigt: 170 200 €	
./. 136 000 € =	34 200 €
Zu gewährender Freibetrag	10 800 €

Der nach Abzug des Freibetrags verbleibende Veräußerungsgewinn i.H.v. (170 200 € ./. 10 800 € =) 159 400 € ist nach der Fünftel-Regelung oder auf Antrag mit dem ermäßigten Steuersatz zu versteuern (§ 34 Abs. 1 oder 3 EStG).

FALL 204

Bildung einer Rücklage nach § 6b EStG anlässlich einer Betriebsveräußerung

Sachverhalt: Ein 58 Jahre alter Gewerbetreibender erzielt aus der Veräußerung seines Betriebs einen Gewinn i.H.v. 160 000 €. In Höhe von 90 000 € bildet er zulässigerweise eine Rücklage nach § 6b EStG, so dass sich ein Restveräußerungsgewinn i.H.v. 70 000 € ergibt.

Aufgabe: Ist der Veräußerungsgewinn – ggf. in welcher Höhe – steuerbegünstigt nach §§ 16, 34 EStG?

LÖSUNG

Bildet ein Stpfl. anlässlich der Betriebsveräußerung eine Rücklage nach § 6b EStG, kann er die Rücklage unter bestimmten Voraussetzungen noch für die Zeit weiterführen, in der sie ohne Veräußerung des Betriebs zulässig gewesen wäre (R 6b Abs. 10 Satz 1 EStR 2012). Die Fünftel-Regelung oder der ermäßigte Steuersatz kann aber in einem solchen Fall für den (verbleibenden) Veräußerungsgewinn nicht gewährt werden (§ 34 Abs. 1 Satz 4, Abs. 3 Satz 6 EStG). Der Freibetrag nach § 16 Abs. 4 EStG steht dem Stpfl. jedoch zu. Zu beachten ist, dass im Hinblick auf die Grenze von 136 000 € auch der Teil des Freibetrags berücksichtigt werden muss, für den § 6b EStG in Anspruch genommen worden ist (BMF v. 22. 8. 1972, StEK § 6b EStG Nr. 29).

Da der von A erzielte Veräußerungsgewinn von 160 000 € die Grenze von 136 000 € um 24 000 € überschritten hat, kann A nur ein Freibetrag nach § 16 Abs. 4 EStG von (45 000 € ./. 24 000 € =) 21 000 € gewährt werden. Der Restveräußerungsgewinn von 70 000 € bleibt daher auf Antrag i.H.v. 21 000 € steuerfrei. Der steuerpflichtige Teil des Veräußerungsgewinns i.H.v. 49 000 € unterliegt der Einkommensteuer zum Normaltarif.

FALL 205

Verkauf eines Einzelunternehmens an eine GmbH

Sachverhalt: A betreibt ein Modehaus als Einzelunternehmer. Durch notariellen Vertrag vom 22. 12. 01 gründet er zusammen mit seiner Ehefrau die X-GmbH. Die GmbH-Anteile gehören zum Privatvermögen. Mit einem weiteren Vertrag vom 22. 12. 01 verkauft A seinen Gewerbebetrieb zum 1.1.02 an die X-GmbH mit allen Aktiva und Passiva. Als Kaufpreis wird der Saldo zwischen den Buchwerten der Aktiva (400 000 €) und Passiva (340 000 €), also das Kapitalkonto von 60 000 €, erhöht um 50 000 € als Entgelt für die im Anlagevermögen enthaltenen stillen Reserven, vereinbart. Der Kaufpreis von 110 000 € wird dem A auf einem Darlehenskonto gutgeschrieben und verzinst. Für den im Betriebsvermögen des Einzelunternehmens enthaltenen selbst geschaffenen Geschäftswert i. H. v. 80 000 € wird kein Kaufpreis vereinbart.

A ist im Zeitpunkt der Betriebsveräußerung 56 Jahre alt.

Aufgabe: Welche einkommensteuerlichen Folgen hat die Betriebsveräußerung für A?

LÖSUNG

Wird ein Betrieb an eine Kapitalgesellschaft veräußert und erhält der veräußernde Gesellschafter von der Kapitalgesellschaft keine Vergütung für den übergehenden Geschäftswert, ist von einer Betriebsveräußerung auszugehen, bei der das Wirtschaftsgut „Firmenwert" nicht an die Kapitalgesellschaft veräußert, sondern aus dem bisherigen Betriebsvermögen entnommen und sogleich verdeckt in die Kapitalgesellschaft eingelegt wird (§ 6 Abs. 6 Satz 2 EStG; BFH VIII R 17/85, BStBl 1991 II 512; IV R 121/91, BFH/NV 1993, 525). Die Folge dieser Betrachtungsweise ist, dass der eingelegte Geschäftswert i. H. v. 80 000 € aufzudecken und von A gem. § 16 Abs. 3 Satz 1 EStG zu versteuern ist. Der Annahme der Veräußerung des ganzen Gewerbebetriebs steht nicht entgegen, wenn einzelne Wirtschaftsgüter in zeitlichem Zusammenhang mit der Veräußerung in das Privatvermögen überführt oder – wie im vorliegenden Fall – anderen betriebsfremden Zwecken zugeführt werden. Die Vorschrift über die Betriebsaufgabe ergänzt insoweit den Veräußerungstatbestand des § 16 Abs. 1 EStG. Der von A realisierte Gewinn beläuft sich daher auf (50 000 € + 80 000 € =) 130 000 €. In Höhe von 45 000 € bleibt er auf Antrag steuerfrei (§ 16 Abs. 4 EStG); der steuerpflichtige Teil von 85 000 € ist entweder nach der Fünftel-Regelung oder auf Antrag mit dem ermäßigten Steuersatz zu versteuern (§ 34 Abs. 1 oder 3 EStG).

FALL 206

Behandlung des Firmenwerts bei Aufgabe eines verpachteten Betriebs

Sachverhalt: A betreibt einen Gewerbebetrieb. Ab dem 1.1.02 verpachtet er sein Unternehmen an B. A teilt dem FA mit, dass er die Verpachtung als Betriebsaufgabe (§ 16 Abs. 3 EStG) behandelt sehen will (§ 16 Abs. 3b EStG). Im Zeitpunkt der Betriebsaufgabe sind im Betriebsvermögen des A folgende stillen Reserven enthalten:

Abnutzbares Anlagevermögen	50 000 €
Betriebsgrundstück	200 000 €
	250 000 €

Der originäre Firmenwert beträgt 150 000 €.

A ist im Zeitpunkt der Betriebsaufgabe 54 Jahre alt.

Aufgabe: Wie hoch ist der Betriebsaufgabegewinn des A?

LÖSUNG

Ein Betriebsverpächter kann wählen, ob er die Verpachtung als Betriebsaufgabe i. S. d. § 16 Abs. 3 EStG oder ob er den Betrieb als fortbestehend behandelt sehen will (§ 16 Abs. 3b EStG). Da A eine Betriebsaufgabeerklärung abgegeben hat, sind die Wirtschaftsgüter – soweit privatisierbar – in das Privatvermögen überführt. Vorliegend entsteht ein nach §§ 16, 34 EStG begünstigter Aufgabegewinn. Bei der Ermittlung des Aufgabegewinns ist jedoch nach der Rechtsprechung des BFH der selbst geschaffene Firmenwert nicht anzusetzen, auch wenn dieser mitverpachtet wird (BFH VIII R 158/73, BStBl 1979 II 99; X R 49/87, BStBl 1989 II 606; X R 56/99, BFH/NV 1998, 314; X R 58/93, BStBl 2002 II 387; BMF, BStBl 1984 I 461). Der Geschäftswert ist nicht privatisierbar. Er kann nicht durch Erklärung des Steuerpflichtigen in das Privatvermögen überführt werden, weil er nur im Rahmen eines gewerblichen Betriebs denkbar ist. Der von A erzielte Betriebsaufgabegewinn beläuft sich daher auf 250 000 €; er ist begünstigt zu versteuern (§ 34 Abs. 1 oder 3 EStG).

HINWEIS:

Veräußert ein Stpfl. einen zunächst verpachteten Gewerbebetrieb, für den im Zeitpunkt der Verpachtung die Betriebsaufgabe erklärt worden ist, ist der auf den Geschäftswert entfallende Veräußerungspreis im Jahr der Veräußerung als laufender nachträglicher Gewinn aus Gewerbebetrieb (§§ 24 Nr. 2, 15 EStG) zu versteuern (BMF, BStBl 1984 I 461; BFH X R 56/99, BStBl 2002 II 387).

FALL 207

Umgestaltung der Betriebsräume bei Betriebsverpachtung

Sachverhalt: Kaufmann A hat sein Einzelhandelsgeschäft seit Jahren verpachtet, aber keine Betriebsaufgabe erklärt. Der Betrieb wurde als sog. ruhender Gewerbebetrieb fortgeführt. Nach einem Pächterwechsel im Jahr 2013 gestaltet der neue Pächter durch Umbaumaßnahmen die Betriebsräume in einer Weise um, dass sie nicht mehr für den Einzelhandel des A genutzt werden können. Der Pächter betreibt in dem gepachteten Gebäude eine Diskothek. Diese Tatsachen werden dem FA im Jahr 2014 nach Abgabe der Einkommensteuererklärung 2013 bekannt. Im Betriebsvermögen des verpachteten Betriebs sind im Zeitpunkt der Umgestaltung der Betriebsräume stille Reserven i. H. v. 100 000 € enthalten, deren Höhe sich bis zum Zeitpunkt der Abgabe der Steuererklärung 2013 im Jahr 2014 nicht verändert hat.

Aufgabe: Welche Rechtsfolgen ergeben sich für A im Hinblick auf die Umgestaltung der Betriebsräume?

LÖSUNG

Der Verpächter eines Gewerbebetriebs hat steuerlich ein außerordentlich interessantes Wahlrecht. Er kann bei Beginn der Verpachtung oder später erklären, dass er den Betrieb verpachtet habe, weil er ihn aufgeben wolle. Dann ist die Verpachtung eine Betriebsaufgabe, die Wirtschaftsgüter des Betriebs werden mit der Aufgabeerklärung prinzipiell Privatvermögen, die hierbei aufgedeckten stillen Reserven werden als Betriebsaufgabegewinn erfasst und auf Antrag begünstigt versteuert (§§ 16, 34 EStG).

Gibt der Verpächter anlässlich der Verpachtung keine Betriebsaufgabeerklärung ab oder erklärt er ausdrücklich, dass er den Betrieb nicht aufgeben wolle, gilt der bisherige Betrieb einkommensteuerrechtlich als fortbestehend, er wird nur in anderer Form als bisher genutzt (§ 16 Abs. 3b EStG). In diesem Fall bleiben die verpachteten Wirtschaftsgüter auch nach der Einstellung der gewerblichen Betätigung gewerbliches Betriebsvermögen des bisherigen Betriebsinhabers (sog. gewerbliche Betriebsverpachtung; zu diesem Begriff vgl. BFH IV B 9/95, BFH/NV 1996, 213). Der Verpächter bezieht weiterhin gewerbliche Einkünfte (§ 15 EStG), die allerdings nicht mehr der Gewerbesteuer unterliegen, weil die Gewerbesteuer nur „werbende" Betriebe erfasst und mit der Betriebsverpachtung die „werbende" Tätigkeit des bisherigen Betriebsinhabers beendet ist. Die im verpachteten Betriebsvermögen enthaltenen stillen Reserven unterliegen erst der Einkommensteuer, wenn der Betrieb veräußert oder aufgegeben wird.

Die Betriebsfortführung als sog. ruhender Gewerbebetrieb setzt in sachlicher Hinsicht voraus, dass der Stpfl. seinen Betrieb im Ganzen oder zumindest die wesentlichen Betriebsgrundlagen einem anderen zur Nutzung überlässt. Auch muss er oder sein unentgeltlicher Rechtsnachfolger in der Lage sein, diesen Betrieb im Wesentlichen identitätswahrend fortzuführen. Wesentliche Betriebsgrundlagen sind in diesem Zusammenhang diejenigen Wirtschaftsgüter, die zur Erreichung des Betriebszwecks erforderlich und bei wertender Betrachtungsweise auch von Gewicht sind. Welchen Wirtschaftsgütern diese Bedeutung zukommt, hängt nach der höchstrichterlichen Rechtsprechung von der jeweiligen Branche, der Eigenart des Betriebs und den besonderen Umständen des Einzelfalls ab (BFH X R 13/05, BFH/NV 2008, 1306). Der Begriff der wesentlichen Betriebsgrundlagen ist bei der Betriebsverpachtung ausschließlich funktional zu verstehen (BFH IV R 51/07, BStBl 2009 II 303). Grundsätzlich ist ohne zeitliche Begrenzung so lange von einer Fortführung des Betriebs auszugehen, wie eine Betriebsaufgabe nicht erklärt worden ist und die Möglichkeit besteht, den Betrieb fortzuführen (BFH IV R 45/06, BStBl 2009 II 902).

Die Annahme einer Betriebsverpachtung im Fall der Verpachtung nur des Betriebsgebäudes scheitert nicht bereits daran, dass das mietende Unternehmen einer anderen Branche angehört (BFH IV R 20/02, BStBl 2004 II 10; III R 1/03, BFH/NV 2004, 1231). Das gilt jedenfalls bei Groß- und Einzelhandelsunternehmen sowie bei Hotel- und Gaststättenbetrieben – im Gegensatz zum produzierenden Gewerbe –, weil bei diesen Unternehmen das Betriebsgrundstück die alleinige Betriebsgrundlage darstellt (BFH III R 112/96, BFH/NV 1999, 1198 betr. Großhandel; XI R 26/00, BFH/NV 2001, 1106 betr. Hotel und Gaststätte; BFH X R 16/10, juris). Auch bei einer handwerklich betriebenen Bäckerei kann das bebaute Grundstück die alleinige wesentliche Betriebsgrundlage darstellen (BFH X R 13/05, BFH/NV 2008, 1306). Wird also in diesen Fällen das Betriebsgrundstück – ohne wesentliche Umgestaltung – an ein branchenfremdes Unternehmen vermietet, steht dem Stpfl. das Verpächterwahlrecht zu. Auch an der Dauer der Verpachtung scheitert das Verpächterwahlrecht nicht. Dass zwischenzeitlich Generationennachfolge eingetreten ist, steht der Betriebsverpachtung nicht entgegen. Es reicht aus, wenn ein Rechtsnachfolger den Betrieb objektiv wieder aufnehmen kann (BFH IV R 45/06, BStBl 2009 II 902).

Eine Wiederaufnahmemöglichkeit soll nach bisheriger Rechtsprechung fehlen oder entfallen, wenn der Betrieb als Ganzes oder hinsichtlich seiner wesentlichen Betriebsgrundlagen in tatsächlicher Hinsicht derart umgestaltet wird, dass eine Nutzung durch den Verpächter in der bisherigen Form nicht mehr möglich ist (BFH IX R 22/98, BFH/NV 2002, 16; IV R 35/03, BFH/NV 2005, 1046). Werden also bei Pachtbeginn oder während der Pachtzeit die wesentlichen Betriebsgrundlagen des verpachteten Gewerbebetriebs so umgestaltet, dass sie nicht mehr in der bisherigen Form genutzt werden können, ist eine Aufgabe des Gewerbebetriebs anzunehmen (BFH I R 84/79, BStBl 1983 II 412). Die Umgestaltung ist als Betriebsaufgabehandlung anzusehen. Die identitätswahrende Fortführung des Betriebs ist an den Fortbestand verpachteter wesentlicher Betriebsgrundlagen gebunden. Werden diese so umgestaltet, dass sie nicht mehr in der bisherigen Form genutzt werden können, entfällt die Möglichkeit der Betriebsfortführung; der Verpächter stellt die unternehmerische Tätigkeit endgültig ein; der Pächter eröffnet dann einen neuen Betrieb (BFH X R 31/95, BStBl 1997 II 561; IV R 20/02, BFH/NV 2001, 16). Ohne Bedeutung ist, ob die Umgestaltung durch den Pächter oder durch den Verpächter im Interesse des Pächters vorgenommen wird.

Vorliegend hat die Umgestaltung der Betriebsräume steuerlich zur Folge, dass es aufgrund der Umgestaltung der Betriebsräume zur Betriebsaufgabe kommt (§ 16 Abs. 3 i.V.m. § 16 Abs. 3b EStG). Erfolgt die schädliche Umgestaltung der wesentlichen Betriebsgrundlagen – wie vorliegend – nach dem 4.1.2011, setzt die Annahme einer Zwangsbetriebsaufgabe in den Fällen der Betriebsunterbrechung und der Betriebsverpachtung voraus, dass dem FA Tatsachen bekannt werden, aus denen sich ergibt, dass die Voraussetzungen einer Betriebsaufgabe i.S.d. § 16 Abs. 3 Satz 1 EStG erfüllt sind (§ 16 Abs. 3b Satz 1 Nr. 2 EStG). Das Gesetz fingiert den Betriebsfortbestand bis zu dem Zeitpunkt, zu dem das Finanzamt Kenntnis davon erhält, dass die Möglichkeit der Betriebsfortführung entfallen ist, weil die wesentlichen Betriebsgrundlagen in schädlicher Weise umgestaltet worden sind (vgl. *Schmidt/Wacker*, EStG, 2013, § 16 Rn. 700, 712). Es gelten die zu § 173 Abs. 1 Nr. 1 AO entwickelten Grundsätze. A entsteht daher im Jahr 2014 ein steuerbegünstigter Betriebsaufgabegewinn i.H.v. 100 000 € (§ 16 Abs. 3b Nr. 2 EStG, § 34 EStG).

HINWEIS:

Nach einer neueren Entscheidung des BFH erscheint es zweifelhaft, ob Umbau- bzw. Umgestaltungsmaßnahmen an verpachteten Betriebsgebäuden, die einer identitätswahrenden Betriebsfortführung entgegenstehen, stets zu einer Zwangsbetriebsaufgabe führen (BFH IV R 65/01, BFH/NV 2007, 1004), wenn diese Tatsachen dem FA bekannt werden.

FALL 208

Freibetrag bei einer sich über zwei VZ erstreckenden Betriebsaufgabe

Sachverhalt: Der im Juni 1957 geborene A betreibt einen Handwerksbetrieb. Am 31.1.2013 stellte er seinen Betrieb ein. Zum Betriebsvermögen gehörten zwei bebaute Grundstücke, die als wesentliche Betriebsgrundlagen anzusehen sind. A veräußerte das Grundstück 1 im Februar 2013 an den Gewerbetreibenden B, das Grundstück 2 im Januar 2014 an den Kaufmann C. A erzielt anlässlich der Betriebsaufgabe, vor allem aus dem Verkauf der beiden Grundstücke, einen Gewinn i.H.v. insgesamt 120 000 €, der i.H.v. 40 000 € auf das Jahr 2013 entfällt.

Aufgabe: Steht A ein Freibetrag nach § 16 Abs. 4 EStG zu?

LÖSUNG

Eine Betriebsaufgabe (§ 16 Abs. 3 EStG) kann sich – prinzipiell anders als die punktuelle Veräußerung eines Gewerbebetriebs (§ 16 Abs. 1 EStG) – auch über einen Zeitraum erstrecken, so dass die Gewinne aus einer Betriebsaufgabe in mehreren VZ anfallen können (BFH IV R 97/89, BStBl 1992 II 392). Es darf sich jedoch nur um einen „kurzen" Zeitraum handeln, wenn noch eine steuerbegünstigte Betriebsaufgabe angenommen werden soll. Fraglich ist, zu welchem Zeitpunkt bei einer sich auf mehrere Monate erstreckenden Betriebsaufgabe das 55. Lebensjahr vollendet sein muss.

Der BFH hat stets anerkannt, dass die Betriebsaufgabe einer gewissen Zeit bedarf und daher der anzuerkennende Zeitraum nicht zu eng bemessen werden darf (BFH VI 118-199/65, BStBl 1967 III 70, 72). Welcher Zeitraum noch kurz ist, lässt sich nicht schematisch bestimmen, sondern hängt von den Umständen des Einzelfalls ab. Eine Frist von sechs Monaten ist auf jeden Fall unschädlich (BFH IV R 19/92, BFH/NV 1994, 540).

Bei einer Betriebsaufgabe muss der Stpfl. im Zeitpunkt der Beendigung der Betriebsaufgabe das 55. Lebensjahr vollendet haben (so m. E. zutreffend *Kanzler*, FR 1995, 851 und *Wendt*, FR 2000, 1199, 1201). Die Betriebsaufgabe ist in dem Zeitpunkt beendet, in dem das letzte Wirtschaftsgut, das zu den wesentlichen Betriebsgrundlagen gehört, veräußert oder in das Privatvermögen überführt wird (BFH X R 77-79/90, BFH/NV 1992, 659; IV R 17/02, BStBl 2005 II 637). Da A im Zeitpunkt der Veräußerung der letzten wesentlichen Betriebsgrundlage, d. h. des Grundstücks 2, das 55. Lebensjahr vollendet hat, kann ihm auf Antrag ein Freibetrag von 45 000 € gewährt werden. Der Freibetrag ist insgesamt nur einmal zu gewähren (BFH, GrS 2/92, BStBl 1993 II 897, 902). Fraglich ist, in welchem VZ der Freibetrag zu berücksichtigen ist. In der Literatur wird hierzu die Ansicht vertreten, nach der h. M. sei im Fall einer jahresübergreifenden Betriebsaufgabe der Freibetrag zunächst von dem im ersten VZ angefallenen Veräußerungs- oder Aufgabegewinn und – soweit noch nicht verbraucht – im folgenden VZ abzuziehen (vgl. *Schmidt/Wacker*, EStG, 32. Aufl. 2013, § 16 Rz. 584). Nach anderer Auffassung ist der Freibetrag nach dem Verhältnis der in den einzelnen VZ erzielten Teile des Gesamtgewinns oder antragsgemäß aufzuteilen (vgl. *Kanzler*, FR 1995, 851 f.). Höchstrichterlich ist diese Frage – soweit ersichtlich – noch nicht entschieden. Die Finanzverwaltung stellt sich auf den Standpunkt, dass der Freibetrag anteilig aufzuteilen ist (BMF, BStBl 2005 I 7 zu I.). Diese Lösung hat den Vorteil, Progressionsspitzen abzubauen. Der Freibetrag ist danach wie folgt auf die Jahre 2013 und 2014 aufzuteilen:

Freibetrag 2013: 1/3 von 45 000 €	15 000 €
Freibetrag 2014: 2/3 von 45 000 €	30 000 €
Freibetrag insgesamt	45 000 €

FALL 209

Einmalige Gewährung des Freibetrags

Sachverhalt: Der 60 Jahre alte Einzelgewerbetreibende A hat im Jahr 2013

▶ einen gewerblichen Teilbetrieb (Veräußerungsgewinn: 40 000 €) und

▶ einen Mitunternehmeranteil an der X-KG (Veräußerungsgewinn: 30 000 €) veräußert.

Er beantragt, den Gewinn aus der Veräußerung des Teilbetriebs i. H. v. 40 000 € sowie 5 000 € des Gewinns aus der Veräußerung des Mitunternehmeranteils steuerfrei zu lassen.

Aufgabe: In welcher Höhe steht A der Freibetrag nach § 16 Abs. 4 EStG zu?

LÖSUNG

Der Freibetrag nach § 16 Abs. 4 EStG ist dem Stpfl. nur einmal zu gewähren (§ 16 Abs. 4 Satz 2 EStG). „Einmal" bedeutet in diesem Zusammenhang: nur einmal im Leben für ein „Objekt", auch wenn der Stpfl. mehrere Betriebe, Teilbetriebe hat (OFD Saarbrücken, DStR 1997, 1165) oder an mehreren Personengesellschaften als Mitunternehmer beteiligt ist. Ein Verbrauch des Freibetrags tritt auch ein, wenn der Freibetrag in einem früheren VZ zu Unrecht gewährt wurde (BFH X R 2/09, BStBl 2009 II 963).

Der Freibetrag kann nur einmal im Leben gewährt werden, dafür aber in voller Höhe, auch wenn „nur" ein Teilbetrieb oder Mitunternehmeranteil veräußert wird. Veräußerungs- und Aufgabefreibeträge, die für Veräußerungen oder Aufgaben vor dem 1. 1. 1996 in Anspruch genommen wurden, werden nicht angerechnet (§ 52 Abs. 34 Satz 5 EStG). Hat der Stpfl. in einem VZ mehrere selbständige Betriebe oder einen Teilbetrieb und einen Mitunternehmeranteil veräußert, kann er dennoch den Freibetrag nur einmal beanspruchen, er hat jedoch ein Wahlrecht, bei welchem Objekt er den Freibetrag abziehen will (R 16 Abs. 13 Satz 7 EStR 2012). Nicht verbrauchte Teile des Freibetrags können nicht bei einer anderen Veräußerung in Anspruch genommen werden (R 16 Abs. 13 Satz 4 EStR 2012). A kann daher nur ein Freibetrag von maximal 40 000 € gewährt werden; der Gewinn aus der Teilbetriebsveräußerung bleibt bei einem entsprechenden Antrag des A komplett steuerfrei.

FALL 210

Veräußerung eines Einzelunternehmens mitsamt GmbH-Beteiligung bei Betriebsaufspaltung

Sachverhalt: Zwischen dem 65 Jahre alten Einzelunternehmer A (Besitzunternehmen) und der X-GmbH (Betriebsunternehmen) besteht eine Betriebsaufspaltung. A hat der GmbH, deren Anteile er allein hält, ein Gebäudegrundstück vermietet. Zum notwendigen Betriebsvermögen des Besitzunternehmens gehören das Gebäudegrundstück und die GmbH-Beteiligung.

Schoor

A veräußerte am 1.10.2013 sein Einzelunternehmen mitsamt der GmbH-Beteiligung. Der gesamte Veräußerungsgewinn beträgt 160 000 €, davon entfallen auf die GmbH-Beteiligung 100 000 € und auf das übrige Betriebsvermögen (Betriebsgrundstück) 60 000 €:

Veräußerungsgewinn GmbH-Anteile	100 000 €
davon steuerfrei nach §§ 3 Nr. 40, 3c Abs. 2 EStG: 40 %	./. 40 000 €
Steuerpflichtiger Teil des Veräußerungsgewinns	60 000 €
Veräußerungsgewinn Gebäudegrundstück	60 000 €
Steuerpflichtiger Veräußerungsgewinn insgesamt	120 000 €

Aufgabe: In welcher Höhe steht A der Freibetrag nach § 16 Abs. 4 EStG zu?

LÖSUNG

Gewinne aus der Veräußerung von Anteilen an einer Kapitalgesellschaft unterliegen vorrangig dem Teileinkünfteverfahren und sind daher insoweit von einer tarifermäßigten Besteuerung ausdrücklich ausgenommen (§ 3 Nr. 40 Satz 1 Buchst. b i.V. m. § 34 Abs. 2 Nr. 1 EStG). Für Gewinne aus der Veräußerung von Anteilen an Kapitalgesellschaften, die dem Teileinkünfteverfahren unterliegen, werden weder die Fünftel-Regelung nach § 34 Abs. 1 EStG noch der begünstigte Steuersatz nach § 34 Abs. 3 EStG gewährt. Bei Vorliegen der entsprechenden Voraussetzungen kann jedoch der Freibetrag nach § 16 Abs. 4 EStG beantragt werden.

Vorliegend beträgt der Gesamtgewinn aus der Betriebsveräußerung 160 000 €, davon entfallen auf die GmbH-Beteiligung 100 000 €. Der Gewinn aus der Veräußerung der GmbH-Anteile bleibt i. H. v. 40 % (40 000 €) steuerfrei und ist daher auch bei der Frage, ob die 136 000 €-Grenze des § 16 Abs. 4 Satz 3 EStG überschritten ist, nicht einzubeziehen (R 16 Abs. 13 Satz 10 EStR 2012). A steht daher der volle Freibetrag von 45 000 € zu.

Umfasst der Veräußerungsgewinn auch dem Teileinkünfteverfahren unterliegende Gewinne, ist nach früherer Meinung der Finanzverwaltung der Freibetrag nach § 16 Abs. 4 EStG entsprechend den Anteilen der Gewinne, die dem ermäßigten Steuersatz nach § 34 EStG unterliegen, und der Gewinne, die im Halb- bzw. jetzt Teileinkünfteverfahren zu versteuern sind, am Gesamtgewinn aufzuteilen (BMF, BStBl 2006 I 7 zu II.).

Der BFH hat der Auffassung der Finanzverwaltung in einer neueren Entscheidung eine Absage erteilt (BFH X R 61/08, BStBl 2010 II 1011). Mit dem Freibetrag und der Tarifermäßigung soll nach Meinung des BFH eine Meistbegünstigung der Steuerpflichtigen erreicht werden. Der Grundsatz der Meistbegünstigung gebietet, dass der Freibetrag vorrangig mit nicht tarifbegünstigten Veräußerungsgewinnen verrechnet wird. Der Freibetrag von 45 000 € muss also hier vorrangig mit dem steuerpflichtigen Teil des Veräußerungsgewinns von 60 000 € verrechnet werden, der dem Teileinkünfteverfahren unterliegt:

Steuerpflichtiger Veräußerungsgewinn Teileinkünfteverfahren	60 000 €
Voller Freibetrag	./. 45 000 €
Mit dem regulären Steuersatz zu versteuern	15 000 €

Veräußerungsgewinn übriges Betriebsvermögen	60 000 €
Freibetrag	./. 0 €
Nach § 34 Abs. 3 EStG tarifbegünstigt zu versteuern	60 000 €

FALL 211

Freibetrag bei Veräußerung des ganzen Gewerbebetriebs einer Personengesellschaft

Sachverhalt: Die X-OHG, an der A und B zu je 50 % beteiligt sind, veräußert am 31. 12. 01 ihren Gewerbebetrieb und erzielt hierbei einen Veräußerungsgewinn i. H. v. 160 000 €, der je zur Hälfte auf A und B entfällt. Zum Zeitpunkt der Betriebsveräußerung hat nur B das 55. Lebensjahr vollendet.

Aufgaben:

1. Wie hoch sind die A und B zu gewährenden Freibeträge nach § 16 Abs. 4 EStG?

2. Ist im Rahmen der gesonderten und einheitlichen Gewinnfeststellung der OHG oder im Rahmen der Einkommensteuerveranlagungen der Gesellschafter über die Höhe des Freibetrags zu entscheiden?

LÖSUNG

Zu 1.:

Bei der Veräußerung des ganzen Gewerbebetriebes einer Personengesellschaft steht den einzelnen Mitunternehmern für ihren Anteil am Veräußerungsgewinn ein Freibetrag nur zu, wenn sie in ihrer Person die Voraussetzungen für die Gewährung des Freibetrags erfüllen (§ 16 Abs. 4 EStG). Erfüllt – wie hier – nur einer der Mitunternehmer die Voraussetzungen für den Freibetrag, kann der Freibetrag auch nur diesem Mitunternehmer gewährt werden:

Freibetrag A: 0 €

Der Veräußerungsgewinnanteil des A i. H. v. 80 000 € wird nach der Fünftel-Regelung besteuert (§ 34 Abs. 1 EStG).

Freibetrag B: 45 000 €

Vom Veräußerungsgewinnanteil des B i. H. v. 80 000 € bleiben auf Antrag 45 000 € steuerfrei, der steuerpflichtige Teil i. H. v. 80 000 € ./. 45 000 € = 35 000 € wird nach der Fünftel-Regelung oder auf Antrag mit dem ermäßigten Steuersatz besteuert (§ 34 Abs. 1 oder 3 EStG).

Zu 2.:

In der Praxis der FÄ wird im Rahmen der gesonderten und einheitlichen Gewinnfeststellung nur die Höhe des auf den Gesellschafter entfallenden Veräußerungsgewinns festgestellt. Der steuerfrei bleibende Teil des Veräußerungsgewinns wird dann bei der Einkommensteuerveranlagung des Gesellschafters nach Maßgabe seiner persönlichen Verhältnisse berücksichtigt (R 16 Abs. 13

Satz 1 und 2 EStR 2012). Dieses Verfahren ist von der Rechtsprechung ausdrücklich gebilligt worden (BFH IV R 12/81, BStBl 1986 II 811).

FALL 212

Freibetrag bei dauernder Berufsunfähigkeit

Sachverhalt: A ist die Alleinerbin ihres am 31. 1. 02 im Alter von 56 Jahren verstorbenen Ehemannes. Dieser war selbständig als Steuerberater tätig gewesen. Im Januar 02 hat er einen Herzinfarkt erlitten, an dessen Folgen er verstarb. Die 50 Jahre alte A, die selbst nicht über die berufsrechtlichen Voraussetzungen zur Fortführung der Steuerberaterpraxis verfügt, veräußerte diese Praxis mit Wirkung vom 1. 5. 02 an einen anderen Steuerberater; sie erzielte einen Veräußerungsgewinn i. H. v. 130 000 €.

Aufgabe: Steht A der Freibetrag nach § 16 Abs. 4 EStG für den Veräußerungsgewinn zu?

LÖSUNG

Der Freibetrag wird – unabhängig vom Lebensalter des Stpfl. – auch gewährt, wenn der Stpfl. im Zeitpunkt der Veräußerung oder Aufgabe „im sozialversicherungsrechtlichen Sinne" dauernd berufsunfähig ist (§ 16 Abs. 4 Satz 1 EStG). Der Gesetzgeber will mit dem Freibetrag wegen dauernder Berufsunfähigkeit bei solchen Stpfl. Härten mildern, die infolge dauernder Berufsunfähigkeit ihren Betrieb, Teilbetrieb oder Mitunternehmeranteil veräußern. Die Gewährung des Freibetrags setzt voraus, dass der veräußernde Stpfl. (Unternehmer, Freiberufler) im Zeitpunkt der Veräußerung dauernd berufsunfähig im sozialversicherungsrechtlichen Sinne ist.

Das Ableben eines Freiberuflers führt weder zu einer Betriebsaufgabe (§ 16 Abs. 3 EStG, § 18 Abs. 3 EStG) noch geht das der freiberuflichen Tätigkeit dienende Betriebsvermögen durch Erbfall in das Privatvermögen der Erben über (BFH IV R 29/91, BStBl 1993 II 36). Vorliegend hat A die Praxis veräußert. Ihr steht kein Freibetrag zu, weil die Voraussetzungen der dauernden Berufsunfähigkeit in ihrer Person nicht vorliegen; rechtlich unerheblich ist, dass A aus rechtlichen oder tatsächlichen Gründen nicht in der Lage ist, die freiberufliche Praxis selbst weiterzuführen (BFH X R 26/90, BFH/NV 1991, 813).

FALL 213

Ausfall der aufgrund einer Betriebsveräußerung entstandenen Kaufpreisforderung

Sachverhalt: Der 62 Jahre alte Einzelgewerbetreibende A veräußert am 31. 12. 01 seinen Gewerbebetrieb für 320 000 € an B. Das steuerliche Kapitalkonto des A beträgt im Zeitpunkt der Veräußerung 100 000 €. Käufer und Verkäufer vereinbaren, dass der Kaufpreis i. H. v. 320 000 € in zwei Jahresraten von je 160 000 € entrichtet werden kann: Die erste Rate wird am 31. 12. 01 fällig, die zweite Rate am 31. 12. 02. Auf eine Verzinsung der zweiten Rate wird verzichtet.

Das FA setzt bei der Einkommensteuerveranlagung 01 den Veräußerungsgewinn auf Antrag des A wie folgt an:

Veräußerungspreis	320 000 €
./. Kapitalkonto	./. 100 000 €
Nach § 34 Abs. 3 EStG tarifermäßigt zu besteuernder Veräußerungsgewinn	220 000 €

Ende 02 beantragt der Käufer des Betriebs die Eröffnung des Insolvenzverfahrens. A fällt mit der am 31. 12. 02 fälligen Restkaufpreisforderung von 160 000 € aus.

Aufgabe: Wie wirkt sich der Ausfall der Restkaufpreisforderung bei A steuerlich aus?

LÖSUNG

Der nachträgliche Ausfall der aufgrund einer Betriebsveräußerung entstandenen Kaufpreisforderung führt nach dem Beschluss des Großen Senats des BFH (GrS 2/92, BStBl 1993 II 897) zu einer rückwirkenden Änderung des Veräußerungsgewinns. Der Große Senat ist der Ansicht, dass in den Fällen, in denen die gestundete Kaufpreisforderung für die Veräußerung eines Gewerbebetriebs in einem späteren VZ ganz oder teilweise uneinbringlich wird, dies ein Ereignis mit steuerlicher Rückwirkung auf den Zeitpunkt der Veräußerung darstellt (§ 175 Abs. 1 Satz 1 Nr. 2 AO). Der Vorgang ist danach noch dem betrieblichen Bereich zuzuordnen.

Diese Betrachtung hat hier zur Folge, dass die Einkommensteuerveranlagung 01 des A nach der genannten Vorschrift zu ändern ist. Bei der geänderten Veranlagung ist der Veräußerungsgewinn – ausgehend von einem Veräußerungserlös i. H.v. nur 160 000 € – wie folgt anzusetzen:

Berichtigter Veräußerungspreis	160 000 €
./. Kapitalkonto	./. 100 000 €
Berichtigter Veräußerungsgewinn	60 000 €
./. Freibetrag (§ 16 Abs. 4 EStG)	./. 45 000 €
Nach § 34 Abs. 3 EStG tarifermäßigt zu besteuernder Veräußerungsgewinn	15 000 €

11.5 Veräußerung von Anteilen an Kapitalgesellschaften (§ 17 EStG)

FALL 214

Veräußerung einer GmbH-Beteiligung nach unentgeltlichem Erwerb

Sachverhalt: A ist an der X-GmbH, deren Wirtschaftsjahr mit dem Kalenderjahr übereinstimmt, seit deren Gründung im Jahr 2002 zu 50 % beteiligt. Die Anschaffungskosten der GmbH-Anteile haben 50 000 € betragen. Im Jahr 2012 übertrug A einen 0,5 %igen Anteil unentgeltlich auf seinen Sohn B. Dieser veräußerte den – zu seinem Privatvermögen gehörenden – 0,5 %igen Anteil im Jahr 2013 für 10 000 € an C. Die B entstandenen Veräußerungskosten betragen 1 000 €.

Aufgabe: Welche einkommensteuerlichen Folgen ergeben sich für B aufgrund der Anteilsveräußerung?

Zu den Einkünften aus Gewerbebetrieb gehört auch der Gewinn aus der Veräußerung von Anteilen an einer Kapitalgesellschaft, wenn

▶ die Anteile zum Privatvermögen gehören und

▶ der Veräußerer in den letzten fünf Jahren am Kapital der Gesellschaft unmittelbar oder mittelbar zu mindestens 1 % beteiligt war (§ 17 Abs. 1 Satz 1 EStG).

Hat der Veräußerer den veräußerten Anteil innerhalb der letzten fünf Jahre vor der Veräußerung – wie hier B – unentgeltlich erworben, genügt es für die Anwendung des § 17 Abs. 1 Satz 1 EStG, wenn der Veräußerer zwar nicht selbst, aber sein Rechtsvorgänger innerhalb der letzten fünf Jahre an der Kapitalgesellschaft zu mindestens 1 % beteiligt war (§ 17 Abs. 1 Satz 4 EStG).

Gewinne aus der Veräußerung von Anteilen an einer inländischen Kapitalgesellschaft unterliegen dem Teileinkünfteverfahren (§ 3 Nr. 40 Satz 1 Buchst. c i. V. m. § 3c Abs. 2 EStG), wenn die Anteile einer natürlichen Person zuzurechnen sind. Für Veräußerungsgewinne, die dem Teileinkünfteverfahren unterliegen, gibt es zwar den Steuerfreibetrag nach § 17 Abs. 3 EStG, aber nicht die Tarifbegünstigung nach § 34 Abs. 1 oder 3 EStG (§ 34 Abs. 2 Nr. 1 EStG). Der Freibetrag bezieht sich auf den steuerpflichtigen Gewinn (R 17 Abs. 9 EStR 2012).

B entsteht aufgrund der Veräußerung des 0,5%igen Anteils im Jahr 2013 folgender Veräußerungsgewinn:

Veräußerungspreis	10 000 €	
steuerfrei nach § 3 Nr. 40 Satz 1 Buchst. c EStG: 40 %	./. 4 000 €	
steuerpflichtig	6 000 €	6 000 €
Veräußerungskosten	1 000 €	
nicht abziehbar: 40 %	./. 400 €	
abziehbar nach § 3c Abs. 2 EStG: 60 %	600 €	./. 600 €
		5 400 €
Anschaffungskosten der 0,5%-GmbH-Beteiligung	250 €	
Nicht abziehbar: 40 %	./. 100 €	
Abziehbar nach § 3c Abs. 2 EStG: 60 %	150 €	./. 150 €
Steuerpflichtiger Veräußerungsgewinn B nach § 17 Abs. 2 Satz 1 EStG		5 250 €

Der steuerpflichtige Veräußerungsgewinn wird zur Einkommensteuer nur herangezogen, soweit er den Teil von 9 060 € übersteigt, der dem veräußerten Anteil an der Kapitalgesellschaft entspricht (§ 17 Abs. 3 Satz 1 EStG). Der Freibetrag ermäßigt sich um den Betrag, um den der Veräußerungsgewinn den Teil von 36 100 € übersteigt, der dem veräußerten Anteil an der Kapitalgesellschaft entspricht (§ 17 Abs. 3 Satz 2 EStG). Da B nur eine 0,5 %ige Beteiligung veräußert hat, beläuft sich der Freibetrag auf 0,5 % von 9 060 € = rund 46 €. Eine Kürzung des Freibetrags nach § 17 Abs. 3 Satz 2 EStG von 46 € ist erforderlich, weil der steuerpflichtige Veräußerungsgewinn i. H. v. 5 250 € die Freibetragsgrenze von 0,5 % von 36 100 € = 181 € um 5 069 € übersteigt. Der Freibetrag beträgt somit 0 €. Der Veräußerungsgewinn ist i. H. v. 5 250 € als Einkünfte aus Gewerbebetrieb zu versteuern.

HINWEIS:

Der Abzug von Erwerbsaufwand (z. B. Anschaffungskosten oder Veräußerungskosten) im Zusammenhang mit der Veräußerung einer „wesentlichen" Beteiligung ist jedenfalls dann nicht durch das Abzugsverbot nach § 3c Abs. 2 Satz 1 EStG (50 % bzw. 60 %) begrenzt, wenn der Stpfl. keinerlei durch seine Beteiligung vermittelten Einnahmen erzielt hat (BFH X R 42/08, BStBl 2010 II 220). Der Gesetzgeber hat im JStG 2010 mit § 3c Abs. 2 Satz 2 EStG eine Nichtanwendungsnorm kodifiziert. Danach ist für Anwendung des Abzugsverbots die Absicht zur Erzielung von Betriebsvermögensmehrungen oder Einnahmen i. S. v. § 3 Nr. 40 EStG ausreichend. Diese Regelung ist erstmals ab dem VZ 2011 anzuwenden (§ 52 Abs. 8a Satz 3 EStG).

FALL 215

Relevante Beteiligung bei eigenen Anteilen der Kapitalgesellschaft

Sachverhalt: A ist mit 5 000 € am Stammkapital der X-GmbH von 1 Mio. € beteiligt. Einen Geschäftsanteil i. H. v. 500 000 € besitzt die GmbH als eigenen Anteil. Der von A gehaltene Anteil, dessen Anschaffungskosten 5 000 € betragen haben, gehört zum Privatvermögen. A veräußerte 2013 seinen GmbH-Anteil für 8 000 €.

Aufgabe: Führt die Veräußerung des Gesellschaftsanteils bei A zu Einkünften aus Gewerbebetrieb?

LÖSUNG

Werden von einer Kapitalgesellschaft eigene Anteile gehalten, ist bei der Entscheidung, ob ein Stpfl. zu mindestens 1 % beteiligt ist, von dem um die eigenen Anteile der Kapitalgesellschaft verminderten Nennkapital auszugehen, weil die sog. eigenen Anteile die Rechtsstellung der übrigen Anteilsinhaber nicht schmälern (BFH IV R 138/69, BStBl 1971 II 89; VIII R 36/96, BFH/ NV 1998, 691; H 17 Abs. 2 EStH „Eigene Anteile"). An dem um die eigenen Anteile der GmbH verminderten Nennkapital von (1 Mio. € ./. 500 000 € =) 500 000 € ist A zu 1 % beteiligt. Der von A erzielte Veräußerungsgewinn unterliegt deshalb als Einkünfte aus Gewerbebetrieb der Einkommensteuer. Der steuerpflichtige Veräußerungsgewinn, der dem Teileinkünfteverfahren unterliegt, errechnet sich wie folgt:

Veräußerungspreis	8 000 €	
steuerfrei nach § 3 Nr. 40 Satz 1 Buchst. c EStG: 40 %	./. 3 200 €	
steuerpflichtig 60%	4 800 €	4 800 €
Anschaffungskosten der GmbH-Beteiligung	5 000 €	
nicht abziehbar: 40 %	./. 2 000 €	
abziehbar nach § 3c Abs. 2 EStG: 60 %	3 000 €	./. 3 000 €
steuerpflichtiger Veräußerungsgewinn A nach § 17 Abs. 2 Satz 1 EStG		1 800 €

FALL 216

Zeitpunkt der Entstehung eines Veräußerungsgewinns nach § 17 EStG

Sachverhalt: A ist an der X-GmbH, deren Stammkapital 100 000 € beträgt, zu 30 % beteiligt. Das Wirtschaftsjahr der GmbH ist mit dem Kalenderjahr identisch. Die Anschaffungskosten des Gesellschaftsanteils, der zum Privatvermögen des A gehört, haben 30 000 € betragen. A hat den GmbH-Anteil am 1. 7. 2009 erworben.

Mit notariellem Vertrag vom 28. 12. 2013 verkaufte und übertrug A seinen Anteil an der X-GmbH auf B. Als Kaufpreis wurden 60 000 € vereinbart, die der Erwerber am 22. 1. 2014 an A ausgezahlt hat.

Aufgabe: In welchem Kalenderjahr muss A den Veräußerungsgewinn versteuern?

LÖSUNG

Nach der ständigen Rechtsprechung des BFH ist die Gewinnermittlung nach § 17 Abs. 2 EStG nicht nach dem Zuflussprinzip des § 11 EStG vorzunehmen. Es handelt sich um eine Gewinnermittlung eigener Art (BFH VIII R 114/77, BStBl 1980 II 494, 497). Da Gewinne nach § 17 EStG gewerbliche Einkünfte darstellen, gelten hinsichtlich der Gewinnrealisierung die allgemeinen Gewinnermittlungsvorschriften. Danach ist ausgeschlossen, bei der Besteuerung eines Veräußerungsgewinns i. S. v. § 17 EStG auf den Zeitpunkt der Zahlung des Kaufpreises abzustellen, also auf den Zeitpunkt, der bei den Überschusseinkünften und bei der Gewinnermittlung durch Gegenüberstellung der Betriebseinnahmen und Betriebsausgaben nach § 4 Abs. 3 EStG prinzipiell maßgeblich ist. Maßgebender Zeitpunkt der Gewinn- oder Verlustrealisierung ist derjenige, zu dem bei einer Gewinnermittlung durch Betriebsvermögensvergleich nach handelsrechtlichen Grundsätzen ordnungsmäßiger Buchführung der Gewinn oder Verlust realisiert wäre. Der Gewinn aus der Veräußerung von Anteilen an einer Kapitalgesellschaft i. S. v. § 17 Abs. 1 EStG entsteht also in dem Zeitpunkt, in dem das rechtliche oder zumindest das wirtschaftliche Eigentum an den Anteilen vom Veräußerer auf den Erwerber übergeht (BFH IV R 113/81, BStBl 1983 II 640; VIII R 20/84, BStBl 1985 II 428; IV R 226/85, BStBl 1988 II 832). A muss daher den Veräußerungsgewinn bereits im Jahr 2013 versteuern. Auf den Veräußerungsgewinn ist das Teileinkünfteverfahren anzuwenden:

Veräußerungspreis	60 000 €	
steuerfrei nach § 3 Nr. 40 Satz 1 Buchst. c EStG: 40 %	./. 24 000 €	
steuerpflichtig 60 %	36 000 €	36 000 €
Anschaffungskosten der GmbH-Beteiligung	30 000 €	
nicht abziehbar: 40 %	./. 12 000 €	
abziehbar nach § 3c Abs. 2 EStG: 60 %	18 000 €	./. 18 000 €
steuerpflichtiger Veräußerungsgewinn A nach § 17 Abs. 2 Satz 1 EStG		18 000 €

Kauf und Verkauf einer GmbH-Beteiligung in Fremdwährung

Sachverhalt: A hat am 1. 7. 01 eine 100 %ige Beteiligung an der X-GmbH für 100 000 Schweizer Franken (SFR) erworben. Der Kurs des SFR betrug im Zeitpunkt der Anschaffung 0,6312 €. Der Kaufpreis wurde über das Fremdwährungskonto des A bezahlt.

Am 1. 7. 02 hat A die GmbH-Beteiligung für 100 000 SFR verkauft, also zum gleichen Preis wie er die Beteiligung gekauft hat. Der Kurs des SFR betrug im Zeitpunkt der Veräußerung 0,8155 €. Veräußerungskosten sind A keine entstanden. Der Erlös ist dem Fremdwährungskonto des A gutgeschrieben worden.

Aufgabe: Ist A ein nach § 17 EStG zu erfassender Veräußerungsgewinn entstanden?

LÖSUNG

Für eine in Fremdwährung angeschaffte „oder" veräußerte Beteiligung i. S. d. § 17 Abs. 1 Satz 1 EStG sind die Anschaffungskosten, der Veräußerungspreis und die Veräußerungskosten jeweils im Zeitpunkt ihrer Entstehung aus der Fremdwährung in Euro umzurechnen (R 17 Abs. 7 Satz 1 EStR 2012; ebenso wohl BFH IX R 73/04, BFH/NV 2008, 1658). Das bedeutet: Hat der Verkäufer der wesentlichen Beteiligung seine Anschaffungskosten in einer Fremdwährung bezahlt, sind diese im Rahmen der Ermittlung des Veräußerungsgewinns mit dem betreffenden Kurs im Zeitpunkt der Anschaffung in Euro umzurechnen.

Fließt dem Verkäufer beim Verkauf ein Fremdwährungsbetrag zu, ist dieser unter Zugrundelegung des Kurses am Tag der Übertragung des wirtschaftlichen Eigentums in Euro umzurechnen.

Verwaltungsseitig nicht ausdrücklich geregelt ist der Fall, dass die wesentliche Beteiligung in Fremdwährung angeschafft „und" veräußert wurde. Ob auch in diesem Fall die für die Ermittlung des Veräußerungsgewinns maßgebenden Bemessungsgrundlagen (Anschaffungskosten, Veräußerungspreis, Veräußerungskosten) im Zeitpunkt ihrer jeweiligen Entstehung nach dem amtlichen Umrechnungskurs in Euro umzurechnen sind, ist in der Literatur umstritten. Der BFH hat jetzt Klarheit geschaffen (BFH IX R 62/10, BStBl 2012 II 564). Danach sind zur Berechnung des Gewinns aus einer in ausländischer Währung angeschafften und veräußerten Beteiligung an einer Kapitalgesellschaft sowohl die Anschaffungskosten als auch der Veräußerungspreis zum Zeitpunkt ihres jeweiligen Entstehens in Euro umzurechnen und nicht lediglich der Saldo des in ausländischer Währung errechneten Veräußerungsgewinns/Veräußerungsverlustes zum Zeitpunkt der Veräußerung. Der Veräußerungsgewinn errechnet sich wie folgt:

Veräußerungserlös:	100 000 SFR x 0,8155	81 550 €
Anschaffungskosten:	100 000 SFR x 0,6312	63 120 €
Veräußerungsgewinn		18 430 €
im Teileinkünfteverfahren anzusetzen	60 % von 18 430 €	11 058 €

FALL 218

Höhe des Freibetrags bei Gewinnen aus der Veräußerung von Anteilen an Kapitalgesellschaften

Sachverhalt: A ist seit dem Jahr 2009 zu 50 % an der X-GmbH beteiligt. Die Anschaffungskosten des zum Privatvermögen gehörenden Gesellschaftsanteils haben 50 000 € betragen. Das Stammkapital der X-GmbH beläuft sich auf 100 000 €. Im Jahr 2013 veräußerte A seinen Gesellschaftsanteil

a) für 80 000 € an C,

b) für 85 000 € an C,

c) für 90 000 € an C (die X-GmbH besitzt im Fall c) einen Geschäftsanteil i. H. v. 20 000 € als eigenen Anteil).

Aufgabe: Wie hoch ist der Freibetrag nach § 17 Abs. 3 EStG bzw. der zu versteuernde Veräußerungsgewinn?

LÖSUNG

Ein Veräußerungsgewinn nach § 17 EStG ist grds. steuerpflichtig. Er ist jedoch insofern begünstigt, als für ihn ein Freibetrag von maximal 9 060 € gewährt werden kann (§ 17 Abs. 3 EStG).

Ob und in welcher Höhe ein Freibetrag gewährt werden kann, hängt davon ab, in welchem Verhältnis die veräußerten Anteile zum gesamten Kapital der Gesellschaft stehen. Der Freibetrag beträgt bei Veräußerung einer 100%igen Beteiligung prinzipiell 9 060 €. Wird – wie im vorliegenden Fall – nur ein Teil der Anteile an der Kapitalgesellschaft veräußert, beläuft sich der Freibetrag auf den Teil von 9 060 €, der dem veräußerten Anteil an der Kapitalgesellschaft entspricht (§ 17 Abs. 3 Satz 1 EStG).

Der Freibetrag von 9 060 € bzw. des entsprechenden Teils von 9 060 € ermäßigt sich bei höheren Veräußerungsgewinnen um den Betrag, um den der Veräußerungsgewinn 36 100 € bzw.

den Teil von 36 100 € übersteigt, der dem veräußerten Anteil an der Kapitalgesellschaft entspricht (§ 17 Abs. 3 Satz 2 EStG). Der Freibetrag bezieht sich bei dem. Teileinkünfteverfahren unterliegenden Veräußerungsgewinnen auf den steuerpflichtigen Teil des Veräußerungsgewinns (R 17 Abs. 9 EStR 2012). Der Freibetrag ist – anders als der Freibetrag des § 16 Abs. 4 EStG – unabhängig vom Lebensalter oder der Berufsunfähigkeit des Veräußerers von Amts wegen zu gewähren.

Wendet man diese Grundsätze hier an, so ergibt sich im Fall a) folgenden Freibetrag bzw. folgender steuerpflichtiger Veräußerungsgewinn:

Veräußerungspreis	80 000 €	
steuerfrei nach § 3 Nr. 40 Satz 1 Buchst. c EStG: 40 %	./. 32 000 €	
steuerpflichtig 60 %	48 000 €	48 000 €
Anschaffungskosten der GmbH-Beteiligung	50 000 €	
nicht abziehbar: 40 %	./. 30 000 €	
abziehbar nach § 3c Abs. 2 EStG: 60 %	20 000 €	./. 20 000 €
Steuerpflichtiger Veräußerungsgewinn nach § 17 Abs. 2 Satz 1 EStG		28 000 €
anteiliger Freibetrag: 50 % von 9 060 € =		4 530 €
zu versteuern		23 470 €

Im Fall b) ist wie folgt zu rechnen:

Veräußerungspreis	85 000 €	
steuerfrei nach § 3 Nr. 40 Satz 1 Buchst. c EStG: 40 %	./. 34 000 €	
steuerpflichtig	51 000 €	51 000 €
Anschaffungskosten der GmbH-Beteiligung	50 000 €	
nicht abziehbar: 40 %	./. 20 000 €	
abziehbar nach § 3c Abs. 2 EStG: 50 %	30 000 €	./. 30 000 €
steuerpflichtiger Veräußerungsgewinn nach § 17 Abs. 2 Satz 1 EStG		21 000 €
anteiliger Freibetrag: 50 % von 9 060 € =	4 530 €	
zu kürzen um den Betrag, um den der steuerpflichtige Veräußerungsgewinn i. H.v. 21 000 € die anteilige Freibetragsgrenze i. H.v. 50 % von 36 100 € = 18 050 € übersteigt, also um 21 000 € ./. 18 050 € =	2 950 €	./. 1 580 €
zu versteuern		19 420 €

Der Fall c) weist die Besonderheit auf, dass die GmbH eigene Anteile i. H.v. 20 000 € besitzt. In diesem Fall müssen die von der X-GmbH gehaltenen eigenen Anteile bei der nach § 17 Abs. 3 Satz 1 und 2 EStG gebotenen Verhältnisrechnung vom gezeichneten Kapital abgezogen werden (BFH VIII R 36/96, BFH/NV 1998, 691):

Stammkapital	100 000 €	
./. eigene Anteile	./. 20 000 €	
maßgebliches Stammkapital	80 000 €	

Der von A veräußerte Anteil im Nennwert von 50 000 € macht 5/8 des maßgeblichen Kapitals aus, so dass sich folgende Berechnung ergibt:

Veräußerungspreis	90 000 €	
steuerfrei nach § 3 Nr. 40 Satz 1 Buchst. c EStG: 40 %	./. 36 000 €	
steuerpflichtig 60 %	54 000 €	54 000 €
Anschaffungskosten der GmbH-Beteiligung	50 000 €	
nicht abziehbar: 40 %	./. 20 000 €	
Abziehbar nach § 3c Abs. 2 EStG: 60 %	30 000 €	./. 30 000 €
steuerpflichtiger Veräußerungsgewinn nach § 17 Abs. 2 Satz 1 EStG		
		24 000 €
anteiliger Freibetrag: 5/8 von 9 060 € =		
		5 662,50 €
zu kürzen um den Betrag, um den der steuerpflichtige Veräußerungsgewinn i. H. v. 24 000 € die anteilige Freibetragsgrenze von 5/8 von 36 100 € = 22 562,50 € übersteigt, also		
	1 437,50 €	4 225 €
zu versteuern		19 775 €

FALL 219

Verdeckte Einlage einer GmbH-Beteiligung in eine Kapitalgesellschaft

Sachverhalt: A ist seit dem Jahr 1999 zu 40 % an der X-GmbH beteiligt, deren Stammkapital 100 000 € beträgt. Die Anschaffungskosten des Gesellschaftsanteils, der zum Privatvermögen des A gehört, entsprechen ihrem Nennwert von 40 000 €. Die GmbH hat ein mit dem Kalenderjahr übereinstimmendes Wirtschaftsjahr.

A ist zugleich Alleingesellschafter der im Jahr 2002 gegründeten Y-GmbH. Am 30. 6. 2013 übertrug A seinen Geschäftsanteil an der X-GmbH, dessen Verkehrswert zu diesem Zeitpunkt 240 000 € beträgt, auf die Y-GmbH. A erhält von der Y-GmbH keinerlei Vergütung (reine verdeckte Einlage).

Aufgabe: Führt die Übertragung der wesentlichen Beteiligung im Wege der verdeckten Einlage bei A zu einem Veräußerungsgewinn i. S. v. § 17 EStG?

LÖSUNG

Werden Anteile auf eine andere Kapitalgesellschaft übertragen, an der der Stpfl. (oder eine nahe stehende Person) bereits beteiligt ist, und erhält der Stpfl. – wie vorliegend – keine neuen Gesellschaftsanteile und auch keine nach dem Wert der übertragenen Anteile bemessene Bar- oder Sachvergütung, ist dies eine verdeckte Einlage. Die verdeckte Einlage von Anteilen an einer Kapitalgesellschaft auf eine andere Kapitalgesellschaft ist für die Anwendung des § 17 EStG aus-drücklich einer entgeltlichen Veräußerung unter Ansatz des gemeinen Wertes der eingebrach-ten Anteile als Veräußerungspreis gleichgestellt (§ 17 Abs. 1 Satz 2 und Abs. 2 Satz 2 EStG). Der dem Teileinkünfteverfahren unterliegende Gewinn errechnet sich wie folgt:

gemeiner Wert des 40 %-Anteils an der X-GmbH	240 000 €	
steuerfrei nach § 3 Nr. 40 Satz 1 Buchst. c EStG: 40 %	./. 96 000 €	
steuerpflichtig 60 %	144 000 €	144 000 €
Anschaffungskosten der GmbH-Beteiligung	40 000 €	
nicht abziehbar: 40 %	./. 16 000 €	
abziehbar nach § 3c Abs. 2 EStG: 60 %	24 000 €	./. 24 000 €
steuerpflichtiger Veräußerungsgewinn nach § 17 Abs. 2 Satz 1 und 2 EStG		120 000 €

FALL 220

Unmittelbare und mittelbare Beteiligung an einer Kapitalgesellschaft

Sachverhalt: A ist zu 0,5 % an der X-GmbH beteiligt, deren Wirtschaftsjahr mit dem Kalender-jahr übereinstimmt. Das Stammkapital der X-GmbH beträgt 1 Mio. €. Die Anschaffungskosten des A für die Beteiligung an der X-GmbH betragen 5 000 €. A ist außerdem zu 5 % an der Y-GmbH beteiligt, die ihrerseits zu 50 % an der X-GmbH beteiligt ist.

A veräußert im Jahr 04 seine 0,5 %-Beteiligung an der X-GmbH für 10 000 €.

Aufgabe: Fällt die Veräußerung des 0,5 %-Anteils an der X-GmbH unter § 17 EStG?

LÖSUNG

Zu den Einkünften aus Gewerbebetrieb gehört auch der Gewinn aus der Veräußerung von An-teilen an einer Kapitalgesellschaft, wenn der Veräußerer innerhalb der letzten fünf Jahre am Ka-pital der Gesellschaft „unmittelbar" oder „mittelbar" zu mindestens 1 % beteiligt war (§ 17 Abs. 1 Satz 1 EStG). Mittelbar beteiligt ist der Veräußerer, soweit eine andere Kapitalgesell-schaft, an der der Veräußerer seinerseits unmittelbar beteiligt ist, Anteilseigner ist. Für die Fra-ge, ob der Veräußerer an der Kapitalgesellschaft, deren Anteile veräußert werden, zu mindes-tens 1 % beteiligt ist, sind die unmittelbare und die mittelbare Beteiligung zusammenzurechnen (BFH IV R 128/77, BStBl 1980 II 646; VIII R 41/99, BStBl 2000 II 686). Vorliegend ist A zu 0,5 % unmittelbar und zu 5 % von 50 % = 2,5 %, insgesamt also zu 3 % an der X-GmbH beteiligt. Deshalb ist die Veräußerung der 0,5 %-Beteiligung an der X-GmbH nach § 17 EStG steuerpflichtig. Der Veräußerungsgewinn errechnet sich wie folgt:

Veräußerungspreis	10 000 €	
steuerfrei nach § 3 Nr. 40 Satz 1 Buchst. c EStG: 40 %	./. 4 000 €	
steuerpflichtig 60 %	6 000 €	6 000 €
Anschaffungskosten der GmbH-Beteiligung	5 000 €	
nicht abziehbar: 40 %	./. 2 000 €	
abziehbar nach § 3c Abs. 2 EStG: 60 %	3 000 €	./. 3 000 €
steuerpflichtiger Veräußerungsgewinn nach § 17 Abs. 2 Satz 1 EStG		3 000 €

11.6 Einkünfte aus nichtselbständiger Arbeit (§ 19 EStG)

Vorbemerkungen

Einnahmen aus nichtselbständiger Arbeit bezieht, wer **Arbeitnehmer** ist. Arbeitnehmer ist gem. § 1 LStDV eine natürliche Person, die im öffentlichen oder privaten Dienst angestellt oder beschäftigt ist oder war und **Arbeitslohn** aus einem

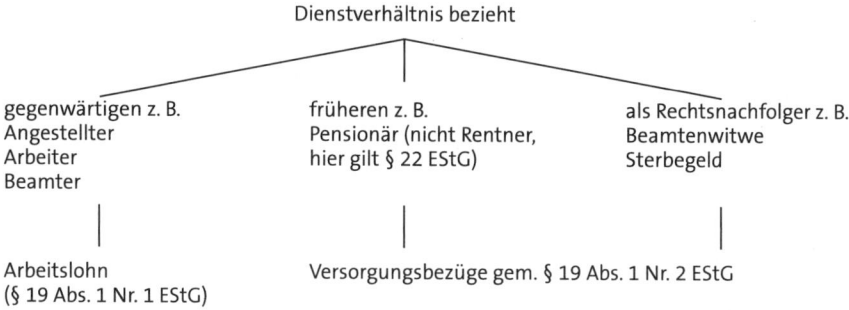

Abgrenzungsmerkmale sind:

► der Arbeitnehmer schuldet seine Arbeitskraft, nicht den Erfolg,

► kein Unternehmerrisiko,

► weisungsgebunden und in den Betrieb des Arbeitgebers eingegliedert,

► feste Bezahlung (nach Arbeitszeit, Umsatz etc.),

► Urlaubsregelung,

► feste Arbeitszeit und Arbeitsplatz,

► Lohnfortzahlung im Krankheitsfall.

Maßgebend dafür, ob eine Person selbständig oder nichtselbständig tätig ist, ist das Gesamtbild der Verhältnisse.

Die vorgenannten Merkmale sind zu prüfen und gegeneinander abzuwägen.

Die Einkommensteuer wird bei Einnahmen aus nichtselbständiger Arbeit durch Abzug der Lohnsteuer vom Arbeitslohn erhoben. Hierbei handelt es sich lediglich um eine besondere Erhebungsform der Einkommensteuer. Die Pflicht zum Einbehalten der Lohnsteuer, zur Anmeldung und Abführung an das Finanzamt hat nach § 38 Abs. 3 und § 41a EStG der Arbeitgeber zu erfüllen. Die Einkommensteuer ist durch den Lohnsteuerabzug abgegolten (§ 46 Abs. 4 EStG). Unter bestimmten Voraussetzungen ist eine Veranlagung gem. § 46 Abs. 2 EStG durchzuführen. Auf Antrag kann in anderen Fällen eine Veranlagung gem. § 46 Abs. 2 Nr. 8 EStG durchgeführt werden.

Arbeitslohn sind alle Einnahmen in Geld oder Geldeswert (§ 2 Abs. 1 LStDV), die der Arbeitnehmer im weitesten Sinne als Gegenleistung für die Zurverfügungstellung seiner Arbeitskraft erhält. Dazu gehören einmalige oder laufende Zuflüsse und auch Sachbezüge. Nicht zum Arbeitslohn rechnen Annehmlichkeiten, dagegen sind Gelegenheitsgeschenke grds. steuerpflichtig (H 19.6 LStH). Im Übrigen enthält § 3 EStG Befreiungsvorschriften für bestimmte Leistungen.

Ermittlungsschema:

Einnahmen aus nichtselbständiger Arbeit gem. § 19 Abs. 1 Nr. 1 EStG i.V. m. § 8 EStG

+ Versorgungsbezüge (§ 19 Abs. 1 Nr. 2 EStG)

= Summe

./. Versorgungsfreibetrag gem. § 19 Abs. 2 EStG: 40 % der Versorgungsbezüge

ab 2005 max. 3 000 € (bei Versorgungsbeginn bis 2005) + Zuschlag 900 € (2005, stufenweise Abschmelzung ab 2006)

./. Werbungskosten mind.

Arbeitnehmer-Pauschbetrag in Höhe von 1 000 € ab 2011 (§ 9a Nr. 1a EStG), seit 2005 bei Versorgungsbezügen gem. § 9a Nr. 1 Buchst. b nur 102 €,

→ Einkünfte aus nichtselbständiger Arbeit

FALL 221

Leistungen des Arbeitgebers

Sachverhalt: Der Arbeitnehmer erhält in 01 folgende Leistungen:

monatliches Gehalt 2 000 €, Tantiemen 3 500 €, Weihnachtsgeld als 13. Monatsgehalt 2 000 €, Urlaubsgeld im Juli 1 300 €, vermögenswirksame Leistungen 480 €, Arbeitgeberanteil zur Sozialversicherung insgesamt 6 100 €, unentgeltliches Mittagessen.

Aufgabe: Wie hoch sind der steuerpflichtige Arbeitslohn des Arbeitnehmers und die abzugsfähigen Betriebsausgaben des Arbeitgebers?

LÖSUNG

Steuerliche Behandlung beim	Arbeitnehmer Arbeitslohn	Arbeitgeber Betriebsausgabe
▶ laufende Bezüge 12 × 2 000 € =	24 000 €	24 000 €
▶ einmalige Bezüge Tantiemen	3 500 €	3 500 €
▶ Weihnachtsgeld	2 000 €	2 000 €
▶ Urlaubsgeld	1 300 €	1 300 €
▶ vermögenswirksame Leistungen werden vom Arbeitslohn einbehalten und eingezahlt	480 €	480 €
▶ Arbeitgeberanteil zur Sozialversicherung, steuerfrei gem. § 3 Nr. 62 EStG. Der Arbeitnehmeranteil wird vom Arbeitslohn einbehalten und an die Versicherungsanstalt abgeführt, er ist im obigen Betrag enthalten.	0 €	6 100 €
▶ Das unentgeltliche Mittagessen ist ein geldwerter Vorteil und damit steuerpflichtig. Die Bewertung erfolgt mit dem Sachbezugswert der Mahlzeit gem. § 8 Abs. 2 EStG, z. B. 2,83 € × 210 Tage = (s. Sachbezugsverordnung; R 8.1 Abs. 4 LStR)	594 €	tatsächliche Kosten
steuerpflichtiger Arbeitslohn	**31 874 €**	
Betriebsausgabe		**37 380 €** zzgl. tatsächliche Kosten für das Mittagessen

FALL 222

Werbungskosten/Einkunftsermittlung

Sachverhalt: Der ledige Arbeitnehmer Egon Freund wohnt in Neustadt zur Miete und führt einen eigenen Haushalt. Er ist bei einem Tierarzt in Speyer beschäftigt und erhält einen Arbeitslohn in Höhe von 21 000 € brutto. Ihm sind folgende Kosten entstanden:

▶ Fahrten zwischen Wohnung und Arbeitsstätte in Speyer mit dem eigenen Pkw an 210 Tagen, einfache Entfernung 25 km.

▶ Auf der Heimfahrt von Speyer entstanden ihm Unfallkosten, als ein Tier auf die Fahrbahn lief.

▶ Reparaturkosten des Pkw = 1 860 €

▶ Abschleppkosten = 114 €

▶ Reparatur des fremden Pkw, die Kosten belaufen sich auf 1 710 €. Sie wurden von der Kfz-Haftpflichtversicherung des Freundes bezahlt.

▶ Minderung des Schadenfreiheitsrabatts aufgrund der Versicherungsleistung durch den Unfall = 100 €.

▶ 2 Arbeitskittel, um die Kleidung bei der Behandlung der Tiere zu schonen = 55 €.

Die Kosten wurden im Einzelnen belegt.

Aufgabe: Ermitteln Sie die Einkünfte lt. aktuellem Rechtsstand.

LÖSUNG

Egon Freund erzielt Einnahmen gem. § 19 Abs. 1 Nr. 1 EStG.

Brutto-Arbeitslohn =	21 000 €

▶ Werbungskosten gem. § 9 EStG:

▶ Fahrtkosten gem. § 9 Abs. 1 Nr. 4 EStG

25 km x 210 Tage x 0,30 € =	1 575 €

▶ Unfallkosten: H 9.10 „Unfallschäden" LStH

1 860 € + 114 €	1 974 €

Die Kosten sind als außergewöhnliche Kosten nicht mit dem Ansatz der Pauschbeträge abgegolten.

Der Betrag von 1 710 € für die Reparatur des anderen Pkw ist nicht zu berücksichtigen, da die Versicherung insoweit Ersatz geleistet hat. Ebenso ist die Erhöhung der Versicherungsprämie nicht als Werbungskosten abzugsfähig. Die erhöhten Versicherungsprämien sind ggf. als Sonderausgaben abzugsfähig gem. § 10 Abs. 1 Nr. 3a EStG.

Arbeitskittel (§ 9 Abs. 1 Nr. 6 EStG) =	55 €
Summe der Werbungskosten =	3 604 €

Der Pauschbetrag gem. § 9a Nr. 1a EStG ab 2011:
1 000 € wird überschritten, so dass die tatsächlichen Kosten abzugsfähig sind.

	./. 3 604 €
Einkünfte aus nichtselbständiger Arbeit =	**17 396 €**

FALL 223

Einkünfte/Werbungskosten (insbesondere Reisekosten)

Sachverhalt: Albert H. ist Angestellter in einer Modeboutique in Neustadt. Er erhielt ein Gehalt von insgesamt 21 800 €. Das Weihnachtsgeld in Höhe von 500 € wurde ihm irrtümlich erst am 12. 1. des folgenden Jahres überwiesen. Als vermögenswirksame Leistung erhielt er 480 €.

Albert macht folgende Aufwendungen geltend:

▶ Kraftfahrzeugkosten inkl. Abschreibungen 6 690 €. Die Gesamtfahrleistung beträgt 18 600 km, davon entfallen auf die täglichen Fahrten zu seiner Arbeitsstätte (neu ab 2014: erste Tätigkeitsstätte – Entfernung zur Arbeitsstätte) 15 km an 230 Tagen.

▶ Kosten für Kleidung 1 385 €. Als Angestellter in einer Boutique ist es unbedingt notwendig, sich nach der neuesten Mode zu kleiden, um den Kunden eine Vorstellung über die Tragbarkeit der Modelle geben zu können. In seiner Freizeit kleidet Albert sich aber lieber bequem (Jeans, Jogginganzüge etc.).

▶ In der Zeit vom 15. 10. bis 19. 10. war Albert auf einer Modemesse in München. Er fuhr mit seinem eigenen Pkw, einfache Entfernung 375 km.

 – Abfahrt: 15. 10. um 20.00 Uhr von Neustadt

 – Rückkehr: 19. 10. um 10.00 Uhr in Neustadt

 – Verpflegungskosten lt. Belege insgesamt 141,40 €:

 – Hotelkosten 230 € für 4 Übernachtungen inkl. Frühstück.

 – Parkgebühren: 10 €

 – Ersatz durch den Arbeitgeber: 200 €

Aufgabe: Ermitteln Sie die Einkünfte nach der aktuell geltenden Rechtslage.

LÖSUNG

Als Angestellter erzielt er Einkünfte aus nichtselbständiger Arbeit.	21 800 €

Zum Arbeitslohn gehören:

+ Vermögenswirksame Leistungen (diese Beträge werden aus dem Einkommen geleistet)	+ 480 €

▶ die Arbeitnehmer-Sparzulage wird ggf. vom Finanzamt ausgezahlt;

▶ das am 12. 1. des Folgejahres überwiesene Weihnachtsgeld ist nach § 11 Abs. 1 Satz 1 EStG i.V. m. § 38a Abs. 1 Satz 3 EStG im Zeitpunkt des Zuflusses erst im Folgejahr zu erfassen;

Einnahmen (§ 19 Abs. 1 Nr. 1 EStG)	22 280 €

Werbungskosten (§ 9 EStG):

▶ Fahrten zwischen Wohnung und Arbeitsstätte (§ 9 Abs. 1 Nr. 4 EStG, ab 2014: erste Tätigkeitsstätte) = 230 Tage x 15 km x 0,30 €	./. 1 035 €

Die übrigen Kfz-Kosten sind nicht zu berücksichtigen.

▶ Kleidung kann, wenn es sich um typische Berufskleidung handelt, nach § 9 Abs. 1 Nr. 6 EStG abgezogen werden. Die bürgerliche Kleidung ist üblicherweise nach § 12 Nr. 1 EStG vom Abzug ausgeschlossen (Typisierung). Das gilt auch dann, wenn sie nur am Arbeitsplatz getragen wird. Insoweit greift das Aufteilungsverbot des § 12 Nr. 1 Satz 2 EStG (H 12.1 „Kleidung" EStH).

▶ **Dienstreise** vom 15. 10. – 19. 10.

Bei der Reise zur Modemesse handelt es sich um eine Auswärtstätigkeit, deren Kosten im Rahmen der R 9.4 – 9.8 LStR abzugsfähig sind.

Fahrtkosten: 375 km × 2 = 750 km

750 km × 0,30 € = 225 €

(H 9.5 „Pauschale Kilometersätze" LStH

oder besser die tatsächlichen Kosten

6 690 € : 18 600 km = 0,36 € pro km

750 km × 0,36 € = 270 €

(H 9.5 „Einzelnachweis" LStH)	./. 270 €
Parkgebühren (R 9.8 Abs. 1 Nr. 3 LStR)	./. 10 €

Übernachtungskosten (R 9.7 Abs. 1 LStR), aber ohne Frühstück.
ab 2014: § 9 Abs. 1 Nr. 5a EStG, § 4 Abs. 6a EStG

Minderung um 20 % des für den Unterkunftsort maßgebenden Verpflegungspauschbetrages

Kosten Hotel = 230 €

./. 20 % von 24 € = 4,80 € x 4 = = 19,20 €

insgesamt = 211 €	./. 211 €

Verpflegungsmehraufwand:

R 9.6 Abs. 1 LStR

Abzugsfähig sind die Kosten nur durch Ansatz der Pauschbeträge (§§ 4 Abs. 5 Nr. 5, 9 Abs. 5 EStG), ab 2014: § 9 Abs. 4a EStG., s. Zahlen in Klammern

Pauschbeträge:		2014
15. 10. 4 Stunden	0 €	(12 €)
16. 10. 24 Stunden	24 €	(24 €)
17. 10. 24 Stunden	24 €	(24 €)
18. 10. 24 Stunden	24 €	(24 €)
19. 10. 10 Stunden	6 €	(12 €)
Summe Pauschbeträge	78 €	

Es sind für den Verpflegungsmehraufwand anlässlich der Auswärtstätigkeit abzugsfähig	./. 78 €
Die Erstattung des Arbeitgebers ist von den Werbungskosten zu kürzen, 200 €.	+ 200 €

Die Werbungskosten von insgesamt 1 404 € übersteigen den Pauschbetrag gem. § 9a Nr. 1a EStG von. 1 000 € ab 2011

Einkünfte aus nichtselbständiger Arbeit 22 280 € ./. 1 404 € = 20 876 €	**= 20 875 €**

FALL 224

Einkünfte/Sachbezug/Arbeitszimmer

Sachverhalt: Harald N. ist Gesellschafter und Geschäftsführer der Neubau Wohnungsbau-GmbH. Er ist mit 60 % an der GmbH beteiligt. Er erhält zu Beginn eines Monats ein Gehalt in Höhe von 3 500 € als Geschäftsführer der Gesellschaft für insgesamt 13 Monate. Außerdem erhält er eine gewinnabhängige Tantieme. Es wurden ihm am 15. 5. 09 14 800 € gutgeschrieben. Laut Arbeitsvertrag steht ihm ein Firmenwagen zur Verfügung, den er wie folgt nutzte (lt. **Fahrtenbuch Kosten pro km 0,30 €**):

► für Dienstreisen und Geschäftsfahrten: 11 300 km,

► für Fahrten zwischen Wohnung und Arbeitsstätte bzw. ab 2014: erste Tätigkeitsstätte (Entfernung 10 km): 2 800 km,

► für Privatfahrten: 4 100 km.

Am 25. 3. erhielt Harald einen neuen Schreibtisch für 420 € inkl. Umsatzsteuer und einen Aktenschrank für 1 955 € geliefert (ND = 10 Jahre). Die Beträge überwies er 10 Tage später. Diese nutzt er in seinem häuslichen Arbeitszimmer, das er neben seinem Büro im Unternehmen nutzt.

Aufgabe: Wie hoch sind die Einkünfte aus nichtselbständiger Arbeit des Harald N. für 09?

LÖSUNG

Als Geschäftsführer der GmbH erzielt Harald N. Einkünfte nach § 19 Abs. 1 Nr. 1 EStG.

Der steuerpflichtige Arbeitslohn beträgt 3 500 € × 13 =	45 500 €
Die Tantieme ist kein lfd. Bezug und deshalb nach § 11 Abs. 1 Satz 1 i.V. m. § 38a Abs. 1 Satz 3 EStG bei Zufluss in 09 zu versteuern.	+ 14 800 €

Die Pkw-Gestellung für Privatfahrten ist ein Sachbezug und gem. § 8 Abs. 2 EStG zu bewerten (R 8.1 Abs. 9 LStR).

Die Fahrten wurden durch Fahrtenbuch nachgewiesen. Die Pkw-Kosten sind lt. Fahrtenbuchmethode mit 0,30 € je km (siehe SV) anzusetzen (R 8.1 Abs. 9 Nr. 2 LStR).

(2 800 km + 4 100 km × Preis pro km lt. Einzelnachweis, hier 0,30 €)	+ 2 070 €

Die privaten Fahrten sind mit den nachgewiesenen tatsächlichen Kosten pro km zu berücksichtigen (§ 8 Abs. 2 Satz 4 EStG).

Statt Fahrtenbuch und Belegnachweis sind aber grds. als Sachbezug gem. § 8 Abs. 2 Satz 2 und 3 EStG i.V. m. § 6 Abs. 1 Nr. 4 Satz 2 EStG 1 % des Listenpreises + 0,03 % × Listenpreis × Entfernungs-km/Monat, also × 12 anzusetzen.

Hinsichtlich der dienstlichen Fahrten ist kein geldwerter Vorteil anzusetzen.

Gemäß § 40 Abs. 2 Satz 2 EStG kann der Arbeitgeber den Betrag bis zur Höhe des Werbungskostenabzugs pauschal mit 15 % versteuern.

Brutto-Arbeitslohn =	**62 370 €**

./.   **Werbungskosten**

Fahrten zwischen Wohnung und Arbeitsstätte bzw. ab 2014 erste Tätigkeitsstätte (§ 9 Abs. 1 Nr. 4 EStG) sind berücksichtigungsfähig, da Harald durch die Pkw-Gestellung stpfl. Sachbezüge entstanden sind.

2 800 km x 0,30 €	./. 840 €

Die Kosten für Arbeitszimmer sind gem. § 9 Abs. 5 i V m § 4 Abs. 5 Nr. 6 b EStG dann nicht abzugsfähig, wenn der AN einen anderen Arbeitsplatz hat. Die Arbeitsmittel und die Einrichtungsgegenstände, die ausschließlich beruflich genutzt werden, sind aber gem. § 9 Abs. 1 Nr. 6 EStG zu berücksichtigen. Die Aufwendungen sind unabhängig von der Abzugsfähigkeit der Kosten für das Arbeitszimmer zu berücksichtigen (H 9.14 „Ausstattung" LStH). Gem. § 9 Abs. 1 Nr. 7 Satz 2 EStG sind die Anschaffungskosten bis 410 € sofort als Werbungskosten abzugsfähig. Übersteigen sie aber den Betrag von 410 € ohne USt , kann eine Berücksichtigung nur über die AfA nach § 9 Abs. 1 Nr. 7 i.V. m. § 7 Abs. 1 EStG erfolgen (R 9.12 Satz 1 LStR).

Schreibtisch 420 €, die Kosten sind im Zeitpunkt der Zahlung nach § 11 Abs. 2 EStG abzugsfähig.	./. 420 €

Aktenschrank 1 955 €: die Kosten sind auf die ND von 10 Jahren zu verteilen. Die AfA ist grds. zeitanteilig zu gewähren § 7 Abs. 1 Satz 4 EStG .

10 % von 1 955 €, da im März angeschafft 10/12 =

Die Arbeitnehmerpauschale von 1 000 € ab 2011 nach § 9a Nr. 1a EStG wird überschritten, deshalb sind die tatsächlichen Kosten abzugsfähig.	./. 163 €
Einkünfte aus nichtselbständiger Arbeit =	**60 947 €**

FALL 225

Doppelte Haushaltsführung

Sachverhalt: Ein verheirateter Arbeitnehmer wird ab 1. 11. 01 nach Stuttgart versetzt. Er hat weiterhin einen eigenen Hausstand in Bingen, die Entfernung nach Stuttgart beträgt 250 km. Die Miete für das möblierte Zimmer in Stuttgart beträgt lt. Nachweis 280 €. Er ist an 37 Tagen in Stuttgart anwesend. Am Wochenende fährt er jeweils nach Hause. Über die Weihnachtsfeiertage bis zum 31. 12. 01 hat er Urlaub. Verpflegungsmehraufwendungen werden nicht nachgewiesen. Sein Bruttolohn beträgt im Kalenderjahr 43 800 €. Vom Arbeitgeber erhielt er keinen Ersatz.

Aufgabe: In welcher Höhe sind die Kosten abzugsfähig?

LÖSUNG

Bei einer beruflich veranlassten doppelten Haushaltsführung können nach § 9 Abs. 1 Nr. 5 EStG folgende Kosten abgezogen werden (R 9.11 LStR): Danach ist ein Abzug wie Werbungskosten gem. Satz 4 für eine Familienheimfahrt wöchentlich pro Entfernungskilometer möglich.

Fahrtkosten (R 9.11 Abs. 6 LStR)

1. für die erste Fahrt zum Beschäftigungsort (wie Dienstreise)

250 km × 0,30 € oder tatsächliche Kosten =	75 €

2. Familienheimfahrten, soweit diese tatsächlich durchgeführt werden, max. einmal pro Woche.

Es gelten die Pauschalen des § 9 Abs. 1 Nr. 4 EStG

7 × 250 km × 0,30 € =	525 €
1 × 250 km × 0,15 € = 37,50 €	38 €

Die letzte Familienheimfahrt findet am 23. 12. 01 statt. Da er anschließend Urlaub hat, fährt er erst wieder am 2. 1. 02 zurück.

Verpflegungsaufwendungen sind pauschal abzugsfähig (R 9.11 Abs. 7 LStR), das gilt aber nur für die ersten 3 Monate.

November + Dezember 01

37 Tage × 24 € =	888 €

§§ 4 Abs. 5 Nr. 5, 9 Abs. 5 EStG, ab 2014 § 9 Abs. 4a EStG bei Abwesenheit von mind. 24 Stunden

Übernachtungskosten (R 9.11 Abs. 8 LStR) in nachgewiesener Höhe

2 Monate × 280 € =	560 €
Summe der Werbungskosten (§ 9 Abs. 1 Nr. 5 EStG) =	**2 086 €**

HINWEIS

Das Reisekostenrecht wurde ab 2014 geändert. An die Stelle der regelmäßigen Arbeitsstätte tritt die neue Definition der ersten Tätigkeitsstätte. Außerdem gibt es Änderungen bei der Verpflegungspauschale, § 9 Abs. 4a EStG.

11.7 Einkünfte aus Kapitalvermögen (§ 20 EStG)

FALL 226

Besteuerung von Dividenden

Sachverhalt: Einzelgewerbetreibender A hat in seinem Depot bei der Deutschen Bank AG 100 Aktien der X-AG. Die X-AG schüttet im April 2013 eine Brutto-Dividende von 1 000 € an A aus. Die Auszahlung erfolgt über die Depotbank. A hat seinen Freistellungsauftrag einer anderen Bank erteilt. A hat der Deutschen Bank mitgeteilt, dass er keiner Konfession angehört.

Aufgaben:

1. Wie hoch ist die von der Deutschen Bank AG einzubehaltende sog. Abgeltungsteuer?

2. Muss A die Dividenden in seiner Einkommensteuererklärung 2013 angeben?

3. Kann A die Dividenden in seiner Einkommensteuererklärung 2013 angeben, um eine niedrigere Besteuerung zu erreichen, weil sein persönlicher Steuersatz unter 25 % liegt?

LÖSUNG

Zu 1.:

Ab 2009 gibt es eine neuartige Regelung zur Besteuerung von Kapitalerträgen und bestimmten Spekulationsgewinnen: die sog. Abgeltungsteuer. Diese betrifft Sparer und Kapitalanleger, die in Deutschland ihren Wohnsitz haben, also unbeschränkt einkommensteuerpflichtig sind. Bei beschränkter Steuerpflicht wird dagegen von den in Deutschland erzielten Kapitalerträgen nur ausnahmsweise Abgeltungsteuer einbehalten, nämlich bei Erträgen i. S. d. § 49 Abs. 1 Nr. 5 EStG.

Die Abgeltungsteuer führt zu einem Systemwechsel bei der Besteuerung von Kapitalerträgen. Statt die Einkünfte progressiv zu besteuern, werden ab dem 1. 1. 2009 Zinsen, Dividenden und realisierte Kursgewinne bei inländischen Konten und Depots linear mit einem Steuersatz von 25 % besteuert. Hinzu kommen noch der Solidaritätszuschlag von 5,5 % und ggf. die Kirchensteuer. Der Steuersatz von 25 % sieht auf den ersten Blick moderat aus. Es darf jedoch nicht übersehen werden, dass die Abgeltungsteuer mit dem Wegfall des Halbeinkünfteverfahrens, der Streichung der einjährigen Spekulationsfrist und dem Verbot des Werbungskostenabzugs verbunden ist.

Da A der Deutschen Bank AG seine Konfessionszugehörigkeit nicht mitgeteilt hat, muss die Bank von den im Jahr 2013 zugeflossenen Dividenden folgende „Abgeltungsteuer" einbehalten:

Kapitalertragsteuer als Abgeltungsteuer:

25 % von 1 000 € =	250,00 €
Solidaritätszuschlag: 5,5 % von 250 € =	13,75 €
Summe	263,75 €

A erhält von seiner Bank eine Netto-Dividende von 1 000 € ./. 263,75 € = 736,25 € ausgezahlt.

Zu 2.:

Mit dem unterjährigen Abzug der Kapitalertragsteuer von 25 % ist die Einkommensteuer prinzipiell abgegolten (§ 43 Abs. 5 Satz 1 EStG). Da mit dem Abzug der Kapitalertragsteuer an der Quelle die Einkommensteuer auf die Kapitalerträge abgegolten ist, müssen diese nicht mehr in der Steuererklärung angegeben werden. Die Kapitaleinkünfte bleiben daher bei der Berechnung des zu versteuernden Einkommens außer Betracht (§ 2 Abs. 5b Satz 1 EStG). Das führt meist zu einem Steuerentlastungseffekt, weil wegen des gesunkenen zu versteuernden Einkommens die übrigen Einkünfte des Stpfl., z. B. Einkünfte aus Gewerbebetrieb, nicht mehr in dem Maße der Steuerprogression unterliegen wie bisher.

Zu 3.:

Liegt der persönliche Steuersatz des Stpfl. unter 25 %, führt die Abgeltungsteuer für ihn zu einer höheren steuerlichen Belastung. Dann darf der Stpfl. die Kapitalerträge in der Steuererklärung angeben, um vom FA eine Günstigerprüfung vornehmen zu lassen (§ 32d Abs. 6 Satz 1 EStG).

Bei der Einkommensteuerveranlagung werden dann die Kapitalerträge in das zu versteuernde Einkommen einbezogen und dieses nach der Grund- oder Splittingtabelle versteuert. Die bereits einbehaltene Kapitalertragsteuer wird dann auf die tarifliche Einkommensteuer angerechnet. Gleiches gilt für die von der Bank abgezogenen Solidaritätszuschläge Die Option zur Günstigerprüfung im Rahmen der Einkommensteuererklärung ist nur einheitlich für sämtliche Kapitalerträge des Kalenderjahres möglich, kann also nicht auf einzelne Kapitalerträge beschränkt werden. Bei zusammenveranlagten Ehegatten müssen sämtliche Kapitalerträge beider Ehegatten in die Prüfung einbezogen werden, insoweit gibt es nur ein einheitliches Ehegattenwahlrecht (§ 32d Abs. 6 Satz 3 EStG). Ein Werbungskostenabzug von den Kapitalerträgen ist nicht möglich (§ 20 Abs. 9 Satz 1 Halbsatz 2 EStG). Der Sparer-Pauschbetrag nach § 20 Abs. 9 EStG von 801 € (Alleinstehende) bzw. 1 602 € (Verheiratete) findet dagegen Anwendung.

HINWEIS:

I. Das FG Baden-Württemberg hat entschieden, dass entgegen § 20 Abs. 9 Satz 1 EStG die tatsächlichen Werbungskosten jedenfalls dann abziehbar sind, wenn der individuelle Steuersatz bereits unter Berücksichtigung nur des Sparer-Pauschbetrags unter 25 % liegt (Urteil v. 17. 12. 2012 9 K 1637/10, DStR 2013, 530; Rev. anhängig unter Az. VIII R 13/13). Ob das Werbungskostenabzugsverbot des § 20 Abs. 9 Satz 1 EStG auch Anwendung findet, wenn die nach dem 31. 12. 2008 geleisteten Aufwendungen mit Kapitalerträgen in Zusammenhang stehen, die bereits vor dem 1. 1. 2009 zugeflossen sind, ist ebenfalls streitig (Revision anhängig unter Az.: VIII R 34/13).

FALL 227

Option zur tarifären Besteuerung bei Beteiligung an einer Kapitalgesellschaft

Sachverhalt: Kaufmann A hat Anfang 2013 eine 50%ige Beteiligung an der X-GmbH für 500 000 € erworben. Die Anschaffungskosten hat er i. H. eines Teilbetrags von 300 000 € mittels eines Bankkredits finanziert. Die im Jahr 2013 angefallenen Schuldzinsen betragen 15 000 €. Die GmbH hat im Jahr 2013 keine Gewinnausschüttungen vorgenommen. A stellt im Rahmen seiner Einkommensteuererklärung 2013 den Antrag, seine Dividenden aus der X-GmbH der tarifären Besteuerung zu unterwerfen.

Aufgabe: Muss das FA dem Antrag des A entsprechen?

LÖSUNG

Mit der Einführung der Abgeltungsteuer ab 2009 wird der Steueranspruch bei den Einkünften aus Kapitalvermögen prinzipiell durch Erhebung der Abgeltungsteuer abgegolten. Das gilt auch für Dividenden, die eine Kapitalgesellschaft ihrem Anteilseigner zahlt, der seine Gesellschaftsanteile im Privatvermögen hält. Auch dafür kommt der besondere Steuersatz von 25 % nach § 32d Abs. 1 Satz 1 EStG zuzüglich Solidaritätszuschlag, mithin 26,375 % zur Anwendung – hinzu tritt ggf. noch die Kirchensteuer.

Im Einzelfall kann durchaus ein Interesse bestehen, dass die Dividende der tarifären Besteuerung unterworfen wird. Das Gesetz enthält eine Möglichkeit, zur tarifären Besteuerung bei Beteiligung an einer Kapitalgesellschaft zu optieren. Der Abgeltungsteuersatz gilt auf Antrag für Kapitalerträge i. S. d. § 20 Abs. 1 Nr. 1 und 2 EStG aus einer Beteiligung an einer Kapitalgesellschaft nicht, wenn der Steuerpflichtige im VZ, für den der Antrag erstmals gestellt wird, unmittelbar oder mittelbar

▶ zu mindestens 25 % an der Kapitalgesellschaft beteiligt ist oder

▶ zu mindestens 1 % an der Kapitalgesellschaft beteiligt ist und beruflich für diese tätig ist (§ 32d Abs. 3 Satz 1 EStG).

Die Vorteilhaftigkeit dieser Optionsmöglichkeit besteht darin, dass die Verlustbeschränkungsmöglichkeit nach § 20 Abs. 6 EStG sowie das Werbungskostenabzugsverbot des § 20 Abs. 9 EStG keine Anwendung finden (§ 32d Abs. 3 Satz 2 EStG). Andererseits hat diese Option den Nachteil, dass der Abgeltungsteuersatz keine Anwendung findet, sondern die Dividenden nach Maßgabe des Teileinkünfteverfahrens dem individuellen Steuersatz unterliegen.

Die Finanzverwaltung vertritt erfreulicherweise und zutreffend die Auffassung, für die Option sei nicht erforderlich, dass in dem betreffenden Kalenderjahr tatsächlich Kapitalerträge realisiert werden. Die Option kann auch nur dazu dienen, die tatsächlich entstandenen Werbungskosten zu 60 % im Rahmen der Veranlagung zu berücksichtigen (BMF, BStBl 2010 I 94 Rz. 143). Das bedeutet, dass die Option auch bei – zunächst ertraglosen – Beteiligungen mit der alleinigen Zielsetzung ausgesprochen werden kann, den Werbungskostenabzug der Schuldzinsen für einen Kredit, dessen Valuta zum Erwerb der Beteiligung verwendet wird, zu eröffnen (BFH VIII R 234/84, BStBl 1986 II 596). Konsequenz: A kann seine Schuldzinsen i. H. v. 60 % von 15 000 € = 9 000 € als Werbungskosten bei den Einkünften aus Kapitalvermögen abziehen. Der dadurch entstehende Verlust ist von der Verlustverrechnungsbeschränkung des § 20 Abs. 6 EStG ausgenommen.

Gewinn- und Verlustbeteiligung eines stillen Gesellschafters

Sachverhalt: A ist stiller Gesellschafter am gewerblichen Unternehmen des B mit einer Einlage i. H. v. 300 000 €. Laut Gesellschaftsvertrag ist er mit 20 % am Gewinn und Verlust beteiligt. A hält die stille Beteiligung in seinem Privatvermögen.

a) Der Gewinn des Unternehmens für das Jahr 2012 betrug 200 000 €. Bei Bilanzerstellung im Jahr 2013 wurde der Gewinnanteil des A dessen Verrechnungskonto wie folgt gutgeschrieben:

Gewinnanteil 2012: 20 % von 200 000 € =	40 000 €
./. einbehaltene KapESt (§§ 43 Abs. 1 Nr. 3, 43a Abs. 1 Nr. 1 EStG): 25 % von 40 000 € =	./. 10 000 €
./. einbehaltener Solidaritätszuschlag: 5,5 % von 10 000 € =	./. 550 €
Gutschrift auf dem Verrechnungskonto	29 450 €

b) Der Verlust des Unternehmens für das Jahr 2013 betrug 150 000 €. Bei Bilanzerstellung im Jahr 2014 wurde der Verlustanteil des A von dessen Einlagekonto i. H. v. 300 000 € abgebucht, so dass dieses nur noch 270 000 € betrug:

Einlagekonto A	300 000 €
./. Verlustanteil 2013 20 % von 150 000 € =	./. 30 000 €
Einlagekonto A nach Verrechnung	270 000 €

Aufgabe: Wie ist die Gewinn- bzw. Verlustbeteiligung des A einkommensteuerrechtlich zu behandeln?

Zu a):

Zu den Einkünften aus Kapitalvermögen zählen auch die Einnahmen aus einer zum Privatvermögen gehörenden stillen Beteiligung (§ 20 Abs. 1 Nr. 4 EStG). Daran hat sich durch die Einführung der Abgeltungsteuer nichts geändert. Der Gewinnanteil des stillen Gesellschafters aus der Beteiligung ist im Zeitpunkt des Zuflusses bei ihm zu erfassen (§ 11 Abs. 1 Satz 1 EStG). Zugeflossen und damit zu versteuern ist der Gewinnanteil grds. bei Zahlung oder Gutschrift (z. B. auf ein Verrechnungskonto).

Der Gewinnanteil 2012 von 40 000 € ist daher von A im Jahr 2013 als Einnahmen aus Kapitalvermögen zu versteuern. Die Erträge unterliegen mit 25 % der Abgeltungsteuer (§ 32d Abs. 1 Satz 1 EStG). Der Schuldner der Kapitalerträge (hier: B) ist zum Abzug der 25 %igen Kapitalertragsteuer verpflichtet (§ 43 Abs. 1 Nr. 3 i. V. m. § 43a Abs. 1 Nr. 1 und § 44 Abs. 1 Satz 3 EStG). Mit dem Steuerabzug ist die Einkommensteuer 2013 für A abgegolten (§ 43 Abs. 5 EStG).

Der besondere Abgeltungsteuersatz gilt nicht für Kapitalerträge aus typisch stillen Beteiligungen i. S. v. § 20 Abs. 1 Nr. 4 EStG, wenn Gläubiger und Schuldner einander nahe stehende Personen sind (§ 32d Abs. 2 Satz 1 Nr. 1 Buchst. a EStG). Solche Kapitalerträge werden mit dem regulären Steuersatz versteuert, unterliegen also dem progressiven Einkommensteuertarif. Es gelten dann die allgemeinen einkommensteuerlichen Verlustverrechnungs- und Verlustausgleichsregeln. Der Sparer-Pauschbetrag nach § 20 Abs. 9 EStG ist nicht anzuwenden (§ 32d Abs. 2 Nr. 1 Satz 2 EStG), der Abzug der tatsächlichen Werbungskosten ist jedoch zulässig.

Zu b):

Negative Einkünfte aus Kapitalvermögen aus einer Beteiligung an einem Handelsgewerbe als stiller Gesellschafter sind nach der Rechtsprechung bis zur Höhe der Einlage als Werbungskosten i. S. d. § 9 EStG berücksichtigungsfähig (BFH VIII R 21/06, BStBl 2008 II 126). Der Verlustanteil des stillen Gesellschafters ist in dem Jahr als Werbungskosten abzugsfähig, in dem er geleistet wird (§ 11 Abs. 2 EStG). Dies setzt i. d. R. die Feststellung der Höhe des Verlustes, also die Feststellung der Bilanz des Unternehmens voraus (BFH VIII R 40/97, BStBl 2002 II 858). Das bedeutet, dass die Verrechnung des Verlustes mit anderen Einkünften grds. erst nach Bilanzaufstellung und im Jahr der Abbuchung von der Einlage vorgenommen werden kann.

Seit Einführung der Abgeltungsteuer gibt es jedoch ein Werbungskostenabzugsverbot. Danach ist der Abzug der tatsächlichen Werbungskosten ausgeschlossen (§ 20 Abs. 9 Satz 1 Halbsatz 2 EStG). Bei der Ermittlung der Einkünfte aus Kapitalvermögen ist ab 2009 ausschließlich der neu eingeführte Sparer-Pauschbetrag von 801 € (Alleinstehende) bzw. 1 602 € (zusammenveranlagte Ehegatten) abzuziehen. Damit wäre eigentlich auch der Abzug der früher als Werbungskosten abziehbaren Verlustanteile des stillen Gesellschafters nicht mehr möglich.

Die Finanzverwaltung vertritt indes die Ansicht, dass im Anwendungsbereich der Abgeltungsteuer die Verlustanteile des typisch stillen Gesellschafters – unabhängig davon, ob der stille Gesellschafter eine nahe stehende Person i. S. d. § 32d Abs. 2 Nr. 1 EStG ist – als Verlust i. S. d. § 20 Abs. 1 Nr. 4 EStG zu berücksichtigen sind (BMF, BStBl 2010 I 94 Rz. 136). Vonseiten der Verwaltung wird also nicht mehr daran festgehalten, dass Verluste eines typisch stillen Gesellschafters Werbungskosten darstellen. Damit unterliegen diese Verluste ab 2009 nicht dem Abzugsverbot des § 20 Abs. 9 EStG.

Der Verlustanteil für das Jahr 2013 des A von 40 000 € ist daher im Jahr 2014, d. h. im Zeitpunkt der Abbuchung von der Einlage, als negative Einnahme aus Kapitalvermögen berücksichtigungsfähig. Der Verlust ist mit positiven Einnahmen aus Kapitalvermögen im Jahr 2014 des A zu verrechnen (vgl. *Czisz/Krane*, DStR 2010, 2226, 2229). Ausgeschlossen ist eine Verrechnung mit Einkünften aus anderen Einkunftsarten sowie ein Verlustabzug nach § 10d EStG (§ 20 Abs. 6 Satz 2 EStG). Ein vorzutragender Verlustanteil mindert in den Folgejahren erzielte Einkünfte aus Kapitalvermögen (§ 20 Abs. 6 Satz 3 EStG).

Diese Verlustbeschränkungsmöglichkeiten gelten jedoch nicht in den Fällen, in denen Gläubiger und Schuldner einander nahe stehende Personen i. S. d. § 32d Abs. 2 Nr. 1 Buchst. a EStG sind (§ 32d Abs. 1 Nr. 1 Satz 2 EStG).

FALL 229

Verdeckte Gewinnausschüttung wegen Vorteilsgewährung an nahe stehende Person

Sachverhalt: A ist zu 80 % am Stammkapital der X-GmbH beteiligt. Die X-GmbH hat im Jahr 2013 eine in ihrem Betriebsgebäude gelegene Wohnung der Tochter des A für einen Mietzins i. H. v. monatlich 500 € vermietet. Der übliche Mietzins für eine vergleichbare Wohnung beträgt monatlich 1 500 €.

Aufgabe: Welche einkommensteuerlichen Folgen ergeben sich für A im Hinblick auf den zu niedrigen Mietzins?

LÖSUNG

Zu den Einkünften aus Kapitalvermögen gehören auch verdeckte Gewinnausschüttungen (§ 20 Abs. 1 Nr. 1 Satz 2 EStG). Unter einer verdeckten Gewinnausschüttung sind alle Vorgänge zu verstehen, durch die eine Kapitalgesellschaft einem Gesellschafter bzw. einer diesem nahe stehenden Person geldwerte Güter in einer Form zuführt, in der sie nicht als Ausschüttung erscheinen, sondern eine solche verdecken. Im Allgemeinen ist eine verdeckte Gewinnausschüttung i. S. d. § 20 Abs. 1 Nr. 1 Satz 2 EStG gegeben, wenn eine Kapitalgesellschaft ihrem Gesellschafter außerhalb der gesellschaftsrechtlichen Gewinnverteilung einen Vermögensvorteil zuwendet, diese Zuwendung ihren Anlass im Gesellschaftsverhältnis hat und der Vermögensvorteil dem Gesellschafter zugeflossen ist (BFH I R 73/85, BStBl 1989 II 522; I R 137/93, BStBl 2002 II 366).

Wird eine Wohnung – wie im vorliegenden Fall – an eine dem beherrschenden Gesellschafter nahe stehende Person zu einem unangemessen niedrigen Mietzins vermietet, ist demgemäß davon auszugehen, dass die Vorteilsgewährung im Gesellschaftsverhältnis begründet ist. Es liegt eine verdeckte Gewinnausschüttung vor, die nicht der nahe stehenden Person (also der Tochter), sondern dem Gesellschafter A zuzurechnen ist. Einkommensteuerrechtlich können Kapitaleinkünfte nämlich nicht einer Person zugerechnet werden, die an der Kapitalgesellschaft nicht beteiligt ist (BFH I R 139/94, BStBl 1997 II 301; VIII R 24/03, BFH/NV 2005, 1266; BMF, BStBl 1999 I 514). Grundlage für die Bewertung der verdeckten Gewinnausschüttung ist § 8 EStG. Das bedeutet, dass A i. H. d. Unterschiedsbetrages zwischen der angemessenen Miete und der berechneten Miete Einnahmen i. S. v. § 20 Abs. 1 Nr. 1 Satz 2 EStG erzielt hat. Für verdeckte Gewinnausschüttungen gilt das Teileinkünfteverfahren. A muss daher folgenden Betrag im Jahr 2013 bei seinen Einkünften aus Kapitalvermögen versteuern:

angemessene Miete: 12 × 1 500 € =	18 000 €
./. berechnete Miete: 12 × 500 € =	./. 6 000 €
Differenz = verdeckte Gewinnausschüttung	12 000 €
steuerfrei nach § 3 Nr. 40 Satz 1 Buchst. d EStG: 40 %	./. 4 800€
steuerpflichtig	7 200 €

HINWEIS:

Verdeckte Gewinnausschüttungen sind ab 2009 prinzipiell unter Anwendung des Teileinkünfteverfahrens mit dem pauschalen Abgeltungsteuersatz von 25 % zu versteuern (§ 43 Abs. 1 Nr. 1 Satz 1 i. V. m. § 20 Abs. 1 Nr. 1 Satz 2, § 32d Abs. 1 EStG). Wenn der Anteilseigner der zum Privatvermögen gehörenden Beteiligung einen Antrag auf Suspendierung des Abgeltungsverfahrens gem. § 32d Abs. 2 Nr. 3 EStG stellt, unterliegen vGA im Rahmen eines Veranlagungsverfahrens der tariflichen ESt (vgl. Fuhrmann, KÖSDI 2009, 16614, 16616). Eine tarifäre Besteuerung ist auch geboten, soweit die vGA das Einkommen der leistenden GmbH – entgegen § 8 Abs. 3 Satz 2 KStG – gemindert hat (§ 32d Abs. 2 Nr. 4 EStG). Eine tarifäre Besteuerung kommt darüber hinaus in Betracht, wenn der persönliche Steuersatz des Gesellschafters unter 25 % liegt und die Günstigerprüfung (sog. Veranlagungsoption) nach § 32d Abs. 6 EStG beantragt wird (vgl. Binz, DStR 2008, 1820). Die für „normale" Ausschüttungen geltende Vorschrift des § 32d Abs. 2 Satz 1 Nr. 1 Buchst. b EStG ist auf vGA nicht anwendbar.

FALL 230

Gewährung eines zinslosen Darlehens durch eine GmbH als verdeckte Gewinnausschüttung

Sachverhalt: A ist Alleingesellschafter der X-GmbH und zugleich deren Geschäftsführer. Das Wirtschaftsjahr der GmbH stimmt mit dem Kalenderjahr überein. Die Geschäftsanteile gehören zum Privatvermögen des A. Bei einer Außenprüfung der X-GmbH wird festgestellt, dass die GmbH dem Gesellschafter-Geschäftsführer im Jahr 2013 ein unverzinsliches Darlehen gewährt hat, das A zur Finanzierung eines vermieteten Mietwohnhauses verwendet hat. Die angemessenen Zinsen für die Kapitalüberlassung belaufen sich auf 6 000 € im Jahr.

Aufgabe: Handelt es sich bei dem Zinsvorteil, den die GmbH dem A gewährt hat, um eine verdeckte Gewinnausschüttung und wie wirkt sich der Zinsvorteil auf das Einkommen der A aus?

LÖSUNG

Nach § 20 Abs. 1 Nr. 1 Satz 2 EStG gehören zu den Einkünften aus Kapitalvermögen auch sonstige Bezüge in Form von verdeckten Gewinnausschüttungen, wenn die Beteiligung zum Privatvermögen gehört. Sie sind bei Zufluss (§ 11 Abs. 1 Satz 1 EStG) zu versteuern. Eine verdeckte Gewinnausschüttung i. S. v. § 20 Abs. 1 Nr. 1 Satz 2 EStG ist anzunehmen, wenn die Kapitalgesellschaft ihren Gesellschaftern außerhalb eines gesellschaftsrechtlich wirksamen Gewinnverteilungsbeschlusses einen Vermögensvorteil zuwendet und diese Zuwendung ihre Ursache im Gesellschaftsverhältnis hat. Das ist der Fall, wenn ein ordentlicher und gewissenhafter Geschäftsführer den Vorteil einem Nichtgesellschafter nicht zugewendet hätte.

Gewährt die Kapitalgesellschaft ihrem beherrschenden Gesellschafter Nutzungsvorteile ohne Entgelt oder gegen ein unangemessen niedriges Entgelt, besteht die Vorteilszuwendung für den Gesellschafter darin, dass er Aufwendungen erspart hat. Das Vermögen der GmbH wird in diesem Fall gemindert und das des Gesellschafters erhöht (BFH I R 10/00, BFH/NV 2001, 584).

Bei der Gewährung eines zinslosen Darlehens wird eine verdeckte Gewinnausschüttung i. H. d. angemessenen Zinsen angenommen (BFH I R 83/87, BStBl 1990 II 649). In diesem Fall muss beim Gesellschafter untersucht werden, wie sich die fiktiven Zinsen einkommensteuerlich auswirken (sog. Fiktionstheorie). Danach wird die Besteuerung nach allgemein anerkannter Auffassung so vorgenommen, als wenn der Gesellschafter an die Kapitalgesellschaft angemessene Zinsen gezahlt und diese dann im Wege der verdeckten Gewinnausschüttung zurückerhalten hätte (BFH VI R 122/67, BStBl 1971 II 53; IX R 47/89, BFH/NV 1995, 294; XI B 123/01, BFH/NV 2002, 542). Es wird also so verfahren, als ob ein steuerlich anerkannter Leistungsaustausch stattgefunden hätte und die ersparten Zinsen dem Gesellschafter tatsächlich entstanden wären (BFH IV R 30/71, BStBl 1976 II 88; X R 7/82, BStBl 1988 II 384; I R 335/83, BStBl 1989 II 510).

Vorliegend sind die Zinsen i. H. v. 6 000 € im Jahr der verdeckten Gewinnausschüttung (2013) als Werbungskosten bei den Einkünften aus Vermietung und Verpachtung des A abziehbar. Andererseits sind die Zinsen bei den Einkünften aus Kapitalvermögen des A zu erfassen. Sie unterliegen nicht der Abgeltungsteuer, weil A zu mindestens 10 % an der GmbH beteiligt ist (§ 32d Abs. 2 Satz 1 Nr. 1 Buchst. b EStG).

FALL 231

Behandlung von Schuldzinsen bei kreditfinanziertem Wertpapierkauf

Sachverhalt: Die Eheleute M erhalten 2013 Zinserträge aus Bundesanleihen i. H. v. brutto 4 000 € (4 % von 100 000 €) ausgezahlt. Weitere Kapitalerträge haben die Eheleute nicht. Für die vor vier Jahren mittels eines Kredits angeschafften Anleihen fallen 2013 noch Schuldzinsen von 1 000 € an. Der Depotbank wurde für 2013 ein Freistellungsauftrag über 1 602 € erteilt.

Aufgabe: Sind die Schuldzinsen als Werbungskosten bei den Einkünften aus Kapitalvermögen 2013 absetzbar?

LÖSUNG

Seit Einführung der Abgeltungsteuer, d. h. ab 2009, sind keine Werbungskosten, also auch keine Kreditzinsen mehr bei den Einkünften aus Kapitalvermögen abzugsfähig (§ 20 Abs. 9 Satz 1 Halbsatz 2 EStG). Das gilt auch, wenn die Wertpapiere vor dem 1. 1. 2009 erworben wurden. Es ist daher wie folgt zu rechnen:

Zinsen	4 000 €
./. Sparer-Pauschbetrag	1 602 €
Einkünfte aus Kapitalvermögen	2 398 €

Die Kapitaleinkünfte von 2 398 € unterliegen der Abgeltungsteuer. Hinzu kommen noch der Solidaritätszuschlag und ggf. die Kirchensteuer.

FALL 232

Verkauf von nach dem 31. 12. 2008 erworbenen Aktien

Sachverhalt: A hat bei einer Direktbank folgende Wertpapiergeschäfte getätigt:

Ordertag	Kauf von Aktien der X-AG	Anschaffungskosten	Verkauf von Aktien der X-AG	
8. 9. 2013	100 Stück x 50 €	5 000 €		
16. 9. 2013	200 Stück x 40 €	8 000 €		
12. 10. 2013			150 Stück x 60 €	9 000 €

Aufgabe: Ist der Gewinn aus dem Verkauf der Aktien steuerpflichtig?

LÖSUNG

Zu den Einkünften aus Kapitalvermögen gehört ab 2009 auch der Gewinn aus der Veräußerung von Aktien (§ 20 Abs. 2 Satz 1 Nr. 1 EStG). Gewinn ist der Unterschied zwischen den Einnahmen aus der Veräußerung nach Abzug der Aufwendungen, die im unmittelbaren sachlichen Zusammenhang mit dem Veräußerungsgeschäft stehen (§ 20 Abs. 4 Satz 1 EStG). Die Neuregelung bedeutet einen Systemwechsel. Unabhängig von der Haltedauer, also zeitlich unbegrenzt, werden Gewinne aus Wertpapiergeschäften als Kapitalerträge erfasst. Die Gewinne unterliegen der Abgeltungsteuer nach § 32d Abs. 1 EStG.

Die Neuregelung ist erstmals auf Gewinne aus der Veräußerung von Aktien anzuwenden, die nach dem 31. 12. 2008 erworben und veräußert wurden (§ 52a Abs. 10 Satz 1 EStG). Für Aktien, die vor dem 1. 1. 2009 erworben wurden, gilt weiter das bisherige Recht.

Nach § 20 Abs. 4 Satz 7 EStG ist bei Aktien des gleichen Unternehmens, die einem Verwahrer zur Sammelverwahrung anvertraut worden sind, zur Ermittlung des unter § 20 Abs. 2 Satz 1 Nr. 1 EStG fallenden Veräußerungsgewinns zu unterstellen, dass die zuerst angeschafften Wertpapiere zuerst veräußert wurden (FiFo). Der steuerpflichtige Gewinn, der nach § 20 Abs. 2 Satz 1 Nr. 1 EStG steuerpflichtig ist, ist wie folgt zu ermitteln:

Veräußerungserlös für 150 Aktien	9 000 €
hiervon sind abzuziehen:	
die Anschaffungskosten der am 8. 9. 2013 angeschafften 100 Aktien	./. 5 000 €
sowie die Anschaffungskosten von 50 der am 16. 9. 2013 angeschafften Aktien: 50 x 40 €	./. 2 000 €
steuerpflichtiger Gewinn nach § 20 Abs. 2 Satz 1 Nr. 1 EStG	2 000 €

11.8 Einkünfte aus Vermietung und Verpachtung (§ 21 EStG)

Vorbemerkungen

Einkünfte aus Vermietung und Verpachtung liegen vor bei:

▶ Vermietung und Verpachtung von unbeweglichem Vermögen, insbesondere von Grundstücken, Gebäuden, Gebäudeteilen etc.,

▶ Vermietung von Sachinbegriffen, insbesondere von beweglichem Betriebsvermögen,

▶ Einkünfte aus zeitlich begrenzter Überlassung von Rechten, insbesondere von schriftstellerischen, künstlerischen und gewerblichen Urheberrechten,

▶ Veräußerung von Miet- und Pachtzinsforderungen,

§ 21 EStG ist nach Abs. 3 subsidiär zu den §§ 13, 15, 18 und 19 EStG, d. h. dass in den Fällen, in denen bei einer Vermietung und Verpachtung die Voraussetzungen des § 21 EStG und die einer anderen Einkunftsart gegeben sind, grundsätzlich die andere Einkunftsart vorgeht. Dies gilt aber nicht im Verhältnis zu §§ 20 und 22 EStG. Die Einnahmen sind um die durch die Vermietung und Verpachtung verursachten Kosten gem. § 9 EStG zu mindern.

FALL 233

Veräußerung von Miet- und Pachtzinsforderungen

Sachverhalt: A verkauft am 10. 6. 01 sein Mietshaus für 400 000 €, welches er vor 20 Jahren erworben hatte. Bezüglich der rückständigen Mieten in Höhe von 10 000 € vereinbart A mit dem Erwerber Z, dass dieser die Mieten einziehen solle.

Aufgabe: Nehmen Sie Stellung.

LÖSUNG

Einkünfte des A:

Die Veräußerung des privaten Mietshauses ist steuerlich nicht relevant. A erzielt aber Einnahmen gem. § 21 Abs. 1 Nr. 4 EStG in Höhe von 10 000 €. Die Mieteinnahmen betreffen einen Zeitraum, in welchem A noch Eigentümer war, sie stehen ihm also zu. A hat als Veräußerungspreis lediglich 400 000 € ./. 10 000 € = 390 000 € erhalten. Er erhält diese Mieten vorweg von Z vergütet. Hätte A, wie es ihm zustand, die Mieten selbst eingetrieben, so hätte er in Höhe von 10 000 € Mieteinnahmen nach § 21 Abs. 1 Nr. 1 EStG zu versteuern.

Erwerber Z:

Für das Haus wendet Z lediglich 390 000 € auf. Dieser Betrag stellt für ihn nach Abzug des Grund und Bodens die AfA-Bemessungsgrundlage für das Gebäude dar.

Die Zahlung von 10 000 € an A ist eine Vorauszahlung von Beträgen, die bereits fällig waren; diese zieht er dann von den Mietern ein. Die Einziehung der Mieten löst bei ihm keine Einkommensteuerpflicht aus. Die Mieteinnahmen hat er erst für den Zeitraum ab der Eigentumsübertragung gem. § 21 Abs. 1 Nr. 1 EStG zu versteuern.

Kann Z die Mieten nur teilweise einziehen, hat er in Höhe des ausgefallenen Betrages einen privaten Vermögensverlust erlitten, der steuerlich nicht berücksichtigungsfähig ist.

FALL 234

Herstellungskosten

Sachverhalt: A erwirbt im Februar 01 einen Bauplatz und lässt darauf ein Mietwohnhaus errichten. Der Antrag auf Baugenehmigung wurde im März 02 gestellt, mit den Bauarbeiten wurde im August 02 begonnen. Die Wohnungen wurden nach Fertigstellung ab 1.10.03 vermietet. Es entstanden folgende Kosten:

1.	01 Kaufpreis Bauplatz	85 000 €
2.	01 Grunderwerbsteuer	2 975 €
3.	01 Notar- und Grundbuchkosten	1 200 €
4.	01 restliche Erschließungskosten	21 000 €
5.	02 Aushub der Baugrube	4 800 €
6.	02 Architektenleistungen	15 000 €
7.	02 Gebühr Baugenehmigung	480 €
8.	02/03 Rechnungen der Bauhandwerker insgesamt	250 000 €
9.	02 Kosten für Richtfest	600 €
10.	02 Zahlungen an Schwarzarbeiter ohne Belege	8 000 €
11.	Eigenleistungen geschätzt	4 000 €
12.	Getränke für die Bauarbeiter 02	300 €
13.	03 Strom und Wasseranschluss	12 000 €
14.	03 Hausanschlusskosten	4 500 €
15.	03 Spüle von je 800 € für jede der 3 Wohnungen	2 400 €
16.	03 Sanitäre Anlagen, Malerarbeiten	45 000 €
17.	03 Teppichboden auf Estrich verlegt	12 000 €
18.	Dezember 03 Reparatur der Wasserleitung	900 €
19.	03 Kosten für Hypothekenbestellung 03	3 400 €
20.	Zinsen für Hypotheken in 03	15 300 €
	in 04	16 400 €
21.	Fahrtkosten des A zur Baubetreuung lt. Nachweis	360 €
22.	04 Grundstücksumzäunung	4 800 €
23.	04 Außenputz	12 000 €
24.	Grundsteuer für 02	280 €
	für 03	280 €
	für 04	560 €

Aufgabe: Teilen Sie die entstandenen Aufwendungen auf in Herstellungskosten, sofort abzugsfähige Werbungskosten, nicht abzugsfähige Kosten.

LÖSUNG

Da A das Gebäude insgesamt vermietet, erzielt er Einkünfte nach § 21 Abs. 1 Nr. 1 EStG.

Die o. g. Kosten sind wie folgt zu behandeln:

zu 1. – 4. Anschaffungskosten Grund und Boden

zu 5. – 9. Herstellungskosten Gebäude

zu 10. Die nicht belegten Kosten für Schwarzarbeiter können nach § 160 AO nicht berücksichtigt werden.

Zu 11. Die Eigenleistungen sind keine Herstellungskosten, da tatsächlich kein Abfluss erfolgte.

zu 12. – 13. Herstellungskosten Gebäude

zu 14. Herstellungskosten Gebäude, H 6.4 „Hausanschlusskosten" EStH

zu 15. Die Kosten für die Spüle gehören zu den Herstellungskosten (H 6.4 „Einbauküche" EStH)

zu 16. – 17. Herstellungskosten

zu 18. – 20. sofort abzugsfähige Werbungskosten (§ 9 Abs. 1 EStG)

zu 21. Herstellungskosten Gebäude mit den tatsächlichen Fahrtkosten

zu 22. nachträgliche Herstellungskosten (H 6.4 „Umzäunung" EStH)

zu 23. nachträgliche Herstellungskosten

zu 24. sofort abzugsfähige Werbungskosten (§ 9 Abs. 1 Nr. 2 EStG)

Die sofort abzugsfähigen Werbungskosten sind im Zeitpunkt der Zahlung nach § 11 Abs. 2 EStG zu berücksichtigen. Die Herstellungskosten Gebäude sind nicht sofort abzugsfähig, sondern nach Fertigstellung des Gebäudes im Wege der AfA nach § 9 Abs. 1 Nr. 7 i. V. m. § 7 EStG zu berücksichtigen. Die nachträglichen Herstellungskosten erhöhen im Zeitpunkt ihrer Entstehung die AfA-Bemessungsgrundlage. Sie sind so zu berücksichtigen, als wären sie zu Beginn des Kj. aufgewendet worden, R 7.4 Abs. 9 EStR. Die Kosten für die Anschaffung des Grund und Bodens sind nicht zu berücksichtigen. Diese Kosten wären nur im Rahmen der Eigenheimzulage für eine selbstgenutzte Wohnung berücksichtigungsfähig.

FALL 235

Einkunftsermittlung

Sachverhalt: Am 1. 2. 05 erwarb Frau B ein unbebautes Grundstück für 35 000 €. Die Kosten des notariellen Kaufvertrages in Höhe von brutto 520 € bezahlte sie am 20. 2. 05. Nachdem sie die Baugenehmigung beantragt hatte (in 05), Kosten 230 €, errichtete sie ein Zweifamilienhaus.

Baukosten Kellergeschoss	60 000 €
+ Umsatzsteuer	11 400 €
Fertighaus	230 000 €
+ Umsatzsteuer	43 700 €
Erschließungsbeiträge	12 000 €
Kosten des Hausanschlusses	4 500 €
Jägerzaun um das Grundstück	2 500 €

Zur Finanzierung des Bauvorhabens hat Frau B ein Darlehen in Höhe von 100 000 € aufgenommen, für das sie in 06 6 000 € Zinsen und 1 000 € Tilgung bezahlte. Damit bezahlte sie den Fertighaushersteller, den Restbetrag beglich sie aus Mitteln einer Erbschaft.

Das Haus wurde am 15. 4. 06 bezugsfertig. Eine Wohnung bezog das Ehepaar B sofort, die zweite Wohnung wurde ab 1. 5. 06 für monatlich 500 € vermietet. Beide Wohnungen sind gleich groß. Die restlichen Werbungskosten für das gesamte Gebäude belaufen sich auf 3 600 €.

Aufgabe: Ermitteln Sie die Höhe der Einkünfte (= aktuelle Rechtslage). Nehmen Sie Stellung zu sonstigen Abzugsbeträgen.

LÖSUNG

Frau B erzielt bezüglich der vermieteten Wohnung Einkünfte gem. § 21 Abs. 1 Nr. 1 EStG. Bezüglich der eigengenutzten Wohnung liegt kein Einkunfttatbestand vor. Deshalb sind die auf diese Wohnung entfallenden Kosten = 1/2 nicht als Werbungskosten abzugsfähig.

Einnahmen 500 € × 8 Monate =	4 000 €

Werbungskosten (§ 9 EStG)

▶ Schuldzinsen (§ 9 Abs. 1 Nr. 1 EStG) zu 1/2 ./. 3 000 €

   Tilgungsbeträge sind nicht abzugsfähig

▶ allgemeine Kosten zu $^{1}/_{2}$ ./. 1 800 €

▶ AfA gem. § 9 Abs. 1 Nr. 7 EStG: Frau B kann AfA gem. § 7 Abs. 4 Nr. 2a EStG mit 2 % geltend machen. Hinweis: bei Bauantrag nach 31. 12. 2005 ist keine degressive AfA möglich.

   Herstellungskosten:

Baugenehmigung	230 €
Keller, brutto	+ 71 400 €

Fertighaus, brutto	+ 273 700 €
Hausanschlusskosten	+ 4 500 €
Einzäunung (H 6.4 EStH)	+ 2 500 €
Summe	352 330 €

Herstellungskosten zu 1/2 = 176 165 €
davon 2 % Jahres-AfA = 3 524, davon 9/12 ./. 2 643 €

Die lineare AfA von 2 % ist gem. § 7 Abs. 4 S. 1 i.V. mit § 7 Abs. 1
Satz 4 EStG zeitanteilig für 9 Monate zu gewähren.

Verlust aus Vermietung und Verpachtung ./. 3 443 €

FALL 236

Einkunftsermittlung/Unentgeltlicher Erwerb/Werbungskosten

Sachverhalt: Anne M. erbte zu Beginn des Jahres 12 von ihrer Tante ein Mietwohnhaus in Neustadt. Das Gebäude war 1982 aus solidem Sandstein errichtet worden und 1998 mit einem Kostenaufwand in Höhe von umgerechnet 60 000 € (HK) renoviert worden. Die damaligen Anschaffungskosten für das Gebäude betrugen umgerechnet 300 000 €, die Kosten für den Grund und Boden umgerechnet 50 000 €. Anfang 12 begann Anne M. mit der Renovierung des Gebäudes. Es entstanden folgende Kosten:

Erneuerung und Säuberung der Fassade	18 000 €
Einbau von schallgedämmten Fenstern	26 000 €
neue Rollläden	13 400 €
neue Teppichböden	14 800 €
Malerarbeiten in den Wohnungen	4 300 €

Außerdem wendete sie für Grundsteuer, Versicherungen, sonstige allgemeine Werbungskosten von 5 800 € auf. Sie erzielte folgende Mieteinnahmen:

Erdgeschoss:	140 qm, ab 1. 3. monatlich	500 €
	Im Januar und Februar stand die Wohnung leer.	
1. Obergeschoss:	2 Wohnungen à 70 qm jeweils monatlich	400 €
	Ab 1. 4. beide Wohnungen neu vermietet für je	450 €
2. Obergeschoss:	2 Wohnungen à 70 qm, davon wurde eine für monatlich	450 €
	vermietet, die zweite wurde dem Bruder	
	von Anne unentgeltlich überlassen.	

Aufgabe: Ermitteln Sie die Einkünfte aus Vermietung und Verpachtung.

LÖSUNG

Anne M. erzielt aus ihrem Mietwohnhaus Einkünfte aus Vermietung und Verpachtung gem. § 21 Abs. 1 Nr. 1 EStG.

Einnahmen:

Erdgeschoss ab 1. 3. 500 € × 10 Monate =		5 000 €
1. OG	2 Wohnungen	
	2 × 400 € × 3 Monate =	2 400 €
	2 × 450 € × 9 Monate =	8 100 €
2. OG	12 × 450 € =	5 400 €

Bei der Überlassung der Wohnung im 2. OG an den Bruder handelt es sich um eine unentgeltliche Überlassung. Ein Nutzungswert ist hierfür nicht zu versteuern.

Einnahmen insgesamt =   20 900 €

Werbungskosten:

Soweit die Kosten auf die unentgeltlich überlassene Wohnung entfallen, sind sie nicht abzugsfähig, da der Tatbestand der Einkunftserzielung nicht vorliegt. Auf die Wohnung des Bruders entfällt 1/6 der Nutzfläche des gesamten Gebäudes, die angefallenen Kosten sind deshalb nur zu 5/6 abzugsfähig.

Erhaltungsaufwand:

Bei den durchgeführten Maßnahmen mit einem Kostenaufwand in Höhe von insgesamt 76 500 € handelt es sich um sofort abzugsfähigen Erhaltungsaufwand. Es werden lediglich Teile ersetzt, die bereits in den Herstellungskosten enthalten waren (R 21.1 Abs. 1 EStR, H 21.1 EStH). Es handelt sich auch nicht um anschaffungsnahe Aufwendungen i. S. des § 255 Abs. 2 HGB (H 21.1 EStH; BMF, BStBl 2003 I 386 ff., Tz. 15), da es sich hier um einen unentgeltlichen Erwerb und nicht um eine Anschaffung handelt (es greift damit auch nicht § 6 Abs. 1 Nr. 1a EStG).

Kosten =   76 500 €

AfA gem. § 9 Abs. 1 Nr. 7 EStG:

Da Anne das Gebäude unentgeltlich erworben hat, muss sie die AfA-Bemessungsgrundlage und den AfA-Satz des Rechtsvorgängers übernehmen (§ 11d Abs. 1 EStDV).

AK des Gebäudes (ohne Grund und Boden) =	300 000 €
+ nachträgliche HK	+ 60 000 €
maßgebende AfA-Basis des Rechtsvorgängers ab 1998	360 000 €
Die AfA bemisst sich nach § 7 Abs. 4 Nr. 2a EStG mit 2 %, das sind 7 200 €, Dabei	7 200 €

ist zu beachten, dass das AfA-Volumen des Rechtsvorgängers maßgebend ist, d. h. das absetzbare Volumen ist zu mindern um die Beträge, die seit der Anschaffung in 1982 von der Rechtsvorgängerin bereits abgesetzt worden sind.

allgemeine Werbungskosten 5 800 €   5 800 €

Die gesamten Werbungskosten betragen damit 89 500 €,

davon sind nur 5/6 abzugsfähig   ./. 74 584 €

Einkünfte gem. § 21 EStG:

Einnahmen	20 900 €
./. Werbungskosten	./. 74 584 €
Einkünfte	./. 53 684 €

FALL 237

Einkunftsermittlung/Werbungskosten

Sachverhalt: Im Januar 06 erwarben Herbert und Berta zu je 1/2 ein Mehrfamilienhaus in Neustadt, Ortsteil Haardt (Baujahr 1925). Verkäufer ist die Stadt Neustadt. Der notarielle Kaufvertrag wurde am 10. 1. 06 geschlossen, die Grundbucheintragung erfolgte am 24. 3. 06. Nutzen und Lasten gehen vereinbarungsgemäß zum 1. 3. 06 über.

Der Kaufpreis belief sich auf 210 000 € (darin enthalten sind 20 % für den Grund und Boden) und wurde am 20. 2. 06 bezahlt.

Das Gebäude enthält insgesamt drei Mietwohnungen; die Wohnung im Erdgeschoss stand bereits seit Monaten leer. Die Wohnungen im 1. Stock und im Dachgeschoss waren vermietet. Die Eheleute übernahmen vereinbarungsgemäß die bestehenden Mietverträge.

Mieteinnahmen 06:

Wohnung 1. Stock: monatliche Miete	400 €
zzgl. Unkostenpauschale monatlich	
für Heizung, Warmwasser und allgemeine Beleuchtung	100 €
Wohnung Dachgeschoss: monatliche Miete	300 €
Unkostenpauschale monatlich	80 €

Wohnung Erdgeschoss: Die Wohnung wurde nach dem Erwerb renoviert und umgestaltet. Folgende Arbeiten wurden durchgeführt:

Abreißen von 2 Trennwänden (nicht tragend), um größere Räume zu erhalten, durchgeführt in Eigenarbeit.

Geschätzter Arbeitslohn	=	5 000 €
Notwendiges Werkzeug HILTI-Bohrmaschine, Januar 06 (Nutzungsdauer = 4 Jahre), brutto	=	1 400 €
Erneuerung der Fußbodenbeläge	=	12 000 €
Neue doppelverglaste Fenster	=	8 000 €
Tapezierarbeiten, selbst ausgeführt, geschätzter Arbeitslohn	=	3 000 €

Material	=	2 000 €
Neues Bad; bisher war kein Bad in der Wohnung vorhanden	=	13 000 €

Die o. g. Beträge wurden alle in 06 bezahlt. Die Wohnung im Erdgeschoss stand bis zum Abschluss der Renovierungsarbeiten leer und wurde am 1. 10. 06 für monatlich 600 €

zzgl. einer Unkostenpauschale in Höhe von 100 €

vermietet.

Übrige in 06 angefallene Kosten:

Beiträge zur Gebäudehaftpflicht- und Brandversicherung, bezahlt im April 06, für die Zeit vom 1. 4. 06 – 31. 3. 07   300 €

Grundsteuer   250 €

Grunderwerbsteuer, bezahlt am 10. 3.   7 350 €

Notargebühren betr. Kaufvertrag, bezahlt im Mai   600 €

Notargebühren betr. Hypothekenbestellung, bezahlt im Juni   120 €

Auf dem Grundstück lastet eine Hypothek in Höhe von 100 000 € zur Finanzierung des Hauserwerbs. Die Zinsen betragen am 1. 3. monatlich   540 €

Sie werden pünktlich vom Konto abgebucht.

Kosten für die Grundbucheintragung des Eigentumsübergangs   200 €

und der Hypothek   60 €

In 06 geleistete Zahlungen an die Stadtwerke für Heizung und Strom insgesamt   1 700 €

Aufgabe: Ermitteln Sie die Einkünfte der Eheleute für den VZ nach der aktuell geltenden Rechtslage.

LÖSUNG

Herbert und Berta erzielen Einkünfte aus Vermietung und Verpachtung gem. § 21 Abs. 1 Nr. 1 EStG.

Mieteinnahmen:

Die Eheleute haben die Mieten ab dem Zeitpunkt des Übergangs der Nutzen und Lasten erhalten und zu versteuern ab 1. 3. 06.

Wohnung 1. Stock:

400 € × 10 Monate =   4 000 €

+ Kostenpauschale 100 € × 10 Monate =   1 000 €

Wohnung Dachgeschoss:

300 € × 10 Monate =   3 000 €

+ Kostenpauschale 80 € × 10 Monate =   800 €

Wohnung Erdgeschoss:

Für die Zeit des Leerstehens ist keine Miete anzusetzen.

600 € × 3 Monate =	1 800 €
+ Unkostenpauschale 100 € × 3 Monate =	300 €
Einnahmen insgesamt	10 900 €

Werbungskosten:

Die Werbungskosten sind gem. § 9 Abs. 1 EStG abzugsfähig, das gilt auch für die Kosten, die auf die zeitweise leer stehende Erdgeschosswohnung entfallen. Da beabsichtigt ist, die Wohnung nach der Renovierung zu vermieten, stellen die angefallenen Kosten insoweit vorweggenommene Werbungskosten dar.

Die Renovierungskosten für die Erdgeschosswohnung stellen sofort abzugsfähigen Erhaltungsaufwand dar (R 21.1 Abs. 1 EStR, H 21.1 EStH).

Die eigene Arbeitsleistung in Höhe von 5 000 € und 3 000 € ist dabei nicht zu berücksichtigen, da es sich hier nicht um einen tatsächlichen Abfluss von Gütern handelt, sondern um ersparte Aufwendungen.

Kosten für Fußboden	12 000 €	
für Fenster	8 000 €	
Tapezierarbeiten, nur Material	2 000 €	
Summe		22 000 €

Die Kosten für die HILTI-Bohrmaschine sind ebenfalls zu berücksichtigen (§ 9 Abs. 1 Nr. 6 EStG). Da die Nutzungsdauer länger als 1 Jahr beträgt und es sich nicht um ein geringwertiges WG handelt, ist lediglich die AfA abzugsfähig (§ 9 Abs. 1 Nr. 7 EStG), ND = 4 Jahre, gem. § 7 Abs. 1 Satz 4 EStG   350 €

Bei den o. g. Kosten handelt es sich nicht um anschaffungsnahe Aufwendungen, die zu den HK zu rechnen sind. Gemäß § 6 Abs. 1 Nr. 1a EStG betragen die og. Kosten weniger als 15 % von ca. 172 000 € AK Gebäude = 25 800 €, genaue Ermittlung s. unten mit 174 520 €;

Durch den Einbau des neuen Bades wird aber etwas Neues, bisher nicht Vorhandenes geschaffen (R 21.1 Abs. 2 EStR). Es handelt sich deshalb um nachträgliche Herstellungskosten, § 6 Abs. 1 Nr. 1a Satz 2 EStG.

Als Werbungskosten sind außerdem abzugsfähig:

Versicherungsbeiträge bei Zahlung (§ 11 Abs. 2 Satz 1 EStG)	300 €
Grundsteuer (§ 9 Abs. 1 Nr. 2 EStG)	250 €
Finanzierungskosten: Notargebühren	120 €
Grundbucheintragung Hypothek	60 €
Zinsen für Hypothek 10 × 540 € =	5 400 €
Zahlung Stadtwerke	1 700 €

Absetzung für Abnutzung:

§ 9 Abs. 1 Nr. 7 i.V. mit § 7 Abs. 4 Nr. 2a EStG

Anschaffungskosten: Kaufpreis	210 000 €	
+ Grunderwerbsteuer	7 350 €	
+ Notargebühren für Kaufvertrag	600 €	
+ Grundbucheintragung	200 €	
Summe	218 150 €	
./. 20 % Grund und Boden	./. 43 630 €	
	174 520 €	
+ Herstellungskosten Bad	13 000 €	
AfA-Bemessungsgrundlage	187 520 €	
davon 2 %	3 751 €	
zeitanteilig ab 1. 3. 06 10/12		3 125 €
Summe Werbungskosten		33 305 €
Einnahmen		10 900 €
./. Werbungskosten		./. 33 305 €
Einkünfte aus Vermietung und Verpachtung		./. 22 405 €

FALL 238

Zuwendungsnießbrauch/Werbungskosten

Sachverhalt: Im Mai 01 hatten EK und sein Bruder MK von den verstorbenen Eltern ein Zweifamilienhaus in Neustadt zu je 1/2 geerbt. (Die verstorbenen Eltern hatten bisher lediglich die lineare AfA in Anspruch genommen.) Dieses Gebäude und ein Geldbetrag von 60 000 €, den der Enkel Franz erbte, waren der einzige Nachlass.

Das Zweifamilienhaus war vor 15 Jahren mit einem Kostenaufwand in Höhe von umgerechnet 150 000 € errichtet worden. Seither hatten die Eltern von EK und MK eine Wohnung selbst genutzt und die zweite Wohnung vermietet. Seit der Erbschaft war eine Wohnung fremdvermietet und die Obergeschosswohnung von EK und seiner Familie selbst genutzt worden. Die beiden Wohnungen haben eine Fläche von je 100 qm und sind in Art und Ausstattung vergleichbar.

Mit Vertrag vom 13. 12. 03 hatte EK mit Wirkung vom 1. 1. 04 den hälftigen Anteil seines Bruders MK gegen Zahlung eines Betrages von (umgerechnet) 120 000 € aus eigenen Mitteln hinzuerworben. (In diesem Betrag sind 20 000 € für den Grund und Boden enthalten.) Kurz danach, noch im Jahr 03, hatte EK das gesamte Gebäude für 80 000 € durchgreifend renoviert und den bisher sehr einfachen Standard gehoben. Dabei handelt es sich um folgende Aufwendungen:

Dach-Neueindeckung (20 000 €), Außenputz (15 000 €), neue Fenster (15 000 €), neue Heizungsanlage (30 000 €). Eine Nutzungsänderung ist nicht eingetreten. Die Kosten sind nach den bestehenden Regelungen insoweit als anschaffungsnahe Aufwendungen zu behandeln, als sie auf den entgeltlichen Erwerb entfallen (§ 6 Abs. 1 Nr. 1a EStG).

Mit notariellem Vertrag vom 20. 12. 05 vereinbaren EK und sein Sohn Franz für die Erdgeschosswohnung ab Januar 06 ein lebenslängliches Nießbrauchrecht zugunsten von Franz. Das Nießbrauchrecht wurde am 15. 2. 06 ins Grundbuch eingetragen. Die Nutzung der Wohnung verändert sich nicht. Die Miete für die Erdgeschosswohnung von monatlich 500 € erhält nunmehr Franz auf sein Konto in Brüssel überwiesen. Franz ist 24 Jahre alt, studiert in Brüssel Medizin und hat dort seit 4 Jahren eine eigene Wohnung. Die zweite, unbelastete Wohnung wird weiterhin von den Eheleuten K genutzt.

Als Gegenleistung zahlt Franz seinem Vater 73 000 € im Voraus für 10 Jahre, die z. T. aus der Erbschaft seiner Großeltern stammen. Der Marktwert des Zweifamilienhauses beläuft sich in 06 auf 350 000 € (inkl. 20 % für Grund und Boden). Die Aufwendungen (z. B. Grundsteuer, Reparaturen, Versicherungen etc.) belaufen sich für 06 für das gesamte Gebäude auf insgesamt 7 000 €. Die Aufwendungen werden vereinbarungsgemäß von EK getragen.

Aufgabe: Ermitteln Sie die Höhe der Einkünfte aus Vermietung und Verpachtung des EK für den VZ 06 (aktuelle Rechtslage).

Notar- und Grundbuchgebühren und Grunderwerbsteuer wurden aus Vereinfachungsgründen außer Acht gelassen.

LÖSUNG

Das Zweifamilienhaus in Neustadt ging in 01 im Wege der Erbfolge unentgeltlich auf die Erbengemeinschaft EK und MK über. Bis zur Auseinandersetzung in 03 waren die Einkünfte aus dem Zweifamilienhaus einheitlich und gesondert festzustellen und auf die beiden Beteiligten zu verteilen. Im Rahmen der Erbauseinandersetzung erwarb EK den Anteil von MK entgeltlich. Es liegen insoweit Anschaffungskosten in Höhe von 120 000 € vor (s. a. BMF-Erlass vom 14. 3. 2006, BStBl 2006 I 253 ff.).

Im VZ 06 erzielt EK aus dem Gebäude in Neustadt Einkünfte aus Vermietung und Verpachtung. An diesem Zweifamilienhaus hat EK ab 1.1.06 seinem Sohn Franz einen Zuwendungsnießbrauch bestellt. Da das Nießbrauchrecht notariell beurkundet und ins Grundbuch eingetragen wurde, ist es zivilrechtlich wirksam entstanden. Da Franz die Mieteinnahmen in Brüssel tatsächlich erhält, ist das Nießbrauchrecht auch tatsächlich durchgeführt und ernsthaft gewollt. Es ist somit steuerlich anzuerkennen. Franz erbringt eine Gegenleistung in Höhe von 73 000 €, es liegt deshalb ein teilentgeltlich bestellter Zuwendungsnießbrauch vor (BMF vom 30. 9. 2013, BStBl 2013 I 1184 ff.).

Kapitalwert des Nießbrauchrechts

Jahreswert 500 € (Erdgeschossmiete) × 12 = 6 000 €

Kapitalisierungsfaktor lt. § 14 BewG (Franz ist 24 Jahre alt) aktuelle Sterbetafeln zu § 14 BewG, für 2013; BMF vom 26. 10. 2012 (BStBl 2012 I 950) Faktor = 17,665.

6 000 € × 17,665 =	105 990 €
Gegenleistung =	73 000 €

Der Zuwendungsnießbrauch ist zu 68,9 % entgeltlich und zu 31,1 % unentgeltlich bestellt. Da Franz vereinbarungsgemäß keine Aufwendungen zu tragen hat, ist das Nießbrauchrecht als Bruttonießbrauch ausgestaltet (Tz. 26 bis 31 Nießbrauch-Erlass v. 30. 9. 2013, a. a. O.).

Einkunftsermittlung EK Erdgeschosswohnung

Es wurde zu 31,1 % ein unentgeltlicher Zuwendungsnießbrauch an der Erdgeschosswohnung bestellt. Eine Aufteilung der Werbungskosten auf den entgeltlichen und unentgeltlichen Teil unterbleibt aber nach § 21 Abs. 2 EStG. Lt. Steuervereinfachungsgesetz 2011, § 21 Abs. 2 Satz 2 EStG gilt bei einem Entgelt von mind. 66 % die Vermietung als entgeltlich (Fassung bis 2010: Bei einer Miete von 56 %, jedoch weniger als 75 % ist die Einkünfteerzielungsabsicht anhand einer Überschussprognose zu prüfen, BMF vom 8. 10. 2004, BStBl 2004 I 933 ff., siehe unten).

Soweit die Kosten auf die EG-Wohnung entfallen, sind sie voll abzugsfähig.

EK erzielt Einnahmen gem. § 21 Abs. 1 Nr. 1 EStG grds. im Jahr des Zuflusses der Gegenleistung in Höhe von 73 000 €. Bei Vorausleistung für mehr als fünf Jahre kann hier auf 10 Jahre verteilt werden (Tz. 28 Nießbrauch-Erlass).

06 zu versteuern 1/10　　　　　　　　　　　　　　　　　　　　　　　　= 7 300 €

Werbungskosten

Aufwendungen in Höhe von 7 000 €, davon entfällt auf die EG-Wohnung die
Hälfte = 3 500 €, diese sind voll abzugsfähig

./. 3 500 €

Absetzung für Abnutzung

EK hatte den hälftigen Anteil des Zweifamilienhauses unentgeltlich durch Erbfall erworben (siehe vor). Den Anteil seines Bruders MK hatte er entgeltlich im Rahmen der Erbauseinandersetzung erworben. Die AK für diesen Gebäudeteil betragen 100 000 €. Insofern handelt es sich um einen entgeltlichen Erwerb.

Berechnung der AfA-Bemessungsgrundlage

Bezüglich des unentgeltlich erworbenen Anteils sind die Bemessungsgrundlage und der AfA-Satz der verstorbenen Eltern zu übernehmen gem. § 11d EStDV.

Herstellungskosten = 150 000 €

davon 1/2 für den unentgeltlich erworbenen Teil = 75 000 €

AfA nach § 9 Abs. 1 Nr. 7 i.V. m. § 7 Abs. 4 Nr. 2a EStG 2 % = 1 500 €

davon für die Erdgeschosswohnung 1/2 abzugsfähig　　　　　　　　　　./. 750 €

AK für den von MK entgeltlich erworbenen Teil = 100 000 €

+ anschaffungsnahe Aufwendungen = 40 000 €

Bei den in 03 getätigten Aufwendungen in Höhe von 80 000 € handelt es sich grds. um sofort abzugsfähigen Erhaltungsaufwand nach R 21.1 Abs. 1 EStR.

Die Aufwendungen wurden aber im Anschluss an eine teilweise Anschaffung getätigt (H 21.1 „Anschaffungsnaher Aufwand" EStH, § 6 Abs. 1 Nr. 1 a EStG).

Insofern war 03 für die Hälfte der Aufwendungen zu prüfen (Anteil der Kosten, soweit sie auf den entgeltlich erworbenen Teil entfallen), ob HK vorlagen, die zu einer über den bisherigen Zustand hinausgehenden wesentlichen Verbesserung führen (Tz. 9 – 14, 25, BMF, a. a. O.) Da die 15 %-Grenze gem. § 6 Abs. 1 Nr. 1a EStG überschritten wurde, 15 % von 100 000 € = 15 000 €, und lt. Sachverhalt die auf den entgeltlichen Teil entfallenden Aufwendungen als anschaffungsnah behandelt wurden, sind 40 000 € den AK des Gebäudes als nachträgliche HK zuzurechnen (da 1/2 = 40 000 € sich auf den entgeltlich erworbenen Teil beziehen).

AfA-Bemessungsgrundlage für den entgeltlichen Teil =
140 000 €

Die restlichen 40 000 € waren im Jahr 03 als
Erhaltungsaufwand sofort abzugsfähig.

Die AfA für den entgeltlichen Teil beginnt neu
(§ 7 Abs. 4 Nr. 2a EStG).

2 % von 140 000 € = 2 800 €

davon 1/2 für die EG-Wohnung	./. 1 400 €
Einkünfte aus der Erdgeschosswohnung	+ 1 650 €

Obergeschosswohnung

Diese Wohnung wird von den Eheleuten EK seit der Erbschaft in 01 selbst genutzt. Es liegt insoweit kein Einkunftstatbestand vor.

FALL 239

Entgeltlicher Erwerb/Vorbehaltswohnrecht

Sachverhalt: Antonia Lustig erzielt Einkünfte aus einem gemischt genutzten Grundstück (Baujahr 1950) in Speyer. Sie hatte das Grundstück (Größe 2,76 Ar) im Juni 04 von Frau Anna Reich (Alter 66 Jahre), zu der sie keinerlei persönliche Beziehungen hat, erworben (Nutzfläche insgesamt 535 qm).

Sie bezahlte:

► in bar (umgerechnet in €)	180 000 €
► Rentenzahlung an Anna Reich ab 1. 7. 04 monatlich auf Lebenszeit	800 €

► Wohnrecht zugunsten von Anna Reich auf Lebenszeit an einer Wohnung von 70 qm im Hinterhaus. Das Wohnrecht wurde im Grundbuch eingetragen. Die anfallenden Kosten trägt Anna Reich selbst, Kapitalwert Wohnrecht = 43 226 €.

Die Notar- und Gerichtskosten betragen 9 441 €, die Grunderwerbsteuer 3,5 % des Kaufpreises.

Der Verkehrswert beträgt ca. 350 000 €, davon Wert des Grund und Bodens 150 €/qm, die übliche Miete für Wohnungen im Vorderhaus 6 €/qm.

Mieteinnahmen:

Erdgeschoss	12 960 €
1. Obergeschoss	8 260 €
2. Obergeschoss	5 810 €
Umlagen	2 618 €
Hinterhaus	Wohnrecht
Werbungskosten:	
Schuldzinsen	72 €
Erhaltungsaufwand	3 158 €
Grundsteuer, Müll, Heizung etc.	7 595 €

Aufgabe: Ermitteln Sie die Höhe der Einkünfte aus Vermietung und Verpachtung für 04, insbesondere die AfA und die abzugsfähigen Renten (betr. anzuwendender Faktoren Rechtslage 2013).

LÖSUNG

Antonia Lustig hat in 04 ein gemischt genutztes Grundstück erworben gegen Zahlung eines festen Kaufpreises, Einräumung einer lebenslänglichen Rente und eines lebenslänglichen Wohnrechts an einer Wohnung im Hinterhaus. Es handelt sich bzgl. des Wohnrechts um ein Vorbehaltswohnrecht. Das Wohnrecht ist keine Gegenleistung für die Grundstücksübertragung. Anna Reich hat insoweit einen Teil ihres Eigentumsrechts zurückbehalten. Das gilt auch, wenn der Wert des Nießbrauchs auf den Kaufpreis angerechnet wird. Da Antonia insoweit keine Einnahmen erzielt, kann sie auch keine Werbungskosten geltend machen. Die geltend gemachten Werbungskosten sind gem. § 9 EStG abzugsfähig, da sie nur die vermieteten Teile des Gebäudes betreffen (Nießbrauch-Erlass v. 30. 9. 2013, BStBl 2013 I 1184 ff., Tz 39 – 44).

Ermittlung der AfA-Bemessungsgrundlage

Das Grundstück wurde in 04 für einen Kaufpreis in Höhe von 180 000 € erworben. Bestandteil des Kaufpreises ist auch die Rentenvereinbarung in Höhe von monatlich 800 €.

Es handelt sich hier um eine Kaufpreisrente, da der Vertrag zwischen fremden Personen geschlossen wurde. Es ist davon auszugehen, dass sich Leistung und Gegenleistung entsprechen (Rente zzgl. 180 000 € entspricht etwa dem Verkehrswert ./. Wohnrecht). Das Grundstück wurde demnach entgeltlich übertragen (Rentenerlass v. 11. 3. 2010, BStBl 2010 I 227., Tz. 5 und 6). Bei der Rente handelt es sich um eine Leibrente, da ihre Dauer von der Lebenszeit einer Person abhängt. Der Kapitalwert der Rente ergibt sich nach den Grundsätzen des Bewertungsrechts (§ 14 Abs. 1 BewG ab 2009 gilt statt der Anlage 9 eine aktuelle Sterbetafel zu § 14 BewG, betr. Stand 1. 1. 2013, BMF vom 26. 10. 2012, BStBl 2012 I 950).

Jahreswert 800 € × 12 = 9 600 €

× 12,224 (66 Jahre ab 2013) =	117 350 €
+ Kaufpreis	180 000 €
+ Notar- und Gerichtskosten	9 441 €
+ Grunderwerbsteuer 3,5 % von 296 784 € =	10 387 €
Summe	317 178 €
./. Wert des Grund und Bodens	
2,76 Ar × 150 €/qm	./. 41 400 €
Gebäudewert	275 778 €

Es ist davon auszugehen, dass Antonia für den belasteten Teil weniger bezahlt hat als für den unbelasteten Teil, da sie insoweit noch keine Nutzungsmöglichkeit hat, Tz. 50 des Nießbrauch-Erlasses (a. a. O.).

Aufteilung des Verkehrswertes in Höhe von 350 000 €:

auf Grund und Boden 41 400 €

auf Gebäude 308 600 € ./. Wohnrecht 43 226 € = Nettogebäudewert = 265 374 €.

Aufteilung der AK des Gebäudes in Höhe von 275 778 € auf den belasteten und den unbelasteten Teil:

gesamte Fläche: 535 qm

belastete Fläche: 70 qm –> 13 % vom Verkehrswert des Gebäudes 308 600 € = 40 118 € ./. Wohnrecht 43 226 € = 0

unbelastete Fläche: 87 % von 308 600 € = 268 482 €

Der Kaufpreis für das Gebäude entfällt damit voll auf den unbelasteten Teil.

AfA gem. § 7 Abs. 4 Nr. 2a EStG 2 % von 275 778 € = 5 516 €, diese entfällt voll auf den unbelasteten Teil.

Die Rentenzahlungen sind, da es sich um eine private Veräußerungsleibrente handelt (Tz. 71 f. des Rentenerlasses vom 11. 3. 2010 a. a. O.), gem. § 9 Abs. 1 Nr. 1 Satz 1 EStG nur mit dem Zinsanteil abzugsfähig, der sich aus der Tabelle in § 22 Satz 3 Nr. 1 Buchst. a Doppelbuchst. bb EStG ergibt.

Der Ertragsanteil beträgt ab dem VZ 2005 18 % von 12 × 800 € = 1 728 €.

Einnahmen	29 648 €
./. Werbungskosten:	
AfA	./. 5 516 €
Rente	./. 1 728 €
übrige Werbungskosten	./. 10 825 €
	11 579 €

FALL 240

Nießbrauch

Sachverhalt: Der Vater (V, 60 Jahre alt) besitzt ein in 01 selbst erstelltes Zweifamilienhaus (Bauantrag 00). Die Erdgeschosswohnung wird von der Familie eigengenutzt. Die Obergeschosswohnung ist fremdvermietet. Die Anschaffungskosten belaufen sich auf 360 000 € inkl. 20 % für den Grund und Boden.

Mit notariellem Vertrag vom 15. 12. 05 bestellt V seinem inzwischen 35 Jahre alten Sohn S mit Wirkung vom 1. 1. 06 ein lebenslängliches Nutzungsrecht an der Obergeschosswohnung. Diese wird auch von S ab 1. 1. 06 selbst genutzt. Die zivilrechtlichen Voraussetzungen sind erfüllt.

Die jährlichen Kosten für die EG-Wohnung betragen 4 000 € und werden von V getragen; die für die OG-Wohnung, 2 000 €, werden von S getragen (z. B. Grundsteuer, Reparaturen, Müll etc.).

Die üblichen Mieten betragen:

EG 800 € monatlich

OG 600 € monatlich

Nutzfläche EG	=	156 qm
Nutzfläche OG	=	104 qm

Aufgabe: Ermitteln Sie die steuerlich relevanten Tatbestände für S und V für den Veranlagungszeitraum 06 (aktuelle Rechtslage).

Fallvariante 1: Die Bestellung des Nutzungsrechts erfolgt ohne Gegenleistung.

Fallvariante 2: S zahlt als Gegenleistung für die Bestellung des Nutzungsrechts 35 000 € aus eigenem Vermögen im Voraus (10 Jahre).

LÖSUNG

Zu Fallvariante 1: Es handelt sich um einen unentgeltlichen Zuwendungsnießbrauch an einem Teil des Zweifamilienhauses (Nießbrauch-Erlass v. 30. 9. 2013, BStBl 2013 I 1184 ff., Tz. 10–25).

Einkunftsermittlung Vater V:

Der Vater gibt für die Dauer der Nießbrauchbestellung seine Einnahmeerzielungsabsicht auf. Er erzielt insoweit keine Einnahmen und kann demnach keine Werbungskosten abziehen. Das gilt auch bezüglich der Abschreibungen (Tz. 23, 24 Nießbrauch-Erlass, a. a. O.). Bis zur Nießbrauchbestellung Ende 05 lag ein Einkunftstatbestand nach § 21 Abs. 1 Nr. 1 EStG durch die Vermietung vor.

Auch betreffend die EG-Wohnung erzielt er keine Einnahmen, da die Wohnung selbstgenutzt wird. Die Kosten sind demnach nicht abzugsfähig.

Einkunftsermittlung S:

Da der Nießbraucher die OG-Wohnung selbst nutzt, liegt kein Einkunftstatbestand vor. Die Werbungskosten sind nicht abzugsfähig.

Zu Fallvariante 2:

Der Kapitalwert des Nießbrauchrechts beträgt:

Jahreswert: 12 × 600 € = 7 200 €

./. Kosten 2 000 € = 5 200 €

Faktor gem. BMF zu § 14 BewG = 16,884 (2013)

5 200 € × 16,884 =	87 797 €
(Hinweis: ab 2009 gilt die aktuelle Sterbetafeln statt Anlage 9, Stand 1. 1. 2012	35 000 €

BMF vom 26. 9. 2011, BStBl 2011 I 834) Gegenleistung des Sohnes =

das sind 39,9 %, gerundet 40 %.

Es handelt sich demnach um einen teilweise entgeltlich bestellten Zuwendungsnießbrauch. Es erfolgt nach § 21 Abs. 2 EStG eine Aufteilung in einen entgeltlichen Teil und in einen unentgeltlichen Teil (Tz. 31 Nießbrauch-Erlass, a. a. O.), da das Entgelt weniger als 66 % beträgt (ab VZ 2012).

Einkunftsermittlung Vater V:

OG:

Soweit der Nießbrauch unentgeltlich bestellt wurde, liegen keine Einnahmen vor, deshalb sind auch keine Werbungskosten abzugsfähig.

Soweit der Nießbrauch entgeltlich bestellt wurde, handelt es sich um einen Einkunftstatbestand nach § 21 Abs. 1 Nr. 1 EStG (Tz. 28 Nießbrauch-Erlass, a. a. O.).

Verteilung des Entgelts in Höhe von 35 000 € auf 10 Jahre	3 500 €
(Tz. 30 Nießbrauch-Erlass a. a. O.)	
./. Kosten wurden von S getragen	0 €
./. Abschreibung gem. § 7 Abs. 4 Nr. 2a EStG	./. 922 €
AK = 288 000 € (360 000 € abzgl. 20 % Grund und Boden), davon 40 % für die OG-Wohnung = 115 200 €	
davon 2 % AfA = 2 304 € davon 40 %, soweit entgeltlich	
Einkünfte Obergeschoss	2 578 €

EG:

Da die Wohnung eigengenutzt wird, liegt kein Einkunftstatbestand vor. Es sind demnach auch keine Werbungskosten abzugsfähig.

Einkunftsermittlung Sohn S:

Bezüglich des entgeltlichen Teils hat er die Rechtsposition eines Mieters. Er erzielt keine Einnahmen und kann keine Werbungskosten abziehen.

Bezüglich des unentgeltlichen Teils sind keine Einnahmen zu versteuern und keine Werbungskosten abzugsfähig.

FALL 241

Vorbehaltsnießbrauch

Sachverhalt: A ist Eigentümer eines Zweifamilienhauses. Das Gebäude hat A in 00 fertig gestellt (HK = umgerechnet 450 000 €). Seitdem bewohnt er die Wohnung im Erdgeschoss selbst. Die zweite Wohnung im Obergeschoss stand leer, da A bisher keinen geeigneten Mieter gefunden hatte. Die Wohnungen sind gleich groß und gleichwertig. Die übliche Miete beträgt je Wohnung 600 € monatlich.

Mit Vertrag vom 20.12.03 verkauft A das Grundstück an B mit Wirkung zum 1.1.04, der ab 31.3.04 die Obergeschosswohnung vermietet. A wurde ein lebenslängliches dingliches Wohnrecht an der Erdgeschosswohnung eingeräumt. Der Kaufpreis betrug 400 000 €. Er resultiert daraus, dass der Wert des unbelasteten Grundstücks 500 000 € betragen hätte und der Kapitalwert des Wohnrechtes 100 000 €. Der Wert des Grund und Bodens beträgt 100 000 €. B zahlte in der Zeit vom 2.1. – 31.12.04 Schuldzinsen zur Finanzierung in Höhe von monatlich 2 000 €.

Aufgabe: Nehmen Sie für A und B für den VZ 04 Stellung. Gehen Sie auf alle steuerlich relevanten Tatbestände ein (aktuelle Rechtslage).

LÖSUNG

Das Gebäude ist zum 1.1.04 (Übergang von Nutzen und Lasten) im Wege eines entgeltlichen Erwerbs von A auf B übergegangen. A hat sich ein dinglich gesichertes Wohnrecht an der Erdgeschosswohnung vorbehalten. Es handelt sich um ein Vorbehaltswohnrecht, welches wie der Vorbehaltsnießbrauch zu behandeln ist. Beim Vorbehaltsnießbrauch wird, wirtschaftlich gesehen, ein mit dem Nießbrauch belastetes Grundstück übertragen. Das Nutzungsrecht verbleibt insoweit beim bisherigen Eigentümer (Nießbrauch-Erlass vom 30.9.2013, BStBl 2013 I 1184 ff. Tz. 39).

Einkunftsermittlung Nießbraucher A:

A nutzt die Erdgeschosswohnung – wie bisher – als Eigentümer aufgrund eines eigenen Nutzungsrechts ununterbrochen weiter. Der Ansatz eines Nutzungswertes unterbleibt. Da A keine Einnahmen erzielt, sind auch keine Werbungskosten abzugsfähig. Da der Nießbraucher aber das Gebäude – wie zuvor – als Eigentümer nutzt, so dass der Zusammenhang zwischen der Herstellung als Eigentümer und nun als Nießbraucher nicht unterbrochen wurde, wäre A in gleichem Umfang – wie bisher – als Eigentümer abschreibungsberechtigt, falls ein Einkunftstatbestand vorliegen würde (Tz. 42 Nießbrauch-Erlass, a.a.O.).

Einkunftsermittlung Eigentümer B:

Bezüglich der mit dem Wohnrecht belasteten Wohnung erzielt B, solange das Nutzungsrecht besteht, keine Einnahmen und kann demnach auch keine Werbungskosten abziehen, das gilt insbes. für die AfA (Tz. 45, 47 Nießbrauch-Erlass, a.a.O.).

Bezüglich der vermieteten Wohnung liegen Einnahmen vor, deshalb sind auch Werbungskosten abzugsfähig, insbesondere AfA.

AK = 400 000 €

Der Wert des Wohnrechts bleibt unberücksichtigt, da dieser kein Entgelt des Erwerbers darstellt, auch dann nicht, wenn der Wert des Wohnrechtes auf den Kaufpreis angerechnet wird. Begünstigt sind nur die AK, die auf den unbelasteten Grundstücksteil entfallen. Dabei kann nicht von einer Aufteilung nach dem Nutzflächenverhältnis ausgegangen werden, da B für den mit dem Wohnrecht belasteten Teil weniger gezahlt hat als für den unbelasteten Teil.

Gebäude = Verkehrswert	400 000 €
Grund und Boden = 25 %	100 000 €
Verkehrswert Gebäude	400 000 €
Wohnrecht	./. 100 000 €
Verkehrswert – belastetes Gebäude	300 000 €
Gesamtwert des Grundstücks:	
Kaufpreis	400 000 €
+ Wohnrecht	+ 100 000 €
	500 000 €
davon 1/2 für den unbelasteten Teil =	250 000 €

Alternative:

unbelastete Wohnung 50 % von 400 000 €		= 200 000 €
belastete Wohnung	200 000 €	
Wohnrecht	./. 100 000 €	= 100 000 €
Kaufpreisanteil in Höhe von 300 000 € (für Gebäude)		
betr. unbelastete Wohnung		= 200 000 €
Kaufpreisrate belastete Wohnung 1/3		= 100 000 €
Grund und Boden je 1/2		= 50 000 €

Von den gesamten AK in Höhe von 400 000 € entfallen damit auf den unbelasteten Teil 250 000 € und auf den belasteten Teil 150 000 € (Tz. 50 Nießbrauch-Erlass, a. a. O.).

anteilige AK für OG-Wohnung =	250 000 €
Bemessungsgrundlage ohne Grund und Boden	200 000 €
davon AfA gem. § 7 Abs. 4 Nr. 2a EStG 2 %	4 000 €

FALL 242

Obligatorische Nutzungsrechte

Sachverhalt: A ist Eigentümer eines in 01 erworbenen Zweifamilienhauses (Baujahr 00). Die Erdgeschosswohnung wird selbst genutzt, die Obergeschosswohnung wird vermietet. A räumt ab 1.1.06 seinem volljährigen Sohn B an der Obergeschosswohnung lt. schriftlichem Vertrag ein Nutzungsrecht ein. Die Vereinbarungen werden tatsächlich durchgeführt. B nutzt die Obergeschosswohnung selbst. Die Wohnung im Erdgeschoss wird von A selbst genutzt.

Die ortsübliche Miete beträgt für die beiden vergleichbaren Wohnungen 600 € monatlich.

Die AK des Gebäudes betrugen 300 000 €, die AK des Grund und Bodens 100 000 €. A hat die Eigenheimzulage in Anspruch genommen. Die Schuldzinsen in Höhe von 6 000 € trägt A allein. Die laufenden Kosten haben A und B hälftig mit jeweils 2 500 € jährlich zu tragen.

Aufgabe: Ermitteln Sie die maßgebenden Beträge für A und B in 06 im Falle, dass B folgende Beträge zahlt:

Fallvariante 1: 0 € (Festlegung für mind. 1 Jahr),

Fallvariante 2: 200 €,

Fallvariante 3: 400 €.

LÖSUNG

Es handelt sich hier um ein steuerlich wirksam bestelltes obligatorisches Nutzungsrecht, da der Vertrag schriftlich abgeschlossen und tatsächlich durchgeführt wurde (Tz. 3 Nießbrauch-Erlass, a. a. O.).

Fallvariante 1:

Es handelt sich um eine unentgeltliche Nutzungsüberlassung durch Abschluss eines steuerlich anzuerkennenden Leihvertrages. Das Nutzungsrecht soll nach den Voraussetzungen der Tz. 7 für einen festgelegten Zeitraum vereinbart worden sein (Tz. 7 Nießbrauch-Erlass, a. a. O.).

B: B erzielt hieraus keine Einnahmen und kann demnach auch keine Werbungskosten abziehen.

A: A erzielt weder bezüglich der selbstgenutzten Wohnung noch bezüglich der mit dem Nutzungsrecht belasteten Wohnung Einnahmen und kann demnach keine Werbungskosten abziehen.

Die Schuldzinsen und sonstigen WK sind nicht zu berücksichtigen.

Fallvariante 2:

Es liegt eine teilweise unentgeltliche Nutzungsüberlassung vor. Da weniger als 66 % (ab 2012) der ortsüblichen Miete gezahlt wird, erfolgt eine Aufteilung gem. § 21 Abs. 2 EStG.

B: wie vor, keine Einnahmen und keine Werbungskosten.

A: A erzielt Mieteinnahmen gem. § 21 Abs. 1 Nr. 1 EStG: 200 € × 12 =   2 400 €

Die Aufwendungen für diese Wohnung sind anteilig abzugsfähig zu 1/3
(200 €/600 €)   ./. 1 000 €

Schuldzinsen 1/2 betr. OG = 3 000 € davon 1/3

laufende Kosten sind nicht abzugsfähig, da sie von B getragen werden.

AfA gem. § 7 Abs. 4 EStG für das OG zu 1/2 2 % von 150 000 € = 3 000 €,
davon 1/3   ./. 1 000 €

Einkünfte aus Vermietung und Verpachtung   + 400 €

Fallvariante 3:

Da hier mind. 66 % (ab 2012) der ortsüblichen Miete gezahlt werden, kommt nach § 21 Abs. 2 Satz 2 EStG . eine Aufteilung in eine entgeltliche und eine unentgeltliche Überlassung nicht in Betracht

B: wie oben

A: Einnahmen nach § 21 Abs. 1 Nr. 1 EStG
         400 € × 12 =   4 800 €

         ./. Werbungskosten:

         Schuldzinsen zu 1/2   ./. 3 000 €

         laufende Kosten für OG werden von B getragen   0 €

         AfA nach § 7 Abs. 4 EStG   ./. 3 000 €

         2 % von 150 000 € = 3 000 €

Verlust   ./. 1 200 €

FALL 243

Erbauseinandersetzung

Sachverhalt: Der Vater V verstirbt im Februar 02, seine beiden Söhne A und B beerben ihn zu je 1/2. Zum Nachlass gehörten ein bebautes Grundstück 1 mit einem Verkehrswert von 1,2 Mio. € (AK des Rechtsvorgängers = 600 000 €) und ein bebautes Grundstück 2 mit einem Verkehrswert von 800 000 € (AK Rechtsvorgänger = 300 000 €). Grund- und Bodenanteil jeweils 20 %. Beide Gebäude sind insgesamt vermietet. Der Erblasser hat bisher nur die lineare AfA in Anspruch genommen.

Im Rahmen der Erbauseinandersetzung erhalten

Sohn A: Sohn B:

Haus 1 mit 1,2 Mio. €   Haus 2 mit 800 000 €

Zahlung an B = 200 000 €   Ausgleichszahlung = 200 000 €

Für die Ausgleichszahlung nimmt A einen Kredit bei der Bank auf.

Fallvariante 1: Die Erbauseinandersetzung erfolgt im Mai 02.

Fallvariante 2: Die Erbauseinandersetzung erfolgt im Mai 03.

Aufgabe: Wie sind die Einkünfte aus den vermieteten Gebäuden zu ermitteln? Aktuelle Rechtslage!

LÖSUNG

Erbfall und Erbauseinandersetzung sind getrennte Vorgänge. Mit dem Tod des V tritt, wenn kein Testament besteht, die gesetzliche Erbfolge ein. Gemäß § 1924 BGB erben A und B zu gleichen Teilen. Das Nachlassvermögen geht gem. § 1922 Abs. 1 BGB auf die aus den beiden Miterben bestehende Erbengemeinschaft A/B über (§ 2032 BGB).

Allgemein zu Fallvariante 1:

Wird innerhalb von 6 Monaten ab dem Erbfall eine klare und rechtlich verbindliche Vereinbarung über die Auseinandersetzung getroffen, so wird diese so behandelt, als wenn sie unmittelbar nach dem Erbfall erfolgt wäre – Rückwirkung der Erbauseinandersetzung auf den Erbfall (Tz. 7 – 9, BMF vom 14. 3. 2006, BStBl 2006 I 253 ff.).

Die laufenden Einkünfte sind direkt dem die Einkunftsquelle übernehmenden Miterben zuzurechnen. Also A sind ab Februar 02 die Einkünfte aus Haus 1 und B die aus Haus 2 zuzurechnen, Berechnung s. u.

Fallvariante 2:

Die Einkünfte sind von Februar 02 bis Mai 03 im Rahmen einer einheitlichen und gesonderten Feststellung gem. § 179 Abs. 2 i. V. m. § 180 Abs. 1 Nr. 2a AO zu ermitteln und auf A und B zu je 1/2 zu verteilen. Im Mai 03 erwirbt A von der Erbengemeinschaft nach den Regeln betr. Rechtsgeschäfte unter Lebenden. Sobald einer der Miterben im Rahmen der Auseinandersetzung Ausgleichszahlungen leisten muss, weil er über seine Erbquote hinaus Nachlassgegenstände erhält, handelt es sich insoweit um ein Anschaffungsgeschäft und für den weichenden Erben ggf. um ein Veräußerungsgeschäft. Hierauf hat es keinen Einfluss, ob die Leistung aus dem erlangten Nachlassvermögen erbracht wird oder aus eigenen Mitteln. Die Schuldzinsen für Ausgleichszahlungen sind als Werbungskosten abzugsfähig (BMF vom 14. 3. 2006, a. a. O., Tz. 26).

A hat in Höhe von 200 000 € Anschaffungskosten für das Haus 1. Hiervon kann A AfA für den darin enthaltenen Gebäudeanteil erhalten, und zwar die lineare AfA gem. § 7 Abs. 4 Nr. 2a EStG.

Gebäudeanteil 160 000 €, davon 2 % =	3 200 €
davon zeitanteilig ab Mai 8/12 =	2 134 €

Den restlichen Anteil in Höhe von 5/6 (200 000 € zu 1,2 Mio. €) erwirbt A unentgeltlich und hat insoweit die AfA-BMG und die AfA des Rechtsvorgängers gem. § 11d EStDV fortzuführen.

5/6 von 600 000 € =	500 000 €	
./. Grund und Boden 20 %	./. 100 000 €	
Bemessungsgrundlage Rechtsvorgänger	400 000 €	
davon 2 % des Rechtsvorgängers =	8 000 €	davon 8/12 = 5 334 €

Die restlichen 4/12 = 2 666 € sind bei der Einkunftsermittlung für 03 der Erbengemeinschaft zu berücksichtigen.

Außerdem kann A die Schuldzinsen für den Kredit in Höhe von 200 000 € in vollem Umfang als Werbungskosten abziehen.

B erwirbt insgesamt unentgeltlich und hat die AfA und AfA-Bemessungsgrundlage der Erbengemeinschaft = Rechtsvorgänger fortzuführen.

Bemessungsgrundlage	300 000 €
./. Grund und Boden	./. 60 000 €
	240 000 €
davon 2 % =	4 800 €
davon ab Mai 03 8/12 =	3 200 €

Die restliche AfA in Höhe von 1 600 € ist bei der Einkunftsermittlung der Erbengemeinschaft für 03 zu berücksichtigen.

Für den VZ 02 erfolgt die Einkunftsermittlung für die Erbengemeinschaft unter Fortführung der AfA-Beträge des Erblassers ab Februar, denn es handelt sich hierbei insgesamt um einen unentgeltlichen Erwerb.

Fallvariante 1:

Wie oben – die entsprechende Ermittlung erfolgt aber bereits ab Februar 02. Eine Zurechnung auf die Erbengemeinschaft unterbleibt.

A: AfA für den entgeltlichen Teil von 3 200 €, davon 11/12 AfA 2 934 € für den unentgeltlichen Teil von 8 000 €, davon 11/12 = 7 334 € und die Schuldzinsen für den Kredit als WK.

B: AfA für das unentgeltlich erworbene Haus 2 von 4 800 €, davon 11/12 = 4 400 €.

FALL 244

Vorweggenommene Erbfolge

Sachverhalt: Durch notariellen Vertrag vom 11. 11. 01 überträgt der Vater V (59 Jahre alt) sein vermietetes Einfamilienhaus mit Wirkung vom 1. 12. 01 (Übergang von Nutzen und Lasten) auf seine Tochter T. Diese zahlt vereinbarungsgemäß für das Einfamilienhaus (Verkehrswert von 450 000 €, Gebäudeanteil 80 %) an V eine lebenslängliche Rente von monatlich 500 € (Mietwert der Wohnung 1 000 €), beginnend ab 1. 12. 01. Außerdem muss T ihrem Bruder S einen Betrag von 114 700 € zahlen, fällig am 31. 10. 02. Die Beträge werden pünktlich entrichtet. Die monatliche Miete beträgt 1 000 €.

Aufgabe: Welche steuerlichen Folgen ergeben sich für 01 und 02?

LÖSUNG

T hat das EFH durch obligatorischen Vertrag vom 11. 11. 01 von V erworben. Ab 1. 12. 01 erzielt sie Einkünfte aus Vermietung und Verpachtung gem. § 21 Abs. 1 Nr. 1 EStG.

T hat das EFH nicht voll entgeltlich erworben, da sich Leistung und Gegenleistung offensichtlich – und von V auch gewollt – nicht kaufmännisch abgewogen gegenüberstehen (vgl. Tz. 1 und 2, BMF vom 13. 1. 1993, Erlass zur vorweggenommenen Erbfolge, BStBl 1993 I 80).

Verkehrswert Haus   450 000 €

Gegenleistung:

Das Gleichstellungsgeld an S ist nicht abzuzinsen, da die Schuld zwar unverzins- lich, aber die Fälligkeit weniger als 12 Monate später ist (Tz. 11, BMF vom 13. 1. 1993, a. a. O.):   114 700 €

Kapitalwert der wiederkehrenden Leistung:

$12 \times 500 € \times 12{,}960 =$

(Anlage lt. BMF Stand 1. 1. 2013 in BStBl 2012 I 950 zu § 14 Abs. 1 BewG: Männer, 59 Jahre, Stand 1. 1. 2012 = 12,960)

                                                                                                 77 760 €
Leistungen der T zusammen   192 460 €

Es handelt sich hierbei um eine Vermögensübertragung unter vorweggenommener Erbfolge. Daher führt das Gleichstellungsgeld an S zu Anschaffungskosten (Tz. 7, BMF vom 13. 1. 1993, a. a. O.), hingegen ist bei der Rente zu prüfen, ob es sich um eine sogenannte Versorgungsrente handelt, die keine Anschaffungskosten darstellt (Tz. 4–6, BMF vom 13. 1. 1993, a. a. O.). Die An- schaffungskosten in Höhe des Gleichstellungsgeldes führen aber auf jeden Fall zu einem ent- geltlichen bzw. teilentgeltlichen Erwerb in Höhe von 114 700 €/450 000 € = 25,48 %, ca. 26 %.

Rechtslage bei Vermögensübertragungen bis zum 31. 12. 2007 (Weitergeltung des bisherigen Rechts § 52 Abs. 23 e EStG):
Gemäß Tz. 7, 10 des BMF-Schreibens („Rentenerlass") vom 16. 9. 2004 (BStBl 2004 I 922) handelt es sich bei dem vermieteten EFH um eine existenzsichernde Wirtschaftseinheit.

Damit eine Versorgungsleistung vorliegt, muss es sich außerdem um eine ausreichend ertragbrin- gende Wirtschaftseinheit handeln, Tz. 19 ff. BMF vom 16. 9. 2004.

*Zur Überprüfung, ob die Nettoerträge ausreichen, ist der Ertrag des **unentgeltlich** übertragenen Teils ohne Abzug von AfA (Tz. 24, 25 und 27 Rentenerlass), zu ermitteln. Die Miete der Wohnung beträgt 1 000 €, davon 74 % unentgeltlich = 740 €, Tz. 21 BMF, die monatliche Rente be- trägt 500 €. Damit handelt es sich nach überschlägiger Berechnung um eine ausreichend ertrag- bringende Wirtschaftseinheit. Die Versorgungsleistungen sind demnach nach Tz. 47 zu beurteilen. Da die Leistungen abänderbar sind, handelt es sich um eine dauernde Last. Es handelt sich insoweit also nicht um Anschaffungskosten.*

Die Rente ist von V als Einnahme nach § 22 Nr. 1 Satz 1 EStG in voller Höhe zu versteuern, das sind in 01 1 x 500 € und in 02:

*$12 \times 500 € = $**6 000 €.***

T hat in gleicher Höhe 500 € in 01 bzw. 6 000 € in 02 Sonderausgaben gem. § 10 Abs. 1 Nr. 1a EStG.

T hat in Höhe von 114 700 € Anschaffungskosten und kann hierfür AfA gem. § 7 Abs. 4 Nr. 2a EStG mit 2 % von 80 % Gebäudeanteil = 91 760 € geltend machen. Die AfA beträgt damit in 01 1/12

von 1 836 € = 153 € und ab 02 = 1 836 € und ist als WK im Rahmen der Einkünfte aus Vermie-
tung und Verpachtung abzugsfähig.

Für den unentgeltlichen Teil ist die AfA-Bemessungsgrundlage des Vaters mit 74 % fortzuführen,
§ 11d EStDV. In 01 allerdings zeitanteilig mit 1/12, da der Vater für den restlichen Zeitraum 01
selbst Einkünfte erzielt.

Rechtslage bei Vermögensübertragungen nach dem 31. 12. 2007:

Als Sonderausgaben abzugsfähige Versorgungsleistungen gem. § 10 Abs. 1 Nr. 1a EStG liegen
nur noch vor bei Zusammenhang mit der Übertragung eines Mitunternehmeranteils, Betriebes,
Teilbetriebes, oder eines mind. 50%igen Anteils an einer GmbH, wenn der Übergeber Geschäftsführer war und der Übernehmer diese Tätigkeit übernimmt.

In allen anderen Fällen gelten die Sonderregelungen über als Sonderausgaben abzugsfähige
Versorgungsleistungen und insoweit eine unentgeltliche Übertragung nicht mehr. Damit handelt es sich im vorliegenden Fall auch betr. der Rentenvereinbarung um eine teilentgeltliche
Übertragung. Das heißt, das Grundstück wird zu 192 460/450 000 = 42,7 % entgeltlich übertragen und zu 57,3 % unentgeltlich, insoweit ist die AfA-Bemessungsgrundlage des Rechtsvorgängers fortzuführen. 192 460 € stellen AK dar und sind mit 2 % von 153 968 € (80% Gebäudeanteil) = 3 079 € abschreibungsfähig, d. h. in 01 1/12 = 257 €. Der in der Rentenzahlung enthaltene Zinsanteil ist als Werbungskosten abzugsfähig. Er bemisst sich nach der Tabelle in § 22
Nr. 1 Buchst. a Doppelbuchst. bb EStG mit 32 % von 500 € (Monat Dezember 01) = 160 € und
mit 32 % von 6 000 € = 1 920 € für 02. V hat die Rente entsprechend gem. § 22 Nr. 1 Buchst. a
Doppelbuchst. bb EStG mit 160 € bzw. 1 920 € abzgl. WK-PB zu versteuern.

11.9 Sonstige Einkünfte (§ 22 EStG)

FALL 245

Veräußerung eines Wohnhauses gegen Leibrente

Sachverhalt: Frau A ist Eigentümerin mehrerer Wohngrundstücke. Mit notariellem Vertrag vom
20. 11. 2012 veräußerte sie ein bis dahin vermietetes, vor 15 Jahren hergestelltes Wohnhaus an
B. Besitz, Nutzen und Lasten des Hauses gingen am 1. 1. 2013 auf B über, der das Haus ab diesem Zeitpunkt vermietet.

Als Gegenleistung für die Übertragung des Hauses hat B ab Januar 2013 eine nach kaufmän-
nischen Gesichtspunkten ermittelte monatliche Zahlung i. H. v. 5 000 € bis zum Lebensende der
A zu erbringen. A ist bei Beginn der Rente 60 Jahre alt. Vom Kaufpreis entfallen 20 % auf den
Grund und Boden.

Aufgaben:

1. Wie ist die A zufließende Rente i. H. v. 60 000 € jährlich einkommensteuerlich zu behandeln?

2. Ist die von B geleistete Rente einkommensteuerlich berücksichtigungsfähig?

3. Wie hoch ist die Bemessungsgrundlage für die von B vorzunehmende Gebäude-AfA?

LÖSUNG

Zu 1.:

A muss die ihr zufließende Rente i. H. v. (12 × 5 000 € =) 60 000 € im Jahr des Zuflusses als wiederkehrende Bezüge i. S. v. § 22 Nr. 1 Satz 3 Buchst. a EStG versteuern, und zwar in Höhe ihres Ertragsanteils. Da A zu Beginn der Rente das 60. Lebensjahr vollendet hat, beträgt der Ertragsanteil 22 % (§ 22 Nr. 1 Satz 3 Buchst. a Doppelbuchst. bb EStG), so dass sich folgende sonstige Einkünfte ergeben:

22 % von 60 000 € =	13 200 €
./. Werbungskosten-Pauschbetrag (§ 9a Nr. 3 EStG)	./. 102 €
	13 098 €

Zu 2.:

B kann den Ertragsanteil seiner Rentenzahlungen im Jahr der Zahlung als Werbungskosten bei seinen Einkünften aus Vermietung und Verpachtung abziehen (§ 9 Abs. 1 Satz 3 Nr. 1 EStG). Der Ertragsanteil, der sich aus der Ertragsanteilstabelle (§ 22 Nr. 1 Satz 3 Buchst. a Doppelbuchst. bb EStG) ergibt, beträgt – wie dargelegt – 22 % von 60 000 € = 13 200 €.

Zu 3.:

Der Kapitalwert der Rente stellt für B die Anschaffungskosten für das erworbene Grundstück dar. Diese Anschaffungskosten müssen auf das Gebäude einerseits und den Grund und Boden andererseits aufgeteilt werden. Da das Gebäude bei einer Vermietung abgeschrieben wird, bilden die auf das Gebäude entfallenden Anschaffungskosten die Bemessungsgrundlage für die AfA. Der Kapitalwert (Barwert) der Rente errechnet sich nach den Vorschriften des Bewertungsgesetzes wie folgt (§ 14 Abs. 1 BewG; vgl. BMF, BStBl 2011 I 834, 836):

Jahresbetrag der Rente: 12 × 5 000 € =	60 000 €
Vervielfältiger nach dem Lebensalter von Frau A lt. Tabelle 9 zu § 14 Abs. 1 BewG = 13,772 (BMF, BStBl 2012 I 950, 952):	
Barwert somit: 60 000 € × 13,772 =	826 320 €
./. Wert des Grund und Bodens: 20 % von 826 320 € =	165 264 €
Gebäude-Anschaffungskosten = AfA-Bemessungsgrundlage	661 056 €

HINWEIS:

Der Vervielfältiger für die Ermittlung des Kapitalwerts einer Leibrente wurde in den letzten Jahren an die gestiegene Lebenserwartung angepasst (BMF v. 17. 3. 2009, BStBl 2009 I 474 – für Stichtage ab. 1. 1. 2007; BMF v. 20. 1. 2009, BStBl 2009 I 270 – für Stichtage ab 1. 1. 2009; BMF v. 1. 10. 2009, BStBl 2009 I 1168 – für Stichtage ab 1. 1. 2010; BMF v. 8. 11. 2010, BStBl 2010 I 1288 – für Stichtage ab 1. 1. 2011; BMF v. 26. 9. 2011, BStBl 2011 I 834 – für Stichtage ab 1. 1. 2012;

BMF v. 26.10.2012, BStBl 2012 I 950 und v. 13.12.2013, BStBl 2013 I 1609 – für Stichtage ab 1.1.2013).

FALL 246

Veräußerung eines Mietwohngrundstücks gegen Leibrente mit Wertsicherungsklausel

Sachverhalt: Herr A veräußert mit Wirkung vom 1.1.01 ein Mietwohngrundstück an B gegen eine auf Lebenszeit des A zu erbringende monatliche Zahlung i.H.v. 3 000 € (= jährlich 36 000 €). Der Kapitalwert der Rente entspricht dem Wert des Grundstücks. Der Vertrag enthält eine am Lebenshaltungskostenindex orientierte Wertsicherungsklausel. Aufgrund der Wertsicherungsklausel erhöhen sich die Rentenzahlungen ab 1.1.03 auf 3 300 € monatlich. A ist bei Beginn der Rente 64 Jahre alt. Vom Grundstückskaufpreis entfallen 20 % auf den Grund und Boden.

B nutzt das erworbene Grundstück durch Vermietung.

Aufgaben:

1. In welcher Höhe unterliegen die Rentenzahlungen der Jahre 01-03 beim Rentenberechtigten der Einkommensteuer?

2. In welcher Höhe sind die Rentenzahlungen der Jahre 01-03 beim Rentenverpflichteten einkommensteuerlich berücksichtigungsfähig?

3. Wie hoch ist die Bemessungsgrundlage für die von B vorzunehmende Gebäude-AfA?

LÖSUNG

Zu 1.:

Im vorliegenden Fall handelt es sich um eine (private) Veräußerungsleibrente, weil die Beteiligten von der Gleichwertigkeit von Leistung und Gegenleistung ausgegangen sind (BFH VIII R 286/81, BStBl 1986 II 55). Veräußerungsleibrenten unterliegen beim Berechtigten lediglich i.H.d. Ertragsanteils als sonstige Einkünfte der Einkommensteuer (§ 22 Nr.1 Satz 3 Buchst.a Doppelbuchst. bb EStG).

Erhöht sich eine Veräußerungsleibrente aufgrund einer Wertsicherungsklausel, so ist auch der Mehrbetrag nur i.H.d. Ertragsanteils zu versteuern, d.h., der ursprünglich ermittelte Hundertsatz bleibt auch für den Erhöhungsbetrag maßgebend (einheitlicher Ländererlass, BB 1972, 1258).

Die Rentenzahlungen sind daher bei A mit folgenden Beträgen als sonstige Einkünfte einkommensteuerlich zu erfassen:

	01	02	03
Jahresbetrag der Rente	36 000 €	36 000 €	39 600 €
Ertragsanteil: 19 % =	6 840 €	6 840 €	7 524 €

./. Werbungskosten-Pauschbetrag

(§ 9a Nr. 3 EStG)	102 €	102 €	102 €
Sonstige Einkünfte	6 738 €	6 738 €	7 422 €

Zu 2.:

Da B das erworbene Grundstück zur Erzielung von Einkünften aus Vermietung und Verpachtung nutzt, kann er den Ertragsanteil der Rente als Werbungskosten bei den Einkünften aus Vermietung und Verpachtung abziehen (§ 9 Abs. 1 Satz 3 Nr. 1 EStG). Das gilt auch für den Ertragsanteil, der auf den Erhöhungsbetrag der Rente entfällt.

	01	02	03
Jahresbetrag der Rente	36 000 €	36 000 €	39 600 €
als Werbungskosten abzugsfähig:			
19 % von 36 000 € bzw. 39 600 € =	6 840 €	6 840 €	7 524 €

Zu 3.:

Der Kapitalwert der Rente stellt für B die Anschaffungskosten für das erworbene Grundstück dar. Er bildet die Bemessungsgrundlage für die AfA, soweit er auf das Gebäude entfällt. Der Kapitalwert der Rente ist grds. nach den Vorschriften des Bewertungsgesetzes zu ermitteln (§ 14 Abs. 1 BewG). Die Erhöhung der Rente aufgrund der Wertsicherungsklausel bewirkt keine Änderung der so ermittelten Anschaffungskosten. Die Anschaffungskosten des B errechnen sich wie folgt:

Jahresbetrag der ursprünglichen Rente: 12 × 3 000 € =	36 000 €
Vervielfältiger nach dem Lebensalter des A lt. Tabelle zu § 14 Abs. 1 BewG für Bewertungsstichtage ab 1. 1. 2013 = 11,643 (BMF, BStBl 2012 I 950, 952):	
Kapitalwert somit: 36 000 € × 11,643 =	419 148 €
./. Wert des Grund und Bodens: 20 % von 419 148 € = gerundet	./. 83 829 €
Gebäude-Anschaffungskosten =	335 318 €
AfA-Bemessungsgrundlage	

HINWEIS:

Der Vervielfältiger für die Ermittlung des Kapitalwerts einer Leibrente wurde in den letzten Jahren an die gestiegene Lebenserwartung angepasst (BMF v. 17. 3. 2009, BStBl 2009 I 474 – für Stichtage ab 1. 1. 2007; BMF v. 20. 1. 2009, BStBl 2009 I 270 – für Stichtage ab 1. 1. 2009; BMF v. 1. 10. 2009, BStBl 2009 I 1168 – für Stichtage ab 1. 1. 2010; BMF v. 8. 11 2010, BStBl 2010 I 1288 – für Stichtage ab 1. 1. 2011; BMF v. 26. 9. 2011, BStBl 2011 I 834 – für Stichtage ab 1. 1. 2012; BMF v. 26. 10. 2012, BStBl 2012 I 950 und v. 13. 12. 2013, BStBl 2013 I 1609 – für Stichtage ab 1. 1. 2013).

FALL 247

Veräußerung eines Mietwohngrundstücks gegen dauernde Last

Sachverhalt: Der 54 Jahre alte A veräußerte Anfang 2013 an B ein Mietwohngrundstück, dessen Verkehrswert rund 340 000 € beträgt, gegen eine auf Lebenszeit des A zu erbringende monatliche Zahlung i. H. v. 2 500 €. Die Beteiligten vereinbaren, dass die Zahlungen nach § 323 ZPO jederzeit an veränderte wirtschaftliche Verhältnisse des Berechtigten oder des Verpflichteten angepasst werden können.

Nach den Vorstellungen der Vertragsparteien stehen sich Leistung und Gegenleistung gleichwertig gegenüber. Vom Kaufpreis entfallen 20 % auf den Grund und Boden. B nutzt das erworbene Grundstück durch Vermietung.

Aufgaben:

1. Ab wann und in welcher Höhe unterliegen die A zufließenden Zahlungen der Einkommensteuer?

2. Sind die von B zu leistenden Zahlungen – ggf. in welcher Höhe – einkommensteuerlich berücksichtigungsfähig?

3.   Wie hoch ist die Bemessungsgrundlage für die von B vorzunehmende Gebäude-AfA?

LÖSUNG

Zu 1.:

Haben die Vertragsparteien in einem Grundstückskaufvertrag ausdrücklich eine Abänderbarkeit der Zahlungen entsprechend dem Rechtsgedanken des § 323 ZPO vereinbart, der eine jederzeitige Anpassung an veränderte individuelle Bedürftigkeit des Berechtigten oder die veränderte wirtschaftliche Leistungsfähigkeit des Verpflichteten vorsieht, entfällt die Gleichmäßigkeit der Leistungen. In einem solchen Fall sind die wiederkehrenden Leistungen nicht als Rente, sondern als dauernde Last zu beurteilen (BFH, GrS 1/90, BStBl 1992 II 78; X R 104/94, BFH/NV 1998, 1563).

Bei der entgeltlichen Veräußerung eines Grundstücks gegen eine dauernde Last sind die wiederkehrenden Leistungen von Beginn an in einen Vermögensumschichtungs- und einen Zinsanteil zu zerlegen (BFH IX R 110/90, BStBl 1995 II 47; IX R 46/88, BStBl 1995 II 169; vgl. auch die Urteilsanmerkung von *Ebling,* DStR 1995, 13). Der Zinsanteil führt beim Veräußerer A zu Einnahmen aus Kapitalvermögen (§ 20 Abs. 1 Nr. 7 EStG). Was die Ermittlung des Zinsanteils betrifft, hat der BFH entschieden, dass dieser in entsprechender Anwendung der Ertragsanteiltabelle (§ 22 Nr. 1 Satz 3 Buchst. a Doppelbuchst. bb EStG) zu ermitteln ist (BFH IX R 46/88, BStBl 1995 II 169; offengelassen BFH X R 1-2/90, BStBl 1996 II 680).

Jährlicher Zinsanteil somit:

27 % von (12 × 2 500 € =) 30 000 € =   8 100 €

Zu 2.:

Da B das erworbene Grundstück zur Erzielung von Einkünften aus Vermietung und Verpachtung nutzt, kann er den in seinen Zahlungen enthaltenen Zinsanteil ab 2012 i. H. v. 8 100 € jährlich als Werbungskosten bei seinen Einkünften aus Vermietung und Verpachtung abziehen (§ 9 Abs. 1 Satz 3 Nr. 1 EStG).

Zu 3.:

Der nach den Vorschriften des BewG ermittelte Kapitalwert der dauernden Last bildet, soweit er auf das Gebäude entfällt, die Bemessungsgrundlage für die AfA:

Jahreswert der dauernden Last: 12 × 2 500 € =	30 000 €
Vervielfältiger nach dem Lebensalter von A lt. Tabelle zu § 14 Abs. 1 BewG = 14,090 (BMF, BStBl 2012 I 950, 952)	
Kapitalwert somit: 30 000 € × 14,090 =	422 700 €
./. Wert des Grund und Bodens: 20 % von 422 700 € =	./. 84 540€
Anschaffungskosten Gebäude = AfA-Bemessungsgrundlage	338 160 €

HINWEIS:

Der Vervielfältiger für die Ermittlung des Kapitalwerts einer Leibrente wurde in den letzten Jahren an die gestiegene Lebenserwartung angepasst (BMF v. 17. 3. 2009, BStBl 2009 I 474 – für Stichtage ab. 1. 1. 2007; BMF v. 20. 1. 2009, BStBl 2009 I 270 – für Stichtage ab 1. 1. 2009; BMF v. 1. 10. 2009, BStBl 2009 I 1168 – für Stichtage ab 1. 1. 2010; BMF v. 8. 11. 2010, BStBl 2010 I 1288 – für Stichtage ab 1. 1. 2011; BMF v. 26. 9. 2011, BStBl 2011 I 834 – für Stichtage ab 1. 1. 2012; BMF v. 26. 10. 2012, BStBl 2012 I 950 und v. 13. 12. 2013, BStBl 2013 I 1609 – für Stichtage ab 1. 1. 2013).

FALL 248

Betriebsübertragung gegen private Versorgungsleibrente

Sachverhalt: Der 60 Jahre alte A übertrug mit notariellem Vertrag vom 27. 12. 2012 zum 1. 1. 2013 seinen Gewerbebetrieb auf seinen Sohn B gegen eine – ab dem 1. 1. 2013 zahlbare – lebenslängliche Rente i. H. v. monatlich 2 000 €. Die Höhe der Rente ist nicht nach dem Verkehrswert des Betriebs, sondern nach den Versorgungsbedürfnissen des A ausgerichtet worden. Das steuerliche Kapitalkonto des A beläuft sich am 31. 12. 2012 auf 150 000 €. Im übertragenen Betriebsvermögen sind stille Reserven i. H. v. 400 000 € enthalten. Der Kapitalwert der Rente beträgt rund 304 000 €. Das übertragene Unternehmen wirft ausreichend Erträge ab, aus denen die Versorgungsleistungen an den Übergeber gezahlt werden können.

Aufgaben:

1. Welche einkommensteuerlichen Auswirkungen ergeben sich für A im Zusammenhang mit der Betriebsübertragung gegen Rente?

2. Welche einkommensteuerlichen Auswirkungen ergeben sich für B im Zusammenhang mit dem Betriebserwerb gegen Rente?

LÖSUNG

Zu 1.:

In der Praxis kommt es häufig vor, dass Stpfl. ihren Betrieb im Wege der vorweggenommenen Erbfolge gegen Zusage einer Rente auf die nachfolgende Generation übertragen. Die Rentenzahlungen orientieren sich – anders als bei Betriebsübertragungen zwischen fremden Dritten – i. d. R. nicht am Verkehrswert des Betriebs, sondern sind mehr an den Versorgungsbedürfnissen des Übertragenden, an der finanziellen Situation des Erwerbers oder an erbrechtlichen Überlegungen ausgerichtet.

Die anlässlich einer Betriebsübergabe vereinbarten wiederkehrenden Leistungen, die der Versorgung des Empfängers dienen und dem Übernehmer das Nachrücken in eine die Existenz wenigstens teilweise sichernde Wirtschaftseinheit ermöglichen, stellen – der widerlegbaren Vermutung nach – sog. private Versorgungsleistungen dar. Der Unternehmensübergeber behält sich oder anderen in Gestalt der Versorgungsleistungen typischerweise Erträge seines Vermögens vor, die nunmehr allerdings vom Betriebsübernehmer erwirtschaftet werden müssen.

Steuerrechtlich handelt es sich prinzipiell um kein entgeltliches Rechtsgeschäft, sondern um eine unentgeltliche Betriebsübertragung mit der Folge, dass der Betriebsübernehmer die Buchwerte des Betriebsübergebers unverändert fortführen muss (§ 6 Abs. 3 EStG). Die Versorgungsleistungen werden beim Verpflichteten den Sonderausgaben (§ 10 Abs. 1 Nr. 1a EStG) und beim Empfänger den wiederkehrenden Bezügen (§ 22 Nr. 1 EStG) zugerechnet. Die Rechtsprechung bezeichnet diese Gestaltungen als „steuerrechtlich privilegierte Vermögensübertragung gegen Versorgungsleistungen" (BFH X R 54/94, BStBl 1997 II 813; vgl. auch die Beschlüsse des GrS, GrS 1/00, BStBl 2004 II 95; GrS 2/00, BStBl 2004 II 100; BMF, BStBl 2004 I 922).

Das Rechtsinstitut der Vermögensübertragung gegen Versorgungsleistungen (§ 10 Abs. 1 Nr. 1a EStG bzw. § 22 Nr. 1 EStG) ist durch das JStG 2008 (BGBl 2007 I 3150 = BStBl 2008 I, 218) eingeschränkt worden. Begünstigt sind nur noch Versorgungsleistungen im Zusammenhang mit der Übertragung eines

► Mitunternehmeranteils an einer Personengesellschaft, die eine Tätigkeit i. S. d. § 13, § 15 Abs. 1 Satz 1 Nr. 1 oder des § 18 Abs. 1 EStG ausübt (§ 10 Abs. 1 Nr. 1a Buchst. a EStG) – Anteile an gewerblich geprägten Gesellschaften sind nicht begünstigt,

► Betriebs oder Teilbetriebs (§ 10 Abs. 1 Nr. 1a Buchst. b EStG) sowie

► mindestens 50 % betragenden Anteils an einer GmbH, wenn der Übergeber als Geschäftsführer tätig war und der Übernehmer diese Tätigkeit nach der Übertragung übernimmt (§ 10 Abs. 1 Nr. 1a Buchst. c EStG).

Begünstigtes Vermögen war nach früherer Rechtslage jede ertragbringende Vermögenseinheit, z. B. ein Betrieb oder ein privates Mietwohnhaus, soweit dieses hinreichende Erträge abwarf, um die zu leistenden Zahlungen zu erwirtschaften (BMF, BStBl 2004 I 922 Rz. 10). Diese Rechtslage ist zum Teil obsolet. Die Neuregelung gilt für Versorgungsleistungen, die auf nach dem

31. 12. 2007 vereinbarten Vermögensübertragungen beruhen (§ 52 Abs. 23e EStG). Für zuvor vereinbarte Versorgungsleistungen gilt das bisherige Recht prinzipiell weiter.

Nach bisher geltendem Recht hatte der Stpfl. de facto ein Wahlrecht, ob lebenslänglich wiederkehrende Leistungen zugunsten des Betriebsübergebers als dauernde Last einzustufen waren oder eine Leibrente darstellen sollten (BFH X R 66/98, BStBl 2004 II 830; BMF, BStBl 2004 I 922 Rz. 47 f.). Handelt es sich bei den Versorgungsleistungen um eine Leibrente, konnte der Übernehmer nach bisherigem Recht diese mit ihrem Ertragsanteil als Sonderausgaben abziehen, bei Vorliegen einer dauernden Last konnten die Leistungen in voller Höhe als Sonderausgaben abgezogen werden.

Das neue Recht hat diese Unterscheidung zwischen Renten und dauernden Lasten „aus Vereinfachungsgründen" aufgegeben (so der Regierungsentwurf zum JStG 2008, 86). Künftig sind daher die vollständigen Zahlungen beim Erwerber abzugsfähig und korrespondierend dazu in voller Höhe beim Übertragenden steuerbar. Eine Beschränkung des Sonderausgabenabzugs auf den Ertragsanteil ist nach neuem Recht nicht mehr möglich. A muss daher die ihm 2012 zufließenden Zahlungen i. H.v. 24 000 € als Einnahmen aus wiederkehrenden Bezügen versteuern (§ 22 Abs. 1 Nr. 1 Satz 1 EStG), ein Veräußerungsgewinn nach § 16 EStG entsteht ihm nicht:

Jährliche Rente: 12 × 2 000 € =	24 000 €
./. Werbungskosten-Pauschbetrag (§ 9a Nr. 3 EStG)	./. 102 €
Sonstige Einkünfte	23 898 €

HINWEIS:

Die Finanzverwaltung hat mit einem umfangreichen BMF-Schreiben v. 11. 3. 2010 (BStBl 2010 I 227) ihre Verwaltungsanweisungen zur einkommensteuerrechtlichen Behandlung von wiederkehrenden Leistungen im Zusammenhang mit einer Vermögensübertragung neu gefasst und an die aktuelle Rechtslage angepasst.

Zu 2.:

B kann die Rentenzahlungen in voller Höhe von 24 000 € als Sonderausgaben abziehen (§ 10 Abs. 1 Nr. 1a EStG). Da von einer unentgeltlichen Betriebsübertragung auszugehen ist, muss er nach § 6 Abs. 3 EStG die Buchwerte des Rentenberechtigten fortführen (BFH, GrS 4 – 6/89, BStBl 1990 II 847).

FALL 249

Kauf eines teils selbst genutzten und teils zum Vermieten bestimmten Hauses auf Rentenbasis

Sachverhalt: A hat mit Kaufvertrag vom 2. 12. 2012 von der bei Vertragsabschluss 60 Jahre alten Frau B ein Mietwohnhaus mit sechs gleich großen Wohnungen erworben, von denen er fünf vermietet hat und eine selbst bewohnt. Als Gegenleistung übernahm A die Verpflichtung, ab

1.1.2013 eine Rente an Frau B von monatlich 5 000 € bis zu deren Tod zu leisten. Der Kaufvertrag enthält eine am Lebenshaltungskostenindex orientierte Wertsicherungsklausel, der zufolge sich die Rentenzahlungen ab 1.1.2015 auf monatlich 5 200 € erhöhen. Der Wert des erworbenen Grund und Bodens beträgt 20 % des Kaufpreises.

Aufgaben:

1. Von welcher Bemessungsgrundlage kann A seine Gebäude-Abschreibungen vornehmen?

2. Kann A die Rentenzahlungen – ggf. in welcher Höhe – bei seinen Einkünften aus Vermietung und Verpachtung abziehen?

3. Kann A die auf die eigen genutzte Wohnung entfallenden Rentenzahlungen steuerlich geltend machen?

4. In welcher Höhe sind die Rentenzahlungen bei Frau B in den Jahren 2012 - 2014 steuerlich zu erfassen?

LÖSUNG

Zu 1.:

Der Kapitalwert/Barwert der Rente im Zeitpunkt der Anschaffung stellt für den Käufer A die Anschaffungskosten für das erworbene Mietwohngrundstück dar. Diese Anschaffungskosten müssen auf das Gebäude einerseits und den Grund und Boden andererseits aufgeteilt werden. Soweit die Gebäude-Anschaffungskosten auf die vermieteten Wohnungen entfallen, bilden sie die Bemessungsgrundlage für die bei den Einkünften aus Vermietung und Verpachtung abzugsfähige AfA.

Was die Ermittlung des Rentenbarwerts betrifft, ist zu beachten, dass im betrieblichen Bereich der Barwert üblicherweise nach versicherungsmathematischen Grundsätzen ermittelt wird (BFH IV R 126/76, BStBl 1980 II 491; VIII R 238/81, BFH/NV 1986, 597). Für den Bereich der Überschusseinkünfte, vor allem der Einkünfte aus Vermietung und Verpachtung, ergibt sich aus § 1 BewG, dass der Barwert nach den Vorschriften des BewG zu ermitteln ist (BFH VI R 162/61 S, BStBl 1964 III, 8; VIII R 231/80, BStBl 1984 II 109). Ob der Barwert wiederkehrender Leistungen auch im Rahmen der Überschusseinkünfte versicherungsmathematisch ermittelt werden kann, wenn der Stpfl. selbst diese Art der Berechnung den getroffenen Vereinbarungen zugrunde gelegt hat, oder wenn er darauf besteht, diese Schätzungsmethode als die exaktere anzuwenden, hat der BFH offengelassen (BFH IX R 110/90, BStBl 1995 II 47). Die Finanzverwaltung gewährt insoweit ein Wahlrecht (R 6.2 EStR 2012).

Frau B war bei Beginn der Rentenzahlungen 60 Jahre alt. Der Barwert errechnet sich nach den Vorschriften des BewG wie folgt (§ 14 Abs. 1 BewG):

Jahresbetrag ursprüngliche Rente: 12 × 5 000 € =	60 000 €
Vervielfältiger nach dem Lebensalter von Frau B lt. Tabelle zu § 14 Abs. 1 BewG = 13,772 (BMF, BStBl 2012 I 950, 9526):	
Kapitalwert somit: 60 000 € × 13,772 =	826 320 €
./. Wert des Grund und Bodens: 20 % von 826 320 € =	165 264 €

Gebäude-Anschaffungskosten	661 056 €

davon entfallen auf die vermieteten Wohnungen =AfA-Bemessungsgrundlage:

5/6 von 659 664 € =	550 880 €

Zu beachten ist, dass sich die so ermittelten Anschaffungskosten nicht ändern, obwohl sich die Rente aufgrund der Wertsicherungsklausel ab 1.1.2014 erhöht (BFH VIII R 231/80, BStBl 1984 II 109).

HINWEIS:

Der Vervielfältiger für die Ermittlung des Kapitalwerts einer Leibrente wurde in den letzten Jahren an die gestiegene Lebenserwartung angepasst (BMF v. 17.3.2009, BStBl 2009 I 474 – für Stichtage ab. 1.1.2007; BMF v. 20.1.2009, BStBl 2009 I 270 – für Stichtage ab 1.1.2009; BMF v. 1.10.2009, BStBl 2009 I 1168 – für Stichtage ab 1.1.2010; BMF v. 8.11.2010, BStBl 2010 I 1288 – für Stichtage ab 1.1.2011; BMF v. 26.9.2010, BStBl 2011 I 834 – für Stichtage ab 1.1.2011; BMF v. 26.9.2011, BStBl 2011 I 834 – für Stichtage ab 1.1.2012; BMF v. 26.10.2012, BStBl 2012 I 950 und v. 13.12.2013 BStBl 2013 I 1609 – für Stichtage ab 1.1.2013).

Zu 2.:

Nutzt der Käufer – wie vorliegend A – das erworbene Grundstück teilweise zur Erzielung von Einkünften aus Vermietung und Verpachtung, kann er den Ertragsanteil der Veräußerungsleibrente als Werbungskosten bei seinen Einkünften aus Vermietung und Verpachtung abziehen, soweit er auf die vermieteten Wohnungen entfällt (§ 9 Abs. 1 Satz 3 Nr. 1 EStG). Der Ertragsanteil hängt vom Lebensalter des Rentenberechtigten bei Beginn der Rente ab. Er braucht nicht individuell berechnet zu werden, sondern kann aus der gesetzlichen Ertragsanteilstabelle als Prozentsatz abgelesen werden (§ 22 Nr. 1 Satz 3 Buchst. a Doppelbuchst. bb EStG). Dieser Prozentsatz ist auf die zugeflossenen Rentenzahlungen anzuwenden. Die Höhe des Ertragsanteils wird nur einmal zu Beginn der Rente ermittelt und bleibt dann für den einzelnen Rentenfall unverändert (BFH IX R 110/90, BStBl 1995 II 47, 53), es sei denn, der Gesetzgeber beschließt eine neue Ertragsanteilstabelle.

Maßgebend für die Höhe des Ertragsanteils ist das vollendete Lebensjahr der Frau B bei Beginn der Rente (§ 22 Nr. 1 Satz 3 Buchst. a Doppelbuchst. bb EStG). Der Ertragsanteil beträgt somit 22 % der Rentenzahlungen, wobei zu beachten ist, dass die aufgrund der Wertsicherungsklausel eingetretenen Rentenerhöhungen ebenfalls nur mit dem Ertragsanteil von 22 % berücksichtigt werden dürfen. Der Mehrbetrag, der auf der Wertsicherungsklausel beruht, ist weder eine zusätzliche selbständige Rente (BFH VI R 267/66, BStBl 1970 II 9), noch handelt es sich um Schuldzinsen (BFH IX R 138/86, BFH/NV 1991, 227 unter 1.), er ist vielmehr Teil der Rente, der die Kontinuität deren inneren Wertes sicherstellt. Der auf der Wertsicherungsklausel beruhende Mehrbetrag der Rente kann daher einkommensteuerrechtlich nicht anders behandelt werden als der ursprünglich vereinbarte Betrag (BFH IX R 138/86, BFH/NV 1991, 227; VIII R 38/94, BStBl 1998 II 339). Es ist daher wie folgt zu rechnen:

	2013	2014	2015
2013: 22 % von 60 000 €	13 200 €		
2014: 22 % von 60 000 €		13 200 €	
2015: 22 % von 62 400 €			13 728 €
auf die vermieteten Wohnungen entfallender, als Werbungskosten abzugsfähiger Ertragsanteil: 5/6	11 000 €	11 000 €	11 440 €

Zu 3.:

Soweit der Nutzungswert der eigenen Wohnung nicht mehr besteuert wird, können mangels steuerlich zu erfassender Einnahmen keine Werbungskosten abgezogen werden. Der Erwerber einer eigen genutzten Wohnung kann daher den Ertragsanteil einer Leibrente nicht als Werbungskosten abziehen. Der BFH hat diese Auffassung bestätigt (BFH X R 32-33/01, BStBl 2011 II 675).

Zu 4.:

Die Leibrentenzahlungen setzen sich hier aus zwei Komponenten zusammen: dem Kapitalanteil, der dem Verkehrswert des veräußerten Grundstücks entspricht, und dem Zinsanteil, sog. Ertragsanteil, der die Verzinsung des eingesetzten „Kapitals" widerspiegelt. Der Kapitalanteil der Rente wird steuerlich nicht erfasst, da kein privates Veräußerungsgeschäft vorliegt (§ 23 EStG). Der Ertragsanteil ist bei der Veräußerin B als sonstige Einkünfte steuerbar (§ 22 Nr. 1 Satz 3 Buchst. a Doppelbuchst. bb EStG), obwohl der Erwerber ihn nicht als Sonderausgaben abziehen kann, soweit er auf die eigen genutzte Wohnung entfällt (BFH X R 32-33/01, BStBl 2011 II 675):

	2013	2014	2015
2013: 22 % von 60 000 €	13 200 €		
2014: 22 % von 60 000 €		13 200 €	
2015: 22 % von 62 400 €			13 728 €
./. Werbungskosten-Pauschbetrag (§ 9a Nr. 3 EStG)	./. 102 €	./. 102 €	./. 102 €
Sonstige Einkünfte	13 098 €	13 098 €	13 626 €

FALL 250

Veräußerungsleibrente bei mehreren Rentenberechtigten

Sachverhalt: A veräußert eine in seinem Alleineigentum stehende Eigentumswohnung an C gegen Zahlung einer lebenslänglichen Rente von monatlich 3 000 €. Die Rente steht A und seiner Ehefrau B gemeinsam zu mit der Maßgabe, dass sie beim Ableben des zuletzt Sterbenden erlöschen soll. Der Ehemann ist bei Beginn des Rentenbezugs 60, seine Ehefrau 55 Jahre alt.

Aufgabe: In welcher Höhe unterliegen die jährlichen Rentenzahlungen bei A und B der Einkommensteuer?

LÖSUNG

Die steuerliche Behandlung der Rentenzahlungen als Veräußerungsleibrente wird nicht dadurch ausgeschlossen, dass die Ehefrau B nicht Eigentümerin bzw. Miteigentümerin der veräußerten Eigentumswohnung gewesen ist. Da die Rente den Eheleuten gemeinsam zusteht, ist der Ertragsanteil A und B je zur Hälfte zuzurechnen. Für die Ermittlung des Ertragsanteils ist das Lebensjahr der jüngsten Person maßgebend (§ 55 Abs. 1 Nr. 3 EStDV). Der Ertragsanteil beträgt somit 26 % (§ 22 Nr. 1 Satz 3 Buchst. a Doppelbuchst. bb EStG). Die sonstigen Einkünfte errechnen sich wie folgt:

Jahresrente: 12 × 3 000 € =			36 000 €
Ertragsanteil: 26 % von 36 000 € =			9 360 €
		A	**B**
Anteilige Einnahmen			
1/2 von 9 360 € =		4 680 €	4 680 €
./. Werbungskosten-Pauschbetrag (§ 9a Nr. 3 EStG)		./. 102 €	./. 102 €
Sonstige Einkünfte		4 578 €	4 578 €

FALL 251

Herabsetzung einer gemeinsamen Rente nach dem Tod eines Berechtigten

Sachverhalt: Die Eheleute A und B beziehen aufgrund einer Grundstücksveräußerung eine gemeinsame lebenslängliche Rente i. H. v. 36 000 € jährlich. Die Rente soll beim Ableben des zuerst Sterbenden auf 30 000 € herabgesetzt werden. A ist zu Beginn des Rentenbezugs 60, seine Ehefrau B 55 Jahre alt.

Aufgabe: Wie hoch ist der Ertragsanteil der Rente?

LÖSUNG

Wird eine gemeinsame Rente nach dem Tod eines Berechtigten herabgesetzt, so ist der Ertragsanteil nach § 55 Abs. 1 Nr. 3 EStDV zu ermitteln. In diesem Fall ist bei der Ermittlung des Grundbetrags der Rente, d. h. des Betrags, auf den sie später herabgesetzt wird, das Lebensjahr der jüngsten Person zugrunde zu legen. Für den über den Grundbetrag hinausgehenden Rentenbetrag ist das Lebensjahr der ältesten Person maßgebend (H 22.4 EStH „Ertragsanteil einer Leibrente").

Ertragsanteil des Grundbetrags

Grundbetrag =	30 000 €
Ertragsanteil (maßgebend ist das Lebensalter der B):	
26 % von 30 000 € =	
	7 800 €

Ertragsanteil des übersteigenden Rententeils

Über den Grundbetrag hinausgehender Rentenbetrag =	6 000 €	
Ertragsanteil (maßgebend ist das Lebensalter des A):		1 320 €
22 % von 6 000 € =		
Insgesamt		9 120 €

Der Ertragsanteil ist auf die Eheleute wie folgt aufzuteilen:

	A	B
Anteiliger Ertragsanteil		
je 1/2 von 9 120 € =	4 560 €	4 560 €
./. Werbungskosten-Pauschbetrag (§ 9a Nr. 3 EStG)	./. 102 €	./. 102 €
Sonstige Einkünfte	4 458 €	4 458 €

FALL 252

Ertragsanteil einer Ehegatten nacheinander zustehenden Rente

Sachverhalt: A erhält im Zusammenhang mit einer Grundstücksveräußerung eine lebenslängliche Rente von jährlich 30 000 €. Die Beteiligten haben vereinbart, dass im Falle des Todes des A seine Ehefrau B eine lebenslängliche Rente von 24 000 € jährlich erhalten soll. A ist zu Beginn des Rentenbezugs 60, seine Ehefrau B 50 Jahre alt.

Aufgabe: Wie hoch ist der Ertragsanteil der Rente?

LÖSUNG

Im vorliegenden Fall steht die Rente nur dem Ehemann A zu; seine Ehefrau B erhält nur für den Fall eine Rente, dass sie A überlebt. Es liegen zwei Renten vor, von denen Letztere aufschiebend bedingt ist. Der Ertragsanteil für diese Rente ist erst von dem Zeitpunkt an zu versteuern, in dem die Bedingung (d. h. der Tod des A) eintritt.

Der Ertragsanteil der A zustehenden Rente beträgt (22 % von 30 000 € =) 6 600 € (§ 22 Nr. 1 Satz 3 Buchst. a Doppelbuchst. bb EStG).

FALL 253

Ertragsanteil einer abgekürzten Leibrente

Sachverhalt: A erhält im Zusammenhang mit einem Grundstücksverkauf eine Rente i. H. v. 30 000 € jährlich bis zu seinem Lebensende, längstens jedoch für einen Zeitraum von 15 Jahren.

a) A ist bei Beginn der Rente 62 Jahre alt.

b) A ist bei Beginn der Rente 75 Jahre alt.

Aufgabe: Wie hoch ist der Ertragsanteil der Rente?

LÖSUNG

Es handelt sich um eine abgekürzte Leibrente (Höchstzeitrente):

Stirbt A innerhalb des Zeitraums von 15 Jahren, so erlischt die Rente mit seinem Tod; überlebt A diesen Zeitraum, so endet die Rente mit Ablauf von 15 Jahren.

Der Ertragsanteil einer abgekürzten Leibrente ist nach der Lebenserwartung unter Berücksichtigung der zeitlichen Begrenzung zu ermitteln (§ 55 Abs. 2 EStDV). Das geschieht in der Weise, dass der Ertragsanteil nach § 22 Nr. 1 Satz 3 Buchst. a Doppelbuchst. bb EStG (das ist der Ertragsanteil nach der Lebenserwartung) mit dem Ertragsanteil der Tabelle nach § 55 Abs. 2 EStDV (das ist der Ertragsanteil unter Berücksichtigung der zeitlichen Begrenzung) verglichen wird; der jeweils niedrigere Ertragsanteil ist maßgebend:

	Fall a)	Fall b)
Ertragsanteil nach § 22 Nr. 1 Satz 3 Buchst. a Doppelbuchst. bb EStG	21 %	11 %
Ertragsanteil nach § 55 Abs. 2 EStDV	16 %	16 %
Maßgebender Ertragsanteil	16 %	11 %

FALL 254

Ertragsanteil einer verlängerten Leibrente

Sachverhalt: A erhält von B aufgrund des Verkaufs eines zur Vermietung bestimmten Grundstücks eine Rente i. H. v. 30 000 € jährlich. Die Vertragsparteien haben vereinbart, dass die Rente bis zum Lebensende des A, mindestens aber für die Dauer von 15 Jahren gezahlt werden soll.

a) A ist bei Beginn der Rente 50 Jahre alt.

b) A ist bei Beginn der Rente 70 Jahre alt.

c) A ist bei Beginn der Rente 80 Jahre alt.

Aufgaben:

1. Wie hoch ist der Ertragsanteil der Rente im Fall a) und b)?

2. Wie sind die „Rentenzahlungen" im Fall c) steuerlich zu behandeln?

LÖSUNG

Es handelt sich um eine verlängerte Leibrente (Mindestzeitrente):

Überlebt A die Mindestlaufzeit von 15 Jahren, so erlischt die Rente mit seinem Tod; stirbt A innerhalb der Mindestlaufzeit, steht die Rente bis zum Ablauf von 15 Jahren seinen Erben zu.

Da die Ermittlung des Ertragsanteils einer verlängerten Leibrente gesetzlich nicht geregelt ist, sind die Grundsätze zur Ermittlung des Ertragsanteils einer abgekürzten Leibrente sinngemäß anzuwenden. Das bedeutet, dass vorliegend die Ertragsanteile nach § 22 Nr. 1 Satz 3 Buchst. a Doppelbuchst. bb EStG mit ebensolchen nach der Tabelle des § 55 Abs. 2 EStDV verglichen werden müssen; der höhere Ertragsanteil ist maßgebend:

	Fall a)	Fall b)
Ertragsanteil nach § 22 Nr. 1 Satz 3 Buchst. a Doppelbuchst. bb EStG	30 %	15 %
Ertragsanteil nach § 55 Abs. 2 EStDV	16 %	16 %
maßgebender Ertragsanteil	30 %	16 %

Im **Fall a)** ist davon auszugehen, dass die Lebenserwartung länger ist als die vereinbarte Mindestlaufzeit; deswegen ist der Ertragsanteil nach § 22 Nr. 1 Satz 3 Buchst. a Doppelbuchst. bb EStG zugrunde zu legen. Diese Betrachtung entspricht einer neuen Entscheidung des BFH in der ausgeführt wird: Muss der Stpfl. als Kaufpreis für ein vermietetes Grundstück eine Rente auf Lebenszeit des Verkäufers leisten, so kann er nach § 9 Abs. 1 Satz 3 Nr. 1 Satz 2 i. V. m. § 22 Nr. 1 Satz 3 Buchst. a Doppelbuchst. bb EStG auch dann nur den Ertragsanteil als Werbungskosten absetzen, wenn die Vertragsparteien eine Mindestlaufzeit der Rente vereinbart haben, diese aber kürzer ist als die durchschnittliche Lebensdauer des Bezugsberechtigten (BFH IX R 56/07, BStBl 2010 II 24).

Im **Fall b)** ist die Mindestlaufzeit von 15 Jahren länger als die durchschnittliche Lebenserwartung des A; deswegen ist der Ertragsanteil der Tabelle des § 55 Abs. 2 EStDV zu entnehmen. Der Ertragsanteil nach dieser Tabelle beträgt 16 %.

Im **Fall c)** kommt eine sinngemäße Anwendung der Grundsätze zur Ermittlung des Ertragsanteils einer abgekürzten Leibrente nicht in Betracht, weil die Mindestlaufzeit von 15 Jahren wesentlich länger als die voraussichtliche Lebenserwartung des A ist; in einem solchen Fall ist die verlängerte Leibrente wie Kaufpreisraten zu behandeln (BFH VIII R 131/70, BStBl 1975 II 173; III R 191/84, BStBl 1989 II 9; IX R 56/07, BStBl 2010 II 24; vgl. hierzu auch die Urteilsanmerkung von *Schellenberger*, DStZ 1975, 152). Dies beruht darauf, dass die Rente nicht mehr von der Lebenserwartung bestimmt wird, sondern von der Wahrscheinlichkeit, dass sie über den Tod des Verkäufers hinaus bis zur vereinbarten Mindestlaufzeit gezahlt werden muss. Damit erfüllt sie nicht mehr die Merkmale einer Leibrente. Sind die Rentenzahlungen als Kaufpreisraten zu behandeln, müssen sie in einen Zins- und Tilgungsanteil zerlegt werden.

B hat Anschaffungskosten i. H. d. Barwerts der verlängerten Leibrente i. H. v. 30 000 € x 10,314 = 309 420 € (vgl. die Tabelle 7 zu § 13 Abs. 1 BewG in BStBl 2001 I 1041, 1057), die auf den Grund und Boden einerseits und das Gebäude andererseits aufzuteilen sind. Die auf das Gebäude entfallenden Anschaffungskosten bilden die Bemessungsgrundlage für die AfA in Bezug auf den entgeltlich erworbenen Teil. Der Zinsanteil, der sich aus der Differenz zwischen den jährlichen Barwertminderungen und der Summe der jährlichen Zahlungen ergibt, ist als Werbungskosten bei den Einkünften aus Vermietung und Verpachtung abziehbar. Bei A gehört der Zinsanteil zu den Einnahmen aus Kapitalvermögen. Aus Vereinfachungsgründen kann der Zinsanteil auch nach der Ertragsanteilstabelle des § 55 Abs. 2 EStDV bestimmt werden (BMF, BStBl 2004 I 922 Rz. 61).

FALL 255

Besteuerung einer Mehrbedarfsrente

Sachverhalt: A ist infolge eines ärztlichen Kunstfehlers im Jahr 01 arbeitsunfähig geworden. Ein Gericht verpflichtet den behandelnden Arzt im Jahr 05, dem A neben einem Schmerzensgeld (§ 847 BGB) eine Mehrbedarfsrente (§ 843 Abs. 1 Alt. 2 BGB) rückwirkend ab dem 1. 1. 02 i. H. v. monatlich 1 000 € bis an sein Lebensende zu zahlen.

Die Haftpflichtversicherung des Arztes leistet im Jahr 05 folgende Zahlungen: das Schmerzensgeld, die rückständige Mehrbedarfsrente für die Jahre 02-04 von 3 × 12 000 € = 36 000 € sowie die laufende Mehrbedarfsrente für 05 i. H. v. 12 000 €. Das Gericht berechnete die Mehrbedarfsrente wie folgt:

▶ 600 € für Hilfs- und Begleitpersonen,

▶ 300 € für das Halten eines Pkw,

▶ 100 € für sonstige Bedürfnisse wie erhöhte Körperpflege, Diät und Elektro-Rollstuhl.

Aufgabe: Unterliegt die in 05 zugeflossene Mehrbedarfsrente von 48 000 € als wiederkehrende Bezüge (§ 22 Nr. 1 Satz 1 EStG) der Einkommensteuer?

LÖSUNG

Einem Verletzten ist, wenn u. a. infolge einer Verletzung des Körpers oder der Gesundheit eine Vermehrung seiner Bedürfnisse eintritt, Schadensersatz durch Entrichtung einer Geldrente (sog. Mehrbedarfsrente) zu leisten (§ 843 Abs. 1 BGB). Ein Mehrbedarf kann dem Verletzten bspw. durch laufend benötigte Medikamente, Kosten für die Wartung und Instandhaltung medizinischer und orthopädischer Hilfsmittel (künstliche Gliedmaßen, Brillen, Hörgeräte, Stützkorsett) oder – wie hier – für Hilfs- und Begleitpersonen, für das Halten eines Pkw sowie für sonstige Bedürfnisse wie erhöhte Körperpflege, Diät und einen Elektro-Rollstuhl entstehen.

Früher wurden Mehrbedarfsrenten von der Finanzverwaltung einkommensteuerrechtlich wie Unterhaltsrenten (§ 844 Abs. 2 BGB) als in voller Höhe wiederkehrende Bezüge (§ 22 Nr. 1 Satz 1 EStG) erfasst. Für Unterhaltsrenten hat der BFH entschieden, dass diese in voller Höhe steuerbare sonstige Bezüge darstellen (BFH VIII R 9/77, BStBl 1979 II 133).

In späteren Entscheidungen (BFH VIII R 79/91, BStBl 1995 II 121; X R 106/92, BFH/NV 1995, 1050; vgl. auch die Urteilsanmerkung in HFR 1995, 196) schränkt der BFH seine zur Steuerbarkeit von Schadensersatzrenten vertretene Rechtsprechung auf die Fälle ein, in denen Ersatz für andere bereits steuerbare Einkünfte geleistet wird, z. B. Geldrenten wegen Minderung der Erwerbsfähigkeit (§ 843 Abs. 1 Alt. 1 BGB, § 24 Nr. 1a EStG). Ersatzleistungen in Form von Mehrbedarfsrenten sind nach der gewandelten Rechtsauffassung des BFH nicht steuerbar. Daraus folgt, dass A die in 05 zugeflossenen Rentenzahlungen i. H. v. 48 000 € als echten Schadensersatz – ebenso wie das Schmerzensgeld – nicht zu versteuern braucht, obwohl die Rentenzahlungen ihrer äußeren Form nach wiederkehrende Leistungen sind (ebenso BMF v. 15.7.2009, BStBl 2009 I 836).

Besteuerung von Schadensersatzrenten

1. Der 50 Jahre alte Rechtsanwalt A erhält ab 1.1.2013 aufgrund eines auf einer privaten Fahrt von einem Dritten verschuldeten Verkehrsunfalles von dessen Versicherung eine monatliche Geldrente von 1 500 €, die den Verdienstausfall des A wegen seiner verminderten Erwerbsfähigkeit ersetzen soll (§ 843 Abs. 1 Alt. 1 BGB). Außerdem erhielt er 2013 ein Schmerzensgeld von 100 000 €.

2. Der Ehemann von Frau C ist aufgrund eines Fehlers des ihn behandelnden Arztes des Kreiskrankenhauses G verstorben. C hat gegenüber dem Kreiskrankenhaus G mit Erfolg Schadensersatz geltend gemacht. Die V-Versicherungs-AG zahlte C 2012 eine Schadensersatzrente nach § 844 Abs. 2 BGB i. H. v. 1 022 € monatlich. Die monatliche Zahlung entfällt i. H. v. 664 € auf den materiellen Unterhaltsschaden und i. H. v. 358 € auf den Haushaltsführungsschaden.

Aufgabe: Sind die Versicherungsleistungen einkommensteuerbar?

Zu 1.:

Kommt ein Mensch durch einen Unfall oder eine ärztliche Fehlbehandlung zu Schaden oder wird er getötet, werden oft Schadensersatzrenten nach den §§ 842 ff. BGB gewährt. Wird infolge einer Verletzung des Körpers oder der Gesundheit die Erwerbsfähigkeit des Verletzten aufgehoben oder gemindert, so ist dem Verletzten durch Entrichtung einer Geldrente Schadensersatz zu leisten (§ 843 Abs. 1 Alt. 1 BGB).

Die steuerliche Behandlung hängt davon ab, wofür eine solche Rente gezahlt wird. Bei Entschädigungen wegen Körperverletzung wird unterschieden zwischen Beträgen, die

▶ den Verdienstausfall ersetzen und solchen, die

▶ als Ersatz für Arzt- und Heilungskosten und die Mehraufwendungen während der Krankheit,

▶ sowie als Ausgleich für immaterielle Einbußen in Form eines Schmerzensgeldes gewährt werden (BFH XI R 40/02, BStBl 2004 II 726).

Die laufenden Rentenzahlungen, die den Verdienstausfall ganz oder teilweise ersetzen, sind nach § 24 Nr. 1 Buchst. a EStG steuerpflichtig. Nach dieser Vorschrift gehören zu den Einkünften i. S. d. § 2 Abs. 1 EStG auch Entschädigungen, die als Ersatz für entgangene oder entgehende Einnahmen gewährt werden. Die Beträge, die den Verdienstausfall ersetzen, sind als Einkünfte der Einkunftsart anzusehen, für die sie einen Ersatz bilden. Es kann sich dabei um Einkünfte aus Land- und Forstwirtschaft, aus Gewerbebetrieb, aus freiberuflicher Tätigkeit oder um Einkünfte aus nichtselbständiger Arbeit handeln.

Vorliegend wird die monatliche Rente von monatlich 1 500 € für den unfallbedingten Gewinnentgang gezahlt. Es handelt sich um den Ersatz des infolge des Unfalls entgangenen freiberuflichen Gewinnes. Die Rentenzahlungen gehören daher zu den Betriebseinnahmen des A und erhöhen auf diese Weise seine Einkünfte aus selbständiger Arbeit i. S. d. § 18 Abs. 1 Nr. 1 EStG (BFH IV 630/55 U, BStBl 1957 III 164; IV 143/58 U, BStBl 1961 III 101).

Beträge, die als Ersatz für Arzt- und Heilungskosten und die Mehraufwendungen während der Krankheit sowie als Ausgleich für immaterielle Einbußen in Form eines Schmerzensgeldes gewährt werden, sind nicht einkommensteuerbar (BFH XI R 40/02, BStBl 2004 II 726).

Zu 2.:

Der BFH hat sich in einer älteren Entscheidung auf den Standpunkt gestellt, dass Schadensersatzrenten, die aufgrund von § 844 Abs. 2 BGB für den Verlust von Unterhaltsansprüchen gewährt werden, wiederkehrende Bezüge i. S. v. § 22 Nr. 1 Satz 1 EStG und als solche in vollem Umfang steuerpflichtig sind (BFH VIII R 9/77, BStBl 1979 II 133). Die Finanzverwaltung hatte sich dieser – in der Literatur umstrittenen – Rechtsprechung angeschlossen und angeordnet, dass Schadensersatzrenten, die auf der Rechtsgrundlage der § 844 Abs. 2, § 845 BGB für den Verlust von Unterhaltsansprüchen oder von gesetzlich geschuldeten Diensten gezahlt werden, mit ihrem vollen Betrag nach § 22 Nr. 1 Satz 1 EStG zu besteuern sind (BMF, BStBl 1995 I 705).

Der BFH hat dagegen entschieden, dass eine Schadensersatzrente gem. § 844 Abs. 2 BGB, die zum Ausgleich des durch den Tod des Unterhaltsverpflichteten eingetretenen materiellen Unterhaltsschadens und des Haushaltsführungsschadens gezahlt wird, weder als Leibrente noch als sonstiger wiederkehrender Bezug einkommensteuerbar ist (BFH X R 31/07, BStBl 2009 II 651). Die Finanzverwaltung akzeptiert diese Rechtsprechung (BMF v. 15. 7. 2009, BStBl 2009 I 836).

HINWEIS:

Der BFH will nach seiner jüngeren Rechtsprechung die Besteuerung von Schadensersatzrenten wohl auf die Fälle beschränkt wissen, in denen Schadensersatz für entgangene Einnahmen geleistet wird.

FALL 257

Besteuerung einer Altersrente aus der gesetzlichen Rentenversicherung mit Rentenbeginn vor 2005

Sachverhalt: A bezieht ab dem 1. 7. 2004 eine Regelaltersrente i. H. v. 1 000 € monatlich aus der gesetzlichen Rentenversicherung, weil er im Juni 2004 das 65. Lebensjahr vollendet hat. Die im Jahr 2013 zugeflossenen Rentenzahlungen betragen 12 x 1 100 € = 13 200 €.

Aufgabe: Wie hoch sind die sonstigen Einkünfte des A im Jahr 2013?

LÖSUNG

Die Besteuerung der Renten aus der gesetzlichen Rentenversicherung wurde durch das Alterseinkünftegesetz vom 5. 7. 2004 (BGBl 2004 I 1427) ab 2005 neu geregelt. Von der Neuregelung betroffen sind alle Rentenbezieher, gleichgültig, ob sie bereits jetzt eine Rente beziehen oder z. B. erst in 20 oder 30 Jahren. Grund für die Neuregelung ist eine Entscheidung des BVerfG (v. 6. 3. 2002, 2 BvL 17/99, BStBl 2002 II 618), wonach die unterschiedliche Besteuerung von Beamtenpensionen und Renten aus der gesetzlichen Rentenversicherung mit dem Gleichheitssatz des Grundgesetzes unvereinbar ist.

Renten aus der gesetzlichen Rentenversicherung unterliegen als „sonstige Einkünfte" gem. § 22 EStG der Einkommensbesteuerung. Aber im Gegensatz zu den anderen Einkunftsarten gibt es bei den Renten einen großen Vorteil: Renten aus den gesetzlichen Rentenversicherungen wurden bis 2004 nur mit dem günstigen Ertragsanteil (einem pauschalierten Zinsanteil), danach im Rahmen einer Übergangsregelung bis zum Jahr 2040 schrittweise nachgelagert besteuert. Die Besteuerung mit dem Ertragsanteil bzw. der schrittweise Übergang zur nachgelagerten Besteuerung in der Übergangzeit hat den Vorteil, dass nicht die volle Rente, sondern nur ein Teil davon der Einkommensteuer unterliegt. Erst Renten aus den gesetzlichen Rentenversicherungen, die ab dem Jahr 2040 beginnen, müssen voll versteuert werden. Vom steuerpflichtigen Teil der Rente wird mindestens der Werbungskosten-Pauschbetrag von 102 € abgezogen. Nach Meinung des BFH ist die Umstellung der Besteuerung der Alterseinkünfte auf die nachgelagerte Besteuerung verfassungsmäßig (BFH X R 15/07, BStBl 2009 II 710).

Betroffen vom schrittweisen Übergang zur nachgelagerten Besteuerung sind alle Rentenzahlungen aus der gesetzlichen Rentenversicherung ab 2005, also auch Renten, die vor dem 1. 1. 2005 begonnen haben (sog. Bestandsrenten). Ab 2005 unterliegen alle Bestandsrenten sowie die in 2005 erstmals gezahlten Renten zu 50 % der Besteuerung. Alle Rentenarten aus der gesetzlichen Rentenversicherung werden ab 2005 gleichbehandelt. Es wird nicht mehr unterschieden, ob es sich um eine lebenslange Leibrente, z. B. Altersrente, oder um eine abgekürzte Leibrente, z. B. Erwerbsminderungsrente, handelt.

Für Renten, die ab 2006 beginnen, steigt der Besteuerungsanteil der Rente – je nach Jahr des Rentenbeginns (Rentnerjahrgang) – bis zum Jahr 2020 schrittweise um zwei Prozentpunkte jährlich auf 80 % und danach um einen Prozentpunkt jährlich auf 100 % ab dem Jahr 2040. Der Besteuerungsanteil gilt einheitlich und damit auch für die Renten der selbständig tätigen und nicht pflichtversicherten Personen. Der Besteuerungsanteil ist nach dem Jahr des Rentenbeginns und dem in diesem Jahr maßgebenden Prozentsatz aus der Tabelle des § 22 Nr. 1 Satz 3 Buchst. a Doppelbuchst. aa EStG zu entnehmen.

Ab 2005 unterliegen – wie erwähnt – alle Bestandsrenten zu 50 % der Besteuerung. Dieser prozentuale Besteuerungsanteil teilt die Rente in zwei Teile auf: den Besteuerungsanteil der Rente und den Teil der Jahresrente, der steuerfrei bleibt. Der steuerfreie Betrag wird vom FA als Rentenfreibetrag festgeschrieben und gilt in dieser Höhe für die gesamte Laufzeit der Rente (§ 22 Nr. 1 Satz 3 Buchst. a Doppelbuchst. aa Satz 5 EStG).

A muss versteuern:

Jahresrente 2013

12 x 1 100 €	13 200 €
./. Rentenfreibetrag: wie 2005: 50 % von 12 000 €	./. 6 000 €
./. Werbungskosten-Pauschbetrag (§ 9a Nr. 3 EStG)	./. 102 €
sonstige Einkünfte	7 098 €

FALL 258

Besteuerung einer Altersrente aus der gesetzlichen Rentenversicherung mit Rentenbeginn ab 2005

Sachverhalt: Arbeitnehmer A bezieht ab 1.7.2006 eine Regelaltersrente von monatlich 1 000 €, weil er im Juni 2006 das 65. Lebensjahr vollendet hat. Die im Jahr 2007 zugeflossenen Rentenzahlungen betragen 12 000 €, die im Jahr 2013 zugeflossenen Rentenzahlungen belaufen sich auf 12 500 €

Aufgabe: Wie hoch sind die sonstigen Einkünfte des A im Jahr 2013?

LÖSUNG

Bei Rentenbeginn ab 2005 beträgt der prozentuale Besteuerungsanteil – wie für (vor 2005 begonnene) Bestandsrenten – 50 %. Der Rentenfreibetrag wird bei ab 2005 beginnenden Renten aber erst ab dem Jahr ermittelt, das auf das Jahr des ersten Rentenbezugs folgt (hier: 2006). Da die meisten Rentner im ersten Jahr ihres Rentenbezugs ihre Rente nur für einen Teil des Jahres beziehen, wird der endgültige Rentenfreibetrag erst aus der vollen Jahresbruttorente des zweiten Rentenbezugsjahrs ermittelt. Der Rentenfreibetrag beträgt daher 50 % von 12 000 € = 6 000 €.

A muss 2013 versteuern:

Jahresrente	12 500 €
./. Rentenfreibetrag: wie 2007	./. 6 000 €
./. Werbungskosten-Pauschbetrag (§ 9a Nr. 3 EStG)	./. 102 €
Sonstige Einkünfte	6 398 €

FALL 259

Besteuerung einer Witwenrente aus der gesetzlichen Rentenversicherung mit Rentenbeginn ab 2005

Sachverhalt: Die 50 Jahre alte Frau B erhält nach dem Tod ihres Ehemannes ab 1.7.2006 eine große Witwenrente von monatlich 750 €. Die im Jahr 2007 zugeflossenen Rentenzahlungen betrugen 9 000 €, die im Jahr 2013 zugeflossenen Renteneinnahmen belaufen sich auf 9 300 €.

Aufgabe: Wie hoch sind die sonstigen Einkünfte der Frau B im Jahr 2013?

LÖSUNG

Auch für Witwenrenten ändert sich die Besteuerung, und zwar sowohl für am 1.1.2005 bereits bestehende als auch neu beginnende Renten. Steuerpflichtig ist auch hier der Teil der Rente, der über dem Rentenfreibetrag liegt. Der Rentenfreibetrag beträgt vorliegend ausgehend von der 2007 zugeflossenen Rente 50 % von 9 000 € = 4 500 €, so dass wie folgt zu rechnen ist:

Jahresrente 2013	9 300€
./. Rentenfreibetrag wie 2007: 50 % von 9 000 €	./. 4 500 €
./. Werbungskosten-Pauschbetrag (§ 9a Nr. 3 EStG)	./. 102 €
Sonstige Einkünfte	4 698 €

FALL 260

Besteuerung einer Witwenrente nach vorhergehender Versichertenrente

Sachverhalt: A ging am 1. 7. 2004 in Rente. Seine Altersrente betrug im Jahr 2005 12 000 €. Er starb Ende 2005. Seine Ehefrau B erhält ab 1. 1. 2006 eine große Witwenrente von monatlich 550 €. Die Rente erhöhte sich ab 1. 7. 2013 auf 560 €.

Aufgabe: Wie hoch sind die sonstigen Einkünfte der Frau B im Jahr 2013?

LÖSUNG

Für Folgerenten wird der niedrigere Besteuerungsanteil vorausgegangener Renten berücksichtigt, wenn ein ununterbrochener Rentenbezug vorliegt (§ 22 Nr. 1 Satz 3 Buchst. a Doppelbuchst. aa Satz 8 EStG). Hinterbliebenenrenten, die einer Versichertenrente folgen, werden also nach dem Rentenbeginn des Versicherten versteuert.

Obwohl die Witwenrente von Frau B 2006 begann, beträgt der Besteuerungsanteil für diese Rente nicht 52 %, sondern 50 %, da die gesetzliche Rente von A vor 2005 begann.

Frau B muss im Jahr 2013 versteuern:

Jahresbetrag Witwenrente:

6 x 550 €	3 300 €	
6 x 560 €	3 360 €	6 660 €
./. Rentenfreibetrag wie 2007: 50 % von 6 600 €		./. 3 300 €
./. Werbungskosten-Pauschbetrag (§ 9a Nr. 3 EStG)		./. 102 €
Sonstige Einkünfte		3 258 €

Der Rentenfreibetrag für die gesamte restliche Laufzeit der Witwenrente von Frau B beträgt 3 300 €.

FALL 261

Rente aus einer berufsständischen Versorgungseinrichtung

Sachverhalt: Frau Dr. Z war früher als selbständige Zahnärztin in eigener Praxis tätig. Sie ist am 20. 5. 1939 geboren. Seit dem 1. 6. 2004 ist sie im Ruhestand. Sie erhält von der Versorgungsanstalt der Landeszahnärztekammer Versorgungsbezüge (Altersruhegeld). Im Jahr 2013 hat sie Versorgungsbezüge von 26 400 € erhalten. Das Altersruhegeld 2005 betrug 24 000 €.

Die Landeszahnärztekammer hat Frau Dr. Z eine Bescheinigung nach § 22 Nr. 1 Satz 3 Buchstabe a Doppelbuchstabe bb Satz 2 EStG ausgestellt. Daraus ergibt sich, dass 20 % der Versorgungsbezüge auf Beiträgen beruhen, die oberhalb des Höchstbetrags zur gesetzlichen Rentenversicherung entrichtet wurden. In 15 Jahren wurden Beiträge oberhalb des Höchstbetrags zur gesetzlichen Rentenversicherung gezahlt.

Aufgaben:

1. Wie hoch sind die sonstigen Einkünfte von Frau Dr. Z im Jahr 2013?

2. Wie hoch sind die sonstigen Einkünfte von Frau Dr. Z im Jahr 2013, wenn sie die Anwendung der Öffnungsklausel beantragt?

LÖSUNG

Zu 1:

Auch Renten aus berufsständischen Versorgungseinrichtungen werden prinzipiell nachgelagert besteuert (§ 22 Nr. 1 Satz 3 Buchst. a Doppelbuchst. aa Satz 1 EStG). Nachgelagerte Besteuerung bedeutet im Endergebnis, dass die Rentenbeiträge zur gesetzlichen Rentenversicherung und ihr gleichgestellten Versicherungen bzw. berufsständischen Versorgungswerken zum Zeitpunkt der Zahlung von der Einkommensteuer freigestellt werden und erst die darauf beruhenden Renten besteuert werden.

Kern der nachgelagerten Rentenbesteuerung ist in der Übergangsphase der Rentenfreibetrag. Das ist der Teil der Rente, der nicht versteuert werden muss. Der Rentenfreibetrag ergibt sich aus der Differenz zwischen dem Jahresbetrag der Rente und dem der Besteuerung unterliegenden Anteil der Rente (§ 22 Nr. 1 Satz 3 Buchst. a Doppelbuchst. aa Satz 4 EStG). Vorliegend ist wie folgt zu rechnen:

Jahresbetrag der Rente 2013		26 400 €
Rentenfreibetrag 2013 (wie 2005)	50 % von 24 000 €	./. 12 000 €
Werbungskosten-Pauschbetrag		./. 102 €
sonstige Einkünfte		14 298 €

Zu 2:

Die nachgelagerte Besteuerung kann bei Selbständigen, die in der Vergangenheit hohe Beiträge in ein berufsständisches Versorgungswerk eingezahlt haben, zu einer ungerechten Überbesteuerung führen. Deshalb kann **auf Antrag** ein Teil der Leibrente nur der Ertragsanteilsbesteuerung unterworfen werden (§ 22 Nr. 1 Satz 3 Buchst. a Doppelbuchst. bb Satz 2 EStG). Es handelt sich um den Rententeil, der auf Beiträgen oberhalb des Höchstbetrags zur gesetzlichen Rentenversicherung beruht, die bis zum 31. 12. 2004 für mindestens zehn Jahre geleistet wurden. Die Jahre müssen nicht unmittelbar aufeinanderfolgen (BMF, BStBl 2013 I 1087 Rz. 240).

Bei Anwendung der Öffnungsklausel wird nur der Teil der Rente nachgelagert besteuert, der auf Beitragszahlungen bis zur Höhe des Höchstbeitrags zur gesetzlichen Rentenversicherung beruht. Der andere Teil der Rente wird dagegen mit dem wesentlich günstigeren Ertragsanteil besteuert.

Der Antrag auf anteilige Ertragsanteilsbesteuerung ist beim zuständigen FA i. d. R. im Rahmen der Einkommensteuererklärung formlos zu stellen (BMF, BStBl 2013 I 1087 Rz. 239). Die Öffnungsklausel ist nicht von Amts wegen anzuwenden. Der Stpfl. muss einmalig nachweisen, dass er in mindestens zehn Jahren vor dem 1. 1. 2005 Beiträge oberhalb des Höchstbeitrags gezahlt hat. Der Nachweis ist durch Bescheinigungen der einzelnen Versorgungsträger zu erbringen, die Angaben über die in den einzelnen Jahren geleisteten Beiträge enthalten müssen (BMF, BStBl 2013 I 1087 Rz. 247).

20 % der Rente 2013 von 26 400 € = 5 280 € entfallen auf Beiträge oberhalb des Höchstbeitrags. Für diese Einnahmen ergibt sich abhängig vom Geburtsdatum von Frau Dr. Z (20. 5. 1939) und vom Beginn der Rente (1. 6. 2004) ein Ertragsanteil nach § 22 Nr. 1 Satz 3 Buchst. a Doppelbuchst. bb Satz 4 EStG von 18 %.

Es ist wie folgt zu rechnen:

Jahresbetrag der Rente 2013		26 400 €
Einnahmen bei Anwendung der Öffnungsklausel: 20 % von 26 400 €		./. 5 280 €
Nachgelagert zu versteuern		21 120 €
Rentenfreibetrag 2005 ff.:		
50 % von (24 000 € ./. 20 % =) 19 200 €		9 600 €
		11 520 €
Unter die Öffnungsklausel fallende Einnahmen:		
20 % von 26 400 €	5 280 €	
Davon steuerpflichtig mit Ertragsanteil von 18 % gerundet		950 €
		12 470 €
Werbungskosten-Pauschbetrag		./. 102 €
Sonstige Einkünfte		12 368 €

FALL 262

Veräußerung eines geschenkten Grundstücks innerhalb von 10 Jahren seit Anschaffung

Sachverhalt: A und B sind Eheleute, die zusammen zur Einkommensteuer veranlagt werden. Die Ehefrau B erwarb am 20. 3. 2005 ein unbebautes Grundstück für 90 000 €. Dieses Grundstück schenkte sie mit Vertrag vom 10. 1. 2013 ihrem Ehemann A, der es am 15. 9. 2013 für 290 000 € verkaufte.

Aufgabe: Liegen Einkünfte aus einem „privaten Veräußerungsgeschäft" i. S. v. § 22 Nr. 2, § 23 Abs. 1 Nr. 1 EStG vor?

LÖSUNG

Nach § 22 Nr. 2 i. V. m. § 23 Abs. 1 Nr. 1 EStG liegt bei Grundstücken prinzipiell ein privates Veräußerungsgeschäft (sog. Spekulationsgeschäft) vor, wenn der Zeitraum zwischen Anschaffung und Veräußerung nicht mehr als zehn Jahre beträgt. Das Vorliegen eines „privaten Veräußerungsgeschäfts" setzt also voraus, dass der Stpfl. das Grundstück anschafft und binnen zehn Jahren veräußert, wobei für die Berechnung des 10-Jahres-Zeitraums grds. auf den Abschluss des schuldrechtlichen (obligatorischen), nicht des dinglichen, Rechtsgeschäfts abzustellen ist (BFH VIII R 16/83, BStBl 1984 II 311).

Bei einer Schenkung unter Lebenden muss sich der Beschenkte (hier A), der das unentgeltlich erworbene Grundstück veräußert, die Besitzzeit des Schenkers (hier B) zurechnen lassen (§ 23 Abs. 1 Satz 3 EStG). Die Anschaffung durch den Schenker wird also dem Beschenkten zugerechnet mit der Folge, dass der Beschenkte den Tatbestand des § 22 Nr. 2 i. V. mit § 23 Abs. 1 Nr. 1 EStG verwirklicht, wenn zwischen Anschaffung durch den Schenker und Veräußerung durch den Beschenkten nicht mehr als zehn Jahre liegen. Der beschenkte A erzielt daher im Jahr 2013 folgende Einkünfte aus privaten Veräußerungsgeschäften:

Veräußerungspreis	290 000 €
./. Anschaffungskosten	./. 90 000 €
Sog. Spekulationsgewinn i. S. v. § 23 EStG	200 000 €

FALL 263

Privates Veräußerungsgeschäft bei einem Grundstück, wenn dieses zwischenzeitlich im Betriebsvermögen gehalten wird

Sachverhalt: Einzelgewerbetreibender A hat am 10. 5. 2005 ein unbebautes Grundstück für 100 000 € erworben. Am 1. 4. 2011 hat er das Grundstück mit seinem Teilwert von 130 000 € in das Betriebsvermögen seines Einzelunternehmens eingelegt. Am 31. 10. 2012 hat er es aus seinem Betriebsvermögen mit dem Teilwert von 140 000 € entnommen. Am 10. 11. 2013 hat A das Grundstück für 160 000 € veräußert.

Aufgabe: Führt die Veräußerung des Grundstücks, das im Privatvermögen angeschafft, zwischenzeitlich in das Betriebsvermögen eingelegt und vor der Veräußerung wieder in das Privatvermögen überführt (entnommen) wurde, zu einem privaten Veräußerungsgeschäft i. S. v. § 22 Nr. 2 i. V. m. § 23 Abs. 1 Nr. 1 EStG?

LÖSUNG

Der Zweck des § 23 EStG besteht darin, innerhalb der Spekulationsfrist realisierte Werterhöhungen eines bestimmten Wirtschaftsguts im Privatvermögen des Stpfl. der ESt zu unterwerfen.

Vorliegend liegt das gem. § 23 Abs. 1 Satz 1 Nr. 1 EStG steuerpflichtige, private Veräußerungsgeschäft – nach der Anschaffung im Jahr 2005 – im Jahr 2013.

Die Einlage des Grundstücks am 1.4.2011 in das Betriebsvermögen ist mangels Rechtsträgerwechsels keine Veräußerung (BMF, BStBl 2000 I 1383). Auch die Entnahme aus dem Betriebsvermögen im Jahr 2012 ist mangels Rechtsträgerwechsels keine Veräußerung (BMF, BStBl 2000 I 1383 Rz. 5). Zwar gilt nach § 23 Abs. 1 Satz 2 EStG als Anschaffung auch die Überführung eines Wirtschaftsguts in das Privatvermögen des Stpfl. durch Entnahme. Diese Fiktion einer Anschaffung entfaltet aber nach der vom BFH in einer neuen Entscheidung vertretenen Auffassung keine Wirkung (BFH IX R 66/10, BFH/NV 2012, 94). Denn die ursprüngliche tatsächliche Anschaffung im Jahr 2005 wirkt fort, da die Voraussetzungen der Veräußerungsfiktion des § 23 Abs. 1 Satz 5 Nr. 1 EStG nicht erfüllt sind. Deshalb sind für die Ermittlung des sog. Spekulationsgewinns die ursprünglichen Anschaffungskosten zugrunde zu legen, und der Gewinn aus dem privaten Veräußerungsgeschäft ist um den im Betriebsvermögen zu erfassenden Gewinn zu korrigieren. Der durch die Grundstücksveräußerung im Jahr 2013 erzielte Gewinn aus einem privaten Veräußerungsgeschäft ist nach Auffassung des BFH wie folgt zu berechnen:

Veräußerungserlös	160 000 €
./. Anschaffungskosten 2005	./. 100 000 €
+ Teilwert bei Einlage im Jahr 2011	+ 130 000 €
./. Teilwert bei Entnahme im Jahr 2012	./. 140 000 €
Einkünfte aus privatem Veräußerungsgeschäft im Jahr 2013	50 000 €

FALL 264

Einkünfte aus privaten Veräußerungsgeschäften bei Herstellung eines Gebäudes

Sachverhalt: A hat am 15.1.01 ein unbebautes Grundstück für 80 000 € erworben und in den Jahren 02 und 03 mit einem zur Vermietung bestimmten Fertighaus bebaut. Das Gebäude, dessen Herstellungskosten 340 000 € betragen haben, wurde am 10.1.03 fertiggestellt und ab diesem Zeitpunkt vermietet. Am 20.12.04 hat A das bebaute Grundstück dem Mieter für 520 000 € veräußert. Vom Kaufpreis entfallen 120 000 € auf den Grund und Boden und 400 000 € auf das Gebäude.

A hat das Gebäude in den Jahren 03 und 04 wie folgt abgeschrieben:

03:	lineare AfA (§ 7 Abs. 4 Satz 1 Nr. 2a EStG):	
	2 % von 340 000 € =	6 800 €
04:	lineare AfA (§ 7 Abs. 4 Satz 1 Nr. 2a EStG):	
	2 % von 340 000 € =	6 800 €

Aufgabe: Hat A – ggf. in welcher Höhe – Einkünfte aus privaten Veräußerungsgeschäften i.S.v. § 22 Nr. 2 i.V.m. § 23 EStG erzielt?

LÖSUNG

Das innerhalb der sog. Spekulationsfrist veräußerte Wirtschaftsgut muss mit dem angeschafften Wirtschaftsgut identisch sein. Grund und Boden sowie Gebäude sind auch hier grds. selbständige Wirtschaftsgüter. Allerdings ist bei einem innerhalb der Spekulationsfrist von zehn Jahren „fertiggestellten Gebäude" nicht nur die Wertsteigerung des Grund und Bodens, sondern auch die des Gebäudes einzubeziehen (§ 23 Abs. 1 Satz 1 Nr. 1 Satz 2 EStG). Vom Veräußerer in Anspruch genommene Abschreibungen sind von den ursprünglichen Herstellungskosten des Gebäudes abzuziehen (§ 23 Abs. 3 Satz 4 EStG), wenn Anschaffung und Veräußerung nach dem 31. 7. 1995 erfolgten. Es ist wie folgt zu rechnen:

a) Grund und Boden

Veräußerungspreis Grund und Boden	120 000 €
./. Anschaffungskosten Grund und Boden	./. 80 000 €
Einkünfte i. S. v. § 23 EStG	40 000 €

b) Gebäude

Veräußerungspreis Gebäude		400 000 €
./. Herstellungskosten	./. 340 000 €	
AfA 03 und 04: 2 x 6 800 €	13 600 €	./. 326 400 €
Einkünfte i. S. v. § 23 EStG		73 600 €

FALL 265

Anschaffungsfiktion bei privaten Veräußerungsgeschäften

Sachverhalt: Einzelgewerbetreibender A hat im Jahr 2005 anlässlich der Betriebsaufgabe ein unbebautes Grundstück, das 20 Jahre zu seinem Betriebsvermögen gehörte, mit einem Wert von 50 000 € aus dem Betriebsvermögen in das Privatvermögen überführt. Der gemeine Wert des Grundstücks betrug zum Zeitpunkt der Betriebsaufgabe tatsächlich 60 000 €. Im Jahr 2013 veräußerte A das Grundstück für 70 000 €.

Aufgabe: Hat A – ggf. in welcher Höhe – Einkünfte aus einem privaten Veräußerungsgeschäft i. S. v. § 22 Nr. 2 i. V. m. § 23 EStG erzielt?

LÖSUNG

Ein privates Veräußerungsgeschäft liegt bei Grundstücken vor, wenn der Zeitraum zwischen Anschaffung und Veräußerung nicht mehr als zehn Jahre beträgt (§ 23 Abs. 1 Satz 1 Nr. 1 EStG). Als Anschaffung gilt auch die Überführung eines Wirtschaftsguts in das Privatvermögen des Steuerpflichtigen durch Entnahme oder Betriebsaufgabe (§ 23 Abs. 1 Satz 2 EStG). Ein privates Veräußerungsgeschäft wird in einem solchen Fall angenommen, wenn zwischen dem Tag der Entnahme und dem Tag der Veräußerung die Spekulationsfrist nicht verstrichen ist. Der Gewinn errechnet sich vorliegend aus der Differenz zwischen dem Veräußerungspreis von 70 000 € und dem bei der Entnahme angesetzten Wert von 50 000 €. Dem Veräußerungspreis muss der tatsächlich angesetzte Teilwert/gemeine Wert auch dann gegenübergestellt werden, wenn der Entnahmewert – wie hier – fehlerhaft zu niedrig angesetzt worden ist. § 23 Abs. 3 Satz 3 EStG ordnet nämlich an, dass an die Stelle der Anschaffungskosten der „angesetzte" Wert tritt.

Nach alledem hat A im Jahr 2013 einen Gewinn aus einem privaten Veräußerungsgeschäft von 70 000 € ./. 50 000 € = 20 000 € erzielt.

FALL 266

Ermittlung und Besteuerungszeitpunkt eines Gewinns aus privaten Veräußerungsgeschäften

Sachverhalt: A erwarb am 5. 1. 02 ein Mietwohngrundstück. Von den Anschaffungskosten i. H. v. 500 000 € entfallen 400 000 € auf das Gebäude und 100 000 € auf den Grund und Boden.

Im Jahr 02 fließen A Mieteinnahmen i. H. v. 30 000 € zu, die mit dem Grundstück zusammenhängenden Werbungskosten (einschließlich AfA i. H. v. 8 000 €) belaufen sich auf 25 000 €.

Mit Vertrag vom 28. 12. 02 verkauft A das Grundstück an B für 600 000 €. Im Zusammenhang mit der Veräußerung fallen Maklerkosten von 5 000 € an. Der Kaufpreis i. H. v. 600 000 € geht im Januar 03 auf einem Bankkonto des A ein.

Aufgaben:

1. Wie hoch ist der von A erzielte Gewinn aus privaten Veräußerungsgeschäften?

2. In welchem Kalenderjahr muss A den Gewinn aus privaten Veräußerungsgeschäften versteuern?

LÖSUNG

Zu 1.:

Gewinn oder Verlust aus privaten Veräußerungsgeschäften ist der Unterschiedsbetrag zwischen dem Veräußerungspreis einerseits und den Anschaffungs- oder Herstellungskosten und den Werbungskosten andererseits (§ 23 Abs. 3 Satz 1 EStG). Die Anschaffungs- oder Herstellungskosten mindern sich um Absetzungen für Abnutzung, erhöhte Absetzungen und Sonderabschreibungen, soweit sie bei der Ermittlung der Einkünfte i. S. d. § 2 Abs. 1 Satz 1 Nr. 4-6 EStG abgezogen worden sind (§ 23 Abs. 3 Satz 4 EStG).

Zu den Werbungskosten i. S. d. § 23 Abs. 3 EStG, die neben den Anschaffungs- oder Herstellungskosten vom Veräußerungspreis abzuziehen sind, gehören alle Aufwendungen, die der Stpfl. macht, um die Veräußerung herbeizuführen (z. B. Makler-, Notar- und Grundbuchkosten). Aufwendungen, die mit der laufenden Nutzung im Zusammenhang stehen (z. B. Erhaltungsaufwand, Grundsteuer usw.), bleiben bei der Ermittlung des Spekulationsgewinns außer Ansatz.

Der von A erzielte Gewinn errechnet sich danach wie folgt:

Veräußerungspreis		600 000 €
./. Anschaffungskosten	./. 500 000 €	
./. AfA	8 000 €	./. 492 000 €
./. Maklerkosten		./. 5 000 €
Gewinn		103 000 €

Zu 2.:

Gewinne aus privaten Veräußerungsgeschäften sind als Überschusseinkünfte im Zeitpunkt des Zuflusses zu versteuern (§ 11 Abs. 1 Satz 1 EStG). Eine Steuerpflicht entsteht demnach erst in dem Kalenderjahr, in dem der Veräußerer mehr erhält, als er an Anschaffungs- oder Herstellungskosten sowie Werbungskosten i. S. v. § 23 Abs. 3 EStG aufgewendet hat. Da der Veräußerungspreis dem A erst im Jahr 03 zugeflossen ist, ist Besteuerungszeitpunkt des privaten Veräußerungsgeschäfts das Jahr 03.

HINWEIS:

Vereinbaren die Vertragsparteien eines Grundstückskaufvertrages, dass der Kaufpreis auf ein Notaranderkonto gezahlt wird und der Notar diesen Kaufpreis erst an den Verkäufer auszahlen darf, wenn bestimmte Voraussetzungen erfüllt sind, erfolgt der Zufluss des Kaufpreises beim Verkäufer erst im Zeitpunkt der Auszahlungsreife (FG Hamburg, 2 K 231/08, EFG 2009, 1642).

FALL 267

Freigrenze bei Gewinnen aus privaten Veräußerungsgeschäften

Sachverhalt: Die Eheleute A und B, die zusammen zur Einkommensteuer veranlagt werden, erzielten im Kalenderjahr 2013 folgende Einkünfte aus sog. Spekulationsgeschäften:

Ehemann A

Spekulationsgewinn aus der Veräußerung eines Grundstücks	600 €

Ehefrau B

Spekulationsgewinn aus der Veräußerung eines Grundstücks	400 €
insgesamt	1 000 €

Aufgabe: Ist der Gesamtgewinn aus den Spekulationsgeschäften i. H. v. 1 000 € einkommensteuerpflichtig?

Gewinne aus privaten Veräußerungsgeschäften bleiben steuerfrei, wenn der Gesamtgewinn im Kalenderjahr weniger als 600 € beträgt (§ 23 Abs. 3 Satz 5 EStG). Zur Ermittlung des Gesamtgewinns sind innerhalb eines Kalenderjahres erzielte Spekulationsgewinne und Spekulationsverluste des einzelnen Stpfl. miteinander zu verrechnen. Beträgt der Spekulationsgewinn 600 € oder mehr, ist er in voller Höhe steuerpflichtig.

Haben bei zusammenveranlagten Ehegatten beide Spekulationsgewinne erzielt, so steht jedem Ehegatten die Freigrenze von 599,99 €, höchstens jedoch bis zu seinem Gesamtgewinn zu. Es ist aber nicht zulässig, die nicht ausgeschöpfte Freigrenze des einen Ehegatten auf den anderen zu übertragen.

Das bedeutet, dass der Gesamtgewinn des A i. H. v. 600 € wegen Überschreitens der Freigrenze steuerpflichtig ist. Der Spekulationsgewinn seiner Ehefrau B i. H. v. 400 € bleibt dagegen steuerfrei, weil er die Freigrenze von 599,99 € nicht übersteigt.

Ausgleich von Verlusten aus privaten Veräußerungsgeschäften

Sachverhalt: Die Eheleute A und B, die zusammen zur Einkommensteuer veranlagt werden, erzielten im Kalenderjahr 2013 folgende Einkünfte:

Ehemann A

Einkünfte aus freiberuflicher Tätigkeit	210 000 €
Sog. Spekulationsverlust aus der Veräußerung eines Grundstücks	./. 10 000 €

Ehefrau B

Sog. Spekulationsgewinn aus der Veräußerung eines Grundstücks:	5 000 €

Aufgabe: Inwieweit kann der Spekulationsverlust des A i. H. v. 20 000 € mit den übrigen Einkünften ausgeglichen werden?

Der Spekulationsverlust des A i. H. v. 10 000 € ist i. H. v. 5 000 € mit dem steuerpflichtigen Gewinn der Ehefrau aus privaten Veräußerungsgeschäften auszugleichen (so jedenfalls BMF, BStBl 2000 I 1383 Rz. 41). Der im Entstehungsjahr 2013 nicht ausgeglichene Veräußerungsverlust ist nach Maßgabe des § 10d EStG in das Jahr 2012 rück- bzw. in die Folgejahre vortragsfähig. Er mindert die Einkünfte, die der Stpfl. im unmittelbar vorangegangenen VZ 2012 bzw. in den folgenden VZ aus privaten Veräußerungsgeschäften bezogen hat (§ 23 Abs. 3 Satz 8 EStG). Bei der Zusammenveranlagung von Ehegatten ist der Verlustabzug nach § 10d Abs. 1 und 2 EStG zunächst getrennt für jeden Ehegatten und anschließend zwischen den Ehegatten durchzuführen (BMF, BStBl 2000 I 1383 Rz. 42). Der verbleibende Verlustvortrag wird durch einen gesonderten Bescheid festgestellt (§ 23 Abs. 3 Satz 8, § 10d Abs. 4, § 52 Abs. 39 EStG).

FALL 269

Berechnung der Spekulationsfrist

Sachverhalt:

A hat am 20.11.01 einen Oldtimer-Pkw als Anlageobjekt für 40 000 € gekauft. Er hat diesen Pkw

a) am 20.11.02 (dieser Tag fällt auf einen Sonntag),

b) am 21.11.02

für 50 000 € verkauft.

Aufgabe: Ist der Veräußerungsgewinn als Einkünfte aus einem privaten Veräußerungsgeschäft steuerbar?

LÖSUNG

Private Veräußerungsgeschäfte liegen vor bei der Veräußerung von „anderen Wirtschaftsgütern", bei denen der Zeitraum zwischen Anschaffung und Veräußerung nicht mehr als ein Jahr beträgt (§ 22 Abs. 1 Satz 1 Nr. 2 EStG). Für die Ein-Jahres-Frist wird gerechnet vom Datum des Kaufs bis zum Datum des Verkaufs. Beträgt der Zeitraum zwischen Kauf und Verkauf mehr als ein Jahr, sind Veräußerungsgewinne nicht steuerbar. Das bedeutet allerdings auch, dass das FA sich in diesem Fall nicht für Veräußerungsverluste interessiert.

Maßgebend für die Ein-Jahres-Frist ist zwar das Datum des Verkaufs, für die Frage, wann ein Gewinn oder Verlust zu versteuern ist, gilt jedoch das Zuflussprinzip (§ 11 Abs. 1 EStG). Die Ein-Jahres-Frist beginnt vorliegend am 21.11.01 und endet mit Ablauf des 20.11.02. Da A im **Fall a)** innerhalb der Jahresfrist verkauft hat, ist der Veräußerungsgewinn von 10 000 € steuerbar. Dass der 20.11.01 ein Sonntag ist, führt nicht zur Verlängerung der Ein-Jahresfrist, weil es sich bei den in § 23 Abs. 1 EStG normierten „Spekulationsfristen" um sog. uneigentliche Fristen handelt, auf die § 108 Abs. 3 AO und § 193 BGB keine Anwendung finden (FG Köln, 12 K 3682/96, EFG 1997, 1187).

Im **Fall b)** ist der Verkauf am 21.11.02, also außerhalb der Ein-Jahresfrist erfolgt. Der Veräußerungsgewinn ist im Fall b) nicht steuerbar.

HINWEIS:

In Durchbrechung der Rechtsprechung (BFH IX R 29/06, BStBl 2009 II 296) hat der Gesetzgeber in § 23 Abs. 1 Satz 1 Nr. 2 Satz 2 EStG i. d. F. des JStG 2010 angeordnet, dass vom Tatbestand des privaten Veräußerungsgeschäfts die Veräußerungen von Gegenständen des täglichen Gebrauchs ausgenommen sind. Diese Vorschrift ist erstmals auf Veräußerungsgeschäfte anzuwenden, bei denen die Gegenstände des täglichen Gebrauchs aufgrund eines nach dem 13.12.2010 rechtskräftig abgeschlossenen Vertrags oder gleichstehenden Rechtsakts angeschafft wurden (§ 52a Abs. 11 Satz 3 EStG). Ein Oldtimer soll nach Meinung der Finanzverwaltung nicht zu den „Gegenständen des täglichen Gebrauchs" gehören (OFD Chemnitz v. 18. 12. 2001, StEK EStG § 23 Nr. 55).

11.10 Entschädigungen, nachträgliche Einkünfte, Nutzungsvergütungen (§ 24 EStG)

FALL 270

Entschädigung für vorzeitige Auflösung eines Mietverhältnisses

Sachverhalt: A hat auf einem zu seinem Privatvermögen gehörenden Grundstück ein zweigeschossiges Gebäude errichtet, dessen Erdgeschoss mit einer Fläche von ca. 600 qm als Ladenlokal ausgebaut wurde. Die Räume wurden an die B-GmbH zum Betrieb eines Supermarktes vermietet. Das Mietverhältnis begann am 1. 1. 01 und wurde auf die Dauer von zehn Jahren, also bis zum 31. 12. 10, fest abgeschlossen. Nach Ablauf der Mietdauer sollte das Mietverhältnis auf unbestimmte Zeit fortgesetzt werden, sofern es nicht gekündigt wurde.

Die B-GmbH eröffnete den Supermarkt jedoch nicht, sondern trat Ende 01 in Verhandlungen mit A ein mit dem Ziel einer vorzeitigen Vertragsauflösung. In deren Verlauf teilte die GmbH dem A mit, sie erwäge, die Mieträume zum 1. 4. 02 herauszugeben und ab diesem Zeitpunkt die Zahlungen einzustellen, wenn A nicht einer einvernehmlichen Lösung des Mietvertrags gegen Abfindung zustimme. Bei Nichtabschluss des Miet-Aufhebungsvertrags hätte A ein Einnahmeausfallrisiko gedroht, weil die GmbH sich in finanziellen Schwierigkeiten befindet. A und die B-GmbH erzielten schließlich eine Einigung, wonach das Mietverhältnis am 31. 12. 02 beendet wurde und die Mieterin sich verpflichtete, zur Abgeltung aller Ansprüche aus dem Mietverhältnis eine Abfindung i. H. v. 120 000 € zu zahlen. Die Abfindung wurde noch im Jahr 02 an A ausgezahlt.

Aufgabe: Kann die Abfindung i. H. v. 120 000 € als Entschädigung i. S. d. § 24 Nr. 1 Buchst. a EStG nach der sog. Fünftel-Regelung (§ 34 EStG) progressionsbegünstigt versteuert werden?

LÖSUNG

Entschädigungen, die gewährt worden sind als Ersatz für entgangene oder entgehende Einnahmen, gehören zu den Einkünften i. S. d. § 2 Abs. 1 EStG (§ 24 Nr. 1 Buchst. a EStG). Sie sind jedoch als außerordentliche Einkünfte auf Antrag progressionsbegünstigt zu versteuern (§ 34 Abs. 2 Nr. 2 EStG). Entschädigungen i. S. d. § 24 Nr. 1 Buchst. a EStG sind Zuwendungen, die einen Schaden ausgleichen, den der Stpfl. durch Wegfall von Einnahmen erlitten hat. Der Begriff der Entschädigung setzt in diesem Zusammenhang also voraus, dass die Leistung nicht in Erfüllung eines fortbestehenden Anspruchs erfolgt, sondern auf einer neuen Rechts- und Billigkeitsgrundlage beruht (BFH VI R 168/83, BFH/NV 1987, 574; IX R 58/10, BStBl 2012 II 286). Nicht begünstigt sind demnach Zahlungen, die in Erfüllung der ursprünglichen vertraglichen Ansprüche des Empfängers geleistet werden, auch wenn sich die Zahlungsmodalität geändert hat (BFH VIII R 64/78, BStBl 1981 II 6). Das Tatbestandsmerkmal des § 24 Nr. 1 Buchst. a EStG „als Ersatz für entgangene oder entgehende Einnahmen" setzt voraus, dass der Ersatz für Einnahmen geleistet wird, die ausgefallen sind, und dass diese Einnahmen unter eine der in § 2 Abs. 1 Nr. 1-7 EStG genannten Einkunftsarten gefallen wären.

Für die Annahme einer Entschädigung ist es unerheblich, ob das zur Entschädigung führende Ereignis ohne oder gegen den Willen des Stpfl. eingetreten ist (BFH III R 150/80, BStBl 1982 II 552). Die Mitwirkung des Stpfl. bei einer Vereinbarung zum Ausgleich des eingetretenen oder drohenden Schadens steht der Beurteilung einer Ersatzleistung als Entschädigung nicht entgegen, wenn der Stpfl. unter erheblichem rechtlichen, wirtschaftlichen oder tatsächlichen Druck handelte (BFH XI R 54/94, BFH/NV 1995, 961). Hinzukommen muss, dass das schadenstiftende Ereignis sich als ein nicht normaler und üblicher Geschäftsvorfall im Rahmen der jeweiligen Einkunftsart darstellt.

Bei Anwendung dieser Grundsätze ist die A zugeflossene Zahlung als steuerbegünstigte Entschädigung zu behandeln. A erhielt die Zahlung zum Ausgleich dafür, dass der Mietvertrag vorzeitig aufgelöst wurde. Durch die vorzeitige Auflösung ist A ein Schaden entstanden, da die künftigen Mieteinnahmen wegfallen. Die Zahlung beruht nicht auf dem Mietvertrag, sondern auf dem abgeschlossenen Vergleich. Die Vertragsaufhebung ist aufgrund des von der B-GmbH ausgeübten erheblichen Drucks zustande gekommen. Die vorzeitige Aufhebung des Mietverhältnisses ist auch kein normaler und üblicher Geschäftsvorfall im Rahmen der Einkünfte aus Vermietung und Verpachtung. Nach alledem ist die A zugeflossene Entschädigung i. H. v. 120 000 € als Einkünfte aus Vermietung und Verpachtung auf Antrag des A progressionsbegünstigt zu versteuern (FG Baden-Württemberg, I 120/78, EFG 1982, 627; FG Hessen, 12 K 1662/94, EFG 1995, 313; FG Hessen, 10 K 761/08, EFG 2012, 2123).

FALL 271

Entschädigung für die Aufgabe einer Tätigkeit

Sachverhalt: Sowohl A als auch B betreiben einen Zeitungs- und Zeitschriftengroßhandel. Am 6. 9. 01 vereinbaren sie aus wirtschaftlichen und organisatorischen Gründen eine Gebietsbereinigung. Zu diesem Zweck überträgt A einen Teil seines Absatzgebietes auf B, der ihm dafür eine Abfindung i. H. v. 100 000 € gewährt. Die Abfindung wird noch im Jahr 01 an A ausgezahlt.

Aufgabe: Wie ist die Abfindung bei A einkommensteuerlich zu behandeln?

LÖSUNG

Bei der A für die teilweise Aufgabe seines Absatzgebietes gewährten Abfindung handelt es sich um eine Entschädigung i. S. v. § 24 Nr. 1 Buchst. b EStG (Entschädigung für die Aufgabe oder Nichtausübung einer Tätigkeit). Die Annahme einer Entschädigung i. S. d. § 24 Nr. 1 Buchst. b EStG ist nicht schon deshalb ausgeschlossen, weil A die Vereinbarung vom 6. 9. 01 freiwillig abgeschlossen hat. Die Vorschrift des § 24 Nr. 1 Buchst. b EStG erfordert nämlich – anders als die des § 24 Nr. 1 Buchst. a EStG – nach ihrem Sinn und Zweck, dass die Tätigkeit gerade mit Wollen oder Zustimmung des Betroffenen aufgegeben wird (BFH VIII R 126/82, BStBl 1984 II 580, 583).

Die Entschädigung i. H. v. 100 000 € erhöht den laufenden Gewinn des A. Sie unterliegt daher auch der Gewerbesteuer. Für Zwecke der Einkommensteuer ist der gewerbliche Gewinn des A aufzuteilen in den Gewinn, der der normalen tariflichen Einkommensteuer unterliegt, und den Gewinn, der nach § 34 Abs. 1 und 2 i. V. m. § 24 Nr. 1b EStG auf Antrag nach der sog. Fünftel-Regelung progressionsbegünstigt zu besteuern ist. Im Ergebnis ist die Abfindung i. H. v. 100 000 € begünstigt zu versteuern, denn zur Ermittlung des steuerbegünstigten Entschädigungsbetrags ist die anteilige Gewerbesteuer nicht vom Entschädigungsbetrag abzuziehen (BFH III R 186/81, BFH/NV 1986, 400). Die Gewerbesteuer ist ab Erhebungszeitraum 2008 ohnehin nicht mehr als Betriebsausgabe abziehbar (§ 4 Abs. 5b EStG).

Ausgleichszahlung an einen Versicherungsvertreter nach § 89b HGB

Sachverhalt: Der 65 Jahre alte A ist seit Jahren als selbständiger Versicherungsvermittler für die X-Versicherungs-AG tätig. Er ermittelt seinen Gewinn durch Betriebsvermögensvergleich (§ 5 EStG). Zum 31. 12. 01 gibt A seine berufliche Tätigkeit auf. Im Betriebsvermögen (Anlagevermögen) der Versicherungsagentur sind zu diesem Zeitpunkt stille Reserven i. H. v. 10 000 € enthalten.

Das Versicherungsunternehmen erkennt A einen Ausgleichsanspruch nach § 89b HGB i. H. v. 102 000 € zu. A sind im Zusammenhang mit dem Ausgleichsanspruch bereits im Jahr 00 Rechtsberatungskosten von 2 000 € entstanden, die im Jahr 00 als Betriebsausgaben abgezogen worden sind. Die Auszahlung der 102 000 € erfolgt im Jahr 02.

Aufgabe: Wie ist die A im Jahr 02 zugeflossene Ausgleichszahlung nach § 89b HGB einkommensteuerlich zu behandeln?

LÖSUNG

Versicherungsvertreter können vom Versicherungsunternehmen nach Beendigung des Vertragsverhältnisses einen angemessenen Ausgleich verlangen (§ 89b HGB). Derartige Ausgleichszahlungen sind einkommensteuerrechtlich als Entschädigung zu behandeln (§ 24 Nr. 1 Buchst. c EStG). Sie sind daher begünstigt zu versteuern (§ 34 Abs. 1 und Abs. 2 Nr. 2 EStG).

Der Ausgleichsanspruch entsteht mit der Beendigung des Vertragsverhältnisses, er ist somit als letzter laufender Geschäftsvorfall des Gewerbebetriebs des Versicherungsvertreters anzusehen (BFH VIII R 184/78, BStBl 1981 II 97). Diese Beurteilung hat zur Folge, dass der Ausgleichsanspruch von 102 000 € in der Schlussbilanz des A zum 31. 12. 01 zu aktivieren und der aufgrund der Aktivierung erhöhte Gewinn als Gewerbeertrag zu erfassen ist. Die Ausgleichszahlung gehört auch dann zum laufenden Gewinn und nicht zum Aufgabegewinn i. S. v. § 16 Abs. 3 EStG des Versicherungsvertreters, wenn dieser seinen Gewerbebetrieb aufgibt (BFH I R 60/79, BStBl 1983 II 243; IV R 72/83, BStBl 1987 II 570; XI B 73/95, BFH/NV 1996, 169).

Die Ausgleichszahlung i. H. v. 102 000 € unterliegt demnach bei A bereits im Kalenderjahr 01 der Einkommen- und Gewerbesteuer. In dem VZ, in dem die Entschädigung nach allgemeinen Grundsätzen als Betriebseinnahme zu erfassen ist (d. h. im Jahr 01), sind zur Ermittlung der außerordentlichen Einkünfte die im gleichen VZ verausgabten Betriebsausgaben (Rechtsberatungskosten) von der Entschädigung abzuziehen. In früheren oder nachfolgenden VZ anfallende Ausgaben sind im Jahr ihrer Entstehung abziehbar (BFH IV R 5/03, BStBl 2005 II 215). Die Rechtsberatungskosten von 2 000 € sind im Jahr 00 Betriebsausgaben bei der Ermittlung des laufenden Gewinns.

Die steuerbegünstigten Einkünfte bestimmen sich jedoch nach dem Saldo zwischen der Entschädigungsleistung und den damit zusammenhängenden Ausgaben. In Höhe der Rechtsberatungskosten ist die Entschädigung von 102 000 € im Jahr 01 anteilig nicht tarifbegünstigt. Bei der Einkommensteuer 01 ist die Ausgleichszahlung i. H. v. 102 000 € abzüglich 2 000 € = 100 000 € nach der sog. Fünftel-Regelung begünstigt zu versteuern (§ 34 Abs. 1 und Abs. 2 Nr. 2 EStG). Zur Ermittlung der begünstigten Einkünfte ist die Ausgleichszahlung nicht um die anteilige, darauf entfallende Gewerbesteuer zu mindern (BFH IV R 236/80, BStBl 1984 II 347; VIII R 126/82, BFH/NV 1986, 400). Anzumerken ist, dass die Gewerbesteuer ab Erhebungszeitraum 2008 keine Betriebsausgabe mehr ist (§ 4 Abs. 5b EStG).

Der Betriebsaufgabegewinn des A i. H. v. 10 000 € bleibt auf Antrag steuerfrei (§ 16 Abs. 4 EStG).

FALL 273

Nachträgliche Einkünfte als Rechtsnachfolger

Sachverhalt: Die 50 Jahre alte A ist die Witwe und Alleinerbin ihres am 30. 12. 01 im Alter von 56 Jahren verstorbenen Ehemannes. Dieser war als selbständiger Arzt tätig gewesen; er ermittelte seinen Gewinn durch Einnahmen-Überschussrechnung (§ 4 Abs. 3 EStG).

A, die selbst nicht über die berufliche Qualifikation zur Fortführung der Arztpraxis verfügt, zieht in der Zeit von Januar bis Juni 02 die noch ausstehenden Honorare i. H. v. 80 000 € ein und veräußert schließlich am 30. 6. 02 Praxisinventar und Praxisgeräte. Dabei erzielt sie einen Veräußerungsgewinn i. H. v. 50 000 €.

Die nachträglichen – mit der früheren Praxis zusammenhängenden – Ausgaben, die A im Jahr 02 angefallen sind, belaufen sich einschließlich AfA auf 10 000 €.

Aufgabe: Welcher Einkunftsart sind die nachträglichen Einkünfte zuzuordnen und wem sind sie zuzurechnen?

LÖSUNG

Zu den Einkünften i. S. d. § 2 Abs. 1 EStG gehören auch Einkünfte aus einer ehemaligen Tätigkeit i. S. d. § 2 Abs. 1 Nr. 1-4 EStG, und zwar auch dann, wenn sie dem Stpfl. als Rechtsnachfolger zufließen (§ 24 Nr. 2 EStG). Dem Rechtsnachfolger zufließende nachträgliche Einkünfte sind ihm als eigene Einkünfte zuzurechnen. Die Verwirklichung des gesetzlichen Einkünfteerzielungstatbestands durch den Rechtsvorgänger wird dem Rechtsnachfolger zugerechnet (BFH IV R 45/87, BStBl 1989 II 509; VIII R 13/93, BStBl 1994 II 922).

Der Tod des Ehemannes der A führt nicht notwendigerweise zu einer Betriebsaufgabe (BFH IV R 16/92, BFH/NV 1992, 512; IV B 69/90, BStBl 1993 II 716). Das Praxisvermögen wird zu Betriebsvermögen der A.

Da der Ehemann von A seinen Gewinn nach § 4 Abs. 3 EStG ermittelt hat, darf A diese Gewinnermittlungsart beibehalten; denn nach den einkommensteuerlichen Vorschriften über die Gewinnermittlung darf ein Übergang zum Vermögensvergleich nicht schon bei der Betriebseinstellung, sondern erst bei der Veräußerung oder Aufgabe unterstellt werden (BFH VIII R 34/71, BStBl 1973 II 786). A muss daher im Jahr 02 folgenden Betrag als nachträgliche laufende Einkünfte aus der Arztpraxis zum vollen Tarif versteuern (§§ 18 Abs. 1 Nr. 1, 24 Nr. 2 EStG):

Nach dem Tod des Ehemannes eingegangene Honorare	80 000 €
./. nachträgliche Betriebsausgaben	./. 10 000 €
Gewinn aus selbständiger Arbeit	70 000 €

Der Veräußerungsgewinn i. H. v. 50 000 € ist als Einkünfte aus selbständiger Arbeit progressionsbegünstigt nach der Fünftel-Regelung zu versteuern (§§ 18 Abs. 3, 34 Abs. 1 und 2 EStG); ein Freibetrag (§ 16 Abs. 4 EStG) kann nicht gewährt werden.

FALL 274

Gewinnermittlungsart bei nachträglichen Einkünften

Sachverhalt: Der bilanzierende Gewerbetreibende A hat seinen Gewerbebetrieb zum 31. 12. 2012 aufgegeben und einen Aufgabegewinn von 400 000 € versteuert. Im Kalenderjahr 2013 fand bei A eine Steuerfahndungsprüfung statt. Dabei wurde festgestellt, dass A für die Jahre 2007 bis 2011 Umsatzsteuer i. H. v. insgesamt 100 000 € hinterzogen hat, weil er zu 19 % steuerpflichtige Umsätze absichtlich und unzutreffend als steuerfrei behandelt hat. Die geänderten Umsatzsteuerbescheide für die Jahre 2007 bis 2011 sind im Januar 2014 ergangen. Die Umsatzsteuernachforderungen sowie die Zinsen wurden von A im Kalenderjahr 2014 bezahlt.

Aufgabe: In welchem Kalenderjahr kann A die Umsatzsteuernachzahlungen und Nachzahlungszinsen als Betriebsausgaben abziehen?

LÖSUNG

Eine Rückstellung für hinterzogene Mehrsteuern kann erst zu dem Bilanzstichtag gebildet werden, zu dem der Stpfl. mit der Aufdeckung der Steuerhinterziehung rechnen musste (BFH X R 23/10, BStBl 2013 II 76). Es ist erforderlich, dass der Stpfl. am Bilanzstichtag aufgrund eines hinreichend konkreten Sachverhalts ernsthaft mit einer quantifizierbaren Steuernachforderung rechnen muss. Das ist frühestens mit der Beanstandung einer bestimmten Sachbehandlung durch den Prüfer anzunehmen. Eine Bilanzberichtigung für die Jahre 2007 bis 2011 kommt daher hier nicht in Betracht. Eine Rückstellung zu diesen Bilanzstichtagen wird auch nicht nach Aufdeckung der Tat möglich. Denn die nach dem Bilanzstichtag gewonnene Kenntnis des Finanzamts ist nicht als wertaufhellender Umstand zu werten, der auf den Bilanzstichtag zurückwirkt. Vielmehr sind die Kenntnis des Finanzamts und die hierdurch entstandene Gefahr einer Inanspruchnahme erst in der Bilanz desjenigen Jahres zu berücksichtigen, in dem die Tat entdeckt wird, also frühestens in der Bilanz zum 31.12.2014. Zu diesem Zeitpunkt hat A aber bereits einen Betrieb aufgegeben.

Die Umsatzsteuernachzahlungen und die entsprechenden Nachzahlungszinsen müssen aber als Betriebsausgaben berücksichtigt werden. Es handelt sich um nachträgliche Betriebsausgaben i.S.d. § 24 Nr. 2 i.V.m. § 4 Abs. 4 EStG. Ob nachträgliche Einkünfte allgemein aufgrund einer Gewinnermittlung nach § 4 Abs. 1, § 5 EStG oder durch Anwendung des § 4 Abs. 3 EStG zu ermitteln sind, war früher nicht abschließend geklärt. Der BFH hat unlängst Klarheit geschaffen (BFH IV R 31/09, BFH/NV 2012, 1448). Er stellt sich auf den Standpunkt, dass nachträgliche Einkünfte nach einer Betriebsaufgabe nicht mehr durch Betriebsvermögensvergleich, sondern in sinngemäßer Anwendung des § 4 Abs. 3 EStG unter Berücksichtigung des Zu- und Abflussprinzips gem. § 11 EStG zu ermitteln sind. Konsequenz dieser Rechtsprechung ist hier, dass A die auf seiner ehemaligen gewerblichen Tätigkeit beruhenden Umsatzsteuernachforderungen und Nachzahlungszinsen erst im Jahr der Zahlung, d.h. im Jahr 2014 als nachträgliche Betriebsausgaben berücksichtigen darf.

HINWEIS:

Hinterziehungszinsen betreffend betriebliche Steuern sind – ertragsteuerlich – nicht abzugsfähige Betriebsausgaben gem. § 4 Abs. 5 Nr. 8a EStG. Gehen die Hinterziehungszinsen indes in Steuerzinsen gem. § 233a AO auf, gilt dieses Abzugsverbot nicht.

FALL 275

Nachträgliche Schuldzinsen bei den Einkünften aus Vermietung und Verpachtung

Sachverhalt: A erwarb 2008 ein Sechsfamilienhaus. Der Kaufpreis wurde zu einem großen Teil fremd finanziert. Da sich das Mietwohngrundstück als unrentabel erwies, hat A die Immobilie Ende 2013 mit hohem Verlust wieder veräußert. Der Verkaufserlös von 350 000 € reichte nicht aus, den noch vorhandenen Anschaffungskredit vollständig zu tilgen. Der restliche Anschaffungskredit beträgt am 31.12.2013 nach teilweiser Tilgung durch den Verkaufserlös noch 100 000 €. Für den Restkredit fallen im Jahr 2014 Schuldzinsen von 5 000 € an.

Aufgabe: Sind die 2014 angefallenen Schuldzinsen als nachträgliche Werbungskosten bei den Einkünften aus Vermietung und Verpachtung abziehbar?

LÖSUNG

Nach § 9 Abs. 1 Satz 3 Nr. 1 EStG sind Schuldzinsen als Werbungskosten abziehbar, soweit sie mit einer bestimmten Einkunftsart in wirtschaftlichem Zusammenhang stehen. Ein solcher wirtschaftlicher Zusammenhang ist gegeben, wenn die Schuldzinsen für eine Verbindlichkeit geleistet werden, die durch die Einkünfteerzielung veranlasst ist. Schuldzinsen, die auf die Zeit nach Aufgabe einer Vermietungstätigkeit entfallen, sind nach früherer Rechtsprechung keine nachträglichen Werbungskosten i. S. d. § 9 Abs. 1 Satz 1 und Satz 3 Nr. 1 EStG i. V. m. § 24 Nr. 2 EStG bei den Einkünften aus Vermietung und Verpachtung. Dementsprechend hat der BFH in seiner älteren Rechtsprechung einen wirtschaftlichen Zusammenhang mit der früheren Einkunftserzielung für Schuldzinsen im privaten Bereich verneint, die auf die Zeit nach der Veräußerung eines Gebäudes entfallen, auch wenn der Veräußerungserlös nicht zur Schuldendeckung ausgereicht hat (BFH IX R 15/90, BStBl 1991 II 289; IX R 114/92, BFH/NV 1995, 966).

Diese Rechtsprechung hat der BFH kürzlich modifiziert (BFH IX R 67/10, BStBl 2013 II 275). Er ist jetzt der Ansicht, dass Zinsen für ein Darlehen, das ursprünglich zur Finanzierung von Anschaffungskosten einer zur Vermietung bestimmten Immobilie aufgenommen wurde, auch dann noch als nachträgliche Werbungskosten bei den Einkünften aus Vermietung und Verpachtung abgezogen werden können, wenn das Gebäude veräußert wird, der Veräußerungserlös aber nicht ausreicht, um die Darlehensverbindlichkeit zu tilgen. Das soll jedenfalls für Fälle gelten, in denen – wie hier – ein Grundstück steuerpflichtig nach § 23 EStG veräußert wird und nach Verwendung des Veräußerungserlöses noch ein Restdarlehen verbleibt. Aufgrund der ab 1999 geltenden Verlängerung der Spekulationsfrist von zwei auf zehn Jahre durch das Steuerentlastungsgesetz 1999/2000/2002 sei die Veräußerung von Vermietungsobjekten nicht mehr dem privaten, sondern dem steuerlich erheblichen Vermögensbereich zuzuordnen. A kann daher die Schuldzinsen von 5 000 € im Jahr 2014 als nachträgliche Werbungskosten bei seinen Einkünften aus Vermietung und Verpachtung abziehen.

HINWEIS:

Ob ein Werbungskostenabzug der nachlaufenden Schuldzinsen auch bei einer Veräußerung nach Ablauf des zehnjährigen Spekulationszeitraums möglich ist, ist sehr umstritten. Das Niedersächsische FG hat entschieden, dass der Werbungskostenabzug für nachträgliche Schuldzinsen bei einer Veräußerung nach Ablauf der Spekulationsfrist möglich ist (Niedersächsisches FG 11 K 31/13, Rev. eingelegt, EFG 2013 S. 1990, Az. des BFH: IX R 45/13). Das FG Düsseldorf ist dagegen anderer Ansicht (FG Düsseldorf 7 K 545/13, EFG 2013, 1906, Rev. eingelegt, Az. des BFH: IX R 42/13). Die Finanzverwaltung versagt in diesem Fall den Schuldzinsenabzug (BMF, BStBl 2013 I 508).

11.11 Altersentlastungsbetrag (§ 24a EStG)

FALL 276

Altersentlastungsbetrag im Fall der Zusammenveranlagung von Ehegatten

Sachverhalt: Die Eheleute A und B werden zusammen zur Einkommensteuer veranlagt. A ist am 1. 1. 1949, seine Ehefrau B am 2. 1. 1949 geboren. Im Kalenderjahr 2013 haben die Eheleute folgende Einkünfte erzielt:

	Ehemann A	Ehefrau B
Einkünfte aus nichtselbständiger Arbeit		
a) Bruttoarbeitslohn aus einem gegenwärtigen Arbeitsverhältnis	6 000 €	0 €
b) Beamtenpension	24 000 €	0 €
Einkünfte aus Kapitalvermögen – die Einnahmen unterlagen bisher nicht der Abgeltungsteuer – werden aber im Rahmen der Veranlagung der Abgeltungsteuer unterworfen.	3 000 €	2 000 €
Einkünfte aus Vermietung und Verpachtung	1 000 €	./. 6 000 €
Sonstige Einkünfte		
Rente aus der gesetzlichen Rentenversicherung	6 000 €	0 €

Aufgabe: Steht den Eheleuten – ggf. in welcher Höhe – für 2011 ein Altersentlastungsbetrag zu?

LÖSUNG

Voraussetzung für die Gewährung eines Altersentlastungsbetrags ist, dass der Stpfl. vor dem Beginn des VZ das 64. Lebensjahr vollendet hat (§ 24a Abs. 1 Satz 3 EStG). Da A am 1. 1. 1949 geboren ist, vollendete er mit Ablauf des 31. 12. 2012 sein 64. Lebensjahr (§ 108 AO i.V. m. § 187 Abs. 2, § 188 Abs. 2 BGB). A steht demnach für den VZ 2013 dem Grunde nach ein Altersentlastungsbetrag zu.

Der am 2. 1. 1949 geborenen B kann hingegen für 2013 kein Altersentlastungsbetrag gewährt werden, weil sie erst mit Ablauf des 1. 1. 2013 ihr 64. Lebensjahr vollendet hat.

Im Fall der Zusammenveranlagung von Ehegatten ist der Altersentlastungsbetrag nur demjenigen Ehegatten zu gewähren, der die Voraussetzungen hierfür erfüllt, und zwar nur für die von ihm bezogenen Einkünfte. Die Berechnung muss bei Ehegatten immer für beide getrennt erfolgen.

Wer vor dem 1. 1. 2005 64 Jahre alt wurde, erhält den Altersentlastungsbetrag noch in voller Höhe. Für diesen Personenkreis gelten bis zum Lebensende ein absetzbarer Anteil von 40 % der begünstigten Alterseinkünfte und ein Höchstbetrag von 1 900 €. Wer nach dem 1. 1. 1941 geboren ist, erhält nur noch einen gekürzten Altersentlastungsbetrag. Ab dem Jahr 2006 wird für alle neu hinzukommenden Jahrgänge der Altersentlastungsbetrag Jahrgang für Jahrgang schrittweise gekürzt, d. h., der maßgebliche Prozentsatz und der Höchstbetrag werden reduziert. Für nach dem 1. 1. 1975 geborene Stpfl. gibt es keinen Altersentlastungsbetrag mehr.

Der Altersentlastungsbetrag beträgt für den vor dem 2. 1. 1949 geborenen Stpfl. A 27,2 % der Alterseinkünfte außer Renten und Pensionen sowie der Abgeltungsteuer unterliegende Kapitaleinkünfte, höchstens aber 1 292 € (§ 24a Satz 5 EStG).

Die Bemessungsgrundlage für den Altersentlastungsbetrag besteht aus zwei Komponenten (BMF, BStBl 2007 I 486):

► zum einen aus dem Arbeitslohn (mit Ausnahme von Versorgungsbezügen i. S. v. § 19 Abs. 2 EStG) und

► zum anderen aus der positiven Summe der übrigen Einkünfte (mit Ausnahme von Einkünften aus Leibrenten i. S. d. § 22 Nr. 1 Satz 3 Buchst. a EStG, von Einkünften i. S. d. § 22 Nr. 4 Satz 4 Buchst. b EStG, von Einkünften i. S. d. § 22 Nr. 5 Satz 1 EStG, soweit § 52 Abs. 34c EStG anzuwenden ist, sowie von Einkünften i. S. d. § 22 Nr. 5 Satz 2 Buchst. a EStG). Kapitaleinkünfte, die der Abgeltungsteuer unterliegen, werden ebenfalls nicht berücksichtigt (FG Düsseldorf 15 K 2712/10 E, EFG 2011, 798; FG Münster 11 K 3383/11 E, EFG 2012, 1464).

Zur Ermittlung der zweiten Komponente, d. h. der positiven Summe der übrigen Einkünfte, werden die positiven mit den negativen Einkünften verrechnet. Eine positive Summe erhöht die erste Komponente, eine negative Summe bewirkt jedoch – wie sich aus der nachstehenden Übersicht ergibt – keine Minderung der Bemessungsgrundlage.

Übersicht

1. Komponente	2. Komponente
Arbeitslohn (= Bruttoarbeitslohn) i. S. des § 19 Abs. 1 EStG (ohne Versorgungsbezüge i. S. des § 19 Abs. 2 EStG)	Summe der übrigen Einkünfte (ohne Einkünfte aus Leibrenten i. S. des § 22 Nr. 1 Satz 3 Buchst. a EStG sowie des § 22 Nr. 4 Satz 4 Buchst. b EStG

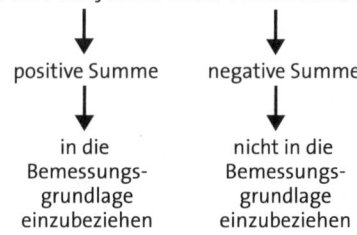

Bemessungsgrundlage | positive Summe | negative Summe

in die Bemessungsgrundlage einzubeziehen | nicht in die Bemessungsgrundlage einzubeziehen

Wendet man die vorstehenden Grundsätze hier an, so errechnet sich der für A für 2013 zu gewährende Altersentlastungsbetrag wie folgt:

1. Komponente

a) Bruttoarbeitslohn aus einem gegenwärtigen Arbeitsverhältnis

6 000 €

b) Die Beamtenpension bleibt als Versorgungsbezüge unberücksichtigt.

2. Komponente

Einkünfte aus Kapitalvermögen von 3 000 € werden nicht berücksichtigt.

Einkünfte aus Vermietung und Verpachtung	1 000 €	
Positive Einkünfte	1 000 €	1 000 €

Sonstige Einkünfte: Die Rente aus der gesetzlichen Rentenversicherung wird nicht berücksichtigt.

Bemessungsgrundlage   7 000 €

Altersentlastungsbetrag:

27,2 % von 7 000 € = 1 904 €, max.   1 292 €

FALL 277

Altersentlastungsbetrag bei Einzelveranlagung

Sachverhalt: Herr A ist am 1. 4. 1948 geboren. Er bezieht in den Jahren 2013 und 2014 eine Beamtenpension von 24 000 €. Im Jahr 2013 hat A Einkünfte aus Vermietung und Verpachtung
von 3 000 €, im Jahr 2014 von 7 000 €.

Aufgabe: Wie hoch ist der A für 2013 und 2014 zustehende Altersentlastungsbetrag?

LÖSUNG

A vollendet sein 64. Lebensjahr mit Ablauf des 31. 3. 2012. Das auf die Vollendung des 64. Lebensjahres folgende Kalenderjahr ist das Jahr 2013. A erhält erstmals für das Jahr 2013 einen Altersentlastungsbetrag. Da 2013 das Jahr nach Vollendung des 64. Lebensjahres ist, gilt für Her-
n A ein Prozentsatz von 27,2 % und ein Höchstbetrag von 1 292 €. Begünstigt sind nur die Einkünfte aus Vermietung und Verpachtung.

Der Altersentlastungsbetrag beträgt:

im Jahr 2013:   27,2 % von 3 000 € =   816 €

im Jahr 2014:   27,2 % von 7 000 € = 1 904 €, höchstens   1 292 €

Kapitel 12: Veranlagung von Ehegatten

Vorbemerkungen

Die Veranlagungsarten betreffen nur das Veranlagungsverfahren, nicht das Abzugsverfahren (z. B. Lohnsteuer).

Gesetzliche Grundlage jeder Veranlagung ist § 25 EStG. Als Grundsatz gilt die Einzelveranlagung als Ausfluss der Individualbesteuerung.

Nur für Ehegatten, die die Voraussetzungen des § 26 Abs. 1 EStG erfüllen, gibt es Ausnahmen von diesem Grundsatz. Sie haben bis VZ 2012 ein Wahlrecht zwischen der

▶ getrennten Veranlagung gem. § 26a EStG,

▶ Zusammenveranlagung gem. § 26b EStG und der

▶ besonderen Veranlagung gem. § 26c EStG für den Veranlagungszeitraum der Eheschließung.

Liegen die Voraussetzungen des § 26 Abs. 1 EStG nicht vor, ist eine Einzelveranlagung durchzuführen.

Voraussetzungen der Ehegattenveranlagung:

▶ es muss eine rechtsgültige Ehe bestehen,

▶ die Ehegatten müssen beide unbeschränkt steuerpflichtig sein (gem. § 1 Abs. 1 oder Abs. 2 EStG oder § 1a EStG; EU-/EWR-Staaten),

▶ die Ehegatten dürfen nicht dauernd getrennt leben.

Diese Voraussetzungen müssen gleichzeitig zu Beginn des VZ vorgelegen haben oder im Laufe des VZ eingetreten sein. Gem. § 2 Abs. 8 EStG sind die Ehegattenregelungen auf Lebenspartner entsprechend anzuwenden.

Wurde das Wahlrecht nicht ausgeübt, wird gem. § 26 Abs. 3 EStG die Zusammenveranlagung unterstellt.

Wird das Wahlrecht ausgeübt, so erfolgt aufgrund ausdrücklicher Erklärung **eines** Ehegatten die getrennte Veranlagung (§ 26 Abs. 2 Satz 1 EStG), aufgrund ausdrücklicher Erklärung **beider** Ehegatten gem. § 26 Abs. 2 Satz 2 EStG die Zusammenveranlagung bzw. die besondere Veranlagung für den VZ der Eheschließung.

Laut Steuervereinfachungsgesetz 2011 werden ab **VZ 2013** die **Veranlagungsarten für Eheleute** neu geordnet. Die getrennte und besondere Veranlagung werden aufgehoben. Es gilt danach nur noch

▶ Einzelveranlagung für Ehegatten gem. § 26a EStG n. F. mit Grundtarif, Witwen-Splitting oder sog. Gnaden-Splitting im Trennungsjahr

▶ die Zusammenveranlagung gem. § 26b EStG mit Splittingtarif

FALL 278

Voraussetzungen der Ehegattenveranlagung

Sachverhalt: A und B heiraten am 15.10.01. Sie begründen ihren Wohnsitz in Neustadt. A lebte bis zur Heirat in Straßburg, während B bereits seit Jahren in Neustadt lebte. Seit Februar 03 leben die Ehegatten in Neustadt dauernd getrennt. Die Ehe wird am 12.1.04 rechtskräftig geschieden. A zieht nach Speyer und heiratet am 20.5.04 den unbeschränkt steuerpflichtigen X. B bleibt weiter in Neustadt, heiratet aber nicht wieder.

Aufgabe: Welche Veranlagungsarten kommen für die VZ 01, 02, 03 und 04 in Betracht? Rechtslage bis VZ 2012 und ab VZ 2013!

LÖSUNG

Die Eheleute A und B erfüllen im VZ 01 die Voraussetzungen des § 26 Abs. 1 Satz 1 EStG. Sie haben im Laufe des VZ geheiratet und lebten nicht dauernd getrennt. B war bereits unbeschränkt steuerpflichtig, während A erst mit Begründung ihres Wohnsitzes in Neustadt unbeschränkt steuerpflichtig wurde. Sie haben demnach bis zum VZ 2012 die Wahl zwischen der Zusammenveranlagung gem. § 26b EStG, der getrennten Veranlagung gem. § 26a EStG und der besonderen Veranlagung gem. § 26c EStG. Ab VZ 2013 besteht nur noch die Wahl zwischen der Einzelveranlagung für Ehegatten gem. § 26a EStG n. F. und der Zusammenveranlagung.

Für A hat die Steuerpflicht gewechselt, wenn sie Inlandseinkünfte i. S. des § 49 EStG bezogen hatte. Es gilt für den Wechsel der Steuerpflicht § 2 Abs. 7 Satz 3 EStG. Die während der beschränkten Steuerpflicht bezogenen inländischen Einkünfte sind in die Veranlagung zur unbeschränkten Einkommensteuerpflicht einzubeziehen. Es ist nur eine Veranlagung durchzuführen.

Im VZ 02 liegen weiterhin die Voraussetzungen für eine Ehegattenveranlagung vor. Die Eheleute können hier wählen zwischen der Zusammenveranlagung und der getrennten Veranlagung bis 2012 bzw. ab 2013 der Einzelveranlagung für Ehegatten.

Obwohl die Ehegatten ab Februar 03 dauernd getrennt leben, erfüllen sie zu Beginn des VZ 03 noch die Voraussetzungen des § 26 Abs. 1 Satz 1 EStG und haben das Wahlrecht zwischen der Zusammenveranlagung und der getrennten Veranlagung bzw. ab 2013 der Einzelveranlagung.

Im VZ 04 liegen die Voraussetzungen gem. § 26 Abs. 1 Satz 1 EStG nicht mehr vor. Eine Ehegattenveranlagung kommt demnach zwischen A und B nicht mehr in Betracht. Da A den X geheiratet hat und mit dem neuen Ehegatten die Voraussetzungen des § 26 Abs. 1 EStG erfüllt, können diese wählen zwischen der Zusammenveranlagung, (der getrennten Veranlagung bis 2012) ab 2013 Einzelveranlagung (nur noch bis 2012 der besonderen Veranlagung). B ist dagegen einzeln zu veranlagen gem. § 25 EStG, für B kommt der Grundtarif zur Anwendung (kein Gnadensplitting, da § 32a Abs. 6 Nr. 2a EStG nicht erfüllt ist).

Veranlagungsarten bei Ehegatten

Sachverhalt: A und B sind seit vielen Jahren verheiratet und leben in Landau. Am 14. 3. 01 stirbt A. B heiratet am 10. 11. 01 X (unbeschränkt steuerpflichtig). Die Wohnung in Landau behalten sie bei.

Aufgabe: Welche Veranlagungsarten kommen für 01 in Betracht? Rechtslage bis VZ 2012 und ab 2013!

LÖSUNG

Die Eheleute A und B erfüllen in 01 die Voraussetzungen des § 26 Abs. 1 Satz 1 EStG, d. h. sie haben das Wahlrecht für die Ehegattenveranlagung. Im selben VZ erfüllen aber auch B und X die Voraussetzungen für eine Ehegattenveranlagung. War der Steuerpflichtige im selben VZ mehr als einmal verheiratet und wurde die andere Ehe durch Tod, Scheidung oder Aufhebung aufgelöst, so gilt das Wahlrecht gem. § 26 Abs. 1 Satz 2 EStG nur für die letzte Ehe, wenn hierfür die Voraussetzungen des § 26 Abs. 1 EStG vorliegen. Ist das nicht der Fall, gilt das Wahlrecht für die aufgelöste vorangegangene Ehe (gilt auch ab 2013).

Es haben demnach B und X das Wahlrecht zwischen der Zusammenveranlagung, (bis 2012: der getrennten Veranlagung und der besonderen Veranlagung für den VZ der Eheschließung), bzw. ab 2013 nur noch die Wahl zwischen der Zusammenveranlagung und der Einzelveranlagung für Ehegatten. Für A ist für die Zeit vom 1. 1. – 14. 3. 01 eine Einzelveranlagung durchzuführen. In diesem Fall wird aber nicht der Grundtarif angewendet, sondern gem. § 32a Abs. 6 Nr. 2 EStG der Splittingtarif (sog. Gnadensplitting).

Bis VZ 2012: Wählen B und X aber in 01 die besondere Veranlagung gem. § 26c EStG, gilt § 26 Abs. 1 Satz 2 EStG nicht; d. h. A und B haben das Wahlrecht, i. d. R. wohl für die Zusammenveranlagung. Für X kommt die besondere Veranlagung in Betracht.

Ab VZ 2013: B und X haben das Wahlrecht zur Zusammenveranlagung. Für A kommt die Einzelveranlagung mit Splittingtarif gem. § 32a Abs. 6 Nr. 2 EStG in Betracht.

Zusammenveranlagung

Sachverhalt: A und B heiraten am 12. 5. 04. Sie sind beide unbeschränkt steuerpflichtig und haben ihren Wohnsitz in der Bundesrepublik. A war bereits einmal verheiratet, ihr Ehemann verstarb 02. Aus dieser Ehe stammt ein 10-jähriger Sohn.

A erzielt Einkünfte aus selbständiger Arbeit in Höhe von 25 000 €.

B erzielt Einkünfte aus Gewerbebetrieb in Höhe von 56 000 €, Einnahmen aus Kapitalvermögen in Höhe von 1 000 €.

Die im Rahmen der Höchstbeträge abzugsfähigen Sonderausgaben der Eheleute sollen 10 138 € betragen.

Aufgabe: Führen Sie die Veranlagung für den VZ 04 durch (Rechtslage bis 2012 und ab 2013).

LÖSUNG

Die Eheleute A und B erfüllen die Voraussetzungen des § 26 Abs. 1 Satz 1 EStG. Da sie keine Wahl bzgl. der Veranlagungsart getroffen haben, ist gem. § 26 Abs. 3 EStG die Zusammenveranlagung durchzuführen.

Bei der Zusammenveranlagung werden die **Einkünfte des Einzelnen getrennt ermittelt und dann zusammengerechnet.** Die Ehegatten werden gemeinsam als Steuerpflichtiger behandelt. Sie haben eine gemeinsame Steuererklärung abzugeben (§ 25 Abs. 3 EStG). Es ist der Splittingtarif gem. § 32a Abs. 5 EStG anzuwenden.

Schema:

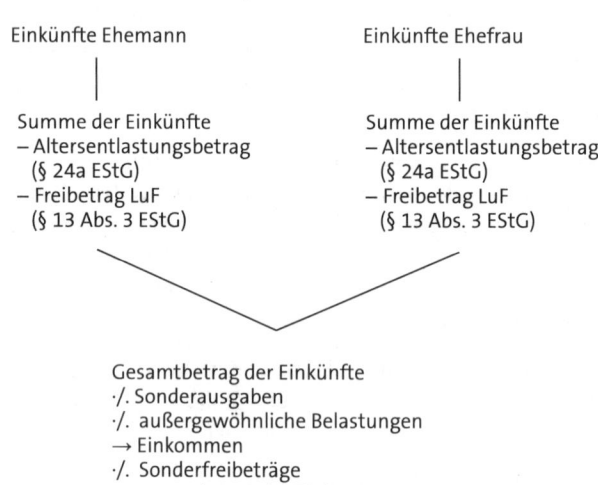

Einkünfte Ehemann   Einkünfte Ehefrau

Summe der Einkünfte   Summe der Einkünfte
– Altersentlastungsbetrag – Altersentlastungsbetrag
  (§ 24a EStG)   (§ 24a EStG)
– Freibetrag LuF   – Freibetrag LuF
  (§ 13 Abs. 3 EStG)   (§ 13 Abs. 3 EStG)

Gesamtbetrag der Einkünfte
·/. Sonderausgaben
·/. außergewöhnliche Belastungen
→ Einkommen
·/. Sonderfreibeträge
→ zu versteuerndes Einkommen

Einkünfte A gem. § 18 EStG =	25 000 €
Einkünfte B gem. § 15 EStG =	56 000 €
Einkünfte B gem. § 20 EStG:	
Einnahmen =	1 000 €

·/. Sparer-Pauschbetrag (§ 20 Abs. 9 EStG)

    Ab 2009 Sparerpauschbetrag von 1 602 €, damit Abgeltung durch Steuerabzug gem. § 43 Abs. 5 EStG von 25 % zzgl. Soli 5,5 %

Summe und Gesamtbetrag der Einkünfte	81 000 €

./.	Sonderausgaben-Pauschbetrag	
	(§ 10c Abs. 1 i.V. m. Abs. 4 Nr. 1)	72 €
./.	Sonderausgaben – abzugsfähig im Rahmen der Höchstbeträge	
	lt. Sachverhalt	./. 10 138 €
	Einkommen = zu versteuerndes Einkommen	= 70 790 €

Tarif: Splitting gem. § 32a Abs. 5 EStG

Der Kinderfreibetrag gem. § 32 Abs. 3, Abs. 6 Satz 3 Nr. 1 EStG und der Betreuungsfreibetrag kämen nur zum Abzug, falls die Freibeträge günstiger als das Kindergeld von 12 × 184 € wären (§ 31 EStG).

FALL 281

Besondere Veranlagung bis VZ 2012 (1)

Sachverhalt: Wie voriger Fall, aber die Eheleute wählen die besondere Veranlagung gem. § 26c EStG. Der Ehemann ist in 03 verstorben. Die im Rahmen der Höchstbeträge abzugsfähigen Sonderausgaben der A sollen 5 069 € und die des B ebenfalls 5 069 € betragen.

Aufgabe: Führen Sie die Veranlagung durch.

LÖSUNG

Die Eheleute erfüllen die Voraussetzungen des § 26 Abs. 1 Satz 1 EStG und können damit die besondere Veranlagung wählen. Diese Regelung gilt nur noch bis VZ 2012, ab 2013 greift nur noch die Möglichkeit der Einzelveranlagung gem. § 26a EStG n. F. Bei dieser Veranlagungsart werden die Eheleute für den VZ der Eheschließung so behandelt, **als ob sie unverheiratet wären**. Die Besteuerungsgrundlagen sind für jeden Ehegatten selbständig zu ermitteln. Sie haben jeder eine Steuererklärung gem. § 25 Abs. 3 Satz 3 EStG abzugeben.

Einkünfte A:

	Einkünfte gem. § 18 EStG =	25 000 €
=	Gesamtbetrag der Einkünfte	
./.	Sonderausgaben-Pauschbetrag	
	(§ 10c Abs. 1 EStG)	./. 36 €
./.	Sonderausgaben im Rahmen der Höchstbeträge	
	abzugsfähig insgesamt	./. 5 069 €
	Einkommen =	19 895 €

Kinderfreibetrag (§ 32 Abs. 3 und Abs. 6 Satz 3 Nr. 1 EStG)

und Betreuungsfreibetrag nur, falls günstiger als Kindergeld

zu versteuerndes Einkommen =	19 895 €

Tarif: Splitting gem. § 32a Abs. 6 Nr. 1 i.V. m. § 26c Abs. 2 EStG (Witwensplitting)
Ab 2013 greift dieser Tarif auch bei der Einzelveranlagung von Ehegatten.

Einkünfte B:

Einkünfte gem. § 15 EStG		56 000 €
Einkünfte gem. § 20 EStG:		
Einnahmen =	1 000 €	
Ab 2009 Sparerpauschbetrag 801 €,		
aber Abgeltung mit Steuerabzug von 25 %		
Gesamtbetrag der Einkünfte =		56 000 €
./. Sonderausgaben-Pauschbetrag		
(§ 10c Abs. 1 EStG)		./. 36 €
./. Sonderausgaben		
abzugsfähig im Rahmen der Höchstbeträge		./. 5 069 €
Einkommen = zu versteuerndes		
Einkommen		50 895 €

Tarif: Grundtabelle (§ 32a Abs. 1 EStG)

FALL 282

Besondere Veranlagung bis VZ 2012 (2)

Sachverhalt: Anton (A) und Berta (B) heiraten im Mai 05. Anton war bereits vorher verheiratet, die Ehe wurde 03 geschieden. Aus dieser Ehe stammt der 8-jährige Jan, der bei seiner Mutter Isabelle lebt und auch dort gemeldet ist.

Berta hat ein 10-jähriges uneheliches Kind, dessen Vater Unterhalt zahlt. Das Kind lebt bei Berta und seit der Eheschließung im gemeinsamen Haushalt der Eheleute und ist auch dort gemeldet.

Die Einkünfte von Anton betragen 55 000 €, seine abzugsfähigen Sonderausgaben 4 500 €. Die Einkünfte von Berta betragen 35 000 €, ihre abzugsfähigen Sonderausgaben 3 200 €.

Die Eheleute wählen die besondere Veranlagung.

Aufgabe: Führen Sie die Veranlagung für 05 durch (Rechtslage bis 2012).

LÖSUNG

Da die Eheleute A und B die Voraussetzungen des § 26 Abs. 1 Satz 1 EStG erfüllen, können sie bis 2012 noch die besondere Veranlagung gem. § 26c EStG wählen. Ab VZ 2013 ist diese Vorschrift aufgehoben, es ist bei Ehegatten nur noch – neben der Zusammenveranlagung – eine Einzelveranlagung möglich.

Veranlagung Anton:

Summe und Gesamtbetrag der Einkünfte =	55 000 €
Sonderausgaben abzugsfähig im Rahmen der Höchstbeträge	./. 4 500 €
Einkommen =	50 500 €

Kinderfreibetrag (§ 32 Abs. 6 EStG) und Betreuungsfreibetrag,

nur falls günstiger als das Kindergeld (§ 31 EStG).

Zu versteuerndes Einkommen =	50 500 €

Tarif: Grundtabelle (§ 32a Abs. 1 bis 4 EStG)

Veranlagung Berta:

Summe und Gesamtbetrag der Einkünfte =	35 000 €
./. Sonderausgaben, abzugsfähig	./. 3 200 €
Einkommen =	31 800 €

Kinderfreibetrag nur, falls günstiger als das Kindergeld

§ 24b EStG greift nicht, da die Voraussetzungen des

§ 26 Abs. 1 EStG erfüllt sind.

Zu versteuerndes Einkommen =	31 800 €

FALL 283

Getrennte Veranlagung bis VZ 2012

Ab 2013 Einzelveranlagung für Ehegatten

Sachverhalt: Die Eheleute A und B sind seit Jahren verheiratet und leben im gemeinsamen Haushalt in Neustadt. Sie beantragen für den Veranlagungszeitraum 05 die getrennte Veranlagung nach §§ 26 und 26a EStG bzw. ab 2013 die Einzelveranlagung für Ehegatten gem. § 26a EStG n. F. Der Ehemann A ist als selbständiger Handelsvertreter tätig und erzielt für 05 einen Gewinn aus Gewerbebetrieb in Höhe von 48 300 €. Seine Ehefrau B ist als kaufmännische Angestellte beschäftigt und erhält in 05 einen Bruttoarbeitslohn in Höhe von 40 600 €. Die Einkünfte aus Vermietung und Verpachtung von B betragen 2 699 €. A macht außerdem folgende Aufwendungen geltend:

Lebensversicherung (Rentenversicherung ohne Kapitalwahlrecht, Abschluss vor 1. 1. 2005) abzugsfähig	4 000 €
Kirchensteuer	470 €
Krankheitskosten nach Erstattung	6 230 €
Körperbehinderung	70 %

B macht geltend:

Sozialversicherungsbeiträge, abzugsfähig	2 100 €

Die Eheleute haben einen gemeinsamen 10-jährigen Sohn, der zu 60 % körperbehindert ist. Es fallen keine Betreuungskosten an.

Einen Antrag zur Verteilung der außergewöhnlichen Belastungen haben die Eheleute nicht gestellt.

Aufgabe: Ermitteln Sie das zu versteuernde Einkommen der Eheleute für den VZ 05 (Rechtslage bis 2012, Regelung ab 2013).

LÖSUNG

Die Eheleute erfüllen die Voraussetzungen des § 26 Abs. 1 EStG und können deshalb bis 2012 die getrennte Veranlagung wählen. Ab 2013 ist hier nur noch die Wahl zur Einzelveranlagung gem. § 26a EStG n. F. möglich. Wie in allen anderen Veranlagungsarten, sind die Einkünfte der Eheleute getrennt zu ermitteln und entsprechend zuzurechnen. Die Ehegatten haben gem. § 25 Abs. 3 Satz 3 EStG jeder eine Steuererklärung abzugeben. Auf das jeweilige zu versteuernde Einkommen ist die Grundtabelle anzuwenden.

Schema ab 2013:

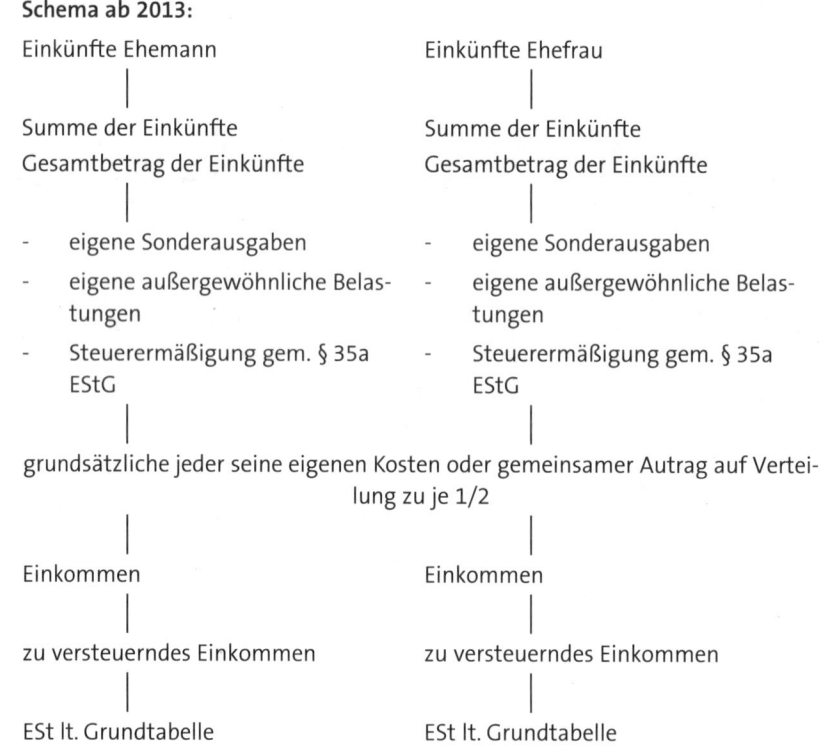

Einkünfte Ehemann	Einkünfte Ehefrau
Summe der Einkünfte	Summe der Einkünfte
Gesamtbetrag der Einkünfte	Gesamtbetrag der Einkünfte
- eigene Sonderausgaben	- eigene Sonderausgaben
- eigene außergewöhnliche Belastungen	- eigene außergewöhnliche Belastungen
- Steuerermäßigung gem. § 35a EStG	- Steuerermäßigung gem. § 35a EStG

grundsätzliche jeder seine eigenen Kosten oder gemeinsamer Autrag auf Verteilung zu je 1/2

Einkommen	Einkommen
zu versteuerndes Einkommen	zu versteuerndes Einkommen
ESt lt. Grundtabelle	ESt lt. Grundtabelle

Bis VZ 2012: Die außergewöhnlichen Belastungen werden einheitlich ermittelt und bei beiden grundsätzlich zu je 1/2 berücksichtigt, wenn nicht die Ehegatten gemeinsam eine andere Aufteilung beantragen.

Ab 2013 werden die Sonderausgaben, außergewöhnlichen Belastungen und die Beträge gem. § 35a EStG dem Ehegatten zugerechnet, der sie wirtschaftlich getragen hat und nur auf Antrag hälftig verteilt.

Ermittlung der Einkünfte des Ehemannes A:

Einkünfte nach § 15 Abs. 1 Nr. 1 EStG	48 300 €
= Gesamtbetrag der Einkünfte A	48 300 €

Ermittlung der Einkünfte der Ehefrau B:

Einkünfte nach § 19 Abs. 1 Nr. 1 EStG:

Einnahmen, brutto	40 600 €	
./. § 9a Nr. 1a EStG		
AN-Pauschbetrag ab 2011	./. 1 000 €	
Einkünfte	39 600 €	39 600 €

Einkünfte gem. § 21 EStG:

		+2 699 €
Gesamtbetrag der Einkünfte B		42 299 €

Ermittlung der außergewöhnlichen Belastung:
ab 2013 Berücksichtigung nur bei A, wenn kein Antrag

Krankheitskosten (§ 26a Abs. 2 EStG)		6 230 €
./. zumutbare Belastung, berechnet von der Summe der		
Gesamtbeträge der Einkünfte beider Ehegatten bis 2012		
GdE Ehemann =	48 300 €	
GdE Ehefrau =	42 299 €	
Summe =	90 599 €	
gem. § 33 Abs. 3 EStG 4 %	./. 3 623 €	
verbleiben als berücksichtigungsfähig		2 607 €

aufzuteilen zu 1/2, da kein anderer Antrag gestellt wurde. Es kommt nicht darauf an, welcher Ehegatte die Aufwendungen getragen hat (Änderung ab 2013).

Ermittlung des zu versteuernden Einkommens des Ehemannes A:

Gesamtbetrag der Einkünfte =	48 300 €
Sonderausgaben:	
Lebensversicherung *§ 10 Abs. 1 Nr. 3b EStG,*	
da die Laufzeit vor dem 1. 1. 2005 begonnen hat,	
abzugsfähige Sonderausgaben lt. Aufgabe	./. 4 000 €
./. Kirchensteuer 470 € (§ 10 Abs. 1 Nr. 4 EStG)	./. 470 €

Der Pauschbetrag nach § 10c Abs. 1 EStG wird überschritten.

Außergewöhnliche Belastungen:

Krankheitskosten gem. § 26a Abs. 2 EStG zu ¹/₂	./. 1 304 €
(ab 2013 nur bei Antrag, sonst insgesamt bei A zu berücksichtigen)	
Körperbehinderung des Ehemannes (§ 33b Abs. 3 EStG) bei 70 % = 890 €	
aufzuteilen zu je ¹/₂ (ab 2013 nur bei A zu berücksichtigen, 890 €)	./. 445 €
Der Körperbehinderten-Pauschbetrag des Sohnes von 720 € (60 %) ist nach § 33b Abs. 5 EStG auf die Eltern zu übertragen. Diese Pauschbeträge sind den Ehegatten immer zu ¹/₂ zuzurechnen (gilt auch ab 2013). Eine andere Aufteilung ist hier nicht zugelassen (§ 26a Abs. 2 Satz 2 EStG).	./. 360 €
Einkommen	41 721 €
./. Kinderfreibetrag (§ 32 Abs. 6 Satz 1 EStG) nur, falls günstiger als Kindergeld	
zu versteuerndes Einkommen =	41 721 €
Einkommen lt. Grundtabelle	

Ermittlung des zu versteuernden Einkommens der Ehefrau B:

Gesamtbetrag der Einkünfte	42 379 €
Sonderausgaben:	
Sozialversicherungsbeitrag (§ 10 Abs. 1 Nr. 2 Buchst. a EStG)	
abzugsfähig lt. Aufgabe	./. 2 100 €
außergewöhnliche Belastungen:	
¹/₂ der abzugsfähigen Krankheitskosten des Ehemannes (grds. nicht mehr ab 2013; dann nur bei A zu berücksichtigen, es sei denn Antrag)	./. 1 304 €
¹/₂ des Körperbehinderten-Pauschbetrages (nicht ab 2013)	./. 445 €
¹/₂ des Körperbehinderten-Pauschbetrages des Sohnes (gilt auch 2013)	./. 360 €
Einkommen	38 170 €
./. Kinderfreibetrag (§ 32 Abs. 6 Satz 1 EStG) nur, falls günstiger als Kindergeld	
zu versteuerndes Einkommen =	38 170 €
Einkommen lt. Grundtabelle	

Behandlung ab VZ 2013:

Gesamtbetrag der Einkünfte A	48 300 €
Sonderausgaben – siehe oben – insgesamt	./. 4 470 €
Krankheitskosten A 6 230 €	
abzgl. Zumutbare Belastung 3 % = 1 449 €, verbleiben	./. 4 781 €
PB § 33b EStG	./. 890 €
PB des Kindes ist zu je ¹/₂ aufzuteilen	./. 360 €
Zu versteuerndes Einkommen A	37 799 €
Gesamtbetrag der Einkünfte B	42 379 €

Sonderausgaben – siehe oben –	./. 2 100 €
¹/₂ des PB für Sohn	./. 360 €
zu versteuerndes Einkommen B	39 919 €

FALL 284

Zurechnung der Einkünfte von Ehegatten

Sachverhalt: Die Eheleute Norbert und Anne N. werden zusammenveranlagt. Norbert hat eine Zahnarztpraxis und erzielt daraus für den VZ 04 einen Gewinn in Höhe von 97 200 €. In der Praxis arbeitet seine Ehefrau Anne als Sprechstundenhilfe. Norbert hat Lebensversicherungsbeiträge in Höhe von 5 000 € (abzugsfähiger Betrag) und Kirchensteuer von 1 646 € bezahlt.

Aufgaben:

1. Wie hoch sind das zu versteuernde Einkommen und die Einkommensteuer für 04, wenn Anne keinen Arbeitslohn erhält?

2. Wie hoch sind das zu versteuernde Einkommen und die Einkommensteuer für 04, wenn Anne aufgrund eines schriftlichen Arbeitsvertrages ein angemessenes Gehalt in Höhe von 21 400 € brutto erhält? Der Arbeitgeberanteil zur Sozialversicherung beträgt 3 800 €, die Kirchensteuer 126 €, die abzugsfähigen Sonderausgaben sollen inkl. Sozialversicherung 6 714 € betragen.

Nehmen Sie Stellung zum Arbeitsverhältnis.

LÖSUNG

Bei allen Veranlagungen von Ehegatten sind die Einkünfte für jeden gesondert zu ermitteln. Deshalb ist zu entscheiden, welcher Ehegatte die Einkünfte bezogen hat.

Zu 1.:

Die Einkünfte aus selbständiger Arbeit sind Norbert allein zuzurechnen. Dadurch, dass der andere Ehegatte an der Erzielung der Einkünfte mitgewirkt hat, sind diesem nicht anteilige Einkünfte zuzurechnen (§ 26a Abs. 1 Satz 2 EStG).

| Einkünfte gem. § 18 Abs. 1 Nr. 1 EStG | 97 200 € |

Es liegen keine Betriebsausgaben für Anne vor,
da tatsächlich nichts gezahlt wurde.
= Gesamtbetrag der Einkünfte

./. Sonderausgaben:

| Kirchensteuer (§ 10 Abs. 1 Nr. 4 EStG) | ./. 1 646 € |

Lebensversicherung § 10 Abs. 1 Nr. 2 Buchst. b EStG,

bzw. bei Beginn vor dem 1. 1. 2005 § 10 Abs. 1 Nr. 3b EStG

| abzugsfähig im Rahmen der Höchstbeträge nach § 10 Abs. 3 EStG lt. Aufgabe | ./. 5 000 € |

Einkommen = zu versteuerndes Einkommen =		90 554 €
Einkommensteuer lt. Splittingtabelle 2013 =		21 970 €

Zu 2.:

Bei Arbeitsverhältnissen zwischen Ehegatten und nahen Angehörigen ist zu prüfen, ob diese steuerlich anzuerkennen sind (R 4.8 Abs. 1 EStR; H 4.8 „Arbeitsverhältnisse zwischen Ehegatten" EStH).

Das Arbeitsverhältnis ist nur anzuerkennen, wenn es ernsthaft vereinbart und tatsächlich durchgeführt wurde. Grundsätzlich sollte hierfür ein schriftlicher Arbeitsvertrag vorliegen, die Ehefrau muss tatsächlich mitarbeiten und eine fremde Arbeitskraft ersetzen. Es muss nachgewiesen werden, dass regelmäßig Gehalt gezahlt wurde, welches in die Verfügungsmacht des Arbeitnehmer-Ehegatten gelangt ist. Außerdem müssen ein angemessenes Gehalt gezahlt und die entsprechenden Folgerungen aus dem Vertrag gezogen worden sein, d. h. Lohnsteuerabzug oder Pauschalierung der Lohnsteuer, Lohnsteuerkarte und Abführen der Sozialversicherungsbeiträge. Nach Prüfung dieser Voraussetzungen ist davon auszugehen, dass das Arbeitsverhältnis zwischen den Ehegatten steuerlich anzuerkennen ist.

Vorläufiger Gewinn		97 200 €	
./.	Arbeitslohn Anne, brutto	./. 21 400 €	
./.	Arbeitgeberanteil zur Sozialversicherung	./. 3 800 €	
	als Betriebsausgabe		
Gewinn gem. § 18 Abs. 1 Nr. 1 EStG		72 000 €	→ 72 000 €
Einnahmen gem. § 19 Abs. 1 Nr. 1 EStG			
(der Arbeitgeberanteil zur Sozialversicherung			
ist steuerfrei, § 3 Nr. 62 EStG)		21 400 €	
./.	Arbeitnehmer-Pauschbetrag		
	§ 9a Nr. 1a EStG	./. 1 000 €	
Einkünfte aus nichtselbständiger Arbeit		20 400 €	20 400 €
Gesamtbetrag der Einkünfte			92 400 €
./.	Kirchensteuer	1 646 €	
	Kirchen-Lohnsteuer	126 €	./. 1 772 €
./.	abzugsfähige Sonderausgaben		./. 6 714 €
Einkommen = zu versteuerndes Einkommen =			83 914 €
Einkommensteuer lt. Splittingtabelle 2013 =			19 442 €

anzurechnen ist die einbehaltene Lohnsteuer
gem. § 36 Abs. 2 Nr. 2 EStG.

Die Eheleute sparen durch diese Gestaltung ca. 2 500 € Einkommensteuer und einen entsprechenden Anteil an Kirchensteuer.

FALL 285

Zurechnung der Einkünfte aus Land- und Forstwirtschaft bei Ehegatten

Sachverhalt: Erna hat den land- und forstwirtschaftlichen Betrieb ihrer verstorbenen Eltern geerbt. Sie ist damit Eigentümerin sämtlicher Grundstücke und aufstehenden Gebäude geworden. Noch im selben Jahr heiratet sie den mittellosen Landwirt Anton. Dieser führt den Betrieb seiner Ehefrau und tätigt alle Geschäfte, mit Ausnahme der Grundstücksgeschäfte, im eigenen Namen.

Aufgabe: Wem sind die Einkünfte aus Land- und Forstwirtschaft zuzurechnen?

LÖSUNG

Unternehmer eines land- und forstwirtschaftlichen Betriebes ist in der Regel der Hofeigentümer. Ist im vorliegenden Fall die Ehefrau Hofeigentümerin, sind ihr die Einkünfte allein zuzurechnen. Der Ehemann wird nicht dadurch Unternehmer, dass er den Hof bewirtschaftet. Etwas anderes würde nur gelten, wenn die Ehefrau durch betriebliche Vereinbarungen, Pachtvertrag oder sonstigen Überlassungsvertrag dem Ehemann das Recht einräumt, die Nutzungen aus dem land- und forstwirtschaftlichen Vermögen selbst zu ziehen.

Die Einkünfte aus dem land- und forstwirtschaftlichen Betrieb sind den Ehegatten gemeinsam zuzurechnen, wenn

▶ der land- und forstwirtschaftliche Grundbesitz den Ehegatten gemeinsam gehört

oder

▶ beide Ehegatten arbeiten gemeinsam im Betrieb.

Nur in diesen Fällen ist eine Mitunternehmerschaft der Ehegatten zu bejahen, ohne dass es eines Gesellschaftsvertrages bedarf (H 13.4 „Mitunternehmerschaft" EStH).

FALL 286

Zurechnung der Einkünfte aus Gewerbebetrieb

Sachverhalt: Die Eheleute A und B leben in Gütergemeinschaft. A ist selbständiger Handelsvertreter, der Betrieb befindet sich im Gesamtgut der Gütergemeinschaft. B erledigt die Buchführungsarbeiten, dafür erhält sie ein angemessenes Gehalt.

Aufgabe: Wem sind die Einkünfte aus Gewerbebetrieb zuzurechnen?

LÖSUNG

Der Gewinn aus Gewerbebetrieb „Handelsvertretung" ist A allein zuzurechnen. Das Gehalt, das er seiner Frau B zahlt, stellt für ihn eine abzugsfähige Betriebsausgabe dar, wenn die vertraglichen Gestaltungen zwischen den Ehegatten steuerlich anzuerkennen sind. B erzielt demnach Einkünfte aus nichtselbständiger Arbeit. Die Gütergemeinschaft führt hier nicht zu einer gemeinsamen Zurechnung der Einkünfte, da die persönliche Arbeitsleistung des A in den Vordergrund tritt und im Betrieb kein nennenswertes Kapital eingesetzt wird (H 26a „Gütergemeinschaft" EStH; BFH IV R 53/76, BStBl 1980 II 634).

FALL 287

Zurechnung bei Baubetrieb

Sachverhalt: Wie voriger Fall, jedoch handelt es sich nicht um eine Handelsvertretung, sondern um einen Baubetrieb mit Grundstücken, Maschinen, Betriebsvorrichtungen und Kapital.

Aufgabe: Wem sind die Einkünfte zuzurechnen?

LÖSUNG

In diesem Fall sind die Einkünfte den Ehegatten gemeinsam zuzurechnen. Der Gewerbebetrieb gehört zum Gesamtgut der in Gütergemeinschaft lebenden Ehegatten. Es ist deshalb ein Gesellschaftsverhältnis, eine Mitunternehmerschaft i. S. d. § 15 Abs. 1 Nr. 2 EStG anzunehmen, obwohl zivilrechtlich zwischen den Ehegatten kein Gesellschaftsverhältnis vereinbart wurde. Die Ausnahmeregelung nach H 26a EStH kommt nicht in Betracht, da im Betrieb erhebliches Vermögen eingesetzt wird.

Das Gehalt der Ehefrau ist, da sie Mitunternehmerin ist, keine Betriebsausgabe, sondern stellt eine Sondervergütung nach § 15 Abs. 1 Nr. 2 EStG dar.

FALL 288

Zurechnung der Einkünfte von Eltern und Kindern

Sachverhalt: Die Eheleute haben auf den Namen ihres minderjährigen Sohnes ein Sparbuch mit einer Einlage in Höhe von 30 000 € angelegt, die vom Sparkonto der Eltern umgebucht wurden. Die Zinsen werden jährlich bei Vorlage des Sparbuches darauf gutgeschrieben.

Aufgabe: Wem sind die Zinsen zuzurechnen?

LÖSUNG

Richten Eltern durch Vertrag zugunsten ihrer Kinder ein Sparkonto ein, dann sind die darauf geleisteten Einlagen und die Erträge daraus den Kindern zuzurechnen, wenn die Eltern bei Abschluss des Vertrages über die Einrichtung des Sparkontos und bei der Einzahlung der Einlagen den Willen hatten, die Guthabenforderung den Kindern sofort zuzuwenden, und dieser Wille für die Bank erkennbar war (BFH VIII R 134/74, BStBl 1977 II 205 f.).

Das bedeutet, dass bei Kontoeröffnung im Antrag anzugeben ist, wer Kontoinhaber, wer Gläubiger ist. Die Eltern treten lediglich als gesetzliche Vertreter auf. Die Eltern müssen das Vermögen entsprechend den bürgerlich-rechtlichen Vorschriften über die elterliche Vermögenssorge verwalten (§ 1626 BGB) und dürfen es nicht wie eigenes Vermögen behandeln.

Bei der Übertragung des Guthabens auf den Sohn handelt es sich um eine Schenkung gem. § 518 BGB. Hierfür ist zwar grundsätzlich die notarielle Beurkundung erforderlich, doch kann dieser Formmangel durch die Bewirkung der Leistung geheilt werden (§ 518 Abs. 2 BGB). Da die Übertragung des Sparguthabens ausschließlich rechtliche Vorteile bringt, greift das Selbstkontrahierungsverbot des § 181 BGB nicht. Die Bestellung eines Ergänzungspflegers ist nicht erforderlich. Die Übertragung ist also wirksam erfolgt. Der Vorgang unterliegt grundsätzlich der Erbschaftsteuer, die Freibeträge sind aber im vorliegenden Fall nicht überschritten. Da dem Sohn das Guthaben nach den o. g. Kriterien des BFH zuzurechnen ist, sind bei ihm auch die Zinsen zu berücksichtigen. Der Sohn erzielt Einkünfte aus Kapitalvermögen.

Kapitel 13: Steuertarif

13.1 Außerordentliche Einkünfte (§ 34 EStG)

Vorbemerkungen

Bei bestimmten Einkünften ist gem. § 34 EStG ein geringerer Steuersatz als nach der ESt-Tabelle anzuwenden. Damit sollen Härten vermieden werden, die sich durch den progressiven Tarifverlauf bei einer Zusammenballung von Einkünften in einem Veranlagungszeitraum ergeben können, obwohl die Einkünfte ihren Grund in mehreren Veranlagungszeiträumen haben.

FALL 289

Veräußerungsgewinn

Sachverhalt: Peter Adler (A), 50 Jahre alt, verheiratet, hat im Jahr 2014 laufende Einkünfte aus Gewerbebetrieb in Höhe von 90 000 €. Hinzu kommt aus der Veräußerung eines Teilbetriebes, der die Hälfte des gesamten Betriebsvermögens ausmacht, ein Veräußerungsgewinn i. S. von § 16 Abs. 1 EStG in Höhe von 50 000 €. Außerdem hat er noch einen Verlust aus Vermietung und Verpachtung in Höhe von 20 000 € erklärt. Sonderausgaben werden in Höhe von 10 000 € geltend gemacht.

Aufgabe: Wie hoch ist die Einkommensteuer 2014 bei Zusammenveranlagung?

LÖSUNG

Seit 1999 berechnet sich die Einkommensteuer für alle außerordentlichen Einkünfte i. S. des § 34 Abs. 2 EStG nach einer neu eingeführten „Fünftel-Methode".

Daneben wurde ab 2001 in § 34 Abs. 3 EStG der bis 1998 anzuwendende „halbe Steuersatz" in leicht modifizierter Form (56 %) für Veräußerungsgewinne wieder eingeführt.

Berechnung nach der Fünftel-Methode:

Zum „normalen", d. h. ohne die außerordentlichen Einkünfte errechneten Einkommen wird ein Fünftel der begünstigten Einkünfte dazugezählt. Der sich dadurch ergebende höhere Steuerbetrag wird mit dem Steuerbetrag auf das „normale" Einkommen verglichen. Die Differenz wird verfünffacht und stellt die Steuer auf die außerordentlichen Einkünfte dar. Der Rest des zu versteuernden Einkommens unterliegt dem normalen Steuersatz lt. Tabelle. Die ESt-Schuld errechnet sich für den Veranlagungszeitraum 2014 wie folgt:

a)   Berechnung des zu versteuernden Einkommens

Einkünfte aus Gewerbebetrieb	90 000 €
laufender Gewinn	
Veräußerungsgewinn	50 000 €
Einkünfte aus Vermietung und Verpachtung	./. 20 000 €
Gesamtbetrag der Einkünfte	120 000 €

	Sonderausgaben	./. 10 000 €
b)	Berechnung der ESt-Schuld	
	zu versteuerndes Einkommen ohne außerordentliche Einkünfte	60 000 €
	ESt hierauf lt Splittingtabelle 2014	11 116 €
	zu versteuerndes Einkommen zzgl. einem Fünftel der außerordentlichen Einkünfte	70 000 €
	ESt hierauf lt. Splittingtabelle 2014	14 384 €
	Differenz	3 268 €
	Fünffaches der Differenz	16 340 €
	Die ESt-Schuld beträgt somit für das „normale" Einkommen	11 116 €
	und für die außerordentlichen Einkünfte	16 340 €
	gesamte Steuerschuld	27 456 €

Berechnung des ermäßigten Steuersatzes nach § 34 Abs. 3 EStG:

Für Veräußerungsgewinne i. S. des § 34 Abs. 2 Nr. 1 EStG (nicht für die anderen außerordentlichen Einkünfte) kann bis zur Höhe von 5 Mio. € auf Antrag anstatt der Fünftel-Methode der ermäßigte Steuersatz auch auf andere Weise ermittelt werden, wenn der Steuerpflichtige das 55. Lebensjahr vollendet hat oder wenn er im sozialversicherungsrechtlichen Sinne dauernd berufsunfähig ist. Der Antrag kann nur einmal im Leben gestellt werden.

Nach dieser Berechnungsmethode wird als ermäßigter Steuersatz ein Satz von 56 % des durchschnittlichen Steuersatzes, seit 2005 aber mindestens ein Steuersatz von 14 % angesetzt.

c)	Berechnung der ESt-Schuld im Beispiel zu versteuerndes	
	Einkommen einschließlich des Veräußerungsgewinns:	110 000 €
	ESt hierauf lt. Splittingtabelle:	29 722 €
	Der durchschnittliche Steuersatz beträgt	27,02 %
	56 % des durchschnittlichen Steuersatzes betragen 27,02 % x 56 % =	15,13 %
	Der ermäßigte Steuersatz ist höher als der mindestens anzusetzende Steuersatz von 14 %	
	Der ermäßigte Steuersatz wird auf den Veräußerungsgewinn in Höhe von 50 000 € angewendet.	
	Daraus ergibt sich eine ESt auf den Veräußerungsgewinn in Höhe von	7 565 €
	Das restliche zu versteuernde Einkommen in Höhe von 60 000 € wird normal nach der ESt-Splittingtabelle versteuert; Steuer	11 116 €
	Die gesamte ESt für 2014 beträgt somit:	18 681 €

Diese Methode ist somit wesentlich günstiger als die Fünftel-Methode; noch deutlicher wird der Unterschied, wenn der Grenzsteuersatz für die Veräußerungsgewinne sehr hoch liegt, da dann die Fünftel-Regelung kaum mehr greift und der ermäßigte Steuersatz nicht mehr durch den mindestens anzusetzenden Steuersatz überlagert wird.

FALL 290

Versteuerung einer Abfindung

Sachverhalt: Leo Burger (B), ledig, 40 Jahre alt, hat im Jahre 2014 außer seinen laufenden Einkünften in Höhe von 40 000 € zum Ende des Jahres eine Entschädigung für die Vereinbarung eines Wettbewerbsverbots in Höhe von 15 000 € erhalten, die die Voraussetzungen des § 24 Nr. 1b EStG erfüllt. Seine Sonderausgaben und außergewöhnlichen Belastungen betragen 5 000 €.

Aufgabe: Wie hoch ist die ESt-Schuld 2014?

LÖSUNG

Die ESt-Schuld bei Anwendung des § 34 EStG wird nach einer 1999 neu eingeführten Formel errechnet.

Zum „normalen", d. h. ohne die begünstigten Einkünfte errechneten zu versteuernden Einkommen wird ein Fünftel der begünstigten Einkünfte dazugezählt. Die sich dadurch ergebende Mehrsteuer wird verfünffacht und stellt die Steuer auf die begünstigten Einkünfte dar.

Danach ergibt sich folgende Lösung:

a)	Berechnung des zu versteuernden Einkommens Einkünfte aus nichtselbständiger Tätigkeit	
	laufende Einkünfte	40 000 €
	Entschädigung	15 000 €
	Gesamtbetrag der Einkünfte	55 000 €
	Sonderausgaben	./. 5 000 €
	Einkommen/zu versteuerndes Einkommen	50 000 €
b)	Berechnung der ESt-Schuld	
	zu versteuerndes Einkommen ohne Entschädigung	35 000 €
	ESt hierauf lt. ESt-Grundtabelle	7 192 €
	„normales" zu versteuerndes Einkommen	
	plus ein Fünftel der Entschädigung	38 000 €
	ESt hierauf lt. ESt-Grundtabelle	8 227 €
	Differenz	1 035 €
	Die ESt-Schuld beträgt somit:	
	für das „normale" Einkommen	7 192 €
	für die begünstigte Entschädigung das Fünffache	
	der Differenz (1 035 € × 5)	5 175 €
	insgesamt zu entrichten:	12 367 €

13.2 Steuerermäßigung bei ausländischen Einkünften

Vorbemerkungen

Da ein unbeschränkt Steuerpflichtiger grundsätzlich mit seinem gesamten „Welteinkommen" zur ESt herangezogen wird, hierbei aber die ausländischen Einkunftsteile meist schon im Quellenstaat der Besteuerung unterlagen, ergibt sich im Prinzip eine Doppelbesteuerung dieser Einkünfte. Zu deren Vermeidung wurde eine Vielzahl bilateraler Abkommen, sog. Doppelbesteuerungsabkommen, abgeschlossen. Sollte ein derartiges Abkommen im Einzelfall nicht vorhanden sein oder nicht zur Anwendung kommen, kommt als einseitige Maßnahme des deutschen Fiskus zur Entlastung eines Steuerpflichtigen eine Steuerermäßigung gem. § 34c EStG in Betracht.

FALL 291

Beschränkte Anrechenbarkeit ausländischer Steuern

Sachverhalt: Fred Caspari (C) betreibt in Stuttgart einen Schuhgroßhandel. Daraus erzielt er im Veranlagungszeitraum 2014 einen Gewinn in Höhe von 50 000 €. Einen Teil der von ihm vertriebenen Schuhe bezieht er aus einer eigenen Fabrik im Sudan. Aus diesem Unternehmen erwirtschaftet er im Veranlagungszeitraum 2014 einen Gewinn in Höhe von 60 000 €. Hierauf hat er im Laufe des Jahres 2014 umgerechnet 12 000 € „business profits tax" bezahlt.

Im Januar 2015 werden von ihm für das Jahr 2014 noch 4 000 € „business profits tax" nachgefordert, die er im Februar 2015 entrichtet.

C ist 45 Jahre alt, verheiratet, und beantragt für 2014 die Zusammenveranlagung mit seiner Ehefrau (Voraussetzungen liegen vor). Er erklärt noch einen Verlust aus Vermietung und Verpachtung in Höhe von 10 000 €; an Sonderausgaben sind 10 000 € anzusetzen.

Aufgabe: Wie hoch ist die Einkommensteuerschuld 2014? Können die im Sudan bezahlten Steuern berücksichtigt werden?

LÖSUNG

Caspari und seine Ehefrau sind unbeschränkt steuerpflichtig. Ihre gesamten Einkünfte – auch die im Sudan erzielten und dort bereits einer Steuer unterworfenen – unterliegen somit der deutschen Einkommensteuer. Da zwischen dem Sudan und der Bundesrepublik Deutschland kein Doppelbesteuerungsabkommen besteht, kann § 34c EStG angewandt werden (vgl. § 34c Abs. 6 EStG). C bezieht Einkünfte aus Gewerbebetrieb aus dem Sudan. Diese wurden dort einer Steuer unterworfen, die gem. R 34c Abs. 1, 2 EStR i.V.m. Anlage 6 der EStR der deutschen Einkommensteuer entspricht. Der Nachweis über die Höhe der ausländischen Einkünfte und der bezahlten Steuer muss gem. § 68b EStDV durch Vorlage geeigneter Urkunden erbracht werden. Es kommt für die Anrechnung nicht auf den Zeitpunkt der Zahlung, sondern gem. § 34c Abs. 1 letzter Satz EStG darauf an, für welches Jahr die Steuern bezahlt worden sind. Danach sind also auch die in 2015 für 2014 bezahlten Steuern einzubeziehen.

Die ausländische Steuer ist aber nicht unbegrenzt abzugsfähig, sondern gem. § 68a Satz 1 EStDV nur bis zur Höhe der deutschen Steuer, die bei einer Veranlagung auf die Einkünfte aus dem

Sudan entfällt. Das bedeutet, dass sich die anrechenbare ausländische Steuer zur gesamten deutschen Einkommensteuer verhalten muss wie die ausländischen Einkünfte zum Gesamtbetrag der Einkünfte.

Daraus ergibt sich folgender Lösungsweg:

a) Ermittlung der tariflichen Einkommensteuer

Einkünfte aus Gewerbebetrieb

im Inland	50 000 €
im Sudan	60 000 €
Einkünfte aus Vermietung und Verpachtung	./. 10 000 €
Gesamtbetrag der Einkünfte	100 000 €
Sonderausgaben	./. 10 000 €
Einkommen/zu versteuerndes Einkommen	90 000 €
ESt lt. Splittingtabelle	21 606 €

b) Berechnung der anrechenbaren ausländischen Steuer Höchstbetrag gem. § 34c EStG i.V.m. § 68a EStDV

$$\frac{\text{anrechenbare Steuer}}{\text{gesamte deutsche ESt}} = \frac{\text{ausländische Einkünfte}}{\text{Gesamtbetrag der Einkünfte}}$$

$$\text{anrechenbare Steuer} = \frac{60\,000\,€ \times 21\,606\,€}{100\,000\,€} = 12\,964\,€$$

c) Auf die deutsche Einkommensteuer in Höhe von 21 606 € können also von den im Sudan bezahlten insgesamt 16 000 € nur 12 964 € angerechnet werden. Die endgültige Steuerschuld beträgt somit 8 642 €.

FALL 292

Anrechenbarkeit bei ausländischen Einkünften aus mehreren Staaten

Sachverhalt: Wie Fall 291 mit dem Zusatz, dass C auch in Chile einen gewerblichen Betrieb unterhält. Aus diesem erzielt er im Jahr 2014 einen Gewinn in Höhe von 40 000 €. Hierauf hat er im Jahr 2014 umgerechnet 15 000 € „impuesto a la renta" bezahlt.

Aufgabe: Wie hoch ist die ESt-Schuld 2014?

LÖSUNG

Auch mit Chile besteht kein DBA, so dass grundsätzlich genauso vorzugehen ist wie bei den Einkünften aus dem Sudan. Werden aus mehreren Staaten ausländische Einkünfte bezogen, so ist der Höchstbetrag der anrechenbaren ausländischen Steuern für jeden ausländischen Staat gesondert zu ermitteln (§ 68a Satz 2 EStDV; sog. „per country limitation").

a)   Ermittlung der tariflichen Einkommensteuer

Einkünfte aus Gewerbebetrieb

im Inland	50 000 €
im Sudan	+ 60 000 €
in Chile	+ 40 000 €
Einkünfte aus Vermietung und Verpachtung	./. 10 000 €
Gesamtbetrag der Einkünfte	140 000 €
Sonderausgaben	./. 10 000 €
Einkommen/zu versteuerndes Einkommen	130 000 €
ESt nach dem Splittingtarif	38 122 €

b)   Berechnung des Höchstbetrags der anrechenbaren ausländischen Steuern gem. § 68a Satz 2 EStDV

Sudan

$$\text{anrechenbare Steuer} \quad \frac{60\,000\,€ \times 38\,122\,€}{140\,000\,€} = 16\,338\,€$$

Chile

$$\text{anrechenbare Steuer} \quad \frac{40\,000\,€ \times 38\,122\,€}{140\,000\,€} = 10\,892\,€$$

c)   Auf die deutsche tarifliche ESt in Höhe von 38 122 € dürfen also max. 16 338 € Steuern aus dem Sudan angerechnet werden. Da aber nur 16 000 € bezahlt wurden, können diese im Gegensatz zu Fall 291 voll angerechnet werden. Von den in Chile bezahlten 15 000 € können nur 10 892 € angerechnet werden. Es ist nicht möglich, den nicht ausgenutzten Betrag aus den Einkünften aus dem Sudan auf die Einkünfte aus Chile zu übertragen.

Die endgültige ESt-Schuld beträgt somit 11 230 € (38 122 € ./. 16 000 € ./. 10 892 €).

FALL 293

Auslandstätigkeitserlass

Sachverhalt: Der EDV-Fachmann Peter Meyer (M) ist bei der Firma IBM in Böblingen beschäftigt. Im Auftrag seiner Firma ging er im März 2014 nach Bahrain (Arabien), um dort die Installation einer von seiner Firma gelieferten EDV-Anlage bis zur Übergabe an die Auftraggeber zu überwachen. Insgesamt war er sechs Monate in Bahrain. Während dieser Zeit erhielt er sein Gehalt von monatlich 6 000 € weiter von seinem Arbeitgeber, seine Familie lebte in Böblingen und reiste nur während seines Urlaubs zu ihm. Nach Abschluss der Arbeiten erhielt er von den arabischen Auftraggebern als Prämie eine Uhr im Wert von 20 000 €.

Aufgabe: Sind die Gehaltszahlungen während der Zeit des Auslandsaufenthalts und der Wert der Uhr zu versteuern?

Meyer ist weiterhin unbeschränkt steuerpflichtig, da er seinen Wohnsitz im Inland nicht aufgegeben hat. Für die Steuerpflicht ist der Ort der Tätigkeit unerheblich. Ein DBA greift nicht ein, da die Bundesrepublik mit Bahrain keines abgeschlossen hat. Die Einnahmen bleiben jedoch aufgrund des Auslandstätigkeitserlasses (BStBl 1983 I 470) i.V. m. § 34c Abs. 5 EStG steuerfrei. M übt eine begünstigte Tätigkeit i.S. der Nr. 1 des Erlasses aus; die Dauer seiner Tätigkeit überschreitet die von Nr. 2 des Erlasses geforderte Mindestfrist von drei Monaten. Auch wenn er seinen Urlaub nicht in Bahrain verbracht hätte, sondern zu seiner Familie zurückgekehrt oder in ein Drittland gereist wäre, schadete die Urlaubsunterbrechung nicht. Die Urlaubszeit würde jedoch in diesem Falle bei der Berechnung der Dreimonatsfrist nicht mitgerechnet. Zu den steuerfrei zu belassenden Einnahmen gehört auch der Wert der Uhr, da Ziff. III Nr. 1 des Erlasses nur fordert, dass die Prämie im Zusammenhang mit der begünstigten Auslandstätigkeit gezahlt wird. Nicht erforderlich ist, dass der Zahlende der Arbeitgeber ist.

13.3 Steuerermäßigung bei Einkünften aus Gewerbebetrieb

Vorbemerkungen

Bei der Ermäßigung der Einkommensteuer um die Gewerbesteuer wird die Einkommensteuer des Unternehmers durch eine pauschalierte Anrechnung der Gewerbesteuer gemindert. Die Einkommensteuerermäßigung beträgt das 3,8fache des Gewerbesteuermessbetrags.

Die Gewerbesteuer ist seit 2008 nicht mehr als Betriebsausgabe abzugsfähig. Auswirkungen auf die Ermittlung der GewSt-Rückstellung ergeben sich durch die Steuerermäßigung nicht.

Auf die tatsächliche Höhe der GewSt kommt es bei der pauschalen Steuerermäßigung nicht an.

Die Höhe des Hebesatzes (mindestens 200 % nach § 16 Abs. 4 GewStG) ist nicht entscheidend, weil die Ermäßigung nur an den GewSt-Messbetrag und nicht an die festgesetzte Gewerbesteuer anknüpft.

Ermäßigung bei einem Einzelunternehmen

Sachverhalt: Malermeister M hatte im Jahr 2014 einen Gewinn aus Gewerbebetrieb in Höhe von 140 000 €. Der Gewerbeertrag für 2014 beträgt wegen Hinzurechnungen nach § 8 GewStG 150 000 €. Die Summe der Einkünfte beträgt zusammen mit Vermietungseinkünften 210 000 €, das zu versteuernde Einkommen 200 000 €.

Aufgabe: Wie hoch ist die unter Berücksichtigung der Steuerermäßigung nach § 35 festzusetzende Einkommensteuer 2014?

LÖSUNG

Bei einem Einzelunternehmer ermäßigt sich die tarifliche ESt um das 3,8fache des für seinen Gewerbebetrieb festgesetzten GewSt-Messbetrags. Damit muss zunächst die GewSt-Veranlagung durchgeführt werden, um die Höhe der festzusetzenden ESt zu ermitteln. Dann kann auf den festgesetzten GewSt-Messbetrag zugegriffen werden, der Ausgangsgröße für die ESt-Ermäßigung ist. Daraus ergibt sich folgende Berechnung:

Zunächst ist die GewSt-Veranlagung durchzuführen:

Gewerbeertrag	150 000 €
./. Freibetrag	./. 24 500 €
verbleiben	125 500 €
× Messzahl 3,5 % von 125 500 €	
GewSt-Messbetrag	4 392 €

Anschließend kann die Einkommensteuerveranlagung durchgeführt werden:

gewerbliche Einkünfte	140 000 €
Summe der Einkünfte	210 000 €
zu versteuerndes Einkommen	200 000 €
tarifliche ESt lt. Grundtabelle	75 761 €

Die anteilige ESt auf die gewerblichen Einkünfte beträgt:

$$\text{ESt} \times \frac{\text{gewerbliche Einkünfte}}{\text{Summe der Einkünfte}}$$

$$= \frac{75\,761 \times 140\,000}{210\,000} = 50\,507\,€$$

./. Ermäßigung nach § 35 EStG (max. bis 0)	
GewSt-Messbetrag (4 392 € × 3,8)	
= 16 690 €	./. 16 690 €
festzusetzende Einkommensteuer	59 071 €

FALL 295

Ermäßigung bei negativen gewerblichen Einkünften

Sachverhalt: Malermeister M erwirtschaftete mit seinem Einzelunternehmen im Jahr 2014 einen Verlust in Höhe von 10 000 €. Aufgrund hoher Hinzurechnungen beträgt der Gewerbeertrag 200 000 €.

Aufgabe: Wie hoch ist die Steuerermäßigung nach § 35 für das Jahr 2014?

Die Steuerermäßigung setzt voraus, dass im zu versteuernden Einkommen positive gewerbliche Einkünfte enthalten sind. Denn nur die darauf entfallende anteilige Einkommensteuer kann ermäßigt werden (ggf. bis auf 0). Wird die Einkommensteuer auf 0 festgesetzt, z. B. aufgrund von Verlusten aus anderen Einkunftsarten, so geht die Steuerermäßigung vollständig ins Leere. Sie kann nicht zu einer negativen ESt führen; auch ein Rück- oder Vortrag einer nicht ausgenutzten Steuerermäßigung ist nicht vorgesehen. Die auf die gewerblichen Einkünfte entfallende ESt wird im Verhältnis der gewerblicher Einkünfte zur Summe der Einkünfte ermittelt (wie bei § 34c EStG). Sind die gewerblichen Einkünfte negativ, kann dennoch Gewerbesteuer anfallen (etwa wegen gewerbesteuerlicher Hinzurechnungen). In diesen Fällen kommt es trotz GewSt-Belastung nicht zur Steuerermäßigung bei der Einkommensteuer (sog. Anrechnungsüberhang).

Dies bedeutet im vorliegenden Fall:

M kann trotz der entstehenden GewSt-Belastung im Jahr 2014 keine (anteilige) Steuerermäßigung erhalten, da er keine positiven gewerblichen Einkünfte erzielt. Das Ermäßigungsvolumen beträgt damit 0 Euro, weil auf dem gewerblichen Verlust keine Einkommensteuer lastet. Dies gilt unabhängig davon, ob er andere positive Einkünfte hat oder nicht.

Ermäßigung bei Personengesellschaften

Vorbemerkungen

Bei Personengesellschaften ist die Besonderheit zu beachten, dass die GewSt auf der Ebene der Gesellschaft, die ESt jedoch gegenüber den Gesellschaftern festgesetzt wird. Hier erfolgt die Steuerermäßigung auf der Grundlage des anteiligen GewSt-Messbetrages (§ 35 Abs. 1 Nr. 2, Abs. 2 Satz 2 EStG). Der jedem Mitunternehmer zuzurechnende Anteil bestimmt sich nach dem gesellschaftsvertraglich vereinbarten Gewinnverteilungsschlüssel. Vorabgewinne, Sondervergütungen sowie die Ergebnisse aus Sonder- und Ergänzungsbilanzen beeinflussen die Verteilung des Messbetrages nicht.

Ergibt sich bei einem Gesellschafter ein Gewinnanteil, bei einem anderen hingegen ein Verlustanteil, z. B. wegen hoher Verluste aus dem Sonderbetriebsvermögen oder aus einer Ergänzungsbilanz, ändert sich am Verteilungsschlüssel für den GewSt-Messbetrag nichts, d. h. auch dem Gesellschafter mit Verlustanteil wird ein Anteil am GewSt-Messbetrag nach dem allgemeinen Gewinnverteilungsschlüssel zugewiesen. Damit läuft bei diesem Gesellschafter die Steuermäßigung ins Leere, d. h. dadurch wird Steuerermäßigungsvolumen bei den anderen Gesellschaftern vernichtet, weil ihnen kein höherer Anteil am GewSt-Messbetrag zugewiesen werden kann.

Sachverhalt: An der ABC-OHG sind A, B und C zu je $^1/_3$ beteiligt. Die OHG erzielt im Jahr 2014 in ihrer Steuerbilanz einen Gesamtgewinn in Höhe von 600 000 €. Daneben erhält A eine (als Aufwand bei der OHG behandelte) Tätigkeitsvergütung in Höhe von 100 000 €. B hat der OHG ein Grundstück überlassen und erzielt dadurch einen Verlust in Höhe von 40 000 €. C hat seinen Anteil erst vor kurzem erworben und erzielt wegen höherer AfA einen Verlust in seiner Ergänzungsbilanz in Höhe von 60 000 €. Der GewSt-Messbetrag der OHG beträgt 27 000 €. Der GewSt-Messbetrag (27 000 €) und die Anteile der Gesellschafter (nach dem allgemeinen Gewinnverteilungsschlüssel jeweils $^1/_3$ = 9 000 €) sind gesondert und einheitlich festzustellen.

Aufgabe: Wie sieht die Gewinnverteilungstabelle der OHG aus und wie wird der Gewerbesteuer-Messbetrag aufgeteilt?

LÖSUNG

Die Gewinnverteilung bei der ABC-OHG mit Aufteilung des GewSt-Messbetrages sieht nach den obigen Grundsätzen folgendermaßen aus:

Beteiligter	Laufende Einkünfte	Hinzuzusetzen: Sondervergütung	Abzusetzen lt. Sonder- bzw. Ergänzungsbilanz	Zuzurechnende Einkünfte gesamt	GewSt- Messbetrag
A	+ 200 000 €	+ 100 000 €	–	+ 300 000 €	33,33 % = 9 000 €
B	+ 200 000 €	–	./. 40 000 €	+ 160 000 €	33,33 % = 9 000 €
C	+ 200 000 €	–	./. 60 000 €	+ 140 000 €	33,33 % = 9 000 €
Summe	+ 600 000 €	+ 100 000 €	./. 100 000 €	+ 600 000 €	100 % = 27 000 €

Nach dieser in § 35 Abs. 2 Satz 2 geforderten Aufteilung können A, B und C jeweils das 3,8fache des anteiligen GewSt-Messbetrages in Höhe von 9 000 € = 34 200 € als Steuerermäßigung von ihrer Einkommensteuerschuld abziehen.

Dieses Ergebnis befremdet, denn A versteuert die Hälfte der gewerblichen Einkünfte, erhält aber nur ein Drittel der Entlastung durch die GewSt-Anrechnung nach § 35 EStG; B und C sind dagegen im Vorteil, d. h. sie erhalten überproportional hohe Anrechnungsmöglichkeiten. Das Ergebnis entspricht aber dem Gesetzeswortlaut und somit wohl dem Willen des Gesetzgebers.

Kapitel 14: Entrichtung der Einkommensteuer

(Einstweilen unbesetzt)

Kapitel 15: Besteuerung beschränkt Steuerpflichtiger

Vorbemerkungen

Ein beschränkt Steuerpflichtiger (§ 1 Abs. 4 EStG) wird zur Einkommensteuer nur mit den inländischen Einkünften herangezogen, die in § 49 EStG abschließend aufgezählt sind. Hierzu gehören alle Einkunftsarten, die auch in § 2 EStG aufgezählt sind; es werden jedoch an das Vorliegen der Steuerpflicht noch weitere, besondere Voraussetzungen geknüpft. Für die einzelnen Einkunftsarten ist die Frage, ob es sich um inländische Einkünfte handelt, jeweils verschieden geregelt. Bei der Beurteilung der Voraussetzungen ist nur auf die im Inland vorliegenden Merkmale abzustellen; die Verhältnisse im Ausland sind gem. § 49 Abs. 2 EStG grundsätzlich außer Betracht zu lassen (sog. „isolierende" Betrachtungsweise).

Einkünfte aus inländischem Gewerbebetrieb und aus Vermietung und Verpachtung

Sachverhalt: Der Sudanese Ali Demir (D) unterhält in Stuttgart ein Auslieferungslager für algerische Weine in einem Gebäude, das ihm selbst gehört. Das Lager verwaltet ein Angestellter. Die meisten Geschäftsabschlüsse werden vom Ausland aus getätigt, nach Stuttgart kommt D nur sehr selten. Die Auslieferung wird von dem Angestellten besorgt, der ab und zu auch kleinere Geschäfte selbst abschließt. Am 1. 10. 2014 gibt D dieses Lager auf und verpachtet das Gebäude für monatlich 1 500 € an die Weingroßhandlung Eininger, die die bisher von D importierten Weine in ihr Sortiment aufnimmt. Außerdem pflegt der selbständige Handelsvertreter Flott die bisherigen Geschäftsverbindungen des D in Ergänzung seiner sonstigen Vertretertätigkeit. Er bereitet aber nur Geschäftsabschlüsse vor, eine Vertretungsbefugnis für D hat Flott nicht.

Für die Zeit vom 1. 1. bis 30. 9. 2014 erklärt D einen Gewinn in Höhe von 15 000 €, zum 1. 10. erklärt D dem Finanzamt die Aufgabe des Lagers (ein Aufgabegewinn entsteht nicht). Vom 1. 10. an hat D für das Gebäude noch monatliche Kosten in Höhe von 500 €.

Aufgabe: Wie hoch sind die steuerpflichtigen Einkünfte des D im Jahr 2014?

D ist in der Bundesrepublik Deutschland nicht unbeschränkt steuerpflichtig, da er hier weder einen Wohnsitz noch seinen gewöhnlichen Aufenthalt hat. Er ist aber beschränkt steuerpflichtig, da er im Veranlagungszeitraum 2014 inländische Einkünfte i. S. des § 49 EStG hat. Ein DBA mit dem Sudan, das beachtet werden müsste, besteht nicht. In der Zeit vom 1. 1. bis 30. 9. 2014 erzielt D Einkünfte aus Gewerbebetrieb (§ 49 Abs. 1 Nr. 2a, § 15 EStG). Die Unterhaltung eines Auslieferungslagers, verbunden mit gelegentlichen Verkäufen durch den Angestellten, stellt eine gewerbliche Tätigkeit i. S. des § 15 EStG dar. Als zusätzliche Voraussetzung fordert § 49 Abs. 1 Nr. 2a EStG das Vorhandensein einer inländischen Betriebsstätte oder die Bestellung eines ständigen Vertreters. Nach § 12 Nr. 5 und 6 AO sind Warenlager und Ein- und Verkaufsstellen als Betriebsstätten anzusehen. Das Auslieferungslager, verbunden mit der Tätigkeit des weisungsgebundenen Angestellten, reicht für die Annahme einer Betriebsstätte aus. Die Betriebsstätte wird am 30. 9. 2014 aufgegeben. Das Vermieten von vorher eigengewerblich genutzten Räumen stellt keine gewerbliche Tätigkeit mehr dar. Es wird durch die weitere Tätigkeit des Flott auch kein ständiger Vertreter bestellt. Ein Handelsvertreter könnte zwar diese Voraussetzung des § 49 Abs. 1 Nr. 2a EStG erfüllen, aber dazu müsste er eine allgemeine Vollmacht zu Vertragsabschlüssen haben oder über ein Warenlager verfügen können. Daran fehlt es lt. Sachverhalt. Eine Betriebsverpachtung im Ganzen liegt nicht vor, da nur das Gebäude verpachtet wird. Die Voraussetzungen für eine Betriebsaufgabe (§ 16 EStG) sind zwar erfüllt, sie bleibt jedoch lt. Sachverhalt ohne Gewinnauswirkung. Als Einkünfte aus Gewerbebetrieb sind daher 15 000 € Gewinn anzusetzen.

In der Zeit ab 1. 10. 2014 erzielt D Einkünfte aus Vermietung und Verpachtung i. S. des § 21 Abs. 1 Nr. 1 EStG. Das verpachtete Gebäude stellt im Inland belegenes unbewegliches Vermögen i. S. des § 49 Abs. 1 Nr. 6 EStG dar. Der Überschuss der Einnahmen über Werbungskosten beträgt:

Pachteinnahmen	3 × 1 500 € =	4 500 €
./. Werbungskosten	3 × 500 € =	1 500 €
Einkünfte		3 000 €

Sollte das Gebäude weiterhin zu einem ausländischen Betriebsvermögen des D gehören, so ändert sich an diesem Ergebnis nichts. Bei Berücksichtigung der Betriebsvermögenszugehörigkeit lägen zwar weiterhin Einkünfte aus Gewerbebetrieb vor. Im Ausland vorliegende Besteuerungsmerkmale müssen jedoch nach der isolierenden Betrachtungsweise für die Beurteilung im Inland gem. § 49 Abs. 2 EStG außer Betracht bleiben.

Die gesamten Einkünfte des D im Rahmen der beschränkten Steuerpflicht betragen im Jahr 2014 somit 18 000 €.

Erweiterte beschränkte Steuerpflicht (§§ 2, 6 AStG)

Sachverhalt: Der Fabrikant Karl Schaub (S), Jahrgang 1941, deutscher Staatsangehöriger, wohnte seit seiner Geburt in Esslingen und hat dort eine Maschinenfabrik. Der durch Bestandsvergleich ermittelte Gewinn des Jahres 2014 betrug 400 000 €. Er verteilte sich gleichmäßig auf das ganze Jahr. S hatte im Jahr 1970 Stammanteile an einer GmbH in Stuttgart im Nennwert von umgerechnet 500 000 € zu Anschaffungskosten in Höhe von insgesamt umgerechnet 600 000 € erworben. Seine Beteiligung, die er zulässigerweise im Privatvermögen hält, umfasst das halbe Stammkapital der GmbH. Der Wert dieser Beteiligung ist bis zur Mitte des Jahres 2014 auf 1 Mio. € gestiegen. Eine Ausschüttung erfolgte im Jahr 2014 nicht.

Im Jahr 2014 flossen S im Dezember noch 10 000 € Zinsen aus einer privaten Darlehenshingabe zu. Das Darlehen hatte S einem befreundeten Esslinger Nachbarn privat gegeben. Abgesichert war es lediglich durch eine wertvolle Briefmarkensammlung, die S als Pfand erhalten hatte. Mit Ablauf des 30. 6. 2014 gab S seinen Wohnsitz in Esslingen auf, um sich in der Schweiz, im Tessin, zur Ruhe zu setzen. Die Schweizer Staatsangehörigkeit erwarb S noch nicht. Seine Fabrik in Esslingen leitet ein Angestellter.

Aufgabe: Wie ist S im Jahr 2014 zu veranlagen und welche Einkünfte sind anzusetzen?

LÖSUNG

Für das Jahr 2014 sind zwei Veranlagungen durchzuführen. S wird für die Zeit vom 1. 1. bis zum 30. 6. 2014 mit den Einkünften, die ihm in dieser Zeit zuzurechnen sind, nach den Regeln der unbeschränkten Steuerpflicht und für das 2. Halbjahr 2014 nach den Regeln der beschränkten Steuerpflicht als erweitert beschränkt Steuerpflichtiger zur Einkommensteuer veranlagt.

a) 1. Halbjahr

S ist in der Zeit bis zum 30. 6. 2014 unbeschränkt steuerpflichtig, da er einen Wohnsitz im Inland hat. Bei S sind in dieser Zeit anteilige Einkünfte aus Gewerbebetrieb i. S. des § 15 EStG in Höhe von 200 000 € zu erfassen.

Außerdem fallen unter §§ 15, 17 EStG die Wertsteigerungen der Anteile an der GmbH. Die nach § 6 AStG erforderlichen Voraussetzungen für eine Besteuerung des Vermögenszuwachses sind erfüllt. S war, bevor die unbeschränkte Steuerpflicht durch den Wohnsitzwechsel erlosch, mehr als 10 Jahre unbeschränkt steuerpflichtig. § 6 AStG verlangt nicht, dass der Stpfl. in ein niedrig besteuerndes Land zieht. Die Rechtsfolgen des § 17 EStG sind, da die übrigen Voraussetzungen des § 6 AStG vorliegen, auch ohne eine Veräußerung der Anteile anzuwenden. S ist i. S. des § 17 EStG relevant beteiligt, und seine Beteiligung gehört nicht zu seinem Betriebsvermögen. Sein Veräußerungsgewinn in Form des Vermögenszuwachses beträgt bei Anschaffungskosten in Höhe von 600 000 € und einem gemeinen Wert zur Zeit des Wechsels von 1 Mio. € = 400 000 €. Dieser Gewinn fällt nach der gesetzlichen Fiktion des § 6 AStG noch in die Zeit der unbeschränkten Steuerpflicht. Ein Freibetrag nach § 17 Abs. 3 EStG entfällt wegen der Höhe des Veräußerungsgewinns; nach § 3 Nr. 40 Buchst. c EStG bleiben aber 40 % des Veräußerungsgewinns außer Ansatz.

b) 2. Halbjahr

Ab 1. 7. 2014 ist S gem. § 2 AStG erweitert beschränkt steuerpflichtig. Die erweiterte beschränkte Steuerpflicht erfasst über § 49 EStG hinaus alle Einkünfte, die keine ausländischen Einkünfte i. S. des § 34c EStG sind. S war vor seiner Auswanderung in den letzten 10 Jahren mindestens 5 Jahre unbeschränkt steuerpflichtig. Er ist in ein niedrig besteuerndes Land i. S. des § 2 Abs. 2 AStG gezogen (siehe dazu eingehend BMF v. 11. 7. 1974, BStBl 1974 I 442, Anl. 1 zu Tz. 2.2). Wesentliche wirtschaftliche Interessen verbinden ihn weiterhin mit dem Inland, denn er unterhält in Esslingen einen Gewerbebetrieb (§ 2 Abs. 3 Nr. 1 AStG). S hat im Inland im Veranlagungszeitraum 2013 keine ausländischen Einkünfte i. S. des § 34c EStG von mehr als 16 500 €. Damit ist auch die Bagatellgrenze des § 2 Abs. 1 letzter Satz AStG überschritten.

Die erweiterte beschränkte Steuerpflicht bedeutet eine Einschränkung gegenüber den Regeln eines DBA. Sie ist daher nur anwendbar, soweit das DBA die Anwendung des AStG zulässt oder kein DBA besteht. Art. 4 Abs. 4 DBA-Schweiz schließt die erweiterte beschränkte Steuerpflicht für S nicht aus. Er hat die Schweizer Staatsangehörigkeit nicht angenommen. Er geht auch keiner nicht selbständigen Tätigkeit nach. Da für die Veranlagung der erweiterten beschränkten Steuerpflicht die Regeln der beschränkten Steuerpflicht gelten, findet § 50 EStG Anwendung. Als Einkünfte aus Gewerbebetrieb sind 200 000 € anzusetzen, die auf das 2. Halbjahr entfallen.

Die Zinseinkünfte sind nach § 20 Abs. 1 Nr. 7 EStG mit 10 000 € zu erfassen. Nach § 49 Abs. 1 Nr. 5 Buchst. c EStG wären diese Zinsen nicht anzusetzen, da sie nicht durch inländischen Grundbesitz unmittelbar oder mittelbar gesichert sind. Aber i. S. des § 34c EStG, auf den das AStG abstellt, handelt es sich nicht um ausländische Einkünfte, da gem. § 34d Nr. 6 EStG solche nur vorliegen, wenn der Schuldner seinen Wohnsitz im Ausland hat oder das Kapitalvermögen durch ausländischen Grundbesitz gesichert ist. Beides ist hier nicht der Fall, so dass die Zinsen unter die erweiterte beschränkte Steuerpflicht i. S. des § 2 Abs. 1 AStG fallen.

STICHWORTVERZEICHNIS

(Die Zahlen verweisen auf die Fälle.)

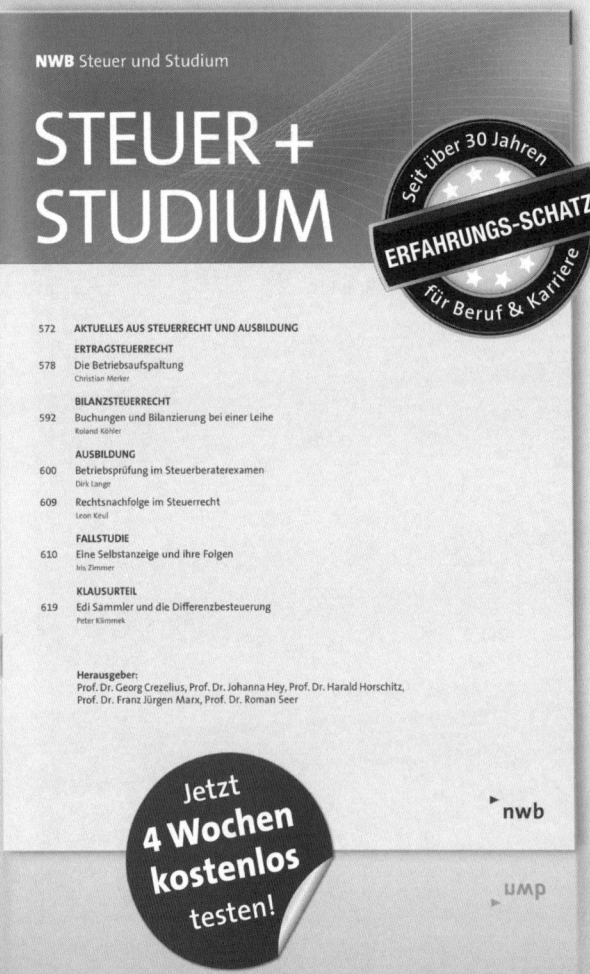

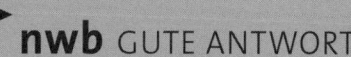